U0795269

考古文化研究与文献解析：重构古代传说历史

常兴照　著

科学出版社
北　京

内 容 简 介

本书收录了作者自20世纪80年代末至2023年之际陆续发表和新撰关于“传说历史研究”的主要论文。内容主要集中在对传说中“三皇五帝”的属性和相关考古文化的分析与探讨。通过对新石器时代中、后期考古学文化的迁变现象研究，对应古代文献中有关炎黄与蚩尤大战、唐虞对四凶的殛、流、窜、放以及大禹治水、界划九州等传说事件的记载，进行了较为深入的梳理和拼接，对传说历史的基本架构，给出了新的方案。

本书可供历史学、考古学研究学者和高等院校相关专业师生阅读和参考。

图书在版编目（CIP）数据

考古文化研究与文献解析：重构古代传说历史 / 常兴照著. -- 北京：科学出版社，2025. 5. -- ISBN 978-7-03-082086-0

Ⅰ. K87

中国国家版本馆CIP数据核字第202518CH41号

责任编辑：郝莎莎 / 责任校对：邹慧卿
责任印制：肖 兴 / 封面设计：张 放

科学出版社 出版
北京东黄城根北街16号
邮政编码：100717
http://www.sciencep.com

北京中科印刷有限公司印刷

科学出版社发行 各地新华书店经销

*

2025年5月第 一 版 开本：787×1092 1/16
2025年5月第一次印刷 印张：24 3/4
字数：580 000

定价：208.00元

（如有印装质量问题，我社负责调换）

始终不舍地追求

——序《考古文化研究与文献解析：重构古代传说历史》

去年夏天，常兴照和王军来天津办事，我从家里赶过去和他们小聚。老同学多年不见，特别是经历了戴口罩三年，聊的话题很多。叙谈间，王军对我说，兴照最近写了本书，想请你写序。我自从“阳”了以后，身体精神状况不大好，况且不知道书里的内容，当时没敢答应。过了不久，常兴照发来他的书稿，以他一贯的谦虚请我审阅。

读完《考古文化研究与文献解析：重构古代传说历史》书稿，让我感佩不已。常兴照大学毕业后在山东做考古工作，20世纪80年代，他整理广饶县傅家、五村遗址发掘资料时，我曾去考察学习，记得他跟我说，傅家、五村应当是大汶口文化鲁北地区的一个新类型，后来他著文论述了“五村类型”。《蚩尤考辩》是他在《海岱考古》编辑部工作时写的第一篇研究于古史传说的文章，我原以为，这是由于工作环境的改变，随之而来的研究兴趣转变。看了他的书稿我才知道，始于“五村”的考古学文化研究与始于“蚩尤”的古史传说研究，最终交集在“重构古代传说历史”上，并且成为这个研究目标的两条研究路径。

在现实社会生活中，谋生职业与学术研究若合符节，往往只能是理想上的追求。20世纪90年代，常兴照受命组建山东省文物科技保护中心并主持工作，从此离开了他热爱的考古工作。2003年以后调到北京中国文物信息咨询中心工作。其间，他作为国家文物局援藏干部，任国家文物局驻西藏三大重点文物保护维修工程办公室技术顾问、副主任，全面负责布达拉宫、罗布林卡、萨迦寺等重点文物维修工程技术管理，做出了突出的成绩和贡献，受到国家文物局、西藏自治区人民政府等方面的高度赞扬与肯定。看了他的书稿我才知道，他在做文物保护工作的三十多年里，依然坚持“重构古代传说历史”的研究。

这部书稿是常兴照从1989年至2023年撰写的文章里选择20篇编辑而成。其中《浅谈考古学文化与传说历史研究》《共工氏文化解析及其流徙辩证》《有虞氏王朝概论——兼谈中华文明的起源》《夏代、夏族与夏系文化论析》《龙山文化与后羿传说》《对古史研究中几个争议问题的基本研判》《管窥“三星堆”》《从出土文献看楚人早期历史》等八篇是没有发表过的文章，《北辛文化与炎黄传说》是依据《炎黄文化东西说》扩充改写的。这几篇颇有分量的文章几乎占了全书篇幅的一半，很是令人瞩目。《浅谈考古学文化与传说历史研究》和《对古史研究中几个争议问题的基本研判》，体现了他对考古学文化与传说历史整合研究的独到见解，在全书中起到纲领作用。

重建盘庚迁殷以前的历史，是20世纪以来，中国考古学与历史学几代人不断努力的大目标。20世纪30年代，受到仰韶村、西阴村、城子崖与殷墟等遗址考古发掘的启发，傅斯年提出“夷夏东西”①，徐旭生提出“华夏、东夷、苗蛮三集团”②，筚路蓝缕，以启山林。20世纪50年代，李济在《中国上古史之重建工作及其问题》说：“一部能说明中国民族文化之原始的上古史，是现在一般人渴望好久的了。但是如何达到这一目的，却有不同的看法。现在从事这一工作的人相当多，各有不同的见解、立场和成绩。”他说：“我们讨论中国历史最要紧的一点，与过去不同的一点，是我们感觉到，并已证明，上古史的史料除了文字记录以外，还有另外的来源；由这些来源所得的新材料，已经引导出来了新的问题，并且已经是一般史家所接受的了。他们必须收纳考古学与民族学的资料，这些新资料，不但帮助他们解决旧问题，而且启发新问题。”③后来，李济在《再谈中国上古史的重建问题》论及“古史料的整理与古史的写作”说：“整理田野考古发掘所得的资料，一个最迫切的问题，就是如何把地下发掘的资料，与传下来的记录资料连缀起来。这是一个普遍的考古问题。也是在中国区域，考古学家所面临的问题。”④20世纪90年代，苏秉琦在《关于重建中国史前史的思考》说：“已出版的中国通史的史前部分⑤，虽大都企求在理论指导下运用考古材料和古史传说，但限于目前的研究水平，理论与材料、考古材料与古史传说之间，难免缺乏系统的、有机的结合，尚未形成中国史前史的科学体系。考古学的最终任务是复原古代历史的本来面目。除了传说材料，史前时代没有确切的文献记载可供依据，建立史前时代信史的任务自然就落在考古学家的肩上。”⑥

从《考古文化研究与文献解析：重构古代传说历史》书稿里我看到，常兴照为了“重构古代传说历史”，“尽可能科学地认识和解读中国古史传说和考古学文化的关系，也就成为自己始终不舍的追求”。当他写完书稿以后，又深有感触地说道：“将考古学研究和历史文献论证有机地结合，综合相关学科的技术手段，深入研究和复原中国传说历史，仍然是目前和今后历史与考古学研究的重要任务。”

如何解决李济所说的“把地下发掘的资料与传下来的记录资料连缀起来”这个普遍的考古问题，《考古文化研究与文献解析：重构古代传说历史》提出了一个方案，做出了一种努力。

这本书把考古学文化与古史传说分别排列出不同的序列，然后找出考古学文化分布和变化节点的“碴口”，结合历史文献分析，将古史传说的序列与考古学文化的序列相对照，再与“碴口”进行“拼接”，最后推断出考古学文化的族属。该书认为，“五帝

① 傅斯年：《夷夏东西说》，《傅斯年全集》第三卷，湖南教育出版社，2003年。

② 徐旭生：《中国古史的传说时代》（增订本），科学出版社，1960年。

③ 李济：《中国上古史之重建工作及其问题》，《李济考古学论文选集》，文物出版社，1990年。

④ 李济：《再谈中国上古史的重建问题》，《李济考古学论文选集》，文物出版社，1990年。

⑤ 苏秉琦所说的“已出版的中国通史的史前部分”，为白寿彝总主编《中国通史》第二卷《远古时代》，上海人民出版社，1994年。

⑥ 苏秉琦：《关于重建中国史前史的思考》，《华人·龙的传人·中国人——考古寻根记》，辽宁大学出版社，1994年。

时代”或曰“传说时代”，早在仰韶时代早期就已开始，大致可以分为三个历史阶段，基本代表了传说时代的早中晚三期，这个时代有四次大范围的考古学文化迁变和转折，亦即考古学文化与古史传说“拼接”的“碴口”。

第一次是后冈一期文化的变化、迁徙与庙底沟文化的进逼，这种文化现象与炎黄战争、征杀蚩尤的传说历史基本契合。由于蚩尤争夺了炎帝的帝位，引发了炎黄大战。蚩尤部族是炎帝集团的主要力量，汶、泗河流域的北辛文化、大汶口早期文化以及后冈一期文化是蚩尤集团的主体文化。

第二次是在大司空文化、秦王寨文化、大汶口文化中期形成前后的阶段。蚩尤被杀之后，山东地区在黄帝族——庙底沟文化的影响下，形成了新的更具发展活力的氏族集团，这就是少昊清集团；大司空文化应该是颛顼部族的物质文化；秦王寨文化最有可能为共工氏的物质文化遗存；大汶口文化中的秦王寨文化因素，大概与后期“共工振滔洪水，以薄空桑”有关。

第三次是庙底沟二期文化和大汶口晚期文化形成并发展为龙山文化的时期。大汶口文化晚期阶段，以陵阳河类型为代表的东方氏族迅速发展，并向西、向南进行了大规模的迁徙和扩张，这是帝舜进行的一系列开疆扩土和政治改革，促进了华夏文化的初期繁荣。这一文化态势一直延续到龙山文化早中期。

第四次是龙山文化中后期的变化。这一时期各地考古学文化的转折和变化，很可能与大禹一族的崛起、独立、征讨、统一的过程，以及流共工、殛鲧、涂山会盟、征三苗等历史事件有关。

考古学文化代表的人群与历史文献记载的部族或族属，能否对应与怎样对应，这是重建古史的首要问题。柴尔德认为，考古器物类型的相似组合之所以反复共存一处，是因为它们曾经被同时代的同一群人所制造并使用，由有共存关系的器物类型所组成的不同组合之所以同时出现，是因为它们为不同人群所制造，文化就是相互关联的类型的集合体，因为它们是被同一批人群制造出来的，考古上器物类型之所以会重复地共存在一起被发现，是因为它们是同一个社会中已经标准化了的行为模式的结果，这种反复出现的相互关联的类型组合，在考古学家的意识中，自然就是一个“文化”，即分布学的分类单位。史前学家的任务就是重建能够确保它们相互关联的行为模式，这样，考古学资料的组合就会被赋予鲜活的生命意义，与之相应的文化的名称也会获得一种历史的含义⑦。张忠培指出，考古学文化是由不同谱系的文化因素结合成统一的文化，从客观实际看，正像民族学所研究的亲属关系可分解成直系和旁系，以及血亲与姻亲那样，考古学文化也是一开放系统。既然考古学文化是多元的谱系结构，那么，谱系分析就成了按考古学文化的本来面貌，来观察、研究考古学文化的一个重要方法⑧。据此可以认为，某一地区的考古学文化序列的核心是谱系。如果序列中的各种考古学文化之间不存在谱系关系，那么这个序列仅仅是这些文化的编年。

---

⑦ 〔英〕戈登·柴尔德著，方辉、方堃杨译，陈淳审校：《历史的重建：考古材料的阐释》，上海三联书店，2008年。

⑧ 张忠培：《研究考古学文化需要探索的几个问题》，《北方考古文集》，文物出版社，1990年。

中国古史传说上的部族关系的核心也是谱系。李学勤说，《大戴礼记·帝系》详细记载了黄帝二子的后裔谱系，《帝系》这种三代统出一源的谱系，在近代备受学者的讥评，以为子虚杜撰。不过既然各种古书都会记有基本相合的传说，意义是不容抹杀的。我觉得如果细心推求，其中不乏启示[⑨]。缕析古史传说上的部族谱系的关键是族姓，族姓要是乱了套，谱系也就难以分得清楚。

至于如何处理文献史学与考古学的关系，朱凤瀚认为，中国考古学既然在学科上归于广义的历史科学，也就不可避免地要与中国发达的文献史学发生密切联系。如何处理文献史学与考古学的关系，近年来学术界多有不同意见，并已展开较充分的讨论，这里似毋庸赘言，但可以进一步思考的是，为什么会对二者应建立密切关系产生歧见。主要原因之一似是对先秦文献可信性的看法存在差异。考古学家在参考历史文献时，自然要选择经过严格辨伪与考证后甄选出来的较为可信的历史文献。以文献研究为主的历史学家，应该了解考古学的学科特征并尊重其相对独立性，重视用科学的考古材料来丰富、印证或更正自己的认识；同样，考古学家与其他相关学科的学者，也应了解并尊重众多历史文献学家与历史语言学家对先秦文献成文年代与其记载可信性的研究成果。先秦文献对上古史的记载的确有顾颉刚所指出的“层累造成”的特点，有着历代因宣扬某种主流意识而对文献所作的修改，有着因传抄或师说不同而出现的多种文本，但这些并不能完全否定历史文献记载的可信性[⑩]。

最后我要说的是，常兴照从学考古、做考古到重构古史研究，四十多年来，不管在什么样的境况下，始终锲而不舍地追求，他之所以如此执着，就是“因为爱所以爱”。

陈　雍

2024年3月13日

---

⑨　李学勤：《古史、考古学与炎黄二帝》，《〈五帝本纪〉〈夏本纪〉讲义》，清华大学出版社，2022年。

⑩　朱凤瀚：《关于中国特色考古学的几点思考》，《历史研究》2021年第1期。

自　序

1982年初我从母校吉林大学历史系考古学专业毕业，分配到文博系统工作，至今已经40多年。40多年中我的工作有多次变化：前8年做过旧石器文化调查与研究，主持过新石器时代文化遗址的发掘，清理过两周时期文化墓葬，解剖过隋唐建筑遗址，也做过《海岱考古》的编辑。1990年底我从山东省文物考古研究所调至山东省文物局，1992年底受命组建山东省文物科技保护中心，因而沉陷于忙忙碌碌的管理工作和转行于文物保护工作的事务之中，无心问及考古研究。近30年来主要在文物保护的工作中摸爬滚打，是非功过姑且不论，对考古研究的失落感却是挥之不去的。2015年8月，我退休在家，有了比较自由的时间。特别是2020年初新冠疫情之后，长时间困守于斗室，得以在思考人生的同时，更多地琢磨起以前搁置的几个学术问题。于是，收集和整理了以前发表的几篇小文，修订和补写了几篇文章，便有了这本小书。

从事史前史（传说史）、山东古国史的研究，得益于我在编辑《海岱考古》（第一辑）期间王树明先生对我的教诲和指导。1987年，王先生时任《海岱考古》编辑部主任，我作为他的助手跟随他到各地组稿，踏查、目验了山东各地大量的古代文化遗存，同时学到了许多珍贵的古代文化知识。王先生以他深厚的古代文献功底，丰富的考古文化知识，诲人不倦的可贵精神，时时处处言传身教。长期的指导与切磋，使我在学术研究上有了一个质的飞跃。我们的《商奄、蒲姑钩沉》就是在王先生的悉心指导下写成的。其后，根据他提供的部分读书卡片，又撰写了《蚩尤辨证》《山东古代文化分区研究》等数篇文章。在研究过程中，不断地发现问题，不断地丰富自己的知识，因此也就有了自己的思考和观点，如蚩尤、黄帝传说与北辛文化的问题，少昊、太昊、帝舜传说与大汶口文化的问题，三苗传说与南蛮的界限问题，后羿射日与龙山文化的问题，有虞氏王朝与文明起源的问题等。这些问题基本构成了我心中的研学目标和努力方向。客观思辨考古学的基本功能，尽可能科学地认识和解读中国古史传说和考古学文化的关系，也就成为自己始终不舍的追求。

治中国史前史或曰传说史，前辈学者如蒙文通、傅斯年、徐旭生等先生已建立起比较完整的学术体系并为众多学人所接受。一般认为中国古代部族的分野，大致可以分为华夏、东夷、苗蛮三大集团。华夏集团或称为河洛民族，地处古代中国的中部、西北部，以华山为中心。又可细分为三个亚集团：①黄帝、炎帝两大支；②近东方的，则有混合华夏、东夷两种文化而形成的高阳氏（帝颛顼）、有虞氏（帝舜）、商人；③近南方的，则有出自华夏但深入南方，与苗蛮集团发生极深关系的祝融等族。东夷集团或称为海岱民族，以泰山为中心，太昊、少昊、蚩尤均属之。它的地域范围北至山东北部，西至河南东部，南至安徽中部及河南西南部，东至（黄）海。苗蛮集团或称为江汉民族，以长江中游为中心，三苗、讙兜均属之。它的地域包括湖北、湖南、江西等地和沪宁杭地区，迄北到河南西部熊耳、外方、伏牛诸山之间。三大集团间有长期的互相斗争，后又和平共处，最终完全同化，渐次形成后来的汉族①。从整体上说，前辈们对中国古代部族三大集团的划分，还是比较全面和客观的；对史学典籍的考证和梳理，也是十分精到的。但是，由于受考古资料的限制，他们没有也不可能将三大集团内各部族的关系以及相对应的物质文化作进一步探究和论证，对三大集团各部族的分析和认证也有可再推敲的地方，他们留给我们的学术场地尚有较大的空间。

现代中国考古学的诞生，至今已有近百年的历史。近百年的考古发现和研究，特别是考古学区系类型理论的提出和应用，使我们基本上厘清了中国新石器时代及至商周以前考古学文化的区系类型，这为我们研究传说历史提供了较好的基础。但是目前考古学研究大多集中在考古学文化的分期、年代和源流，类型的划分，区系文化之间的影响和传承，社会经济发展水平和社会性质的推定等。将考古类型与文献中古代部族进行深层分析与认证的研究较少，对一个区域内或一个集团各部族相互关系的深入研究更少。涉及族属问题，析论一般比较笼统。其原因是一个相对普遍的学术倾向：从事考古研究的，特别是从事史前考古研究的，较少重视对文献的研究和分析；从事历史文献研究的，又比较缺乏对考古文化的系统分析和论证。加上目前考古工作属地管理形成的地域界隔，考古资料的整理和普及性不够，给我们的研究带来很多局限。因此，将考古学研究和历史文献论证有机地结合，综合相关学科的技术手段，深入研究和复原中国传说历史，仍然是当前和今后历史学与考古学研究的重要任务。

海岱地区在古代属东夷集团。无论从历史记载还是从考古发现上讲，东夷文化在中国传说历史中都占有极其重要的地位。东夷考古的历史是伴随着中国现代考古学的诞生而开始的。90多年来，特别是20世纪70年代以来，东夷考古发现和研究可谓硕果累累，在这里，有着完整的考古文化序列，有独特的文化类型，有奇异的风俗，有高度发达的经济和社会文化。众多学者对于东夷文化的系统、年代、分期、类型、社会性质、与周邻文化的关系等，以及对于墓葬、城址、房址、生产工具、玉器、陶器、文字、习俗等的专门问题都有广泛的探讨。这些研究给予我有很大的启发和帮助，为我形成古史研究的某些认识提供了坚实的基础。

给我启发最大的有两位先生的观点，第一位是我的老师张忠培先生，他首先提出并科学论证的“大后冈”学说及其关于黄河流域考古文化的谱系研究②，启发我重新认识并思考了海岱地区考古文化的相关问题。导引我们必须思考黄河流域两大文化系统的发展变化的因果关系，辨析东西文化的分野意味着什么；后冈文化东西两区中各文化类型同北辛文化、大汶口文化早期类型分属哪些文化集团。应该说，先生的相关论点，是我形成本书中关于对北辛文化、后冈文化、大汶口早期文化相互关系的再认识并与炎黄传

① 蒙文通：《古史甄微·上古三大民族》，商务印书馆，2020年；傅斯年：《傅斯年文集：民族与古代中国史》，上海古籍出版社，2012年；徐旭生：《中国古史的传说时代（增订本）》，文物出版社，1985年。

② 张忠培、乔梁：《后冈一期文化研究》，《考古学报》1992年第3期；张忠培：《原始农业考古的几个问题——为纪念〈农业考古〉创刊四周年而作》，《农业考古》1984年第2期。

说相印证之思路的基本出发点。第二位就是王树明先生，他在《齐地得名推阐》一文中指出：鲁北齐地，原为一崇武尚箭之地。齐国的齐字，其原形本为三枚箭头的摹画；族籍齐地的夷羿传说即与弓矢有着不解之缘；齐地土著纪国及其属邑之名，均与箭矢有着密切的联系；鲁北地区史前文化特别是龙山文化中所见的大量箭镞，说明齐地尚箭有着深刻的历史渊源③。此为破解鲁北地区众多古代文化之谜提供了一把钥匙。其后，王先生又在《“亚醜”推论》④《曩祖夷羿疏证》⑤等文章中深入论证了龙山文化西渐、夷羿代夏、少康中兴、二斟东迁的历史过程。王先生的上述观点，对于我思考龙山文化和后羿射日传说之间的关系极有帮助。同时，王先生的治学方法，即综合使用考古学、历史学、古文献学、古文字学、民俗学的知识和方法分析考证问题，对我以及许多师友同仁都有很深的影响。

由于长期在山东工作，我的相关学术研究主要基于对山东地区古代文化的解析和认识。20世纪80年代以来，山东地区逐渐建立起古代文化的编年序列，即后李文化→北辛文化→大汶口文化→龙山文化→岳石文化→商文化→周（齐、鲁）文化。其与中原地区相比显得特色突出，分布集中，中间没有断层；文化面貌独树一帜，对周边如江浙、荆楚、中原及华北地区古代文化都有较大影响。其历史背景及原因，成为我思考的主要目标及研究方向。山东地区古代文化存在三个高潮期：一是北辛文化晚期至大汶口文化早期；二是大汶口文化晚期到龙山文化早期；三是龙山文化中晚期。三个文化高潮期基本可以对应中国古史之中的炎黄、尧舜、后羿乱夏等传说历史。因此，揭秘三个文化高潮期的内在因素和相关脉络，对中国古代传说历史的框架重构具有重要意义。

近40年来，东夷考古有重要收获。后李文化的发现，填补了新石器时代早期东夷文化的空白，也为东夷文化后期的发展找到一个重要根源。五莲丹土、章丘焦家、滕州岗上大汶口文化晚期城址的发现，进一步证明了大汶口文化晚期已进入城邦国家的论断。鲁北、鲁西大量龙山文化城址的发现，进一步说明，后羿西迁，因夏民以代夏政，决非向壁虚造之说。同时，学者们对东夷文化的研究也在不断向纵深开展。如王树明《帝舜传说与考古发现诠释》⑥，指出大汶口文化陵阳河类型是帝舜文化，其生于诸冯（即诸城、莒县一带）、迁于负夏（曲阜、兖州一带）、卒于鸣条（晋南一带），形成一条比较明确的西迁路线。帝舜在华夏舞台上建树颇多，功勋卓著，对中国古代文化有着卓越的贡献。王守功在《夷羿族团的衍变与考古发现辨证》中认为后羿是鲁北尚箭民族，发生于大汶口文化晚期，逐渐统一山东，最终颠覆夏民族⑦。庄春波的《华夏东西说》认为华、夏是两大文化系统，华族在东，夏族在西。华族即昊族即帝舜（帝俊），也就是大汶口、龙山文化系统⑧。这些研究与笔者的观点有较大的一致性，或者说他们的研究

③ 王树明：《齐地得名推阐》，《东夷古国史研究》（第一辑），三秦出版社，1988年。
④ 王树明：《“亚醜”推论》，《华夏考古》1989年第1期。
⑤ 王树明：《曩祖夷羿疏证》，《管子与齐文化》，北京经济学院出版社，1990年。
⑥ 王树明：《帝舜传说与考古发现诠释》，《故宫学术季刊》（台湾版）第9卷第4期，1992年。
⑦ 王守功：《夷羿族团的衍变与考古发现辨证》，《古代文明》（第一卷），文物出版社，2002年。
⑧ 庄春波：《华夏东西说》，《赵俪生先生八十寿辰纪念论文集》，山东大学出版社，1996年。

助力和完善了本书的基本构架，有力地支持了我的相关分析和论证。

本书主要目的是以徐旭生先生的《中国古史的传说时代》为蓝本，试图在文献和考古学文化的结合上找到突破口，探讨中国传说历史的基本面貌，重新建构传说历史框架。主要观点是将炎、黄传说从一般认为距今5000年前后推演到距今6000年前后，学术依据是从庙底沟文化的东渐并与大汶口文化碰撞中找到炎黄大战和擒杀蚩尤的突破口。根据良渚文化和大汶口文化的关系，将学界普遍认同的长江中游地区之屈家岭—石家河文化为三苗文化的认知判定，另行论证为长江下游的良渚文化应为三苗部族的主体文化；而石家河文化后期的煤山文化因素实则与伯益的南迁有关，与禹征三苗没有关系。依据大汶口文化在中原地区的传播过程，将有虞氏王朝论定为中华文明的初曙，认为有虞氏文化是中国传统文化的主要根源。并将夏文化区分为夏族、夏代和夏系文化；将楚文化的源头，归因于大汶口文化的锲入，认为楚文化的形成与伯益集团的南下有直接关联。这些论点改变了目前学界基本认可的古史体系，可能在短期内难以得到学术界的理解与认同。但是我相信随着探讨的深入，古史体系的重建必将是中华文明探源工程的重要议题，上述观点应该对古史研究起到一定的推动作用。在对传说历史研究的认识论和方法论上，我提出了“族名传承论”和类似于陶片拼接的“碴口论”，认为中国古代传说历史中的帝王君长，都不是具体的个人，而是一个部族或族团的统称。随着氏族战争的推进和征服，这些帝王名号还可能是不同氏族组成的联合体。故而才有一个帝王寿命百余岁、几百岁的说法。而同一世系部族中很多可能不是血族关系，有可能是被征服后归附的氏族。帝王之间的代际传递［某帝（王）生子某］，还可能标示着不同部族权力的更替。子用父号、孙依祖号，其迁延变化长达几十年或数百年，族团名号穿插使用可能是古史中的通例。古代帝王往往存在不同的生地与葬处，其生、卒地望多变，大概率是因为古代氏族征战迁徙、攻城夺地之后，再与当地氏族部落结合生成新的政权和文化的结果。传说历史往往把几百年的故事，归拢成一堆散乱的历史碎片。所以甄别传说历史，首先必须甄别其不同的时段和背景。将不同的历史碎片分别归类、缀缝拼接，就像将散乱的陶片按照接碴拼对在一起，接碴越多，越能证明拼接的准确性。这些认知和方法，也将会随着研究的推进得到进一步的确认和验证。仅就目前我所了解和掌握的考古文化变迁现象并与文献分析进行拼接对比的结果来看，相关碴口和节点的辍连还是基本吻合的。

就本人的知识和学力而言，尝试中国古史建构自觉力不从心，本书中出现不成熟观点，实当在所难免，但文责概由作者自负，并愿以此书抛砖引玉，祈望能引发学界对于上述观点的广泛讨论，促进本项研究的深入，则为本书预期之功矣。

2023年10月于燕郊

目　　录

第一部分
考古文化中的“五帝”辩证

浅谈考古学文化与传说历史研究

一、手段与方法

先讨论一个很普通的问题，考古学是什么？考古学应该包括其研究对象与研究方法。考古学研究的对象是古代人类社会留下的实物遗存。我的老师林沄先生在大学第一堂专业课教导时说：考古学是以实物资料为基础来研究历史的一门学问。这是指导我认识考古学的最直接最简单的解析，所以很多人把考古学列为历史科学的一部分。考古学研究方法，主要有两种：一是认识实物资料的方法。主要是分类学研究方法：按质地、形制、功能、时代、地域、学科门类、民族分野等。分类比较研究引出了类型学——对器物进行分类分型分式。类型学分析是划分考古文化分期与文化类型的基础方法，一般侧重于形制、质地、装饰、制法等文化因素的分析与比较，这也是确认考古文化中各种传统或非传统因素的主要依据。二是获得实物资料的方法。主要有调查、勘探、发掘、记录等方法，如按土质、土色划分地层，由上及下逐层发掘，先挖晚的、后挖早的。分区域、分层、分组、分单元（遗迹单位），按叠压打破关系分析辨别，引出了地层学。地层学是借用地质学的术语，融合了考古实践中的特殊技法，如划线、找边、清理、遗物提取，标本取样，遗迹、遗物保护，层位关系记录等。地层和遗迹单元是界定遗存早晚的主要依据，如果层位关系混淆或叠压打破关系扰乱，将给遗存定性带来极大困难，所以考古地层的保护至关重要。根据器物组合和形制变化进行分型、分期、界定文化类型等工作，基于参与者的学术功力、知识结构以及实操过程中诸多外部因素的影响，具有较大的相对性。同时因为考古文化具有一定的滞后性，器物形态的变化一定要晚于历史事件的发生时间，因此对相关文化因素的分析以及在类型、分期、文化属性等问题上歧见迭出。但是城址、墓葬、灰坑等遗迹单位在形成过程中具有短时性和独立性，较大程度地避免了外界因素的干扰；再结合现代测年结果深入分析这些堆积单位的文化属性，在应用中更具有客观性。引申以上这些最普通的考古学概念，不为班门弄斧，主要是为了说明考古学与其他学科最基本的区别与联系，十分简单，并不复杂。

考古学文化，在教科书上或专业词典较为普遍的基本定义是一定时期、一定地域内具有基本相似或共同特征的遗存共同体。具有三个要素：时间、空间、共同特征。考古学文化从时段上可以分为两大类：一是史前时期的考古学文化，二是历史时期的考古学文化。由于历史时期的考古遗存，大多有文献记载和甲骨文、金文等明确的证据，可以准确说明其文化性质，如商文化、周文化、齐文化、鲁文化、秦文化、楚文化等；这些文化的重要功能是证经补史，还原当时的社会状况，因此与传说历史的关系相对松散。而史前时期的考古遗存，因为记载模糊或者存有争议，判定族属或文化性质不够明确，解析其文化内涵具有较大的不确定性，这也是史前历史被称为传说历史的主要原因。所以大部分没有明确文化性质多以典型遗址命名的史前文化，都是与传说历史有关的考古学文化。但是，随着夏商周断代工程的开展，学术界已经基本认可原来以典型遗址命名的二里头文化、二里冈文化分别属于夏文化和商文化，但实际上仍然具有浓厚的传说文化色彩。这也说明，尽管某些考古文化已经进入历史时期，因为其文化性质的判断需要时间和相关资料的进一步证明，仍然需要用考古学的方法和手段进行具体分析，并结合文献研究进行推论，进而解析和建构传说历史。所以这些没有以国别、朝代或者准确的族属称号来命名的考古学文化，都是我国古代传说中的民族或历史人物创造的物质文化，都与传说历史有着密切的关系。

传说历史或曰传说时代，是相较于有文字记载的历史时代而言的。前辈学者徐旭生先生认为："只有到殷墟时代'盘庚迁殷约公元前1300年的开始时'，才能算作进入狭义的历史时代。"①其实直到西周时期许多事件仍然较为模糊，传说成分较大。我国古代历史分期一般分为上古、中古、近古（参考白寿彝主编《中国通史》）；一般说上古为公元前3世纪以前，中古为公元前3世纪至公元16世纪，近古为16世纪至20世纪初期；传统的古史是指上古史，也就是公元前3世纪以前，在我国就是指战国以前。因此传说历史的范围，应该具体问题具体分析，其时间跨度基本可以后延到西周前后的历史时期。

研究传说历史，文献分析是不可绕避的重要手段。前辈学者王国维、徐旭生、郭沫若、童书业等都做出过坚韧的努力和卓越的贡献。尤其王国维先生运用现代考古学的成果，结合《史记》《汉书》等文献史籍资料，对汉代边塞和烽燧的考证、玉门关址、楼兰等位置的确定，对西域丝绸之路的探索以及汉晋木简所涉及的汉代边郡职官制度的排列等一系列问题逐一做了详尽的考释，博大精深。他在《古史新证》一文中指出："吾辈生于今日，幸于纸上之材料外，更得地下之新材料。由此种材料，我辈固得据以补正纸上之材料，亦得证明古书之某部分全为实录，即百家不雅训之言亦不无表示一面之事实。此二重证据法惟在今日始得为之。"②这一论点被认为是20世纪中国考古学和考据学的重大革新。但是受近代疑古思潮的影响，囿于对古史传说的怀疑和对历史文献错舛多多的认知，考古学家很少使用文献对考古遗存进行"二重证据"的拼接和校对。对于考古文化性质的认定和解读，往往仅止步于"可能"与某某时代或某帝王事件"有关"的模糊判断上，少有更深入细致的研究和解析。夏商周断代工程，进行了夏商周年代、天象、都城文献的整理及可信性研究，还进行了夏商周天文年代学综合性问题研究、^{14}C测年技术的改进与研究、夏商周年代综合研究与总结等多种研究。但是也仅仅局限在夏商周三代，对更早的文明历史基本没有涉及。后续的"中华文明探源工程"，全称是"中华文明起源与早期发展综合研究"，是又一项由国家支持的多学科结合研究中国古代历史与文化的重大科研项目。经过五个阶段的工作和参加工程的20多个学科、数十个单位的400多位学者的共同努力，通过对浙江良渚、湖北石家河、山西陶寺、陕西石

① 徐旭生：《中国古史的传说时代（增订本）》，文物出版社，1985年，第20页。

② 王国维：《古史新证》，《王国维考古学文辑》，凤凰出版社，2008年，第25页。

峁、河南二里头等都邑性遗址开展的大规模考古调查和发掘，对各个地区的中心性遗址（如河南双槐树和西坡、山东焦家、辽宁牛河梁、安徽凌家滩、湖北石家河、四川宝墩等）的考古工作，对中华文明起源、形成、发展的历史脉络，对中华文明多元一体格局的形成和发展过程，对中华文明的特点及其形成原因等，有了较为清晰的认识。但是该工程仍然集中在重点遗址的发掘和探讨上。虽然在预研究阶段设置了“古史传说和有关夏商时期的文献研究”“上古时期的礼制研究”……“中外古代文明起源的比较研究”等十个课题[③]，但是总感觉着力不足，至今尚未见突破性成果。当前，我国新石器时代考古学研究迅猛发展，许多重大发现层出不穷，许多考古发现证明古代文献的某些记载还是可信的。因此，由考古学家结合文献搭建古史传说中的基本框架，是时代赋予我们的历史责任。

但是光靠考古学本身的方法和文献分析研究传说历史仍然不够全面、科学，仍然要依靠多种辅助手段综合考察。历史学、民族学、民俗学、古文字学、古生物学、古地理学等方面的知识和技术，与古代先民生产、生活、宗教、文化、医疗、社会政治有关的学科，都有可能给我们提供帮助。历史学方法主要是按照现代社会发展的研究方法和理论，结合具体分析，对我国古代社会历史进行再认识，特别是对社会性质进行新的判断，以期符合历史实际。文献学的方法是在前人研究的基础上，从具体资料出发，多角度地进行客观分析，甄别疏证神话传说和史料的真伪，尽量做出科学合理的诠释，避免臆断和蠡测。古文字学方法是考古学基本方法的一种，主要是根据古代汉字在形、音、义诸方面的发展变化规律，如通转、假借、音变、讹变等，以探求其所标示事物的本来面貌，这对于复原异说纷呈的传说历史有重要作用。民俗学的方法是从地方风俗例证反推古代习俗的一种方法，民俗带有一种历史的惯性，多能反映出久远的历史渊源，如崇龟、崇牛、太阳崇拜等，对于我们理解传说中古代部族的一些特殊习俗，进而推定其文化属性极有帮助。此外，测年方法，地质、地理学方法，古植物学，古动物学等，都是我们研究古代历史、复原原始时空场景的重要工具。

二、问题与节点

在传说历史研究中，有几个重要问题容易引起各种误判，需要厘清。

一是关于古代帝王的代际传递问题。在传世文献中有众多记述古代帝王的世系传递之说。如《大戴礼记·帝系》第六十三：“少典产轩辕，是为黄帝。黄帝产玄嚣，玄嚣产蟜极，蟜极产高辛，是为帝喾。帝喾产放勋，是为帝尧。黄帝产昌意，昌意产高阳，是为颛顼。颛顼产穷蝉，穷蝉产敬康，敬康产句芒，句芒产蟜牛，蟜牛产瞽瞍，瞽瞍产重华，是为帝舜。”《山海经》《史记》《帝王世纪》等都有类似的记载。这给我

③ 十个课题分别是：“古史传说和有关夏商时期的文献研究”“上古时期的礼制研究”“考古遗存的年代测定”“考古学文化谱系研究”“古环境研究”“早期金属冶铸技术研究”“文字与刻符研究”“上古天象与历法研究”“聚落形态所反映的社会结构研究”“中外古代文明起源的比较研究”等。见王巍：《我与“中华文明探源工程”》，《纵横》2023年第5期。

们一个很有迷惑性的印象，似乎我们的祖先一脉相承，分代递延，纲纪明确。实际上这些记载里存在很多矛盾。首先这些帝王都很长寿，大多存世百年或几百年，如《丛书集成初编·帝王世纪（及其他一种）》："太昊帝庖羲氏，风姓也。母曰华胥。……蛇身人首，有圣德，燧人氏没，庖牺氏代之，……故位在东方主春，象日之明，是称太昊。都陈。……取牺牲以充庖厨，以食天下，故号曰庖羲氏。是为犠皇。后世音谬，故谓之伏羲，或谓之宓羲。一号黄熊氏，在位一百二十年。""炎帝自陈营都于鲁曲阜……在位一百二十年而崩，葬长沙。纳本水氏女曰听訞，生帝临魁，次帝承，次帝明，次帝直，次帝釐，次帝哀，次帝榆罔，凡八世，合五百三十年。""及神农氏衰，蚩尤氏叛，不用帝命，黄帝于是修德扶民，始垂衣裳以班上下……诸侯咸叛神农而归之。黄帝于是乃扰驯猛兽，与神农氏战于阪泉之野，三战而克之。又征诸侯，使力牧、神皇直讨蚩尤氏，擒之于涿鹿之野，使应龙杀之于凶黎之丘。……凡五十二战而天下大服。""黄帝在位百年而崩，年百一十岁矣。或传以为仙，或言寿三百年。"故有《大戴礼记·五帝德》第六十二："宰我问于孔子曰：昔者予闻诸荣伊，言黄帝三百年。请问黄帝者人邪，抑非人邪？何以至于三百年乎？"其次是一个帝王存在不同的世系根源，如《山海经·海内经》所记："炎帝之妻，赤水之子听祅生炎居，炎居生节并，节并生戏器，戏器生祝融，祝融降处于江水，生共工。"《国语·周语》韦注："贾侍中云，共工诸侯，炎帝之后，姜姓也。"说明共工和祝融同为炎帝后人。但文献中另有黄帝系统的祝融。《史记·楚世家》记载："楚之先祖出自帝颛顼高阳。高阳者，黄帝之孙，昌意之子也。高阳生称，称生卷章，卷章生重黎。重黎为帝喾高辛居火正，甚有功，能光融天下，帝喾命曰祝融。"再次是同一个帝王可以和不同时代的帝王相互争斗，如共工氏就和颛顼、神农、祝融、高辛、女娲、帝尧、帝舜、大禹等不同的帝王打过仗。如《列子·汤问》："共工氏与颛顼争为帝，怒而触不周之山，折天柱，绝地维，故天倾西北，日月星辰就焉；地不满东南，故百川水潦归焉。"《文子》："共工为水害，故颛顼诛之。"《琱玉集》卷十二《壮力篇》："共工，神农时诸侯也，而与神农争定天下。共工大怒，以头触不周山，山崩，天柱折，地维绝，故天倾西北隅，地缺东南角。"《史记》司马贞补《三皇本纪》："诸侯有共工氏。任智刑，以强霸而不王。以水承木，乃与祝融战，不胜而怒。乃头触不周山，崩。天柱折，地维缺。"《淮南子·原道训》："昔共工之力，触不周之山，使地东南倾；与高辛争为帝，遂潜于渊，宗族残灭，继嗣绝祀。"《荀子·议兵篇》："是以尧伐驩兜，舜伐有苗，禹伐共工。"《荀子·成相篇》："禹有功，抑下鸿，辟除民害逐共工。"还有就是同一个帝王既是争权夺位的敌人，还可以是血缘传承的父君，如前引《山海经·海内经》所记："戏器生祝融，祝融降处于江水，生共工。"这里祝融就是共工氏的父系先人，但其同时又是共工氏的敌族，其事可见于"（共工氏）与祝融战，不胜而怒。乃头触不周山"（司马贞补《三皇本纪》）。正是因为这些看似混乱的记载，因而形成了"疑古派"关于传世文献多不可信的论断。但是如果跳出具体的故事局限，将这些传说放在一个较大的时代背景中进行梳理，或可认为：①中国古代传说历史中的帝王君长，都不是具体的个人，而是一个部族或族团的统称。再根据前引《帝王世纪》的记载："女娲氏没，大庭氏王有天下，次有柏皇氏、中央氏、栗陆氏、骊连氏、赫胥氏、尊卢氏、浑沌氏、皞英氏、有巢氏、朱襄氏、葛天氏、阴康氏、无怀氏十五世，皆袭庖牺氏之号。”亦可推知随着氏族战争的推进和征服，这些帝王名号还可能是不同氏族组成的联合体。故而才有一个帝王寿命一百岁、几百岁的说法。②根据共工氏和祝融的关系推论，同一世系部族中有的可能不是血族关系，或可能是被征服后归附的氏族。帝王之间的代际传递［某帝（王）生子某］，还可能标示着不同部族权力的更替。子用父号、孙依祖号，其迁延变化长达几十年或数百年，族团名号不变或穿插使用可能是古史中的通例。③传说历史往往把几百年的故事归拢成一堆散合在一起的历史碎片，所以甄别传说历史，首先必须甄别其不同的时段和背景，将不同的历史碎片缀缝拼接，就像将散乱的陶片按照接碴拼对在一起，接碴越多，越能证明拼接的准确性。

二是关于三皇五帝问题。三皇五帝在不同著作中分别有不同的说法：如《楚辞》中的西皇、东皇、上皇等。又有天皇、地皇、泰皇之名，称为“三皇”，多为神祇。在《周礼》《吕氏春秋》《庄子》中也出现了标指人君的“三皇”和“五帝”，如《庄子·天运篇》曰：“故夫三皇五帝之礼仪法度，不矜于同而矜于治。”《管子》中对皇、帝、王、霸四者的不同意义作了解释，但都未实定其人名。常见的三皇说有：燧人、伏羲、神农，出自《尚书大传》；伏羲、女娲、神农，出自《春秋运斗枢》；伏羲、祝融、神农，出自《风俗通义》。在《帝王世纪》《三字经》中则以伏羲、神农、黄帝为三皇。《庄子》《纲鉴易知录》中等则指有巢氏、燧人氏、知生氏为三皇。五帝的说法最早是指五方神，《周礼·天官》“祀五帝”，为东方青帝、南方赤帝、中央黄帝、西方白帝、北方黑帝。王逸注《楚辞·惜诵》中的“五帝”也为五方神，即东方太昊、南方炎帝、西方少皞、北方颛顼、中央黄帝。后来逐渐演变成为史前时期前后承继的五位帝王。最常见的五帝说有：《世本》《大戴礼记》《史记·五帝本纪》列黄帝、颛顼、帝喾、尧、舜为五帝；《吕氏春秋》《礼记·月令》以大皞（伏羲）、炎帝、黄帝、少皞（少昊）、颛顼为五帝；《尚书序》《帝王世纪》则视少昊（皞）、颛顼、高辛（帝喾）、尧、舜为五帝；《资治通鉴外纪》认为黄帝、少昊、颛顼、帝喾、尧为五帝。一般认为，上述几种“五帝”说都是战国时期形成的，而“三皇”一词可能到更晚的时间才出现。直到汉代才形成了几种置在五帝前的“三皇”说。三皇说在文献中多以神话面貌出现，其传说时段也框定在茹毛饮血的史前早期，故一般讨论较少。其实“伏羲、女娲、神农”等被列为“三皇”的帝王，在文献中又与太昊、涂山氏、有蟜氏、炎帝等联名为一体，可知他们都是古老的氏族，其史迹大多也穿插在“五帝”传说之中。因此我们所讨论的古史传说时代，实际上就是“五帝”的传说历史。由于五帝的传说文献中记载较多，形象和故事较为丰满、生动，传说广泛。特别是《史记》将《五帝本纪》作为古史开篇，因而近代史学界则将黄帝、颛顼、帝喾、尧、舜等传说时段归根于中华文明起源时期，该观点已被众多学者认同和接受。更有学者直接称这一时期为“五帝时代”④。关于五帝时代的论述，有两个关键的认知节点。首先需明确五帝是否为前

④ 李先登、杨英：《论五帝时代》，《天津师范大学学报》（社会科学版）1999年第6期。

后承继的五代帝君或王朝。最早把五帝指实的是《大戴礼记·五帝德》。该篇依托宰我问五帝于孔子，以孔子答复的“五帝”传说，列出了排列紧密的血亲五帝谱。而最终将“黄帝、颛顼、帝喾、尧、舜”固定为“自黄帝至舜禹，皆同姓，而异其国号”的“五帝”，是司马迁的《史记·五帝本纪》。根据前面关于古代帝王代际传承的论析，结合各种文献所透露的信息细节和考古学文化的区系类型现象，可知这种刻意的固定和指实，存在较多的硬伤和误导，基本上不可信据（详后）。其次是关于五帝时代的起讫年代，目前学术界的主流认识大概括定在考古学上的龙山时代或曰“铜石并用时代后期”⑤。即为距今4600年前至距今4000年。但在具体划分上也有不同意见，如以安志敏先生为代表，是将上限划定在庙底沟二期文化前后，认为是属于龙山早期，大约距今5000年⑥。这两种意见都过于保守谨慎，界定明显偏晚。实际运用中则错开了古代历史的衔接，无法正确把握古代传说历史。根据笔者的相关研究，实际上“五帝时代”或曰“传说时代”早在仰韶时代早期就已开始，大致可以分为三个历史阶段，基本代表了传说时代的早中晚三期，前后大约延续了2500年。

《逸周书·尝麦解》记载：“昔天之初，□作二后；乃设建典，命赤帝分正二卿，命蚩尤于宇少昊，以临四方；司□□上天末成之庆。蚩尤乃逐帝，争于涿鹿之河（或作阿），九隅无遗。赤帝大慑，乃说于黄帝，执蚩尤，杀之于中冀，以甲兵释怒。用大正顺天思序，纪于大帝。用名之于绝辔之野。乃命少昊清司马鸟师，以正五帝之官，故名曰质。天用大成，至于今不乱。”《史记·五帝本纪》记载：“轩辕之时，神农氏世衰，诸侯相侵伐，暴虐百姓，而神农氏弗能征。于是轩辕乃习用干戈，以征不享，诸侯咸来宾从……炎帝欲侵陵诸侯，诸侯咸归轩辕。轩辕乃修德振兵，治五气，蓺五种，抚万民，度四方，教熊罴貔貅貙虎，以与炎帝战于阪泉之野，三战，然后得其志。蚩尤作乱，不用帝命，于是黄帝乃征师诸侯，与蚩尤战于涿鹿之野，遂禽杀蚩尤。”清《驿史》卷五引《新书》云：“炎帝者，黄帝同母异父兄弟也，各有天下之半。黄帝行道而炎帝不听，故战于涿鹿之野，血流漂杵。”《列子·黄帝》曰：“黄帝与炎帝战于阪泉之野，帅熊、罴、狼、豹、貙、虎为前驱，雕、鹖、鹰、鸢为旗帜。”《大戴礼·五帝德》则云：“（黄帝）与赤帝（炎帝）战于阪泉之野，三战，然后得行其志。”从上述文献记载来看，炎帝、黄帝、蚩尤是这一阶段的主要人物，相关传说也是围绕他们进行编排，主要活动地区在河北、山东以及河南北部一带。可以认为是传说历史的第一阶段处在后冈一期文化前后，是为传说时代早期，距今6500—5700年。

颛顼是黄帝后面的一代帝王，也是一个文化面貌和族属十分复杂的部族。徐旭生先生指出他在《山海经》里像帝俊一样，东西南北“无远弗届”⑦。《史记·五帝本纪》上说他统领疆域“北至幽陵，南至交趾，西至流沙，东至蟠木，动静之物，大小之神，日月所照，莫不砥属”。再无及其广大者。文献所记帝喾、帝舜、祝融、鲧、禹以及

⑤ 严文明：《龙山文化和龙山时代》，《文物》1981年第6期；苏秉琦：《中国远古时代》，上海人民出版社，2010年，第192—196页。

⑥ 安志敏：《略论三十年来我国的新石器时代考古》，《考古》1979年第5期。

⑦ 徐旭生：《中国古史的传说时代》，文物出版社，1985年，第75页。

秦、楚等古代王族皆是他的后代子孙。他的祖源一般认为出自黄帝，因《史记·五帝本纪》说："帝颛顼高阳者，黄帝之孙而昌意之子也。"《山海经·大荒东经》云："东海之外大壑，少昊之国，少昊孺帝颛顼于此。"《初学记·卷九》引《帝王世纪》："颛顼生十年而佐少昊。"可见其与少昊又有密切关系。他的国都依《吕氏春秋·古乐篇》云："帝颛顼生自若水，实处空桑，乃登为帝。"《史记·五帝本纪·集解》："皇甫谧曰：都帝丘，今东郡濮阳是也。"故其发迹之地应在鲁西和豫北一带。颛顼与帝喾高辛氏关系密切，《史记·五帝本纪》："帝喾高辛者，黄帝之曾孙也。高辛父曰蟜极（正义：蟜音居兆反。本作桥），蟜极父曰玄嚣，玄嚣父曰黄帝。自玄嚣与蟜极皆不得在位，至高辛即帝位。高辛于颛顼为族子。"帝喾是极为著名的帝王，其最大的功德是娶了四位显赫的妃子，生了四位杰出的君主，即所谓上妃姜嫄氏，生子后稷；次妃有娀氏（简狄），生子帝契；再次妃陈隆氏（亦称陈锋氏），生子帝尧（放勋）；末妃娵訾氏，生子帝挚（《史记·五帝本纪》）。帝喾也是对历史有大功德之人，《国语·鲁语上》曰："帝喾能序三辰以固民。"韦注："能次序三辰（就是日、月、星）以治历明时，教民稼穑以安。"《大戴礼记·五帝德》说："（帝喾）取地之财而节用之，抚教万民而利诲之，历日月而迎送之，明鬼神而敬事之。"文献中还记载颛顼与虞幕同为帝舜之远祖，都是穷蝉之父（见《史记·五帝本纪》以及罗泌《路史·余论七》记述之秦汉年间的《吕梁碑》所记）。综上，少昊、颛顼、帝喾、虞幕，关系十分密切，传说故事很多，可以视为一个历史时期，约当传说历史的第二个阶段，大概处于大汶口文化中期和仰韶文化后期之际，是为传说时代中期，距今5700—5000年。

在文献中尧、舜、禹是传说历史中最丰满、最活跃、信息量最大的三个氏族。三个氏族的故事相互交集，确立了中华民族的文明根脉。帝尧是帝喾的第三个妃子陈锋氏所生，姓伊祁，名放勋，号陶唐，生于高辛或伊祁山，主要活动地带在山西南部。他曾设官掌管天地时令，观测天象，制定历法，敬授民时，咨询四岳，用鲧治水，征伐苗民，推行公平的刑法，禅位于舜，成就了上古历史中最动人的"禅让"之说。虞舜是三个氏族中最显赫的氏族首领，传说其为姚姓，称有虞氏，名重华，字都君，谥曰"舜"。记载为黄帝九世孙，帝颛顼的六世孙。《孟子·离娄下·第一章》记曰："舜生于诸冯，迁于负夏，卒于鸣条；东夷之人也。"舜从小受父亲瞽叟、后母和同父异母之弟象的迫害，屡经磨难，辛勤耕稼于历山，渔猎于雷泽，在黄河之滨烧制陶器，在寿丘制作日用杂品，在顿丘、负夏一带经商做生意。因品德高尚，在民间威望大。经四岳推举，接受帝尧禅让之位。舜选贤任能，举用"八恺""八元"等治理民事，放逐"四凶"，任命禹治水，完成了尧未完成的盛业。传说他巡狩四方，整顿礼制，减轻刑罚，统一度量衡；要求人民"行厚德，远佞人"，孝敬父母，和睦邻里。在其治理下，政教大行，八方宾服，四海咸颂舜功。

禹是传说时代的最后一位帝王。《山海经·海内经》说："黄帝生骆明，骆明生白马，白马是为鲧。"又说"鲧复生禹"。夏商周断代工程将其定位于夏代首位国君，不够确切。其实禹前后还有"避商均于阳城""伯益代政"的一段时间，夏朝并没有正式开国。禹在"涂山会盟"之后，远征三苗，病死在会稽山下，建国大业尚未完成。禹的事迹最广为人知并受赞颂的是对洪水的治理和“划定九州”。他因此而被后世尊称为“大禹”。大禹的传说和夏代初年历史，属于传说历史的最后阶段。由于其与尧舜传说关联较多，所以既可与尧舜传说合并为一个时段，亦可再分作晚期后段。上述三位帝王所形成的史迹和传说，大概处于大汶口文化晚期至龙山文化时期，也就是庙底沟二期文化至河南龙山文化之际，作为传说时代晚期，距今5000—4000年。

三是古代帝王的生、卒地望问题。古代帝王大多有一个奇怪的现象，即出生在多地或死葬于多地。《国语·晋语》载：“昔少典娶于有蟜氏，生黄帝、炎帝。黄帝以姬水（陕西武功漆水河）成，炎帝以姜水（陕西宝鸡清姜河）成。成而异德，故黄帝为姬，炎帝为姜。”但炎帝故里目前主要有三处，分别是陕西宝鸡、湖南会同县连山、湖北的随州。陵墓主要有四处：湖南株洲、陕西宝鸡、山西高平、河南柘城。炎帝部落的活动范围在黄河中下游，初在姜水，后定都在陈地，后来又将都城迁移到曲阜。黄帝出生地影响较大的有姬水说（陕西武功）、有熊说（河南新郑）、寿丘说（山东曲阜）。而黄帝陵墓著名的则有五处，分别是河北涿鹿、北京平谷、河南灵宝、甘肃正宁、陕西黄陵县等。而帝舜的生地更为复杂，主要有两种：一是姚墟。《史记·五帝本纪·正义》：“瞽叟姓妫，妻曰握登，见大虹意感而生舜于姚墟，故姓姚。”据《史记》《水经注》《括地志》等记载的故址方位一说在河南濮阳，一说在浙江余姚，一说在山东菏泽，还有说法在浙江上虞。二是诸冯。一说为山东诸城，《孟子·离娄》、明《职方地图》、清乾隆《诸城县志·古迹考》均指此。二说为山西临汾，顾祖禹《读史方舆纪要·平阳府》：“又诸冯山，在县东北四十里，《孟子》云：舜生诸冯，盖即此。”舜都则一有蒲坂，在山西永济，《括地志·蒲州·河东县》：“河东县南二里故蒲坂城，舜所都也。城中有舜庙，城外有舜井及二妃坛。”二有潘城，在河北涿鹿，《水经注》曰：“漯水经潘县故城，或云舜所都也。”《括地志》云：“舜都在怀戎县，县北三里有舜庙，外城有舜井。”三是当代学者认为舜都在河南淮阳，近年发现的淮阳平粮台龙山文化城址即为舜都⑧。舜帝的陵庙则主要有湖南省永州舜帝陵、山西运城舜帝陵、浙江上虞舜帝庙等。类似的传说还有很多，不再赘述。根据前面关于古代帝王代际传递的原因分析，结合考古学文化的传播流变现象综合考察，基本可以认定，这些帝王生、卒地望多变，大概率是古代氏族征战迁徙、攻城夺地之后，再与当地氏族部落结合生成新的政权和文化的结果。

三、碴口与拼接

这里的“碴口”是指考古学文化的分布和变化节点，“拼接”是指结合古代文献分析、对照，以确认文化的族属和性质。纵观中国新石器时代考古文化，大约有四次大范围的迁变和转折现象。首先是仰韶时代前期后冈一期文化和庙底沟文化的碰撞与迁徙。最早发现并论述这种现象的是恩师张忠培先生，张先生最先指出：“从考古文化的谱

---

⑧ 秦文生：《舜都于淮阳平粮台龙山文化古城考》，《中原文物》1991年第4期。

系研究，可知在长江流域存在着以江汉平原和长江下游为中心的两个考古文化系列群；在黄河流域可能存在着三个考古文化系列群。后者之一是西起甘青，东至洛阳左近，北起河套，南越秦岭至汉水上游，而以渭水为中心的考古文化系列群；之二是以泰沂为中心的考古文化系列群；之三是包括华北东北部及东北西南部以滹沱河为中心的考古文化系列群。……后冈一期文化的前身，是磁山—裴李岗文化，似乎不成问题。这五个平行的考古文化系列群的目前已能确认的源头，即大溪文化、河姆渡文化、老官台文化、北辛文化和磁山—裴李岗文化。”⑨之后先生又在1990年11月的河北省文物普查总结大会上指出：后冈一期文化属于大汶口—龙山文化谱系，年代当在刘林期之前。半坡—庙底沟文化系列和后冈一期—大汶口文化属于不同的考古学文化谱系，半坡文化和后冈一期文化存在相互联系，在后冈文化中已有半坡文化因素，庙底沟文化居民迁徙到河北后，后冈一期—大汶口文化的居民基本上退缩到山东境内了⑩。再后先生又在与乔梁同志合著的《后冈一期文化研究》中指出：距今6000年前后，太行山周围及黄河下游的新石器时代文化，均不同程度地出现少量彩陶，存在以鼎、壶、钵等基本器物组合为特征的文化因素，这种现象是文化属性的相同性所决定的，这就是“大后冈”文化⑪。根据先生的这些论述，结合《逸周书·尝麦解》的相关记载，完全可以认定：后冈一期文化的变化、迁徙，庙底沟文化的进逼，与炎黄战争、征杀蚩尤的传说历史基本契合。由于蚩尤逐帝（争夺了炎帝的帝位），引发了炎黄大战。蚩尤部族是炎帝集团的主要力量，汶、泗流域的北辛文化、大汶口早期文化以及后冈一期文化是蚩尤集团的主体文化。从张忠培先生考古文化系列群的划分中再分析，实际上以渭水为中心的考古文化系列群与黄河中下游地区的考古文化系列群分属两个系统：西部主要是李家村、老官台文化系统，以李家村、老官台文化→半坡文化→泉护类型、庙底沟（西阴文化）→西王村、半坡四→庙底沟二期、案板三期→客省庄二期、陶寺、王湾三期等类型为主要序列。东部主要是贾湖、裴李岗文化系统，以贾湖、裴李岗、磁山文化→安徽双墩、江苏龙虬庄、山东北辛、安阳后冈一期文化等为序列。后冈一期文化之后在豫北冀南发展形成安阳大司空类型、荥阳秦王寨类型→安阳后冈二期文化等；在海岱地区则形成了泰安大汶口、邳县大墩子、淮安青莲岗→新沂花厅、邹县野店、潍坊前埠下、长岛北庄→曲阜西夏侯、广饶五村、栖霞杨家圈、莒县陵阳河等类型，包括了大汶口文化早、中、晚期的各地方类型，再后则发展为龙山文化诸类型。进一步追根溯源，炎黄集团的形成，大约始自距今8000年。也就是说，李家村、老官台文化系统，逐渐演变为黄帝集团；贾湖、裴李岗、磁山文化系统，逐渐演变为炎帝集团。笔者在相关文章中有详细解析⑫，不赘述。

第二个碴口是在安阳大司空类型、荥阳秦王寨、大汶口文化中期形成前后的阶段。蚩尤被杀之后，山东地区在黄帝族（庙底沟文化）的影响下，形成了新的更具发展活力

⑨ 张忠培：《原始农业考古的几个问题——为纪念〈农业考古〉创刊四周年而作》，《农业考古》1984年第2期。

⑩ 张忠培：《河北考古学的研究与展望——一九九〇年十一月二十八日在河北省文物普查总结大会上的讲话》，《文物春秋》1991年第2期。

⑪ 张忠培、乔梁：《后冈一期文化研究》，《考古学报》1992年第3期。

⑫ 王树明等：《蚩尤辩证》，《中原文物》1993年第1期；常兴照：《北辛文化与炎黄传说》，见本书。

的氏族集团，这就是少昊清集团。此有文献“黄帝生于寿丘”（《史记·五帝本纪·索隐》），“命少昊清司马鸟师”（《逸周书·尝麦解》）等记载为证。其物质文化表现则以山东汶、泗流域大汶口文化出现庙底沟式彩陶为标志，约处于大汶口文化早期后段和中期前段左右⑬。关于大司空文化和秦王寨类型，以陈冰白、孙祖初两位先生的研究较为深刻和全面⑭。他们认为，大司空文化大致相当于秦王寨文化亦即大河村遗址三、四期阶段，部分遗存可能早到二期；从文化渊源上说其为承继于“下潘汪仰韶第二类遗存”并混合了后冈一期文化及庙底沟类型的部分因素而形成的变体文化。陶器方面的突出特征是独具风格的彩陶，饰彩的折腹盆、碗、钵类器物更是最富特色的器皿；既以罐区别于东方文化区的炊器标志物鼎；又以壶（小口罐）区别于西方文化区的水器标志物尖底瓶。大司空文化的影响范围较大，北可到冀中及京津地区，向西已达晋中及河套一带，向南与秦王寨文化相互有较大影响，东面则与大汶口文化有较多的交流，在大汶口遗址就曾发现大司空风格的彩陶⑮，同时大汶口文化中的折腹类器物如盆（罐）、钵等亦较多见；尤其中晚期常见的敞口卷沿折腹盂形鼎（或称釜形鼎，如西夏侯上层M26：47、大汶口墓地M117：53），显系受大司空折腹钵影响而改造生成。关于大司空文化的性质，依据笔者对少昊与黄帝的文化关系及历史时段等方面研判，以及文献记载的颛顼所处时代、建都地望及与少昊之间的关系综合考察，笔者认为大司空文化应该就是颛顼部族的物质文化。文献中有“少昊孺帝颛顼”于东海之内大壑（《山海经·大荒东经》），长成而辅佐少昊，说明颛顼曾经在较短时间内接续少昊而统治过东方部分地区。所以《帝王世纪》曰“颛顼生十年而佐少昊，二十而登帝位”应该实有所本。《国语·楚语》记曰：“古者民神不杂。……如是则明神降之，在男曰觋，在女曰巫……及少皞之衰也，九黎乱德，民神杂糅，不可方物。夫人作享，家为巫史，无有要质。民匮于祀，而不知其福。烝享无度，民神同位。……颛顼受之，乃命南正重司天以属神，命火正黎司地以属民，使复旧常，无相侵渎，是谓绝地天通。”也从另一个方面证明了颛顼受命接收少昊政权的史实。

颛顼统治海岱地区时间较短。随着大汶口文化族群的不断壮大，东夷人很快就又走上了文化巅峰。这在物质文化反映出来的是冀南、豫东、豫中逐渐发现较多的大汶口中、晚期遗存，而大司空类型逐渐缩小至豫北冀南一带很小的区域之内。杜金鹏曾详细论证了颍水中上游及河南中东部地区的大汶口文化遗存，并称之为大汶口文化的颍水类型。年代相当于大汶口文化的中期和晚期⑯。大汶口文化中期时就已经接近了豫中的证据还有如尉氏椅圈马遗址第四期遗存等⑰。而肖燕则进一步认为大汶口文化在豫东、皖北形成的时间还要早一些，如周口烟草公司仓库发现的大汶口文化墓地、亳州富庄遗址

⑬　常兴照：《少昊、帝舜与大汶口文化》（上、下），《文物春秋》2003年第6期、2004年第1期。

⑭　陈冰白：《略论大司空类型》，《青果集——吉林大学考古专业成立二十周年考古论文集》，知识出版社，1993年；孙祖初：《秦王寨文化研究》，《华夏考古》1991年第3期。

⑮　山东省文物管理处、济南市博物馆：《大汶口——新石器时代墓葬发掘报告》，文物出版社，1974年，图版一〇六。

⑯　杜金鹏：《试论大汶口文化颍水类型》，《考古》1992年第2期。

⑰　郑清森：《试论尉氏椅圈马遗址第四期遗存的文化性质》，《华夏考古》2004年第2期。

等[18]。对照文献所载，这些变化当与帝喾或虞幕接替了颛顼，带领东夷群体开始的又一次扩张有关。《史记·五帝本纪》记载帝喾是颛顼族子，《国语·鲁语上》说“帝喾能序三辰以固民。”并曰：“幕，能帅颛顼者也，有虞氏报焉。”说明帝喾、虞幕都是接替颛顼次序三辰、治历明时、统帅颛顼事业的氏族。故帝喾、虞幕与颛顼可能存在族群和王权更替关系。根据文献中记载的相关事迹和音韵关系，笔者认为帝喾、虞幕和帝舜的父族瞽瞍是一体而三说。其一，虞幕、瞽瞍与帝喾有着较强的相似性。帝喾高辛父曰蟜（桥）极，瞽瞍父曰桥牛，两者父名具有较大的相似度。高辛为颛顼族子，瞽瞍为其玄孙，虞幕与帝喾又都是代高阳氏王天下者也，三人渊源相同。其二，高辛喜好音乐，《吕氏春秋·古乐》：“帝喾命咸墨作为声歌：《九招》《六列》《六英》。”而瞽瞍即为礼乐之官。《书·胤征》：瞽奏鼓。《诗·周颂》：有瞽有瞽，在周之庭。《周礼·春官·大司乐》：乐祖祭于瞽宗。《国语·周语上》：“先时五日，瞽告有协风至。”“是日也，瞽帅音官以风土。”可知喾、瞽均有音乐之长，瞽、幕皆能听协风，喾、瞽、幕有着深厚的基因叠合性。其三，从古文字形音义方面，三字相互通转。《说文解字》喾：急告之甚也。从告，学省声。瞽：目但有眹也。从目鼓声。鼓、告同声。瞽为见母模部，喾为见母觉部，幕为明母铎部，三字或声母相同、或韵尾韵腹相同，音近易转。幕即帏幔，在甲骨文中即“曼”字，形如上下手遮蔽眼睛（拾8.5、合9337）。瞽为舜父，被称为盲目者，《尚书·尧典》孔传：“无目曰瞽。舜父有目不能分别好恶，故时人谓之瞽，配字曰瞍，又通作鼓。”其实瞽目即为看不见东西，与幕（暮）同义。《尔雅·释言》：“幕，暮也”。天空遮幕，暮夜则至，眼目如无也。郭店楚简简 9 记：“古者吴（虞）舜笃事瞽寞，乃弋其孝；忠事帝尧，乃弋其臣。”[19]瞽寞即瞽幕，说明瞽、幕可同名联称。如是看则喾即为幕，幕亦可称为瞽也。正是由于帝喾（瞽幕）接替了颛顼，带领东夷族群的发展壮大，才形成了冀鲁豫皖四省交界地区大汶口文化的繁荣，也进一步促成后期的帝喾娶四妃、生四子，奠定了虞夏商周四代王朝的根基，初步形成了华夏文化的基本架构。

以郑州大河村三、四期遗存为代表的秦王寨文化，也是这一时段重要的构成要素。孙祖初先生把折肩罐和以网纹、星形纹、弧线三角为框的窗棂纹彩陶罐的出现作为秦王寨文化形成的标志，把空足器的出现定为该文化的终止。认为前者的出现标志着一种新的器物组合的产生，后者的出现是继秦王寨文化而来的另一种文化的特征性器物。秦王寨文化的时代约当大汶口文化的中期至晚期的前段。其分布范围最盛时括有豫东和豫西、晋南，而以郑州—沙河上游地区为中心[20]。根据文献记载，秦王寨文化最有可能为共工氏的物质遗存。秦王寨文化中极富特色的网纹彩陶，工具中较多陶、石质网坠，蚌镞，蚌刀等，为共工氏与水为伍提供了较好的注脚。秦王寨文化彩陶的来源可以追溯到庙底沟文化和后冈一期文化。秦王寨文化中并行着分别使用庙底沟系的大口尖底缸以及

⑱ 肖燕、春夏：《皖北、豫东地区大汶口文化的分期与性质》，《华夏考古》2001年第3期。
⑲ 荆门市博物馆：《郭店楚墓竹简·唐虞之道》，文物出版社，2002年。
⑳ 孙祖初：《秦王寨文化研究》，《华夏考古》1991年第3期。

使用后冈系的鼎作为葬具的两种不同传统的瓮棺葬，意味着后冈遗民的存在[21]。庙底沟因素意味着西方黄帝文化系统的东进，后冈遗民意味着以蚩尤为代表的炎帝文化系统的基因[22]，使共工属于炎帝的后裔有了较好的佐证。新发现的属于秦王寨文化遗址的巩义双槐树古城址，极有可能属于共工氏的都城。遗址有仰韶文化中晚期阶段三重大型环壕、封闭式排状布局的大型中心居址、采用版筑法夯筑而成的大型连片块状夯土遗迹、三处经过严格规划的大型公共墓地、三处夯土祭祀台遗迹等，并出土了一大批仰韶文化时期丰富的文化遗物。出土器物包含许多外来文化因子，如折腹鼎、背壶具备大汶口文化特征；陶器组合中出现的大量双腹器，如双腹盆、双腹豆、双腹碗，以及薄胎斜腹彩陶杯，属于屈家岭文化因素；还可以看到双墩文化靴形器、薛家岗文化折腹杯、崧泽文化折肩折腹壶、大溪文化杯等文化元素。《国语·鲁语上》："共工氏之伯九有也，其子曰后土，能平九土，故祀以为社。"《礼记·祭法》中亦有类似的记载："共工氏之霸九州也，其子曰后土，能平九州，故祀以为社。"与双槐树遗址的发现基本吻合。共工建国之地，古代无传，史籍中与"共"有关的河山地名有多处。徐旭生先生认为，共工必须距颛顼不远，才能与共工争战，当以《汉书·地理志》河内郡的"共县"（今辉县）最具为"共工"之国的可能性[23]。此说虽具有合理性，但最初的中心地区还应在郑州一带。历史上的水患以黄河为主，在郑州以西受地形所限，黄河为患并不多；但一过郑州，地势急转，平原广袤，无拘无束；加上汇入漭河、沁河、伊洛河等多条大水，水量大增，极易形成水患。历史上的黄河易道、决口多在这一带。《淮南子·本经训》："共工振滔洪水，以薄空桑。"若无充分的地势，是无法振滔洪水的。秦王寨文化还与大汶口文化有十分密切的关系。大汶口文化对它的影响有几个方面：一是该文化受北辛–大汶口文化系统影响而产生的器物群；二是区内发现大汶口文化中晚期器物[24]。另一个显著标志是郑洛地区白衣黑红彩的"三彩"（或称为"复彩"）陶器大量增加，尤其在环嵩山地区的郑州西山、郑州尚岗杨、伊川土门、嵩县桥北、宜阳苏羊等遗址十分明显。这种彩陶被认为是大汶口文化的影响所致[25]。文献记载，共工是少昊的不才之子，《左传·文十八年》："少昊氏有不才子，毁信废忠，崇饰恶言，……天下之民谓之穷奇。"杜注："谓共工，其行穷，其好奇。"此可以说明秦王寨文化中的大汶口文化因素当与少昊有关，标志着少昊之势曾经达到豫中地区。后期秦王寨文化的因素也出现在大汶口文化中，大汶口、西夏侯、野店等遗址都发现过秦王寨文化的网纹或受其影响的彩陶罐。大汶口文化中的秦王寨文化因素，大概与后期"共工振滔洪水，以薄空桑"有关。这一历史阶段大概距今5700—5300年。如果颛顼的时代比少昊时代略晚，应该处在大汶口文化中期前后，亦即距今5500—5000年。

第三个碴口是庙底沟二期文化和大汶口晚期文化形成并发展为龙山文化的时期。大

㉑ 朱雪菲：《大河村遗址秦王寨文化彩陶再研究》，《中原文物》2015年第2期。

㉒ 王树明、常兴照、张光明：《蚩尤辩证》，《中原文物》1993年第1期。

㉓ 徐旭生：《中国古史的传说时代》，文物出版社，1985年，第47、48页。

㉔ 孙祖初：《秦王寨文化研究》，《华夏考古》1991年第3期。

㉕ 张海、赵晓军：《仰韶与龙山之间：公元前3千纪前半叶中原社会的变革》，《中原文物》2021年第6期。

汶口文化晚期阶段，海岱地区的文化格局，出现了较大的变化，主要是文化中心转移到了东方。以陵阳河类型为代表的东方氏族迅速发展，并向西、向南进行了大规模的迁徙和扩张。陵阳河类型的发达与先进，一是表现在器物群体反映出生产力水平的进步，如较多磨光黑陶的出现、大量酿酒与饮酒器物的存在，说明制陶技术极为成熟、农业生产特别丰富，有较多的剩余用于酿酒。二是出现祭祀类陶器与陶器上刻画图像文字等等现象，证明意识形态领域出现了质的飞跃。三是同期遗址十分密集，仅日照一地，就发现同类遗址600余处，几与现代的村庄相比肩。这种状况一直延续到龙山文化早期。

发展与扩张是一对不可分开的孪生兄弟。陵阳河类型的扩张、迁徙其一表现在鲁东南地区出现了文化的统一性，在三里河、诸城、安丘莒县、临沂出现了大量同类型遗址；在祭祀和文化意识上亦形成统一，有多个遗址出现了与陵阳河遗址相同的陶尊上的刻画文字。其二是对南部苏皖地区发动了征讨，对良渚文化进行了有力的反击。如在南京北阴阳营和余杭南湖遗址发现与陵阳河类型类似的刻画符号；江浙一带的良渚文化中屡见大汶口晚期的代表性器物。而蒙城尉迟寺类型就是陵阳河氏族南征的一个重要据点。这次南征从时代上一直持续到龙山文化早期，豫东淮阳平粮台龙山文化古城仍然是这次南征的余脉；从范围上波及江汉地区，屈家岭文化晚期及"湖北龙山文化"中出现的陶鬶、陶壶、蛋壳彩陶杯以及拔牙习俗、连间房屋建造技术，石家河文化中出现的刻符大口缸等[26]，都与这次南征有密切关系。其三是对一直与其有密切关系的西部诸族进行了渗透，先是大汶口晚期的西夏侯类型出现了较多的陵阳河类型因素，其中枣庄建新遗址的文化面貌与陵阳河十分接近。再就是鲁西南、豫北冀南、豫西、晋中南等地相继发现大汶口晚期遗存或文化因素。特别引人注目的是，在豫中、豫西如洛阳等地远离大汶口文化的地方，还发现一些大汶口文化墓葬。因故有人认为，大汶口文化不仅对仰韶文化有强烈的影响，有些居民已经迁到仰韶文化的老家落户了[27]。这种渗透带来的直接影响是，促成了以庙底沟二期文化为代表的不同地域文化传统的一次新的组合；引发了仰韶文化系统"空足三足器"的一场革命；形成了龙山时代中原地区分别以鼎、斝、鬲、甗为代表性器物的不同文化主体的分布格局[28]。

根据文献和地理环境研判沂沭河流域可能即为东海大壑，应该属"日出汤谷"之地；其文化族属可能即为"羲和之国"，与帝舜、太昊族群密迩相关[29]。太昊族南下西迁，到达豫东皖北之后，建立了尉迟寺类型。《孟子·离娄下》："舜生于诸冯，迁于负夏，卒于鸣条，东夷之人也。"《史记·五帝本纪》："舜，冀州之人也，舜耕历山，渔雷泽，陶河滨，作什器于寿丘，就时于负夏。""舜耕历山，历山之人皆让畔；渔雷泽，雷泽上人皆让居；陶河滨，河滨器皆不苦窳；一年而所居成聚，二年成邑，三

㉖ 黎家芳：《山东史前文化在中华远古文明形成中的地位》，《山东史前文化论文集》，齐鲁书社，1986年，第166页；张弛：《大汶口文化对良渚文化及屈家岭—石家河文化的影响》，《浙江省文物考古研究所学刊（第八辑）·纪念良渚遗址发现七十周年学术研讨会文集》，科学出版社，2006年，第14—22页。

㉗ 武津彦：《略论河南境内发现的大汶口文化》，《考古》1981年第3期。

㉘ 陈冰白：《新石器时代空足三足器源流新探》，《中国考古学会第八次年会论文集·1991》，文物出版社，1996年。

㉙ 常兴照：《少昊、帝舜与大汶口文化》（上、下），《文物春秋》2003年第6期—2004年第1期。

年成都。”上述文献中的大部分地名，都与鲁西、豫东、皖北有关联。结合陵阳河类型与尉迟寺类型的迁移分布状况，说明与帝舜西迁并在豫东皖北一带立国的推论是有根据的。再看《史记·五帝本纪》所记：“舜父瞽叟顽，母嚚，弟象傲，皆欲杀舜。舜顺适不失子道，兄弟孝慈。欲杀，不可得；即求，尝在侧。”基本上说明了帝舜取代瞽幕（帝喾）的大致过程。同时亦证虞舜和帝喾（瞽）两代部族交替的时候，亦非平顺自然过渡，可能存在一定的争夺行动。豫东皖北的大汶口晚期遗存，当属帝舜在淮河中下游扩充地盘，汇聚人才，取代帝喾（瞽幕）的阶段。据《史记·五帝本纪》：“昔高阳氏有才子八人，世得其利，谓之‘八恺’。高辛氏有才子八人，世谓之‘八元’。此十六族者，世济其美，不陨其名。……舜举八恺……八元，……内平外成。”可知帝舜完全接管了帝喾和颛顼族群的人才和相关资源，完成了立国大业。在完成族群权力交接之后，帝舜进行了一系列的开疆扩土和政治改革。先是大举西进，在豫中汝、颍河地区建立了较为稳固的基地，形成了大汶口文化颍水类型[30]；在嵩山南麓一带形成了华族聚居区；任用皋陶、伯益等部族管理国家，并招用了帝契、后稷等外围部族首领参与执政，与中原民族和谐相处，促进了华夏文化的初期繁荣。这一文化态势一直延续到龙山文化早中期。帝舜对中原地区的经营管理，在文献中有较多记述。《左传·昭公元年》：“昔高辛氏有二子，伯曰阏伯，季曰实沈，居于旷林，不相能也。日寻干戈，以相征讨。后帝不臧，迁阏伯于商丘，主辰。商人是因，故辰为商星。迁实沈于大夏，主参，唐人是因，以服事夏商。”这里所指的是帝喾的史迹，但从考古文化上反映的现象看，应该是大汶口晚期文化因素存在于庙底沟二期文化之中。所以很可能是帝舜打着帝喾的旗号，持续完成了对西部庙底沟文化范围的征服。庙底沟二期文化、陶寺早期文化中出现的大汶口文化因素，应该属于实沉带去的物质遗存。随着大汶口文化的介入，随之出现了有关“帝喾娶陈锋氏女，生放勋（帝尧）”（《史记·五帝本纪》）的记载；也出现了“昔尧德衰，为舜所囚也。舜囚尧于平阳，取之帝位。舜放尧于平阳”（《古本竹书纪年》）的不同说辞。还连带出现了“舜为冀州之人、舜都蒲坂”等附属传说。

阏伯所迁商丘，并非现在的商丘，乃为郑国之地。此亦即后期帝舜封其子商均的商丘。北魏郦道元《水经注·洧水》：“郑处大辰之野，阏伯之地。”大辰星即心宿三星中的大火星，是夏季在天空中最容易看到的明星。郑处中原腹地，天地之中，故属于辰（商）星之位。《史记·天官书》：“心为明堂。”《索隐》引《春秋说题辞》：“房心为明堂，天子布政之宫。”《左传·襄公九年》：“陶唐氏之火正阏伯居商丘，祀大火（辰星）而火纪时焉。”阏伯被封为火正，实际上替代了重黎“为帝喾高辛居火正”的官职，成为后期的祝融。故有“郑为祝融之墟”（《左传·昭公十七年》）的说法。再后帝舜又将其子商均封于此，客观上形成了后期商均与大禹“辞避”事件发生的空间条件。也为后来占据此地的商人称商，商汤选择在此建都（二里岗商城）提供了依

㉚　杜金鹏：《试论大汶口文化颍水类型》，《考古》1992年第2期。

据[31]。郑州嵩山周边的龙山早期文化存在众多大汶口文化因素，就属于这一历史阶段的强力佐证。

帝舜的文功武治还表现在对南方的征服。由于三苗在江淮、荆州一带屡屡作乱，故帝舜发起征讨三苗的战争。我在相关文章中已经详细论证过良渚文化就是三苗文化，良渚文化中出现大量的大汶口文化因素就是帝舜征讨三苗的物质证明。所以，宁绍地区也就留下了众多帝舜的传说和史迹，后期的姑蔑国族也可能是帝舜征伐三苗之后滞留在当地的族裔。为了避免后乱，帝舜将三苗部分族群“窜三苗于三危”，大致方位约在四川中、北部一带；因之促进了当地“宝墩文化—三星堆文化”的发展与变革。大概由于三苗和荆州一带的南蛮曾建立了密切联系，故有“在江淮、荆州数为乱”之说，所以帝舜也顺势对长江中游南蛮族进行了渗透，即“放讙兜于崇山，以变南蛮”（《史记·五帝本纪》）。文献中讙兜是“帝鸿氏不才子”。帝鸿氏即大鸿氏，曾经做过黄帝的大臣，故而有讹传为黄帝后裔。实际上帝鸿与帝俊有关，《山海经·大荒东经》有“帝俊生帝鸿”之说，故讙兜应该属于东夷太昊族群的一部分。由于讙兜为人糊涂，是非不明，被称为“混沌”，故帝舜将其流放于“崇山”，以改变南蛮势力。这里的崇山在文献中被指为湘西大庸（张家界）一带，但实际上可能属江汉地区的某座山峰。屈家岭文化后期和石家河文化中的大汶口文化因素，应该属于这一过程的相关物证[32]。

第四个碴口是龙山文化中后期的变化。在龙山文化前期，豫东皖北和汝颍河地区在原有的大汶口文化尉迟寺、颍水类型的基础上，各自形成了共性大于个性的两个龙山文化类型，即禹会村和郝家台类型。但是在距今4300—4000年，其中的禹会村类型形成了更为广泛的王油坊类型，其范围向西已经到达了漯河附近。向东进展则形成了南荡类型。豫中地区的郝家台类型则演变成煤山类型。该类型进一步向西南、南、东南方向发展，进入了石家河文化区，形成了杨庄二期、肖家屋脊、乱石滩等类型。其中乱石滩、肖家屋脊类型可见陕西客省庄文化的部分因素。煤山类型和王湾三期文化存在交流，可见到少量来自王湾三期文化的斝和双腹盆。及至距今4000—3900年，煤山类型被新形成的新砦二期遗存所取代，其他类型虽然大致延续了各自类型的相关因素，但都在二里头文化一期前后逐渐消失或更替[33]。在这一时段的晋南一带，是以陶寺文化为主体的考古遗存。在豫西地区，是被称为河南龙山文化的王湾三期分布范围。它们的早期遗存都还存在较多的大汶口文化和山东龙山文化早期的相关因素，但在中后期也都发生了较大的变化，以庙底沟二期文化为基因的氏族群体可能又占据了主体地位。韩建业将这种变化的时间界定在公元前2200年左右[34]。但根据周边相关文化同时期的变化迹象并结合考古文化的滞后性分析，这种变化应该更早。参考2004年河南省文物考古研究所与北京大学考古文博学院在王城岗遗址现场新测定了一批样品数据，并对三组有直接层位关系的系

---

[31] 常兴照：《共工氏文化解析及其流徙辩证》，见本书；常兴照：《夏代、夏族与夏系文化论析》，见本书。

[32] 常兴照：《舜窜三苗与禹征三苗再认识——兼谈良渚文化族属》，《东方考古》（第19集），科学出版社，2022年。

[33] 袁飞勇：《煤山文化研究》，武汉大学博士学位论文，2020年。

[34] 韩建业、杨新改：《王湾三期文化研究》，《考古学报》1997年第1期。

列样品数据进行了拟合，王城岗遗址三组有直接层位关系的系列样品数据拟合的结果分别为公元前2200—前1980年、公元前2280—前1970年、公元前2290—前1940年[35]。王城岗遗址是王湾三期中、后期文化的典型遗址，推测王湾三期的变革应在距今4300年较为准确。另外，这一时段豫北冀南地区的后冈二期文化，受山东龙山文化尚庄类型所影响，后期演变成以鬲、甗为主体特征的文化遗存，形成了白营类型[36]。

对上述考古学文化的转折和变化，笔者结合相关文献分析，认为均与大禹一族的崛起、独立、征讨、统一的过程有关，可能标识了夏代早期流共工、灭相柳、殛鲧、治水、涂山会盟、禹征三苗、后羿乱夏等历史事件的发生和发展[37]。根据《史记·五帝本纪》载："舜子商均亦不肖，舜乃豫荐禹于天。……禹亦乃让舜子，如舜让尧子。诸侯归之，然后禹践天子位。"《史记·夏本纪》："帝舜荐禹于天，为嗣。……大禹辞辟舜之子商均于阳城。天下诸侯皆去商均而朝禹。"之后大禹开始了统一天下的征讨：先是对后冈二期文化的分化，与祝融形成氏族联盟（融降于崇山），灭杀了共工，剿灭了共工之臣相柳，流共工于幽陵。《荀子·议兵篇》："是以尧伐欢兜，舜伐有苗，禹伐共工。"《荀子·成相篇》："禹有功，抑下鸿，辟除民害逐共工。"《山海经·大荒北经》："共工臣名曰相繇，……禹湮洪水，杀相繇，其血腥臭，不可生谷。其地多水，不可居也。禹湮之，三仞三沮，乃以为池。"再与祝融一起征讨涂山氏，剿灭了夏鲧，殛鲧于羽山。《大戴礼记·帝系》说："鲧娶于有莘氏之子，谓之女志氏，产文命。"《世本·帝系篇》载："鲧娶有辛氏女，谓之女志，是生高密。"《山海经·海内经》说："鲧窃帝之息壤以湮洪水，不待帝命。帝令祝融杀鲧于羽郊。鲧复生禹。帝乃命禹卒布土以定九州。"因为鲧、禹所谓的父子关系，此事一直被历代史家所讳言。鲧复（腹）生禹，就是指杀鲧才能生禹。《左传·哀公七年》记载："禹合诸侯于涂山，执玉帛者万国。"《史记·外戚世家》云："夏之兴也以涂山。"正是涂山之会，禹确立了为天下共主的地位。涂山会盟之后，大禹又开始了大规模的征三苗战争。大禹借着水患、地震和雪雨、夏冰、五谷变化等极端灾害，"亲把天之瑞令，以征有苗……搤矢有苗之祥，苗师大乱，后乃遂几"（《墨子·非攻下》）。夏禹集团这次征讨，一直打到了三苗最后的领地会稽山下，并在会稽又进行了一次会盟。《国语·鲁语下》记有："昔禹致群神于会稽之山，防风氏后至，禹杀而戮之。"防风氏被杀，宣告了三苗民族的彻底瓦解。在考古学文化上广富林文化的出现和良渚文化的彻底消失，以及后世关于大禹在宁绍地区的传说和遗留下来的大禹陵、禹王庙等遗迹，都属于这一事件的具体反映。这些行为往往被史家和大禹治水关联在一起进行赞颂；其实治水只是一个很好的噱头，统一中原，南面为王才是问题的实质。在夏代早期，还有一个重要人物往往被忽视，那就是伯益。伯益具有很强的领导能力并与大禹有较为密切的共存关系（《尚

㉟ 北京大学考古文博学院、河南省文物考古研究所：《登封王城岗考古发现与研究（2002—2005）》，大象出版社，2007年，第776—782页；仇士华：《^{14}C测年与中国考古年代学研究》，中国社会科学出版社，2015年，第84、85页。

㊱ 李世伟：《后岗二期文化与周邻文化关系及相关问题研究》，郑州大学硕士学位论文，2016年。

㊲ 常兴照：《龙山文化与后羿传说》，见本书；常兴照：《夏代、夏族与夏系文化论析》，见本书。

书·大禹谟》）。《战国策·燕策一》："禹授益，而以启为吏，及老，而以启为不足任天下，传之益也。启与支党攻益而夺之天下，是禹名传天下于益，其实令启自取之。"《墨子·尚贤》："禹举益于阴方之中，授之政，九州成。"可知伯益曾经替代大禹，统治过嵩山周边的夏族子民。这也是陈冰白先生分析龙山晚期中原地区相关文化形成螺旋式布局的重要原因㊳。

夏代早期，还发生了广为流传的后羿传说，也是传说历史的重要组成部分。相关传说主要发生在龙山文化中、晚期。主体是鲁北地区潍淄流域的部分居民，在后羿的带领下首先对海岱地区的东夷民族进行了十分惨烈的征杀擒射，《淮南子·本经训》："逮至尧之时，十日并出，焦禾稼，杀草木，而民无所食；猰貐、凿齿、九婴、大风、封狶、脩蛇，皆为民害。尧乃使羿诛凿齿于畴华之野；杀九婴于凶水之上；缴大风于青邱之泽；上射十日而下杀猰貐；断脩蛇于洞庭；禽封狶于桑林。万民皆喜，置尧以为天子。"这是东夷民族的一次内讧，导致东夷文化的骤变，生产力衰退，形成岳石文化。其后就是"后羿代夏"，《左传·襄公四年》："昔有夏之方衰也，后羿自鉏迁于穷石，因夏民以代夏政，恃其射也，……寒浞，伯明氏之谗子弟也。伯明后寒弃之，夷羿收之，信而使之，以为己相。浞行媚于内而施赂于外，愚弄其民而虞羿于田，树之诈慝以取其国家，……浞因羿室，生浇及豷，恃其谗慝诈伪而不德于民。使浇用师，灭斟灌及斟寻氏。处浇于过，处豷于戈。靡自有鬲氏，收二国之烬，以灭浞而立少康。少康灭浇于过，后杼灭豷于戈，有穷由是遂亡。"关于这段历史，笔者有详细论述㊴，此不赘。由此可知，夏代真正稳定下来形成王朝，是在少康中兴和后杼定国之后，此前数百年都是在征战沉浮过程中，所以其物质文化也相对贫乏，相关记载也较为模糊，其历史成就远不如虞舜时期的文化积淀深厚。所以夏朝至今仍是学界聚讼的焦点是有一定客观原因的。

四、认识与思考

前述相关论证，已经基本梳理出古代传说历史或曰"五帝时代"的大致架构。同时得有下列认识和思考。

（1）中国的传说历史，主要由新石器时代处于黄河中游的仰韶文化集团和位于下游地区的北辛→大汶口文化集团通过交流融合构成的主线。在不同的历史时期分别为炎黄、华夏、夷夏。华族即昊族亦即舜族，其后人成为夷族，与炎帝关系密切；夏族即禹族，与尧族、周族（后稷）有递转关系，根宗于黄帝。北辛文化晚期即后冈一期文化时期，已进入军事民主制时期。黄河下游地区的蚩尤族逐炎帝（榆罔）而自代，南控三苗，西侵黄帝，统一大半中国，是最早的军事民主制的首领。之后受到黄帝系统的大规

㊳ 陈冰白：《从龙山晚期的中原态势看二里头文化的形成——兼谈对早期夏文化的若干认识》，《中国考古学的跨世纪反思》（下），商务印书馆（香港），1999年，第289—304页。

㊴ 常兴照：《龙山文化和后羿传说》，见本书。

模反击，后退到海岱地区大汶口文化早期后段出现的庙底沟文化因素，是黄帝族大举东进征服蚩尤形成的结果，也是东西两大文化集团的第一次交流融合。

（2）中国古代社会进程具有自身的发展规律和逻辑，不能完全套用传统的原始、奴隶、封建社会三大发展阶段。征服和扩张，可能是历史发展的主要动力。就连广为流传的大禹治水，也可能是氏族战争的另一面说法。正统典籍中的禅让、封建只是一种政治童话。《韩非子·说疑》记载："舜逼尧，禹逼舜，汤放桀，武王伐纣，此四王者，人臣弑其君者也。"这可能是一种历史常态。

（3）我国国家的形成机制和形式具有自己的特点。中华先民在新石器时代早中期，只能依靠家族、宗族的集体协作才能过上定居的农耕生活。协作式生产方式是我国新石器时代社会的主要生产方式，也是产生强制性权力系统的动力与温床。伴随着定居和农耕聚落的形成，这一阶段出现得很早，但发展过程却极为漫长。神权与军权是早期国家职能的具体体现，但与国家的产生并非同步。国家的产生，说到底是生产力发展的要求所决定的，当强制性权力系统与生产发展的管理要求相统一的时候，就应视为国家职能的完全实现，也就是国家的形成。而这一阶段，就发生于大汶口文化的中期（距今约5500年），成熟于大汶口文化的晚期（距今约5000年）。在大汶口文化中期少昊部族建立"以鸟名官"的王国，已经出现了详细的权力职能分工，氏族组织分别掌握着历法、军事、民事、内政、工正、农正等职务，已具备了国家机器的最基本条件。可以认为已经进入文明社会。

（4）在中国上古历史长河中，有虞氏的地位和影响是无与伦比的。"夏商周之前还有一个虞朝"[40]，著名文史专家王树民先生20世纪初曾发出了振聋发聩的呼声。但由于各种原因，在中华文明探源工程中，有虞氏的研究被长期忽略或者搁置；其中最主要的原因可能还是对文献记载的不信任。通过文献研究并结合考古学文化综合解析，笔者认为有虞氏王朝是中华文明初史中极为华丽的一个篇章。其物质文化就是海岱地区的大汶口文化，其历史纪年大约处在大汶口文化中期晚段之龙山文化中期，即距今5300—4200年。有虞氏的天下舆图可以从上博简《容成氏》里的九州找到线索，大禹治水实际上是接收了有虞氏的势力范围。有虞氏是古代多种工巧、技术发明和文字、国家制度、道德思想、法制观念以及天文历法的创造和使用推广者。《史记·五帝本纪》曰"天下明德皆从舜帝始"，太史公的评语至衷至切。著名思想史专家杨向奎先生早在20世纪50年代就呼吁"有虞氏是不能忽视的一个历史时代，应该在中国历史上给他们一个应有的历史地位"[41]。在当下中华文明探源工程的成为世人关注热点的情势下，学术界更应该加强对有虞氏历史的相关研究。

（5）必须重视伯益的历史存在。《史记·秦本纪》载："……女华生大费，与禹平水土。已成，帝赐玄圭。禹受曰：'非子能成，亦大费为辅。'帝舜曰：'咨尔费，赞禹功，其赐尔皁游，尔后嗣将大出。'乃妻之姚姓之玉女，大费拜受，佐舜调驯鸟

---

[40] 王树民：《夏、商、周之前还有一个虞朝》，《河北学刊》2002年第1期。

[41] 杨向奎：《应当给"有虞氏"一个应有的历史地位》，《文史哲》1956年第7期。

兽，鸟兽多驯服，是为伯翳。舜赐姓嬴氏。”《尚书·舜典》：“咨益，汝作朕虞。”《帝王世纪·五帝》：“益为朕虞，庶物繁植。”《孟子·滕文公上》曰：“舜使益掌火，益烈山泽而焚之，禽兽逃匿”。伯益称大费，属东夷族人。山东古有费邑（费地），且其后嗣封国徐、郯、莒、奄、钟离等均在山东一带。伯益与少昊同姓，应属东夷集团或少昊旧部。《孟子·万章》：“禹荐益于天，……益避禹之子于箕山之阴。朝觐讼狱者不之益而之启。”伯益具有很强的领导能力并与大禹有较为密切的共存关系（见《尚书·大禹谟》）。其功德名声，获得了大禹的嘉许：“禹举益于阴方之中，授之政，九州成。”（《墨子·尚贤》）《古本竹书纪年》记曰：“二年，费侯伯益出就国。”说明伯益并没有被杀。根据这些记载，可知伯益在帝舜和大禹两代王朝历史中有着重大功德和地位。一是伯益佐大禹治水，功高盖世，大禹自己都承认如果没有伯益，他的治水可能不会成功。二是辅佐帝舜，替虞帝管理山川林地，走兽飞禽，庶物繁植。三是代替大禹管理朝政，授之政，九州成。但是在以往的相关研究中，对伯益的功德与作用着墨很少，鲜有提及。笔者在相关研究中已经注意到如下问题：一是伯益代替大禹执政，可能关系到夏代早期历史连续性问题。二是伯益为虞帝管理山林鸟兽，可能成为后期的职官“祝融”。三是夏启夺权逐益，伯益在夏启二年“出就国”，可知其没有被夏启杀戮，而是奔走他乡，继续发展㊷。故在夏代历史研究中，应对伯益的历史作用给予足够的重视。

2023年8月于燕郊

附记：本文是2015年为单位职工作“专业讲座”讲稿的前半部分。受陈雍老师指教，该部分稍作修改和补充，作为传说历史研究相关问题的说明。

㊷ 常兴照：《夏代、夏族与夏系文化论析》，见本书；常兴照：《从出土文献看楚人早期历史》，见本书。

北辛文化与炎黄传说

一、炎黄传说的时代概念

徐旭生先生指出：世界上任何一个民族的最初历史，总是用“口耳相传”的方法流传下来的[①]。中国的传说时代上限起自何时，迄今尚无定论，但是一般多认为起自炎黄。司马迁《史记》开篇为《五帝本纪》，记载了黄帝、颛顼、帝喾、尧和舜时期的历史，并认为这是中国历史的开端。这无疑代表了汉代学者对于中国历史初期的认识，并且这种认识延至清代并无改变。20世纪三四十年代蒙文通、徐旭生等前辈学者作了大量的研究，肯定了五帝时代的存在，至今仍然代表着我国学术界的主要认识。所以，传统上华人自称炎黄子孙，炎黄被尊为人文初祖是有一定历史根据的。

但是，炎黄传说作为历史初曙，其具体时间约处在什么位置上，目前学术界主要存在着两种不同的意见，一种认为大约相当于考古学上的新石器时代仰韶文化晚期，即距今5500年前后[②]；一种认为大约相当于龙山文化时期，即距今5000年前后[③]。论析的依据主要源于对史前史分期理论的认识。恩格斯《家庭、私有制和国家的起源》把史前文化分为蒙昧时代和野蛮时代两大阶段[④]。一般认为，考古学所划分的旧石器时代相当于“蒙昧时代”，新石器时代相当于“野蛮时代”。从理论上说，恩格斯关于人类文化发展三阶段（即蒙昧时代、野蛮时代、文明时代）的划分是比较准确、科学的，很有概括性。但实际应用中，学界往往又有不同的理解和补充。对于“野蛮时代”，中国考古、史学界则较多用“母系氏族社会”“父系氏族社会”“军事民主制”等名词分隔界定，并各有侧重地赋予不同的概念。其中母系氏族社会约当旧石器时代晚期至新石器时代，父系氏族社会约当新石器时代末期至铜石并用时代，军事民主制约当父系氏族社会的中、后期。一般认为，炎黄传说比较符合“军事民主制”的概念，因之对于“军事民主制”一词的理解是认识炎黄历史的关键。

“军事民主制”一词，是美国民族学家摩尔根首先提出来的，原指古希腊荷马时代（英雄时代）的部落组织机构，后通常用以泛指原始社会向阶级社会过渡的一个历史阶段。这个阶段中，掠夺邻人的财富和奴隶已成为部落经常的职业，军事首长的权利日益扩大；部落议事会逐渐由管理公共事务的机关变为阶级压迫的工具。军事民主制的特点一是军事首长掌握大权，二是领袖由人民议事会推举产生。从世界历史上看，古罗马

---

① 徐旭生：《中国古史的传说时代》（增订本），文物出版社，1985年，第41页。

② 白寿彝总主编，苏秉琦主编：《中国通史（第二卷）：远古时代》，上海人民出版社，1994年。

③ 童恩正：《中国北方与南方古代文明发展轨迹之异同》，《中国社会科学》1994年第5期。

④ 恩格斯：《家庭、私有制和国家的起源》，《马克思恩格斯选集》（第四卷），人民出版社，1972年。

人、日耳曼人、西徐亚（斯基泰）人等都经历过军事民主制。马克思、恩格斯在他们的著作中都援引过这一概念。中国学者根据古代文献中关于炎黄传说的记载“轩辕之时，神农氏衰。诸侯相侵伐”，黄帝“三战，然后得其志……而诸侯咸尊轩辕为天子”[⑤]来看，炎黄传说的基本情形，与这一概念比较相符，因此学界大多认为炎黄时期属于军事民主制时期。但是，比较古代中国和古代西方社会的生产生活方式，就会知道古代中国的“军事民主制”和古代希腊的军事民主制是不尽相同的。庞卓恒先生指出，考古事实表明，中国古代没有像世界大多数民族那样经历过漫长的游牧、游耕或半游牧半游耕时期才进入定居农业生活，而是从最原始的“采集经济”逐步过渡到了定居的农业生活。决定这一发展过程的根本原因是黄河—长江流域的自然条件，这里的自然因素既决定了这块土地适合于早期农业开发（不像多雨地带那样草木过于繁茂、土壤过于黏重，很难在没有掌握铁器、耕畜等生产手段的条件下进行真正的农业开发），又决定了这种农业开发只能通过大规模的集体协作方式才可能实现（因为还没有掌握铁器和耕畜等技术手段，再加上严重的水旱灾害威胁，个体劳动很难维持生存）。文献记载表明，长江、黄河两大流域很早就在某种程度上联合在一个巨大的共同体之内。抗御自然灾害的共同需要，是促成这一联合的根本要素。考古发现也证明，这两大流域之间的经济和文化联系一直呈现出不断加强的趋势。因而在此基础上逐渐出现了具有中央权威的政权，而各地方与中央之间的联系也总是通过血缘联系或准血缘的结盟关系建立的。庞先生称这种社会是“天子—子民社会”，而称古代西方希腊、罗马时代是“城邦—帝国社会”。作为西方文明最早发祥地的古希腊、罗马，位于地中海北岸，主要分布地是巴尔干半岛南边的希腊诸岛和意大利半岛。在这片土地上栖息的人们，在普遍掌握铁制农具和畜耕技术之前，大多只能长期过着游牧、游耕或半游牧、半游耕的生活。在公元前9世纪或公元前8世纪中叶，希腊人比较普遍地掌握了铁制农具和畜耕技术，从而告别了游牧、半游牧或游耕、半游耕的生产生活方式。在这样的历史条件下转入定居农耕生活，不但在时间上比黄河、长江流域的中华先民晚三四千年，更重要的是，他们由于普遍掌握了铁制农具和畜耕技术，足以依仗个体的生产能力求得生存，不必像中华先民那样，唯有依靠家族、宗族的集体协作才能过上定居农耕生活。生产生活方式及其演进过程的这一重大差别，使古代希腊人只能形成城邦社会，主要职能是组织族群迁徙、征战以及与外邦、外族进行生死存亡的竞争；而不像中国以天子为首的、以宗族或准宗族关系为基础的国家组织所承担的职能是协作式生产生活方式的组织者和维护者[⑥]。根据这种社会演进过程的差别，我们有理由认为，中国古代的军事民主制，一是可能出现的时间较早，应该在定居农耕实现不久之后就有的；二是其首长不一定是军事首长，也有可能是农业生产或某些特种技术方面的能手。农业需要定居，农业因有稳定的收成，反过来又成为定居生活的保证；定居又为饲养家畜、制陶以及衣、食、住、行、风俗习惯等社会文化的发展提供了前提。农业的收获不仅稳定，而且会逐步在维持个人生存所必需之外，有了所谓

---

⑤ 《史记·五帝本纪》。

⑥ 庞卓恒：《中西古文明比较》，《社会科学战线》2001年第4期。

的“剩余”。当“剩余”积累到一定程度，就必然刺激起人们的贪欲。为强占、攫取这些“剩余”而引起的纠纷、战争、贫富分化，就把社会带进了“军事民主制时代”。

根据上述分析，我认为炎黄传说的具体时限，应该早到新石器时代中期前后（依据严文明关于新石器时代的分期[⑦]），亦即距今7000—8000年。传说的空间范围，主要集中在黄河流域的新石器文化中，并波及长江流域的部分新石器文化。这是因为，自公元前五六千年开始，“从考古文化的谱系研究，可知在长江流域存在着以江汉平原和长江下游为中心的两个考古文化系列群；在黄河流域可能存在着三个考古文化系列群。后者之一是西起甘青，东至洛阳左近，北起河套，南越秦岭至汉水上游，而以渭水为中心的考古文化系列群；之二是以泰沂为中心的考古文化系列群；之三是包括华北东北部及东北西南部以滹沱河为中心的考古文化系列群”[⑧]。这些考古文化系列群无疑是考察炎黄传说的重要线索。在黄河流域，从新石器时代较早的阶段起，就分为面向内陆地区的老官台文化（李家村或大地湾文化）和面向海洋地区的磁山·裴李岗文化两大系统，两大系统文化在各自的分布区独立发展并不断向周邻地区扩张的同时，也不断发生着联系[⑨]。从文献中考察关于炎黄传说的空间范围，亦主要集中在黄河中下游地区。就是说，黄河流域新石器时代中期前后的老官台文化、裴李岗·磁山文化及海岱地区的后李文化、北辛文化是考察炎黄传说的主要对象；或者说，认真研究黄、淮流域原始文化之间的关系，对于重构中国的传说历史，具有重要意义。从考古文化的各种迹象分析，上述判断是基本正确的。

二、炎黄文化东西说

我在有关文章中已经探讨过这一问题[⑩]，现再作深入分析。传统古史研究一般认为炎黄文化为同源同宗，如徐旭生先生所划分的华夏（炎黄）、东夷、苗蛮三大集团至今仍支撑着古史传说的基本框架。对此，有些学者也曾质疑，如王献唐先生在《炎黄氏族文化考》第一篇第一章对此有五辨；何新先生在《诸神的起源》第十章中对此亦有精辟的论述，均对炎黄同源同宗提出了不同的看法。可惜或未尽其旨，或未引起重视。使我们对这一重大历史问题的认识，迄今还是一仍旧说，无何改变。

从文献上推考，结合多年考古实践所得，我认为炎黄文化绝非同源同宗，而是具有东西文化分野意义的两大文化集团，其与有关学者提出的华夏东西说（庄春波，1996）、夷夏东西说（傅斯年，1935）[⑪]等具有相似的构架成分，是不同历史阶段黄河流域东西文化交流、碰撞、融合的客观现象。简言之，炎黄东西之说，概指黄河流域新

---

⑦ 严文明：《中国新石器时代聚落形态的考察》，《庆祝苏秉琦考古五十五周年论文集》，文物出版社，1989年。

⑧ 张忠培：《原始农业考古的几个问题——为纪念《农业考古》创刊四周年而作》，《农业考古》1984年第2期。

⑨ 张忠培、乔梁：《后冈一期文化研究》，《考古学报》1992年第3期。

⑩ 常兴照：《齐地古史的考古学研究》，《管子与齐文化》，北京经济学院出版社，1990年。

⑪ 庄春波：《华西东西说》，《赵俪生先生八十寿辰纪念论文集》，山东大学出版社，1996年；傅斯年：《夷夏东西说》，《民族与古代中国史》，上海古籍出版社，2012年。

石器时代中期前后的考古文化族群分布；华夏东西之说，实泛言黄河流域新石器时代晚期左近的氏族文化集团分野；夷夏东西之说，则证之三代及近于三代之前的历史文化区域状况。

征之古籍，指炎黄同源同宗者，莫不出《国语》《新书》《史记》《帝王世纪》诸书。究其渊源，皆因炎、黄同出于少典。《国语·晋语》："昔少典氏娶于有蟜氏，生黄帝、炎帝。黄帝以姬水成，炎帝以姜水成。成而异德，故黄帝为姬，炎帝为姜。二帝用师以相济也，异德之故也。"《绎史》卷五引《新书》："炎帝者，黄帝同母异父兄弟也，各有天下之半。"今本《新书·制不定》作"同父异母弟"。《帝王世纪》："炎帝神农氏，姜姓也。母曰任姒，有蟜氏之女，名女登，为少典正妃，……生炎帝。"《大戴礼记·五帝德》："黄帝，少典之子也，曰轩辕。"《帝系》："少典产轩辕，是为黄帝。"《史记·五帝本纪》："黄帝者，少典之子，姓公孙，名曰轩辕。"少典、有蟜二族的来龙去脉，史籍无征。徐旭生先生在《中国古史的传说时代》中十分审慎地认为：未便妄说（见本文注①）。丁山先生在《中国古代宗教与神话考》一书中认为：少典即小腆，宜即小的日主，与少昊的名义相近[12]。亦有学者直接指出：少典氏当为少昊氏之误[13]。这些学者所本据的文献理论和方法可能有所不同，但都不约而同地认为少典即少昊，可谓英雄之见。少典一词最早出现在《国语·晋语》之中，实际上应该代表了春秋、战国之际的一种说法。其与后来的"黄帝生于鲁东门寿丘"可谓为一源之说，是将黄帝诛杀蚩尤之后炎、黄文化大融合的历史提前化了。笔者亦认为少典即少昊之误：少典娶有蟜氏生炎帝黄帝之说，是黄帝"执蚩尤，杀之于中冀"之后，"命少昊清司马鸟师，以正五帝之官"，少昊（少典）执政，少昊族联合有蟜氏等为黄帝举行了一次加冕大典，是故轩辕黄帝诞生了，后人则传为少典生出轩辕。有蟜氏即为有穷氏，当为东方土著，应该是远古东夷集团的一部分。因为炎帝与少昊的亲缘关系，少昊不会也不能对炎帝后人斩尽杀绝，可能仍置其后裔于故地，号大庭氏，故曲阜有大庭氏之库，后人又附会出少典（少昊）生黄帝、炎帝之说[14]。其实在较早的文献中，如有可能是西周时期作品的《逸周书·尝麦解》中记载的就有很大的不同："昔天之初，□作二后；乃设建典，命赤帝分正二卿，命蚩尤于宇少昊，以临四方；司□□上天末成之庆。蚩尤乃逐帝，争于涿鹿之河（或作阿），九隅无遗。赤帝大慑，乃说于黄帝，执蚩尤，杀之于中冀，以甲兵释怒。用大正顺天思序，纪于大帝。用名之于绝辔之野。乃命少昊清司马鸟师，以正五帝之官，故名曰质。天用大成，至于今不乱。"关于这段文献的解释，历来有很多错误，其中关键问题是对二后和二卿的认识。一般多从徐旭生先生在《中国古史的传说时代》中的解释：二后是两个首长，一个是赤帝，一个是蚩尤；《路史·后纪》卷四则认为："帝榆罔立……乃分正二卿，命蚩尤宇于小颢以临四方。……蚩尤产乱……"意为炎帝族最后一个叫榆罔的帝，用了两个卿士，蚩尤是其中的一个，作了乱事。何新先生则认为：二是上的讹误，二后即上后，二卿即上卿；上后

⑫ 丁山：《中国古代宗教与神话考》，上海文艺出版社，1988年，第390页。

⑬ 郭元兴：《读〈经法〉》，《中华文史论丛》1979年第2期。

⑭ 常兴照：《少昊、帝舜与大汶口文化》（上、下），《文物春秋》2003年第6期、2004年第1期。

即炎帝，上卿即蚩尤[15]。如把这段文献前后文顺读，“天之初”，是指最早的时候，这没有异议；“二后”意指两个首长，也没大错。后即帝，实指二帝。但文中称帝的只有两人，一为赤帝，二为黄帝，赤帝即炎帝，明显二后应指炎、黄二帝。“分正二卿”之后即为“命蚩尤于宇少昊，以临四方”，其意亦明指二卿即蚩尤和少昊。“于宇”都认为是“宇于”的误倒，“宇”为屋檐，引申为居住之意，认为是蚩尤居住在少昊之地。实际上原文无错，“于”字应为“给予”“对于”之意，“宇”字应理解为遮蔽、括有之意，原意即为“命蚩尤给予少昊以管辖”。如此，这段文献似可这样理解：天地开辟之初，诞生了两位大帝，他们各设立朝纲政典；其中炎帝（赤帝）分用了两位卿士，即蚩尤和少昊，并让蚩尤管辖少昊，兼及四方。顺应上天的旨意，蚩尤发展起来；于是驱逐了炎帝，征战于涿鹿之野；炎帝十分恐慌，求救于黄帝；（黄帝）在中冀抓住并斩杀了蚩尤，以强兵勇将出了这口恶气；（黄帝）重整天规朝纲，纪号曰大帝，这里名叫绝辔之野（在绝辔之野举行加冕大典）；命少昊清主持政事，规范五帝百官之位，名字叫质（质者，信诚之意，以表盟信）；奉天承运，典纲大成，至于今不乱。

这是对于炎黄历史的一段明白、完整的记述，不可能做出另外的解释。上述文献明确指出，炎黄文化实非同源同宗，而是各有天下之半的两大文化集团。这一点在其他文献中也有比较明确的暗示。《国语·晋语》四：“黄帝以姬水成；炎帝以姜水成；成而异德，故黄帝为姬，炎帝为姜。”《史记·五帝本纪》正义：“黄帝有熊国君，乃少典国君之次子，……母曰附宝，之祁野，见大电绕北斗枢星，感而怀孕，二十四月而生黄帝于寿丘。”在《帝王世纪》中炎帝之母则称任姒，又称女登，在华山之阳感神龙首于常羊（尚羊），生炎帝，其人身牛首，长于姜水因以为氏。如此，母族、姓氏、生地均不相同的两个大帝，是绝不可能同源同宗的，此其一也。《史记·五帝本纪》：“轩辕之时，神农氏世衰。诸侯相侵伐，暴虐百姓，而神农氏弗能征。于是轩辕乃习用干戈，以征不享。”这里是说炎、黄二帝在时代上有前后交错。同书中还说“（黄帝）迁徙往来无常处，以师兵为营卫。……时播百谷草木，淳化鸟兽虫蛾。”可见其游掠性较大，渔猎经济成分较多而兼营农业。而炎帝族则不同。《太平御览》卷七二一引《帝王世纪》：“炎帝神农氏长于姜水，始教天下耕种五谷而食之，以省杀生。尝味草木，宣药疗疾，救死伤之命。”可知其农业经济比较发达，生产生活比较稳定。像这样在文化发展和时代上有较大区别的两个族团亦不可能是同源同宗的，此其二也。《山海经·海外西经》：“轩辕之国……人面蛇身，尾交首上。”轩辕即黄帝。《史记·五帝本纪》称黄帝以云纪官，为云师；《史记正义》曰其母见大电绕北斗枢星感而怀孕生黄帝，大电即大蛇或大龙，则黄帝族实为蛇龙崇拜之族，以云气为吉祥物。《绎史》卷四引《帝王世纪》：“炎帝神农氏人身牛首。”《左传·昭公十七年》：“炎帝氏以火纪，故为火师而火名。”《白虎通义·五行篇》：“炎帝者，太阳也。”则炎帝族当是以牛为图腾的氏族，以火或太阳为吉祥物。炎、黄二族的图腾崇拜不同，亦说明两大集团不可能是同源同宗，此其三也。再之，文献中有明确记载的炎、黄后裔分布、隶属、地域均不相

---

⑮ 何新：《诸神的起源：中国远古神话与历史》，生活·读书·新知三联书店，1986年。

同。商周之际的姬姓建国主要分布在陕西及山西南部的中条山周围和太行山西麓，周人姬姓自不必说，《左传·襄公二十九年》："虞、虢、焦、滑、霍、杨、韩、魏皆姬姓也。"见于《左传》的还有芮、荀、贾、狐、耿等；《史记·五帝本纪》言：黄帝二十五子，其得姓者十四人；为十二姓，姬、酉、祁、已、滕、葴、任、荀、僖、姞、儇、衣是也。多属夏系、周人族团，位置偏西。而姜姓的建国则偏南、偏东。主要封国在河南的有申、吕、许，在山东的有齐、逄、纪、向、州等，及至后世附为炎裔的苗蛮、莱夷、四岳等族，亦多属夷、蛮集团。亦说明炎黄二族绝非同源同宗，此为四也。上揭四条，足证炎、黄二族实为两个在经济、政治、信仰和文化上都有极大区别的氏族，应该分属不同的文化谱系。其分布区域和文化传承的东西分野与后来的夷夏关系多有相似之处。

值得注意的是《史记·周本纪》正义引《帝王世纪》："炎帝自陈营都于鲁曲阜。"《史记·五帝本纪》正义亦曰："以火德王，故号炎帝，初都陈，又徙鲁。"陈在河南中部，鲁在山东南部。同书中有两处直言炎帝自陈徙鲁，其所本若何，今已无从稽考。但是从炎帝后裔封国多在河南中、南部和山东地区一带分析，这段文献应该是可以凭信的。这其实给我们考察炎帝故里及其迁徙去向提供了一条极有价值的线索，为我们推证炎帝文化找到了一把钥匙。

依据上述分析，似可这样勾画炎黄历史的大致轮廓：很早的时候，天下诞生了炎、黄两位大帝，各据天下之半。炎帝发展稍早一些，文化亦进步一些。炎帝初期的发展中心大约位于河南省的中部，可能由于文化扩张和势力的发展，或者由于与黄帝族团的文化冲突，炎帝族一部分逐渐迁移到山东南部一带继续发展。炎帝集团中有蚩尤、少昊两位卿士，亦即两大部族。其中蚩尤部族发展较快，逐渐辖括了少昊部族，并驱逐了炎帝，自立为帝，向四方扩张。炎帝遂向黄帝求救，黄帝在中冀（或曰涿鹿）擒杀了蚩尤，统一了天下；在绝辔之野举行了加冕大典；命少昊清主持政事，绥靖东方。"天用大成，至于今不乱。"

若此不谬，则只要论定了这一历史文化链环中的任何一环，就有可能举一反三，使炎、黄文化大白于天下。我们在《蚩尤辩证》一文中曾经详细论证了汶泗流域的北辛文化晚期和大汶口文化早期文化是蚩尤族的物质文化[16]；根据这一推论，那么北辛文化早期阶段则有可能是炎帝族团自河南徙鲁之后的物质文化。因此，只要考察清楚北辛文化的相关因素，炎帝文化则必昭然明矣。

三、北辛文化研究

北辛文化是以1978—1979年发掘山东滕州市北辛遗址而得名的考古文化[17]。就目前

⑯ 王树明、常兴照、张光明：《蚩尤辩证》，《中原文物》1993年第1期；逄振镐：《孙子与齐文化》，石油大学出版社，1993年。

⑰ 中国社会科学院考古研究所山东队、山东省滕县博物馆：《山东滕县北辛遗址发掘报告》，《考古学报》1984年第2期。

发现而言，北辛文化集中分布于泰沂山区西南侧、微山湖、东平湖以东的山前平原区；在泰沂山地北部的山前平原和南部的江苏、淮北丘岭地带、胶东半岛及太行山东麓的豫北冀南地区亦发现含有其文化因素的遗存分布。经发掘的遗址有苏北连云港二涧村⑱、大村⑲、灌云县大伊山⑳、沭阳万北㉑、邳县大墩子㉒、滕县北辛、济宁张山㉓、兖州王因㉔、西桑园㉕、汶上东贾柏㉖、泰安大汶口㉗、长清张官㉘、济南田家庄㉙、邹平苑城西南庄㉚、临淄后李㉛、青州桃园㉜、烟台白石村及福山邱家庄㉝、安阳后冈㉞等处。经^{14}C测定，其年代在距今7600—5900年㉟。

北辛文化所处的自然环境，根据全新世环境研究学者的研究，处于全新世以来的温暖期和一个高海面期㊱。经孢粉分析、动植物遗骸鉴定等发现，北辛、王因当时存在着

---

⑱ 南京博物院：《江苏新海连市锦屏山地区考古调查和试掘简报》，《考古》1960年第3期；江苏省文物工作队：《江苏连云港市二涧村遗址第二次发掘》，《考古》1962年第3期。

⑲ 江苏省文物工作队：《江苏新海连市大村新石器时代遗址勘察记》，《考古》1961年第6期。

⑳ 连云港市博物馆：《江苏灌云大伊山新石器时代遗址第一次发掘报告》，《东南文化》1988年第2期；南京博物院、连云港市博物馆、灌云县博物馆：《江苏灌云大伊山遗址1986年的发掘》，《文物》1991年第7期。

㉑ 谷建祥、尹增淮：《江苏沭阳万北遗址试掘的初步收获》，《东南文化》1988年第2期；南京博物院：《江苏沭阳万北遗址新石器时代遗存发掘简报》，《东南文化》1992年第1期。

㉒ 南京博物院：《江苏邳县四户镇大墩子遗址探掘报告》，《考古学报》1964年第2期；《江苏邳县大墩子遗址第二次发掘》，《考古学集刊》（第一集），中国社会科学出版社，1981年；南京博物院：《邳县大墩子遗址第三次发掘简况》，《文博通讯》1976年第7期。

㉓ 济宁市文物考古研究室：《山东济宁市张山遗址的发掘》，《考古》1996年第4期。

㉔ 中国社会科学院考古研究所山东工作队、济宁地区文化局：《山东兖州王因新石器时代遗址发掘简报》，《考古》1979年第1期；中国社会科学院考古研究所：《山东王因》，科学出版社，2000年。

㉕ 胡秉华：《兖州县西桑园北辛文化遗址》，《中国考古学年鉴（1989）》，文物出版社，1990年。

㉖ 胡秉华：《汶上县东贾柏北辛文化遗址》，《中国考古学年鉴（1990）》，文物出版社，1991年；中国考古学会：《中国考古学年鉴（1991）》，文物出版社，1992年；中国社会科学院考古研究所山东队：《山东汶上县东贾柏村新石器时代遗址发掘简报》，《考古》1993年第6期。

㉗ 山东省文物考古研究所：《大汶口续集：大汶口遗址第二、三次发掘报告》，科学出版社，1997年。

㉘ 燕生东等：《长清张官遗址发掘的主要收获》，北京大学《青年考古学家》总第二十期。

㉙ 蒋宝庚：《济南西郊发现古文化遗址》，《考古》1981年第1期。

㉚ 山东省文物考古研究所：《山东邹平苑城西南庄遗址勘探试掘简报》，《考古与文物》1992年第2期；栾丰实、方辉、许宏：《山东邹平县苑城早期新石器文化遗址调查》，《考古》1989年第6期。

㉛ 济青公路文物考古队：《山东临淄后李遗址第一、二次发掘简报》，《考古》1992年第11期；济青公路文物工作队：《山东临淄后李遗址第三、四次发掘简报》，《考古》1994年第2期。

㉜ 青州市博物馆：《青州市新石器遗址调查》，《海岱考古》（第一辑），山东大学出版社，1989年。

㉝ 烟台市博物馆：《山东烟台市白石村遗址调查简报》，《考古》1981年第2期；烟台市文物管理委员会：《山东烟台白石村新石器时代遗址发掘简报》，《考古》1992年第7期；北京大学考古学系、烟台市博物馆：《胶东考古》，文物出版社，2000年。严文明：《胶东原始文化初论》；《山东史前文化论文集》，齐鲁书社，1986年。

㉞ 梁思永：《后冈发掘小记》，《梁思永考古论文集》，科学出版社，1959年；中国科学院考古研究所安阳发掘队：《1958—1959年殷墟发掘简报》，《考古》1961年第2期；中国科学院考古研究所安阳发掘队：《1971年安阳后冈发掘简报》，《考古》1972年第3期；中国科学院考古研究所安阳工作队：《1972年春安阳后冈发掘简报》，《考古》1972年第5期；中国社会科学院考古研究所安阳工作队：《安阳后冈新石器时代遗址的发掘》，《考古》1982年第6期。

㉟ 依据栾丰实：《北辛文化研究》，《海岱地区考古研究》，山东大学出版社，1997年。

㊱ 徐馨、沈志达：《全新世环境——最近一万年来环境变迁》，贵州人民出版社，1990年，表1—9。

适应潮湿或湿热环境的双星藻、同心环纹藻、水龙骨、蜈蚣草、海金沙、唐松草等；还从王因下层、西桑园和东贾柏等北辛文化的遗存中鉴定出相当数量的现今只存活于长江流域的扬子鳄残骸；在王因、大墩子还发现了水牛遗骸，并在多处遗址里发现了现今存活于洞庭湖一带以丽蚌、扭曲蚌、中国尖脊蚌为代表的淡水蚌群和一些南方鱼类，证明当时确实正值气候适宜期。而且在北辛、王因、西桑园、东贾柏等遗址附近必定存在着适宜扬子鳄、大量厚壳蚌存活的水草丰茂、水流清澈的大河巨湖[37]。原本低洼的鲁西豫东地带形成湖沼众多的湿地，泰沂山区及其周围的丘陵平原变成相对独立的人文地理的单元，特别适宜古代人类生存居住。

北辛文化的农业文化发达，已经种植了粟。在北辛出土的陶钵底部印有粟痕，邳县大墩子下层出土了炭化粟。而且在连云港市二涧村的红烧土上还发现了稻壳印痕[38]。北辛文化时已饲养了猪、狗、鸡、牛。在早期的生产工具中，打制的敲砸器、盘状器、斧、铲、刀等尚占相当大的比例，但到晚期，磨制石器已明显增多，以大量的长方形大石铲和三角形磨棒、长方形矮脚磨盘最具特色，还有刀、镰、斧、匕、凿及鹿角锄、蚌镰、蚌铲等；还发现一种陶锉，早晚期都有；此外，渔猎工具发达，有骨、角、蚌质的鱼镖、投矛、镞等。

北辛文化的陶器比较发达，有夹砂陶、细泥陶两种。夹砂陶是用加入大砂粒、草末或蚌屑的陶土烧成，以黄褐色为主，往往斑驳不纯。器形以鼎为大宗，有一些釜、支座、深腹圜底罐等。早期的鼎，深腹，尖圜底，上部多饰斜条窄堆纹、篦划纹或各种压印纹。晚期的鼎，浅腹，平圜底，多饰由长短划纹组成的三角形等纹样。细泥陶器以红陶为主，陶色较纯正。器形以钵为大宗，有不少碗和一些小口双耳壶、盘、盆、勺及器盖等。有些陶钵呈“红顶式”，是制陶过程中套烧形成的印痕。有的陶钵饰锥刺纹。已有少量彩陶，仅在钵沿外侧施一周黑彩。

北辛文化的房址多为圆形（或椭圆形）半地穴式房基，面积不大，为数平方米到10多平方米。有的有斜坡门道，室内有灶坑，有的居住面经烘烤，在西桑园还发现有“石灰”硬面。根据房基上的红烧土印痕判断，应为木骨泥墙尖顶式矮屋。居址布局有分区现象，以东贾柏为例：遗址中部、西部为居住区，东侧为墓地，南侧有大、小壕沟。

北辛文化的葬俗比较复杂。在北辛、东贾柏、大汶口下层等地都发现了墓葬。均为土坑竖穴墓，无葬具；以单人仰身直肢葬为主，有男性3人合葬、二次葬、迁出墓。3人合葬墓中有骨镰、被打碎的陶鼎、陶钵、陶支座随葬。另有葬于圆坑中的屈肢葬。在大汶口下层发现有母子合葬墓；在东贾柏，婴幼儿被像成人那样埋入土坑墓穴中；而北辛的2座婴儿墓，1座用2件深腹罐合扣在一起作葬具，1座是土坑墓，在婴儿遗骸上覆置1件残陶鼎，并随葬1件骨镞。北辛文化还发现过祭祀坑，在东贾柏有一个规整的圆坑，直径2米，深1米，坑底垫有纯净黄土，放3只整猪，坑口为一层红烧土；还有一坑，规整地放置多个龟壳。在北辛遗址中也有一坑埋有6副猪下颌骨，其上还覆盖着石板。另

㊲ 高广仁、胡秉华：《山东新石器时代生态环境的初步研究》，《环境考古研究》（第一辑），科学出版社，1991年。

㊳ 李洪甫：《连云港地区农业考古概述》，《农业考古》1985年第2期。

一圆坑中埋有两个相当完整的猪头。北辛文化已形成了青春期拔除侧门齿的习俗，多见于汶泗流域。

对于北辛文化的研究，目前还存在着较大的分歧。分歧的焦点集中在文化的分期、源流和文化类型上。为了正确把握北辛文化的内涵实质，必须对上述问题做进一步的探讨。

（一）关于分期

原发掘报告将北辛遗址的“北辛文化”分为三期：早期陶鼎很少，盆、碗、盘、盅等与中期的同类器比较，器壁都较厚，制作也较为粗糙，唯三足釜的制作较为精致。纹饰方面未见有数条窄堆纹为一组的各种装饰和压划纹等。中期陶鼎增多，出现了并列多条窄堆纹和彩陶。晚期窄堆纹减少。郑笑梅先生根据大汶口遗址第5—7层和北辛遗址的材料，将北辛文化分为早晚两期：早期以北辛遗址的早期遗存为代表，晚期以大汶口遗址第5—7层为代表。同时指出由早到晚泥质陶的数量逐渐增多，器表加红陶衣和打磨光亮的比例逐渐增加，偏晚阶段还出现了慢轮修整工艺[39]。伍人先生将北辛遗址的“北辛文化”分为早晚两期，并指出早期器类少，鼎比较少见，小口双耳罐及简单的彩陶则不见；晚期鼎开始发达，同时出现壶和彩陶等因素[40]。栾丰实先生利用北辛、大汶口、和东贾柏遗址的材料，将北辛文化分为六段三期，早期很少见鼎，釜为卷沿折腹圜底；中期鼎大量流行，多为尖圜底和垂腹作风以及成堆的窄堆纹装饰；晚期的鼎多为圜底，侧三角形足常见，钵多为敛口，小口双耳壶（罐）的风格也比较一致[41]。张忠培先生等认为：原报告将该遗址的“北辛文化遗存分为早、中、晚三期”，三期划分的线索和各期内涵交代得不很清楚。从目前掌握的材料看，晚期的内涵很可能也不单纯。如将晚期遗存对比有关材料，则可看出有些遗存同后冈下层类似，如H32的盆形鼎类似后冈下层及南杨庄的鼎；敛口平底钵在后冈下层等遗存中也是习见的内容；Ⅳ式釜（H1005：11）的形态基本同于后冈下层Ⅵ式钵（59H3①：1），虽然前者归为釜类，但其质地为夹蚌陶，与其他夹砂陶釜明显有别，故而它跟后冈下层的钵可能为同类器物；H609：8敛口圜底钵与后冈72H3的同类器很少差别；H609：10正倒三角划纹陶片同梁思永先生《后冈发掘小记》中发表的划纹陶片及南杨庄F2：8的纹饰别无二致。可见北辛晚期遗存里无疑包含有文化性质及年代都同于后冈一期文化的遗存，故应把上述单位为代表的遗存从所谓的“北辛文化”中区分出来[42]。王永波先生根据上述看法，将北辛文化诸类遗存分为五段，并将河北易县北福地甲类遗存等插入Ⅰ、Ⅱ段之间，进而整理为三期。三期并非紧密衔接、连续发展，其间有一定的缺环。特别是中、晚期之间，在陶器群总体风格上的差异尤为明显，作为“北辛文化”代表性特征的多条并列窄堆纹完全不见于晚期，表明两者在文化发展阶段和水平上尚有较大的间隔。按照“大后

㊴ 郑笑梅：《试谈北辛文化及其与大汶口文化的关系》，《山东史前文化论文集》，齐鲁书社，1986年；山东省文物考古研究所：《大汶口续集：大汶口遗址第二、三次发掘报告》，科学出版社，1997年。

㊵ 伍人：《山东地区史前文化发展序列及相关问题》，《文物》1982年第10期。

㊶ 栾丰实：《北辛文化研究》，《海岱地区考古研究》，山东大学出版社，1997年。

㊷ 张忠培、乔梁：《后冈一期文化研究》，《考古学报》1992年第3期。

冈（一期）文化”的观点，可将北辛文化的范围限定在第四段以前。晚期，即前述第Ⅴ、Ⅵ段则可归入大后冈文化的范畴，这样意义上的北辛文化即可分为四段、早晚两期；并建议将“北辛文化”Ⅴ、Ⅵ段暂以“后李二期文化”名之，以与后冈一期文化和北辛文化相区别[43]。这些意见为我们重新探讨“北辛文化”的内涵建立了较好的分析框架。

拙见以为：确定典型遗址的分期和年代，是进行其他比较研究的基础。汶泗流域是北辛文化的原发地区，也是目前发表北辛文化资料最多的地区。从文化因素各个方面进行分析，汶泗流域的北辛文化具有极大的一致性，可以视为一个亲缘共同体。以汶泗流域的北辛文化遗存为基础，建立起北辛文化的年代标尺，对于探讨北辛文化的内涵具有重要的意义。目前汶泗流域发表北辛文化资料比较集中的有四组：即北辛、王因、大汶口、东贾柏。具有北辛文化早中晚三期资料的只有北辛遗址一处。在已知的层位关系和分期的基础上进行类型学排比，是目前进行北辛文化分期研究唯一可行的选择。参照其他三处遗址的资料，亦将汶泗流域北辛文化遗存分为三期六段：

早期前段：以北辛遗址第4层和H601、H501、H711等单位为代表。第4层是目前所知北辛文化最早的地层；H501虽然开口于第2层下，但是原报告是将其放在第4层中介绍的，且该坑中所测^{14}C数据是北辛文化最早的年代数据，因此归为早期；H601层位不明，但出有三足釜，原报告也是放在第4层中介绍的；H711出有缸（瓮）、三足钵、小盘、小罐等，器物特点与第4层相似，不见中晚期因素，故亦归为早期前段。该段器物多为夹砂陶，有少量泥质陶，主要器形有釜、盘、碗、盅、罐、盆等，鼎很少；三足器三足矮小；器壁都较厚，制作粗糙；成组的窄堆纹和压划纹少见或不见（图一）。

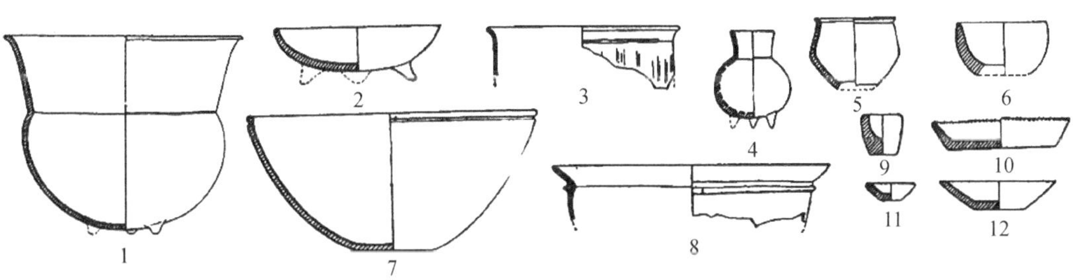

图一　早期前段器物图（北辛遗址）

1. H601∶20　2. H711∶30　3. H501∶14　4. H601∶31　5. H711∶30　6. H501∶5　7. H501∶2　8. H711∶36　9. H501∶8　10. H711∶10　11. H711∶14　12. T605[4]∶33

早期后段：以北辛遗址第3层和H701、H706、H616、H1002等单位为代表，H713、H1001亦可归入此段。第3、4层^{14}C测年有一定差距，可能存在缺环。但是3层的

㊸　王永波：《关于后李文化的谱系问题》，《青果集——吉林大学考古专业成立二十周年考古论文集》，知识出版社，1993年。

文化内涵表现出北辛文化最具特点的东西，并与前段的风格呈现出一定的递演关系，如堆纹的发展，泥质陶的增多，鼎的种类和数量的变化，釜、盆、罐、碗器形的关联等。所以暂将第3、4层归为一期，待资料多时有可能继续分期。H701的测年与第3层相近；H701、H706、H1002器物面貌比较一致，如均出圆锥足敞口斜直壁尖圜底腹饰成组堆纹的盂形鼎（H706：1、H701：3、H1002：17），故归为一段；H616出土的卷沿折腹圜底釜与T605③：44基本一致；H1001与H713所出陶钵基本一致，而H1001所出小口茧腹尖圜底罐形鼎（H1001：26）与H1002所出罐形鼎（H1002：19）相似，故均归为一组。该段陶系泥质陶增多，新出现的成组并列窄堆纹构成了本段陶器装饰的一大特色，彩陶和红顶钵出现，在钵、碗的口部外侧偶见施一周黑彩或红色的带纹；新增小口双耳壶等器形，三足器大量增加，陶鼎成为最具代表性的器类（图二）。

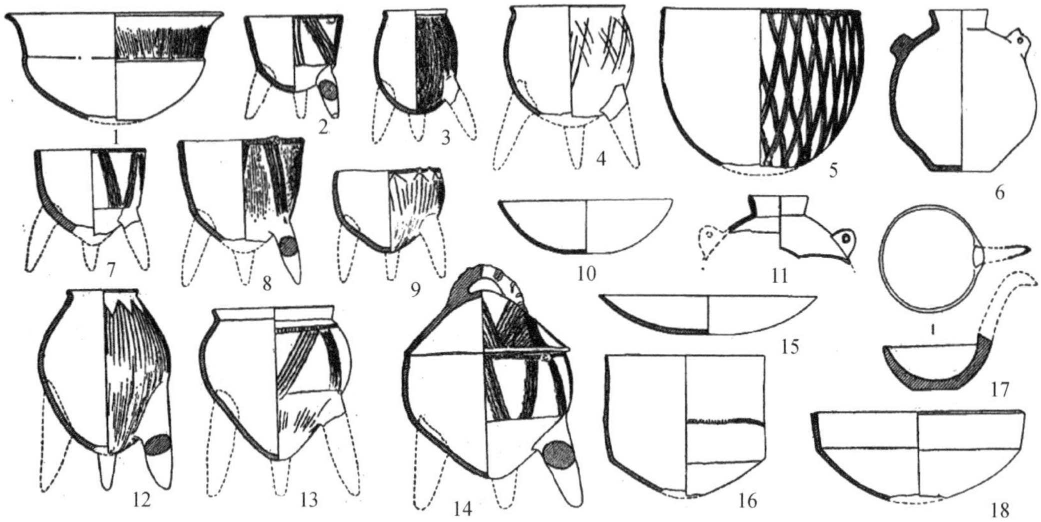

图二　早期后段器物图（北辛遗址）

1. H616：26　2. H1002：17　3. H1002：19　4. H706：1　5. H706：29　6. H1002：12　7. H706：1　8. H701：1　9. H701：1　10. H1001：22　11. H706：6　12. H1001：26　13. H701：13　14. H706：7　15. H713：28　16. H1002：25　17. T605[3]：10　18. H713：16

中期前段：以H307、H505、H304、H401为代表，H18、H606可归入此段。H304、H401均出土敛口圜底钵形鼎，垂腹（尖圜底）现象基本消失，侧三角形足；H307所出陶鼎虽具明显的垂腹（H307：15），但与H304：25的风格相近，故归一组；H505：7、H505：1也都保留较明显的垂腹，但同时又出H505：10那样的与H401：22、H401：23形态相同的钵形鼎；H18所出罐形鼎，除了有点小翻沿外，其他风格都同H304、H401的圜底钵形鼎一致，所出敞口浅盘圜底钵（H18：26）有点早期作风，因之都归为一组；H606所出小口双耳壶的风格较早，但所出红顶碗有点敛口（H606：2），是稍后的作风，故归此段。本段泥质陶继续增多，器类大致没变，并列窄堆纹减少，压划纹增多；鼎类的垂腹逐渐消失，敛口圜底比较普遍；钵、碗类器形逐渐处出现敛口，器腹变深，平底器增多；其他器类与早期后段没有大的区别（图三）。

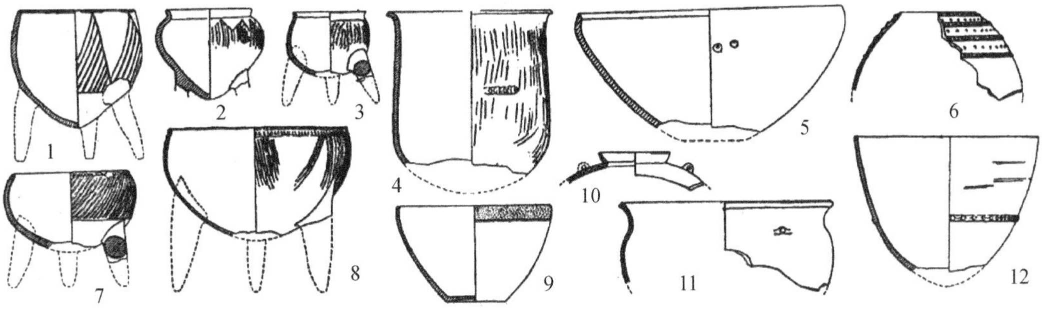

图三　中期前段器物图（北辛遗址）

1. H505：7　2. H304：25　3. H18：41　4. H505：14　5. H505：24　6. H606：7　7. H505：10　8. H401：22　9. H606：2　10. H606：6　11. H606：11　12. H401：24

中期后段：以北辛遗址第2层和H603、H710、H506等单位为代表，东贾柏遗址H13可归此段。本段泥质陶增多；H603、H710所出钵、盆诸类器与上段没有太大的区别，但红顶钵增多；东贾柏H13所出钵形鼎与北辛H505、H304同类器物亦基本一致，唯其罐形鼎（H13：4）垂腹基本消失，表现出一种演进关系；陶器装饰上篦刮纹比较普遍；北辛T604②：8所见盂形鼎出现敛口、腹壁有折棱，均说明一种进化。总之，本段与前段发展关系比较紧密，中间没有缺环。东贾柏H13：39小口圜底罐的口部形态，与北辛H506：1小口长颈折腹壶的出现，则说明了北辛文化与中原地区相关文化的联系（图四）。

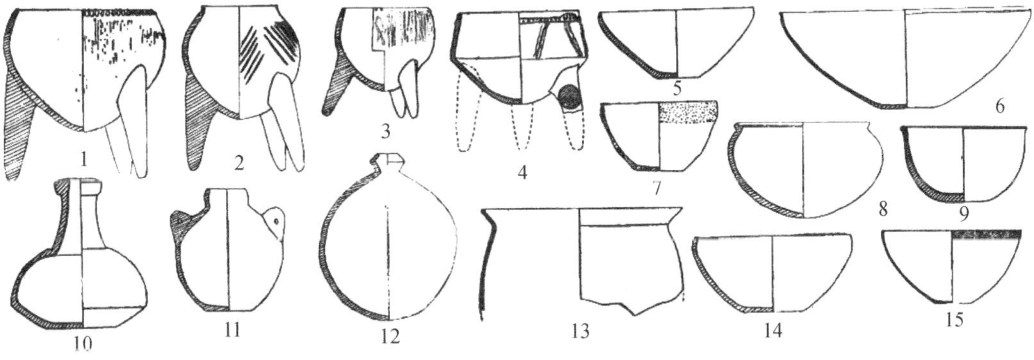

图四　中期后段器物图

东贾柏遗址：1. H13：36　2. H13：4　3. H13：35　7. H13：27　8. H13：38　11. H13：32　12. H13：39　14. H13：26

北辛遗址：4. T604[2]：8　5. H710：6　6. H710：5　9. H603：15　10. H506：1　13. H506：5　15. H603：14

晚期前段：以北辛H32、H609、大汶口第6、7层，东贾柏H2、王因第5层及T4012H11等单位为代表。该段一个共同的特征，是均出一种侈口翻沿大圜底盆形鼎；钵、碗类器物均为深腹，敛口较多见。新出现折腹釜形鼎，但腹折较缓，不甚明显（大汶口T71⑦：1）；小口双耳壶的两耳向肩腹部下移；还出现一种漏器（实为陶鼓）；泥质陶继续增多；并列窄堆纹消失，陶器装饰趋于简略，素面为多；各遗迹单位出土器物要比中期阶段丰富得多（图五）。

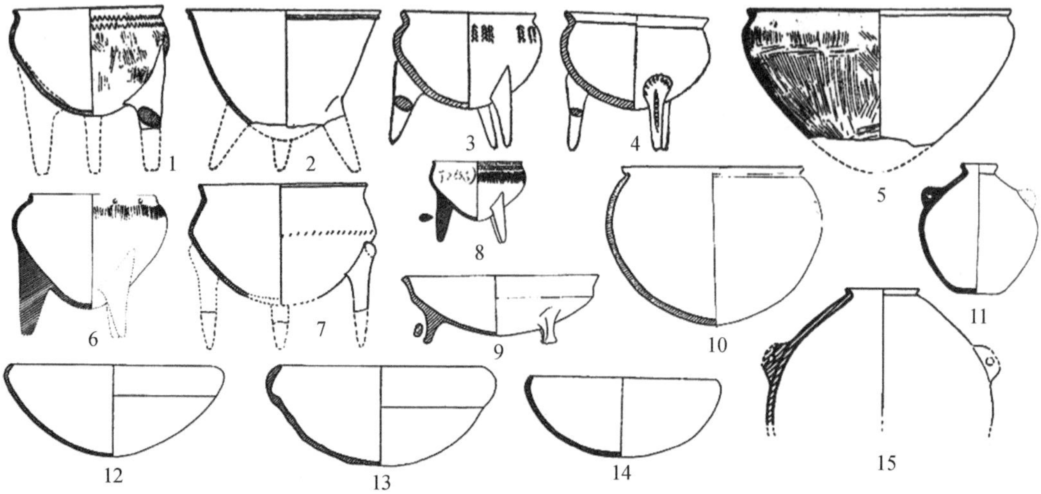

图五　后期前段器物图

北辛遗址：1. H32：25　2. H32：18　5. H1005：11

东贾柏遗址：3. H2：3　4. H2：5

王因遗址：6. T4012H11：17　8. T266[5]：29　9. T4009[4]下：105　10. T409[4]下：20　11. T270[5]：1

12. T4012H11：107　13. T266[5]：25　14. T4012H11：4

大汶口遗址：7. T71[7]：1　15. T615[6]：21

晚期后段：以大汶口遗址第五层及相关单位为代表。本段特征是盆形鼎的形态多种多样，器腹逐渐变浅；釜形鼎的折棱越来越突出、尖锐；小口双耳壶的双耳更向下移，并由梭形向半环形转变；三足碗、猪嘴形支脚构成本段陶器的另一特色。其他器类形态一如前段。从陶器的制作水平来看，已经出现慢轮修整技术（图六）。

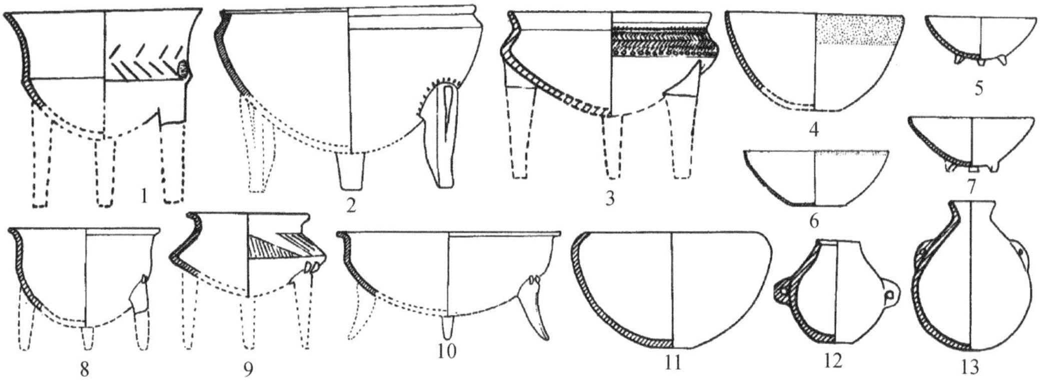

图六　晚期后段器物图（大汶口遗址）

1. IT315[5]B：45　2. H31：4　3. H31：7　4. T38[5]B：11　5. ⅣT213[5]A：10　6. H21：1　7. IT214[5]B：11

8. ⅣT715[5]A：53　9. IT216[5]A：21　10. IT314[5]A：27　11. IT413[5]B：37　12. H31：6　13. M1009：1

前面对汶泗流域几组比较典型的北辛文化遗址进行了分析归纳，所代表的是典型北辛文化的规律和特征。根据上述分期概括的标准和规律，检讨海岱及相邻地区已发表的北辛文化遗存，可以了解北辛文化大致的时空状况。

（1）张山遗址：汶泗流域已发掘的北辛文化遗址还有张山遗址。该遗址位于济宁市郊区，1993年为配合工程建设进行抢救发掘，发现了一处北辛文化的古井，使我们对北辛文化的生产力水平有了更深的了解。遗物多发现于古井之内，泥质陶居多，夹砂陶次之，器形以小口双耳壶、假圈足平底碗为大宗，有少量的鼎和豆，未见钵。圈足碗、豆形器在河南裴李岗文化中习见，是一种较早的文化因素；小口双耳壶的两耳位于肩颈部，都是早期的文化特征。但是遗存中也见双耳位于肩腹下部的双耳壶，且多为半环形耳，这又是较晚的特征。这可能说明井内堆积延续时代较长，包含有不同时代的文化内容，由于遗存较少，尚难蠡测。参考同出矮足盆形鼎（J1：11）的形态与东贾柏H2所出盆形鼎相似，可以认为这组遗存具有北辛文化中晚期特征。

（2）张官遗址：位于长清归德东南，近年来发掘出土了一批有代表性的北辛文化遗存，遗物中包含较多加砂红褐陶的釜、鼎足及泥质陶双耳壶等。发掘者认为属于北辛文化早期，年代在距今7500—7000年。由于可复原器物较少，且详细资料尚未正式发表，无法进行类型比较。据笔者目验该遗址所出鸡腿形足圜底钵形鼎、四耳罐及微敛口钵等器物，该遗址的年代，不会早于北辛遗址的中期。

（3）苑城西南村遗址：位于邹平县长白山东北的孝妇河流域，为一古河道再生堆积，遗物即出在这种再生堆积层里。故苑城西南村遗存可能包含不同时代的文化因素在内。从类型学原理分析，遗物多属北辛文化已无异议。总体观察，这里石器较多，但打制石器较少；骨、蚌器也有较多发现。陶器中以夹砂灰褐陶为主，比较粗糙。有较多器表装饰，主要为划纹、附加堆纹、指甲纹及乳钉纹；乳钉都较大，外表再刻压花纹；附加堆纹以短泥条横列再刻压成齿状，极似后来的鸡冠纹。泥质陶以红褐为主，多素面。器类中最多的是圜底钵形鼎、小口双耳壶和敛口平底钵，钵有的呈“红顶式”，还有部分筒腹罐、盆（釜）和支脚等。栾丰实先生在比较了苑城遗存和北辛遗址的异同之后，认为苑城遗存的主体部分，属于北辛文化的中期部分，个别器物可能早于中期（如乳头状足的器物）[44]，此论甚为恰当。同类遗存在青州桃园遗址也有发现，在鲁北地区具有一定的代表性。

（4）后李遗址：这里指的是后李二期文化遗存。此为后李遗址第9层中发现的一种新石器时代遗存，以夹砂红褐陶和泥质红陶为主，另有一定的灰褐陶和黑褐陶。陶器的装饰以素面占绝大多数，可见极少量的篦刮纹、指甲纹和乳钉饰。器物造型以三足器和圜底器占绝大多数，不见圈足器；基本组合为釜形鼎、圜底钵、三足碗（盘）及少量的小口双耳壶，其中以鼎和钵为代表性器类。学界一般认为该遗存属于北辛文化的晚期后段[45]，笔者亦基本认同；但又同时认为，后李二期的部分遗存可能已进入大汶口文化年代范围之内，如H2452：4釜形鼎与王因上层大汶口遗存T108③：2釜形鼎相似，H250：1釜形鼎与王因上层T4019H1：1、T251H13：16釜形鼎接近。可以判定，后李二

㊹ 栾丰实：《北辛文化研究》，《海岱地区考古研究》，山东大学出版社，1997年。

㊺ 栾丰实：《北辛文化研究》，《海岱地区考古研究》，山东大学出版社，1997年；王永波：《关于后李文化的谱系问题》，《青果集——吉林大学考古专业成立二十周年考古论文集》，知识出版社，1993年。

期遗存基本属于北辛文化的尾声。

（5）白石村与邱家庄遗址：白石村遗址位于烟台市郊区西南部，20世纪80年代初期发掘，其遗存可分为二期文化。其中第一期文化遗存是迄今胶东地区所见年代最早的新石器时代文化：陶器的颜色多为红褐色，陶质以夹砂为主，含云母及滑石的少见；均为手制；富有特征的是微敛口圜底钵形鼎，有三个侧置扁三角形足，足面呈鱼脊状或锯齿形，有的还在鼎足上部穿一圆孔，口沿部多饰短条斜向堆纹或连续的M形划纹；还有部分直口筒形罐（釜）、小口双耳壶和钵等；筒形罐口沿外侧间或有饰波浪形泥条堆纹，上腹部有两个或四个短小的柱状把手；小口壶多有两个圆泥条做成的桥形耳；支脚发现不多，多为实心。同类遗存仅在荣成河口、牟平蛤堆后遗址有零星发现。第二期文化又可分为早晚两期，已发现70余处，基本上遍布胶东半岛。较重要的有福山邱家庄遗址，其内涵分上、下两层，与白石村二期基本一致。白石村二期的晚期和邱家庄上层已经进入大汶口文化范畴，可暂置不论。白石村二期的早期和邱家庄下层遗存，陶器大部分呈红色或红褐色，夹砂陶多于泥质陶；器类以鼎、钵、罐（釜）、壶、器盖和支脚等为主；鼎多卷沿圜底盆形或釜形，圆锥足，有少量方柱形足，足根部往往有一泥突；钵多敞口、圜底，有的有三矮足，并有少量平底或圈足碗；罐多直口筒腹圜底，常有柱状把手或器耳；壶为小口鼓腹圜底，肩部常有双耳或钉头形把手；支脚甚多，呈圆锥形或塔形和弯角形，有实心和空心之别。从总体面貌上讲，白石村一期和邱家庄下层内涵中有很多北辛文化的因素在内，年代亦应相近。其中白石村一期的钵形鼎与北辛遗址H401：22、H304：5鼎十分接近，再如小口双耳壶、圜底红顶钵等亦在北辛文化中期常见，因此白石村一期应与北辛文化中期阶段相当。白石村二期与邱家庄下层的盆形或釜形鼎，均能在大汶口第5层、王因第4层下遗存及鲁北地区的后李二期中找到相近或相同的器形，其他如小口双耳壶、三足钵等也能找到相同或相似的因素，较之于白石村一期共同点更多。因此，白石村二期的早期和邱家庄下层当属于北辛文化晚期后段。

（6）大伊山遗址：位于江苏省灌云县城北大伊山东麓台地上，连云港博物馆和南京博物院分别进行过发掘。共发掘墓葬62座，61座有石板架成的石棺；存在用陶钵扣在头部的埋葬习俗。出土陶、石、玉、骨器150余件；工具中有石铲、砺石、陶锉、网坠等。陶器主要器类为釜、鼎、双耳壶、细颈壶、豆、钵、鬶、碗、盆等。发掘者认为器物没有明显的早晚差别，不能进行分期。按类型学方法比较，大伊山遗存总体面貌与北辛文化有较大的区别，但也含有很多北辛文化因素。细审之，大伊山M29：1圜底釜与北辛H401：24釜相似，M29：2小口双耳壶与苑城XC：O27接近；M39：2三足釜与后李H2452：3三足盘、王因T448H411（上）：1三足盆有较强的亲缘关系；M15：5细颈折腹壶与北辛H506：1相似；M22：5豆形器与王因、张山遗址所出同类器近似；M32：1三足带把罐与大汶口遗址M1001：4单把壶形鼎极为相近。因此，大伊山遗址应该具有北辛文化中期、晚期及大汶口文化早期的文化因素。

（7）二涧村遗址：该遗址发掘工作是20世纪50年代末进行的，文化堆积可分上下层，其下层遗存含有北辛文化因素。发现了7座墓葬，其中5座墓随葬鼎、釜、钵等，并有用钵覆盖死者头部的习俗。就发表的资料而言，其所出钵形鼎与北辛H505：10鼎相似；另一鼎深腹盆形尖圜底圆锥足、口沿下饰细泥条堆纹组成的正道三角纹和鋬耳，器与北辛H32：18相近；所出敛口钵形制在北辛文化晚期常见。故二涧村遗存也属北辛文化中、晚期阶段。

（8）大墩子遗址：位于邳州城北苏鲁交界处，1963年、1966年、1976年进行了发掘，仅前两次发掘有发掘报告。发掘者认为其下文化层属于青莲岗文化，实际上包含了较多的北辛文化因素。陶器以夹砂红陶和泥质红陶为主，有少量泥质灰陶和黑陶，纹饰有细泥条堆纹和刻划几何纹；其所出圜底釜、折腹釜形鼎、钵、小口双耳壶等器物，都能在北辛文化中晚期遗存中找到相同或相似的因素，如T36：21鼎与大汶口T74⑤B：14、T315⑤B：45釜形鼎相似，小口双耳壶颈部稍高，双耳高翘，与王因、苑城所出同类器相若；特别是鼎足根部外侧贴泥饼或乳钉或数个摁窝的作风，更为北辛文化晚期常见。因此，大墩子遗址下层主要遗存应该属于北辛文化晚期，个别器物可以早到中期。

（9）万北遗址：位于江苏沭阳县万匹乡万北村，1987年、1988年进行发掘。原报告将文化遗存分为四期，只有第一、二期遗存约与北辛文化中晚期遗存相当。第一期遗存较少，文化面貌较复杂，似包含不同时代、不同谱系的文化因素在内。第二期遗存堆积较厚，延续时间较长。陶器以夹砂红陶为主，次为泥质红陶，灰陶亦占相当比例；手制为主，部分慢轮修整；纹饰有细泥条附加堆纹、刻划纹、弦纹、指甲纹等；器形有圆锥足圜底钵形鼎、盆形鼎、带鋬手的釜、内彩折腹小平底钵、双耳壶、豆、“I”字形支脚等。从器物形态上分析，亦包含不同时代的文化因素在内。栾丰实先生认为万北二期可以再划分为三期，早期约当北辛文化中期，中期属北辛文化晚期，晚期约与大汶口文化早期相当[46]，所论比较准确。

（10）后冈遗址：后冈一期文化遗存的发现，始于20世纪30年代梁思永先生主持的后冈遗址的发掘。50年代末、60年代初及70年代初又进行了多次发掘。张忠培先生等在《后冈一期文化研究》中详细剖析了后冈文化的分期、年代及分布、源流，指出其主要器物组合以鼎、壶、钵为基本特征；主要文化因素来源于北辛文化等遗存；年代在距今6400—5900年前后。对照前面北辛文化的分期，则后冈下层遗存的年代应处于北辛文化的后期。

总结北辛文化三期的规律性特征，不难看出：早期阶段，遗址分布极少，多集中在泰山西、南侧的山前平原地带，目前资料较清楚的仅见北辛遗址一处；兖州西桑园遗址可能具有早期因素，但资料尚未发表。整体上看文化相对落后，器类较少，器形简单，制作粗糙，生产力低下。因此对周围的影响也相对较低，基本上处于积蓄发展阶段。但是北辛文化的起点远比后李文化起点高，文化面貌丰富得多，如北辛文化的陶质、器类、器形复杂，烧制工艺也高；遗址往往比后李文化的堆积厚、面积也大；社会总体发展成熟得多。中期阶段，北辛文化有一个较大的发展，鲁北、胶东、苏北、鲁南都见有北辛文化的因素，其文化影响波及整个海岱地区。其中对鲁北地区的影响可能更大一

---

[46] 栾丰实：《北辛文化研究》，《海岱地区考古研究》，山东大学出版社，1997年。

些，这在苑城西南村的遗存中可见一斑。这一阶段，磨制石器增多；泥质陶增多；陶器烧制技术进一步提高，鼎成为陶器中的代表性器物，形态多样，制作精良；鼎、壶、钵成为器物标准组合。整体社会发展水平有了较大的提高，已经具备一定的向外扩张的能量。晚期阶段，北辛文化的发展达到极致，整个海岱地区的原始文化出现较大的一致性，似乎蕴藏着一场重要的社会变革。其主要特征是都存在着曲腹圜底盆形鼎、小口双耳壶、三足碗、敛口钵及支脚等基本器物组合，并都延续着北辛文化早期后段的部分因素，有少量彩陶，如钵的口沿部出现少数饰宽带纹黑彩或红彩等，尽管各个地区文化面貌均存在着各种地方性差异，但是作为文化的核心因素是共性大于个性。特别是晚期后段各地都发现过陶鼓（即所谓漏器），一般认为，鼓角类器物在我国古代属军械之物，陶鼓的普遍出现，应该是军事活动已经普遍存在的反映。对这一现象所昭示的历史文化背景、社会发展阶段及与古代文化集团的形成等诸多重大课题线索，应该引起我们足够的重视。

（二）关于类型

论及东夷史前文化或北辛文化分区与类型的意见有数种。郑笑梅先生认为：在北至黄、渤海，西至豫北冀南，南及淮海，西南达豫东的广大地区，其史前文化的主体基因都是相同的，但不同地域之间又存在着一定的差异和显露出各自的特点。因此将其分为六个互相区别而又互相联系的地理区域和文化类型，即胶莱河以东的半岛类型、胶莱平原类型、鲁西北类型、汶泗类型、鲁东南的沂沭类型、鲁西南及苏鲁豫皖四角地带的黄泛平原类型[47]。栾丰实先生则将淮河以北的含有北辛文化因素的遗存分为鲁中南的北辛类型、鲁北的苑城类型、胶东的白石类型和苏北的大伊山类型[48]。高广仁先生亦基本持此说[49]。最近张江凯先生撰文认为：淄河流域的后李文化和北辛文化是一脉相承的，把二者皆视为北辛文化是比较稳妥的；并将二者综合分为四期，第一期为后李文化，二至四期为北辛文化；同时又认为在二、三期时，他们的审美情趣不全一样却已露端倪，两地的居民们在经济文化上既有密切的联系同时又各自循着自己的生产和生活轨迹独立发展变化，他们实际上是两个尚处于融合前期阶段的不同群体，因此不妨将这两个地区的“北辛与后李文化”分别谓之“北辛类型”和“后李类型”。而对于胶东地区的白石文化和苏北地区的该类遗存，则认为基本上不属于北辛文化范畴，而应视为独立的考古学文化[50]。类型是考古学文化中的一个节点，一个大的考古文化系统是由不同的文化及文化中的类型组成的，对应其社会文化系统则应是集团、族团和部族的关系。但实际研究中由于分析视角的不同，类型的划分往往具有时代、地域和文化成分等不同的侧重点，所以其与历史上社会集团的关系就不能简单而论。为了清楚地分析类型与族群的关系，我们选择按同一时代的前提下划分类型的原则，可能更有利于说明问题。

㊼　郑笑梅：《论泰沂文化区》，《海岱考古》（第一辑），山东大学出版社，1989年。

㊽　栾丰实：《北辛文化研究》，《海岱地区考古研究》，山东大学出版社，1997年。

㊾　高广仁：《海岱区早期农业文化的发现与研究》，《海岱区先秦考古论集》，科学出版社，2000年。

㊿　张江凯：《略论北辛文化及其相关问题》，《考古学研究（四）》，科学出版社，2000年。

如前所述，北辛文化的早期遗存只有北辛遗址一处，故无所谓划分类型。中期阶段，北辛文化因素遍及整个海岱地区，但是仔细比较可知，有些遗存共性大于个性，可以区分为不同的类型；有些遗存自身特色突出，而共性因素相对较少，所包含的北辛文化因素只能视为是文化间的影响与交流，而不能划分为类型。在这些遗存中，鲁北的苑城遗址当属前一种情况，胶东的白石遗址和苏北的大伊山遗址则属后一种情况。因此，可将北辛文化中期遗存分为鲁北苑城和鲁南北辛两个类型：

在生产工具方面，北辛类型的石器种类稍多，且打制石器数量较多；苑城类型石器种类略少，但大多数为磨制石器；其中磨盘和磨棒的比例较大；磨棒中苑城类型的断面多呈圆角梯形，北辛类型多呈长方形、椭圆形或半圆形；另外，在苑城类型中蚌器数量较多。陶器方面，均以夹砂黄褐陶为主，有少量夹蚌陶；泥质陶以红褐色为主；制法以泥条盘筑法多见；均有附加堆纹、刻划纹、篦纹、指甲纹、乳钉纹、锥刺纹等；组合以鼎、釜、钵和小口双耳壶为主。但北辛类型多见成组分布的窄堆纹，苑城类型则多见各种划纹；北辛类型鼎的口沿常见齿状附加堆纹，苑城类型则多见带戳印纹的大乳钉装饰；北辛类型鼎的种类和式样繁多，苑城类型的则相对简单得多。另外，在器座、支脚、盆、钵之类器物种也互有区别。苑城类型由于地处鲁北，与后李文化的分布范围相同，在陶质陶色及器物类型上多受后李文化的影响，带有部分后李文化的色彩。但总的说来，其与北辛类型的共性大于个性，这也就是将其区分为两个类型的主要原因。

关于白石村遗存，从文化面貌上看，尽管亦以鼎、壶、钵、釜为基本组合，但其在陶器质地、器物形态和生产工具等方面，与北辛文化有较大的差异。器物中多圜底器，特别是器物流行鋬耳的作风十分突出，这一点与潍坊前埠下早期遗存[51]十分相近；夹砂陶中亦都有夹滑石或云母碎屑的情况。窃以为其可能属于后李文化晚期居民受到北辛文化的冲击之后，避处胶东地区的一支。

关于苏北大伊山、大村、二涧村、万北之类遗存，由于地处淮海地区，受太湖地区和淮河中上游及鲁南地区文化的影响，文化面貌复杂，其归属定位一直争论不休。最近有学者将其一并归入青莲岗文化[52]，对青莲岗文化进行了重新界定。但青莲岗文化的内涵和外延都在不断地变化，不如直呼为大伊山文化更为贴切。通观这类遗存的文化面貌，除了个别自身特有的因素如存在石棺墓、角把器较多、“I”字形支脚较多等，主要有两种因素值得推敲。一种是与北辛文化相同或相近的因素：如陶器以鼎、釜、钵和小口双耳壶为基本组合；鼎的种类较多；其他如盆、碗、支脚等也有很多相似之处；石器以磨制为主，有一种穿孔搓板状砥石，也见于北辛和白石村等遗址。另一种是与长江下游太湖地区的马家浜等文化相同或相近的因素：如有用陶钵覆盖头顶的习俗、器物中有较多的腰檐装饰；带流器较多；较晚时出现内壁绘彩；并有少量玦、璜、珠等小件玉器等。就那些和北辛文化相近的因素说来，也不能确指完全是来源于北辛文化，有的很可能与北辛有共同的渊源。因此，从主体因素上说，大伊山文化与马家浜文化应该有着

---

[51] 山东省文物考古研究所、寒亭区文物管理所：《山东潍坊前埠下遗址发掘报告》，《山东省高速公路考古报告集（1997）》，科学出版社，2000年。

[52] 燕生东：《淮海地区新石器时代考古学文化研究》，北京大学硕士学位论文，2000年。

更多的亲缘关系，可能是太湖地区文化集团在淮海地区的一个分支。

北辛文化晚期出现了文化面貌比较统一的局面，形成了海岱地区基本的文化共同体。但是细审之，属于自身特色的文化差异也依然存在。依据这些差异，可将北辛文化后期遗存分为王因下层、大墩子下层、后李二期、邱家庄下层和后冈一期等五个类型：

王因下层类型是指鲁南汶泗流域的北辛文化晚期遗存，以王因下层、大汶口下层为代表。这里是北辛文化的原发基地，文化较其他类型要发达丰富得多。主要文化因素直接传承于北辛类型，只是更加先进和发达。其面貌和特征已成共识，此不作赘。汶泗流域的大汶口文化直接传承于王因类型。

大墩子下层类型是指包括沂沭河中下游地区的临（沂）、郯（城）、苍（山）平原和苏北小区的北辛文化晚期遗存。这一地区的资料较少，主要有大墩子下层部分资料，在临沂地区的文物普查材料中有零星线索。从已公布的资料看，基本以折腹盆形鼎、圜底釜、钵和小口双耳壶为主要组合；纹饰中存在少量窄堆纹和刻划纹，小口双耳壶的颈部和耳部较高，鼎足上部贴泥饼或饰凹窝；存在少量小口细颈瓶、带把钵等；石器中多铲而斧锛较少，有部分磨盘、磨棒。总体面貌与王因类型相若，只是没有后者发达。由于地近淮海地区，不可避免地受到大伊山类型的影响，故有大伊山文化的少量因素。这一类型与大汶口文化刘林类型有着密切的传承关系。

后李二期类型所代表的是鲁北小区潍、淄流域及小清河流域的北辛晚期遗存。其主要特点是以折腹釜形鼎、圜底钵、三足碗为代表性器类，有少量小口双耳壶。陶质以夹砂红褐陶和泥质红陶为主，有少量的灰褐陶和黑褐陶。与王因类型相比，器形和器类都相对简单，生产力水平不是很高，分布范围也比较集中。这一类型与大汶口文化时期的五村类型有一定的传承关系。

邱家庄类型所代表的是胶东地区的北辛文化晚期遗存，其器物群中以卷沿圜底盆形鼎、筒腹带鋬圜底罐、圜底钵及双耳或带鋬圜底壶为主要特点；鋬手多为柱状，同白石村类型相同。主体文化源于白石村遗存，但与王因类型的联系明显增强，特别是鼎的形态，与王因类型同类器几近相同，故区别为北辛文化的一个类型。

后冈一期类型代表的是豫北冀南地区的含北辛文化晚期因素的一类遗存，部分遗存已远达河套地区。这也就是张忠培先生等在《后冈一期文化研究》中划分的黄河以西的后冈文化遗存。这类遗存都含有一定数量的饰弦纹的罐类器；彩陶较多见；少见三足钵；鼎的种类和数量均不如东部发达；其余因素与王因类型基本一致。后冈类型后期，由于半坡文化的进逼，在黄河以西逐渐消失，没有发现直接传承的后继文化。

（三）关于源流

说到渊源，必首先考虑后李文化，因为这是目前海岱地区发现最早的新石器时代文化。该遗址1965年发现，1988—1990年连续4次发掘[53]。后李文化的遗址已发现有10多

---

[53] 济青公路文物考古队：《山东临淄后李遗址第一、二次发掘简报》，《考古》1992年第11期；济青公路文物工作队：《山东临淄后李遗址第三、四次发掘简报》，《考古》1994年第2期。

处[54]，目前仅见于济南以南的长清，东至章丘、淄博、潍坊这样一个不大的范围，在临淄后李、章丘西河、小荆山、张店彭家庄、潍坊前埠下等处进行了发掘。后李文化的石器以刮削器、尖状器等打制石器为主；也有琢、磨的斧，长方铲，“犁形器”，磨盘，磨棒等。有骨角质的镖、镞、锥、匕及少量蚌刀、镰。后李文化的陶器仅有手制含砂陶一种，陶土多不淘洗。除晚期出现含砂较粗及前埠下遗址陶器夹滑石以外，也有少量掺云母及蚌末。陶色以红褐色为多，陶色斑驳，可能是窑烧技术原始所致。陶器的种类较少，以各种形制的圜底釜，特别是一种个体较大的深腹釜为大宗，甚至占陶片的90%以上；此外只有少量的缸、盆、盂、钵、碗、瓶、匜形器、支座等，未发现可以称得上是三足器的陶器。许多器物的口沿较厚，系制作时向外翻转叠压成双层所致。叠唇的下沿均略凸，有在器口外侧附加鸡冠状耳和扁条状耳的现象。器表多素面无纹，偶见数周并列横窄堆纹、指甲纹、戳刺纹、绳纹等，无彩陶。还发现了陶塑小件。后李文化的房址在小荆山和西河所见有方形的和长方形的，为半地穴式建筑，小的也有20多平方米，大的面积可达50多平方米，房址内都有烧灶、支座、陶器、石器等；烧灶多为组合灶，即由两组或三组呈鼎立状分布的石支脚组成。此外，还发现了一些长、宽、深不等的灰沟，用途不明。在小荆山遗址还发现了环壕，系部分利用自然冲沟部分人工挖掘而成。在后李遗址发现了陶窑，为竖穴式，有窑箅，平面呈“8”字形。后李文化的墓葬有土坑墓和土坑侧室墓两类。土坑侧室墓是在土坑近底部约50厘米处，向右侧坑壁掏出不规则的洞，以安放死者。葬式均为单人仰身直肢。小荆山有一片墓地，残存三排20余座土坑墓，排列有序，不见葬具，一般无随葬品，仅有少数墓随葬了河蚌或陶支座。后李文化的年代，根据^{14}C测定数据推定在距今8500—7500年，处于新石器时代早期的后期阶段。

关于后李文化与北辛文化的关系，目前学界存在不同的看法，概言之有两种观点：一种认为后李文化与北辛文化并无直接传承关系。该论者认为：西河、后李遗址分别代表两种不同的考古文化，和北辛文化三者是并立的，不会有直接传承关系，它们应是分别分布于泰沂山南北两侧的新石器文化，各有自己的源头。论者的主要根据有三条：①从陶器标型学考察，小荆山遗址的陶器出现了与北辛文化后期陶器有联系的折腹钵，而磨制石斧等已十分精致，与大汶口文化石斧很难区分，说明小荆山的晚期遗存已有可能进入7000年以内。②北辛文化的年代上限是7500年，此数据的标本不是北辛遗址的最

---

[54] 济南市文化局文物处、章丘县博物馆：《山东章丘县西部原始文化遗址调查》，《海岱考古》（第一辑），山东大学出版社，1989年；刘伯勤、孙亮、宁荫堂：《山东济南市发现一批新石器时代早期遗址》，《考古》1994年第11期；佟佩华、魏成敏：《章丘西河新石器时代遗址》，《中国文物报》1994年2月20日；山东省文物考古研究所：《山东章丘龙山镇西河遗址试掘简报》，《考古与文物》1992年第2期；山东省文物考古研究所：《山东章丘龙山三村窑厂遗址调查简报》，《华夏考古》1993年第1期；章丘县博物馆：《章丘县小荆山遗址调查简报》，《考古》1994年第6期。王守功、宁荫堂：《小荆山遗址第二次发掘的收获》，《中国文物报》1994年第27期；山东省文物考古研究所、章丘市博物馆：《山东章丘市小荆山遗址调查、发掘报告》，《华夏考古》1996年第2期；山东省文物考古研究所、寒亭区文管所：《山东潍坊前埠下遗址发掘报告》，《山东省高速公路考古报告集（1997）》，科学出版社，2000年；魏成敏、高明奎：《张店彭家庄遗址》，《中国考古学年鉴（2000）》，文物出版社，2002年。

早遗存，所以其年代可能更早些，北辛文化早期和西河文化晚期的年代已经重叠。③西河文化与北辛文化的面貌截然不同，代表北辛文化主要特征的三足鼎类器，西河文化仍不见踪迹。而三足支撑的观念在西河文化先民的头脑中是早就存在的，并在生活中得到了很好的运用（指居址中用三支脚支撑陶釜的灶膛）。但器物造型却始终坚持圜底和矮圈足，这充分说明了西河文化陶器造型与三足鼎立观念无缘，仅此一点就足以证明西河文化与北辛文化具有不同的文化传统[55]。另一种意见认为：后李文化为北辛的直接源头。持论者同样注意到北辛文化的年代问题，并对其分期及年代进行了探讨，将北辛文化分为三期六段，从年代跨度看，后李文化与北辛文化之间虽然可能还有一定的缺环，但大致上前后相接依次发展。两者在陶器的造型风格、器物组合、装饰、制作工艺及陶器的具体特征上，都有联系。尽管这些联系是次要的、非主导方面的，但透过这种联系，可以看出两者在文化发展上的传承关系[56]。

综合分析后李文化的现有材料，可以概括出这一文化的如下特点：①遗址分布范围不大，同类遗址之间的差异较大。陶器的规整性较差，多数器口不圆整，器身不正，结合不少残破陶器有穿孔修补痕迹和大陶片改制器盖、陶饼，陶窑数量少、规模小、制陶工艺低下。陶器来之不易，破随后轻易舍不得丢弃，修补后继续使用。器类简单，制陶业的低水平运行，导致了陶器型式的更新换代相对缓慢。同一文化不同遗址之间的遗存差异明显，说明文化交流相对不足，文化的封闭性较大。②后李文化的生产工具中除后李、小荆山遗址出土少量残破的石铲外，没有明显可直接用于农业耕种的工具，较多的“犁形器”不可能用于耕种，当另有用途。从出土的大量动物骨骼和水生动物遗骸看，狩猎、捕捞、采集应是当时主要的经济生活，农业生产还处于十分原始的状态。③从后李文化的环壕、房址与居址存在分区等现象可知，同一聚落中，应该存在更小的活动组织——氏族。而那些面积较大的房址应该就是家族的活动区域。因此，后李文化的社会组织形式可以分为三个层次：聚落（或胞族）—氏族—家族。但聚落面积不很大，分布也比较稀少，距离产生更高层次的社会组织尚有较大的距离。④后李文化墓葬中，除个别墓随葬有蚌器等装饰品外，几乎没有随葬品。说明后李文化时期，人们生前住在大房子里，个人除占有佩戴的装饰品外，各种生活用品和生产工具都为公有；死后无葬品或仅能随葬一些小饰品，亦说明人们的私有观念还不强烈。考察后李文化与周邻地区时代相近或相当的史前文化如裴李岗、磁山、小山口等遗存的关系亦可知道，各文化之间的交流较少，基本上是各自独立发展的。而与北辛文化比较，无论在思想意识或者在文化面貌方面，后者都比后李文化先进得多；在文化基因上面差距巨大。基于此，我们认为第一种观点关于北辛文化与后李文化关系的三点论述，应该具有一定的客观性。

近年来，北京大学、济南市文化局文物处、济南市考古研究所等单位先后对长清张官、月庄遗址进行了调查、发掘[57]，从调查、发掘所得遗物看，张官遗址属北辛文化遗

---

[55] 张学海：《张学海考古论集·西河文化初论》，学苑出版社，1999年。

[56] 王永波：《关于后李文化的谱系问题》，《青果集——吉林大学考古专业成立二十周年考古论文集》，知识出版社，1993年。

[57] 燕生东等：《长清张官遗址发掘的主要收获》，北京大学《青年考古学家》总第二十期。

存，发掘者认为其属于北辛早期，绝对年代应在距今7500—7000年。月庄遗址除北辛文化遗存外，尚有后李文化的遗存。两个遗址紧邻，或为同一遗址。月庄遗址后李文化遗存的面貌与潍坊市前埠下遗址十分相近，前埠下遗存的绝对年代距今7800—7500年，属后李文化晚期。故月庄遗址应为后李文化的晚期阶段，与张官遗址北辛文化年代较为“接近”。从文化面貌看，二者之间既有相似的因素，也有明显的差异，具体表现在张官遗址北辛文化遗存中存在较多陶釜，尽管形态上与月庄存在着差异，但有一定的传承关系。该类陶釜在北辛文化中仍占相当的比例，说明后李文化对北辛文化具有重要的影响。但是，张官遗址北辛文化遗存中存在相当数量的三足器，该类器不见于月庄后李文化晚期遗存中。而后者的叠沿及沿下有附加堆纹扳耳和竖宽带耳的风格也不见于前者。此外，张官遗址的泥质带耳罐与月庄遗址后李文化的陶器风格有明显的差异。因此我们认为，北辛文化中确实存在着一定的后李文化因素，但是北辛文化的主要文化因素与后李文化比较尚有很大的区别。应该是在受到别的文化影响或冲击后形成的，或者说来自别的文化。

河南舞阳贾湖遗址的发掘与《舞阳贾湖》报告的出版，使我们对长江黄河之间新石器时代早期的文化发展面貌有了一个全新的认识，其文化发展的总体高度，远远超出了过去的想象。由此带来的重大考古文化信息，则进一步拓展了我们的思维空间。报告编著者张居中先生在详细论述了河南境内的前仰韶时代遗存的共性与个性，并探讨了其与长江黄河流域原始文化的关系，认为贾湖文化是一支独立的考古学文化，这个文化后来曾向淮河中下游和汉水流域进行过迁徙。并直接指认大汶口文化大墩子类型和龙虬庄文化可能是贾湖文化的主要后继文化之一[58]。这些论述都是十分重要的，特别是随葬龟甲和獐牙之俗的共同性，是极具说服力的。其实如果进一步比较，北辛文化的不少因素也可从贾湖或裴李岗文化中找到祖型，如小口细长颈扁腹或折腹壶、小口双耳壶、三足钵、底部划出圆圈及粟印痕的陶钵、陶锉、磨盘、磨棒，以及多人合葬、二次葬等。一个惊人的现象是，北辛文化的多种文化因素和豫西南的淅川下王岗一期文化有着较多的相似性。因此，北辛文化与下王岗一期有可能都是由中原早期文化，如贾湖·裴李岗文化向东北、西南外流的余脉。这一点已有多位学者作了相关论述[59]，这里再补充说明如次：①从大的层面上说，贾湖、裴李岗、磁山诸文化及淮河中下游的原始文化，在陶器组合、器物形态、陶质陶色及生产工具类别、形态等方面有着较多的一致性，如三足器的大量存在，鼎、壶、钵组合及支脚、磨盘、磨棒、石镰、陶锉多见，骨器发达等；这些都与北辛文化是一致的。而与李家村、老官台等文化则差异较大。因此可以把贾湖、裴李岗、磁山诸类遗存视为一个大的文化系统之下的亚文化，北辛文化—大汶口文化、龙虬庄文化是这些遗存的主要后续文化。其中贾湖文化在诸类遗存中居于文化发展的前列，具有文化的中心地位和作用。②李家村、老官台文化一半

[58] 河南省文物考古研究所：《舞阳贾湖》，科学出版社，1999年。

[59] 张忠培、乔梁：《后冈一期文化研究》，《考古学报》1992年第3期；高广仁：《海岱区早期农业文化的发现与研究》，《海岱区先秦考古论集》，科学出版社，2000年；栾丰实：《北辛文化研究》《仰韶时代东方与中原的关系》，《海岱地区考古研究》，山东大学出版社，1997年。

坡文化（仰韶文化）是一独立的文化系统，前后传承关系密切，已为学术界所公认。该系统早期有少量三足器如碗、罐等因素，但在后续文化中（如半坡文化）则不见踪影，应视为受贾湖、裴李岗文化的影响所至，不应是该文化系统中的固有因素。③有无稻作农业和粟作农业的区别，可能受地理条件的限制，如与温湿气候的影响相适应；而文化的发展变异则相对滞后，二者不可能是同步的。同时，连云港二涧村“北辛文化”遗存中也发现稻壳印痕，是亦证明稻作农业在北部地区也开发过，可能由于气候条件的问题没发展起来。④有学者认为贾湖、裴李岗文化的鼎多平底器，而北辛文化则多圜底器，故不属于同一渊源[60]。实际上贾湖文化的鼎、罐、壶也有很多圜底器，只是没有尖圜底。从浅圜底到尖圜底，可能是文化传承和发展中的变异，不宜作为文化谱系的区别。⑤尽管北辛文化中没有发现随葬龟甲与犬牲的现象，但是大汶口文化主要传承于北辛文化已为学界所公认，这已间接说明了北辛与贾湖之间的关系。贾湖文化的埋葬习俗没被北辛文化所接受而被大汶口文化所继承，这可能与文化征服背景有关（详后）。再者基因的隔代遗传是自然界十分多见的规律之一，人类社会的“波浪式前进，螺旋式发展”所折射的也是这种规律的反映。不过北辛文化中多人合葬、二次葬的存在也还是能从贾湖文化中找到根据的。寻绎上文，可以说贾湖、裴李岗文化在某种程度上参与或促进了北辛文化的形成和发展；或者说北辛文化是当地文化在接受了贾湖、裴李岗文化的较多文化因素之后形成的；贾湖、裴李岗文化是北辛文化的主要源头之一；都是能够成立的，也是合乎实际的。

四、炎黄文化辩证

在前一节的考察中，可知约在新石器时代中期前后，黄、淮流域已经形成了面向海洋的东方和面向亚洲腹地的西方两大文化集团：东方是以贾湖·裴李岗·磁山—北辛文化为代表，其后形成以泰、沂为中心的文化集团；西方是以老官台（大地湾或李家村文化）—半坡文化（仰韶文化）为代表，最终形成以华、渭为中心的文化集团。考古学的终极目的是要走出类型学而透物见人，如何推定这两大文化集团的族属，就是摆在我们面前的不可回避的重要问题。

张居中先生在《舞阳贾湖》报告中指出：贾湖文化的主人以太昊氏部族的可能性最大，其理由主要是文献中的地望、崇日及崇鸟习俗和时代排序等方面的一致性等。贾湖文化的某些传统遗留给了太昊文化这是不争的事实。但文献中的太昊氏族属东夷集团，与帝舜传说关系紧密，或者说实为一人，其时代已接近于大汶口文化中晚期[61]。因此贾湖文化与太昊族团在时间上差距太大，故贾湖文化不可能是太昊氏创造的。根据前面我们对炎黄传说和对贾湖、北辛文化的分析可知，创造贾湖文化的主人最有可能的应该是炎帝。理由如下：

---

⑥⓪ 王守功等：《北辛文化相关问题的探索》，《齐鲁文博——山东省首届文物科学报告月文集》，齐鲁书社，2002年。

⑥① 常兴照：《少昊、帝舜与大汶口文化》（上、下），《文物春秋》2003年第6期、2004年第1期。

（1）炎帝传说性质与贾湖文化的时代比较接近。《史记·五帝本纪》正义引《帝王世纪》："神农氏，姜姓也。母曰任姒，有娇氏女，登为少典妃，游华阳，有神龙首，感生炎帝。……有圣德，以火德王，故号炎帝。初都陈，又徙鲁。"《绎史》卷四引《白虎通》："古之人民皆食禽兽肉，至于神农，人民众多，禽兽不足，于是神农因天之时，分地之利，制耒耜，教民农作，神而化之，使民宜之，故谓之神农也。"《新语》："民人食肉饮血，衣皮毛，至于神农，以为行虫走兽难以养民，乃求可食之物，尝百草之实，察酸苦之味，教民食五谷。"《周书》："神农之时，天雨粟，神农遂耕而种之，然后五谷兴助，百果藏实。"这些均说明炎帝氏族是最早实现农耕作业的民族，也就是农业起源的始祖。贾湖文化的最早年代可达9000年前，这距我国新石器时代的发生时期已经不会太远了。但贾湖遗存的发展水平，的确具有领导新石器时代革命的表率作用。可与其配比的古代氏族领袖，当非炎帝莫属。另外，从前面对于炎黄传说时空概念的考察，也可证明贾湖、裴李岗文化所处时代，恰恰与炎黄传说时代相吻合。

（2）炎帝传说的地域与贾湖文化的分布区域十分相近。张居中先生论定贾湖文化为太昊文化的证据之一就是太昊之墟在"陈"，而贾湖遗址距"陈"不远；然而作为南方天帝的炎帝，也有"初都陈，又徙鲁"的记载，其迁徙路径亦与贾湖文化和北辛文化的关系相一致；此记载较"太昊都陈"更有说服力。

（3）贾湖文化的某些习俗与炎帝传说相符合。前文说到"崇日"与"崇鸟"的习俗，其实这也是炎帝氏族所固有的传统。《白虎通·五行》："炎帝者，太阳也。"《淮南子·时则训》："南方之极，赤帝、祝融之所司者万二千里。"高诱注："赤帝，炎帝，少典之子，号为神农，南方火德之帝也。"崇日与崇火是密切联系在一起的，对阳光和火的依赖，是远古先民定居农业的先决条件。故炎帝又称为火神。《左传·昭公十七年》："炎帝氏以火纪，故为火师而火名。"《左传·哀公九年》："炎帝为火师，姜姓其后也。"《淮南子·氾论训》："炎帝于火，死而为灶。"贾湖文化中陶器、龟甲刻符存在与太阳有关的内容；房屋居住面、墙壁有用火烧烤的现象；以及发达先进的制陶工业，无不与炎帝作为太阳神、火神、灶神密切关联。至于"崇鸟"习俗，也有踪迹可循。《山海经·北次三经》："又北二百里曰发鸠之山，其上多柘木。有鸟焉，其状如乌，文首、白喙、赤足，名曰精卫。其名自詨。是炎帝之少女名曰女娃。女娃游于东海，溺而不返，故为精卫，常衔西山之木石以堙于东海。"炎帝爱女化而为鸟，是或说明炎帝族团的一支是以鸟为图腾的，迁徙到东海去了。贾湖文化中以鸟骨制成的骨笛所吹奏出的美妙音乐，抑或寄托的就是对女娃的向往与思念。另外，日与鸟的崇拜原本就是一回事。《淮南子·精神训》："日中有踆乌。"高诱注："踆，犹蹲也，谓三足乌。"《春秋元命苞》："日中有三足乌。"故太阳也叫三足乌或金乌。所以，崇鸟与崇日在远古应该有着相同的理念。

（4）炎帝后裔分布与贾湖文化的东徙现象相一致。文献中炎帝有都陈徙鲁的记载，其后裔分布亦基本如是。《左传》中比较明确的姜姓建国有申、吕、齐、许、逄、纪、州、向。这些国家，基本上都在河南中南部和山东一带。根据前面对贾湖·裴李岗文化与北辛文化关系的分析，贾湖文化亦有向淮河下游和山东地区迁徙的现象，这种同步现象决不能视为是一种巧合，而应视为推定炎帝文化的有力证据。有此四证，我们论定贾湖·裴李岗文化是炎帝集团的先民创造的，当不致太谬。

有了上述结论，那么黄帝集团的物质文化也就不言自明。可以顺理成章地说，以华渭为中心的老官台文化（或李家村文化）—半坡文化—庙底沟文化为代表的“仰韶”文化，应该就是黄帝族的物质文化。其证凡三：

（1）黄、淮流域两大文化系统与炎、黄二族的分野相一致。根据前面对北辛和贾湖文化的探讨以及关于炎黄传说的文献考察，可知老官台—半坡文化系统的分布地域主要在华（山）、渭（河）地区；而贾湖·裴李岗·磁山—北辛文化系统的分布区域则偏南偏东，与东夷、苗蛮文化关系紧密；巧合的是文献中炎黄二族的传说事迹、后裔分布、所葬之地等也存在同样的规律。炎帝的情况前面已论之；黄帝的情况则是其葬地在桥山（《史记·五帝本纪》），桥山在今黄陵县一带；其事迹有“闻广成子在于空同之上，故往见之”（《庄子·在宥第十一》），空同即在今甘肃平凉一带，去陕西不远；“黄帝以姬水成……故黄帝为姬”（《国语·晋语》），姬水为哪条水，今已不得而知，但姬姓建国见于《左传》《国语》的均在陕西、山西、河北及河南西北部一带，这种局面实与老官台—半坡文化的分布相一致，其证凿凿不可移也。

（2）两大文化系统的发展水平与炎黄文化的发生状况相符合。《史记·五帝本纪》：“轩辕之时，神农氏世衰。诸侯相侵伐，暴虐百姓，而神农氏弗能征。于是轩辕乃习用干戈，以征不享，诸侯咸来宾从。……以与炎帝战于阪泉之野，三战，然后得其志。……而诸侯咸尊轩辕为天子，代神农氏，是为黄帝。”这就是说，炎帝族要比黄帝族发展得早，但以后黄帝族占领了炎帝族的疆域，统一了天下。而贾湖·裴李岗文化与老官台—半坡文化的情形亦的确如此：老官台、李家村文化的面貌与特征及^{14}C测年，均大约与贾湖文化的中晚期相当；贾湖文化的发展水平，也是老官台文化所不能比拟的。但是到了半坡文化阶段，贾湖·裴李岗文化的发生地区，却被仰韶文化大河村类型所代替，如汝州中山寨与长葛石固遗存的递演变化等等[62]。正如张居中先生指出的：贾湖文化与大河村类型在“埋葬习俗、陶、石制品组合的变化则反映出二者有着不同的文化传统、宗教意识、审美观念和生活习惯。因之，很难说二者是共同的一支人类共同体所创造”[63]。其实这正与炎黄二帝的更迭替代历史密切相关。

（3）老官台—半坡文化系统的某些文化因素同黄帝的记载相吻合。《史记·五帝本纪》：“（黄帝）迁徙往来无常处，以师兵为营卫，官名皆以云命，为云师。置左右大监，监于万国。……时播百谷草木，淳化鸟兽虫蛾，旁罗日月星辰水波土石金玉。”这里说明黄帝仍是以渔猎采集、家畜饲养为主，兼及种植百谷，往来迁徙以师兵营卫为特点的氏族。而老官台文化系统在半坡阶段其渔猎经济仍占很大比重，这除了彩陶中的大量鱼、鸟、蛙、蜥蜴纹饰及各种鸟、羊、龟等陶塑等是一佐证，从墓葬中随葬品情况也说明了这一点，元君庙墓地中发掘出的纺轮、蚌刀等多发现在女墓，男墓和合葬墓中

---

[62] 中国社会科学院考古所河南一队：《河南汝州中山寨遗址发掘报告》，《考古学报》1991年第1期；河南省文物研究所：《长葛石固遗址发掘报告》，《华夏考古》1987年第1期。

[63] 河南省文物考古研究所：《舞阳贾湖》，科学出版社，1999年，第539页。

的男子身边则存有箭头，也是渔猎经济中男女分工不同的典型例证。特别是半坡文化中居址多用围壕圈界则应是“师兵营卫”的最好说明。另外在宝鸡北首岭和临汝阎村发现的“水鸟衔鱼图”或“鹳鱼石斧图”[64]，极有可能是黄帝族利用水鸟或鱼鹰捕鱼的真实写照，是“淳化鸟兽虫蛾”的有力证明。

根据上述对炎黄文化的分析论定，考察两大文化系统后期的交互关系，还可发现有些现象与黄帝擒杀蚩尤的记载很贴切。蚩尤是黄河下游北辛、大汶口文化的一个重要集团，它是炎帝族的重要组成部分。文献记载中蚩尤与炎帝关系十分迷乱，多有相混。①容貌相近。《太平御览》卷七八引《龙鱼河图》：“蚩尤兄弟八十一人，并兽身人语。”《述异记》：“蚩尤兄弟七十二人”，“人身牛蹄，四目六手。秦汉间说：蚩尤耳鬓如剑戟，头有角”。看来蚩尤极像一头牛。与炎帝“人身牛首”同类。②生地相近。《初学记》卷九引《归藏·启筮》：“蚩尤出自羊水，八肱八趾，疏首。”《国语·晋语》：“炎帝以姜水成。”羊、姜互通，本为一水。③名号事迹相同。《路史·蚩尤传》：“阪泉氏蚩尤炎帝之裔也。”又云：“（蚩尤）逐帝而居于浊鹿，典封禅，号炎帝。”《史记·五帝本纪》：“黄帝乃征师诸侯，与蚩尤战于涿鹿之野，遂禽杀蚩尤。”《庄子·盗跖》篇：“黄帝尚不能全德，而战涿鹿之野，流血百里。”《新书·益壤》篇：“炎帝无道，黄帝伐之涿鹿之野，血流漂杵，诛炎而兼有其地。”这样炎帝与蚩尤似为同一人。我们根据大汶口文化王因遗址的墓葬发现含食陶球的习俗，参考文献记载蚩尤似牛而啖食铁石的传说，结合民俗方言指出：蚩是古代对鸟兽虫鱼之类的统称，蚩尤之蚩是族名的附丽字，是带有贬斥意义的称呼。尤即牛，鲁南、鲁东南一带许多地方至今读牛为尤。故蚩尤氏族即鲁南大汶口文化早期上至北辛文化晚期之际形成的一个氏族集团[65]。从前面分析中已知后冈文化是北辛晚期文化的一个类型，其势盛时一直达到河套地区。随着半坡文化系统的进逼，后冈类型在黄河以西地区逐渐被取代，只是在有着深厚基础的山东等地才稳住阵脚，最后在庙底沟文化的影响下发展成大汶口文化。这个过程正是蚩尤族西进扩张和失败被杀的过程。也就是说，蚩尤族是在北辛文化晚期之际就完成了替代或发展成炎帝的过程，并继续向西扩张，遭到了半坡文化的抵抗和反攻，所以才有了所谓的炎、黄大战。这场战争的第一阶段是在太行山周围发生的，是炎帝系统的内战，炎帝被迫流离四方。战争的第二阶段是半坡文化的反攻，即所谓“黄帝擒杀蚩尤”，西方黄帝族为了取得彻底胜利，一直打到蚩尤族的发源地汶泗流域。于是乎就有了鲁南区大汶口文化早期后段的大量庙底沟式器物和彩陶；而黄帝的传说也由陕西、河北转移到了曲阜，故有黄帝登丸山及岱宗又“合鬼神于西泰山之上”（《韩非子·十过》）并生于鲁东门寿丘之说。这就是所谓炎、黄大战的本来面貌。同时，这一推论反过来也证明前面关于炎黄文化的辨析是正确的。

---

[64] 临汝县文化馆：《临汝阎村新石器时代遗址调查》，《中原文物》1981年第1期；考古所宝鸡发掘队：《陕西宝鸡新石器时代遗址发掘记要》，《考古》1959年第5期。

[65] 王树明、常兴照、张光明：《蚩尤辩证》，《中原文物》1993年第1期；逄振镐：《孙子与齐文化》，石油大学出版社，1993年。

五、其他相关问题

在论指贾湖·裴李岗文化是炎帝文化、北辛文化是蚩尤文化之后，反思北辛文化和贾湖·裴李岗文化的关系，就会理解为什么贾湖·裴李岗文化的许多因素在北辛文化中没有继承而在大汶口文化中反而比较突出，主要因为蚩尤族并不是炎帝氏族的嫡传，其与炎帝的关系是联盟或臣属的关系，蚩尤不过是炎帝的一个卿士。所以他发展壮大之后就造反，就取炎帝而代之。蚩尤被杀之后，由于黄帝的“绥靖”政策，炎帝的遗裔得到监护和复苏，所以在大汶口文化中才有较大的发展。炎帝仍然在汶泗流域建都，号大庭氏，故曲阜就有了大庭氏之库。所有的这些均与少昊执政有着密切的关系。少昊时代的到来，彻底奠定了东夷文化的主要传统和基因，此是后话，容有另议。

前文指出，考古文化、类型所对应的应该是族团和部族之间的关系；并且按北辛文化分期划分了不同的类型。在北辛文化中期划分了四组，其中苑城、北辛可称为类型，白石、大伊山则应是不同的文化。到了晚期，又划分为五个类型。那么这些类型和文化，与炎黄文化是何关系？亦可根据相关记载试析如下：

关于苑城类型：从文献中推考，苑城类型的主人，最有可能的是逄伯陵氏。《国语·周语》下：伶州鸠说“则我皇妣太姜之侄，伯陵之后，逄公之所凭神也”。是则逄伯陵氏为姜姓。《山海经·海内经》：“炎帝之孙伯陵，同（通）吴权之妻阿女缘妇，缘妇孕三年，是生鼓、延、殳，（殳）始为侯，鼓、延是始为钟，为乐风。”侯者，箭靶也。《小尔雅·广器》七：“射有张布谓之侯。”这也为逄氏后人学箭找到了渊源。逄氏建国一般都认为是商代，未必有所根据。但其既为炎帝之孙，则必有悠久的根蒂。说其起源于北辛文化晚期，并不为过。值得一提的是，1985年山东济阳刘台子西周墓地出土了一批青铜器，其中就有带“夆”字的铭文。夆即逄，也就是逄氏的族铭。济阳一带，靠近苑城类型的中心地区，应该就是逄氏一族的老家。所以，论指苑城类型为逄伯陵氏创造的文化，似可为信据。

后李二期类型的中心地区，偏于潍（河）淄（河）流域。这一带一直是姜姓集团的聚居之地。见于文献的有齐，有纪，甚至上述逄伯陵氏亦曾占据此地。《左传·昭二十年》晏子语：“昔爽鸠氏始据此地；季萴因之；有逄伯陵因之；蒲姑氏因之；而后大公因之。”杜注爽鸠氏为少昊司寇，似为较晚的事情。爽鸠氏为该地始祖，已成共识。这个爽鸠氏，应该就是后李二期的主人。推测其渊源有可能来自化为精卫的炎帝之女女娃，“精卫”之形与鸠类之鸟相似，爽鸠氏与精卫所居发鸠之山，名义相近，当有缘承。如此则爽鸠氏就是齐地的姜姓之祖。后期的齐姜、纪姜等族，均是从爽鸠氏分蘖的支系。因此，古籍中称齐太公吕尚为“东海上人”当有所本（女娃即溺于东海），其或封齐（鲁北），或封吕（豫中），均在情理之中（同为故地）。至于爽鸠氏后为少昊司寇，因其本就是一个系统内部的成员，加入联盟完全顺理成章；同一联盟内部有着不同的姓氏也是完全可以的。

关于白石村与邱家庄遗存，根据文献记载，这两类型的主人可能为夙沙氏。《逸周书·史记解》："宿沙氏之民自攻其君而归神农。"《绎史》卷四引《帝王世纪》："诸侯夙沙氏叛，不用命，箕文谏而杀之，炎帝退而修德，夙沙之民自攻其君而归炎帝。"《说文》："古者宿沙氏初作煮海盐。"一般认为，夙沙氏位处胶东一带。前文对于白石村类型的考察，推测其有可能是后李文化晚期因外来因素的压力远避胶东的一支；到了邱家庄类型才融入北辛文化。这种情况与夙沙氏的过程正相符合。这类遗存中的直口带鋬圜底罐（釜），与鲁北地区商周时期遗存中的煮盐的坩埚"盔形器"十分相近，是或证明夙沙氏初作煮盐并非虚妄之说。《左传·襄公十八年》记有齐人夙沙卫"杀马塞道"的故事，也说明夙沙之姓在鲁北地区有着悠久的历史。夙沙氏归并炎帝集团之后，几经兴废，创造了后期的莱夷文化，所以胶东古代文化一直与鲁北地区有着千丝万缕的关系，至秦汉时期仍混淆不清。

讨论大伊山文化的情况，要先简略讨论一下三苗的问题。三苗为古史中的一大集团，与炎黄虞夏都有着交流与征战，声威赫赫。但学界多把其与南蛮混在一起。认为虞夏之际呼为苗，周代以后多称蛮[66]。并根据《战国策·魏策一》吴起的一段话："昔者三苗之居，左彭蠡之波，右有洞庭之水，文山在其南，衡山在其北。"认为三苗居处，应在两湖地区。这里有两个问题值得推敲：一是苗蛮是否是一个民族；二是三苗居处两湖是否正确。从文献记载分析，苗、蛮还是有区别的。《吕氏春秋·召类篇》："尧战于丹水之浦以服南蛮；舜却苗民，更易其俗。"丹水即丹江，在今河南淅川境内。江汉平原属南蛮之居似无可疑；但虞之三苗所处何地尚不明确。不过同一条记述有不同的称呼，已经界定了苗蛮不同。《史记·五帝本纪》："三苗在江淮、荆州数为乱，……放驩兜于崇山，以变南蛮；迁三苗于三危，以变西戎。"这里三苗与南蛮也是分开记述的。一般认为讙兜为苗民的重要首领，《山海经·大荒北经》："西北海外黑水之北，有人有翼，名曰苗民。颛顼生驩兜，驩兜生苗民。"如果苗蛮相同，就无所谓也不可能"放驩兜于崇山以变南蛮"。所以苗蛮应该是不同的民族。从三苗与蚩尤的关系看，三苗的地望比较偏东。《尚书·吕刑》："蚩尤唯始作乱，延及于平民，……苗民弗用灵，制以刑。"孙星衍《尚书今古文注疏》该条下引郑玄语："苗民……上效蚩尤。"《伪孔传》："三苗之君习蚩尤之恶。"因此，东部为苗、西部为蛮似乎是合乎情理的解释。

三苗地望若按吴起所言的地理方位推考，很难确定具体位置。仅一个"衡山在其北"的问题就使众多学者迷乱莫明。其实，人们只注意到了衡山方位的错乱，却很少注意洞庭湖的名称是否正确。实际上，历史上叫作洞庭湖的还有多个，地位相符的就有太湖。西晋左思《吴都赋》："集洞庭而淹留。"注："洞庭即太湖也。"太湖中的两座山，至今仍称洞庭东山和洞庭西山。另外，太湖成湖较早，在春秋时期的文献中已经出现，如《国语》《周礼》中的五湖即太湖。是时西部的洞庭湖或云梦泽等名称尚未出现。因此，吴起所言洞庭湖应为太湖无疑。至于衡山，徐旭生先生考证为安徽六安附近的霍山[67]，可从。如此看来，三苗之所居，当在鄱阳湖以东、六安以南，以太湖为中心

---

[66] 徐旭生：《中国古史的传说时代》（增订本），文物出版社，1985年，第57页注1。

[67] 徐旭生：《中国古史的传说时代》（增订本），文物出版社，1985年，第58页。

的广大地区。恰属《尚书·禹贡》所划分的扬州区域，也就是以马家浜、崧泽、北阴阳营、良渚等文化为代表的长江下游文化集团的分布区。因此，这类文化应该就是三苗集团的物质遗存。前文曾经指出，大伊山文化与马家浜文化等遗存有着密切的关系；进而论之，大伊山文化也就是三苗文化的一部分。准此，则蚩尤与三苗的关系、三苗与炎帝的关系在文献和物质文化上均可以得到合理的诠释。

就大伊山文化的具体情况而言，我觉得其可能就是三苗族之一的讙兜氏族。《山海经·海外南经》："驩头国在其（毕方鸟）南；其为人，人面，有翼，鸟喙，方哺鱼。……或曰驩朱国。"《山海经·大荒南经》："大荒之中，有人，名曰驩头。鲧妻士敬，士敬子曰炎融，生驩头。驩头人面，鸟喙，有翼，食海中鱼。"驩头即讙兜，古已定论。可以看出，讙兜氏族亦为崇鸟民族，所以鸟喙、有翼，且有捕鱼的生产习俗。前面已经说过，贾湖文化在发展过程中曾向淮河下游迁徙，对当地文化产生了强烈的影响，那么贾湖文化的崇鸟崇日习俗传播到大伊山文化就不足为奇。大伊山文化中有部分网坠，这也为讙兜食鱼找到了证据。《山海经·大荒南经》说讙兜是鲧的后代，鲧的老家就在苏北。《尚书·尧典》："殛鲧于羽山。"羽山就在苏北的东海、赣榆县一带。值得一提的是，苏北有一古镇叫欢墩埠，俗称就为欢头埠，也在赣榆境内，均去灌云大伊山不远，镇名可能就与古代的驩兜氏族有关。至于三苗、讙兜到了两湖一带或"扬汉之南，百越之际"（《吕氏春秋·恃君》），应是虞舜放讙兜于崇山、窜三苗于三危之后的情形。太湖流域文化系统在良渚文化之后急剧衰落，应该就与舜迁三苗有关。

大墩子类型的资料较少，推论较难。不过从地域和文献综合分析，这一类型应该涉及少昊部族。前文指出，大墩子类型的分布区域主要以沂沭河中下游的临郯苍平原为主。《左传·昭公十七年》记载的郯子之语，叙述了一个美好完整的鸟的王国，并自称是以鸟为官的少昊挚的后代。郯国就在今郯城县境内，与大墩子遗址相近。少昊是古代东夷部族的重要首领，在蚩尤被杀之前并不突出，其后由于黄帝文化的介入，发展较快，成为东方霸主。这与大墩子类型的情况比较吻合，故而论之。当然这里存在着少昊之虚与少昊之国的区别、太昊与少昊的转承关系等问题，已另文论及[68]，不赘言。

后冈类型比较复杂，涉及炎帝、黄帝、蚩尤多种文化。前面已经说过，炎帝集团是一个大的文化系统，贾湖、裴李岗、磁山、北辛文化等均是它的亚文化。在太行山东麓的冀中、豫北冀南这一地域上，尚有界段营·下潘汪、碳山·北福地[69]等与北辛文化相近的诸类遗存，从地域和文化因素上比较，这些遗存都应是炎帝集团内其他部族的文化遗存。根据炎黄战争的过程分析，后冈遗址很可能就是蚩尤逐帝自立之后建立的根据地。蚩尤所逐之帝，当为炎帝之后榆罔。《路史·后记四》："蚩尤姜姓，炎帝之裔

---

⑥⑧ 常兴照：《少昊、帝舜与大汶口文化》（上、下），《文物春秋》2003年第6期、2004年第1期。

⑥⑨ 拒马河考古队：《河北易县涞水古遗址试掘报告》，《考古学报》1988年第4期；河北省文物管理处：《磁县界段营发掘简报》，《考古》1974年第6期；河北省文物管理处：《磁县下潘汪遗址发掘报告》，《考古学报》1975年第1期。

也。……帝榆罔立，……蚩尤产乱，出羊水，登九淖，以伐空桑。逐帝而居于浊麓，典封禅，号炎帝。”这一记载，与蚩尤的情况基本吻合，还是可以信据的。该地区的其他遗存是否可以划分类型或者推论族属，尚待考古资料丰富之后再作分析。

炎黄文化是中国的主体文化，博大精深。本文所及之论，可谓挂一漏万，舛谬在所难免。但是依据考古资料，结合古代文献分析，用历史唯物主义方法，多学科多角度解构和重建我国传说历史，是当代历史、考古学界义不容辞的责任。但愿有更多同仁参与讨论。

附记：本文完稿于2002年底。主要内容曾以《炎黄文化东西说》为题刊发于《文物春秋》2005年第6期。因篇幅受限，删除了较多关于考古文化方面的分析和配图。收入本书仅对原稿稍作校订和补充配图。鉴于近年来许多新材料陆续发表，文中个别推论可能稍有出入，但总体上观察将“炎黄传说”论定在后冈文化前后的变迁过程中仍然具有较强的立论依据。

少昊、帝舜与大汶口文化

先秦典籍中关于少昊、太昊与帝舜的传说记载不胜枚举。作为古代东夷部族几位声名显赫的首领，他们对于中国古代文化有着卓越的贡献。研讨传说历史，不可避免地要研究他们之间的关系、时代及相关问题。但是由于史籍记载的凌乱错舛多见，加之研究者的视角和基点不同，各种诠释异说纷陈，迄无定论。笔者不揣谫陋，依据对炎黄文化的研究与理解①，结合前人对于上述问题的研究成果，试从考古文化与文献记载的系统和类型上入手，对少昊、太昊及帝舜传说及其考古文化进行新的定位研究。

一、少昊、太昊、帝舜传说疏证

（一）太昊与帝舜

在上古帝王传说系统中，太昊是较早的传说人物，且多与伏羲（庖牺）连为一体，或为三皇（《尚书大传》《白虎通义》等），或为五帝（《吕氏春秋》等），被视为中华民族的始祖之一。晋皇甫谧《帝王世纪》记曰："太昊帝庖牺氏，风姓也。母曰华胥。燧人之世，有巨人迹，出于雷泽，华胥以足履之，有娠，生伏羲。长于成纪，蛇身人首，有圣德。""燧人氏没，庖牺氏代之，继天而王，首德于木，为百王先。帝出于震，未有所因，故位在东方，主春。象日之明，是称太昊，都陈。"②《潜夫论笺》："伏羲姓风，其后封任、宿、须句、颛臾四国，实司大皞（皞读睪，这里应读为皓，实与暤、皡、昊、颢诸字通）与有济之祀，且为东蒙主。"③《拾遗记·春皇庖犧篇》："春皇者，庖犧之别号，……亦谓之伏羲。变混沌之质，文宓其教，故曰宓犧。……以木德称王，故曰春皇，其明睿照于八区，是谓太昊。昊者，明也。位居东方。"太昊对中国古代文明的贡献很多。见诸如《易·系辞下》："古者包犧氏之王天下也，仰则观象于天，俯则观法于地，观鸟兽之文，与地之宜。近取诸身，远取诸物，于是始作八卦，以通神明之德，以类万物之情，作结绳而为罔罟，以佃以渔……"《册府元龟·帝王部》："太昊庖犧氏风姓，母曰华胥，作罔罟，以畋渔，取牺牲，故天下号曰庖犧氏，一号皇雄氏。继天而王，故曰帝太昊。"《竹书纪年统笺·前篇》："太号庖犧氏……始作八卦……造书契，作甲历，造琴瑟，作立基之乐。"《绎史》卷三引《新

① 常兴照：《北辛文化与炎黄传说》，本书第二篇；王树明、常兴照、张光明：《蚩尤辩证》，《中原文物》1993年第1期。

② 《丛书集成初编》，《帝王世纪（及其他一种）》，中华书局，1985年。

③ （汉）王符著，（清）汪继培笺，彭铎校正：《潜夫论笺》，中华书局，1979年，第405页。

语》："先圣（太昊）仰观天文，俯察地理，图画乾坤，以定人道，民始开悟，知有父子之亲，君臣之义，夫妇之道，长幼之序，于是百官立，王道乃生。"综此，则太昊是天文历法、罔罟畋渔、文字契刻、音乐丝竹、人伦法理的创造者，无怪乎"为百王先"。

古代传说中还有一个著名的帝王即帝喾。其最大的功绩是娶了四位显赫的妃子，生了四位杰出的君主，即所谓上妃姜嫄氏，生子后稷；次妃有娀氏（简狄），生子帝契；再次妃陈隆氏（亦称陈锋氏），生子帝尧（放勋）；末妃娵訾氏，生子帝挚。帝喾在《管子·侈靡篇》《史记·三代世表》等文献中又作帝偕；而太昊在《楚辞·远游》中又作"太皓"；在《淮南子·览冥训》中又作"大浩"。著名学者童书业先生据此推论太昊就是帝喾[④]。此论甚当，盖因喾、偕、皓、浩、暤等字古文皆通。另者，《国语·鲁语上》言："帝喾能序三辰以固民。"韦注："能次序三辰（就是日、月、星）以治历明时，教民稼穑以安。"《大戴礼记·五帝德》说："（帝喾）取地之财而节用之，抚教万民而利诲之，历日月而迎送之，明鬼神而敬事之。"《吕氏春秋·仲夏纪·古乐》："帝喾命咸黑作为声歌，九招六列六英，有倕作为鼙鼓钟磬……帝喾乃命人抃或鼓鼙，击钟磬……因令凤鸟天翟舞之，帝喾大喜，乃以康帝德。"也说明帝喾对于历算有所推进；对民众有所教化；对乐舞十分喜欢；与太昊的作为亦所相似。

还有一位在经传中不列于帝王大系，但却在传说中特别有名的君主，即帝俊。《山海经》中关于他的记载凡十六见。用徐旭生先生的话说，第一他东南西北无所不至；第二是古代的重大发明差不多全出于他的子孙；第三是十个太阳、十二个月亮都是他的子女[⑤]。近代经学大师王国维旁征博引，证以考古资料，举凡五条，力主帝俊即帝喾，亦即商人之高祖夔[⑥]。除了反驳郭璞所注"帝俊即帝舜"之说的第一条值得商榷外，余皆凿凿，已得多数学人认同。由是，太昊亦即帝俊。

郭璞注《山海经》云帝俊即帝舜；《说文》"舜"字段注："舜者，俊之同音假借字，《山海经》作帝俊。"郭沫若先生支持此说，认为帝俊妻娥皇及羲和、常羲（仪）与帝舜妻娥皇、女英是一事化为二事；娥皇及羲和、常羲（仪）实为一音之变，女英、女匽当即常羲、常仪之音变；是则帝俊与帝舜当为一人[⑦]。还有学者指出：《史记·陈杞世家》曰："陈胡公满者，虞帝舜之后也，……封之于陈，以奉舜祀，是为胡公。"武王褒封神农、黄帝、帝尧、夏禹等古代帝王后裔之地，皆系其先祖遗虚。因之胡公封陈祀舜，而陈其先为太昊遗虚，是故舜亦即太昊[⑧]。当此，太昊即帝喾；帝喾即帝俊；帝俊即帝舜；帝舜即太昊；佐证连环，说不可移。至于为何存在不同的名称，窃以为应与不同的历史阶段和不同的地缘称谓有关。

太昊与伏羲连为一体，学界多数认为是汉以后的说法，是吸收了苗瑶民族关于与女娲兄妹成婚繁衍人类的传说形成的，不足为据。案此亦决非无故。从音韵学上说，伏羲

---

④ 童书业：《春秋左传研究》，上海人民出版社，1980年。

⑤ 徐旭生：《中国古史的传说时代》（增订本），文物出版社，1985年，第69页。

⑥ （清）王国维：《殷卜辞所见先公先王考》，《观堂集林》卷九，中华书局，1959年。

⑦ 郭沫若：《中国古代社会研究》，人民出版社，1977年。

⑧ 王树明：《帝舜传说与考古发现诠释》，《王树明考古文集》，文物出版社，2003年。

实即风羲，前者得之于太昊之姓，后者得之于太昊之名。伏为并纽，风为帮纽，上古同属唇音，容易相混（从伏羲有多种写法和读音就知其乱），伏与风当为一声之转；羲者，日也（《文选·秋怀诗注》）；昊者，大也，天也；元气广大之义，或称昊天。《诗·小雅·巷伯》："有北不受，投畀有昊。"昊即天。羲与昊义近互通。窃以为古籍中的羲和即羲昊，和为匣纽戈韵，昊为匣纽皓韵，是为双声互通。羲和（昊）为一族，在古籍中多有证明。《尚书·尧典》："乃命羲和，钦若昊天，历象日月星辰，敬授民时。"传："羲氏和氏，世掌天地四时之官。"而羲和又是日之母也，《山海经·大荒南经》："羲和者，帝俊之妻，生十日。"注："羲和盖天地始生，主日月者也。"《楚辞·离骚》："吾令羲和弭节兮，望崦嵫而勿迫。"注："羲和，日御也。"都与太阳有关。《诗·小雅·蓼莪》："欲报之德，昊天罔极。"昊天即上天、大天。《尔雅·释天》："夏为昊天。"《尚书考·灵耀》："东方曰皞天。"《说文·夰部》："春为昦天，天气昦昦。"《广雅·释天》："东方昦天。"亦均与太阳的关系密切。另外，《绎史》卷三引《帝王世纪》："女娲氏亦风姓也，承庖牺制度，亦蛇身人首。一号女希，为女皇。"女希即女羲，意其即羲和。屈原在《天问》中诘之："女娲有体，孰制匠之？"但他是总揽在帝舜的事迹之下，于帝尧之二女之后说璜（瑶）台，暗喻简狄（《天问》有"简狄在台，喾何宜？"之句）；复言女娲；故此数位女神均应与太昊或帝喾或帝俊亦即帝舜之妻有关。因之，说女娲即为羲和似不为过。由是，传言伏羲与女娲兄妹成婚，为华人始祖，当本源于此。

前引文献中指出太昊庖犠氏是继燧人氏之后而王天下（也有早于燧人之说），是或说明太昊与燧人氏关系密切。然则燧人氏即炎帝，或者说与炎帝有密切的关系。丁山先生在《中国古代宗教与神话考·炎帝与蚩尤篇》中有详考，不赘引。进之说明太昊与炎帝的关系也应十分密切。《盐铁论·结合篇》说："黄帝战涿鹿，杀两皞蚩尤而为帝。"两皞即太昊与少昊（此亦排除了太昊早于燧人和炎帝的可能）。我在有关文章中曾对炎、黄与蚩尤、少昊的关系作过详细分析⑨，结合上述文献即知，太昊也是炎帝集团的重要部族之一。但是炎黄时代太昊并不出名，远没有少昊显赫。这里有两个可能，一是当时太昊偏居一隅，不在主要舞台上；二是太昊的威名，尚未明确打出来，甚至时与少昊混在一起也未必不可。

文献中记载，帝舜有虞氏也就是太昊氏族有过较大规模的迁徙。《孟子·离娄下》："舜生于诸冯，迁于负夏，卒于鸣条，东夷之人也。"《史记·五帝本纪》："舜，冀州之人也，舜耕历山，渔雷泽，陶河滨，作什器于寿丘，就时于负夏。""舜耕历山，历山之人皆让畔；渔雷泽，雷泽上人皆让居；陶河滨，河滨器皆不苦窳；一年而所居成聚，二年成邑，三年成都。"舜的籍贯不一，可认为是迁徙造成的讹误。另外，帝舜还有众多的文治武功，但比较突出的是征伐三苗。《左传·昭公元年》："虞有三苗。"《吕氏春秋·召类》："舜却苗民，更易其俗。"《淮南子·修务训》：

---

⑨ 常兴照：《北辛文化与炎黄传说》，见本书；王树明、常兴照、张光明：《蚩尤辩证》，《中原文物》1993年第1期。

"舜……南征三苗，道死苍梧。"《史记·五帝本纪》："三苗在江淮、荆州数为乱。于是舜归而言于帝，请流共工于幽陵，以变北狄；放驩兜于崇山，以变南蛮；迁三苗于三危，以变西戎；殛鲧于羽山，以变东夷；四罪而天下咸服。"这里除共工外，其余三罪均与苗民有关。综上，可知太昊帝舜的迁徙有两种方式和两条路线，一是文化与道德征服，主要针对于中原地区；中原地区有众多帝舜的传说及遗迹是证。二是军事武力征服，主要针对于南方苗蛮民族，南方地区亦有许多帝舜居、迁之地及葬址可据。从《山海经·海内经》记载"西南有巴国。大皞生咸鸟，咸鸟生乘釐，乘釐生后照，后照是始为巴人"可知，太昊的征服已远及巴蜀地区。

（二）少昊与太昊

已知最早记录少昊事迹的为《逸周书·尝麦解》。李学勤先生认为《尝麦篇》"可信为西周的作品"[⑩]；刘起釪先生则认为："《尝麦》为成王亲政后的记录文献。"[⑪]故十分珍贵。《尝麦》中记载：命蚩尤于宇少昊。一般认为"于宇"是"宇于"的误倒，是说蚩尤住在少昊的地方。我在《北辛文化与炎黄传说》一文中认为原文无错，"于"字应为"给予""对于"之意；"宇"字应理解为遮蔽、括有之意；原意即为"命蚩尤给予少昊以管辖"。综合理解这段文献应是：天地开辟之初，诞生了两位大帝；各设立朝纲政典；其中炎帝（赤帝）分用了两位卿士，即蚩尤和少昊；并让蚩尤管辖少昊，兼及四方。顺应上天的旨意，蚩尤发展起来；于是驱逐了炎帝，征战于涿鹿之野；炎帝十分恐慌，求救于黄帝；（黄帝）在中冀抓住并斩杀了蚩尤，以强兵勇将出了这口恶气；（黄帝）重整天规朝纲，纪号曰大帝，这里名叫绝辔之野（在绝辔之野举行加冕大典）；命少昊清主持政事，规范五帝百官之位，名字叫质（质者，信诚之意，以表盟信）；奉天承运，典纲大成，至于今不乱[⑫]。如此看来，《盐铁论》所谓"杀两皞蚩尤而为帝"的"杀"字，不能理解为斩尽杀绝，当理解为征服之意。实际上，少昊是在黄帝的作用下，统一了整个东方。

史籍记载，少昊建都于曲阜；或谓穷桑。《尸子·卷下》（湖海楼刊本）："少昊金天氏，邑于穷桑，日五色，互照穷桑。"《帝王世纪》："少昊帝名挚，字青阳。姬姓也。母曰女节。黄帝时有大星如虹，下流华渚，女节梦接，感而生少昊，是为元嚣。降居江水，有圣德。邑于穷桑，以登帝位。都曲阜。或谓之穷桑帝。以金承土，即图谶所谓白帝朱宣者也。故称少昊，曰金天氏。"[⑬]古史多记少昊为嬴姓（《说文》），这里言为姬姓，并指其为元嚣；在《史记·五帝本纪》记为玄嚣，为黄帝子。司马贞《索隐》以为误，言青阳非少昊也。窃以为这里正好反映出少昊与黄帝的一段曲折关系。从《尝麦》篇中可知，少昊是东方集团的成员。在炎黄大战、蚩尤被杀之后，少昊利用黄帝的绥靖政策，掌握了政权；因此其在一定时间里向黄帝

⑩ 李学勤：《逸周书彙校集注·序言》，上海古籍出版社，1995年。

⑪ 刘起釪：《古史续辨》，中国社会科学出版社，1991年，第675页。

⑫ 常兴照：《北辛文化与炎黄传说》，见本书。

⑬ 《帝王世纪（及其他一种）》，《丛书集成初编》，中华书局，1985年。

表示臣服甚至假为族子，不是没有可能。大量事实表明，远古帝王都不是一个具体的人，而是一个部族、一个集团或者一个联合体的统称，是一个政权的象征。因此理解古代帝王的诞生，也应理解为是一个集团或一个政权的形成。黄帝炎帝的诞生情况均如是。由此再看关于少昊诞生的另一个传说，也就不难理解了。《绎史》卷六引《拾遗记》：“少昊以金德王，母曰皇娥，处璇宫而夜织；或乘桴木而昼游。经历穷桑苍茫之浦，时有神童，容貌绝俗，称为白帝之子，即太白之精。降乎水际，与皇娥嬿戏，……游漾忘归。穷桑者，西海之滨有孤桑之树，直上千寻……帝子与皇娥泛于海上，以桂枝为表，结薰茅为旌，刻玉为鸠，置于表端，言鸠知四时之候。……今之相风此之遗像也。帝子与皇娥并坐抚桐峰梓琴，皇娥倚琴而清歌……白帝子答歌……及皇娥生少昊，号曰穷桑氏，亦曰桑丘氏。”这里值得注意的是，白帝之子与少昊母皇娥。在《帝王世纪》中，少昊即为白帝（《山海经·大荒东经》也有这样的记载）；母曰女节。女节实即女羲（希），亦即羲和，也就是皇娥，皆为一音之变。《拾遗记》中又说白帝之子再生少昊，实可理解为少昊又建了一个国家，但是母源却都是一致的。少昊之邑在穷桑，穷桑在西海之滨；其都在曲阜（见上引文）；而少昊之国在东海之外大壑（《山海经·大荒东经》）；春秋时期的东鄙小国郯国之君自比少昊之后，并详述少昊所建以鸟为官的鸟之王国（《左传·昭公十七年》），郯国即处东海（即历史上的东海郡）。是或说明上述推理是可以信据的。

然而，羲和或皇娥本为帝俊或太昊之妃，为何又成为白帝之子（其实就是白帝）之妻而生少昊？其因如次：太昊风姓，风为号令，其字从凡。甲骨文中无风，多借用“凡”字，起源于一种吹奏乐器[⑭]。少昊嬴姓，甲骨文中亦无此字。但金文中有此字，王延林先生认为：金文“嬴”从女，声符似“能”字，是一动物之形象[⑮]。细审其所列“嬴氏鼎”“嬴霝德簋”“嬴霝德鼎”诸字，字的声符是为一背有鬣毛的动物在吹一个“凡（号角）”形物。嬴字的读音很可能是“号角”类器物发出来的一种声音，用以标识胜利或者丰收的欢腾，故而为“嬴”或“盈”。看来，嬴、凡二字，皆本源于一种吹奏器物。是或说明嬴、风（凡）二姓在族源上有着一定的联系，也指示大、小两昊有着深刻的渊源关系。是为一也。《左传·昭公二十九年》：“少昊氏有四叔，曰重，曰该，曰修，曰熙；实能金木及水。使重为句芒，该为蓐收，修及熙为玄冥。世不失职，遂济穷桑，此其三祀也。”《淮南子·天文训》：“东方木也，其帝太昊，其佐句芒，执规而治春。”《山海经·海外东经》：“东方句芒，鸟身人面，乘两龙。”《吕氏春秋·孟春纪》高诱注：“句芒，少昊氏之裔子曰重，佐木德之帝，死为木官之神”。不管句芒是少昊的四叔或者裔子，他都是被派往太昊之处辅佐太昊执政的。位处东海大壑的少昊之国，极有可能就是句芒辅佐太昊建立的鸟的王国。此为二也。所以，少昊有两种出生传说，是可以成立的。

要之，对三帝关系可作如下简述：太昊与少昊是两个关系深远的部族，有着共同的

---

⑭ 王树明：《谈陵阳河与大朱村出土的陶尊文字》，《山东史前文化论文集》，齐鲁书社，1986年，第265页。

⑮ 王延林：《常用古文字字典》，上海书画出版社，1987年，第634页。

渊源。少昊发迹稍早（其发迹地区可能与“元嚣降居江水”有关），远在炎帝时代就十分有名（《逸周书·尝麦解》）。黄帝灭蚩尤之后，少昊在黄帝的支持下统一了东方。大约是不忘根本，其后派嫡裔辅佐太昊建立了东海大壑的少昊之国（实为太昊之国）。太昊发展很快，很受人民的拥戴；民众皆呼为帝俊（俊者，英雄豪杰也）。后来太昊逐渐向中原和南方地区进行迁徙（扩张）：一是利用婚缘及文化技术，渗透到西方各个氏族中去，成就了一个大的时代即帝“喾”时代；最终建立了帝舜有虞氏王朝。二是利用武力征服了南方的苗蛮民族，当然也成为了苗蛮民族的崇拜偶像；甚至有的直接奉为祖先（巴人）。这就是太昊、少昊、帝舜等传说的大致过程。

二、大汶口文化检讨

根据文献研究梳理形成的古史传说框架，某种意义上仍然是一种假设。特别是如《帝王世纪》之类的史料，因其晚出，又是古代“经”“纬”两派的辑录，历来受到史界的怀疑和轻视。但是如果将分析研究的结论放到一定的条件下进行检验，特别是同考古学文化相对应并综合考察推出的结论，就有可能是客观的史实。根据以前对于炎黄文化的考察和认定，基本可以确认大汶口文化是太昊、少昊、帝舜等氏族创造的物质文化；因此应对大汶口文化的发现和研究稍作检讨。

大汶口文化发现至今，已有半个世纪。相关的研究可谓连篇累牍，成果斐然。其中则以栾丰实先生《海岱地区考古研究》一书中关于大汶口文化的研究比较集中和全面[16]。此依其《大汶口文化的分期和类型》一文中的相关论证，结合笔者的有关分析记述如下。

栾丰实将大汶口文化分为十一段六期、再合并为早、中、晚三个阶段；早期阶段确定在公元前4200—前3500年；中期阶段在公元前3500—前3000年；晚期阶段大致在公元前3000—前2600年前后。早期阶段遗存以鲁中南区和苏北区最为丰富，胶东半岛区次之，鲁西北区和潍淄流域区仅有少量发现。中期阶段遗存仍以鲁中南区和苏北区为多，鲁东地区和潍淄流域的发现增多，胶东半岛区较少，其他地区仅有零星发现。晚期阶段遗存除了苏北区和胶东半岛区较少之外，其他各区均有相当数量的发现，分布也遍及包括山东全省、皖北和豫东在内的整个海岱地区，达到全盛时期。

早期阶段大汶口文化的分布于山东大部和苏北地区。栾文分为三个类型，即王因类型、刘林类型和紫荆山类型，我亦基本认同。但又认为其中的王因类型应称为大汶口类型更为贴切。我曾将北辛文化晚期分为五个类型，即后李二期类型、邱家庄类型、大墩子类型、王因类型和后冈类型。并认为汶泗流域的北辛文化特别是晚期文化是蚩尤文化，王因是蚩尤部族的墓地，其与大汶口文化的有些因素有所区别[17]。故将这一地区大

⑯ 栾丰实：《大汶口文化的分期和类型》，《海岱地区考古研究》，山东大学出版社，1997年。下文所用资料与栾文相同的均不再加注。

⑰ 常兴照：《北辛文化与炎黄传说》，见本书；王树明、常兴照、张光明：《蚩尤辩证》，《中原文物》1993年第1期。

汶口文化早期阶段改称为大汶口类型。同时认为，有些遗址在早、中、晚各期都具有独特的地位，仅以遗址名称区别类型已不能标识其包含的文化信息，容易引起误解；故在遗址名称之前标以文化时段来命名。即分别称之为大汶口早期大汶口类型、大汶口早期刘林类型、大汶口早期紫荆山类型。

1. 大汶口早期大汶口类型

分布于鲁中南区，地处汶河和泗河中上游地区，以大汶口、王因、野店等遗址为代表。这一类型与北辛文化王因类型一脉相承，系由其直接发展而来。大汶口类型的房址发现不多，均为半地穴式建筑。发现的墓葬数量甚多，形制以长方形土坑竖穴墓为主，绝大多数为东西方向。葬制以单人一次葬为主，有一定数量的合葬、二次合葬和与之相对应的“迁出”墓。合葬又有二人和多人之分。本阶段较晚时期，出现少量成年男女一次合葬墓。在个别遗址（如大汶口）开始出现分组埋葬的现象，标志着家族墓地的诞生。葬式以单人仰身直肢葬为主，侧身、俯身和屈肢者极少。成年男女拔除上侧门齿的习俗十分流行，还有（如王因遗址）因口中长期含小石、陶球而导致齿弓后部萎缩内收的现象。陶器以红陶为主，有部分彩陶。早期前段，彩陶数量较少，大体上是对北辛文化彩陶的继承和发展。早期的后段，彩陶的数量、色彩和纹样种类突然增多，并迅即达到较高水平，出现了回旋勾连和花朵等图案。而回旋勾连图案和花朵是中原地区仰韶文化的基本特征之一。当然，大汶口类型的彩陶，也有自己的特色，其中由填满线条构成的菱形或三角形纹样即为自身特点。器形以各种鼎的数量最多，尤其是釜形鼎，远远多于其他各类型，觚形杯的形制也富于变化，鬶的数量较多，并首先出现带流器，其他还有单把钵、盂形盆、钵形豆和束腰器座等。

2. 大汶口早期刘林类型

分布于苏北区，地处泗、沂、沭诸河的下游地区，以刘林和大墩子等遗址为代表。这一类型与北辛文化大墩子类型联系密切，可谓同一渊源。刘林类型居住区的遗迹有残破房址、灰坑和陶窑等，但数量少，并且保存不好。墓葬发现较多，主要见于刘林和大墩子。与王因类型的最大不同之处在于，除了个别墓之外，绝大多数没有发现墓坑。葬制以单人一次葬占绝大多数，二次葬和合葬者很少，未见多人合葬墓。刘林墓地也出现分群埋葬的现象。墓葬的头向不固定，刘林以北向占绝对优势，大墩子则以东向为主。葬式以仰身直肢葬为主，有少量的仰身屈肢和侧身屈肢者。成年人存在拔除一对上侧门齿的习俗。在随葬制度上，有以狗殉葬和使用骨雕筒、龟甲器、獐牙和獐牙勾形器的习俗，这种现象不见或少见于其他各区（但是类似现象在豫中地区的贾湖文化中却十分多见），尤其是殉狗和獐牙勾形器，未见于同时期其他类型。陶器以红陶为主，有一定数量的黑陶和灰陶。彩陶较少，其基本规律和特点同大汶口类型相似。器形有鼎、鬶、罐、豆、钵、盆、壶、觚形杯和圈足杯等。其中鼎的数量较多，尤其是罐形鼎最多，用作随葬冥器的杯形器，制作草率，单个或几个联成一体，数量甚多，较具特色。

3. 大汶口早期紫荆山类型

分布于胶东半岛及其沿海岛屿地区，最初发现于蓬莱紫荆山遗址，经过大面积发掘的长岛北庄遗址最具有代表性。这一类型直接承之北辛文化邱家庄类型。紫荆山类型的居址材料十分丰富，以北庄为例，聚落有一定布局，房址均为方形和长方形的半地穴式建筑；地面和穴壁均经过铺垫、加工，绕穴壁和室内中部有柱洞若干；灶设于穴壁处，由灶面、灶坑和灶圈三个部分组成，为“箕形灶”，一般一室一灶，多者可达三个；门道为斜坡状，位于壁中部或一角，居住面周围还设有高起的土台，宽数十厘米不等，土台外侧有矮墙。灰坑有圆形、椭圆形和不规则形几种。墓葬为长方形土坑竖穴，葬式是单人仰身直肢，多无随葬品。紫荆山类型的陶器以灰褐色为主，夹砂陶中常掺有滑石末；纹饰以刻划纹和附加堆纹为主；有极少量彩陶。矮柱形、钉头形把手为本类型所特有。器形以鼎最多，还有鬶、罐、钵、壶、豆和觚形杯等。其中鼎多数为大口卷沿盆形鼎，其他形制者较少；筒形罐是本类型特征性器物，应由辽东半岛传播而来；器的基本形态与其他各区大同小异，但已出现半环形把手，这与鲁中南区和苏北区的羊角形把手有所不同。此外，由于地处海滨，出土石器中捕鱼工具占有一定比例。一个问题是，胶东地区的大汶口早期的有关测年数据明显偏晚，对于这一现象，栾文认为可能存在测定技术方面的原因。而据我推测，这极有可能与文化交流与征服过程中的时差相关联。

除了上述三个类型之外，泰沂山系北侧地区的同时期遗存，如章丘董东、张店西寨、平度韩村等遗址也有发现。除了有些自身的地方特点，多数与相邻近的大汶口早期类型特征相近。由于目前资料尚少，还难以做出比较详细的分析。

中期阶段大汶口文化的分布，仍然以山东、苏北为主，但已有向西南方向发展的趋向。如在地处安徽省西北部的亳州付庄遗址，就发现了大汶口文化这一阶段的墓葬，由于材料尚未公布，暂不论及此区。其他地区的大汶口文化遗存，栾文划分为五个类型，即大汶口类型、花厅类型、呈子类型、北庄类型和五村类型。笔者认为，五村类型的时代，大约处于大汶口文化的中期偏晚至晚期阶段；而且大部分遗存属于晚期；故应放在晚期阶段论述。其中的大汶口类型，似乎也可以进一步区分为两个类型。因之根据各遗存之间的共性、个性关系和分布特点，笔者暂分为六个类型。分别称之为大汶口中期大汶口类型、大汶口中期野店类型、大汶口中期花厅类型、大汶口中期呈子类型、大汶口中期前埠下类型、大汶口中期北庄类型。

4. 大汶口中期大汶口类型

分布于泰山附近的汶河流域。以1959年发掘资料的早中期遗存为代表，在莱芜、新泰、宁阳等地有少量分布。这一类型直接承大汶口早期大汶口类型。房址发现较少，特点不明。灰坑主要有圆形和椭圆形两种。墓葬形制均为长方形土坑竖穴，以单人葬为主，并有一定数量的成年男女合葬墓，墓主的头向绝大多数向东。死者手握獐牙的现象十分普遍，生前存在头骨枕部人工变形和拔牙的习俗。富有墓主开始使用单层木质葬具。随葬品除陶器之外，还有用猪头、龟甲器及蚌片随葬的现象。陶器方面的特征是，白陶数量较多，有较多的彩陶，常见波纹、网纹、涡纹、三角纹等；流行编织纹大镂孔装饰，有较多的三角形和菱形镂孔；鼎十分发达，有折腹釜形鼎、罐形鼎、壶形鼎、盆形鼎、盘形鼎和钵形鼎等，其中折腹釜形鼎的数量最多；双耳壶较多；实足鬶、背壶、罐形盂、平底罐形盉、镂孔豆等，也是这一类型的典型器物。彩陶中的网纹与中原地区的秦王寨文化彩陶相似；在采集的遗物中还发现过"大司空类型"的陶片[18]，说明这一类型与中原地区有过交流。

5. 大汶口中期野店类型

分布于泗河流域及微山湖畔，以邹县野店遗址的三、四期遗存和曲阜西夏侯遗址下层墓为代表，在滕县岗上遗址亦有同类遗存。严格地说，这一类型是前一类型的次生类型。房址有圆形和方形两种，形制有半地穴和地面式两种。墓葬形制均为长方形土坑竖穴，有的有二层台，有二层台的大多有木质葬具；多数墓向朝东，个别的朝北或朝南；有一定数量的成年男女合葬墓，存在头部枕骨变形和拔牙习俗，但拔牙的比例较少；手握獐牙的现象多见，但随葬龟甲的现象极少；有少量上齿槽弓内缩畸形的情况，可能与含嚼陶石小球有关；用猪头随葬的现象比较多见。陶器特征是，以夹砂红陶和泥质红陶为主，有一定的灰陶或黑皮陶，少见白陶；器表装饰以刻雕的大镂孔编织纹为代表，流行圆形和三角形镂孔；彩陶数量较少，彩陶纹样中习见斜栅纹、回字纹、已字纹等，与苏北地区有一定相近之处；折腹釜形鼎较少；习见盂形鼎、高足钵形鼎、盘形鼎、三足陶盉、三足觚形杯和高圈足盂等，壶形长流陶盉、"漏器"、实足鬶、背壶、大镂孔器座等器物也有代表性。

6. 大汶口中期花厅类型

分布于淮河下游沿岸以北的苏北地区，与刘林类型的分布区相近而偏南。这一类型直接由刘林类型发展而来，以花厅墓地和大墩子晚期墓为代表。花厅类型的房址发现较少，从大墩子遗址出土的三件陶房模型看，房屋为方形或长方形，前面开门，后墙和两侧设窗，攒尖顶，四面有檐。墓葬资料比较丰富，墓向以东西方向为主，流行单人仰身直肢葬，存在少量成年男女合葬墓。在花厅类型晚期的个别大型墓葬中，出现了用人殉葬的实例，并在墓区内发现埋有整猪的土坑，这些现象均未见于其他类型。在随葬习俗方面，有用龟甲随葬之俗但未见使用蚌片的现象，而用整狗殉葬和使用造型奇特的带柄獐牙勾形器，是其显著特色。例如，大墩子遗址的156座花厅类型墓葬中，殉狗者7座，每座1或2只，使用带柄的獐牙勾形器者多达26座，这种情形在其他类型中极为少见。随葬品中玉器较多和生产工具中有一定数量的有段石锛，是这一类型的特色，应与来自南方的影响有关。特别是花厅墓地，明显出现与良渚文化共存的两合现象。陶器的自身特征也十分明显，如深腹盆形鼎、瓦足鼎、长颈扁腹鬶、圈足罐、圈足壶、贯耳壶、瓦状纹浅盘豆、矮圈足盉和圈足杯等，均不见或少见于其他类型。

---

⑱ 山东省文物管理处、济南市博物馆：《大汶口——新石器时代墓葬发掘报告》，文物出版社，1974年，图版一〇六。

7. 大汶口中期呈子类型

主要分布于潍河、沭河上游与五莲山周围的山前平原一带，以呈子一期遗存为代表。相似的遗存在莒县、五莲等地有少量发现。这一区域内的大汶口文化早期阶段遗存，因发现甚少而无法论定其与呈子类型的关系。呈子类型的房址仅发现1座，为方形地面式建筑，四周挖有基槽，槽内密布小柱洞。墓葬发现不多，但特色十分鲜明。多人合葬墓的葬法独特，即盛行在同一墓圹中上、下叠压埋葬死者的习俗；墓葬的头向一致，皆朝西北方向；普遍流行拔除侧门齿的习俗，枕骨人工变形的现象也比较常见，有手握獐牙的习俗但实例较少，有的口含柱状锥形石琀；木质葬具的使用比较普遍；随葬品中生产工具（尤其是骨器）占有较大比例。呈子类型具有自身特征的陶器有高凿形足折腹罐形鼎、宽流实足鬶、管状流鬶形盉、浅鼓腹罐和直口折腹盆、贯耳壶等。其中贯耳壶似乎与南方良渚文化有交流。而其他类型常见的器形如觚形杯、背壶、大镂孔豆、大镂孔器座和高足杯等，在这一地区很少发现。

8. 大汶口中期前埠下类型

主要分布于潍、弥流域中下游地区，以潍坊前埠下二期遗存、寿光西侯南等遗存为代表[⑲]。这一地区曾调查发现少量大汶口文化早期阶段的遗存，其与本类型的关系尚不十分清楚。这一类型的房址多为地面建筑，从遗迹现象判断，是一种方形木骨泥墙四角攒尖的房屋，是在地面开挖基槽，槽内分布柱洞，四角柱洞较大，其余大小不一；有的房址中间立柱；一般都带有门棚，门向西北或者东北。灰坑主要有圆形、椭圆形、圆角方形、不规则形等几种；以椭圆形居多；坑壁以直壁、斜直壁、阶梯状内收等几种。墓葬存在分区现象，但基本都在南北线上；墓葬头向多在西北，个别的向西南；均为土坑竖穴，平面呈长方形或方形，无二层台、无葬具；多为单人一次葬，但是存在同性多人合葬、单人二次迁葬和无人骨的迁出墓；流行人工拔牙和头骨枕部变形的习俗，拔牙均发生在上侧门齿；个别墓葬人面部涂有朱砂；没发现手握獐牙的墓例，但见有用猪下颌骨随葬和个别用龟甲随葬的现象。陶器特征是以夹砂陶为主，次为泥质陶；夹砂陶色以红褐色居多，并斑驳不纯；泥质陶多呈红色，次为器表呈黑色、内胎为棕红色的黑皮陶；部分泥质陶饰红陶衣；以素面为主，部分器物有镂刻纹、附加堆纹、掐印纹、戳刺纹、弦纹等；居址中有少量彩陶片，纹样有星纹、斜栅纹、山峦纹、三角纹、菱形纹、花瓣纹、短平行线纹等；墓葬中不见彩陶；部分器物的腹部有横向鋬耳、柱状把手、乳钉、盲鼻等装饰。器形有鼎、鬶、高颈瓶、大镂孔豆、罐、钵、三足钵、壶、盂、匜、器盖等；其中短流实足鬶、高颈瓶、盂形鼎等为代表性器物。

9. 大汶口中期北庄类型

分布于胶东半岛一带，发现的遗址数量不多。这一类型直接由以北庄一期为代表的

---

⑲ 山东省文物考古研究所、寒亭区文物管理所：《山东潍坊前埠下遗址发掘报告》，《山东省高速公路考古报告集（1997）》，科学出版社，2000年；寿光县博物馆：《寿光县古遗址调查报告》，《海岱考古》（第一辑），山东大学出版社，1989年。

紫荆山类型发展而来。遗迹主要是发现了为数不多的墓葬，均为圆角长方形土坑竖穴，头向以朝东为主，有拔牙（拔除下颌骨上的前臼齿和部分臼齿，这与其他类型多拔除上侧门齿明显不同）和使用獐牙随葬的习俗。随葬品中有相当数量的石、骨、牙、蚌器。掺滑石末或石英砂粒是其陶器特色之一，有少量彩陶，多为黑色单彩；蘑菇状把手和纹饰中的刻划水波纹为其他类型少见。特征性的器形有带流陶鬶、卷沿盆形鼎、折沿或折腹的罐形鼎、足尖外撇的扁圆锥形鼎足、蘑菇状把手的罐和盆等。

大汶口文化晚期阶段的遗址数量增多，分布遍及整个海岱地区。栾丰实将这一阶段划分为七个类型，即西夏侯类型、赵庄类型、陵阳河类型、三里河类型、尚庄类型、杨家圈类型和尉迟寺类型。笔者认为，从现有资料分析，陵阳河类型与三里河类型本质区别不大，可视为大类型中的两个亚型；同样亦可将西夏侯类型分成南北两个亚型，基本上是与大汶口中期的类型相对应；若将中期的五村类型归并为晚期，则可以从不同的角度可将大汶口晚期遗存整理为七个或九个类型。为详细比较各类型的内在联系，这里暂以九个类型记述于此：即大汶口晚期大汶口类型、大汶口晚期西夏侯类型、大汶口晚期赵庄类型、大汶口晚期陵阳河类型、大汶口晚期三里河类型、大汶口晚期杨家圈类型、大汶口晚期五村类型、大汶口晚期尚庄类型、大汶口晚期尉迟寺类型。

10. 大汶口晚期大汶口类型

以大汶口遗址1959年发掘资料晚期墓为代表，主要分布在汶河流域，是大汶口中期大汶口类型继续发展的结果；在大汶口文化末期至龙山时期渐趋衰落。房址发现不多，可能与发掘区域有关；但发现有陶窑，为横穴式，窑室在火膛前方，圆形，窑箅下有数条火道连通火膛，窑箅上分布火眼。墓葬仍以单人仰身直肢葬为主，头向多数向东，有些大墓有木质葬具，并有生土二层台；保持着头部人工变形和拔牙习俗，仍然流行用猪头、龟甲随葬和手握獐牙的习惯；墓葬贫富差别加大，大型墓随葬品可达数百件，而且葬品精美；小型墓葬品数量极少而且简陋。陶器以灰陶和白陶占多数，黑陶和红陶较少；有一定的彩陶，黑白彩兼施，有菱纹、涡纹、三角纹等；主要器形有平底折腹鼎、细柄豆、宽肩壶、体形瘦长的背壶、高柄杯、单把杯；新出现双层盘豆、筒形豆、壶形单把杯、壶形三足盉、瓶、大宽肩缀有三个喙突的罐、觯形壶、篮纹鼎等。总体特征是各类高柄杯壶形单把杯、壶形盉较少，黑陶较少；但陶器风格比较工细，装饰技法比较精致；比同期其他类型的器群规格较高。

11. 大汶口晚期西夏侯类型

分布范围与大汶口中期野店类型基本一致，主要以曲阜西夏侯晚期墓、邹县野店第五期遗存、曲阜南兴埠、枣庄建新等遗址的大汶口文化遗存为代表。其文化传统为龙山文化尹家城类型所继承。西夏侯类型的房屋建筑以地面式建筑为主，有一定数量的较浅的半地穴式建筑；形状多为方形或长方形；四周挖有柱洞；有的四周挖有基槽，基槽内再挖柱洞；有的还筑有高出地面的灶塘。陶窑均为圆形，分竖穴窑和横穴窑两类，窑箅之上有数量不一的圆形或椭圆形火眼。灰坑有圆形、椭圆形、长方形和不规则形等几种；还见有周围挖有柱洞，覆有屋顶结构的窖穴。个别遗址还发现了水井。墓葬数量较多，以单人仰身直肢葬为主，头向绝大多数朝东，仍保持着头骨枕部人工变形和拔牙的习俗，手握獐牙的习俗有逐渐减少的趋势。墓葬之间的分化加大，始见椁内套棺的大型墓葬，儿童墓有用大块陶片覆盖头部或全身的现象，这或许是瓮棺葬的一种地方性变体。陶器制作多采用拉坯成型的快轮技术；陶色以黑陶居多，素面磨光陶器多见；器表装饰中篮纹占有相当比例；整体特征是各类黑陶镂孔高柄杯和实柄高柄杯较多，壶形盉、觯形单把杯、觯形壶、瓶形背壶、深腹罐形鼎等较多，其他特征较为明显的器形有折腹釜形鼎、折腹双层盘形豆和瓶等。

12. 大汶口晚期赵庄类型

分布于苏北地区，这一地区本阶段的遗址发现较少，从泗洪县赵庄和安徽灵璧县部分遗址的情况看，此区的大汶口文化遗存仍有明显的特色。如陶器中篮纹的数量增加，并有一定数量的瓦楞纹装饰，鼎均为圜底鸭嘴形足，不见平底者，背壶的颈部加长，呈瓶形，不见瓶类器等。相关特征还有待于材料丰富之后再作讨论。

13. 大汶口晚期陵阳河类型

分布于鲁东南的沂、沭河流域以及东部沿海地区。这一类型的前身可能与大汶口中期呈子类型有关，但不十分清楚。去向则比较明确，发展为以大范庄和东海峪中层为代表的龙山文化尧王城类型早期阶段。陵阳河类型的墓葬均为长方形土坑竖穴，以单人仰身直肢葬为主，未见合葬墓，头向以东偏南者居多。用残陶鬶足随葬的习俗不见于其他类型，而其他类型常见的头骨枕部人工变形、拔牙和使用獐牙的现象，陵阳河类型中较为少见。尚酒传统在这里表现得最为突出。例如，在陵阳河的45座大汶口文化墓葬中，随葬的高柄杯一类饮酒器具竟多达663件，约占全部出土物的45%。陵阳河类型的另一突出特点是，大汶口文化发现的图像文字，大多数出自这一类型之中。这些文字被刻在一种特殊器形的大口尊的特定部位，可能与各种祭祀活动密切相关。这一类型最富有特征的器形为宽折沿深腹平底罐形鼎、双腹盆形鼎、圈足盘、大口深腹尊和大口漏缸和各种镂孔高柄杯、实柄高柄杯、觯形壶、觯形杯、壶形盉等。

14. 大汶口晚期三里河类型

分布于潍河上游和胶莱河流域。这一类型主要继承了呈子类型的文化因素。三里河类型已发现的房址多为半地穴式建筑，形状有圆形和圆角方形（或长方形）两种。灰坑以圆形和椭圆形为主，储存谷物的粮仓的发现，表明这一类型的农业生产已达到较高的水准。墓葬均为土坑竖穴，流行单人仰身直肢葬。墓主的头向因遗址而异，如三里河墓地多朝西北，前寨墓地偏向东南，景芝镇则为正东方向。死者有手握獐牙和蚌片的习俗，但数量较少，而用鱼、蚌匙和螺壳随葬是其特色。在陶器中，平底罐形鼎、浅腹钵形鼎、外折腹浅盘豆、喇叭口深腹尊等是特征性器形。此外，这一类型鬶的数量较多，高柄杯出现较早并且数量也多，觯形壶或觯形杯较多，与陵阳河类型比较接近；而背壶和罐形盉等明显较少，则是其特色之一。

15. 大汶口晚期杨家圈类型

分布于胶东半岛地区，该地区这一时期的遗存发现较少，只有少数几处遗址。房址为方形，四周挖有基槽，基槽内有柱洞，而四角的柱洞较深较大。墓葬除了单人仰身直肢葬之外，还有少量多人合葬墓，为这一阶段其他类型所少见，似乎与大汶口中期前埠下类型有着一定的联系。陶器以夹砂陶为主，陶色斑驳，多呈红褐或灰褐色；有少量彩陶，皆红色单彩；器类有鼎、鬶、夹砂罐、大口罐、盆、钵、豆、尊等，未见背壶、盂及薄胎高柄杯等；富有特征的器形是腹内壁置一周腰沿的"鼎式甗"和铆钉形把手的深腹罐以及钵形盉等。就现有资料分析，其特点还是很明显的，故暂以类型别之。

16. 大汶口晚期五村类型

主要分布于鲁北地区的淄河、小清河流域。以广饶五村、傅家遗存、寿光后胡营、青州王盘石遗址的部分遗存为代表（我对该类型曾撰文予以讨论[20]。在文章中判断其时代约处在大汶口中期的末段至晚期前段，即公元前3000—前2700年前后；但原文误为公元前3500年，特此更正）。五村类型的房址未见完整者，柱坑和柱洞的数量较多。墓葬分布十分密集，有分区埋葬的迹象。墓葬形制多为长方形土坑竖穴，墓室小而无葬具，头向不甚固定，以东北、东南者较多。葬俗以单人葬为主，有少量合葬、二次合葬和迁出葬。葬式绝大多数为仰身直肢葬，多数墓葬没有随葬品，有者数量也很少。头骨枕部畸形的现象比较普遍，但拔牙者极为罕见，此与泰山以南地区的大汶口文化差别十分明显。陶器的自身特征比较突出，如陶色以红陶为主，彩陶所占比例较高，并有部分彩绘陶器；流行纽饰，多数器物带有鋬耳、乳钉纽或鸡冠耳等。器类比较简单。器形以鼎最多，其中折腹釜形鼎尤为多见，还有罐、豆、钵、杯等。其他类型常见的深腹罐形鼎、鬶、盉、瓶形背壶、大口尊和高柄杯等均极少发现；背壶的形态和其他地区区别极大，但是与中原地区庙底沟二期文化的扁壶，似乎有着渊源关系。我们还注意到当时的鲁北地区，还存在一些大汶口晚期阶段的其他遗存，尽管比较零碎，但是从青州、寿光等地的文物普查资料看[21]，所出器物既有鲁中南地区大汶口文化的特点，如主要组合和器物形态基本一致；又具有一些自身的特色，如红陶较多，器类单调，制作也比较粗糙；在分布和时代上与五村类型存在交叉。这种现象，对于我们考察鲁北古史具有十分重要的意义。

17. 大汶口晚期尚庄类型

主要分布于鲁西北地区，其东界可到邹平长白山西部一带。这一类型的来源尚在探索之中，属于大汶口文化中期阶段的遗存，曾在章丘焦家遗址有所发现并且显示了较高的发展水平，但因为未做发掘，具体情况不详。这一类型的去向比较清楚，为龙山文化

---

⑳ 常兴照：《论五村类型》，《青果集——吉林大学考古系建系十周年纪念文集》，知识出版社，1998年。

㉑ 寿光县博物馆：《寿光县古遗址调查》、青州市博物馆：《青州市新石器遗址调查》，《海岱考古》（第一辑），山东大学出版社，1989年。

城子崖类型所继承。尚庄类型的墓葬均为长方形土坑竖穴，除单人一次葬外，还有一定数量的二次葬，死者的头向以朝东为主。居民有拔牙的习俗，使用獐牙者不多，发现个别用龟甲随葬的墓例。陶器器形主要有鼎、鬶、壶、罐、杯等。高档四袋足管状流鬶形盉、大口圜底篮纹缸、三足盆和彩陶钵等是其特征性器物，而其他类型常见的背壶、罐形盉和高柄杯等，这里较为少见。

18. 大汶口晚期尉迟寺类型

分布于鲁西南、豫东和皖北地区，过去亦有人称其为“段寨类型”。关于这一类型的来源，学界一般认为是由于东方大汶口文化居民的向西迁徙而形成的。去向亦比较明确，为龙山文化王油坊类型所继承。尉迟寺类型的建筑十分宏大，房址在总体上属于成组的连间排房建筑，房子多呈东南—西北向布局，门向南，个别为东北—西南向，门朝东或朝西。其建筑方式均经过了挖槽、立柱、抹泥、烧烤等几道工序，最后形成一个既防潮又保温的居住空间。每排房子都由大间和小间组成，说明房子具有居住和储藏的不同功能。这与同时期的其他类型显著不同。建筑结构仍然以半地穴式为主，形状有长方形和方形两种，周围挖有基槽，相连的排房之间多互不连通，由土墙隔断成单间或双间；每一套房屋之内均有灶台，灶台高出居住面2—3厘米，与居住面连为一体。有的灶台与后墙相接，前面有两个立柱，直通房顶；有的灶台与后墙分开，四角立有立柱，还有的在立柱之间加工出一道矮墙，作为挡火墙。在每排房子的前面，都有面积不等的活动广场，一般为数十平方米，保存最好的为230平方米，这种广场为人工用红烧土粒铺垫而成，厚度为2—3厘米，这是每个家庭经常活动的空间。遗址中心大约5万平方米的范围内，有一个南北跨度240米、东西跨度220米、宽25—30米、深4.5米的大型围壕环绕，该围壕系人工挖治而成。灰坑有圆形、椭圆形和不规则形三种。墓葬均为土坑竖穴，方向多为头东脚西，以单人仰身直肢葬为主；儿童较多，且普遍使用瓮棺埋葬，后者不见于大汶口文化的其他类型。墓主生前有拔牙的习俗。陶器除具有大汶口文化的一般特征外，地方类型十分明显。陶质可分为夹砂和泥质两大类，夹砂陶可占陶片总数的70%—90%，并有掺和少量碎蚌壳的现象。陶色以红褐色居多，有少部分黑陶和白陶。器形主要为日常生活中的实用器皿，器物主要是三足、平底器、带柄器和圈足器，圜底器少见，很多器物带有流口、把手、长颈、三足、附耳、器柄等。有代表性的陶器有鼎、豆、壶、鬶、甗、器盖、罐、长颈壶、短颈壶、高柄杯、尊、碗、盆、钵、缸、甑、筒形杯等，另外，器形较大的大口尊主要作为儿童瓮棺葬的主葬具出现在墓葬，在生活器具中不曾见到。纹饰以篮纹为大宗，在整个陶器中占到80%—90%，其次有附加堆纹、绳纹、方格纹、刻划纹、镂孔、弦纹等，素面陶一般经过磨光。另外，刻划符号是尉迟寺遗址大汶口文化的重要发现，主要发现在大口尊的腹上部。器物的底纹是浅细篮纹，符号是在底纹施好后刻上的，符号由几个独立的单线闭合图案组成，类似于“日”“月”“山”的符号发现多件，有的在图案之上施加红彩。该类刻划符号与大汶口晚期陵阳河类型遗存发现的完全相同或基本相同。器物群种的侧三角足罐形鼎、细长颈瘦袋足鬶、宽折沿圈足篮纹尊、宽折沿浅直腹篮纹罐、高颈宽肩瘦腹壶等，不见

图一　陶鸟形神器

或少见于其他类型。特别值得一提的是，尉迟寺遗址在2002年的发掘中，在遗址中心的南部，在一排四间一组的房址前面，发现了总面积为1300多平方米的大型活动广场。广场也是人工用小红烧土粒铺垫而成，厚度为10厘米，表面坚硬、光滑、平整，呈圆形分布，是氏族成员集体活动的公共场所。更重要的是，在广场中心，有一处直径为4米的火烧痕迹，由于经常烧火的缘故，原红烧土面变成了灰褐色。这应是氏族成员当时经常在此举行篝火晚会或进行祭祀活动而留下的迹象。同时，在广场东侧的地层中，出土了一件罕见的鸟形“神器”（图一）[22]。成排成组的红烧土建筑和大型的活动广场以及鸟形“神器”，不但体现了尉迟寺聚落遗存的主要特征，而且也烘托出了尉迟寺聚落遗址在当时具有领袖群雄的地位和规模。

另外必须指出，大汶口早、中、晚期的三个大汶口类型，具有十分紧密的连续性；仅从文化属性的意义上说，实际是一个大的类型，可以看成是一个氏族前赴后继、不断创造的结果。综上，我们可以比较清楚地看到海岱文化区的不断发展、不断交流、互相融合并达到鼎盛的历史进程。早期各类型的渊源基本上是当地的北辛文化，而晚期阶段各类型的基本特征又多被同区的龙山文化所继承。同一区域早、中、晚期各类型之间，多具有明确的传承关系，这种情况一直延续到以后的龙山文化和岳石文化，从而构成了一个相当稳定的文化系统，在中国上古史舞台上，上演了极其辉煌多彩的一幕。

三、少昊、太昊与帝舜文化推定

详细梳理考古文化类型的演变分化过程，是考古学以物证史的基本前提。太昊、少昊与帝舜的传说的真实与否，尚有待于结合前文分析，进一步找出古史传说与考古文化的契合点并相互验证，以期得出符合历史本原的结论，这是本节所要讨论的主要问题。试分三个阶段述之。

（一）早期阶段

我在《北辛文化与炎黄传说》一文中曾经指认北辛文化大墩子类型就是少昊文化；

㉒　王吉怀、陶威娜：《大汶口文化惊现罕见器物》，《中国文物报》2002年5月1日收藏鉴赏版。

通过对大汶口早期刘林类型的分析，现仍认为这一判断是可以成立的。其证如下：

在前引《帝王世纪》的记载中，少昊名挚字青阳，母曰女节，梦接大星如虹，感生少昊，是为元嚣；“降居江水”，“邑于穷桑”，“都曲阜”；其居、邑、都三地名称各不相同。曲阜之地在鲁自古无争。穷桑即空桑，在《左传·昭公二十九年》“世不失职，遂济穷桑”下杜预注曰：“地在鲁北。”《淮南子·本经训》：“舜之时，共工振滔洪水，以薄空桑。”高诱注：“空桑，地名，在鲁也。”看来穷桑在鲁或鲁北，亦无多大问题。唯有江水，地处何方，颇费思量。文献中关于“江水”的记载很多，但历代学者多数以《禹贡》中“岷山导江”之条而解为即今天的长江。值得注意的是《史记·殷本纪》记曰：“还亳，作《汤诰》：……曰：古禹、皋陶久劳于外，其有功乎民，民乃有安。东为江，北为济，西为河，南为淮。四渎已修，万民乃有居。”这里的四渎，以东南西北为界，围合成了一个完整的地理范围。如果“江”为长江，那么四渎的方位就形成矛盾，不相匹配。如何理解这个问题，历史地理学家石泉先生给我们作出了极有见地的解答：他根据古籍中记载山东地区许多河流曾经呼之为“江”，进而断定“古四渎之‘江’不是长江，当是今苏北、鲁南之沂河”[23]。是则四渎的地理方位就迎刃而解；元嚣（或即少昊）所居处的江水，也就不言自明了。再者，少昊居处沂河流域，还可以从《左传·昭公十七年》记郯子自奉少昊为高祖，郯国亦处沂河流域等史料中得到佐证。以上，从文献上推考少昊文化位处沂河地区可据者一也。

已经知道，刘林类型承继于北辛文化大墩子类型；在大汶口早期阶段，刘林类型墓葬中出现了诸如随葬龟甲、獐牙钩形器以及家犬等的特殊习俗；而这些习俗在大汶口类型早期发现较少，在中晚期发现较多；似乎有着从苏北向鲁中南地区传播的趋势。同时，刘林类型存在着较多仰韶文化系统的文化因素如庙底沟类型的彩陶和盆、钵等器物等，已为学界所认同。根据《逸周书·尝麦解》的记载，少昊与蚩尤同为炎帝集团的成员，但少昊的发展曾经受到蚩尤部族的辖制；只是在黄帝灭蚩尤之后，少昊才在黄帝的支持下发展起来，并且一度成为黄帝手下的执政大员，号令天下五帝百官、司马鸟师，成就一代东方霸主。大量事实证明，仰韶文化系统属于黄帝文化；黄帝在与蚩尤的战争胜利之后，曾在汶泗流域建国并与少昊有着较好的关系[24]。这段历史进程，实与北辛文化大墩子类型及大汶口早期刘林类型与大汶口类型的文化演进现象十分吻合。由此，从考古学分析上论指地处沂、沭河中下游地区的北辛文化大墩子类型及大汶口早期刘林类型为少昊文化可信者二也。

全面理解这一类型及其演变过程所包含的文化信息，可知大墩子类型发展滞后，是受蚩尤制约的缘故；刘林类型文化发达，是因黄帝文化支持的结果。但是，少昊文化的基因是来自炎帝文化，是炎帝集团的正卿；所以少昊掌握政权以后不忘炎帝文化的传统，在文化习俗上继承了炎帝的部分传统如随葬龟甲、崇日、崇鸟等，是完全可以理解的。黄帝在汶泗流域建国，利用少昊执政，在一定程度上是利用了“以夷制夷”的政

---

[23] 石泉：《古文献中的“江”不是长江的专称》，《文史》（第六辑），中华书局，1979年。

[24] 常兴照：《北辛文化与炎黄传说》，见本书。

策；客观上也促进了海岱文化的发展壮大。实际上黄帝文化也很快淹没在少昊文化之中，黄帝之都很快成了少昊之邑；司马鸟师之官很快成了穷桑之帝。因此少昊把自己的一些传统带到汶泗流域亦情通理顺。故而大汶口类型中亦存在较多的随葬龟甲及獐牙等类习惯。综上，从文化传承环节上对少昊文化的发展演变验诸情理可通者三也。凡上三证，少昊文化的基本状况即可明矣。

从上述论证中已经得知，汶河流域的大汶口遗址，实际上就是所谓的穷桑或者空桑，也就是黄帝的轩辕之国。现在的东平湖一带，可能就是文献中的西海。大汶口类型在文化因素中的多样性，陶器群体的精致和豪华，大型墓葬规模和随葬品等级，均已说明了这种遗存在同期其他文化遗存中的特殊地位。可以说，大汶口早中晚三期的大汶口类型，是黄帝文化、少昊文化以及蚩尤文化混合形成的变体，是高居于其他氏族之上的带有早期皇权文化因素的实物遗存。《山海经·海外西经》："轩辕之国，在此穷山（或作穷桑）之际。"《韩非子·十过》："昔者黄帝合鬼神于西泰山之上，驾象车而六蛟龙，毕方并辖，蚩尤居前，风伯进扫，雨师洒道，虎狼在前，腾蛇伏地，凤凰复上，大合鬼神，作为《清角》。"《管子·五行》："西者黄帝得蚩尤而明于天道，得大常而察于地利；得奢龙而辩于东方，得祝融而辩于南方；得大风而辩于西方，得后土而辩于北方。黄帝得六相而天下治，神明至。"《史记·五帝本纪》：黄帝"为云师，置左右大监，监于万国。万国和，而鬼神山川封禅与为多焉。获宝鼎，迎日推策。举风后、力牧、常先、大鸿以治民"。集解："郑玄曰：风后，黄帝三公也。班固曰：力牧，黄帝相也。"正义引《帝王世纪》："黄帝梦大风吹天下尘垢皆去；又梦人执千钧之弩，驱羊万群。帝寤而欢曰：风为号令，执政者也。垢去土，后在也。天下岂有姓风名后者哉？夫千钧之弩，异力者也。驱羊万群，能牧民为善者也。天下岂有姓力名牧者哉？于是依二占而求之，得风后于海隅，登以为相。得力牧于大泽，进以为将。"可以认为，史籍中的这些鬼神、异人均应是被黄帝征服了的天下诸侯。黄帝大会天下诸侯的地点，就是今天的泰山脚下；而诸侯中的大部分人物，应该是海岱地区的各个氏族。具体到哪一个氏族可以对应到哪一个大汶口文化类型，限于资料，我们尚不能一一证之。但是这里蚩尤的归属已如前述，即为大汶口早期大汶口类型的王因遗址。我甚至怀疑力牧亦为蚩尤部族之一：蚩尤出自羊水，力牧驱羊万群；蚩尤遗址在兖州，去古巨野泽不远；黄帝得力牧于大泽，大泽即巨野泽。至于风后、风伯，文献中已指明其在海隅，窃以为海隅即东海之外的大壑，应与风姓太昊氏族有关（详后）。具体位置可能在日照沿海一带。承蒙山东大学友人方辉教授见告，2002年中美联合考古队在日照的拉网式调查中，发现了两处北辛文化时期的遗址，如果推测不误，这可能就是早期太昊部族的物质遗存。

关于大汶口早期紫荆山类型，前身承接北辛文化邱家庄类型；我曾经将其族属论定为归附神农的夙沙氏[25]。但是进入大汶口早期阶段被少昊执政的轩辕之国征服以后，他们会以什么面貌出现，值得一论。《山海经·大荒东经》："东海之渚中，有神，人面

㉕　常兴照：《北辛文化与炎黄传说》，见本书。

鸟身，珥两黄蛇，践两黄蛇，名曰禺虢。黄帝生禺虢，禺虢生禺京，禺京处北海，禺虢处东海，是为海神。”郭璞于“禺京”下注曰“即禺彊也”。《山海经·海外北经》：“北方禺彊，人面鸟身……”郭璞注：“字玄冥，水神也。……一本云：北方禺彊，黑身手足，乘两龙。”《山海经·大荒北经》：“有儋耳之国，任姓，禺號子，食谷。北海之渚中，有神，人面鸟身，珥两青蛇，践两黄蛇，名曰禺彊。”是则禺虢即禺號，亦即禺彊之父。《山海经·海内经》又有：“帝俊生禺號，禺號生淫梁，淫梁生番禺，是始为舟。”《淮南子·地形训》：“隅强（禺彊），不周风之所生也。”看来，这里的北海和东海，应该就是渤海和黄海；禺氏之族应该是位处海中或海边的民族；为海神；其既与黄帝（轩辕之国）有传承，又与帝俊（风姓太昊）有渊源，还与少昊有着联系（玄冥又是少昊的四叔，见《左传·昭公二十九年》）。我认为这一状况正好与紫荆山类型的面貌相吻合：这一类型的分布既处海中（长岛）又处海边（烟台）。作为黄帝东征的服国，他们成了黄帝的儿子；作为归附神农的夙沙氏的后代，故又保持着与太昊或即少昊某种天然的联系。紫荆山类型的彩陶，应与黄帝有关；但是器物中的鬶、觚形杯等，肯定是少昊或者太昊传播而来的。紫荆山类型在大汶口中期之后逐渐衰落，慢慢发展成以后的嵎夷和莱夷；禺虢或禺彊之类，应是嵎夷的最早名称。

（二）中期阶段

进入大汶口文化中期阶段，少昊完成了与黄帝文化的替代过程。一是表现在文化面貌上庙底沟文化因素急剧减少；二是同类遗址的数量急剧增加；三是少昊文化中心区转移到了汶泗流域。中期的大汶口类型作为政治中心仍然表现出较高的文化层次，器群面貌反映出的生产力水平要比同期其他类型发达。而中期的野店类型则表现出一定的地方特点，如随葬龟甲的现象较少；白陶较少；黑皮陶较多等。从文献上考察，野店类型极有可能是娵訾氏的遗存，也是帝喾娶邹屠氏之女生帝挚的中心地区；并可能与帝舜的父辈瞽瞍氏族有一定的联系（见附注）。还应该指出，中期大汶口类型中发现过仰韶文化大司空类型的因素，说明与大司空类型有过交流。还有学者指出，大汶口类型彩陶中的网纹，可能受到了中原地区秦王寨文化的影响；而秦王寨文化区中，也发现了大汶口文化的器物[26]。从族属上讲，大司空类型当为帝颛顼的文化遗存[27]，故与大司空的交流可能与帝颛项有关。《绎史》卷七引《帝王世纪》：“颛项生十年而佐少昊，二十而登帝位。”《山海经·大荒东经》：“东海之外大壑，少昊孺帝颛顼于此，弃其琴瑟。”故大汶口类型发现大司空陶片完全可以理解。至于为什么要跑到东海之外大壑而孺颛顼，暂时尚无资料以证。就秦王寨文化而言，我认为其族属可能与共工氏有关[28]。如果不谬，则少昊文化曾对秦王寨文化有过征服：其一是秦王寨文化B组器物的出现以及中心区内出现了大汶口文化的器物；其二是文献中将共工氏记为少昊的不才之子。大汶口类型中的彩陶网纹，就有可能是“共工振滔洪水，以薄空桑”的结果了。

㉖ 孙祖初：《秦王寨文化研究》，《华夏考古》1991年第3期。

㉗ 常兴照：《华族、华族文化与华夏关系考论》，《东岳论丛》2007年第6期。

㉘ 常兴照：《华族、华族文化与华夏关系考论》，《东岳论丛》2007年第6期。

大汶口中期的花厅类型，位处少昊文化的南缘地段。遗存中有大量的南方良渚文化因素，给我们认识其文化属性造成了一定的困难。许多学者撰文对此作过探讨，概言之有两种意见：一种认为花厅大墓墓主是良渚人作为征服者而战死异乡的英雄㉙；一种认为是大汶口高层人士向征服者归顺图存而以良渚习俗为荣的反映㉚。我认为可作另解：《国语·楚语》下："及少昊之衰也，九黎乱德，民神杂糅，不可方物。夫人作享，家为巫史，无有要质。……颛顼受之，乃名南正重司天以属神，命火正黎司地以属民，使复旧常，无相侵渎，是谓绝地天通。其后，三苗复九黎之德，尧复育重、黎之后，不忘旧者，使复典之。"这段记载实际上可以理解为少昊派重、黎等族对九黎氏族的一场征服战争（重为少昊四叔之一，为句芒，非南正。从"司地、属民"的意义分析，这场战争的主角应该是火正黎，但不排除重亦参加了这次征伐）。我们曾在《蚩尤辩证》一文中指出：九黎是东方边辟之民的统称，与蚩尤部族有着很深的关系，有时可能属于三苗氏族的一部分或与三苗混称。而三苗其实就是长江下游的史前民族，笔者亦曾详细论证㉛。据此可以认定，花厅墓地中的良渚文化遗存，是三苗或者九黎的部分遗存；花厅大墓中的主人随葬大量良渚器物，应是火正黎之类的巫史征服和统治九黎民族的一种物证。《史记·五帝本纪》正义引《龙鱼河图》："蚩尤没后，天下复扰乱，黄帝遂画蚩尤形象以威天下，天下咸谓蚩尤不死，八方万邦皆为弭服。"这也说明震服九黎或三苗民族，最有效的方法是打着蚩尤的旗号，演习蚩尤之风。所以花厅大墓墓主随葬刻有蚩尤图像（饕餮形象）的玉琮，就不难理解了。一般认为，颛顼是古代男尊女卑的始作俑者。《淮南子·齐俗训》："帝颛顼之法，妇人不辟男子于路者，拂于四达之衢。"黎氏受颛顼（其佐少昊）之命而司九黎之地，传播颛顼之法；故墓葬中殉葬较多的妇女和儿童，也应是这一恶俗的具体反映。

大汶口中期的呈子类型，材料比较单薄。但是依据文献中有关句芒辅佐太昊的相关记载，推测呈子类型极有可能是句芒的物质遗存。文献中记有少昊之国在东海之外大壑，大壑位在何处，世无所据。在第一节中我们已对少昊诞生的传说作过探讨，其中《拾遗记》中关于白帝之子与皇娥游戏海上，"以桂枝为表，结薰茅为旌，刻玉为鸠，置于表端，言鸠知四时之候"的记载对于探讨少昊之国的性质意义重大。这里有三个要素：一为白帝之子，白帝即少昊，是当为少昊后裔，其实就是句芒。二是"薰茅为旌、刻玉为鸠"的图腾组合，正与《左传·昭公十七年》郯子所言少昊以鸟为官，建立了一个"鸠"类王国十分吻合；所以这个鸟的王国肯定在东方。三为皇娥，皇娥即羲和，即帝俊之妻，十日之母。故而这个少昊之国应与"羲和之国"有关。《山海经·大荒南经》："东南海之外，甘水之间，有羲和之国。有女子名曰羲和，方日浴于甘渊。羲和者，帝俊之妻，生十日。"《山海经·海外东经》："下有汤谷。汤谷上有扶桑，十日所浴，在黑齿北。居水中，有大木，九日居下枝，一日居上枝"。郭璞于"汤谷"下注

㉙ 严文明：《碰撞与征服——花厅墓地埋葬情况的思考》，《文物天地》1990年第6期。

㉚ 高广仁：《花厅墓地"文化两合现象"的分析》，《海岱区先秦考古论集》，科学出版社，2000年。

㉛ 常兴照：《北辛文化与炎黄传说》，见本书；王树明、常兴照、张光明：《蚩尤辩证》，《中原文物》1993年第1期。

曰："谷中水热也。"《大荒东经》："有山……上有扶木，柱三百里，其叶如芥。有谷曰温源谷。汤谷上有扶木，一日方至，一日方出，皆载于乌。"又曰："东海之外大壑，少昊之国。少昊孺帝颛顼于此，弃其琴瑟。有甘山者，甘水出焉，生甘渊。"大壑实即甘渊也就是汤谷。"壑"本义即为山谷坑地，如《礼·郊特牲》："土反其宅，水归其壑。"甘渊、温源谷、汤谷、大壑均为一地而别称。综合各种资料，可以认为，《山海经》中的东海应为今天的沂沭河盆地，大壑就是沂沭大裂谷。地质地貌资料表明，沂沭裂谷系主体位于山东省境内东南部，东濒黄海，北临渤海，西侧为泰沂山脉。裂谷系内地形复杂，以低山丘陵为主；中部为呈北北东向展布的串珠状丘陵，对应于沂沭断裂带，称贡丹山地垒；西部为泰沂山脉及鲁南丘陵，东北部为五莲山、崂山等呈北东走向的低山丘陵，南部为苏北残丘。在临沂、莒南、临沭、郯城一带，形成了一个盆地状的沂沭河冲积平原。区内广布全新世早期的黑土湖组沉积（QH），沉积年代为距今8000—4000年。沉积说明在当时，沂沭盆地的许多地区应该是大泽或湖泊地貌。有意思的是，现在这一地区的众多地名，仍以"湖"名之，群众下地干活亦称"下湖"。如果与全新世以来海平面变化状况联系起来，可知这种局面与气候变化有密切关系。据赵希涛等先生的研究，全新世海面变化可分为6000年以前的急剧上升、6000—5000年前的最高海面和5000年以来的相对稳定或稍微下降三个阶段[32]。高广仁先生据此认为气候的回升引起冰流的消退，然后才导致海面上升。并推定大汶口早期处于高海面期，大汶口中期则处于海面下降期，大汶口晚期处于低海面期[33]。因此基本可以认定，大汶口早、中期之际的沂沭盆地，大部分是湖泊大淖，也就是《山海经》所记的东海。秦汉之际在这里设立东海郡，不是没有道理。

沂沭裂谷系基本与沂沭断裂带重合，新构造运动表现得十分强烈。在许多地方，晚白垩统地层倒冲在第四系地层之上，浅源地震频繁发生。自公元前70年以来，已记载了五次7级以上强震，小于5级地震时有发生，这些地震震源深度多在20—40千米，反映了裂谷的活动机制。裂谷系地热场呈高低相间的带状分布，轴部裂谷带（即临沂、沂南、安丘一带）为一带状地热区，地温梯度3.66—4.58℃/100米，热流值1.49—1.88HFU，都比鲁西、胶东地区要高。在沂南铜井、临沂汤头等地还有几处水温50℃以上热泉出现。较高的地热场与裂谷系的地质历史紧密相关，表现为深部热，地表张裂，可能反映了古裂谷的特征[34]。在临沂汤头，热泉流水形成一条河流，因名汤河。隆冬之际，热气氤氲，蔚为壮观，与《山海经》中的汤谷极为吻合。推测在大汶口早中期之际，在某次强烈的地质活动之后热泉大量出露，形成热海或热渊具有较大的可能性。可以认为，沂沭裂谷系中呈带状分布的地热场形成的热泉，就是古籍中的汤谷或者甘渊；位处带状地热场以东的莒县、莒南、诸城、日照等地，就是"扶木"与"十日"的所在地。或许由于

㉜ 赵希涛等：《中国沿海全新世海面变化的基本特征》，《中国海岸演变研究》，福建科学技术出版社，1984年。

㉝ 高广仁：《自然环境对大汶口文化、屈家岭文化发展的影响》，《海岱区先秦考古论集》，科学出版社，2000年。

㉞ 刘洪滨：《郯庐断裂中段沂沭裂谷系的构造作用与岩浆活动》，《山东地质》1986年第1期。

湖水及“汤谷”的缘故，这一带大汶口早中期遗存发现较少（不排除工作程度方面的原因），只是到了大汶口晚期的低海面期，这一带才空前发达起来。前述最近在日照发现的两处北辛文化的遗址，位置均处在半山腰，从侧面证明了这一推断。正是由于“羲和之国”的不发达，才为句芒佐建“鸠之王国”创造了机遇和条件。扶桑又称扶木，有学者推论与空桑有关㉟，所见极是。为何又称为扶木或扶桑？窃以为当与羲和族的风姓有关，亦即与太昊的别称伏羲氏有关，是属音变。“扶”者，风也；木者，木神句芒也。关于后期“扶桑”一词的演变，前引刘夫德先生文章有详细的考证，此不作赘。

大汶口中期的前埠下类型位于鲁北地区。笔者曾推测北辛文化后李二期类型，属于鲁北“始祖”爽鸠氏遗存，其实应属于爽鸠氏的早期遗存。真正以爽鸠氏名号归并于少昊集团，当在句芒与羲和建立鸠之王国之后，也就是前埠下类型所代表的时代和遗存。所以，前埠下类型与呈子类型在器物形态及居住方式等方面，都有许多相似性，客观上证明了上述观点是可以成立的。

（三）晚期阶段

进入大汶口文化晚期阶段，海岱地区的文化格局，出现了较大的变化：一是文化中心转移到了东方，以陵阳河类型为代表的东方氏族迅速发展，并向西、向南进行了大规模的迁徙和扩张；二是鲁北地区侵入了新的文化因素，形成了泰沂山系南北两侧较大的文化反差。陵阳河类型的发达与先进，一是表现在器物群体反映出生产力水平的进步，如较多磨光黑陶的出现、大量酿酒与饮酒器物的存在，说明制陶技术极为成熟、农业生产特别丰富，有较多的剩余用于酿酒。二是出现祭祀类陶器与陶器上刻画图像文字等现象，证明意识形态领域出现了质的飞跃。三是同期遗址十分密集，仅日照一地，就发现同类遗址600余处，几与现代的村庄相比肩。这种状况一直延续到龙山文化早期。这些均有力地证明了陵阳河类型在同期其他遗存中具有不可替代的地位与作用。王树明先生根据陵阳河出土陶尊文字中有刻画“◇”形符号者，隶释其为古代“凡”字的祖形，发源于一种吹奏器物，通转为风，即为太昊或者虞舜的徽号，为“舜生诸冯（今诸城、莒县交界处）”和“太昊风姓”找到了强有力的物证㊱。所论至确。这也为我们前面推论的风姓羲和之国找到了新的注脚。至于陵阳河类型发展的原因和动力，我认为主要由于中期句芒的辅佐和参与，两族“嬿好”，推进改革（创造新的图腾崇拜），为鲁东南地区创造了较为稳定的发展条件和潜能；加上气候的变化，海水水面下降，沂沭河地区的许多湖泊成为陆地，为这里的风姓氏族创造了天然的发展契机，促成了该类型登峰造极的发展面貌。

发展与扩张是一对不可分开的孪生兄弟，世界上大部分古代民族莫不如是。陵阳河类型同样进行了大规模的扩张。三里河类型首先成为为集团成员：这除了表现在器物群体大部分特征上的一致性外，还有在祭祀和文化意识上亦形成统一，诸城前寨遗址就

㉟　刘夫德：《“扶桑”考》，《社会科学战线》1985年第3期。

㊱　王树明：《帝舜传说与考古发现诠释》，（台北）《故宫学术季刊》第九卷第四期，1992年。

出现了与陵阳河相同的刻划文字。其二是对南部苏皖地区发动了征讨，对良渚文化进行了有力的反击。如在南京北阴阳营和余杭南湖遗址发现与陵阳河类型类似的刻划符号；江浙一带的良渚文化中屡见大汶口晚期的代表性器物。可以认为，大汶口晚期赵庄类型属于陵阳河类型南进的一个变体；而蒙城尉迟寺类型就是陵阳河太昊氏族南征的一个重要据点。王树明先生指出，尉迟寺类型出土陶尊文字，与陵阳河类型的图像文字完全相同或相似；尉迟寺类型的相对年代要比陵阳河类型略晚；尉迟寺的大排房没有打破关系，当为一次性建造或一次性废弃；这些都说明尉迟寺遗址是陵阳河居民迁移而来的结果[37]。陵阳河类型的这次南征，从时代上一直持续到龙山文化早期，豫东淮阳平粮台龙山文化古城仍然是这次南征的余脉；从范围上一直波及江汉地区，屈家岭文化晚期及“湖北龙山文化”中出现的陶鬶、陶壶、蛋壳彩陶杯以及拔牙习俗、连间房屋建造技术等等[38]，都与这次南征有密切关系。其三是对一直与其有密切关系的西部诸族进行了渗透，先是大汶口晚期的西夏侯类型出现了较多的陵阳河类型因素，其中枣庄建新遗址的文化面貌与陵阳河十分接近。再就是鲁西南、豫北冀南、豫西、晋中南等地相继发现大汶口晚期遗存或文化因素。特别引人注目的是，在仰韶文化谷水河类型分布的中西部远离大汶口文化的地方，如偃师滑城和平顶山市贾庄，都发现一些大汶口文化墓葬。因故有人认为，大汶口文化不仅对仰韶文化有强烈的影响，有些居民已经迁到仰韶文化的老家落户了[39]。这种渗透带来的直接影响是，促成了以庙底沟二期文化为代表的不同地域文化传统的一次新的组合；引发了仰韶文化系统“空足三足器”的一场革命；形成了龙山时代中原地区分别以鼎、斝、鬲、甗为代表性器物的不同文化主体的分布格局[40]。

结合前面对于汤谷及羲和之国的推论，完全可认为，三里河类型与陵阳河类型的组合，是“十日”之国的正式诞生。诸城前寨和陵阳河出土的刻画符号中关于“日、月、山”的图像，已有众多学者从不同的角度进行了详尽的诠释，或释为“昊”[41]，或释为“炟”，或释为“炅”[42]；或解为“祭天”[43]，或解为“依山头纪历的四时之祭”[44]，或解为“一乌载日”之形象[45]。都离不开与太阳相关的主题，可以肯定地说，这种图像其实就是太阳崇拜的一种物象反映；所谓的“十日并出”，就是十个（或更多）崇拜太阳的氏族；“东方昊天”“主四时日月”等，盖本源于此。再有，崇拜太阳与崇拜鸟有着密切的联系，郭璞在《山海经·大荒东经》“一日方至，一日方出，皆载丁乌”下注曰：“中有三足乌。”我国古代就有日中有三足乌的传说，《淮南子·精神训》：“日

㊲ 王树明：《从陵阳河与大朱村发现的陶尊文字谈起》，待刊稿。
㊳ 黎家芳：《山东史前文化在中华远古文明形成中的地位》，《山东史前文化论文集》，齐鲁书社，1986年。
㊴ 武津彦：《略论河南境内发现的大汶口文化》，《考古》1981年第3期。
㊵ 陈冰白：《新石器时代空足三足器源流新探》，《中国考古学会第八次年会论文集》，文物出版社，1996年。
㊶ 庄春波：《华夏东西说》，《赵俪生先生八十寿辰纪念论文集》，山东大学出版社，1996年。
㊷ 王树明：《谈陵阳河与大朱村出土的陶尊文字》，《山东史前文化论文集》，齐鲁书社，1986年。
㊸ 邵望平：《远古文明的火花——陶尊上的文字》，《文物》1978年第9期。
㊹ 王树明：《谈陵阳河与大朱村出土的陶尊文字》，《山东史前文化论文集》，齐鲁书社，1986年，第265页。
㊺ 刘夫德：《“扶桑”考》，《社会科学战线》1985年第3期。

中有踆乌。”高诱注：“踆，犹蹲也，谓三足乌。”故太阳也叫三足乌或金乌。所以崇日和崇鸟有着共同的意义，帝俊（太昊）所属的十日之国与少昊所建鸟的王国，在概念上也应是一致的。尉迟寺类型出土的鸟形神器，完全是少昊“结薰茅为旌，刻玉为鸠，置于表端”的图腾形象，而且是其与“日、月、山”图像文字共出，为上述推论提供了有力的证明。

陵阳河类型对于良渚文化的反击，可以认为是帝舜部族对三苗民族的一次毁灭性征讨。《左传》《吕氏春秋》《淮南子》《史记》等均记载了这次规模宏大的战争。战争的结果是“放驩兜于崇山，以变南蛮；迁三苗于三危，以变西戎；殛鲧于羽山，以变东夷；四罪而天下咸服”。长江下游地区的考古学文化在大汶口晚期之后急剧衰落，应与这次战争有密切的关系。而江汉地区出现的大汶口文化因素，当是随着讙兜和三苗的“迁、放”而至止的；进而《山海经》中所谓的“大皞生咸鸟，咸鸟生乘釐，乘釐生后照，后照是始为巴人”也就符合情理了。

陵阳河类型向西方部族的渗透，是与帝舜的迁、居、耕、渔、陶、娶等传说密不可分的，表现得十分温情。关于舜迹的众多地名，也大多分布在这条路线上，有的尚不止一处。如雷泽仅在山东济宁、菏泽就有两三处；历山在鲁、豫、晋、冀不下十余处，可见其文化影响之深。所以，其与西夏侯类型的结合，也是以婚娶方式进行的。《史记·五帝本纪》：“帝喾娶陈锋氏女，生放勋。娶娵訾氏女，生挚。”《世本·帝系篇》：“帝喾下妃娵訾氏之女，曰常仪，是生帝挚。”《山海经·大荒西经》：“有女子方浴月。帝俊妻常仪，生月十有二，此始浴之。”看来，帝挚实乃十二月神之一（与少昊重名，当为少昊旧部）。但这里要讨论的是娵訾氏之地。娵訾，《大戴礼·帝系》作陬訾；《古今姓氏书辨证·三》作訾陬。陬为春秋时鲁邑，《史记·孔子世家》：“孔子生鲁昌平陬邑。”地在今曲阜市东南。陬与邹同音，王献唐先生根据《拾遗记》记有：“帝喾之妃，邹屠氏之女也。”谓邹屠即邹邾，邾国本有訾邑，邾为訾之音转，邹屠即为陬訾㊻。此说可从。则陬訾氏当为邹、鲁一带古氏族，正与西夏侯类型相吻合。由是，帝喾（帝俊）所生十二月神，当即汶泗流域的大汶口晚期诸部落；《左传》记载太昊后裔任、宿、须句、颛臾均在这一带，实有渊源在此。

联合了西夏侯类型的帝喾部族，继而大举西进。除了与共工氏有所争斗，其余都是以先进的生产技术和文化意识及联姻方式征服西方诸族。《史记·五帝本纪》记载帝舜代替帝尧征服的“四罪”之一有共工，结果是流共工于幽陵。此与《淮南子·原道训》所记“昔共工……与高辛氏争为帝，……继嗣绝祀”亦相吻合，说明共工确与帝喾或帝舜打过仗。前面说过，豫中地区的秦王寨文化，有可能属于共工氏的考古学文化；其后继者谷水河类型仍当有共工氏之孑遗因素㊼。在大汶口晚期文化亦即帝喾或帝舜进入谷水河类型之后，这一文化发生了衰变和分化，到龙山时代中后期，已整合催变出了王

㊻　王献唐：《炎黄氏族文化考》，齐鲁书社，1985年，第64页。

㊼　豫中地区的早期龙山文化，无论在谱系认定或者分期与命名上，都存在不同意见。但总的分类格局大同小异。此依严文明先生《略论仰韶文化的起源和发展阶段》（载《仰韶文化研究》，文物出版社，1989年）中所概括的范围和名称，系指豫中地区相当于庙底沟二期阶段的一类遗存。

湾三期类型、后冈二期类型、郝家台类型、陶寺类型等不同的文化主体，并且向西波及陕西的客省庄二期文化。这也就是所谓帝喾娶上妃姜嫄氏，生子后稷；次妃有娀氏（简狄），生子帝契；再次妃陈隆氏（亦称陈锋氏），生子帝尧（放勋）等传说的缘起。目前看来，龙山文化陶寺类型为帝尧陶唐氏的遗存，已得多数学人认同；陶寺早中期墓葬中包含的有悖于传统的扁壶，实际上是受大汶口文化背壶的影响改造形成的；应该是帝喾文化介入的结果。那么陕西客省庄二期文化中出现的陶鬶[48]，就该是帝喾娶于姜嫄氏生子后稷的实物反映。至于有娀氏的物质遗存，我认为当即后冈二期文化。一般认为，后冈二期文化是承继于永年台口一期的文化遗存而产生的，但是关于台口类型的研究较少，具体的递变脉络尚不清楚；台口遗存包含有多少大汶口文化因素尚不能确指。但是后冈二期文化曾受到大汶口、龙山文化的强烈影响却为不争的事实。后冈二期的早期地层中，亦存在陶鬶残片[49]，可以肯定地说，大汶口晚期文化已经介入了后冈二期文化的发展。根据丁山先生的研究，有娀氏即有戎氏；其族徽在金文中为“人执戈或兼执盾形”（图二）；其后人即《左传·哀公十七年》所记“戎州己氏”，地域在鲁西南一带[50]，距后冈二期的分布范围并不远。从金文徽号分析，有娀氏也是一个崇武尚战的民族。邯郸涧沟相当于后冈二期的遗存中所见人头盖杯和剥头皮风俗，以及发现大量战乱致死的人骨等[51]，为这一民族的特点找到了较好的注脚。由上可知，帝喾娶有娀氏生子帝契的传说，大概不是向壁虚造。

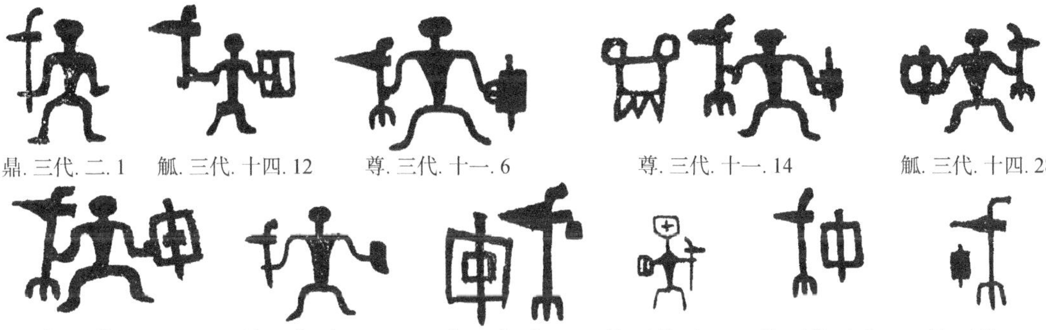

鼎. 三代. 二. 1　觚. 三代. 十四. 12　尊. 三代. 十一. 6　尊. 三代. 十一. 14　觚. 三代. 十四. 28
彝. 三代. 六. 21　觯. 三代. 十四. 40　彝. 三代. 六. 18　彝. 三代. 六. 39　彝. 三代. 十六. 27　鼎. 三代. 二. 31

图二　娀（戎）氏族徽

大汶口晚期的杨家圈类型，已处于衰落阶段，主体仍承继于中期的北庄类型，大概这时应称之为嵎夷了。关于尚庄类型，由于考古资料和文献材料都比较贫乏，暂时尚不能推论其性质与归属。但对于五村类型，必须重新思考。我曾经根据五村类型中存在的后冈一期文化孑遗因素，推论其与炎帝文化或炎帝族的一支（女娃）有关[52]。现在看来

---

⑱ 高广仁、邵望平：《史前陶鬶初论·附表一》，《考古学报》1981年第4期。
⑲ 中国社会科学院考古研究所安阳工作队：《1979年安阳后冈遗址发掘报告》，《考古学报》1985年第1期。
⑳ 丁山：《殷商氏族方国志》，《甲骨文所见氏族及其制度》，中华书局，1988年。
㉑ 严文明：《涧沟的头盖杯和剥头皮风俗》，《史前考古论集》，科学出版社，1998年。
㉒ 常兴照：《齐地古史的考古学研究——兼谈炎黄传说》，《管子与齐文化》，北京经济学院出版社，1990年。

这里犯了一个本末倒置的错误，即把后冈一期文化本是炎帝文化的一个点而定为炎帝文化的一个源。五村类型中存在的类似于后冈一期的因素，主要源于后李二期，应是本土文化即北辛文化的遗留。但是五村类型的确存在外来文化因素，这就是庙底沟二期文化的进入。如果将五村类型的主要遗存与广义的庙底沟二期遗存相比较（图三），不难看出，在彩陶纹饰、器物形态方面两者有较多的相似性。前已指出，五村类型的背壶与庙底沟二期的扁壶类似；而庙底沟二期的扁壶又是在大汶口文化背壶的影响下生成的，那么是否是由五村类型直接输入的呢？答案是否定的。其一，海岱地区背壶的发生发展有独特的传统，规律明显，与五村类型的背壶不相衔接。其二，五村类型背壶存在的范围和时代都比较狭窄，仅局限在大汶口晚期和淄、浉河流域，既无渊源又无流向，显得十分突兀。其三，在五村类型的分布区域内，也有传统的背壶、鼎、豆、觚形杯、鬶等为基本组合的遗存存在，也就是说，东方地区的主流传统并未中断。因此，五村类型的背壶只能是庙底沟二期类型扁壶反向回迁的结果。单独观察这一现象几乎是不可思议的，但只要结合文献就会豁然开朗。《左传·昭公二十年》记载晏子叙述齐地的沿革：“昔爽鸠氏始据此地；季萴因之；有逄伯陵因之；蒲姑氏因之；而后大公因之。”按杜预注，“季萴，虞夏诸侯”，族姓、来历均不明。萴为一种有毒的草，称萴子（见《广雅·释草》）。《盐铁论·诛秦》：“构兵争强而卒俱亡，虽以进坏广地，如食萴之充

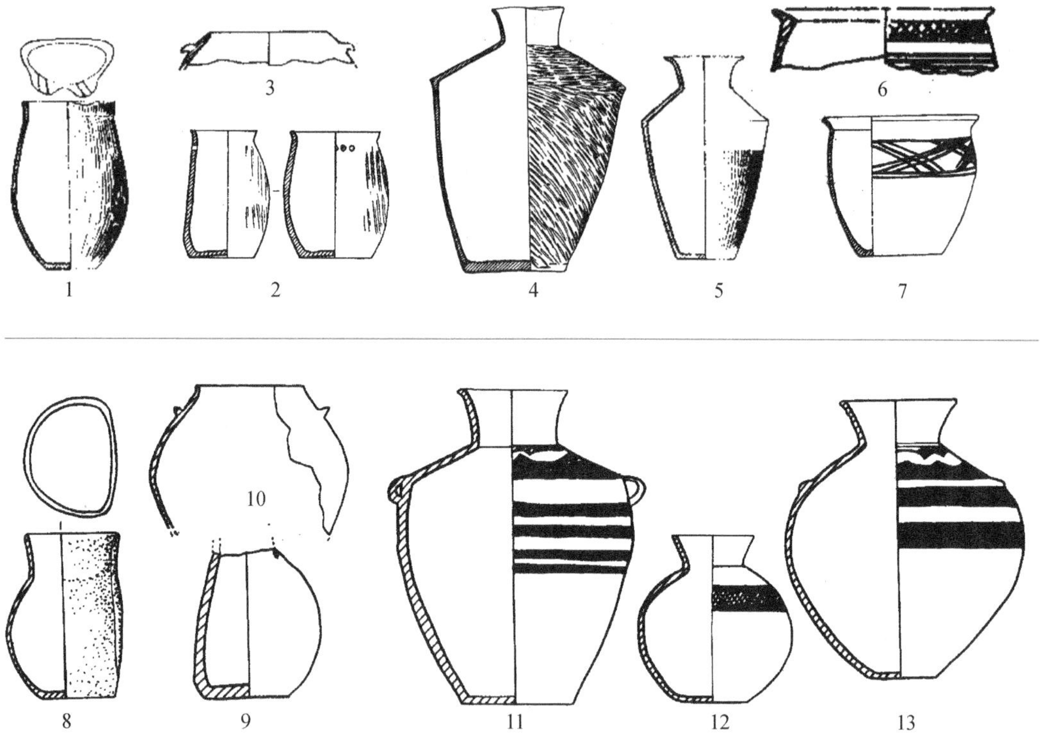

图三　五村类型与庙底沟二期器物比较图

1. 陶寺H303　2. 大河村　3. 丰村T221　4. 庙底沟H564　5. 陶寺M3002　6. 东下冯H215　7. 庙底沟　8. 五村H161　9. 王盘石　10. 五村H277　11.王盘石　12. 后胡营　13. 王盘石

肠也。”以草名族，是帝尧部族的一种传统。《绎史·卷九》引《田俅子》：“尧为天子，蓂荚生于庭，为帝成历。”《帝王世纪》：“有草夹阶而生，随月生死，每月朔日生一荚，……王者以是占日月之数。唯圣德之君，应和气而生以为瑞。故尧有之名曰蓂荚，一名历荚，一名瑞草。”《博物志》：“尧时有屈佚草生于庭，佞人入朝则屈而指之，一名指佞草。”《说文》：“萐莆，瑞草也。尧时生于庖厨，扇暑而凉。”这么多的草族生于尧庭，足证季蓟亦当为尧臣。前面已经指出，晋中南地区的陶寺类型为帝尧文化，其肇端文化就是庙底沟二期。就是说在庙底沟二期时代，陶唐氏已经形成了颇有影响的文化集团。在大汶口晚期文化大举西进的稍后阶段，陶唐氏积蓄力量向相对薄弱的鲁北地区扩张，尽在情理之中。可以指认，五村类型是庙底沟二期或曰帝尧文化推进到鲁北地区的一支，也就是季蓟氏的物质遗存；因而鲁北地区有众多的尧山、尧河、尧沟、尧庙等地名，皆应本源于此。庙底沟二期与陶寺类型则实为《左传·昭公元年》“迁实沈于大夏”之后的文化。

综上所得，大汶口文化就是少昊与太昊氏族共同创造的物质文化；太昊与少昊本为有着亲缘关系的两个部族。在长期的发展历程中，其族或分或合，相互替代；最后在西入中原的历史大业中形成合力，以一个统一的东方昊族称霸中原，创造了一个众说纷纭的帝喾或虞舜时代；一个全新的时代——文明社会已经到来。名称的混乱，是不同时代与不同地缘称谓造成的结果：从文献中有“太昊都陈”“太昊生巴人”等记载分析，太昊实为豫东及豫南一带的名号，其与“迁者为大”有关。徐中舒先生指出：“地以大小为名，原有对称之意，故地称小，新迁称大。如小宛大宛、少梁大梁、小东大东此例甚多。”[53]这也是山东故地较少太昊遗迹的主要原因。从帝尧与帝舜的禅让关系，舜为尧臣等事迹论之，“帝舜”应是夏人的称呼，而且延续的时间较长；是夏后氏美饰自己民族历史的一种说法。从“殷人禘喾”（《礼·祭法》）的记载而观察，帝喾是商人敬祖的尊称。帝俊之名主要出现在《山海经》。许多学者指出《山海经》所记地名特别是《海经》中的山川、疆域是山东中部的一些地区[54]，此为卓见。不排除随着东夷人的西进，有些地名也随之乔置；但是与帝俊有关联的地名或氏族，多在海岱一带班班可考。是故帝俊之名当是东方民族自己的尊号。

附记：原文分上、下篇刊登于《文物春秋》2003年第6期、2004年第1期。文章发表时论定此类型是少昊四叔或裔子蓐收的文化遗存。后经进一步研判，认为应当与娵訾氏有关，详细论述见拙文《有虞氏王朝概论》。而蓐收的属性应该归缘于少昊氏西渐收服中原地区的部分氏族。《国语·晋语》韦昭注：“少昊氏有子曰该，为蓐收。”《淮南子·时则训》：“西方之极，少昊、蓐收之所司者万二千里。”现在看来蓐收的封地大概位于河南或山西地区，和共工氏的地望有重叠关系。

---

[53] 徐中舒：《再论小屯与仰韶》，《夏文化论文选集》，中州古籍出版社，1985年。
[54] 何幼琦：《〈海经〉新探》，《历史研究》1985年第2期。

共工氏文化解析及其流徙辩证

我曾在相关文章中涉及对颛顼、共工等部族以及其相互关系的分析和认识①，但是较为简略。通过近几年的思考，再从中华文明探源的视角，综合研究黄河中、下游的古代氏族关系，进一步深化共工文化的分析和认知，进而辩证上古传说历史是否成立和流布过程，可能对中国古代文明构架的建立的有借鉴意义。

一、共工氏历史概说

共工氏是中国传说历史中的氏族首领，神话中的水神，以掌控洪水而著称。据说共工还是一种官职，是帝舜设立的九官之一，主管矿业。文献中记载共工的事迹很多：《左传·昭公十七年》："共工氏以水纪，故为水师而水名。"《管子·揆度》："共工之王，水处什之七，陆处什之三，乘天势以隘制夫下。"《淮南子·本经训》："舜之时，共工振滔洪水，以薄空桑。"《路史·后纪二》注引《归藏·启筮》："共工人面蛇身朱发。"

依据《山海经·海内经》所记："炎帝之妻，赤水之子听祆生炎居，炎居生节并，节并生戏器，戏器生祝融，祝融降处于江水，生共工。"《国语·周语》韦注："贾侍中云，共工诸侯，炎帝之后，姜姓也。"共工是为祝融所生。但祝融的关系也很复杂，文献中另有黄帝、颛顼系统的祝融。《史记·楚世家》记载："楚之先祖出自帝颛顼高阳。高阳者，黄帝之孙，昌意之子也。高阳生称，称生卷章，卷章生重黎。重黎为帝喾高辛居火正，甚有功，能光融天下，帝喾命曰祝融。"故史家注疏纷纭，莫辨其是。

共工曾与传说中的很多氏族、帝王打过仗，其中有：

颛顼：《列子·汤问》："共工氏与颛顼争为帝，怒而触不周之山，折天柱，绝地维，故天倾西北，日月星辰就焉；地不满东南，故百川水潦归焉。"《文子》："共工为水害，故颛顼诛之。"《淮南子·天文训》："昔者共工与颛顼争为帝，怒而触不周之山，天柱折、地维绝，天倾西北，故日月星辰移焉；地不满东南，故水潦尘埃归焉。"

神农：《琱玉集》卷十二《壮力篇》："共工，神农时诸侯也，而与神农争定天下。共工大怒，以头触不周山，山崩，天柱折，地维绝，故天倾西北隅，地缺东南角。"

高辛：《淮南子·原道训》："昔共工之力，触不周之山，使地东南倾；与高辛争为帝，遂潜于渊，宗族残灭，继嗣绝祀。"

女娲：《路史·太昊纪》："共工氏，义氏之代侯者也，是曰康回。髦身朱发，狠

---

① 常兴照：《华族、华族文化与华夏关系考论》，《东岳论丛》2007年第6期。

明德，任智自神。太昊氏没，俶乱天常，窃保冀方。抢攘为杰，于是左概介丘，右癵终隆，振滔洪水，以薄空桑……尚虞盏乐淫，失其身，犹欲凭怒傃其悍，塞墉防百川，隳高闉卑，率方舆而潮陷之。行违皇乾，诸福弗畀，疾荐作而菑屡臻。女娲氏戮之，共工氏以亡。”

帝尧：《逸周书·史记解》云：“昔有共工自贤，自以无臣，久空大官，下官交乱，民无所附，唐氏伐之，共工以亡。”

帝舜：《尚书·舜典》：“流共工于幽洲，放驩兜于崇山，窜三苗于三危，殛鲧于羽山，四罪而天下咸服。”《孟子·万章上》：“舜流共工于幽洲，……四罪而天下咸服。”

祝融：《史记》司马贞补《三皇本纪》：“诸侯有共工氏。任智刑，以强霸而不王。以水承木，乃与祝融战，不胜而怒。乃头触不周山，崩。天柱折，地维缺。”

大禹：《荀子·议兵篇》：“是以尧伐欢兜，舜伐有苗，禹伐共工。”《荀子·成相篇》：“禹有功，抑下鸿，辟除民害逐共工。北决九河，通十二渚，疏三江。禹傅土，平天下，躬亲为民行劳苦。得益、皋陶、横革、直成为辅。”《山海经·大荒北经》：“共工臣名曰相繇，九首蛇身，自环，食于九土。其所歍所尼，即为源泽，不辛乃苦，百兽莫能处。禹湮洪水，杀相繇，其血腥臭，不可生谷。其地多水，不可居也。禹湮之，三仞三沮，乃以为池，群帝因是以为台，在昆仑之北。”《山海经·海外北经》：“共工之臣曰相柳氏，九首，以食于九山。相柳之所抵，厥为泽溪。禹杀相柳，其血腥，不可以树五谷种。禹厥之，三仞三沮，乃以为众帝之台。在昆仑之北，柔利之东。相柳者，九首人面，蛇身而青。不敢北射，畏共工之台。台在其东。台四方，隅有一蛇，虎色，首冲南方。”

从时代上看，上列与共工氏征战的氏族或帝王，早期的有神农、颛顼、高辛、女娲等；中期的有唐尧、虞舜；晚期的有祝融、大禹等。实际上这也基本框定了共工氏传说的时空范围。上述文献说明了两个问题，一是共工氏族群存续时代较久，自神农到大禹；二是所处位置比较重要，故能“水处什之七，陆处什之三，乘天势以隘制天下”。因此故为历代王族必争之地，必伐之人。或可如是推定：共工氏作为集团或族群形成之后，与颛顼、高辛、尧舜等诸多氏族有过交争或联盟。曾为水官、侯伯，掌管江河、矿产，故以水纪，为水师而水名。因为地处江河险要，有决堤弄水之便利，故而常为水害。周边民族深以为患，故群起而攻之。氏族战争或断或续，绵延不绝。共工一族或灭之、戮之、撞山自残；或宗族残灭，继嗣绝祀；一直处于人神共愤之境，但始终没有完全消失殆尽。直到大禹时期，才真正做到逐共工、杀相柳，彻底结束了共工氏族的存在。因其族源的复杂性，时代的久远性，形成了对共工氏的历史、关系等各种纷杂的认识和迷乱的解读，成为学界十分困惑的问题。

二、共工文化解析

大量事实表明，远古帝王都不是一个具体的人，而是一个部族、一个集团或者一个联合体的统称。古史中帝王世系的延续和替代，大多是部族势力的更替和演变。因此理解古代帝王的诞生，也应理解为是一个王权部族继承或取代上一个部族王权的过程。从前述文献梳理出共工氏大致经历的几个历史阶段，分期解构其文化关系，可以进一步明晰共工在传说历史中的角色定位。文献中所及的神农，一般均认为即炎帝。《帝王世纪》云："炎帝神农氏，姜姓也，母曰任姒……炎帝自陈营都于鲁曲阜……在位一百二十年而崩，凡八世。"但实际上炎帝神农氏应是新石器时代早中期之际的一个绵延时间很长的氏族集团，与黄帝、蚩尤有直接的交互关系[②]。《山海经》《国语》等还记述共工实乃炎帝之后，代际与炎帝相差甚远。唐代佚名所辑《琱玉集》，将共工纳入神农时代的诸侯部落，并与之争帝位，所据不详。较早的文献中均没有共工氏与炎帝神农氏争天下的记载。而其征战的结果也是"共工大怒，以头触不周山"，疑是将与颛顼或祝融征战之事而错记。故可靠性不大，可从略。其他有关的帝王氏族，试按大致的早晚顺序梳理如下。

1. 与颛顼氏的关系

颛顼是一个文化面貌和族属十分复杂的部族。徐旭生先生指出他在《山海经》里和帝俊一样，东西南北"无远弗届"[③]。《史记·五帝本纪》上说他统领疆域"北至幽陵，南至交趾，西至流沙，东至蟠木，动静之物，大小之神，日月所照，莫不砥属"。再无及其广大者。文献所记帝喾、帝舜、祝融、鲧、禹以及秦、楚等古代王族皆是他的后代子孙。他的祖源一般认为出自黄帝，因《史记·五帝本纪》说："帝颛顼高阳者，黄帝之孙而昌意之子也。"《山海经·大荒东经》云："东海之外大壑，少昊之国，少昊孺帝颛顼于此。"《初学记·卷九》引《帝王世纪》："颛顼生十年而佐少昊。"可见其与少昊有密切关系。他的国都按《吕氏春秋·古乐篇》云："帝颛顼生自若水，实处空桑，乃登为帝。"《史记·五帝本纪·集解》："皇甫谧曰：都帝丘，今东郡濮阳是也。"空桑在古兖州地域内，帝丘在濮阳。故其发迹之地应在鲁西和豫北一带。

颛顼的时代约处于黄帝之后、帝喾之前，大致和少昊同时或略晚。依据笔者对少昊与黄帝的文化关系及历史时段等方面研判：少昊族形成的时间是在黄帝灭蚩尤之后，在山东汶、泗流域以大汶口人为主体组建的新族团，以大汶口文化出现庙底沟式彩陶为标志，约在大汶口文化早期后段和中期前段左右[④]，大概距今5700—5300年。如果颛顼的时代比少昊时代略晚，应该处在大汶口文化中期前后，亦即距今5500—5000年。就文献记载的颛顼所处时代、建都地望及与少昊之间的关系综合考察，笔者认为分布于豫北冀南地区的大司空文化，应该就是颛顼部族的物质文化。

如颛顼一样，大司空文化也存在许多扑朔迷离的问题，其与后冈一期文化孰早孰晚有长期争议；其文化渊源有多种解释；极少发现居住遗迹和墓葬，对其文化性质亦难有确切的概括。在众多研究文章中，以陈冰白、孙祖初两位先生的研究较为深刻和

② 王树明、常兴照、张光明：《蚩尤辩证》，《中原文物》1993年第1期。

③ 徐旭生：《中国古史的传说时代》，文物出版社，1985年，第75页。

④ 常兴照：《少昊、帝舜与大汶口文化（上、下）》，《文物春秋》，2003年第6期、2004年第1期。

全面⑤。他们认为，大司空文化大致相当于秦王寨文化亦即大河村遗址三、四期阶段，部分遗存可能早到二期；从文化渊源上说其为承继于“下潘汪仰韶第二类遗存”并混合了后冈一期文化及庙底沟类型的部分因素而形成的变体文化。陶器方面的突出特征是独具风格的彩陶，饰彩的折腹盆、碗、钵类器物更是最富特色的器皿；既以罐区别于东方文化区的炊器标志物鼎，又以壶（小口罐）区别于西方文化区的水器标志物尖底瓶。这种亦此亦彼又非此非彼的特点，正与颛顼部族特征十分吻合。大司空文化的影响范围较大，北可到冀中及京津地区，向西已达晋中及河套一带，向南与秦王寨文化相互有较大影响，东面则与大汶口文化有较多的交流。在大汶口遗址就曾发现大司空风格的彩陶⑥，同时大汶口文化中的折腹类器物如盆（罐）、钵等亦较多见；尤以中晚期常见的敞口卷沿折腹盂形鼎（或称釜形鼎，如西夏侯上层M26：47、大汶口墓地M117：53），显系受大司空折腹钵影响而改造生成。上面这些文化现象，说明颛顼之所以成为黄帝的后裔，乃与其文化因素包含庙底沟和后冈一期文化的因素有关。然其文化因素中与大汶口文化有较多交流的现象，大概与文献中“少昊孺帝颛顼”于东海之内大壑，长成而辅佐少昊，并且可能在较短时间内接续少昊而统治了东方部分地区有关。所以《帝王世纪》曰“颛顼生十年而佐少昊，二十而登帝位”应该实有所本。徐旭生先生指出，颛顼没有多少战功，之所以特别受重视是因为他在宗教进化方面有重大贡献⑦，如《国语·楚语》所记：“古者民神不杂。……如是则明神降之，在男曰觋，在女曰巫……及少皞之衰也，九黎乱德，民神杂糅，不可方物。夫人作享，家为巫史，无有要质。民匮于祀，而不知其福。烝享无度，民神同位。……颛顼受之，乃命南正重司天以属神，命火正黎司地以属民，使复旧常，无相侵渎，是谓绝地天通。”可知颛顼就是一个巫觋文化十分发达的部族。他与相邻氏族之间的沟通，可能多是以巫师的身份出现。颛顼本人及其直系后代如重、黎、吴、回（韦）、祝融等都是四方神或四时神，说明其对原始宗教的贡献极大，所以很多氏族皆宗其为神主。这在考古材料上并非无证：其一作为大司空文化渊源之一的后冈一期文化，就有相关的文化传统。如濮阳西水坡遗址45号大墓，曾出土蚌砌龙虎图案，推测为大型祭祀遗迹⑧，说明其原始宗教比较发达，也说明大司空文化有很深远的巫觋传统。其二大司空文化中器类相当简单，但彩陶发达，彩陶图案抽象诡谲，推测其多数应为祭器。因此，推论大司空文化遗存为颛顼文化当不致大谬。

大概与颛顼同时期的共工，因与颛顼争为帝，不胜而怒触不周之山。史籍所及较多，可知其影响较深。《左传·昭公二十九年》说：“共工氏有子日句龙，为后土。”《国语·鲁语上》：“共工氏之伯九有也，其子曰后土，能平九土，故祀以为社。”

---

⑤ 陈冰白：《略论“大司空类型”》，《青果集——吉林大学考古专业成立二十周年考古论文集》，知识出版社，1993年；孙祖初：《秦王寨文化研究》，《华夏考古》1991年第3期。

⑥ 山东省文物管理处、济南市博物馆：《大汶口——新石器时代墓葬发掘报告》，文物出版社，1974年，图版一〇六。

⑦ 徐旭生：《中国古史的传说时代》。文物出版社，1985年，第76页。

⑧ 濮阳市文物管理委员会、濮阳市博物馆、濮阳市文物工作队：《河南濮阳西水坡遗址发掘简报》，《文物》1988年第3期；濮阳西水坡遗址考古队：《1988年河南濮阳西水坡遗址发掘简报》，《考古》1989年第12期。

《礼记·祭法》中亦有类似的记载："共工氏之霸九州也，其子曰后土，能平九州，故祀以为社。"共工建国之地，古代无传，史籍中与"共"有关的河山地名有多处。王震中先生认为，共工部落的活动中心区域"应在上古'九州'雏形的'九土'、九山'境内，开始在渭河上游一带；后来发展到豫西、嵩山周围"[⑨]。徐旭生先生认为，共工必须距颛顼不远，才能与共工争战。当以《汉书·地理志》河内郡的"共县"（今辉县）最具为"共工"之国的可能性[⑩]。此说最具合理性。窃以为辉县已入共工的势力范围，但最初的中心地区还应在郑州一带。历史上的水患以黄河为主，在郑州以西受地形所限，黄河为患并不多；但一过郑州，地势急转，平原广袤，无拘无束；加上汇入漭河、沁河、伊洛河等多条大水，水量大增，极易形成水患。历史上的黄河易道、决口多在这一带，1938年国民党在花园口决堤，水淹苏豫皖三省四十四县，实可说明这一点。《淮南子·本经训》："共工振滔洪水，以薄空桑。"若无充分的地势，是无法振滔洪水的。综合分析，以郑州大河村三、四期遗存为代表的秦王寨文化，最有可能为共工氏的物质遗存。孙祖初先生把折肩罐和以网纹、星形纹、弧线三角为框的窗棂纹彩陶罐的出现作为秦王寨文化形成的标志；把空足器的出现定为该文化的终止。认为前者的出现，标志着一种新的器物组合的产生，后者的出现是继秦王寨文化而来的另一种文化的特征性器物。秦王寨文化的时代约当大汶口文化的中期至晚期的前段。其分布范围最盛时括有豫东和豫西、晋南，而以郑州—沙河上游地区为中心[⑪]。秦王寨文化中极富特色的网纹彩陶，工具中较多陶、石质网坠、蚌镞、蚌刀等等，为共工氏与水为伍提供了较好的注脚。秦王寨文化彩陶的来源可以追溯到庙底沟文化和后冈一期文化。秦王寨文化中并行着分别使用庙底沟系的大口尖底缸以及使用后冈系的鼎作为葬具的两种不同传统的瓮棺葬，意味着后冈遗民的存在[⑫]。庙底沟文化意味着西方黄帝文化系统的东进；后冈遗民意味着以蚩尤为代表的炎帝文化系统的基因[⑬]。使共工属于炎帝的后裔有了较好的佐证。因此，论定秦王寨文化为共工氏所创造当不致大谬。如是，新发现的属于秦王寨文化遗址的巩义双槐树古城址，极有可能属于共工氏的都城。遗址面积达117万平方米，发现有仰韶文化中晚期阶段三重大型环壕、封闭式排状布局的大型中心居址、采用版筑法夯筑而成的大型连片块状夯土遗迹、三处经过严格规划的大型公共墓地、三处夯土祭祀台遗迹等，并出土了一大批仰韶文化时期丰富的文化遗物。出土器物包含许多外来文化因子，如折腹鼎、背壶具备大汶口文化特征；陶器组合中出现的大量双腹器，如双腹盆、双腹豆、双腹碗，以及薄胎斜腹彩陶杯，属于屈家岭文化因素；还可以看到双墩文化靴形器、薛家岗文化折腹杯、崧泽文化折肩折腹壶、大溪文化杯等文化元素。遗址发现最大的一个房子面积达220平方米，房子前面的门廊有用9个陶罐摆成北斗星形状的图案。在北斗九星遗迹上端，还有一头首向南并朝着门道的完整麋鹿骨

---

⑨ 王震中：《共工氏主要活动地区考辨》，《人文杂志》1985年第2期。

⑩ 徐旭生：《中国古史的传说时代》，文物出版社，1985年，第47、48页。

⑪ 孙祖初：《秦王寨文化研究》，《华夏考古》1991年第3期。

⑫ 朱雪菲：《大河村遗址秦王寨文化彩陶再研究》，《中原文物》2015年第2期。

⑬ 王树明、常兴照、张光明：《蚩尤辩证》，《中原文物》1993年第1期。

架。麋鹿在古人眼里是一种神奇的动物。古代有冬至祭天的传统，大部分鹿类在夏天脱角，只有麋鹿在冬至脱角，所以先民把麋鹿脱角视为吉祥的象征，并把麋鹿与一年最重要的节气冬至关联⑭。该遗址以及青台、西山、点军台、秦王寨、后庄王、汪沟、陈沟、西史赵、大河村、站马屯、庄岭、楚湾、尚岗杨等遗址尤其是环壕聚落的发现，说明郑州地区是继豫西晋南地区庙底沟文化衰落之后新兴起的文明中心⑮。这说明文献所记"共工氏之伯九有也，其子曰后土，能平九土，故祀以为社"（《国语·鲁语上》）之言并不虚妄。

秦王寨文化与大司空文化联系较多，主要表现在彩陶方面的同一性，如都有较多的对弧三角竖线纹、睫毛纹、禾苗纹、"∽"形细曲线纹等。同时存在受大司空文化影响而产生的器物群⑯。另外双槐树遗址发现的三处大型祭台、房屋门廊内用陶罐摆成的北斗九星图案，与濮阳西水坡45号大墓蚌塑龙虎图案及人骨埋藏形态⑰等有异曲同工之妙。类似的现象，还有在鹤壁刘庄发现的大司空文化遗存中陶片铺垫的灰土堆积⑱。推测这些遗迹均与原始祭祀和天象崇拜有关。这或许来源于颛顼传播的宗教文化习俗的浸染。文献记载共工氏与颛顼争斗，不胜而怒。因为两者都是后冈一期文化的继承者，具有同源关系。表现在文化遗存上，反映的是两者相互交流比较多，并不多见较为惨烈的杀戮现象。

秦王寨文化与大汶口文化的关系十分密切，大汶口文化对它的影响有几个方面：一是该文化受北辛—大汶口文化系统影响而产生的器物群；二是区内发现大汶口文化中晚期器物⑲。另一个显著标志是郑洛地区白衣黑红彩的"三彩"（或称为"复彩"）陶器大量增加，尤其在环嵩山地区的郑州西山、尚岗杨、伊川土门、嵩县桥北、宜阳苏羊等遗址十分明显。这种彩陶被认为是大汶口文化的影响所致⑳。同时秦王寨文化的因素也出现在大汶口文化中，大汶口、西夏侯、野店等遗址都发现过秦王寨文化的网纹或受其影响的彩陶罐。文献记载，共工是少昊的不才之子，《左传·文公十八年》："少昊氏有不才子，毁信废忠，崇饰恶言，……天下之民谓之穷奇。"杜注："谓共工，其行穷，其好奇。"此可以说明秦王寨文化中的大汶口文化因素当与少昊有关，标志着少昊之势曾经达到豫中地区。而大汶口文化中的秦王寨文化因素，实为后期"共工振滔洪水，以薄空桑"的结果。这一时期郑洛地区虽然与东方大汶口文化联系紧密，但仅有零星的大汶口居民的迁居踪迹㉑，没有形成大规模的介入现象。

---

⑭ 王丁等：《"河洛古国"掀起盖头，黄帝时代的都邑找到了？》，《新华每日电讯》2020年5月8日。

⑮ 顾万发、汪旭等：《河南巩义市双槐树新石器时代遗址》，《考古》2021年第7期。

⑯ 陈祖初：《秦王寨文化研究》，《华夏考古》1991年第3期。

⑰ 濮阳市文物管理委员会、濮阳市博物馆、濮阳市文物工作队：《河南濮阳西水坡遗址发掘简报》，《文物》1988年第3期。

⑱ 赵新平等：《河南鹤壁刘庄遗址考古发掘取得重要收获》，《中国文物报》2006年1月27日第1版。

⑲ 孙祖初：《秦王寨文化研究》，《华夏考古》1991年第3期。

⑳ 张海、赵晓军：《仰韶与龙山之间：公元前3千纪前半叶中原社会的变革》，《中原文物》2021年第6期。

㉑ 栾丰实：《仰韶时代东方与中原的关系》，《海岱地区考古研究》，山东大学出版社，1997年，第126、127页；郑州大学考古系、开封市文物工作队、尉氏县文物保管所：《河南尉氏县椅圈马遗址发掘简报》，《华夏考古》1997年第3期。

2. 与高辛氏的关系

大约在大汶口文化的中期后段，鲁中南汶、泗流域的大汶口族群有较为明确的西进和迁居现象。表现在考古学文化上是在鲁西、皖北、豫东地区均发现这一时段的大汶口文化遗存。典型遗址有定陶十里铺北遗址、亳州付庄墓葬、周口烟草公司墓葬、萧县金寨、郸城段寨早期遗存、宿州小山口和古台寺遗存等为代表㉒。有学者将其论称为“富庄类型”或“付庄类型”㉓。尽管尚未发现这一时期的中心聚落，但大汶口人已经占据豫东皖北地区并形成了东方氏族集团乃为不争之实。

从考古材料与文献推论中可知，太昊即帝喾，帝喾即帝俊，帝俊即帝舜，帝舜即太昊。王国维、童书业、郭沫若等先生早有精论，说不可移。笔者曾撰文认为：太昊与少昊是两个关系深远的部族，有着共同的渊源。少昊发迹稍早，其发迹地区在沂河中下游的临沂、郯城、苍山、邳州一带，也就是大汶口文化早期的刘林类型。少昊远在炎帝时代就十分有名（《逸周书·尝麦解》）。黄帝灭蚩尤之后，少昊在汶泗流域建国，并在黄帝的支持下统一了东方。大约是不忘根本，后派四叔之一句芒辅佐太昊建立了东海大壑的少昊之国（实为太昊之国，这是两昊的一次联合）。太昊发展很快，大汶口文化晚期的陵阳河类型即为太昊部族的物质遗存，也就是十日之国。后来太昊逐渐向中原和南方地区进行迁徙（扩张）：一是利用婚缘及文化技术，渗透到西方各个氏族中去，如娶上妃姜嫄氏，生子后稷（指与客省庄二期文化的关系）；次妃有娀氏（简狄），生子帝契（实为介入了后冈二期文化的发展）；再次妃陈隆氏（亦称陈锋氏），生子帝尧（此为对庙底沟二期文化和陶寺类型的渗透）；末妃娵訾氏（即十二月神之母，是指汶泗流域一带的大汶口晚期诸氏族，也是两昊氏族的再联合），生子帝挚。成就了一个大的时代即帝“喾”时代，最终建立了帝舜有虞氏王朝㉔。上述论析一直是笔者基本认定的结论。但是深究后则感觉个别论述需要修正，帝喾与帝舜的转换关系有可能存在早晚差别。因为帝舜的时代基本可以论定在大汶口文化晚期，以豫东尉迟寺类型和豫中颍水类型为主要物质文化；但实际上大汶口文化中期后段即已进入中原地区的事实需要补充解释。

进一步研究相关文献，可知有虞氏集团有着深远的历史根源，文化发展应当存在代际交替，远非类比帝喾即帝俊、帝俊即帝舜、帝舜即太昊那么简单。《史记·五帝本纪》载：“虞舜者，名曰重华。重华父曰瞽叟，瞽叟父曰桥牛，桥牛父曰句望，句望

㉒ 高明奎、王龙：《山东菏泽定陶十里铺北遗址的发掘》，《黄淮七省考古新发现（2011—2017年）》，大象出版社，2019年，第132—134页；杨立新：《安徽淮河流域的原始文化》，《纪念城子崖遗址发掘60周年国际学术讨论会文集》，齐鲁书社，1993年；周口地区文化局文物科：《周口市大汶口文化墓葬清理简报》，《中原文物》1986年第1期；张小雷：《安徽萧县金寨新石器时代遗址》，《黄淮七省考古新发现（2011—2017年）》，大象出版社，2019年，第111—114页；曹桂岑：《郸城段寨遗址试掘》，《中原文物》1981年第3期；中国社会科学院考古研究所安徽队：《安徽宿县小山口和古台寺遗址试掘简报》，《考古》1993年第12期。

㉓ 张敬国：《近年来安徽淮北地区新石器时代考古的主要收获》，《文物研究》（第9辑），黄山书社，1994年，第25—30页；袁飞勇：《煤山文化研究》，武汉大学博士学位论文，2020年。

㉔ 常兴照：《华族、华族文化与华夏关系考论》，《东岳论丛》2007年第6期。

父曰敬康，敬康父曰穷蝉，穷蝉父曰帝颛顼……以至舜七世矣。”宋罗泌《路史 · 余论七》记述了秦汉年间的吕梁碑中叙纪虞帝之世云：“舜祖幕，幕生穷蝉，穷蝉生敬康，敬康生乔牛，乔牛生瞽瞍，瞽瞍产舜，命禹行水道吕梁。特此节完备为可考质之于传，惟无句望，且一不言出自黄帝，谅得其正。”由此颛顼与虞幕又同为舜之远祖，都是穷蝉之父。《国语 · 郑语》记载西周末年史伯曰：“夫成天地之大功者，其子孙未尝不章，虞、夏、商、周是也。虞幕，能听协风以成乐物生者也；夏禹，能单平水土以品处庶类者也，商契，能和合五教以保于百姓者也，周弃，能播殖百谷蔬以衣食民人者也。其后皆为王公侯伯。”则虞幕是能够与夏禹、商契、周弃并列，属大功大德之人。《国语 · 鲁语上》记有春秋中期展禽的话：“幕，能帅颛顼者也，有虞氏报焉。杼，能帅禹者也，夏后氏报焉。上甲微，能帅契者也，商人报焉。高圉、太王，而帅稷者也，周人报焉。”这里虞幕又在颛顼之后，是能够统帅颛顼事业的氏族。故虞幕与颛顼可能存在族群和王权更替关系。《左传 · 昭公八年》晋国的史赵说：“自幕至于瞽瞍无违命，舜重之以明德，寘德于遂，遂世守之，及胡公不淫，故周赐之姓，使祀虞帝。”因之虞幕作为帝舜之祖，应该具有较强的可信度。

结合《史记 · 五帝本纪》中关于帝喾高辛氏的世系记载：“帝喾高辛者，黄帝之曾孙也。高辛父曰蟜极（正义：蟜音居兆反。本作桥），蟜极父曰玄嚣，玄嚣父曰黄帝。自玄嚣与蟜极皆不得在位，至高辛即帝位。高辛于颛顼为族子。”《古本竹书纪年》记曰：帝喾高辛氏“生而骈齿，有圣德，初封辛侯，代高阳氏王天下。使瞽人拊鞞鼓，击钟磬，凤皇鼓翼而舞”，可察虞幕、瞽瞍与帝喾有着较强的相似性。其一，高辛父曰蟜（桥）极，瞽瞍父曰桥牛，两者父名具有较大的相似度。高辛为颛顼族子，瞽瞍为其玄孙，虞幕与帝喾又都是代高阳氏王天下者也，三人祖源相同，因代关系相近。其二，高辛喜好音乐，《吕氏春秋 · 古乐》：“帝喾命咸墨作为声歌：《九招》《六列》《六英》。”南朝刘勰《文心雕龙 · 颂赞》：“昔帝喾之世，咸墨为颂以歌《九韶》。”而瞽瞍实为礼乐之官。《尚书 · 胤征》：瞽奏鼓。《诗 · 周颂》：“有瞽有瞽，在周之庭。”《周礼 · 春官 · 大司乐》：乐祖祭于瞽宗。《国语 · 周语上》：“先时五日，瞽告有协风至”，“是日也，瞽帅音官以风土”。韦注：“音官，乐官也。风土，以音律省土风，风气和则土气养。”瞽为舜父，被称为盲目者，《尚书 · 尧典》孔传：“无目曰瞽。舜父有目不能分别好恶，故时人谓之瞽，配字曰瞍，又通作鼓。”此实为后世讹传。竹添光鸿说：“《周语》曰‘瞽告有协风至’，《郑语》史伯言‘虞幕能听协风，以成物乐生者也’，然则瞽之掌乐，固世官而宿其业，若虞夏之夔矣，不必其父子祖孙皆有残疾也。”[25]可知喾、瞽均有音乐之长；瞽、幕皆能听协风；喾、瞽、幕有着深厚的基因叠合性。其三，从古文字形音义方面，亦可查考相关线索。《说文解字》喾：急告之甚也。从告，学省声。瞽：目但有眹也。从目鼓声。鼓、告同声。瞽为见母模部，喾为见母觉部，幕为明母铎部，三字或声母相同，或韵尾韵腹相同，音近易转。幕即帏幔，在甲骨文中即“曼”字，形如上下手遮蔽眼睛（拾8.5、合9337），其于舜父瞽目

㉕ ［日］竹添光鸿：《左氏会笺 · 昭公八年》，巴蜀书社，2008年，第1778页。

则为同义。《尔雅·释言》：“幕，暮也。”天空遮幕，暮夜则至，眼目如无也，当为后世讹传之缘。郭店楚简简9记：“古者吴（虞）舜笃事瞽寞，乃弋其孝；忠事帝尧，乃弋其臣。”[26]瞽寞即瞽幕，说明瞽、幕可同名联称。如是看则喾即为幕，幕亦可称为瞽也。尽管文献中虞幕至瞽叟可能存在隔代世系，然并不难理解；因为古代帝王或族群之间子用父号、孙依祖号，其迁延变化长达几十年或数百年，部族名号基本不变乃为常例。瞽因袭用了幕的职官，被习称为幕，进而讹变为无目之人亦不为怪。

廓清了三人的关系，则可以明白帝喾（瞽、幕）和虞舜之间应该存在时代早晚之别。则顺然理解太史公大概意识到他们之间的关联与代差，搞了一点模糊笔法：故述瞽而不言幕，喾入帝纪而不续于虞统。同时亦可解读大汶口文化付庄类型作为尉迟寺类型的前导，先期进入豫东地区的考古文化现象，可能就是喾（瞽、幕）接替并统帅颛顼族团的历史过程。而《史记·五帝本纪》所记“舜父瞽叟顽，母嚚，弟象傲，皆欲杀舜。舜顺适不失子道，兄弟孝慈。欲杀，不可得；即求，尝在侧”的事件，则说明虞舜和帝喾两代族权交替的时候，或存在一定的不友好活动。

在站稳鲁西、皖北、豫东并进一步西进的过程中，帝舜集团完全接管了帝喾集团；并完全吸纳高阳氏和高辛氏部族的族群贤达。《史记·五帝本纪》：“昔高阳氏有才子八人，世得其利，谓之‘八恺’。高辛氏有才子八人，世谓之‘八元’。此十六族者，世济其美，不陨其名。……舜举八恺，使主后土，以揆百事，莫不时序。举八元，使布五教于四方，父义，母慈，兄友，弟恭，子孝，内平外成。”故而出现了《国语·鲁语》“殷人禘舜而祖契”与《礼记·祭法》“殷人禘喾而郊冥”同事而记之不同的现象；也出现了《左传·文公十八年》言“高辛氏有才子八人”，《山海经·海内经》“帝俊有八子，是始为歌舞”，《路史后纪·卷十一》注引《朝鲜记》云“舜八子，始歌舞”等相类同的传说。

大汶口文化付庄类型转变为尉迟寺类型之后，大举西进。在豫中汝、颍河地区建立了较为稳固的基地，形成了大汶口文化颍水类型[27]。大汶口晚期文化对中原地区的冲击和影响具有革命性，标志着帝舜时代的到来。其影响范围已远达良渚文化、石家河文化、庙底沟二期文化等分布区域。有学者甚至指出：中原地区的“龙山化”过程，实际上是“大汶口化”过程[28]。这一时期，河洛地区主要分布有大河村五期文化、庙底沟二期文化和孟庄龙山早期文化[29]。上述文化中都或多或少出现了大汶口文化因素。可以分为两类，第一类为典型的大汶口文化因素；第二类是被改造但还部分地保留着传统文化风格的因素。随着时间的演进在地域分布上也有所不同。靳松安先生指出：前段，大汶口文化因素只在嵩山以北、以东地区的大河村五期文化与伊洛地区的庙底沟二期文化中有发现，而豫西、晋南地区的庙底沟二期文化和豫北地区的孟庄龙山早期文化中尚未见到；演进至后段，大汶口文化因素不仅在豫中地区有较多发现，而且在豫西、晋南以及

㉖ 荆门市博物馆：《郭店楚墓竹简·唐虞之道》，文物出版社，1998年。

㉗ 杜金鹏：《试论大汶口文化颍水类型》，《考古》1992年第2期。

㉘ 张弛：《龙山化、龙山时期与龙山时代——重读〈龙山文化和龙山时代〉》，《南方文物》2021年第1期。

㉙ 靳松安：《河洛与海岱地区考古学文化的交流与融合》，科学出版社，2006年，第51—71页。

豫北等地区均有所发现。早段主要见于郑州大河村、禹州谷水河、巩义滩小关、巩义里沟、偃师滑城、偃师二里头和洛阳王湾等遗址，主要器类有长颈壶、袋足鬶、平底尊、篡形圈足杯、觚形杯、筒形杯、高柄杯、背壶和大口筒形尖底缸（或称为尊）等器形，形制与曲阜西夏侯、泰安大汶口、邹县野店、蒙城尉迟寺等同类器相同或相似。晚段主要见于禹州谷水河、汝州大张、登封告成北沟、偃师滑城、洛阳矬李、新安冢子坪、渑池仰韶村、灵宝涧口、垣曲古城东关、垣曲丰村和辉县孟庄等遗址，典型器物有长颈壶、平底尊、筒形杯、高柄杯、罐形鼎、圈足罐、大口筒形尖底缸等，其造型与西夏侯、大汶口、野店、尉迟寺和莒县陵阳河等遗址出土的同类器几乎完全相同[30]。说明大汶口人已经基本占据河洛地区。上述文化现象，则与文献中共工氏与“高辛氏争为帝”的事件正相吻合。

文献记载高辛氏与帝舜对共工氏的争斗，有两个阶段。第一阶段是委派重黎征伐共工，但效果不佳。帝舜继承帝喾之后，共工氏不服而作乱，故有“舜之时，共工振滔洪水，以薄空桑”（《淮南子·本经训》）。已经纳入帝舜（喾）麾下的颛顼族裔“重黎为帝喾高辛居火正，甚有功，能光融天下，帝喾命曰祝融。共工氏作乱，帝喾使重黎诛之而不尽。帝乃以庚寅日诛重黎，而以其弟吴回为重黎后，复居火正，为祝融”（《史记·楚世家》）。第二阶段则是高辛氏或帝舜直接征讨，有曰“昔共工之力，触不周之山，使地东南倾；与高辛争为帝，遂潜于渊，宗族残灭，继嗣绝祀”（《淮南子·原道训》）；或曰“（舜）归而言于帝，请流共工于幽陵，以变北狄”（《史记·五帝本纪》）。综上，共工氏与高辛氏或帝舜的关系，在文献与考古学文化基本上对应，大致不谬。

这一阶段还存在帝尧与共工氏的关系，大概反映在庙底沟二期文化对大河村五期等为代表的郑洛地区龙山早期文化的渗透。而双槐树等遗址发现的崧泽文化、双墩文化、薛家岗文化、屈家岭文化等多种文化因素的现象，则应与“三苗在江淮、荆州数为乱”（《史记·五帝本纪》）等历史事件有关。笔者有专文阐述[31]，此不赘。

帝喾（舜）在征讨并驱逐了共工氏之后，同时开始了对中原地区大规模的经营管理。在文献中有较多记述。《左传·昭公元年》：“昔高辛氏有二子，伯曰阏伯，季曰实沈，居于旷林，不相能也。日寻干戈，以相征讨。后帝不臧，迁阏伯于商丘，主辰。商人是因，故辰为商星。迁实沈于大夏，主参，唐人是因，以服事夏商。”按《国语·晋语四》：“岁在大梁，将集天行，元年始受实沉之星也。实沉之墟，晋人是居，所以兴也。”北魏郦道元《水经注·洧水》：“晋居参之分，实沉之土。郑处大辰之野，阏伯之地。”辰星即心宿三星中的大火星。大辰之野是谓辰星覆盖的地方。大辰之野指为郑地，而非传统认定的商丘一带，可谓精准。每当辰星在东方黎明时出现的时候正好是我国农时“春分”的季节；当辰星在西方不见的时候又是在“秋分”的季节；辰星在天空正中，则是在夏季。郑处中原腹地，天地之中，故属于辰（商）星之位。《史

---

[30] 靳松安：《论龙山时代河洛与海岱地区的文化交流及历史动因》，《郑州大学学报》（哲学社会科学版）2010年第3期。

[31] 常兴照：《舜窜三苗与禹征三苗再认识——兼谈良渚文化族属》，《东方考古》（第19集），科学出版社，2022年。

记·天官书》：“心为明堂。”《索隐》引《春秋说题辞》：“房心为明堂，天子布政之宫。”《左传·襄公九年》：“陶唐氏之火正阏伯居商丘，祀大火（辰星）而火纪时焉。”为其后商人称商，商汤选择在此建都（二里冈商城）提供了依据。大夏当在晋中、南一带，属于庙底沟二期文化的范围。庙底沟二期文化中出现的大汶口文化因素，应该属于实沉带去的物质遗存。随着大汶口文化的介入，随之出现了有关“帝喾娶陈锋氏女，生放勋（帝尧）”（《史记·五帝本纪》）的记载；也出现了“昔尧德衰，为舜所囚也。舜囚尧于平阳，取之帝位。舜放尧于平阳”（《古本竹书纪年》）的不同说辞。还连带出现了“舜为冀州之人、舜都蒲坂”等附属传说。

关于文献中女娲氏与共工的关系，应与帝舜（太昊）对共工的征服相关联。传说女娲氏与太昊为同族兄妹，太昊即帝舜，故女娲氏当为帝舜有虞氏的部族之一。因在帝舜征服河洛地区的过程中，女娲氏可能也做过同盟军。所以史籍中出现女娲氏与共工征战的记载，也是可以理解的。

3. 与祝融氏的关系

文献中祝融来源有两个系统，关系较为迷乱。《山海经·海内经》：“黄帝妻雷祖，生昌意，昌意降处若水，生韩流，韩流……娶淖子曰阿女，生帝颛顼。”在《山海经·大荒西经》中补叙：“颛顼生老童，老童生祝融。”而据《史记·楚世家》记载：（颛顼）高阳生称，称生卷章（老童），卷章生重黎（祝融）。但《山海经·海内经》中还说：“炎帝之妻，赤水之子听沃，生炎居，炎居生节并，节并生戏器，戏器生祝融。”故而祝融兼跨两大文化系统。而从前面我们梳理的颛顼文化（大司空文化）来源看，实则由后冈一期文化融合了庙底沟文化的元素而形成，故有据可解。从递延关系上看，其中炎居可能就是颛顼，节并可能就是卷章亦即老童。总之，祝融氏源承颛顼系统基本可信。

但祝融的名称其实为职官，即火正；后尊为火神，命曰祝融。《吕氏春秋·孟夏》：“其神祝融。”高诱注：“祝融，颛顼氏后，老童之子，吴回也，为高辛氏火正，死为火官之神。”《管子·五行》：“得奢龙而辩于东方，得祝融而辩于南方。”《汉书·扬雄传上》：“丽钩芒与骖蓐收兮，服玄冥及祝融。”颜师古注：“祝融，南方神。”因此，祝融可能为众多族群所共有的崇拜神主。但历史上确有不属于火神的“融族”存在，即《国语·周语上》载“昔夏之兴也，融降于崇山”的“融族”，也就是与大禹族合并后的“有鬲氏”。此“融”与豫北冀南地区“空足三足器”鬲和甗的出现有关，时代偏晚。“融”在大禹治水东征和夏王朝的建立中作出卓越贡献，深受大禹族信赖[32]。所以导致后世追踪祝融世系时多有张冠李戴与错谬杂陈之说。

文献中确指为祝融的人物，其实只有《史记·楚世家》所记的两个人重黎和吴回。根据安徽大学藏楚国简书《楚纪》所记的世系，与《史记·楚世家》的世系有明显的不同（概述总结有六点不同，此处略之）：一是老童确为颛顼所生，不是称所生。老

---

[32] 常兴照：《夏代、夏族与夏系文化论析》，见本书。

童所生有四子，即“重及黎、吴及韦（回）”。简文两个“及”这么用，显然是要防止将四子误为两人。二是黎氏即祝融，而不是重或吴、回。三是无陆终其人，生六子者就是祝融黎，文献陆终当是祝融之误。祝融生季连，季连就是穴熊[33]。因此，祝融只有一个，那就是黎。司马贞补《三皇本纪》：“诸侯有共工氏……与祝融战，不胜而怒。”这里祝融应该就是黎氏。黎因在征伐共工氏战争中“诛之而不尽”，为高辛氏所诛。有意思的是《山海经·海内经》又有“祝融降处于江水，生共工”。是否可以理解为祝融氏对共工有保全之意，迁移共工氏的部族到了另一处有江（河）水的地方？结合《淮南子·原道训》所记共工“与高辛争为帝，遂潜于渊……”的文意以及后世还有“禹伐共工”的事件综合分析，是为完全可能的。拙见认为，豫北地区存在的辉县孟庄龙山早期文化遗存和后续的晚期龙山文化城址，是对这一历史过程的最好注脚。

《水经注·清水》云：“共伯既归帝政，逍遥于共山之上。山在国北，所谓共北山也。”此共山即今河南辉县市北的九峰山。《汉书·地理志·河内郡共县》，班固自注：“古国。”共县即为今河南辉县市，位于大沙河—卫河的北侧。太行山东南自北向南注入卫河的河流有百泉河、黄水河、蒲水河、峪河、纸坊沟河等众多支流，其中百泉河距孟庄最近，约10千米。辉县近太行山麓一带，有着丰富的承压水，构成一个泉水溢出带，故辉县苏门山前一带有百泉之称。这种地理条件，使该地区全新世时期湖沼兴盛。据《水经注·清水》载，沿卫河两岸自故修武城往东至辉县，就有吴陂、安阳陂、卓水陂、百门陂等多个湖沼泽泊，而泉水溪流更是不计其数。特殊的水泽环境，为共工氏“遂潜于渊”创造了条件。辉县孟庄遗址包含有裴李岗文化、仰韶文化、龙山文化、二里头文化时期的多种文化遗存，其中龙山文化遗存最为丰富。据秦存誉、袁广阔研究：豫北南部以孟庄龙山早期为代表的遗存可分为A、B、C三组。A组器物为形制简单、器表施红或黑彩的泥质红或灰陶钵、碗、盆、罐等，图案有斜或竖行波线纹、横或竖行条带纹、锯齿纹、平行线纹、X纹、网格纹、弧边三角纹、钩形纹、弧线纹等。B组主要为夹蚌罐、小口斜篮纹高领瓮、折沿弦断篮纹深腹罐等，形体一般较大，胎稍厚，泥质陶较规整，表面光滑，接近磨光，夹砂、夹蚌陶较为粗糙，蚌屑清晰可辨。C组主要为长颈壶、釜形器、尊形器、圈足杯、筒腹杯、圈足豆等，形体较小，制作精致。A组陶器主要见于早段，至晚段基本绝迹；属典型大司空文化因素。B组陶器贯穿龙山早期遗存之始终，不仅数量多，而且型式丰富，应属本地文化因素。C组陶器属大汶口文化因素，与茌平尚庄、曲阜西夏侯、蒙城尉迟寺等大汶口文化遗址出土的尊、釜形器、壶、杯等同类器近同。郑州地区秦王寨文化中同样出土了形制相似的壶、杯类器，这样看来，也可能是受秦王寨文化间接影响所致[34]。由此分析，共工氏在祝融氏的掩护支持下向北迁移至辉县一带，重新发展起来，形成龙山时代的共工氏族群，并非虚无缥缈之说，而是具有文献和考古学文化支持的客观存在。

---

[33] 黄德宽：《安徽大学藏战国竹简概述》，《文物》2017年第9期。

[34] 秦存誉、袁广阔：《豫北冀南地区龙山早期遗存新探》，《南方文物》2020年第5期。

4. 与大禹族的关系

史载大禹“当尧之世，舜举之。禹观于河，有长人白面鱼身，出曰：吾河精也。呼禹曰：文命治水。……禹治水既毕，天锡玄圭，以告成功。夏道将兴……祝融之神降于崇山。乃受舜禅，即天子之位。洛出龟书，是为《洪范》。三年丧毕，都于阳城。元年壬子，帝即位，居冀，颁夏时于邦国……五年，巡狩，会诸侯于涂山……八年春，会诸侯于会稽，杀防风氏。……秋八月，帝陟于会稽”（今本《竹书纪年·夏纪》）。散见于其他史籍的还有“禹征三苗”“禹杀相柳”“开山导水、界划九州”等功绩。古今学人多数认为大禹起兴于伊洛地区。文献记载，“自洛汭延于伊汭，居易毋固，其有夏之居”（《逸周书·度邑解》《史记·周本纪》）。近年来随着考古学研究的深入，学术界较为一致的看法是郑洛地区的王湾三期文化即先夏文化㉟。王湾三期文化主要分布于洛阳、郑州和伊河、洛河流域。严文明先生总结：其陶器以深灰为主，绳纹、篮纹和方格纹的总和所占比例接近于后冈二期文化，而三种纹饰之间的比例关系则接近于造律台（王油坊）类型。炊器中以斝和侈口深腹罐较多，鼎、鬲都很少，鬶、甗更少。高领篮纹瓮和双腹盆为数甚多，其他则有豆、大圈足盘、大平底盆、瓦足盆、刻槽盆、甑、直筒形杯、单把杯和敞口碗等。方格纹侈口罐和篮纹高领瓮在仰韶文化的秦王寨类型即已发生，只是形制和后来的稍有不同；后来这两种器物在后冈二期和造律台类型都有一些发展，但数量仍不及王湾三期那样多。斝最先见于庙底沟二期，到王湾三期时已成为主要炊器之一，其上身多为泥质磨光黑陶，形如双腹盆，与其他文化的形制不同。王湾三期文化同后冈二期和造律台类型的联系，明显地多于它同其他文化的联系。它们或许是一个统一的考古学文化中的三个地方类型，或是三个独立的亲属文化㊱。大禹初始的都城即文献中的阳城。《孟子·万章上》载：“禹避舜之子于阳城。”赵歧注：“阳城在嵩山下。”《史记·夏本纪》集解：“禹居阳城，今颍川阳城是也。”《世本》亦云：“夏禹都阳城，避商均也。”基于登封王城岗龙山时期城址的发现，多认为此即大禹初始的都城。李伯谦先生直言：“王城岗河南龙山文化晚期大城是文献所记之‘禹都阳城’乃不易之论，回避不得，也难以否定。”㊲上述这些讨论，基本上论指大禹文化起源于伊洛地区，定都于阳城；并在特定阶段以治水为旗号，进行了一次较大规模的东征；与后冈二期文化、造律台文化（王油坊类型）等形成了亲缘关系。这一过程中的一个重大事件，就是“禹逐共工”。

辉县孟庄龙山时代晚期遗存的发现，为我们认识“禹逐共工”的关系提供了较好的物质证明。尤为重要的是遗址内发现了一座面积较大的龙山文化城址，引起了考古学

㉟ 代表性文章有安金槐：《豫西夏代文化初探》，《中原文物》1978年第2期；严文明：《龙山文化和龙山时代》，《文物》1981年第6期；赵芝荃：《试论二里头文化的源流》，《考古学报》1986年第1期；夏商周断代工程专家组：《夏商周断代工程1996—2000年阶段成果报告·简本》，世界图书出版公司北京公司，2000年；李伯谦：《夏文化探索与中国古代文明形成研究——在国家图书馆部级历史文化讲座上的讲演》，《古代文明研究通讯（总第三十七期）》2008年第6期。

㊱ 严文明：《龙山文化和龙山时代》，《文物》1981年第6期。

㊲ 李伯谦：《王城岗龙山文化大城——“禹都阳城”的所在地》，《华夏文明》2016年第12期。

界的广泛关注[38]。学界多把孟庄龙山遗存归属于后冈二期文化：其陶器主要分夹砂、夹蚌壳末和泥质三大类，夹砂陶以灰陶数量最多，褐陶和黑陶次之；夹蚌壳末陶以褐陶为主，并有少量的灰陶和红陶等。泥质陶以灰陶为主，黑陶、红陶等次之。纹饰有篮纹、绳纹、方格纹、弦纹、附加堆纹、契点纹、圆圈纹、指甲纹、乳钉纹、划纹等；夹砂灰陶罐、深腹罐多饰绳纹和方格纹，篮纹一般饰在泥质灰陶高领瓮或甗的甑部，契点纹饰于泥质灰陶或黑陶器盖或双腹盆、器座上等。主要器类有深腹罐、甗、斝、鬶、高领瓮、甑、深腹盆、平底盆、器座、筒形杯、角瓜形杯、单耳杯、扁腹罐、刻槽盆、器盖、碗、钵、豆、圈足盘、尊形器等，还有少量的鬲、鼎等。上述器类中区别于其他地区龙山文化颇具特征的陶器有夹蚌褐陶圆腹罐、夹蚌褐陶深腹罐、夹蚌甗、束颈高领深腹斝、大袋足鬶、卷沿深腹大瓮、扁腹罐，内部饰有契点纹的双腹盆等。鉴于孟龙山文化遗存同周边的龙山文化类型既有联系又无法归入任何一个类型，其自身特征突出，可以考虑将其另立一个类型即孟庄类型[39]。孟庄龙山遗存早期、中期、晚期陶器的演变都是逐步的，早、晚各期的划分，因陶器形态差别较小而不易把握。唯有龙山文化末期到二里头文化时期（或称下七垣文化，或谓先商文化辉卫类型）文化面貌出现了断层，龙山文化不再向下继续演变，说明有外因干预了文化的延续。孟庄龙山城址位于孟庄遗址西北部，城址的城墙距现代地表仅0.3—0.5米。据袁广阔先生介绍：东城墙保存较好，长约375米；北墙西部多被毁，残长约260米，复原长度约340米；西墙330米；南墙在70年代已被平整土地时全部平去，仅存有南护城河。整个城址的平面形状略呈方形。孟庄龙山城址在龙山文化晚期至二里头时期以前毁于洪水的迹象十分明显：孟庄城垣内侧有宽6—8米的壕沟，深达3米左右。内侧壕沟中淤积厚1.5米含有龙山文化各时期陶片的淤土。西墙的中北部有一大的缺口，已探出部分有15米宽，原有的龙山城墙夯土已全部被洪水冲掉，且洪水在下切入生土达1.5米左右，由西向东伸去。冲沟内的淤土中包含龙山文化各个时期的陶片。文章认为该城址可能属于共工氏的部落址，损毁原因大概与洪水有关[40]。这些论述具有较强的客观性；特别是关于遗存属性为共工氏的推论，殊可信从。但综观城址相关现象的描述，孟庄遗址洪水毁城的迹象并不突出。城墙缺口十余米、壕沟淤塞一两米，淤土内有各期龙山文化陶片；在雨季几场大雨或暴雨，都可能形成这样的形态。如果居民没有其他灾变，修复城墙并不困难。但如果是虞夏时期的滔滔洪难，景象则会更加惨烈：一般周边会形成巨厚状堆积层；城址大部会成为残迹且会深埋地下；堆积中陶片也会很少或较为纯净。笔者曾在山东菏泽地区调研，有很多龙山时期遗址，会深埋10—15米的地下，其上部堆积往往会被认定为生土，这应该是大洪水造成的实际样貌。因此，孟庄龙山文化城址很可能是人为损毁的，而且损毁后很长时间没有人修复，才会形成文化断层。如此，拙见认为孟庄龙山晚期城址和遗存的损毁和断层，应该就是“禹逐共工”结果。

《荀子·议兵篇》：“是以尧伐欢兜，舜伐有苗，禹伐共工。”《荀子·成相

---

[38] 河南省文物考古研究所：《辉县孟庄》，中州古籍出版社，2003年。

[39] 袁广阔：《孟庄龙山文化遗存研究》，《考古》2003年第3期。

[40] 袁广阔：《关于孟庄龙山城址毁因的思考》，《考古》2000年第3期。

篇》：“禹有功，抑下鸿，辟除民害逐共工。北决九河，通十二渚，疏三江。禹傅土，平天下，躬亲为民行劳苦。得益、皋陶、横革、直成为辅。”《山海经·海外北经》：“共工之臣曰相柳氏，九首，以食于九山。相柳之所抵，厥为泽溪。禹杀相柳，其血腥，不可以树五谷种。禹厥之，三仞三沮，乃以为众帝之台。在昆仑之北，柔利之东。”禹逐共工，相比历史上颛顼、帝喾、祝融等人对共工氏的征讨，攻杀得较为彻底，连其臣民都不放过，所以形成断层是完全可能的。禹伐共工，是大禹治水、统一中原的重大举措，为其进一步东征，夺下豫东，在皖北举行涂山会盟，成为天下共主打下了坚实的基础。豫北冀南在经过这一历史过程之后，之后又经历了后羿乱夏的征杀和扰乱，文化元气大伤。经过一段寂寥之后，才又发生出下七垣文化，是为后话。

三、共工氏流徙辩证

文献中很多共工氏与其他王族征战而怒触不周之山的记载。有的可能属人物关系的错记，有的可能是跟风附会的夸大，但有的抑或反映出共工氏的部分历史和迁移地望。文献中的“不周”亦即缺陷、不完整，不周山应该就是缺口之山。在中原和华北地区，太行山横亘南北，北连燕山，南接秦岭，形成一道天然屏障；阻挡了西北大漠吹过来的黄沙，遮蔽着其东南地区广袤的沃野。除了洛阳盆地一带的黄河出口之外；石家庄至保定以西，井陉至阜平一带，还存在一个较大的环形内凹地区；故而形成了太行山的一个大缺口。《山海经·西次三经》：“又西北三百七十里，曰不周之山。北望诸毗之山，临彼岳崇之山，东望泑泽，河水所潜也，其原浑浑泡泡。”《淮南子·地形训》：“西北方曰不周之山，曰幽都之门。”东汉高诱注：“古之幽都在雁门以北。”古有幽都在幽州，雁门指的是山西雁门关一带。《山海经·海内经》：“北海之内，有山名曰幽都之山，黑水出焉。”幽都山在今天北京市昌平区西北三十里。《方舆纪要》卷十一昌平州幽都山：“《志》云：山在州西北，古幽州以此名。”《山海经·大荒西经》云：“西北海之外，大荒之隅，有山而不合，名曰不周负子，有两黄兽守之。有水曰寒暑之水。水西有湿山，水东有幕山。有禹攻共工国山。”《山海经》《淮南子》等所记载的地理方位，一般以泰山作为天下的中心，即以昆仑虚为视角[41]。上述记载说明三个问题：一是不周山在西北，为一大缺口。二是东面有泑泽，河水所潜也，其原浑浑泡泡。其三不周旁边有幽都之门，有寒暑之水，还有禹攻共工国山。以井陉至阜平一带，东望即古之大陆泽（钜鹿泽），为黄河故道，正与泑泽浑浑、河水所潜的地势相吻合。寒暑之水应该是个季节湖，大概为滹沱河流水所形成，现在无法确指。但与幽都之山合而证之，可知共工氏所撞之山，应该就在这一带。

引起共工氏撞山的原因有多种记载。与颛顼争为帝不胜而撞山，时代较早，共工氏尚在鼎盛时期，如果撞山自残了则不会有后续的与祝融氏、高辛氏争权的事件发生，此或为误说。如果是因与祝融氏争帝而撞山，依前文所论祝融对共工氏有再生之谊，故因

㊶ 何幼琦：《〈海经〉新探》，《历史研究》1985年第2期。

祝融而撞山或为不确之说；从“帝喾使重黎诛之而不尽”观之，此次撞山可能为掩饰而故意传布的粉饰之词。而后有“与高辛争为帝，遂潜于渊”（《淮南子·原道训》）以及帝舜“归而言于帝，请流共工于幽陵”（《史记·五帝本纪》）的事件，但没有撞山之说。从前文共工氏与高辛氏关系的解析可以查知，这次流放亦不彻底，大概仅有小部分族众随高辛或帝舜到达过“幽陵”一带，共工氏仍有大部分族众生活在豫北地区。河北中部容城县午方遗址中存在大司空文化和大汶口文化因素[42]，可为这次流放事件的遗存物证。因此，共工氏撞山和流共工于幽陵事业的最终实现，大概率与禹逐共工有关。作为大禹治水的首要举措，就是逐共工，杀相柳。为寻找战争的合法性，大禹定然要以先王的旗号而将其流放于幽陵。流放路线和过程是沿太行山东麓北向。途中留下较多共工氏的传说，如有共工之台、众帝之台，射者不敢北向，在河北磁山就有共工台的传说[43]。冀南、冀中地区还有很多以台为名的地方，如邢台、丛台、章台等，或与共工流放过程中形成的共工之台、众帝之台有着渊源联系。有相柳之血，其血腥臭，不可生谷；《淮南子·本经训》高诱注：“九婴，水火之怪，为人害，北狄之地有凶水。”是与相柳九首之说可能为同指。衡水、沧州一带因黄河淤积和海侵，多盐碱荒滩，不宜农耕；恰如相柳之血浸润的状态。有不周之风，居西北，主杀生等；冬季华北平原西北风吹过，万物肃杀，一片萧条；较符合相关民间传说。

近年已有多位学者对传说中“流共工于幽陵（州）”进行了各方面的考证[44]。大多论指后冈二期文化因洪水的因素和部族的挤压，北迁至燕山南北地区，促进了当地文化的改变和发展，形成了夏家店下层文化；并改变了北方民族的结构。后冈二期文化的部分族属应当为共工氏，其大规模北迁至燕山地区可能与文献记载的“舜流共工于幽州，以变北狄”有关。相关论述基本上符合历史事实，具有较强的可信度。

后冈二期文化自20世纪30年代初发现，先后经过多次命名。严文明先生在20世纪80年代初对“后冈二期文化”的内涵进行了新的界定，将其仅指分布于豫北冀南地区的龙山晚期遗存[45]。之后李伯谦和董琦先生又先后明确提出后冈二期文化应是独立于王湾三期文化、造律台文化等之外的另一支考古学文化[46]。近年随着考古学研究和发现逐步深入，有关学者将后冈二期文化的分布范围进行了调整。如靳松安先生认为：其早期阶段主要分布于卫河中下游和漳河流域；晚期阶段则迅速向四周扩展；北面约到冀中任丘一带，东北面抵达滹沱河一线的沧州陈圩，南界达豫北南部新乡洛丝潭，东南面可至马颊河上游濮阳程庄，西界大约进抵太行山西麓的晋东南长治小神村。依据不同区域文化面貌表现出的差异性，可将后冈二期文化划分为三个类型，即白营类型、孟庄类型和小神

---

[42] 河北省文物研究所：《河北容城县午方新石器时代遗址试掘》，《考古学集刊》（第5集），中国社会科学出版社，1987年；文启明：《午方新石器时代遗存的发现和认识》，《考古学集刊》（第5集），中国社会科学出版社，1987年。

[43] 邯郸地区文物保管所：《河北磁县境内牤牛河两岸考古调查》，《华夏考古》1993年第2期。

[44] 主要有：夏保国：《“流共工于幽州”的考古学释读——以夏家店下层文化源自后岗二期文化为证》，《北方文物》2008年第3期；周书灿、毛长立：《共工氏流徙的考古学考察》，《文物春秋》2008年第2期。

[45] 严文明：《龙山文化和龙山时代》，《文物》1981年第6期。

[46] 李伯谦：《论造律台类型》，《文物》1983年第4期；董琦：《虞夏时期的中原》，科学出版社，2000年。

类型[47]。吉林大学霍东峰博士在朱永刚教授指导下完成的《环渤海地区新石器时代考古学文化研究》，则认为燕山南麓、太行山东麓的京津地区，以雪山二期为代表的文化遗存和大城山T8②类文化遗存等应统归入后冈二期文化之内。强调镇江营新石器时代第四期遗存中B型鬲、A型甗、折沿鼓腹罐、瓮、盆等；昌平H66中的折沿鼓腹罐等；器类同于后冈二期文化。陶器纹饰以细绳纹为主，还有篮纹、方格纹等，器物上安有桥形耳、鸡冠耳等，与后冈二期文化的陶器器类、形制、纹饰均相同，数量上亦占优。由此可以看出，雪山二期遗存属于后冈二期文化，其中还伴出有少量的晋中、陕豫晋、冀西北等地区龙山时期遗存[48]。以雪山二期为代表的相关考古学遗存，是否可以纳入后冈二期文化范畴可以暂且不论；但在京津地区燕山南麓一带，后冈二期文化在较大程度上介入了雪山二期文化的发展；已成为学界共识。

根据秦存誉、袁广阔等先生研究，在后冈二期文化之前，豫北南部和冀南地区龙山早期就可能存在既有相似性，又有差异性的两个并立的小族群。相似性是其均主要源于当地的大司空文化；而差异性则反映了它们各自拥有相对独立的发展模式。这与它们的地理位置及受周边文化的影响力度有关。豫北南部龙山早期遗存以小口厚胎高领瓮、折沿弦断篮纹深腹罐、卷沿罐、夹蚌罐、小罐、尊、釜形器、宽沿盆、刻槽盆、长颈壶、圈足豆、杯、彩陶盆、罐、钵、碗等为主要陶器组合，是在大司空文化的基础上，融合庙底沟二期、大汶口、秦王寨等文化因素形成和发展起来的，可暂称为“孟庄龙山早期文化”。冀南龙山早期遗存以罐形鼎、小口高领罐、花边折沿罐、浅腹盆、敛口钵、罐形甑、豆、彩陶器等为主要陶器组合，主要在大司空文化的基础上形成和发展，受周边文化因素的影响力度较小，可暂称为“东万年文化”。豫北冀南地区龙山早期遗存与当地后冈二期文化表现出强烈的传承性，是后冈二期文化的主要来源[49]。在前文中我们已经解析了这些文化的成因，这可能是祝融氏与共工氏在新的历史阶段中和平共处的一种格局。而后冈二期文化后期在燕山南麓京津地区的存在，已经可以真实明确地证实大禹征伐共工氏并流放其于幽陵的文献记载。在北迁过程中，共工氏文化的承载主体孟庄类型作为后冈二期文化的组成部分，由于相关因素的同源性，有些特征可能和其他类型不易区分；在典型器物的组合与量化问题上亦存在分析难度。再者，考古学文化带有明显的滞后性，器物类型的变化必然晚于历史事件的发生时间。用类型学原理，判断时代的早晚和递延关系，可能也会存在一定的误差。本文的上述推论存在谬误或不当分析在所难免；望学界同仁批评。

2022年5月15日于京东燕郊

㊼　靳松安：《河洛与海岱地区考古学文化的文化交流与融合》，科学出版社，2006年。

㊽　霍东峰：《环渤海地区新石器时代考古学文化研究》，吉林大学博士学位论文，2010年。

㊾　秦存誉、袁广阔：《豫北冀南地区龙山早期遗存新探》，《南方文物》2020年第5期。

华族、华族文化与华夏关系考论

已故优秀学者庄春波先生于1996年率先提出华夏东西说。他认为：华与夏原本不是一回事，华为族名，得之于虞舜之名重华；华族文化就是太昊文化亦即帝舜文化。主要证据是山东古代有许多地名以“华”称之；太昊母族称“华胥”；大汶口遗址M75出土背壶上有朱绘“华”字。华族初在东方，后逐渐西迁，主要表现在大汶口文化与龙山文化向西传播的过程。华夏关系有深远的背景，从蚩尤、颛顼到后羿一直纷争不清，到商代基本融为一体。华族文化为中华文明做出了诸多贡献，虞舜形象是中国传统思想文化的历史的和逻辑的起点[①]。所论基本准确，实为开创之见。然而根据笔者对于太昊、少昊、帝舜文化的理解与推定[②]，以为应从以下几方面予以补证。

一、华族即昊族

虞舜之名重华，固与其属华族有关。但渊源则与“昊”字密切相连。从文字学上讲，“昊”与“华”同为匣纽，为双声音转，字义相同。华者，日也，光也，明也。《水经·若水注》引《淮南子》：“若水在建木西，木有十华，其光照下地。”今本《淮南子·地形训》（武进庄氏校本）作“末有十日，其华照下地”。则知“十日”本作“十华”，“其华”又可作“其光”。屈原《天问》：“羲和之未扬，若华何光。”此“若华”即指上述“若木之华”，是知日、华、光通用。昊者，大也，天也，明也。《诗·小雅·蓼莪》：“欲报之德，昊大罔极。”昊大即上大、大大，元气广大称昊天。《诗·小雅·巷伯》：“有北不受，投界有昊。”昊即天。《潜大论笺》：“昊者，明也。位居东方。”唐兰先生指出：“昊字本来作昊，象正面人形而头上是太阳。古代把天叫作昊天，是以太阳为主的。那么，太昊、少昊之所以称昊，是代表太阳神。”[③]昊字声纽字义本与华同，是故华夏即昊夏，华族即昊族。

从考古材料与文献推论中可知，太昊即帝喾；帝喾即帝俊；帝俊即帝舜；帝舜即太昊。王国维、童书业、郭沫若等先生早有精论，说不可移。太昊与少昊是两个关系深远的部族，有着共同的渊源。少昊发迹稍早，其发迹地区在沂河中下游的临沂、郯城、苍山、邳州一带，也就是大汶口文化早期的刘林类型。少昊远在炎帝时代就十分有名

---

① 庄春波：《华夏东西说》，《赵俪生先生八十寿辰纪念论文集》，山东大学出版社，1996年。

② 常兴照：《少昊、帝舜与大汶口文化》（上、下），《文物春秋》2003年第4期、2004年第1期。

③ 唐兰：《中国奴隶制社会的上限远在五、六千年前——论新发现的大汶口文化与其陶器文字，批判孔丘的反动历史观》，《大汶口文化讨论文集》，齐鲁书社，1981年。

（《逸周书·尝麦解》）。黄帝灭蚩尤之后，少昊在汶泗流域建国，并在黄帝的支持下统一了东方。大约是不忘根本，后派四叔之一的句芒辅佐太昊建立了东海大壑的少昊之国（实为太昊之国，这是两昊的一次联合）。太昊发展很快，大汶口文化晚期的陵阳河类型即为太昊部族的物质遗存，也就是十日之国。后来太昊逐渐向中原和南方地区进行迁徙（扩张），一是利用婚缘及文化技术，渗透到西方各个氏族中去，如娶上妃姜嫄氏，生子后稷（指与客省庄二期文化的关系）；次妃有娀氏（简狄），生子帝契（实为介入了后冈二期文化的发展）；再次妃陈隆氏（亦称陈锋氏），生子帝尧（此为对庙底沟二期文化和陶寺类型的渗透）；末妃娵訾氏（即十二月神之母，是指汶泗流域一带的大汶口晚期诸氏族，也是两昊氏族的再联合），生子帝挚。成就了一个大的时代即帝"喾"时代；最终建立了帝舜有虞氏王朝。二是利用武力征服了南方的苗蛮民族（江淮地区的良渚文化），流放"四罪"，成为苗蛮民族的崇拜偶像；甚至有的直接奉为祖先（指巴人）。这就是太昊、少昊、帝舜等传说的大致过程④。所以，大汶口文化就是昊族文化，也就是华族文化。正是昊族的西迁，带来了中原地区龙山时代的迅速崛起，形成了华夏一统的深远根基。所以，帝舜又叫重华，以帝舜为首建立的方国共同体，又叫诸华。《左传·定公十年》："裔不谋夏，夷不乱华，俘不干盟，兵不偪好。"一般都把"裔""夷"理解为边远之义，但是联系上下文义，可知里面有着深刻的礼法和道德禁忌。裔应解为裔胄、后裔、裔亲，裔夷即为有亲缘关系的夷人。裔亲谋夏，夷人乱华，都违反了亲缘道德，所以"于神为不祥，于德为愆义，于人为失礼"。这里暗示了夷人与华人有着一定的亲缘关系，故至春秋时期仍然保持着深层意识上的宗亲禁忌。

二、华族的形成时代

从对两昊文化的考察中可知，华族文化的发展孕育，是在大汶口文化早期开始的，但此时尚不能称之为华族文化。灭蚩尤之后，黄帝在汶泗流域建国，利用少昊"司马鸟师"，在一定程度上是利用了"以夷制夷"的政策；客观上也促进了海岱文化的发展壮大。实际上黄帝文化也很快湮没在少昊文化之中，黄帝之都很快成了少昊之邑，司马鸟师之官很快成了穷桑之帝。在大汶口文化中期前后，少昊完成了对黄帝文化的替代，逐渐统一了东方。所以这可视为华族文化形成的界标。在大汶口文化晚期，由于太昊集团的崛起，华族文化成为中华历史舞台上的一面旗帜，其发达的生产技术水平，先进的思想文化意识，严密的礼仪规范制度，都对中原及周边地区产生了深远的影响。生产技术方面的影响如制陶技术、筑城技术、冶铜技术、家畜饲养、舟车制造、弓矢发明等，文献记载这些技术大多发明于帝舜太昊部族。思想文化方面如帝舜的明德孝悌思想，"君天下，生无私，死不厚其子。子民如父母，有憯怛之爱，有忠利之教。亲而尊，安而敬，威而爱，富而有礼，惠而能散。其君子尊仁畏义，耻费轻实，忠而不犯。义而顺，文而静，宽而有辨"（《礼记·表记》）。再如天文历法、卜筮巫术、文字音乐也多为

---

④ 常兴照：《少昊、帝舜与大汶口文化》（上、下），《文物春秋》2003年第4期、2004年第1期。

帝舜太昊所创造。礼仪制度方面如嫁娶之礼、养庶老之制，刑法如“伯夷降典，折民惟刑”（《尚书·吕刑》）等。特别是“以鸟为官”（《左传·昭十七年》）的统治制度，分工细密，系统严整，已经具备了国家机器的基本职能。这些影响直接改造了中原地区的社会状态；促进了整体的社会发展；形成了以帝喾为代表的喾尧时代。故这一阶段可称为华族文化的成熟期。到龙山文化早期阶段，长江、黄河流域的中下游地区，均相继进入龙山时代，华族文化的主要因素基本上已与中原文化融为一体，并进一步孕育发展新的文化群体，到龙山文化中后期已经形成新的文化集团。所以，龙山文化早期阶段，可以视为华、夏文化的融合期，也是华夏文化东西分野的结束期。

三、华夏关系简说

我在《北辛文化与炎黄传说》一文中提出了“炎黄文化东西说”，概括了黄河流域新石器文化的三大阶段。简言之，炎黄东西之说，概指黄河流域新石器时代中期前后的考古文化族群分布；华夏东西之说，实泛言黄河流域新石器时代晚期左近的氏族文化集团分野；夷夏东西之说，则证之三代及近于三代之前的历史文化区域状况。故所谓华夏关系，主要是对昊族文化形成并与夏族文化融合为一的过程分析。说到夏民族或者夏系文化，必先想到《史记·夏本纪》中“禹……南面朝天下，国号曰夏后”的记载。古史中的夏墟，一般均认为在豫西或晋南地区；夏文化的分布范围，西不过潼关，东不越淮阳，基本上处在太行、中条、熊耳、伏牛诸山之间的山前平原地带。正因为夏后氏在这一带建国并长期生息于此，故这一地区的原始文化极易被认为是夏人的先祖文化。从考古文化的谱系分析可知，夏文化实为东西两大文化系统长期交争与融合产生的多元文化共同体，单纯的夏系文化是不存在的。但正如昊族文化继承炎帝文化因素较多一样，这一带的原始文化继承黄帝文化传统较多；所以我们仍把这些含有较多黄帝文化传统的文化笼统地称为夏系文化。在大汶口文化早期，昊族文化尚在孕育之中，海岱地区基本上笼罩在黄帝文化的氤氲之下，故可不论。大汶口文化中期之后，昊族文化基本形成，与其相关联的夏系文化主要是颛顼、共工、陶唐氏、有娀氏等氏族文化。故华夏关系的讨论只应在这些族团之间展开。

（1）关于颛顼：这是一个文化面貌和族属十分复杂的部族。文献中记载有虞氏、夏后氏全对他行祖祭，又与少昊、祝融有很深的关系，在《山海经》里他像帝俊一样，东西南北“无远弗届”。《史记·五帝本纪》说：“帝颛顼高阳者，黄帝之孙而昌意之子也。”《集解》：“皇甫谧曰：都帝丘，今东郡濮阳是也。”就文献记载的颛顼建都地望及与少昊之间的关系论之，分布于豫北冀南地区的大司空文化，就是颛顼部族的物质文化。如颛顼一样，大司空文化也存在许多扑朔迷离的问题，其与后冈一期文化孰早孰晚有长期争议，其文化渊源有多种解释，没发现居住遗迹和墓葬，对其文化性质亦难有确切的概括。在众多研究文章中，以陈冰白、孙祖初两位先生的研究较为深刻和全面⑤。

---

⑤ 陈冰白：《略论大司空类型》，《青果集——吉林大学考古专业成立二十周年考古论文集》，知识出版社，1993年；陈祖初：《秦王寨文化研究》，《华夏考古》1991年第3期。

他们认为，大司空文化大致相当于秦王寨文化亦即大河村遗址三、四期阶段，部分遗存可能早到二期；从文化渊源上说其为承继于“下潘汪仰韶第二类遗存”并混合了后冈一期文化及庙底沟类型的部分因素而形成的变体文化。陶器方面的突出特征是独具风格的彩陶，饰彩的折腹盆、碗、钵类器物更是最富特色的器皿；既以罐区别于东方文化区的炊器标志物鼎，又以壶（小口罐）区别于西方文化区的水器标志物尖底瓶。这种亦此亦彼又非此非彼的特点，正与颛顼部族特征十分吻合。大司空文化的影响范围较大，北可到冀中及京津地区，西已达晋中及河套一带，南与秦王寨文化互有较大影响，东与大汶口文化有较多的交流。大汶口遗址就曾发现大司空彩陶⑥，大汶口文化中的折腹类盆（罐）、钵亦不罕见，尤以中晚期常见的敞口卷沿折腹盂形鼎（或称釜形鼎，如西夏侯上层M26：47、大汶口墓地M117：53），显系受大司空折腹钵影响而改造生成。所以《帝王世纪》曰“颛顼生十年而佐少昊，二十而登帝位”似乎有所依据。徐旭生先生指出，颛顼没有多少战功，之所以特别受重视是因为他在宗教进化方面有重大贡献，即《国语·楚语》所记的“绝地天通”⑦。文献中的颛顼确与宗教巫术有密切的关系，我认为其实就是一个巫觋文化十分发达的部族。他与相邻氏族之间的沟通，可能多是以巫师的身份出现，所以很多氏族皆宗其为神主。这在考古材料上并非无证，其一大司空文化的渊源之一属后冈一期文化的濮阳西水坡遗址，曾出土蚌砌龙虎图案，推测为大型祭祀遗迹⑧，说明其原始宗教比较发达，也说明大司空文化有很深远的巫觋传统。其二大司空文化中彩陶发达，彩陶图案抽象诡谲，推测其多数应为祭器。因此，推论大司空遗存为颛顼文化当不致大谬。若是，则大司空与秦王寨文化的关系，可理解即《淮南子》所记“共工与颛顼争为帝”的反映；大司空文化对大汶口文化及山西一带原始文化的影响，也为有虞氏、夏后氏皆宗其为神主找到了合理的依据。

（2）关于共工：古史中对于共工的传说也是有褒有贬颇不一致，但是大多与水有关联。《淮南子·天文训》：“昔共工与颛顼争为帝，怒而触不周之山，……地不满东南，故水潦尘埃归焉。”东南多水，即与共工有关。《兵略训》又言：“共工为水害，颛顼诛之。”《左传·昭公十七年》：“共工氏以水纪，故为水师而水名。”《史记·律书》：“颛顼有共工之阵以平水害。”与共工有征战关系的有神农（见于《琱玉集》卷十二《壮力篇》引《淮南子》），有高辛（见于《淮南子·原道训》），有祝融（见于《史记》司马贞补《三皇本纪》），有女娲（见《路史·太昊纪》），有大禹（见《荀子·成相篇》），最直接的是颛顼。这些记载说明两个问题，一是共工氏族存续时代较久，二是所处位置比较重要，故为历代兵家必争之地，必伐之人。关于他的祖源，《国语·周语》韦注：“贾侍中云，共工诸侯，炎帝之后，姜姓也。”但《山海经·海内经》又说：“祝融降处江水，生共工。”大量事实表明，远古帝王都不是一个

---

⑥ 山东省文物管理处、济南市博物馆：《大汶口——新石器时代墓葬发掘报告》，文物出版社，1974年，图版一〇六。

⑦ 徐旭生：《中国古史的传说时代》，文物出版社，1985年，第76页。

⑧ 濮阳市文物管理委员会、濮阳市博物馆、濮阳市文物工作队：《河南濮阳西水坡遗址发掘简报》，《文物》1988年第3期；濮阳西水坡遗址考古队：《1988年河南濮阳西水坡遗址发掘简报》，《考古》1989年第12期。

具体的人，而是一个部族、一个集团或者一个联合体的统称，是一个政权的象征。因此理解古代帝王的诞生，也应理解为是一个集团或一个政权的形成。祝融氏族的产生，与“空足三足器”鬲、甗的出现有关，时代偏晚。祝融所生共工，当为其遗裔。故其祖源，应以炎帝为是。共工建国之地，古代无传。史籍中与“共”有关的河山地名有多处，徐旭生先生认为以《汉书·地理志》河内郡的“共县”（今辉县）最具为“共工”之国的可能性[⑨]。应该说辉县已处共工的势力范围，但其中心地区应在郑州一带。历史上的水患以黄河为主，在郑州以西受地形所限，黄河为患并不多；但一过郑州，地势急转，平原广袤，无拘无束；加上汇入漭河、沁河、伊洛河等多条大水，水量大增，极易形成水患。历史上的黄河易道、决口多在这一带，1938年国民党在花园口决堤，水淹苏豫皖三省四十四县，实可说明这一点。《淮南子·本经训》：“共工振滔洪水，以薄空桑。”若无充分的地势，是无法振滔洪水的。综合分析，以郑州大河村三、四期遗存为代表的秦王寨文化[⑩]，最有可能为共工氏的物质遗存。孙祖初先生把折肩罐和以网纹、星形纹、弧线三角为框的窗棂纹彩陶罐的出现作为秦王寨文化形成的标志；把空足器的出现定为该文化的终止。认为前者的出现，标志着一种新的器物组合的产生，后者的出现是继秦王寨文化而来的另一种文化的特征性器物。秦王寨文化的时代约当大汶口文化的中期至晚期的前段。其分布范围最盛时括有豫东和豫西、晋南，而以郑州—沙河上游地区为中心。秦王寨文化中极富特色的彩陶网纹，工具中较多陶、石质网坠，蚌镞，蚌刀等，为共工与水为伍提供了较好的注脚。秦王寨文化的来源可以追溯到裴李岗文化，使共工属于炎帝的后代有了较好的佐证。特别是位处该文化中心地区的登封王城岗遗址的龙山文化遗存中，还出土了刻有“共”字的陶片[⑪]，为该地区古属“共地”提供了依据。因此，论定秦王寨文化为共工氏所创造当不致大谬。秦王寨文化与大汶口文化的关系十分密切，大汶口文化对它的影响有两个方面：一是该文化B群器物的产生，二是区内发现大汶口文化中晚期器物。同时秦王寨文化的因素也出现在大汶口晚期文化中，大汶口、西夏侯、野店等遗址都发现过秦王寨文化的网纹或受其影响的彩陶罐。文献记载，共工是少昊的不才之子，《左传·文公十八年》：“少昊氏有不才子，毁信废忠，崇饰恶言，……天下之民谓之穷奇。”杜注：“谓共工，其行穷，其好奇。”此可以说明秦王寨文化中的大汶口文化因素当与少昊有关，标志着少昊之势曾经达到豫中地区。而大汶口文化中的秦王寨文化因素，实为“共工振滔洪水，以薄空桑”的结果。到大河村第五期文化之际，由于大汶口文化的植入，已经改变了秦王寨文化的性质，形成另一种主体了，此与《淮南子·原道训》所记“昔共工……与高辛氏争为帝，……继嗣绝祀”正相吻合。

（3）关于陶唐氏：帝尧在古史记载中面貌较为清晰，正史中多有记载：一是协和万邦的千古仁君；二是其母庆都，为帝喾妃；三是所都平阳，《括地志》云：“今晋州所理平阳故城是也”。十分巧合的是，自20世纪70年代末进行发掘的陶寺遗址，由于

⑨ 徐旭生：《中国古史的传说时代》，文物出版社，1985年，第48页。

⑩ 陈祖初：《秦王寨文化研究》，《华夏考古》1991年第3期。

⑪ 李先登：《王成岗遗址出土的铜器残片及其他》，《夏商周青铜文明探研》，科学出版社，2001年。

遗址规模巨大，遗存丰富，出现了规格等级极高的大中型墓葬，出土了诸如彩绘龙纹陶盘、木鼓、石磬、铜器和彩绘木器等有特色的器物，而遗址正处在古平阳的范围之内。由此，众多学者推测陶寺遗址就是帝尧所都的平阳故墟，其中尤以田昌五先生研论极详⑫，所论至确。陶寺遗存分早、中、晚三期⑬，早期属于庙底沟二期文化基本为学界所认同，但更有学者认为陶寺早中期大墓的年代与庙底沟二期相若，其性质也等同于庙底沟二期文化，陶寺遗址的特殊是因其为庙底沟二期文化等级最高的聚落点，是当时的文化中心⑭。卜工先生在全面检索了庙底沟二期文化的器群组合及时代推定之后，断定其直接前身和来源是西王村三期文化；但是庙底沟二期文化中存在的鼎类器物，不论是折腹还是圆腹，均与大汶口文化系统同类器完全一致，可证这两种鼎均来自泰沂地区；并指出庙底沟二期文化典型器物斝就是在大汶口文化空足鬶的影响下对高领罐形鼎加以改造而产生的（对此陈冰白先生有更详尽的论述⑮）。因此可以说明庙底沟二期文化是东方大汶口文化与陕晋豫地区半坡四期遗存长期碰撞、频繁交流、逐步融合的结晶⑯。实际上这为文献中关于帝喾娶“次妃陈锋氏之女曰庆都，生帝尧”（《世本》）找到了最直接的证明。陶寺遗存中早中期墓葬中发现大汶口文化的背壶，都是这一文化背景的具体反映。由此反思陕西客省庄文化中单把鬲的产生轨迹，联系神木、临潼、西安等地发现的变形陶鬶、陶盉⑰，推测帝喾“上妃有邰氏之女也，曰姜原氏，产后稷”（《大戴礼记解诂》）的传说，亦与这一文化背景密切相关。

庙底沟二期文化在接受大汶口文化介入的同时，也对东方大汶口文化区进行了一定的反击。大汶口文化晚期五村类型遗存中，就发现了庙底沟文化的部分因素，主要有扁壶、高领罐等。我在有关文章中推测其与《左传·昭公二十年》记载齐地的沿革“昔爽鸠氏始据此地；季荝因之”有关。五村类型当为季荝氏的遗存，是属帝尧部族的一支。故山东地区也有许多帝尧的传说，存在尧沟、尧山、尧河等地名⑱。

（4）关于有娀氏：关于有娀氏的记载较少。《史记·殷本纪》：“殷契，母曰简狄，有娀氏之女，为帝喾次妃。三人行浴，见玄鸟堕其卵，简狄取而吞之，因孕而生契。”《集解》：“《淮南子》曰：有娀在不周之北。”《正义》按：“《记》云‘桀败于有娀之墟’，有娀当在蒲州。”张守节以“有娀当在蒲州”是因后文有“桀犇於鸣

---

⑫ 田昌五：《先夏文化探索》，《文物与考古论集》，文物出版社，1986年。

⑬ 中国社会科学院考古研究所山西工作队、临汾地区文化局：《山西襄汾县陶寺遗址发掘简报》，《考古》1980年第1期；中国社会科学院考古研究所山西工作队、临汾地区文化局：《1978—1980年山西襄汾陶寺墓地发掘简报》，《考古》1983年第1期；高天麟、张岱海、高炜：《龙山文化陶寺类型的年代与分期》，《史前研究》1984年第3期；中国社会科学院考古研究所山西工作队、山西省临汾地区文化局：《陶寺遗址1983—1984年Ⅲ区居住址发掘的主要收获》，《考古》1986年第9期。

⑭ 陈冰白：《新石器时代空足三足器源流初探》，《中国考古学会第八次年会论文集》，文物出版社，1996年，注［15］。

⑮ 陈冰白：《新石器时代空足三足器源流初探》，《中国考古学会第八次年会论文集》，文物出版社，1996年，注［15］。

⑯ 卜工：《庙底沟二期文化的几个问题》，《文物》1990年第2期。

⑰ 高广仁、邵望平：《史前陶鬶初论》，《考古学报》1981年第4期。

⑱ 常兴照：《少昊、帝舜与大汶口文化》（上、下），《文物春秋》2003年第4期、2004年第1期。

条”，鸣条在安邑而言的，有臆度之嫌，故以“有娀在不周之北”较具可信性。作为天柱之一的不周之山因为曾被共工撞折，所以学界多将其与神话连在一起，对其是否存在持怀疑态度。但就《淮南子·坠形训》所记的山川方位而言，实具有一定的客观性。值得注意的是，《淮南子》所言九州，其最大范围不超出今天的海岱地区。所谓九山、九塞、九薮等则相对扩大，可达江浙、荆楚、山陕、幽燕、辽东一带。然而其方位所及，均以岱岳、冀州为中心。这里的冀州，亦非《禹贡》中的冀州，仍为泰山附近地区。以泰山为中心确定方位，所谓“西北方曰不周之山，曰幽都之门”，大致应在太行山中部左近。高诱注：“古之幽都在雁门以北。”证明了上述推断是可信的。若从前文所论颛顼与共工之地理方位思考，则共工所撞不周之山，应该就在豫北冀南一带。有娀在不周之北，则不会越过河北中部。若此不误，则最有可能为有娀氏遗存的就是约与大汶口晚期相当的永年台口一期文化⑲。但是关于台口类型的研究较少，具体的递变脉络尚不清楚，台口遗存包含多少大汶口文化因素尚不能确指。但是承继于台口一期的后冈二期文化曾受到大汶口、龙山文化的强烈影响却为不争的事实。后冈二期的代表性器物甗，就是在空足陶鬶的影响下改造产生的。后冈二期的早期地层中，亦存在大汶口文化的陶鬶残片⑳，可以肯定地说，大汶口晚期文化已经介入了后冈二期文化的发展。根据丁山先生的研究，有娀氏即有戎氏，其族徽在金文中为“人执戈或兼执盾形”，其后人即《左传·哀公十七年》所记“戎州己氏”，地在鲁西南一带㉑。所论极是。从金文徽号分析，有娀氏也是一个崇武尚战的民族。邯郸涧沟相当于后冈二期的遗存中所见人头盖杯和剥头皮风俗，以及发现大量战乱致死的人骨等等㉒，为这一民族的特点找到了较好的注脚。由上可知，帝喾娶于有娀氏生子帝契的传说，决非向壁虚造。后冈二期文化之后通过下七垣文化演变为先商文化，实有渊源可循。夏桀败于有娀之墟而犇于鸣条，实际就是商汤灭夏自东而西的过程展现。至于有娀氏后人落户于鲁西南一带，当与“殷人屡迁，前八后五”等商前期的多次迁徙有关。

华族文化在西迁的过程中，通过与上述部族的交流与融合，推动了社会整体的共同进步；孕育了先夏、先商、先周三支不同的考古文化，带来了一个全新的时代，这就是华夏关系发生、发展的基本框架。后羿与夏人的关系实属夷夏关系的范畴，已另文论之，此不赘。

四、华族文化与文明起源

讨论华夏文化的融合过程，不能不涉及中华历史文明的起源问题。文明的意义有多种解释。文明作为一种历史学的概念，主要指人类社会的演进过程和进步状态。其根源于美国民族学家摩尔根在《古代社会》一书中将人类社会划分成蒙昧、野蛮、文明等

---

⑲ 河北省文化局文物工作队：《河北永年县台口村遗址发掘简报》，《考古》1962年第12期。

⑳ 中国社会科学院考古研究所安阳工作队：《1979年安阳后冈遗址发掘报告》，《考古学报》1985年第1期。

㉑ 丁山：《殷商氏族方国志》，《甲骨文所见氏族及其制度》，中华书局，1988年。

㉒ 严文明：《涧沟的头盖杯和剥头皮风俗》，《史前考古论集》，科学出版社，1998年。

三个阶段，由于恩格斯在《家庭、私有制和国家的起源》中予以引用并深刻阐述而得到广泛认同。因为恩格斯在是书中提出了“国家是文明社会的概括”这一命题，学界多把文明的起源与国家的出现结合在一起，国家的形成成为文明社会的主要标志，其他如文字、铜器、城市等则成为文明出现的辅助标志。纵观世界各地古代文明的发展过程，不同的民族和不同类型的文明在其发展过程中的物化形式是不一样的。所以文明的标准亦不能一概而论。如同我国古代的“军事民主制”同西方相同社会阶段的生发机制和形成状态不尽相同一样[23]，我国国家的形成机制和形式也具有自己的特点。其一，协作式生产方式是产生强制性权力系统的动力与温床；伴随着定居和农耕聚落的形成，这一阶段出现得很早，但发展过程却极为漫长。其二，神权与军权是早期国家职能的具体体现，但与国家的产生并非同步。其三，国家的产生，说到底是生产力发展的要求所决定的，当强制性权力系统与生产发展的管理要求相统一的时候，就应视为国家职能的完全实现，也就是国家的形成。而这一阶段，就发生于大汶口文化的中期，成熟于大汶口文化的晚期。在大汶口中期少昊部族建立的“鸟的王国”，已经出现了详细的权力职能分工，氏族组织分别掌握着历法、军事、民事、内政、工正、农正等职务，已具备了国家机器的最基本条件。联系到多等级墓葬表现的贫富分化、殉人现象、礼制器物以及晚期出现的文字、城址[24]等因素，可以认定，大汶口中期，已经进入文明社会的门槛；及至晚期随着华族文化的西迁，华夏文化融合为一，完全可以认为中华历史文明已基本形成。

㉓　常兴照：《北辛文化与炎黄传说》，见本书。

㉔　承蒙刘延常先生见告，五莲丹土遗址已经发现大汶口晚期城址，他是发掘主持人。

有虞氏王朝概论

——兼谈中华文明的起源

一、引　言

习惯上大家都比较认同中华文明有5000年历史。然而几乎所有教科书上基本明确的文明史却是从夏代开始的，即从公元前21世纪开始，其上大约近千年的时间都被称为原始社会。1996年5月，国家启动了夏商周断代工程。2000年11月9日，《夏商周年表》正式出台，这是我国迄今最具科学公信力的三代历史年表。其中夏代的始年为公元前2070年，商代的始年为公元前1600年，盘庚迁殷为公元前1300年，周代始年为公元前1046年①。自从夏商周断代工程正式公布《夏商周断代工程1996—2000年阶段成果报告（简本）》和《夏商周年表》以后，结论已被不少主流的词典和教材采用，并开始产生重大影响。但也引起了海内外学者广泛的争议，2000年11月10日，美国《纽约时报》即刊载了颇具争议的文章《中国：古老历史引发现代质疑》，争论的焦点就是二里头文化的水平还不足以证明“文明”（一般指有文字、城市、王权、贫富不均的社会现象）的发生，除非能够在二里头发现文字、青铜器和车等，或者任何文明的标志，否则史前和历史时期的基本分界线还将是商。如是，能够被世界上承认的中国古代文明史似乎只有3600年左右。

近年来随着中国考古学发现和研究的长足进展，大汶口文化、良渚文化、石家河文化、陶寺文化、石峁文化以及杭州良渚、章丘焦家、滕州岗上、巩义双槐树等5000年前后古文化城址的发现和发掘，明确实证了中华文明5000年的脚步。但是受近代疑古思潮的影响，囿于对古史传说的怀疑和对历史文献中多有错舛的认知，考古学家很少使用文献对考古遗存进行“两重证据”的拼接和校对。对于这些文化的认定和解读，往往仅止步于“可能”与某某代或某帝王事件“有关”的模糊判断上，少有更深入细致的研究和解析。夏商周断代工程，不仅进行了夏商周年代、天象、都城文献的整理及可信性研究，还进行了夏商周天文年代学综合性问题研究、^{14}C测年技术的改进与研究、夏商周年代综合研究与总结等多种研究。但是也仅仅局限在夏商周三代，对更早的文明历史基本没有涉及。

---

① 夏商周断代工程专家组：《夏商周断代工程1996—2000年阶段成果报告（简本）》，世界图书出版公司北京公司，2000年。

但是“夏商周之前还有一个虞朝”②，著名文史专家王树民先生21世纪初曾发出了振聋发聩的呼声。而著名思想史专家杨向奎先生更早在20世纪50年代亦呼吁“有虞氏是不能忽视的一个历史时代，应该在中国历史上给他们一个应有的历史地位”③。在中国上古历史长河中，有虞氏的地位和影响是无与伦比的。但由于各种原因，在中华文明探源工程中，有虞氏的研究被长期忽略或者搁置；其中最主要的原因可能还是对文献记载的不信任。这不得不说是文史学界的遗憾。笔者长期研究黄河下游大汶口—龙山文化与中华文明的关系，对夏代早期及之前的古史研究总结出几点认识：即传说历史中的帝王名号多数不是具体的个人，而是一个部族或氏族集团的称号；同一世系部族很多不是血族亲缘关系，而多数为被征服后归附的氏族；帝王之间的代际传递［某帝（王）生子某］，可能标示不同部族权力的更替；子用父号、孙名祖号，其迁延变化长达几十年或数百年，族团名号穿插使用乃为常例。传说中的帝王禅让，只是儒家史官编制的童话理想。文献中的避、让、举、立、迁、放、归、居等事件大概率均伴随着战争与征服。依此，我对有虞氏的历史遗存、族群迁变、文化地位等认识略有心得，试对相关问题作粗浅分析，并对中华文明的起源略陈拙见，供学界参考。

二、有虞氏的族属世系

稽考文献，有虞氏的世系约有三套传说系统：一是帝舜系统，二是太昊系统，三是帝喾与帝俊系统。罗琨先生曾根据《史记》《国语》《左传》以及秦汉间《吕梁碑》等文献所记将有虞氏世系归纳为“昌意……颛顼……幕—穷蝉—敬康—句望—桥牛—瞽叟—重华（舜）—商均……虞思……箕伯……直柄……虞遂……伯戏……虞阏父—胡公满”。并将谱系分作三段研析，即“幕以前”“幕至商均”“商均以后”④。这也是学界大致认可的帝舜系统，目前关于有虞氏历史和文化的分析研判，基本都以这一系统为蓝本。

第二系统，主要是太昊、伏羲等人物的史迹记载。相关记载比较凌乱，世系纷杂，多属诸子杂家所言。太昊是传说中较早的帝王人物，多与伏羲（庖犠）连为一体，或为三皇（《尚书大传》《白虎通义》等），或为五帝（《吕氏春秋》等），被视为中华民族的始祖之一。晋皇甫谧《帝王世纪》曰：“太昊帝庖犠氏，风姓也。母曰华胥。燧人之世，有巨人迹，出于雷泽，华胥以足履之，有娠，生伏羲。长于成纪，蛇身人首，有圣德。”“燧人氏没，庖犠氏代之，继天而王，首德于木，为百王先。帝出于震，未有所因，故位在东方，主春。象日之明，是称太昊，都陈。”⑤《潜夫论笺》：“伏羲姓风，其后封任、宿、须句、颛臾四国，实司大皞与有济之祀，且为东蒙主。”⑥太昊对

② 王树民：《夏、商、周之前还有一个虞朝》，《河北学刊》2002年第1期。
③ 杨向奎：《应当给“有虞氏”一个应有的历史地位》，《文史哲》1956年第7期。
④ 罗琨：《“有虞氏”谱系探析》，《中原文物》2006年第1期。
⑤ 《帝王世纪（及其他一种）》，《丛书集成初编》，中华书局，1985年。
⑥ （汉）王符著，（清）汪继培笺，彭铎校正：《潜夫论笺》，中华书局，1979年，第405页。

中国古代文明的贡献很多，见诸《易·系辞下》："古者包犧氏之王天下也，仰则观象于天，俯则观法于地，观鸟兽之文，与地之宜。近取诸身，远取诸物，于是始作八卦，以通神明之德，以类万物之情，作结绳而为罔罟，以佃以渔……"《竹书纪年统笺·前篇》："太号庖犧氏……始作八卦……造书契，作甲历，造琴瑟，作立基之乐。"《绎史》卷三引《新语》："先圣（太昊）仰观天文，俯察地理，图画乾坤，以定人道，民始开悟，知有父子之亲，君臣之义，夫妇之道，长幼之序，于是百官立，王道乃生。"可知太昊是天文历法、罔罟佃渔、文字契刻、音乐丝竹、人伦法理的创造者。《山海经·海内经》还记载："西南有巴国。大皞生咸鸟，咸鸟生乘釐，乘釐生后照，后照是始为巴人。"由于《山海经》神话色彩过浓，这段世系很少有学者采信，考则并非完全虚妄，似可备一说。太昊及后世的风姓四国，可视为第二系统的主要谱系。

第三系统实际上是两个独立但又十分相似的系统，即帝喾与帝俊。帝喾是极为著名的帝王，其最大的功德是娶了四位显赫的妃子，生了四位杰出的君主，即所谓上妃姜嫄氏，生子后稷；次妃有娀氏（简狄），生子帝契；再次妃陈隆氏（亦称陈锋氏），生子帝尧（放勋）；末妃娵訾氏，生子帝挚（《史记·五帝本纪》）。帝喾也是对历史有大功德之人，《国语·鲁语上》：曰"帝喾能序三辰以固民。"韦注"能次序三辰（就是日、月、星）以治历明时，教民稼穑以安。"《大戴礼记·五帝德》说："（帝喾）取地之财而节用之，抚教万民而利诲之，历日月而迎送之，明鬼神而敬事之。"《吕氏春秋·古乐》："帝喾命咸黑作为声歌，九招六列六英，有倕作为鼙鼓钟磬……帝喾乃令人抃抃，或鼓鼙，击钟磬……因令凤鸟天翟舞之，帝喾大喜，乃以康帝德。"说明帝喾对于历算有所推进，对民众有所教化，对乐舞有所建树，与太昊的作为基本相类。帝喾在《管子·侈靡篇》《史记·三代世表》等文献中又作帝俈，而太昊在《楚辞·远游》中又作"太皓"，在《淮南子·览冥训》中又作"大浩"。著名学者童书业先生据此推论太昊就是帝喾⑦，盖因喾、俈、皓、浩、皞等字古文皆通，基本得到学界认同。

《山海经》中还有一位特别的君主即帝俊，关于他的记载有十六处之多。徐旭生先生总结：第一他东南西北无所不至，第二是古代的重大发明差不多全出于他的子孙，第三是十个太阳、十二个月亮都是他的子女⑧。帝俊的世系十分繁杂，如《山海经·海内经》记有："帝俊生禺號，禺號生淫梁，淫梁生番禺，是始为舟。番禺生奚仲，奚仲生吉光，吉光是始以木为车。""帝俊生晏龙，晏龙是为琴瑟。帝俊有子八人，是始为歌舞。""帝俊生三身，三身生义均，义均是始为巧倕，是始作下民百巧。"《山海经·大荒西经》记有："帝俊生稷，稷降以百谷，稷之弟曰台玺，生叔均，叔均是代其父及稷播百谷，始作耕。"《山海经·大荒东经》中记述"有中容之国。帝俊生中容，中容人食兽，木实，使四鸟：豹、虎、熊、罴。"还记有"帝俊生帝鸿""帝俊生黑齿"等。《山海经·大荒南经》记有："帝俊生季釐。"帝俊的这些子裔，有很多是帝喾或帝舜的后代。近代经学大师王国维旁征博引，证以考古资料，举凡五条，力主帝俊

⑦ 童书业：《春秋左传研究》，上海人民出版社，1980年，第2页。
⑧ 徐旭生：《中国古史的传说时代》（增订本），文物出版社，1985年，第69页。

即帝喾，亦即商人之高祖夔⑨。《山海经·大荒东经·中容之国》郭璞注云：帝俊即帝舜，《说文》“舜”字段注：“舜者，俊之同音假借字，《山海经》作帝俊。”郭沫若先生支持此说，认为帝俊妻娥皇及羲和、常羲（仪）与帝舜妻娥皇、女英是一事化为二事；娥皇及羲和、常羲（仪）实为一音之变，女英、女匽当即常羲、常仪之音变，是则帝俊与帝舜当为一人⑩。还有学者指出，《史记·陈杞世家》曰：“陈胡公满者，虞帝舜之后也，……封之于陈，以奉舜祀，是为胡公。”武王褒封神农、黄帝、帝尧、夏禹等古代帝王后裔之地，皆系其先祖遗虚。因之胡公封陈祀舜，而陈其先为太昊遗虚，是故舜亦即太昊⑪。

笔者亦在相关文章中从文字音韵和考古文化视角进行过分析，基本认可上述诸家论析。同时认为太昊应是东夷少昊族群迁居中原的一部分，“迁者为大”，故为太昊。太昊在豫东、皖北地区立国，形成了大汶口文化尉迟寺类型。此与帝舜的迁居及耕、陶、渔、作十分契合，因之帝舜即太昊。因帝舜名“重华”，太昊“母曰华胥”，“昊”与“华”音韵字义相通，故而昊族即华族。华族势力推进到中原腹地，与夏族文化相互影响与融合，进而形成了华夏文化⑫。综上，太昊即帝喾；帝喾即帝俊；帝俊即帝舜；帝舜即太昊；佐证连环，殊可信据。至于出现前述较为杂乱的世系记载，应属不同史家从不同视角采取的不同叙事方式。笔者认为：帝舜系统可能出于周人对虞朝的一种记述，应与虞帝（帝喾）在陕晋豫地区的史迹和影响有关。帝喾系统可能属于商人对其祖源的相关认知，与“殷人禘喾”（《礼·祭法》）相联系。太昊以及帝俊系统大概是东夷本体以及流落到楚地及南方地区的东夷后裔对其氏族渊源的追记，故而与南方民族中部分神话传说有密切关联。

第一系统中由于颛顼的族源和世系载记复杂，主要是颛顼归属于黄帝系统还是划为少昊系统而较难论定，其第一段“幕以前”的历史存在争议。笔者认为颛顼族是黄帝剿杀蚩尤之后在黄河中游地区扶持建立的一个族群，曾与少昊族有密切的交集，故有少昊“孺帝颛顼于东海之外大壑”之说。其后颛顼因辅佐少昊有功，被封于高阳。少昊势衰，共工氏与颛顼争夺帝位，颛顼打败共工，继少昊主政，曾经统治过山东西部和河南东、北部一带。其代表性文化就是大司空文化。后期由于东夷集团的西进，进而取代了颛顼的统治，并且全部接收了颛顼部族的人才和资源，形成了一个新的时代⑬。因此，考察有虞氏的历史，应该从第二阶段即“幕至商均”开始。这一阶段无论从文献记载分析还是从考古学文化考察，基本上和学界当前界划的龙山时代早期或五帝时代后期相重合。根据上述帝喾、帝俊、帝舜、太昊等人关系的探析，可知第二、三系统中的帝喾、太昊等传说历史，亦基本包含在这一阶段之中。笔者曾在相关文章中，进一步梳理

⑨ 王国维：《殷卜辞中所见先公先王考》，《观堂集林》卷九，中华书局，1959年。

⑩ 郭沫若：《中国古代社会研究》，人民出版社，1977年，第197、198页。

⑪ 王树明：《帝舜传说与考古发现诠释》，《故宫学术季刊》第九卷第四期，1992年。

⑫ 常兴照：《少昊、帝舜与大汶口文化》（上、下），《文物春秋》2003年第6期、2004年第1期；常兴照：《华族、华族文化与华夏关系考论》，《东岳论丛》2007年第6期。

⑬ 常兴照：《共工氏文化解析及其流徙辩证》，见本书。

了相关文献，认为虞幕、瞽瞍与帝喾有着高度的相似性：其一，三人都是颛顼高阳氏的后代，其中喾、幕还是取代颛顼而王天下的人物，具有很近的亲缘关系。其二，他们或是乐官（瞽），或制造音乐，都与乐律有深厚的基因叠合。其三，从古文字音义方面，三字或声母相同，或韵尾韵腹相同，音近易转。尤其是郭店楚简简 9 记“古者吴（虞）舜笃事瞽寞，乃弋其孝；忠事帝尧，乃弋其臣”，瞽寞即瞽幕，说明瞽幕可同名联称。如是看则喾即为幕，幕亦可称为瞽也[⑭]。若此推论不谬，则幕、瞽、喾等史迹可能要比帝舜、太昊的传说早了一个时段。

根据前文整理，可以得出一个综合的世系演变过程：虞幕（帝喾）是取代颛顼的首领，成为有虞氏、高阳氏两个族群的帝王。其后的穷蝉、桥牛、敬康等可能都是族群内的不同部族；至瞽叟仍然承其官而宿其业，无违命。至帝舜（太昊）之际，进行了部族权力转移，仍然袭用族群名称与帝号，进行了较大规模的改革与扩张，建立了相当严密的社会和生产管理制度，形成了流传至今的传统文化思想，故有“天下明德皆自舜帝始”（《史记·五帝本纪》）的说法。及至商均时期，族群发展力和凝聚力有所衰变，故而有“舜子商均亦不肖”（《史记·五帝本纪》）的微词，因此出现了大禹“辞避商均于阳城”而另起炉灶的社会变革。再后的虞思是和夏少康同时的诸侯，已是夏代早中期的人物。虽然其曾助推夏代中兴，但已非号令诸侯的王朝统治者，而是被大禹分封以承虞祀的部族方国，亦当不属于有虞氏王朝的历史范畴。上述世系演变的大致过程，实际上基本标定了有虞氏王朝的起止界限。

三、有虞氏的历史文化

帝喾高辛氏（虞幕）的发迹之地史籍无载。但《史记·五帝本纪》正义引《帝王世纪》云：“乃封挚于高辛。”是说帝喾娶娵訾氏女常仪所生帝挚的封地，亦即高辛氏的故地。娵訾，《大戴礼记·帝系》作陬訾，《古今姓氏书辨证·三》作訾陬。陬为春秋时鲁邑，《史记·孔子世家》：“孔子生鲁昌平陬邑。”地在今曲阜市东南。陬与邹同音。王献唐先生根据《拾遗记》记有：“帝喾之妃，邹屠氏之女也。”谓邹屠即邹郲。郲国本有訾邑，郲为訾之音转，邹屠即为陬訾[⑮]。此说甚当。则陬訾氏当为邹、鲁一带古族。春秋时期鲁地有姑蔑，《左传·隐公元年》：“公及邾义父盟于蔑。”《左传·定公十二年》：“伐之，费人北。国人追之，败诸姑蔑。”姑蔑故城在泗水旧县卞城一带。詹子庆先生援引饶宗颐等大师的诠释，认为姑蔑为山东古族，“按‘蔑’当为‘昧’或‘冥’，左昭元年传：‘昔金天氏有裔子曰昧，为玄冥师。’服虔云：‘金天，少昊也。玄冥，水官也。师，长也。昧为水官之长。’是玄冥乃官名”。又据《左传·昭公二十九年》：“少昊氏有四叔，曰重、曰该、曰修、曰熙……修及熙为玄冥，世不失职。”认为姑蔑一族在商先期即为东方水官。南方越国地区的姑蔑，当属吴越争霸之际随征服者

---

⑭ 常兴照：《共工氏文化解析及其流徙辩证》，见本书。

⑮ 王献唐：《炎黄氏族文化考》，齐鲁书社，1985年，第64页。

南下的结果⑯。笔者认为此“姑蔑”应与帝喾或瞽幕有关。姑与瞽同音，蔑与幕为双声对转，则姑蔑实即“瞽幕”，当即前文所言的帝喾或虞幕。喾或幕为有虞氏王朝早期部族，属少昊之后的东方领主。因文化功德对后世影响巨大，各种记载辗转流变，相关名称出现讹传乃为习见。其后世有部分遗裔被称为姑蔑，存留至春秋时期；此亦佐证瞽幕即在邹鲁一带。至于后期姑蔑国南下吴越，则其时代可能更早，有可能与帝舜南征三苗的历史过程有密切联系，或即“舜窜三苗”之后遗留于江浙一带的大汶口先民的后裔。

邹鲁一带大汶口文化十分繁盛，著名的有泰安大汶口、曲阜西夏侯、邹城野店、兖州王因等遗址，代表了该地区大汶口文化早中晚期连续发展、高度发达的生产力水平。最近发掘的滕州岗上遗址，又发现了极为丰富的大汶口文化中晚期遗存，包括1圈夯土城墙与壕沟、31座墓葬、7座房址及大量与房址相关的柱坑或柱洞。确定了遗址时代以大汶口文化中晚期为主，在遗址中采集的含炭标本，经放射同位素^{14}C测定，其年代距今6000—4000年，延续时间约2000年。遗址东西最大跨度1500米，南北跨度1000米，总面积约80万平方米，其中大汶口文化晚期城址面积南北长800米，东西长550米，共40多万平方米。时代距今约5000年。发掘所获主要认识一是岗上遗址是目前发现距今5000年前后大汶口文化最大的城址；二是遗址出土不少代表权力标志的钺及杖形器等，表明当时社会已经形成权力结构，出现了统治阶层；三是高级墓葬和一般墓葬随葬品差异很大，高级墓葬中存在“三连棺”的棺椁结构，表明当时社会存在明显的等级，私有制、家庭等也都出现了；四是发现了最早的器物箱和棺下枕木，证明大汶口文化是棺椁制度的重要源头。发现了以钺为代表的玉石器，骨牙质的鹿角锄、杖形器、骨板，鳄鱼皮与陶鼓，涂朱龟甲，以觚、大口尊为代表的成套成组的陶礼器，表明大汶口文化丧葬活动中的器用制度已经基本完备，明确了海岱地区是礼制的重要起源地⑰。根据文献和考古发现推测，古邹鲁一带的大汶口文化早期后段和中期前段，大概应归属于黄帝灭蚩尤之后在东方建立的氏族王国即“少昊清”集团⑱；而大汶口中期后段和晚期前段遗存，很可能就是帝喾或虞幕的物质文化；滕州岗上遗址，极有可能属于娵訾氏部族亦即帝挚的都邑。

在大汶口文化的中期后段至晚期前后，鲁中南汶、泗流域的大汶口族群有较为明确的西进和迁居现象。表现在考古学文化上是在鲁西、皖北、豫东、豫中地区均发现这一时段的大汶口文化遗存。典型遗址有定陶十里铺北遗址、亳州付庄墓葬、周口烟草公司墓葬、萧县金寨、郸城段寨早期遗存、宿州小山口和古台寺遗存等为代表⑲。有学者论

---

⑯ 詹子庆：《姑蔑史证》，《古籍整理研究学刊》2002年第6期。

⑰ 周学泽：《滕州岗上遗址：中华五千年文明史的“力证”》，《大众网》2022年4月2日，https://sd.dzwww.com/sdnews/202204/t20220402_10048404.htm。

⑱ 常兴照：《少昊、帝舜与大汶口文化》（上、下），《文物春秋》2003年第6期、2004年第1期。

⑲ 高明奎、王龙：《山东菏泽定陶十里铺北遗址的发掘》，《黄淮七省考古新发现（2011—2017年）》，大象出版社，2019年，第132—134页；杨立新：《安徽淮河流域的原始文化》，《纪念城子崖遗址发掘60周年国际学术讨论会文集》，齐鲁书社，1993年；周口地区文化局文物科：《周口市大汶口文化墓葬清理简报》，《中原文物》1986年第1期；张小雷：《安徽萧县金寨新石器时代遗址》，《黄淮七省考古新发现（2011—2017年）》，大象出版社，2019年，第111—114页；曹桂岑：《郸城段寨遗址试掘》，《中原文物》1981年第3期；中国社会科学院考古研究所安徽队：《安徽宿县小山口和古台寺遗址试掘简报》，《考古》1993年第12期。

称为“富庄类型”或“付庄类型”[20]。大汶口文化的介入，极大地挤压了当地大司空文化的空间，致其基本蜷缩于豫北一带的小部分区域，形成了以孟庄龙山早期遗存为代表的考古文化[21]。这一阶段从文献上考察，当与帝喾接替颛顼成为东方君主有关。《帝王世纪》记载：“（帝喾）年十五而佐颛顼，三十而登帝位，都亳。”史学界一般认为此“亳”在河南商丘一带，因与后世的商汤之“亳”存在争议，莫衷一是。但从豫东地区大汶口中晚期文化的分布现象而论，帝喾在商丘一带建都并非没有可能。所谓“付庄类型”，或可论指为帝喾或瞽幕的相关遗存。由于黄河多次改道洪水冲积，豫东地区历史地貌变化极大；尽管尚未发现与之相当的中心聚落，但随着考古学的发展，努力寻找与之相关的线索应该是今后学术研究的重要目标。

距今5000年前后，山东东南部的沂沭河流域，另一部分大汶口文化族群高度发展，并迅速形成雄踞东方的重要集团。著名遗址有莒县凌阳河、莒县大朱村、莒县杭头、五莲丹土、诸城呈子、诸城前寨、日照东海峪、临沂大范庄、临沂王三岗等[22]。栾丰实先生将该区域相关遗存论定为“陵阳河类型”[23]；笔者亦对此做过总结分析，认为陵阳河类型在同期相关文化中，表现出较为发达的生产力与先进的思想文化水平。一是在器物群体反映出生产力水平的发达，如较多磨光黑陶的出现、大量酿酒与饮酒器物的存在，说明制陶技术极为成熟、农业生产特别丰富，有较多的剩余用于酿酒。二是出现祭祀类陶器与陶器上刻画图像文字等现象，证明意识形态领域出现了质的飞跃。三是同期遗址十分密集，在莒县、日照、临沂等地，发现的相关遗址几与现代村庄相比肩。这种状况一直延续到龙山文化早期。这些均有力地证明了陵阳河类型在同期其他文化中具有超强的地位与作用。并根据文献和地理环境研判沂沭河流域可能即为东海大壑，属“日出汤谷”之地；其文化族属可能即为“羲和之国”，与帝舜、太昊族群密迩相关[24]。陵阳河类型的另一个特征是发生了大规模西进和南下的迁徙进程。西进的重要据点是豫东地区，形成了大汶口文化尉迟寺类型；再进而到达豫中的汝颍和郑洛地区，形成了大汶口文化颍水类型；在豫西、晋南和关中地区，主要和庙底沟二期文化发生互动，促进了庙底沟二期文化的突变。其南下则有两个方向，一是在江浙地区，与良渚文化发生密切接触；二是在江汉地区与屈家岭文化和石家河文化有深度交流。综合观察，其文化触角几乎遍及长江中、下游和陕晋豫地区，甚至陇东地区常山下层文化也曾发现过相关文化因素[25]。有众多学者讨论分析过这一现象[26]，灼见良多。笔者对此亦做

⑳ 张敬国：《近年来安徽淮北地区新石器时代考古的主要收获》，《文物研究》（第9辑），黄山书社，1994年，第25—30页；袁飞勇：《煤山文化研究》，武汉大学博士学位论文，2020年。

㉑ 秦存誉、袁广阔：《豫北冀南地区龙山早期遗存新探》，《南方文物》2020年第5期。

㉒ 相关遗址均有丰富资料报道，恕不赘引。

㉓ 栾丰实：《大汶口文化的分期和类型》，《海岱地区考古研究》，山东大学出版社，1997年。

㉔ 常兴照：《少昊、帝舜与大汶口文化》（上、下），《文物春秋》2003年第6期、2004年第1期。

㉕ 叶舒宪：《第九次玉帛之路文化考察手记：巨人佩玉惊现陇东常山下层文化的未解之谜》，搜狐网，https://www.sohu.com/a/57306713_119798，2016年1月30日。

㉖ 武津彦：《略论河南境内发现的大汶口文化》，《考古》1981年第3期；韩维龙等：《周口地区的裴李岗、仰韶和大汶口文化》，《论仰韶文化》，中原文物编辑部，1986年；杜金鹏：《试论大汶口文化颍水类型》，《考古》1992年第2期；肖燕、春夏：《皖北、豫东地区大汶口文化的分期与性质》，《华夏考古》2001年第3期；许永杰：《距今五千年前后文化迁徙现象初探》，《考古学报》2010年第2期；张海、赵晓军：《仰韶与龙山之间：公元前3千纪前半叶中原社会的变革》，《中原文物》2021年第6期。

过系列解析，主要认识简述如次。

尉迟寺类型前段，当属帝舜在淮河中下游扩充地盘，汇聚人才，取代帝喾的阶段。《孟子·离娄下》：“舜生于诸冯，迁于负夏，卒于鸣条，东夷之人也。”《史记·五帝本纪》：“舜，冀州之人也，舜耕历山，渔雷泽，陶河滨，作什器于寿丘，就时于负夏。”“舜耕历山，历山之人皆让畔；渔雷泽，雷泽上人皆让居；陶河滨，河滨器皆不苦窳；一年而所居成聚，二年成邑，三年成都。”上述文献中的大部分地名，都与鲁西、豫东、皖北有关联。结合陵阳河类型与尉迟寺类型的迁移分布状况，说明与帝舜西迁并在豫东皖北一带立国的推论是有根据的。《史记·五帝本纪》所记“舜父瞽叟顽，母嚚，弟象傲，皆欲杀舜。舜顺适不失子道，兄弟孝慈。欲杀，不可得；即求，尝在侧”，基本上说明了帝舜取代瞽幕（帝喾）的大致过程。同时亦证虞舜和帝喾（瞽）两代部族交替的时候，亦非平顺自然过渡，可能存在一定的争夺行动。据《史记·五帝本纪》：“昔高阳氏有才子八人，世得其利，谓之‘八恺’。高辛氏有才子八人，世谓之‘八元’。此十六族者，世济其美，不陨其名。……舜举八恺，使主后土，以揆百事，莫不时序。举八元，使布五教于四方，父义，母慈，兄友，弟恭，子孝，内平外成。”证明在此过程中，帝舜完全接管了帝喾和颛顼族群的人才和相关资源，完成了立国大业。

在完成族群权力交接之后，帝舜进行了一系列的开疆扩土和政治改革。首先是大举西进，在豫中汝、颍河地区建立了较为稳固的基地，形成了大汶口文化颍水类型[27]；在嵩山南麓一带形成了华族聚居区。任用八元、八恺、皋陶、伯益等部族管理国家，并招用了帝契、后稷等外围部族首领参与执政，与中原民族和谐相处，促进了华夏文化的初期繁荣。这一文化态势一直延续到龙山文化早中期。但在这一过程中还发生了一些不和谐事件，即高辛（帝舜）与共工氏的争斗。帝舜继承帝喾之后，共工氏不服而作乱，故有“舜之时，共工振滔洪水，以薄空桑”（《淮南子·本经训》），因此引发了帝舜族与共工族的战争。战争分两个阶段，第一阶段是委派重黎征伐共工，但效果不佳。已经纳入帝舜（喾）麾下的重黎“为帝喾高辛居火正，甚有功，能光融天下，帝喾命曰祝融。共工氏作乱，帝喾使重黎诛之而不尽。帝乃以庚寅日诛重黎，而以其弟吴回为重黎后，复居火正，为祝融”（《史记·楚世家》）。第二阶段则是高辛氏或帝舜直接征讨，有曰“昔共工之力，触不周之山，使地东南倾；与高辛争为帝，遂潜于渊，宗族残灭，继嗣绝祀”（《淮南子·原道训》）；或曰舜“归而言于帝，请流共工于幽陵，以变北狄”（《史记·五帝本纪》）。这一时期，郑洛地区主要分布有大河村五期文化、庙底沟二期文化和孟庄龙山早期文化。上述文化中都或多或少出现了大汶口文化因素[28]。笔者在相关文章中对“高辛氏征伐共工”有详细论述[29]，此不赘。因之可见共工氏与高辛氏或帝舜的争斗，在文献与考古学文化基本上对应，大致不谬。

为了进一步巩固王朝的势力范围，帝喾（舜）开始了对中原地区大规模的经营管

㉗ 杜金鹏：《试论大汶口文化颍水类型》，《考古》1992年第2期。

㉘ 靳松安：《河洛与海岱地区考古学文化的交流与融合》，科学出版社，2006年，第51—71页。

㉙ 常兴照：《共工氏文化解析及其流徙辩证》，见本书。

理，在文献中有较多记述。《左传·昭公元年》："昔高辛氏有二子，伯曰阏伯，季曰实沈，居于旷林，不相能也。日寻干戈，以相征讨。后帝不臧，迁阏伯于商丘，主辰。商人是因，故辰为商星。迁实沈于大夏，主参，唐人是因，以服事夏商。"这里表面上看是因二人"日寻干戈，以相争讨"而迁居，实际上是一种掺沙子的战略，用来巩固有虞氏的势力范围。《国语·晋语四》："元年始受实沉之星也。实沉之墟，晋人是居，所以兴也。"实沉（实沈）的地域在大夏，即唐人所居，后来属晋国之地。庙底沟二期文化中出现的大汶口文化因素，应该属于实沉带去的物质遗存。随着大汶口文化的介入，随之出现了有关"帝喾娶陈锋氏女，生放勋（帝尧）"（《史记·五帝本纪》）的记载；也出现了"昔尧德衰，为舜所囚也。舜囚尧于平阳，取之帝位。舜放尧于平阳"（《古本竹书纪年》）的不同说辞。还连带出现了"舜为冀州之人、舜都蒲坂"等附属传说。阏伯所迁商丘，并非现在的商丘，乃为郑国之地。北魏郦道元《水经注·洧水》："郑处大辰之野，阏伯之地。"大辰星即心宿三星中的大火星，是夏季在天空中最容易看到的明星。郑处中原腹地，天地之中，故属于辰（商）星之位。《史记·天官书》："心为明堂。"《索隐》引《春秋说题辞》："房心为明堂，天子布政之宫。"《左传·襄公九年》："陶唐氏之火正阏伯居商丘，祀大火（辰星）而火纪时焉。"阏伯被封为火正，实际上替代了重黎"为帝喾高辛居火正"的官职，成为后期的祝融。故有"郑为祝融之墟"（《左传·昭十七年》）的说法。再后帝舜又将其子商均封于此，客观上形成了后期商均与大禹"辞避"事件发生的空间条件。也为后来占据此地的商人称商、商汤选择在此建都（二里冈商城）提供了依据[30]。郑州嵩山周边的龙山时代早期文化存在众多大汶口文化因素，就属于这一历史阶段的强力佐证。

帝舜第二个大行动是对南方的征服，主要是对长江下游江浙地区良渚文化的征讨。根据文献和文化现象分析，笔者认为良渚文化属于古代三苗族的文化遗存，也就是传说中的饕餮族。其与东夷民族有千丝万缕的联系。远在崧泽文化时期，也就是大汶口文化早期，两大族群就有密切的交流；这一阶段与文献中的蚩尤统领三苗有关联。在大汶口文化中期后段，良渚文化北上，曾与东夷族群有文化两合现象（花厅类型）。在大汶口文化晚期，由于三苗在江淮一带屡屡作乱，故帝舜发起征讨三苗的战争，良渚文化中出现大量的大汶口文化因素就是证明。不过征战较为温和，帝舜以"修教三年，持干戚舞"（《韩非子·五蠹》）即令三苗折服。所以，宁绍地区也就留下了众多帝舜的传说和史迹。为了避免后乱，帝舜将三苗部分族群"窜三苗于三危"，大致方位约在四川中、北部一带；因之促进了当地"宝墩文化—三星堆文化"的发展与变革[31]。大概由于三苗和荆州一带的南蛮曾建立了密切联系，故有"在江淮、荆州数为乱"（《史记·五帝本纪》）之说，所以帝舜也顺势对长江中游南蛮族进行了渗透，即"放讙兜于崇山，以变南蛮"（《史记·五帝本纪》）。文献中讙兜是"帝鸿氏不才子"，帝鸿氏即大鸿氏，曾经做过黄帝的大臣，故而有讹传为黄帝后裔。实际上帝鸿与帝俊有关，《山海

㉚ 常兴照：《共工氏文化解析及其流徙辩证》，见本书；常兴照：《夏代、夏族与夏系文化论析》，见本书。

㉛ 常兴照：《舜窜三苗与禹征三苗再认识——兼谈良渚文化族属》，《东方考古》（第19集），科学出版社，2022年；常兴照：《管窥"三星堆"》，见本书。

经·大荒东经》有“帝俊生帝鸿”之说，故讙兜应该属于东夷太昊族群的一部分。由于讙兜为人糊涂，是非不明，被称为“混沌”，故帝舜将其流放于“崇山”，以改变南蛮势力。这里的崇山在文献中被指为湘西大庸（张家界）一带，但实际上可能属江汉地区的某座山峰。屈家岭文化后期和石家河文化中的大汶口文化因素，应该属于这一过程的相关物证[32]。

在尉迟寺类型后段，有虞氏在王朝核心区域内也进行了改革，主要表现是在豫东地区（春秋时期的陈、宋一带）以太昊之号建立了王国，亦即昊（华）国，并重新编订了创世新说。太昊都邑大概在周口一带。笔者曾分析淮阳平粮台龙山文化古城为有虞氏嫡裔虞思的故城[33]，推测太昊所立都邑亦必相距不远。周口市的西华县地名，可能即与太昊名“羲和”或“羲昊”相关联。太昊氏的创世新说，以《帝王世纪》所记为据：“太昊帝庖牺氏，风姓也。母曰华胥。燧人之世，有巨人迹，出于雷泽，华胥以足履之，有娠，生伏羲。长于成纪，蛇身人首，有圣德。”之所以认为此说比帝舜出世之说晚出，是因为其隐去了帝舜耕陶渔作的迁徙过程，直言太昊出于雷泽，其母足履巨人迹而生；并与燧人之世相关联，刻意提升了太昊的神格和帝格，但仍然没有脱离原来的羲和之族的相关基因。“伏羲”实乃以风为姓，以羲为名，故曰伏（风）羲。从音韵学上说，伏羲即风羲。伏为并纽，风为帮纽，上古同属唇音，互为旁纽。伏、风为一声之转。羲者，日也（《文选·秋怀诗注》）；昊者，天也；羲昊即为昊天。古籍中的“羲和”亦即“羲昊”；和为匣纽戈韵，昊为匣纽皓韵，是为双声互通。羲、和、昊本为一事，在古籍中多有证明。《尚书·尧典》：“乃命羲和，钦若昊天，历象日月星辰，敬授民时。”传：“羲氏和氏，世掌天地四时之官。”《山海经·大荒南经》：“羲和者，帝俊之妻，生十日。”注：“羲和盖天地始生，主日月者也。”可知羲和本就是日之母也，故能钦若昊天。创世新说还编制了新的祖神图像，即龙的形象（初为熊身，后期演变为“蛇身人首”）[34]。故有“太昊氏以龙纪，故以龙师为龙名”（《左传·昭公十七年》）之说。其原来在东方的“以鸟为官”则基本不提了。伏羲旗下的氏族邦国有女娲氏、大庭氏、柏皇氏、中央氏、栗陆氏、骊连氏、赫胥氏、尊卢氏、混沌氏、昊英氏、有巢氏、朱襄氏、葛天氏、阴康氏、无怀氏，皆袭庖（伏）羲之号（《帝王世纪》）。几乎囊括了载籍中记述的大部分古族。在《帝王世纪》中还记曰：“女娲氏亦风姓也，承庖犧制度，始作笙簧……亦蛇身人首。一号女希，为女皇。”女希即女羲，亦即常羲，仍属于日、月之母也，与帝俊妻羲和生十日、妻常羲生月十二属于同一系统。因为同姓，后期引出了伏羲女娲兄妹成婚繁衍人类的传说。女娲后来发展成涂山氏，又成为夏民族的母族，《史记·夏本纪》索隐引《世本》：“涂山氏女名女娲，是禹娶涂山氏

㉜ 常兴照：《舜窜三苗与禹征三苗再认识——兼谈良渚文化族属》，《东方考古》（第19集），科学出版社，2022年。

㉝ 常兴照：《夏代、夏族与夏系文化论析》，见本书。

㉞ 笔者认为太昊伏羲氏的龙，最初可能是熊的形象，因为伏羲氏又号黄熊氏，是以大熊作为图腾的。后期因为夏后氏统一了中原地区，推行其祖神形象“蛇形龙”，故而又演变出“蛇身人首”的传说。详参拙文《从出土文献看楚人早期历史》，见本书。

女号为女娇也。”正义引《帝系》说：“禹娶涂山氏之子，谓之女娲，以生启也。”则为后续史话。

在距今4500年前后，豫东、皖北地区进入龙山时代中期，禹会村类型和王油坊类型渐次形成[35]。这是在尉迟寺类型基础上，吸收了山东龙山文化、石家河文化以及后冈二期文化等因素而形成的考古学文化。至禹会村类型后期，由于舜子商均的不肖，族群核心凝聚力有所衰减，各个部族逐渐形成较为松散的部落方国。根据文献记载，这一区域应该包含涂山氏、有莘氏、密伯鲧、有仍氏、有虞氏、有缗氏等多个部落方国。其中涂山氏、有莘氏、有虞氏、有仍氏、有缗氏属于东夷太昊（帝舜）集团，鲧部族则可能属于颛顼后裔加入有虞氏集团的部落。在王油坊类型形成之后，大禹集团以治水的名义对这一地区进行了征伐，争取（娶）了涂山氏，驱逐了崇伯鲧，后冈二期文化的族群（祝融）亦参与了这次征战。根据相关文献，大禹集团的东征还可能得到了淮河中上游及汝颍地区皋繇、伯益等部族的支持，最后完成了南面称王的大业。《左传·哀公七年》记载：“禹合诸侯于涂山，执玉帛者万国。”《史记·外戚世家》云：“夏之兴也以涂山。”确立了禹为天下共主的地位。涂山会盟之后，大禹又开始了大规模的征三苗战争，一直打到沪宁杭地区，最后病故于会稽。这一事件催生了长江下游地区的广富林文化[36]。至此夏王朝基本建立，有虞氏王朝也基本终结。其大致经历了大汶口文化中期晚段到龙山文化中期阶段，即距今5300—4200年，有千余年的历史。结合有虞氏世系的相关分析，可将有虞氏王朝分为三期。即前期，帝喾（虞幕）取代颛顼而为王，当距今5300—5000年；中期，帝舜（帝俊、太昊）大发展，大概在距今5000—4500年；后期，商均势衰而被夏禹所取代，处于距今4500—4200年。

四、有虞氏的九州舆图

《左传·襄公四年》：“茫茫禹迹，画为九州。”是说夏禹通过治水和征服，匡定天下，形成了夏代及以后的行政疆域。因此《尚书·禹贡》“九州”是考证古代地理区划的重要蓝本。邵望平先生通过龙山时期考古学文化分布结合文献中关于“九州”的研究界定，认为九州既不是古代的行政区划，也不是战国时的托古假设，而是自公元前两千年前后就实际存在的，源远流长的、自然形成的人文地理区系。其蓝本约成于商周时期，是商、周史官对于夏代的追记[37]。其说得到学界的广泛认可。但文献中的“九州”有多种，《周礼·职方氏》《吕氏春秋·有始》《尔雅·释地》《淮南子·地形训》及《后汉书·张衡传》注引《河图》等各有不同的说辞。可以认为不同时代、不同国族和地域的古人心中对天下地理范围存在不同的认知。近年出版的上博楚简《容成氏》亦列举了“禹分九州”之名，但与上列诸书“九州”大不相同。整理者李零先生言

㉟ 袁飞勇：《煤山文化研究》，武汉大学博士学位论文，2020年。

㊱ 常兴照：《舜窜三苗与禹征三苗再认识——兼谈良渚文化族属》，《东方考古》（第19集），科学出版社，2022年；常兴照：《夏代、夏族与夏系文化论析》，见本书。

㊲ 邵望平：《〈禹贡〉“九州”的考古学研究》，《邵望平史学、考古学文选》，山东大学出版社，2013年。

“是可补古史之缺的宝贵材料”[38]，这给我们探讨《禹贡》之前的相关地理区划提供了重要依据。简文如下（释文用通行字）：“禹亲执枌（耒）耜以波（陂）明者（都）之泽，决九河之湥（阻），于是乎夹州、涂州始可处。禹通淮与忻（沂）东注之海，于是乎竞州、莒州始可处也。禹乃通蒌与汤（易），东注之海，于是乎蔵（藕）州始可处也。禹乃通三江、五湖，东注之海，于是乎荆州、阳州始可处也。禹乃通伊、洛、并里（瀍）、干（涧）东注之河，于是乎叙州始可处也。禹乃通经泾与渭，北注之河，于是乎虘州始可处”也[39]。

《容成氏》九州与《尚书·禹贡》九州的不同之处，在于其中只有荆州、阳（扬）州两个州基本相同；有两个州如叙州、虘州名称初见，然与豫州、雍州指征大致相同，只是范围略小；另有五个州的名称和范围完全不同。有众多学者对此做过分析和论证[40]，多数都是结合《禹贡》九州的相关概念进行比附，有许多可贵的探索。但还有部分学者以更高的学术敏感，看到了其独特的价值亮点。如周书灿先生认为：《容成氏》九州传说发生的地域最大可能在黄河下游的今山东一带；李禹阶、陈昆等则认为：《容成氏》篇中的“九州”地理框架带有明显的东方倾向[41]。他们指出了《容成氏》九州的核心特征即其地理观念与古代东方民族有关，是为灼见。

先说夹州与涂州。简文提供的地理方位是“以波（陂）明者（都）之泽，决九河之湥（阻），于是乎夹州、涂州始可处”。明都之泽，即孟渚泽，又作孟诸、望诸、盟诸。位于今商丘东北、单县西南，是中国九大古泽之首。古籍中多有记载。九河在《尚书·禹贡》中有两处，一处在兖州篇即“济河惟兖州。九河既道，雷夏既泽”；一处在导河篇为“至于大陆（泽），又北，播为九河”。《孟子·滕文公上》“禹疏九河，瀹济、漯而注诸海”，这同《尚书·禹贡》兖州篇的“九河”一致。可知黄河下游古时多次改道，在河北一带入海，则石家庄以东的海河水系为九河；在苏北一带入海，则开封以东流向东南的水系为九河。书中有两处九河，或说明其成书过程历经时久，中间有可能存在黄河改道的事件。《尚书·禹贡》以“济、河惟兖州”，济水即现在的黄河。河水若依北移黄河而论，则兖州范围极小，仅有鲁西北、冀东南这片小地方；若依南下黄河而言，则兖州大概包含菏泽、商丘一带。从方位上看，《容成氏》中的九河应该属于开封以东的九河。夹州之名可能与改道前后的两河相夹有关，应该指现在鲁西北、濮阳、菏泽以及安阳的一部分。多数学者认为简文“涂州”即徐州。《尚书·禹贡》

㊳ 马承源：《上海博物馆藏战国楚竹书（二）》，上海古籍出版社，2002年，第249页。

㊴ 马承源：《上海博物馆藏战国楚竹书（二）》，上海古籍出版社，2002年，第268—271页。

㊵ 陈伟：《竹书〈容成氏〉所见的九州》，《中国史研究》2003年第3期；沈建华：《楚简〈容成氏〉州名与卜辞金文地名》，《古文字研究》（第二十五辑），中华书局，2004年，第328—333页；晏昌贵：《上海博物馆藏战国楚竹书（二）〉中〈容成氏〉九州柬释》，《武汉大学学报》（哲学社会科学版）2004年第4期；易德生：《上博楚简〈容成氏〉九州刍议》，《江汉论坛》2006年第5期；易德生：《从楚简〈容成氏〉九州看〈禹贡〉的成书年代》，《江汉论坛》2009年第12期；朱渊清：《禹画九州论》，《古代文明》（第5卷），文物出版社，2006年。

㊶ 周书灿：《上博简《容成氏》九州补论》，《史学集刊》2012年第3期；李禹阶、陈昆：《从上博简〈容成氏〉篇看楚人的东方政治地理观》，《西南大学学报》（社会科学版）2021年第1期。

“海、岱及淮惟徐州”，范围极大，包括了现山东南部、江苏和安徽北部。但《容成氏》实将这一地区又分出竞州和莒州，所以涂州不是徐州。简文以“湌”为名，应该就是以涂山为标志，大概指皖北的亳州至蚌埠一带地区，这样才能基本符合相关地理形势。这两个州与《尚书·禹贡》中兖州和徐州略有沾边，但中心范围却大不一样了。

次说莒州与竞州。简文“禹通淮与忻（沂）东注之海，于是乎竞州、莒州始可处也”。从沂河与淮河的方位看，竞州和莒州的范围基本上和《尚书·禹贡》徐州范围差不多。莒州大概是指沂沭河流域；竞州应为汶泗流域。简文之“簷”，隶定为“莒”，与出土铜器铭文中“莒”字相同[42]，释为“莒”没有问题。文献中的“莒”字是一种草本植物，即芋头。《说文解字·艸部》：“莒，齐谓芋为莒。”可知“莒”亦读如“芋”。笔者认为，简文此字从竹从虍从月（肉），正与“虞”的字义“掌管山泽苑囿、司理鸟兽”之意相同，形声相近，是则“簷”可能为“虞”字的初源字。莒为见母鱼部，虞为凝母鱼部，为旁纽同韵，可以通转。而“簷”字的形成，应该与有虞氏的居地有关。所以“簷州”应指原有虞氏的发源之地，故称为“簷（虞）”。莒国始祖兹舆期为西周初年封于莒，是时莒（虞）州应该早已存在。以虞地为国名，辗转简化为莒，是在情理之中。

简书中的竞州，整理者认为约当《尚书·禹贡》等书的“青州”或《尔雅·释地》的“营州”[43]。不确。在《尚书·禹贡》中“海岱惟青州，嵎夷既略，潍、淄其道”，应在泰山北侧。而竞州是以淮、沂为指征，应在泰山南侧。笔者认为，竞州即冀州，与《淮南子·地形训》所记“何谓九州，东南神州曰农土，正南次州曰沃土，西南戎州曰滔土，正西兖州曰并土，正中冀州曰中土”中的冀州是为一体。《淮南子》《山海经》《河图括地象》等书所记九州，是以泰山（昆仑）为天下中心，周边九州都属山东附近地区。所以泰山脚下的汶、泗水流域范围，即为冀州，也就是竞州。竞属见母蒸部、冀为见母脂部，两字可通转。泰山即昆仑虚，是黄帝诛杀蚩尤后所建的“帝之下都”[44]。因此以泰山为中心作为竞（冀）州，进而成为天下中心，是有历史根源的。后期《尚书·禹贡》等书将冀州移至山西、河北一带，也是因为东夷族的西进，后世的王朝权力中心随之转移而形成的结果。

再说蓏（藕）州。《尚书·禹贡》中没有此州。简文“禹乃通蒌与汤（易），东注之海，于是乎蓏（藕）州始可处也”。整理者将州名释为“蓏”，认为“疑即《周礼·夏官·职方氏》所说‘其川虖池、嘔夷，其浸涞、易’的‘并州’，‘并’与‘蓏’简文写法相近，或有混淆”[45]。陈伟释为“藕”，认为“这种写法的字曾见于包山2号墓第258号竹简以及同墓所出的签牌（编号59-2）……签牌59-2所系的竹笥内

---

[42] 山东省博物馆、临沂地区文物组、莒南县文化馆：《莒南大店春秋时期莒国殉人墓》，《考古学报》1978年第3期；郭沫若：《两周金文辞大系图录考释》，科学出版社，1957年，第173页。

[43] 马承源：《上海博物馆藏战国楚竹书（二）》，上海古籍出版社，2002年，第269页。

[44] 何幼琦：《〈海经〉新探》，《历史研究》1985年第2期；常兴照：《少昊、帝舜与大汶口文化》（上、下），《文物春秋》2003年第6期、2004年第1期。

[45] 马承源：《上海博物馆藏战国楚竹书（二）》，上海古籍出版社，2002年，第270页。

有藕六节。‘瓜’‘藕’都是侯部字，因而颇疑这是一个形声字，从‘瓜’声，读‘藕’……对照竹筒内的遗物，我们怀疑此字‘艸’头之下的部分从二人侧立取义，是‘耦’的象形字……表示二人并立或相连。‘耦’的辞义与之相通。因而竹书中的‘藕’恐当读为‘耦’，是用一个意义相近的词指称《职方》中的并州”。其同时释“篓”为“涞”，释“汤”为“易”[46]。此说具有基本的合理性。若“篓与汤”即涞水和易水，现在都属于拒马河流域，均流入白洋淀通过海河入海。如此则藕州的实际范围可能只包括保定地区至北京西南部一带，与并州牵连并不多，反倒与《尔雅·释地》中“燕曰幽州”十分接近。因此“藕州”是一个诸书无见的新州，大略仅包括周初的燕国一带。至于后期的九州中出现幽州并以“燕”曰幽州，可能与《山海经·海内经》以及《山海经·大荒西经》中的“幽都之门”“幽都之山”有关，与“藕州”无涉。

《容成氏》里的其他四州，位置都比较清楚，与《尚书·禹贡》里的相关区域有明显的联系。简文“乃通泾与渭，北注之河，于是乎虘州始可处也”，此州原注释认为“应相当《尚书·禹贡》之雍州。其名或与沮水有关”。陈伟先生认为“或可读为‘阻’。阻训险隘、障隔”，跟古书中“对雍州的说法相通”[47]。基本可从。但其指征标识是“泾与渭”，其范围大不过关中地区，远达不到《尚书·禹贡》中“黑水、西河惟雍州”的范围。叙州也是如此。简文“乃通伊、洛、并里（瀍）、干（涧）东注之河，于是乎叙州始可处也”。晏昌贵认为：《说文》“敘，次第也”，古字通“序”。《尔雅·释言》：“豫，敘也。”《春秋元命苞》：“豫之为言，序也。”是简文敘州即豫州。叙州对应的伊、洛、瀍、涧四水，在传世文献中亦属豫州[48]。所言基本合理。但《尚书·禹贡》中“荆、河惟豫州。伊、洛、瀍、涧既入于河，荥波既潴。导菏泽，被孟潴”，仅与叙州的伊、洛、瀍、涧指征相同，而涧、瀍是在洛阳附近流入洛水的二条小河，则叙州其范围基本指为河洛一带，最大范围可能括有嵩山南麓的汝颍河上游地区。与《尚书·禹贡》中的“荆、河惟豫州。……荥波既潴。导菏泽，被孟潴”相比，区域也是大为缩小。所以，最与《尚书·禹贡》九州相接近的是荆、扬二州。简文“乃通三江、五湖，东注之海，于是乎荆州、阳州始可处也”。《史记·货殖列传》第六十九：“（吴）东有海盐之饶，章山之铜，三江、五湖之利。”五湖即太湖。在距今2万—1.5万年的第四纪更新世末玉木冰期时，海水东退，古太湖海湾消亡，太湖地区与东海陆架相连，成为广袤的古长江三角洲冲积平原。全新世中期（距今7500—2500年），随着气候转暖，海面回升到今海平面附近。由于长江和钱塘江沙嘴的形成，太湖平原成为大型集水洼地。西部山区原向东北注入长江的荆溪和东流入海的苕溪等，因河流下游被淹，入海河道宣泄不畅，致使低洼地积水沼泽化，形成分散的小型湖泊群。各

---

[46] 陈伟：《竹书〈容成氏〉所见的九州》，《中国史研究》2003年第3期。

[47] 马承源：《上海博物馆藏战国楚竹书（二）》，上海古籍出版社，2002年，第271页；陈伟：《竹书〈容成氏〉所见的九州》，《中国史研究》2003年第3期。

[48] 晏昌贵：《上海博物馆藏战国楚竹书（二）中〈容成氏〉九州柬释》，《武汉大学学报》（哲学社会科学版）2004年第4期。

个小湖泊面积逐渐扩大而汇成太湖[49]。三江有多种说法。根据《尚书·禹贡》："三江既入，震泽底定。"北宋郏亶在其《水利书》中，对《尚书·禹贡》的这一记载解释为："昔禹之时，震泽为患，东有堽阜，以隔截其流，禹乃凿断堽阜，流为三江，东入于海，而震泽始定。"[50]但《容成氏》的三江，包括了荆扬二州。故程瑶田《荆州江汉扬州三江异名同实说》指出："彭蠡下之北江、中江，即彭蠡上之汉水、江水。……是故荆、扬二州分界处在彭蠡。而汉水即于汇泽为彭蠡处与江混为一流，故于彭蠡下失汉之名，而别之为北江。江水亦迤北会于汇处，为汉水所乱，故于彭蠡下变江之名，而别之曰中江。是故扬州之得名三江者，生于北江、中江之名，而中江之名实生于南江，故谓扬州为三江。以彭蠡为之界，而谓荆州为江、汉，……知江、汉与北江、中江之所以异其名，则知三江与江、汉之所以同其实矣。"[51]是说三江实际上是应指江汉地区。因此，荆、扬二州主要包括长江中游的江汉地区和长江下游的江浙地区。

综上所述，《容成氏》所记九州，是一个全新的地理系统。简文中多处提到"通某某，于是乎某州始可处"，是或说明某州早已存在，亦即大禹治水之前《容成氏》九州地理形势已基本形成，而通过大禹通江导河使得这些区域形成了更利于人类的生存环境。进一步分析类比，还可以发现上述九州的范围内，多数与大汶口文化晚期遗存传布区域且与帝舜或太昊的史迹传说相一致：①莒州，大汶口文化陵阳河类型发源地，帝舜的出生地。莒县、诸城交界处尚有诸冯村。文献有"舜生诸冯"（《孟子·离娄下》）。②竞州，大汶口文化早中晚各期发展最完全的区域，或为帝喾（嚳幕）的发生地。文献有帝喾"娶娵訾氏女常仪生帝挚"《史记·五帝本纪》。邹鲁之地有娵邑和訾邑，泗水亦有诸冯、雷泽等古迹。③夹州与涂州，大汶口文化付庄类型及尉迟寺类型形成地，是颛顼、帝舜与帝喾传说的中心区域。文献中有"颛顼都帝丘""帝喾都亳""太昊都陈"之说（《史记·五帝本纪》《史记·帝王世纪》）。古迹有亳都、帝丘、宛丘等。④叙州，庙底沟二期文化与王湾三期文化分布区，遗存中都存在较多大汶口文化和龙山文化因素。可能为帝喾迁实沈于大夏、迁阏伯于商丘以及舜臣尧、尧举舜、舜都蒲坂、舜举禹、禹避商均等历史事件的发生地。见《竹书纪年》《史记》《左传》等书。晋南及伊洛地区与虞舜相关的古迹更多。⑤䖏州，属案板三期与客省庄文化发生地。案板三期与庙底沟二期有密切关系。卜工认为：庙底沟二期文化其直接前身和主要来源是西王村Ⅲ期遗存，而该文化中的典型器类斝应是其居民对谷水河Ⅲ期空三足鬶和罐形鼎改造而成的新器形，说明庙底沟二期文化是大汶口文化系统与半坡四期遗存长期碰撞、交流和融合的结晶[52]。在陕西地区，也存在较多关于帝舜和太昊的传说，如帝喾娶有邰氏之女姜嫄生子后稷，华胥氏之国在陕西蓝田华胥镇，姚墟或妫墟或在安康等传说（见《五帝本纪》《竹书纪年前编》《水经注·汉水》等）。⑥藕州，属雪山

[49] 张修桂：《太湖演变的历史过程》，《中国历史地理论丛》2009年第1期。

[50] （明）归有光：《三吴水利录》卷一《郏亶书二篇》，商务印书馆，民国二十五年（1936年）。

[51] 谭其骧：《清人文集地理类汇编》（第四册），浙江人民出版社，1987年，第21—23页。

[52] 卜工：《庙底沟二期文化的几个问题》，《文物》1990年第2期。

一期或小河沿文化的分布区域，冀中地区的午方类型就有很多大汶口文化因素[53]。文献传说有帝喾"娶有娀氏之女简狄而生帝契""舜流共工于幽陵""舜都潘城"等（见《史记·五帝本纪》《水经注·漯水》等）。史迹有《括地志》所记舜都在怀戎（怀来）县，县北三里有舜庙，外城有舜井等。⑦扬州，主要为良渚文化分布区，良渚文化与大汶口文化有较多的交流。笔者曾撰文论述良渚文化即三苗文化[54]。文献传说有"帝舜窜三苗于三危"。史迹主要在上虞、余姚等地（见《史记·五帝本纪》正义引《会稽旧记》等）。⑧荆州，为屈家岭文化和石家河文化分布区域，石家河文化中有较多大汶口文化因素，并出土与陵阳河类型相似的陶文符号[55]。文献有"（舜）放驩兜于崇山""舜征三苗，道死苍梧"等传说（《史记·五帝本纪》《淮南子·修务训》）。史迹有韶山、韶峰、永州舜帝陵、张家界驩兜墓、随州舜井等。

综上所述，基本可以认为《容成氏》九州记述的乃夏代初年大禹以治水为由而接管统辖的天下地理范围。这里强调的是"接管"而不是"禹画"。其所接管的实际就是有虞氏的天下九州。根据《容成氏》全篇所记上古帝王传说特别是帝舜和夏禹等人的事迹内容，笔者认为《容成氏》作者可能是夏代初年流徙于楚国地区之东夷族的后裔（容成氏本身即为太昊族的历官，详后文），《容成氏》所记是对其先祖历史的追忆。因为从楚人的祖源分析，其与东夷族有密不可分的关系。除了前述舜放驩兜于崇山实施了对南蛮区域的变革之外，还有夏代早期"费侯伯益出就国"（《今本竹书纪年》）的一段历史。笔者对此有详细论证，认为伯益所"就"之国极有可能就是江汉地区"后石家河文化"的分布区域[56]。另外从相关文献分析，所谓楚之先"季连"，实际上属于东夷民族。《山海经·大荒南经》记有"帝俊生季釐"；《帝王世纪》记载庖栖氏的部族有骊连氏；《史记·秦本纪》记载："大费（伯翳）生子二人：一曰大廉，实名鸟俗氏；二曰若木，实费氏。"季釐、骊连、大廉、季连实乃一名而异述，相互通转。季连在出土文献中被称为"穴熊"（见安大简《楚纪》）。从长沙子弹库出土"楚帛书"第一句就说："曰故（古）大熊雹（包）虘（戏），出自□霆，尻（处）于□□……"（此引刘钊：《出土文献与〈山海经〉新证》文中所释）亦可知，楚人明确称伏羲为"大熊"，是楚人崇拜祖先为熊，乃以太昊庖牺氏为祖源之证。其当为东夷后裔无疑。夏代早期季连部族随伯益南下，另立国家，但由于迁居地环境和原住民的影响，逐渐消失于中原民族的视野之外。直至商代中期（盘庚之际），才又出现在商文化的范围之内（见清华简《楚居》所记季连史迹），此为后话。

鉴于《容成氏》九州中"莒州"所用"𥳑"字与出土金文相同，以莒南大店春秋

㊿③ 韩嘉谷：《环渤海古文化谱系和区系类型说》，《中国考古学会第九次年会论文集·1993》，文物出版社，1997年，第20—34页；韩建业：《论雪山一期文化》，《华夏考古》2003年第4期。

[54] 常兴照：《舜窜三苗与禹征三苗再认识——兼谈良渚文化族属》，《东方考古》（第19集），科学出版社，2022年。

[55] 湖北省文物考古研究所：《天门石家河考古报告之二·邓家湾》，文物出版社，2003年；湖北省荆州博物馆石家河考古队、湖北省文物考古研究所石家河考古队、北京大学考古学系石家河考古队：《天门石家河考古报告之一·肖家屋脊》，文物出版社，1999年。

[56] 常兴照：《夏代、夏族与夏系文化论析》，见本书。

时期莒国殉人墓为春秋中期前后而判，《容成氏》形成年代大约为春秋中期。晏昌贵先生则推断其为两周之际或春秋前期[57]，可备一说。因此可知《容成氏》九州是目前发现最早的古代地理区划文献，具有极高的史料价值。

五、有虞氏的历史地位

讨论有虞氏的历史地位，基本可以说是有虞氏王朝奠定了中华文明的基本格局和思想文化基础。仅就《史记·五帝本纪》“天下明德皆自虞帝始”所言观之，已然几无文辞可溢美。限于资料和学力，本文不可能将有虞氏所有的功德、成就析深解透，仅结合相关文献与考古发现略陈一二。

1. 有虞氏是中华早期国家制度的设计者和执行者

《左传·昭十七年》记曰：郯子来朝，昭子问郯子“少昊氏鸟名官，何故也？”郯子详细介绍了其祖少昊“以鸟名官”的来历和结构。共有“五鸟”“五鸠”“五雉”“九扈”，分别掌管历正、司分、司至、司启、司闭、司徒、司马、司空、司寇、司事，以“五鸠，鸠民者也”，“五雉为五工正，利器用，正度量，夷民者也”，“九扈为九农正，扈民无淫者也”。这是一个完整系统的国家治理体系，完全可以媲美后世的六部九卿。少昊氏为有虞氏先祖，由其提出的国家管理体系，在有虞氏王朝时期得到了很好的继承和发展。舜先是“举八恺，使主后土，以揆百事”。“举八元，使布五教于四方。”后又命禹担任司空，治理水土；命弃担任后稷，掌管农业；命契担任司徒，推行教化；命皋陶担任“士”，执掌刑法；命垂担任“共工”，掌管百工；命益担任“虞”，掌管山林鸟兽；命伯夷担任“秩宗”，主持礼仪；命夔为乐官，掌管音乐教育；命龙担任“纳言”。负责发布命令，收集民间反映。还规定三年考察一次政绩，由考察三次的结果决定提升或罢免（《史记·五帝本纪》）。通过这样的管理，“远近众功咸兴”而“咸戴帝舜之功”。以这样的治理结构，于今天的社会管理亦有重要的借鉴意义。

2. 有虞氏是中国成型汉字的发明者和使用者

考古发现早在贾湖文化时期就已出现契刻符号，这些在龟甲上契刻的符号，共十七个。从其形状看，具有多笔组成的结构，应承载契刻者的一定意图。年代距今8000年以上。有的颇似甲骨文的“目”“曰”等字，故称那些符号为迄今人类所知最早的文字[58]。另外在仰韶文化、双墩文化、良渚文化、龙山文化等诸多考古遗存中如陶器（片）、石器等上面也曾发现很多刻画符号，有的还多符相接，并联成行。但这些都存

---

[57] 晏昌贵：《上海博物馆藏战国楚竹书（二）中〈容成氏〉九州柬释》，《武汉大学学报》（哲学社会科学版）2004年第4期。

[58] 河南省文物考古研究所：《舞阳贾湖》，科学出版社，1999年，第518、984—991页。

在一个缺陷，即发现范围较小，仅在个别遗址出现，难以进行广泛比较和解释。唯有大汶口文化中发现的陶器图像刻符，具有刻符图形固定，出现范围较广，具有特定的表征含义。而且该类图像还出现在不同文化的刻画符号中，具有广泛的共识性。王树明先生曾经较为系统地搜集、整理了目前双墩文化、大汶口文化在黄淮流域、长江流域出土的各种图形符号，对各类符号进行了比较分析和隶定。他将史前陶器刻符分为三个不同发展时期：早期阶段距今7000年前后，典型遗存以安徽双墩文化中发现碗底刻文为代表。中期阶段距今5000年左右，以山东大汶口文化莒县陵阳河、安徽蒙城尉迟寺等遗址发现陶尊文字为典型。晚期阶段定在龙山文化时期，距今4500—4000年，以山东邹平丁公遗址与江苏高邮龙虬庄南荡遗存为代表[59]。王先生指出：双墩刻文内容及其刻划形制，可区分为动植物类和一些单体或组合体刻划符号。在动植物类刻文中有较多是与渔猎活动有关的写实类刻文，分析此类刻文是双墩人生活时代存在的一些与渔猎活动或其他生产活动相关的一些具体事物或实际存在事物的摹刻，可能是我国汉字初造时期的一些原始文字。而大汶口文化发现的图像文字，则比双墩刻符前进了一大步。迄今山东地区发现陶尊文字类刻划凡20文："炟"字刻划2，"炅"字刻划5，"南"字刻划1，"凡"字刻划3，"享"字刻划3，"斤"字刻划2，"戉"字刻划1；刻划图像发现两种，酒神图像1、滤酒图像2。蒙城尉迟寺发现陶尊文字或刻划图像6枚，发现"炟"字1文，"炅"字2文，其中1文与下部酒神图像刻文同体，"旦"字1文，"享"字1文，刻写形制与陵阳河、大朱村发现同类刻划相同[60]。这一时期发现的陶尊文字，均刻划于被用作酿酒、或用为祭祀器皿的陶尊颈部。一般有大口尊的墓葬通常随葬品较为丰富，墓主人较为富有。而随葬大口尊一般只有一件，刻符上往往涂朱，显得较为神秘。大口尊本体厚重，体型硕大，制作和烧造均需要较高的技术和工艺，所以就显得极为珍贵。出土大口尊外壁常见有烟炱，可能经过烧烤，同时还见有土浸和培埋的痕迹，可能平时是半埋于地下的。内壁多见有水渍，可知是实用的盛储器皿。根据这些现象推测这是用于发酵的酿造器物，也就是酿造酒缸。用酒缸制酒，祭祀先民崇拜的对象和事物，这是十分合乎历史逻辑的。拥有珍贵的大口尊并具有祭祀神圣对象资格的墓主人，必定是部落中具有较高社会地位的人物，推测应是部落首领或者有祭祀权利的巫祝、祭司等人。而大口尊上面的图像刻画，应该就是部落中极为崇拜和敬仰的事和物。这种崇拜具有一定的文化惯性，可能慢慢成为部族的习俗规制，传播久远[61]。

根据王树明先生推论，大汶口文化陶尊文字中的"炟、炅"之类，可能是春夏之际祭祀太阳的"日祭"或"燎祭"符号。由莒县陵阳河遗址地理形势观察，刻文"炟"字，原是春季日出东方，太阳高悬于遗址正东五峰并联的寺崮山主峰之上这一景象的摹刻，是一个用以代表春季、迎接春季到来而祭祝春天或太阳而摹写的一个图像文字。有的"炅"字下面没有山峰，是由"炟"字省变而来的，是为太阳高照于南天，代表炽

---

[59] 王树明：《双墩碗底刻文与大汶口陶尊文字》，《中原文物》2006年第2期。

[60] 王树明：《谈陵阳河与大朱村出土的陶尊"文字"》，《山东史前文化论文集》，齐鲁书社，1986年；王树明：《双墩碗底刻文与大汶口陶尊文字》，《中原文物》2006年第2期。

[61] 王树明：《陵阳河墓地刍议》，《史前研究》1987年第3期。

热季节或夏季到来之意，应为祭祀夏天或曰夏祭的一种摹画。“南”字是一隆起的仓形物，上面插一树枝，可能是祈祷大地丰收、崇拜社神地母的，亦即“封土成阜，阜顶植树为社”的摹写。酒神图像出土时图像的范围之内皆涂朱，该图像是耒、耜两形合为一器而成，或许认为酿酒是需要粮食的，而粮食的获得又是农具耒、耜显灵所致，故其所崇祀的酒神便以耒耜两器形合而为之。“斤”字刻画与“戉”字刻画属兵器类物，是谓对兵器的祭祀或曰祭兵之属，属拜物教类祭祀刻划。“享”字刻文出土时亦皆涂有朱彩，它是由酒神图像及滤酒图像顶端所刻的图形演变而来，其原始用意也与酒事、崇拜酒神相关。后来它演变为现在汉字中的“享”字，本义为把酒献给鬼神，是鬼神接受美酒或祭品的“享”字之祖。滤酒图像出土时亦通体涂朱，图像是陵阳河先民为达到多产酒、产好酒的目的，在酿酒过程中把所用漏缸、茅草叶、接酒盆一类用具的配置组合关系摹画下来，对其进行祈祷、祭祀的一个意像符号。特别是关于“凡”字的隶定和推论，认为该字出土于莒县陵阳河、大朱村遗址似为军事领袖墓葬之中的陶尊上，原是一竹制或陶制的口哨类器物摹刻，当为军械用品，归于号令之属，与牛角号等属同类器物，实际上也是居住在莒县陵阳河一带大汶口文化先民氏族徽号的刻划。“凡”字在我国古代文字中又衍为“风”，“风”“凡”二字古本一字，可以互通。“凡”字徽文，本原是我国古代东夷部族中，风姓太昊一族的徽文标记[62]。尽管学界对陶尊上面的刻符性质及其隶释还有争议，但总体而言，该类刻符具有汉字构造的基本特征，符合汉字产生过程中的“象形、指事、会意”三大规律，基本上可以认为其就是文字。蒙城尉迟寺、天门石家河、南京北阴阳营、浙江良渚等地发现的与大汶口文化相同或相似的图像刻符，均与帝舜太昊的历史事迹相关联，可以认为是帝舜有虞氏推广和使用的结果。

3. 有虞氏是众多古代发明和工巧的创造者

《吕氏春秋·审分览·勿躬》：“大桡作甲子，黔如作虏首，容成作历，羲和作占日，尚仪作占月，后益作占岁，胡曹作衣，夷羿作弓，祝融作市，仪狄作酒，高元作室，虞姁作舟，伯益作井，赤冀作臼，乘雅作驾，寒哀作御，王冰作服牛，史皇作图，巫彭作医，巫咸作筮。此二十官者，圣人之所以治天下也。”这里记载的各种器物、技术、工艺、计算等古代科学大多都与有虞氏王朝有关。

《山海经·海内经》记有：“帝俊生禺號，禺號生淫梁，淫梁生番禺，是始为舟。番禺生奚仲，奚仲生吉光，吉光是始以木为车。”《国语·周语》：“昔挚、畴之国由大任。”注：“挚、畴二国任姓，奚仲、仲虺之后，大任之家也。”奚仲、仲虺均居薛，在今滕州境内。《左传·定公元年》：“薛宰曰：‘薛之皇祖奚仲，居薛以为夏车正，奚仲迁于邳，仲虺居薛，以为汤左相。’”可知奚仲为“挚、畴之国”部族，当即帝喾或太昊之任姓后裔。从淮阳平粮台遗址发现已知最早的双轮车辙印痕[63]，可知奚仲

---

[62] 王树明：《谈陵阳河与大朱村出土的陶尊“文字”》，《山东史前文化论文集》，齐鲁书社，1986年。

[63] 齐永、张广起：《河南平粮台遗址考古新发现面积扩至50多万平米》，中新网：http://www.chinanews.com/cul/2011/07-25/3207058.shtml；秦岭、曹艳朋：《入围终评项目：河南淮阳平粮台城址》，国家文物局微信公众号 2020年4月25日发表于北京。

其子吉光以木为车，应属可信之说。

《山海经·海内经》中还说："帝俊生三身，三身生义均，义均是始为巧倕，是始作下民百巧。"杨宽先生指出："义均即商均，义均又即巧倕，是商均又即倕。《书·顾命》云：'垂之竹矢。'《荀子·解蔽篇》云：'倕作弓。'是商均古亦有作弓矢之传说，与羿、少昊并同。"[64]《吕氏春秋》《墨子》都记："虞姁作舟。"有学者论证"姁"即"均"[65]。从以上记载可以看出，商均是弓箭和舟的发明人。不论《山海经·海内经》所言"番禺，是始为舟"，还是《吕氏春秋》"虞姁作舟"，或者"夷羿作弓"，可以明确，这些都是东夷人或有虞氏部族发明和创造的。

"仪狄作酒。"《战国策·魏策二》："昔者帝女令仪狄作酒而美，进之禹，禹饮而甘之，遂疏仪狄，绝旨酒，曰：'后世必有以酒亡其国者。'"坊间对此大致有三种解释，一是舜（禹）帝的女人或女儿命令仪狄做酒，仪狄可能是当时主管酿酒的官员。次有一种说法是，舜帝的女儿做酒，仪狄可能是舜帝的女儿，并且擅长做酒。再还有一种说法是，仪通"娥"，亦即女人，是说舜帝的女人或女儿命令主管酿酒的"狄女"的来做酒。相传仪狄是夏禹时代司掌造酒的官员，是我国最早的酿酒人；一说是帝舜的女儿，虞舜的后人，《战国策·魏策二》："昔者帝女仪狄作酒而美，进之禹，禹饮而甘之，遂疏仪狄，绝旨酒，曰：'后世必有以酒亡其国者。'"《世本八种·作篇（张澍稡集补注本）》："帝女令仪狄始作酒醪。变五味。宋衷注：'仪狄。夏禹之臣。'"王粲，《酒赋》："帝女仪狄，旨酒是献。"东汉许慎在《说文解字·酒字条》中提到，仪狄作酒醪，夏禹喝了觉得太好，怕沉迷于此，所以疏远仪狄。从陵阳河类型出土大量酿酒器物来看，东夷人酿酒应是有据可查的。

"胡曹作衣"，《世本·作篇》又记载："胡曹作冕。"可见，胡曹不仅发明了衣服，而且发明了帽子。《抱朴子·对俗》："太昊师蜘蛛而结网。"《古史考》："伏羲氏作网。"《世本·作篇》："句芒作罗"，"芒作网"。《路史·后纪》罗苹注引《白氏六帖》："伏羲作布。"《广博物志》卷五十引《皇图要览》："伏羲化蚕。西陵氏养蚕。"可见从作网、织布到作衣，相关流程秩而有序，胡曹很有可能为有虞氏部族；依此则衣冠之属亦当为太昊氏发明之功。

"伯益作井，赤冀作臼"。此二人籍贯上可能均为有虞氏之族。伯益为少昊后裔，学界基本无异议。赤冀为炎帝臣子，宋罗泌《路史·后纪三》："（神农）乃命赤冀创捄鈇为杵臼，作粗耨钱镈，梋鬻井竈，以济万民。"注："赤冀，……一作赤制，炎帝之臣，与摄提、诸稽、元嚣皆十二支神。"笔者在《炎黄文化东西说》中曾分析过炎帝与大汶口文化的关系，论指炎帝即大汶口文化早期的蚩尤部族[66]，故赤冀应该是东夷部族之一。

"乘雅作驾，寒哀作御"。乘雅与寒哀，族氏不明。《世本·作篇（雷学淇校辑本）》有"韩哀作御"，雷学淇注："淇案韩哀，吕氏春秋作寒哀，与羲和伯益史皇乘

[64] 杨宽：《中国上古史导论》，上海人民出版社，2016年，第264页。
[65] 阮先羽：《虞舜杂考》，《虞舜文化学术论文集》，中国文史出版社，2014年，第188页。
[66] 常兴照：《炎黄文化东西说》，《文物春秋》2005年第6期。

雅同列并称，盖虞夏时人寒君伯明之族也（余案：即鲁北逄伯陵氏族）。”其说甚当。这从“奚仲造车”之说也可以看出，作驾、作御应属作车之后顺其自然的结果。但《荀子·解蔽篇》有“乘杜作乘马”，《世本·作篇》：“相土作乘马。”这表明“乘雅”即“乘杜”亦即“相土”。然相土为商代先王，较为晚出，可能为误记之说。

“巫彭作医，巫咸作筮。”《山海经·大荒西经》：“有灵山，巫咸、巫即、巫盼、巫彭、巫姑、巫真、巫礼、巫抵、巫谢、巫罗十巫，从此升降，百药爰在。”许慎《说文·酉部》：“医者，治病工也。……古者巫彭初作医。”段注：“此出世本，巫彭始作治病工。”可知巫彭、巫咸是为“巫、医”合体的部族。但从《天中记》卷四十引《古史考》：“庖牺氏作始有筮。”又引郑舫《禹穴碑》：“伏羲得神蓍而定皇策。”《广博物志》卷四引《物原》：“伏羲初置元日。”《古微书》卷十二引《春秋内事》：“至伏羲乃有消息祸福，以制吉凶，始合之以为元。”等文献综合察知，作医、作筮等也应与太昊伏羲氏有关。

总之，有虞氏王朝时期各种工巧、创造出现较多，说明生产生活较为稳定，社会生产力较为发达，可视为古代“中国”文化最为繁荣昌盛的时期。

4. 有虞氏是古代时序、历法、礼乐、法律、婚丧等制度的创造者和集大成者

有虞氏特别注重四时节令。从其先祖少昊设置的氏族职官看，排列于前面的“五鸟”之官都是掌管分、至、启、闭的“历正”之官。陵阳河遗址出土“炟”字刻文，据推测是春季日出东方，太阳高悬于遗址正东五峰并联的寺崮山主峰之上这一景象的摹刻，是一个用以代表春季、迎接春季到来而祭祝春天或太阳而摹写的一个图像文字，“司分”之官可能即因此而设。《勿躬》篇记：“羲和作占日，尚仪作占月。”实际上这反映出古代“干支”纪年的主要来源。羲和是“日之母”，常仪是“月之母”，日有“日十”，月有“十二”，正与“天干地支”相合。《周易·系辞下传》：“古者包牺氏之王天下也，仰则观象于天，俯则观法于地；观鸟兽之文，与地之宜，近取诸身，远取诸物，于是始作八卦，以通神明之德，以类万物之情。”还有“容成作历”，据《庄子·胠箧》篇云：“昔者容成氏、大庭氏、伯皇氏、中央氏、栗陆氏、骊畜氏、轩辕氏、赫胥氏、尊卢氏、祝融氏、伏羲氏、神农氏，当是时也，民结绳而用之。”可知容成氏约处伏羲时代前后。《穆天子传》有“容氏国”，丁山注：容氏国在河北容城县。宋王应麟《姓氏急就篇·卷下》则认为“容”是高阳氏八恺之一的“仲容之后”。《山海经·大荒东经》有“仲容之国”。从其与羲和、尚仪共同完成时序历法的过程看，“仲容”很有可能为颛顼部族，然后期已归附于有虞氏集团，并成为有虞氏的“历正”之官。前引上博简《容成氏》可为其证。有虞氏创造天干地支、区别分至四时、作八卦等，基本代表了古代先民对天象的观察和历法纪年的形成，是他们在古代文化上的重要贡献。

少昊、太昊族是擅长音律歌舞的氏族。《山海经·海内经》：“帝俊生晏龙，晏龙是为琴瑟。帝俊有子八人，是始为歌舞。”《国语·晋语》云：“虞幕能听协风，以成乐物生者也。”曲广义先生指出：在古代，“乐”字的含义十分广泛，并非仅指“音乐”，而是包括舞蹈、音乐乃至诗歌在内的一种混合艺术形式。《乐记·乐本》：“比音而乐之，及干戚羽旄，谓之乐。”“故钟、鼓、管、磬、羽、籥、干、戚，乐之器也；屈伸俯仰缀兆舒疾，乐之本也。”所谓“听协风”，说的应是虞幕能听辨乐舞里配合协调、合适的乐歌曲调、诗歌等，以完成乐舞的编创和排练演出。这不仅与舜时有一种叫作《韶》的乐舞传说相一致，而且亦与《吕氏春秋·察传》所载“舜欲以乐传教于天下……于是正六律，和五声，以通八风，而天下大服”之说相呼应[67]。《山海经·大荒东经》：“东海之外大壑，少昊孺帝颛顼于此，弃其琴瑟。”《世本·作篇》：“伏羲作瑟，伏羲作琴。”《广雅·释乐》：“伏羲氏瑟长七尺二寸，上有二十七弦。”《礼记·乐记》：“舜作五弦之琴，以歌南风。”是知琴瑟亦属少昊或伏羲所制，可见有虞氏对古代乐律的贡献之巨大。

在有虞氏王朝时期，法律思想和制度已经基本形成。《尚书·舜典》：“象以典刑，流宥五刑，鞭作官刑，扑作教刑，金作赎刑。眚灾肆赦，怙终贼刑。钦哉，钦哉，惟刑之恤哉！……帝曰：皋陶，蛮夷猾夏，寇贼奸宄。汝作士，五刑有服，五服三就。五流有宅，五宅三居。惟明克允！”《古本竹书纪年》：“（舜）三年，命皋陶作刑。”“象以典刑”，就是指用“画衣冠、异章服”的办法来惩罚罪犯。孙星衍在《尚书·今古文注疏》中释曰：“象者，画像。典者，《释诂》云‘常也’。”《汉书·纪·武帝纪》元光元年诏曰：“昔在唐虞，画像而民不犯。”《周礼·司圜》疏引《孝经纬》云：“三皇无文，五帝画像，三王肉刑。画像者，上罪墨幪、赭衣、杂屦；中罪赭衣、杂屦；下罪杂屦而已。”《孟子·正论》：“古无肉刑，而有象刑。”说明用衣冠的异装来标识犯罪，是虞舜时期的重要法典。“流囿五刑”就是用流刑来宽宥五刑罪犯。“鞭作官刑”就是用鞭刑惩治官吏的犯罪。“扑作教刑”是以戒尺责打不遵守教令的人。“金作赎刑”则是允许以财产赎罪。这些大概是虞舜法律的主要内容。帝舜还指出，刑法的主旨是“惟刑之恤哉”，谆谆嘱咐用刑需慎重不滥，要以宽罚体恤为原则，凸显了帝舜的彰德爱民之心。

有虞氏为了教化人民，还专门制定了婚丧礼制。《世本·作篇》：“伏羲制以俪皮嫁娶之礼。”《路史·后纪一》罗苹注引《古史考》：“伏羲制嫁娶，以俪皮为礼。”《史纲评要·太昊伏羲》篇中将伏羲太昊的德化归纳为：以木德继天而王故姓风；太昊始作网罟以佃以渔；养六畜以充庖厨；始作八卦，因而重之，为六十有四；造书破以代结绳，书制有六；制嫁娶，以俪皮为礼；正姓氏；通媒妁，以重人伦之本，而民不始渎；以龙纪官；作荒乐；斫桐为琴，绳丝为弦等。共11条之多，绝然可谓文化鼻祖。文献中关于有虞氏的墓葬制度记载较少，《礼记·檀弓上》：“有虞氏瓦棺，夏后氏堲周，殷人棺椁，周人墙置翣。”但实际上在大汶口文化中瓦棺墓很少，仅在尉迟寺类型中有所发现。而且作为瓦棺的都是陵阳河类型中具有神秘色彩的大口尊，有的带有图像刻符[68]。用于祭祀的礼器成了儿童的瓦棺，表现了对儿童的珍爱，亦说明祭器已经私有

---

[67] 曲广义：《山东莒县发现竹制笛类乐器图象与虞幕“听协风”新解》，《齐鲁艺苑》1987年第2期。

[68] 王吉怀：《再论大汶口文化的陶刻》，《东南文化》2000年第7期。

化和家族化。其实早在大汶口文化早中期，墓葬规制已十分规范，尤其是棺椁制度出现很早。在大汶口、呈子、野店、西夏侯以及花厅遗址中的早中期墓葬中，已经存在贫富分化、结构复杂、出现棺椁并使用丰富的礼制性器物作随葬品、有男女合葬等现象[69]；最近发现的滕州岗上遗址的大汶口墓葬（见上文），更十分清楚地说明了这些现象。《春秋繁露·服制》："生有轩冕、服位、贵禄、田宅之分，死有棺椁、绞衾、圹袭之度。"因此，棺椁制度亦属于礼制范畴。比较周围同时代的其他文化，大汶口文化的埋葬制度要更加丰富和礼制化。

5. 有虞氏是中华文化"孝悌""中庸"思想的开创与践行者

有虞氏鼓励孝道，其中帝舜则亲力亲为，率为垂表。由于"舜父瞽叟顽，母嚚，弟象傲，皆欲杀舜"。而舜"顺适"不失子道，"兄弟孝慈。欲杀，不可得；即求，尝在侧"，表现出极强的"孝悌"观念。在取得帝位之后，则制定了"父义，母慈，兄友，弟恭，子孝"等五教，"举八元，布五教于四方"，内平外成。在帝舜的表率和"五教"影响下，有虞氏的故乡"海岱地区"成为中国文化中最强调"孝悌"的地方，为后来孔孟文化的发扬光大打下了良好的基础。儒家传统中宣扬的二十四孝，十之六七属于海岱族裔，是中华民族人伦纲纪的基本构架。

帝舜强调"允执厥中"，亦即后世的儒家倡导的"和而不同，执两用中"。《尚书·大禹谟》："帝曰……人心惟危，道心惟微，惟精惟一，允执厥中。"意思是指言行不偏不倚，符合中正之道。亦如《舜典》：（帝）曰："夔！命汝典乐，教胄子，直而温，宽而栗，刚而无虐，简而无傲。"这些都是要求思想和言行不能走极端；要宽容敦和，张扬有度。近年出版的《清华大学藏战国竹简（壹）》有《保训》一篇，文章通过文王临终前对武王讲述的两则故事，告诫武王执中而受天命的道理。其中多次提到帝舜"求中""得中"[70]，证明了帝舜始终坚持的"允执厥中"思想。诚如《中庸·第六章》所言："子曰：舜其大知也与！舜好问而好察迩言，隐恶而扬善，执其两端，用其中于民。其斯以为舜乎！"

6. 有虞氏是和合万国、德聚天下的典范

从文献记载中可以看出，帝舜有虞氏的思想境界远比其周边族群格局大、起点高，有着异于常人的亲和力。"舜耕历山，历山之人皆让畔；渔雷泽，雷泽上人皆让居"，只要有他劳作的地方，便兴起礼让谦和之风；"陶河滨，河滨器皆不苦窳"，制作陶

---

[69] 山东省文物考古研究所：《大汶口续集——大汶口遗址第二、三次发掘报告》，科学出版社，1997年；山东将文物管理处、济南市博物馆：《大汶口——新石器时代墓葬发掘报告》，文物出版社，1974年；昌潍地区文物管理组、诸城县博物馆：《山东诸城呈子遗址发掘报告》，《考古学报》1980年第3期；山东省博物馆、山东省文物考古研究所：《邹县野店》，文物出版社，1985年；中国社会科学院考古研究所山东队：《西夏侯遗址第二次发掘报告》，《考古学报》1986年第3期；南京博物院：《花厅新石器时代墓地发掘报告》，文物出版社，2003年。

[70] 清华大学出土文献研究与保护中心：《清华大学藏战国竹简〈保训〉释文》，《文物》2009年第6期，第73、75页。

器，也能带动工友认真做事，精益求精，提高质量。他到了哪里，人们都愿意追随，因而“一年而所居成聚，二年成邑，三年成都”。这些记载其实彰显了中国古代文化中的基本内核，即“厚德载物”。

帝舜举用“八恺”“八元”等治理民事；主要目的是“以揆百事，莫不时序”，“布五教于四方”，使民众遵从德化，内平外成。（舜）“谋于四岳，辟四门，明通四方耳目，命十二牧论帝德，行厚德，远佞人，则蛮夷率服”（《史记·五帝本纪》）。即便放逐“四凶”，也尽量使用德教，如“修教三年，持干戚舞”而使三苗折服。而不是像大禹那样，趁着三苗地区出现极端灾害而大开杀戒。如“昔者三苗大乱，天命殛之。日妖宵出，雨血三朝，龙生于庙，犬哭乎市，夏冰，地坼及泉，五谷变化，民乃大振。……禹亲把天之瑞令，以征有苗。……搤矢有苗之祥，苗师大乱，后乃遂几”（《墨子·非攻下》）。帝舜在流放四凶的过程中，还表现出了较强的“化用”思维。如“流共工于幽陵，以变北狄；放驩兜于崇山，以变南蛮；迁三苗于三危，以变西戎；殛鲧于羽山，以变东夷”。虽然其初衷是把不友好势力迁放到其他地区，但在流放过程中通过教化和改造，甚至利用通婚和亲等形式（如苗、瑶族中的盘王传说），强化和合关系。到达流放地点后，还改变了当地的民族势力，化敌为友。其所任用的大禹、契、弃（后稷）等外部首领，其实都是有虞氏族群征服后的部族精英。帝舜请他们一起辅治国家，成就王朝大业。这些举措，都明示了有虞氏以德惠民，以礼行事，吸引融合多元文化因素，形成中华文明之核心基础的思想脉络。

比较距今5000—4000年前后的其他文明，如良渚、红山、石峁、陶寺等，尽管都有着本身高亮光彩的文明火花，如红山文化中神秘的坛庙冢结合及女神崇拜；良渚文化巨大的水利工程、夯土城台以及琳琅炫目的玉器；石峁文化其广阔雄伟的石城和神秘的石雕像以及藏玉于墙之习俗；陶寺文化的高等级墓葬和宫殿、令人惊叹的天象观测基址等；但从物质遗存和思想文化影响方面而言，都不如有虞氏文化（大汶口文化）的影响全面、广泛和深远。由之可以基本论定，有虞氏王朝历史，当属中华文明初史中最为华丽的一个篇章。

六、文明的标准与产生机制

对比中西方文明的产生背景，可知两者有着巨大的差异。庞卓恒先生指出：西方文明的创造者古希腊和古罗马人，在普遍掌握铁制农具和畜耕技术之前，大多只能长期过着游牧游耕或半游牧、半游耕的生活。在公元前9世纪或前8世纪中叶，希腊人比较普遍地掌握了铁制农具和畜耕技术，从而告别了游牧、半游牧或游耕、半游耕的生产生活方式。在这样的历史条件下转入定居农耕生活，不但在时间上比黄河长江流域的中华先民晚三四千年，更重要的是，他们由于普遍掌握了铁制农具和畜耕技术，足以依仗个体的生产能力求得生存，不必像中华先民那样，唯有依靠家族、宗族的集体协作才能过上定居农耕生活。生产生活方式及其演进过程的这一重大差别，使古代希腊人只能形成城邦社会，不可能形成中国那样的天子—子民社会。其主要区别在于古希腊国家具有城邦性质，主要职能是组织族群迁徙、征战以及与外邦、外族进行生死存亡的竞争；而中国则是以天子为首、以宗族或准宗族关系为基础的国家组织，其所承担的职能是协作式生产生活方式的组织者和维护者[71]。纵观世界各地古代文明的发展过程，不同的民族和不同类型的文明在其发展过程中的物化形式是不一样的。所以文明的标准亦不能一概而论。

文明的概念，是与野蛮的含义相对应而形成的，是社会发展形态的高级阶段。用文字、铜器和城市来标定文明的产生，是用物化的刚性状态来衡量千差万别的社会形态，必然是僵硬、呆板的，无论如何解释和比对都不可能恰到好处。中华文明探源研究提出了进入文明社会的中国标准：一是生产发展，人口增加，出现城市；二是社会分工，阶层分化，出现阶级；三是出现王权和国家[72]。这里“生产发展、人口增加”均为弹性概念，需要有量化界定；社会分工有多种，需要界定是什么性质和程度的社会分工；阶级是在动物群落中就存在的生存现象，作为文明标准需界定相应阶级的具体样态和标识；王权和阶级一样，伴随人类社会早就出现，无法具体衡量。国家虽然可作为最终标准，但国家应该具有相应的区域、管理结构和制度，才可以称之为国家。因此，上述标准似可进一步细化或调整。参考恩格斯在《家庭、私有制和国家的起源》中的相关论述，他认为“专偶制”家庭“是在野蛮时代的中级阶段和高级阶段交替的时期从对偶制家庭中产生的，它的最后胜利乃是文明时代开始的标志之一”。“专偶制是不以自然条件为基础，而以经济条件为基础，即以私有制对原始的自然产生的公有制的胜利为基础的第一个家庭形式。”“国家是社会在一定发展阶段上的产物。国家是承认这个社会陷入了不可解决的自我矛盾，分裂为不可调和的对立面而又无力摆脱这些对立面。……就需要有一种表面上凌驾于社会之上的力量。这种力量应当缓和冲突，把冲突保持在‘秩序’的范围以内。这种从社会中产生但又自居于社会之上并且日益同社会相异化的力量，就是国家。”[73]据此笔者认为，从社会层面上观察，还是应该把家庭（专偶制）、私有制和国家的形成，视为较具普遍性的文明标准。因为专偶制家庭与私有制的产生是互为表里的必然结果，而私有制是推动社会发展进步的重要动力。承认私有财产的存在，是文明社会的重要标志。而这些标志在墓葬中是可以发现并能够认定的，如可从男女合葬墓（应区别于殉人墓）以及墓葬中的随葬品多寡而分析判别，再结合聚落遗址中的居住形式，基本可以综合明确相关特征。私有制发展到一定阶段，由于贫富分化、资源占有以及生产组织中的各种矛盾必然导致冲突，因此需要有一种凌驾于社会之上的力量平抑矛盾和保护私有财产，因而顺然就产生了国家。恩格斯指出：国家和旧的氏族组织不同的地方，第一点就是它按地区来划分它的国民；第二个不同点是公共权力的设立，这种公共权力已经不再直接就是自己组织为武装力量的居民了。所以国家的形成应是文明社会的最终标志。其他如文字、铜器、城市等物化指标可视为文明出现的辅助标志。同时这些标志还应附加相关的细则阐释才可以理解。如文字要具备通识和可读性，才可以为视

---

[71] 庞卓恒：《中西古文明比较》，《社会科学战线》2001年第4期。

[72] 王巍：《中华文明探源研究主要成果及启示》，《求是》2022年第14期。

[73] 恩格斯：《家庭、私有制和国家的起源》，《马克思恩格斯全集》（第21卷），人民出版社，2000年，第32—203页。

为文字。铜器是制作工具的材料，有些地区根本就没有铜，所以应作调整。材质可以更宽泛（如玉石材质等），但用途可以进一步明晰；如将礼制用器视为文明时代的标志等。城市也不能有围合结构即可称为城市，“市”是作为文明社会的重要标志，是出现交易行为的重要指征。作为城市应具有一定的围合面积，城内或周边要有配套的专业作坊、公共活动与交流区域等。

如同我国古代的“军事民主制”同西方相同社会阶段的生发机制和形成状态不尽相同一样，我国国家的形成机制和形式也具有自己的特点。其一，协作式生产方式是产生强制性权力系统的动力与温床；伴随着定居和农耕聚落的形成，这一阶段出现得很早，但发展过程却极为漫长。我国从新石器时代中期（距今9000年前后）已经出现定居农业，但强制性权利系统的出现，大概应在仰韶文化中期亦即庙底沟文化前后（距今6000年前后），对应的古史时代也就是炎黄时期。其二，神权与军权是早期国家职能的具体体现，但与国家的产生并非同步。例如，在仰韶文化中期，神权与军权就已经产生。濮阳西水坡45号大墓就是神权的明证；蚩尤和黄帝的战争，也已经说明军权的存在。但这并不能说明国家的产生。其三，国家的产生，说到底是生产力发展的要求所决定的。当强制性权力系统与生产发展的管理要求相统一的时候，就应视为国家职能的完全实现，也就是国家的形成。不同部落群体在进行生产和生活的过程中，难免发生碰撞和矛盾，就需要相对的高层级权利进行协调和化解，协调的规则和程序也就应运而生。而这一阶段，就发生于大汶口文化的中期，成熟于大汶口文化的晚期。在大汶口中期少昊部族建立的“鸟的王国”，已经出现了详细的权利职能分工，氏族组织分别掌握着历法、军事、民事、内政、工正、农正等职务，已具备了国家机器的最基本条件。联系到多等级墓葬表现的贫富分化、私有化、礼制器物以及大汶口晚期出现的文字、城址等因素，可以认定，大汶口中期（距今5500—5000年），已经进入文明社会的门槛；及至晚期（距今5000年前后）随着大汶口文化的南征西迁，华夏文化逐渐融合为一，完全可以认为中华历史文明已经形成。

2022年9月23日于京东燕郊

夏代、夏族与夏系文化论析

在中华文明探源工程中，夏文化研究一直是历史和考古学界最核心的课题。由于至今未发现夏代的文字，对夏朝的国都和考古学文化认定存在较多争议，故而有人甚至怀疑夏朝的真实性。近几年随着中原地区考古学的重大发现以及对相关考古遗存认识的不断深入，学术界本已经认可夏朝和夏文化的存在，只是针对起止年代、文化组成、分布范围和来龙去脉存在不同意见。笔者根据近年来的研习心得，不揣谫陋，试对夏代、夏族以及夏系文化问题做大致分析。

一、前期背景及研究概述

在距今5300—5000年，位处东方的大汶口文化居民分两路进行了大规模的南进西征。一部分沿着沂、沭河南下，经枣庄、徐州等地到皖北、豫东，形成了大汶口文化尉迟寺类型；并进一步西进到达汝、颍地区，形成大汶口文化颍水类型。另一部分在汶、泗流域西进，经鲁西南济宁、菏泽地区进入豫北和豫中，改变了豫中地区的秦王寨文化；并与颍水类型合并，形成了仰韶文化谷水河类型或曰大河村五期文化；同时亦进一步西渐，其势力范围直达伊洛、晋南和关中地区，促成和改变了庙底沟二期文化。这一过程，已有众多专家学者剖析论定[①]，认为大汶口文化的迁徙西进，较为符合文献记载的“舜生于诸冯，迁于负夏，卒于鸣条，东夷之人也”（《孟子·离娄下》），“舜耕历山，渔雷泽，陶河滨，作什器于寿丘，就时于负夏”（《史记·五帝本纪》）等传说。工树明先生根据陵阳河出土陶尊文字中有刻划“¤”形符号，隶释其为古代“凡”字的祖形，通转为风，乃为太昊或者虞舜的徽号，为“舜生诸冯”和“太昊风姓”找到了强有力的物证。尉迟寺类型出土陶尊文字，与陵阳河类型的图像文字完全相同或相似，说明尉迟寺遗址是陵阳河居民迁移而来的结果。大汶口文化的西渐，从时代上一直持续到龙山文化，豫东淮阳平粮台龙山文化古城仍然是这次南征的余脉[②]。参考国学大师王国维、童书业、郭沫若等前辈关于帝喾、帝俊、太昊、帝舜等名号实为一人而异名

① 中国社会科学院考古研究所：《蒙城尉迟寺——皖北新石器时代聚落遗存的发掘与研究》，科学出版社，2001年；杜金鹏：《试论大汶口文化颍水类型》，《考古》1992年第2期；严文明：《略论仰韶文化的起源和发展阶段》，《仰韶文化研究》，文物出版社，1989年；许永杰：《距今五千年前后文化迁徙现象初探》，《考古学报》2010年第2期；靳松安：《河洛与海岱地区考古学文化的交流与融合》，科学出版社，2006年，第51—56页。

② 王树明：《帝舜传说与考古发现诠释》，（台北）《故宫学术季刊》第九卷第四期，1992年。

的研究结论[③]，笔者亦曾进一步研析撰文指出：华族即昊族，少昊、太昊是前后两个阶段的东夷民族，太昊即帝喾、亦即帝俊或称帝舜[④]。大汶口文化晚期西渐中原的文化现象契合了帝喾（俊）与太昊（帝舜）的流布传说，其耕陶渔作、联姻纳妃等历史故事，反映了东夷民族大举西进引起的中原大地各文化族团的重组现象[⑤]。上述这些研究成果，是探讨夏代和夏文化的重要基础。

大约距今4500年，中原和海岱地区陆续发展出新的文化。由东及西分别为山东境内的龙山文化、豫东皖北的王油坊类型、豫北冀南的后冈二期文化、河洛地区的王湾三期文化、汝颍地区的郝家台类型、陕晋豫交界处的三里桥文化，周边地区尚分布有山西临汾地区的陶寺文化、关中地区的客省庄文化、江汉地区的石家河文化等[⑥]。严文明先生根据这一时期的文化现象，在20世纪80年代初就高屋建瓴地提出了"龙山时代"这一概念，并提示了探讨三代文明族源文化的相关线索[⑦]，具有重要的指导意义。这些文化有的是在前期文化类型的基础上赓续和提高的文化，有些是通过战争与征服进行了嫁接与变革的文化。陈冰白先生对中原地区龙山时代中晚期不同遗存进行了深入分析，论证以典型器物鼎、斝、鬲、甗等可将相关遗存进行区分：豫西晋南地区的鬲系遗存为三里桥文化，郑洛地区的斝系遗存为王湾三期文化，河南北部和东部地区的甗系遗存为后冈二期文化与王油坊文化，汝颍地区的鼎系遗存为郝家台类型，提出鼎系遗存可命名"煤山文化"。并十分形象地剖析了相关文化构成螺旋式的传递和分布格局，指出煤山文化对二里头文化的形成具有重要的作用[⑧]。这对我们认识夏代和夏文化亦有重要的启发。

近期武汉大学袁飞勇博士在余西云教授指导下完成的《煤山文化研究》（以下概称《煤山》），广泛收集和梳理了中原地区龙山时代的相关遗存，提出了更为宽广的"大煤山文化"概念。文章按汝颍河流域、豫东南、豫西南鄂西北、鄂北、江汉平原、鄂西宜都、豫东皖中北、江淮东部等八个地理单元，将以禹会村、王油坊、南荡、杨庄二期、乱石滩、西花园、肖家屋脊、石板巷子等为代表的遗存通用"煤山文化"概念进行界定。早期阶段可分为郝家台、禹会村两个类型，时代在公元前2500—前2300年。中期阶段分布范围向南和向东急剧拓展，可分为王油坊、煤山、杨庄二期、乱石滩、石板巷子、西花园、肖家屋脊、南荡等八个类型，中期在公元前2300—前2000年。晚期阶段除汝颍区的煤山类型已转变为新砦二期阶段二里头文化之外，其余七个区域类型则大体保持了原有的文化格局，时代在公元前2000—前1900年[⑨]。

笔者不赞成将豫中、豫东、豫东南、豫西南、皖中北、鄂北、鄂西北等广大地区的

③ 童书业：《春秋左传研究》，上海人民出版社，1980年；王国维：《殷卜辞中所见先公先王考》，《观堂集林》卷九，中华书局，1959年；郭沫若：《中国古代社会研究》，人民出版社，1977年。

④ 常兴照：《华族、华族文化与华夏关系考论》，《东岳论丛》2007年第6期。

⑤ 常兴照：《少昊、帝舜与大汶口文化》（上、下），《文物春秋》2003年第6期、2004年第1期。

⑥ 相关文化遗存在学术界已有较为成熟的命名和论析，因文章太多，不再列举。

⑦ 严文明：《龙山文化和龙山时代》，《文物》1981年第6期。

⑧ 陈冰白：《从龙山晚期的中原态势看二里头文化的形成——兼谈对早期夏文化的若干认识》，《中国考古学的跨世纪反思》（下册），商务印书馆（香港），1999年，第289—304页。

⑨ 袁飞勇：《煤山文化研究》，武汉大学博士学位论文，2020年。

龙山时代遗存统称为煤山文化。因为该区域的文化形成是多元的，包含不同系统、不同族体、不同地域和时段的文化因素。况且禹会村类型和郝家台类型作为“煤山文化”的早期类型，其形成时间和传承渊源，都不是以“煤山类型”等遗存中的“相同因素”所能涵盖的。“煤山文化”自身时代较晚，其发现和内涵认知时间也较晚，用较晚的文化溯延称谓更早的文化概念，逻辑上存在问题。概而论之，中原地区龙山时期的相关文化遗存，主要存在由以深腹罐、鬲、斝和方格纹、篮纹、绳纹装饰等为主要传统的与以鼎、鬶、豆、薄胎高柄杯及素面为主，间以弦纹、堆纹、镂孔装饰等为主要因素的两大系统。不同文化类型的形成主要是看这两种因素在不同区域、不同时段的消长和组合变化。另外，随着近几年考古学的迅猛发展，对考古遗存的分析愈益精细。按时代早晚和文化特征、主次组合、地域分布等综合考虑文化类型，具有更加小型化的趋势，如龙山文化的拆分、仰韶文化的分流等。因此所谓禹会村类型和郝家台类型等“煤山文化早期”期遗存，不宜归入煤山文化范畴；“煤山文化中晚期”南荡类型、乱石滩类型、肖家屋脊类型等也宜另做考虑。尽管有以上不足，但该文仍是目前对中原龙山时期相关遗存资料收集最广、梳理较细，归纳规律较为清晰的研究成果。除了早期的两个类型仍可延续旧有的归属名称，中期的石家河文化区域内的几个类型亦可归属于石家河文化，其他所划分的区域和类型基本成立。

《煤山》揭示了4500年前后，豫东皖北和汝颍河地区各自在前期大汶口晚期文化的基础上，形成了共性大于个性的两个龙山文化类型即禹会村和郝家台类型。在距今4300—4000年，其中的禹会村类型形成了更为广泛的王油坊类型，向西已经到达了漯河附近；向东进展形成了南荡类型。豫中地区的郝家台类型则演变成煤山类型，并进一步向西南、南、东南方向发展，进入了石家河文化区，形成了杨庄二期、肖家屋脊、乱石滩等类型。其中乱石滩、肖家屋脊类型可见陕西客省庄文化的部分因素；煤山类型和王湾三期文化存在交流，可见到少量来自王湾三期文化的斝和双腹盆。及至距今4000—3900年，煤山类型被新形成的新砦二期遗存所取代，其他类型虽然大致延续了各自类型的相关因素，但都在二里头文化一期前后逐渐消失或更替。

笔者此前亦根据山东龙山文化遗存的早晚分布和嬗递演化，结合文献考证，分析过海岱地区及豫东、皖北等地龙山文化的相关因素。指出豫东、皖北龙山文化的递变过程可能标识了夏代早期殛鲧、治水、涂山会盟、禹征三苗、后羿乱夏等历史事件的发生和发展[⑩]。为了进一步确定相关历史的构成因素，笔者结合考古文化与文献记述进一步梳理了“舜窜三苗”和“禹征三苗”的区别，基本认定苗、蛮实属不同的民族。前者应该在长江下游的太湖和鄱阳湖周边地区；后者晚出，其地理方位应在江汉地区。从考古学文化分析，分布于长江下游的良渚文化，应属于三苗民族的物质文化。三苗与北方地区的文化交集，表现在与蚩尤、帝舜和大禹等集团的讨伐和争夺。帝舜时期，东夷民族通过文征武战，“修教三年，执干戚舞，有苗乃服”，并派员“窜三苗于三危”。其迁徙路线是沿着江西、广东、湘西、桂黔地区而到达四川盆地的。江西地区的樊城堆文化、广

⑩ 常兴照：《龙山文化与后羿传说》，见本书。

东地区的石峡文化、桂黔地区史前文化，直至四川地区的宝墩文化、三星堆文化，都保存了这次迁徙与交流的文化现象。大禹时期，大禹民族借着水患、地震和血雨、夏冰、五谷变化等极端灾害，“搤矢有苗之祥，苗师大乱，后乃遂几”，彻底摧毁了良渚文化。环太湖周边及宁绍地区的广富林文化以及大禹在宁绍地区的传说及大禹陵、禹王庙等历史遗迹，都属于这一事件的文化孑遗[⑪]。上述推论在文献、历史以及考古学文化等方面证据链基本闭合。若此论不谬，可为夏代、夏族和夏文化的认识提供一定的借鉴和帮助。

二、文化族属判释

笔者认为，只有对龙山时期中原及周边相邻地区的文化分布及其族属作初步研判，才能进一步认识夏文化相关问题。而研判的前提，乃基于笔者长期研习思考的几点基本认识：一是传说历史中（夏代早期及之前）的帝王名号，多数不是具体的个人，而是一个部族或氏族集团的称号；同一世系部族很多不是血族亲缘关系，而多数为被征服后归附的氏族；帝王之间的代际传递（某王生子某），可能是不同部族权利的更替；子用父号、孙名祖号，其迁延变化长达几十年或数百年，族团名号不变或穿插使用实为常例。二是古代传说中的帝王禅让，只是儒家系统编制的童话理想。文献中的避、让、举、立、迁、放、归、居等事件大概率均伴随着战争与征服。故依此对中原及周边相关龙山遗存的族属做大略研判，重审王湾三期文化的东渐现象与鬲、斝、甗、鼎系文化的螺旋状布局，可以进一步理解中华文明的历史进程。

1. 夏族文化厘定

目前学界已基本认定嵩山周围的王湾三期文化是先夏文化，王城岗龙山文化城址为“禹都阳城”物质实证[⑫]。王湾三期文化主要分布于洛阳、郑州和伊河、洛河流域。陶器以深灰、夹砂为主，绳纹、篮纹和方格纹为主要纹饰。炊器中以斝和侈口深腹罐较多，鼎、鬲都很少，鬶、甗更少。高领篮纹瓮和双腹盆为数甚多，其他则有豆、大圈足盘、大平底盆、瓦足盆、刻槽盆、甑、直筒形杯、单把杯和敞口碗等。王湾三期文化的分期较为复杂，分别有二期说、三期说、两期四段说、五期说和八期说[⑬]。在类型划分

⑪ 常兴照：《舜窜三苗与禹征三苗再认识——兼谈良渚文化族属》，《东方考古》（第19集），科学出版社，2022年。

⑫ 代表性文章有安金槐：《豫西夏代文化初探》，《中原文物》1978年第2期；严文明：《龙山文化和龙山时代》，《文物》1981年第6期；赵芝荃：《试论二里头文化的源流》，《考古学报》1986年第1期；夏商周断代工程专家组：《夏商周断代工程1996—2000年阶段成果报告·简本》，世界图书出版公司北京公司，2000年；李伯谦：《夏文化探索与中国古代文明形成研究——在国家图书馆部级历史文化讲座上的讲演》，《古代文明研究通讯（总第三十七期）》2008年第6期。

⑬ 代表文章有董琦：《虞夏时期的中原》，科学出版社，2000年；安金槐：《试论河南“龙山文化”与夏商文化的关系》，《中国考古学会第二次年会论文集·1980》，文物出版社，1982年，第153—160页；靳松安：《河洛与海岱地区考古学文化的交流与融合》，科学出版社，2006年；韩建业、杨新改：《王湾三期文化研究》，《考古学报》1997年第1期；魏继印：《论新砦文化与王湾三期文化的关系》，《考古学报》2019年第3期。

上有依南北差别划为“王湾类型”与“王城岗类型”[14]，或据东西不同划为“郑州型”和“汝洛型”[15]；也有学者在分期的基础上将王湾三期文化分为郑洛区和汝颍区，前期遗存在郑洛地区只有站马屯遗址，暂列成一个地方类型；汝颍区稍多，可称作“郝家台类型”；后期遗存在郑洛区称为“王湾类型”，汝颍区称为“煤山类型”[16]；此与上文所引《煤山》大略相同。还有学者指出，嵩山以西地区龙山时代晚期的“王湾三期文化”应属两类遗存：一类是以王湾遗址第三期和小潘沟龙山时代遗存为代表的三里桥文化，或为三里桥文化在洛河流域的一个地方类型；一类包括西吕庙等遗址的龙山晚期文化遗存，承自本地的龙山时代中期遗存，应是嵩山以西地区的土著遗存[17]。此与王湾三期文化的传统概念存在较大差异。关于王湾三期文化的渊源，有的认为来源于当地的谷水河类型[18]。有的认为王湾三期文化来源于大汶口文化“颍水类型”[19]。还有认为王湾三期文化是以大汶口文化尉迟寺类型为主体，吸收少量庙底沟二期文化谷水河类型、屈家岭文化和石家河文化，以及早期山东龙山文化等因素形成的融合性文化[20]。上述观点，充分体现了王湾三期文化的复杂和曲折。

笔者认为：由于龙山晚期嵩山周边正处于多种文化争夺交流的交汇区，在经历了仰韶晚期和龙山早期激烈的社会转型过程后，新旧文化传统的嬗变、重组正在发展形成；王湾三期文化的复杂和曲折，正是这种社会变化的反映。综合观察，各种观点的交结点基本上集中在东方大汶口文化与西方庙底沟二期文化因素在王湾三期中的构成比例和时期的早晚。故而有学者认为，庙底沟二期文化中晚期阶段向嵩山周围中原核心区的扩张，形成了以偃师二里头早期、郑州站马屯早期、告成北沟等为代表的龙山早期遗存。龙山早期的中原地区整体表现为东部大汶口文化和西部庙底沟二期文化的对峙局面。在东方大汶口文化的强烈冲击下，斝取代釜灶，彩陶的消失，大量横粗篮纹、附加堆纹的出现，代表了一个新的时代出现[21]。

在王湾三期文化中，早期遗存的确存在大汶口文化和山东龙山早期的因素比较多的现象。以韩建业先生文章所分的五期为例，在第一期一般还有宽扁式足罐形鼎、卷沿深腹盆、粗柄镂孔豆和高束颈鼓腹壶；第二期有宽扁式足罐形鼎、深腹盆形甑、深腹平底盆、壶、觚形杯、高柄杯、瓶、圈足盘、瘦长袋足鬶、平底实足鬶等；第三期有大体厚胎直领瓮、大口罐、钵、甑、双腹盆、斝、平底鬶、觚形器、瓶、盆形擂钵、高柄喇叭状器盖等，有的地区还有个别甗和鬲；第四期尚有大体厚胎直领瓮、平底盆、单耳罐、

⑭ 董琦：《论中原地区龙山文化时期与夏代的考古学文化》，北京大学博士学位论文，1992年。

⑮ 王震中：《略论“中原龙山文化”的统一性与多样性》，《中国原始文化论集——纪念尹达八十诞辰》，文物出版社，1989年。

⑯ 韩建业、杨新改：《王湾三期文化研究》，《考古学报》1997年第1期。

⑰ 段天璟：《龙山时代晚期嵩山以西地区遗存的性质——从王湾遗址第三期遗存谈起》，《中原文物》2013年第6期。

⑱ 严文明：《龙山文化和龙山时代》，《文物》1981年第6期；韩建业、杨新改：《王湾三期文化研究》，《考古学报》1997年第1期。

⑲ 吕琪昌：《从夏文化的礼器探讨夏族的起源》，《中原文物》1998年第3期。

⑳ 魏继印：《试析王湾三期文化的来源》，《考古》2017年第8期。

㉑ 张海、赵晓军：《仰韶与龙山之间：公元前3千纪前半叶中原社会的变革》，《中原文物》2021年第6期。

卷沿小罐、罐形平底甑、杯等；第五期有平底盆、鸡冠耳盆、卷沿小罐、豆、浅腹鼎等。主要变化就发生在二、三期之交。前期红陶占一定比例，篮纹多横向，并有少量附加堆纹和旋纹、弦纹；后期以灰陶占绝对优势，红陶很少见，篮纹多竖或斜向。三期以泥质黑灰陶为主，磨光黑陶占相当比例，红褐陶已基本不见，篮纹、方格纹拍印深而清晰、窄小，绳纹极少；四期陶色明显变浅，磨光黑陶大减，篮纹、方格纹浅乱宽大；五期陶色更浅，磨光黑陶很少见，黑皮陶普遍，红褐陶又稍有增多，绳纹比例增加[22]。王湾三期文化在中后期发生变革的客观事实，说明以庙底沟二期文化为基因的氏族群体可能又占据了主体地位。韩建业将这种变化的时间界定在公元前2200年左右。但根据周边相关文化同时期的变化迹象并结合考古文化的滞后性分析，这种变化应该更早。参考2004年河南省文物考古研究所与北京大学考古文博学院在王城岗遗址现场新测定了一批样品数据，并对三组有直接层位关系的系列样品数据进行了拟合，王城岗遗址三组有直接层位关系的系列样品数据拟合的结果分别为公元前2200—前1980年、公元前2280—前1970年、公元前2290—前1940年[23]。以上三组数据的年代十分相近，极具可信度。王城岗遗址是王湾三期中、后期文化的典型遗址，推测王湾三期的变革应在距今4300年前后较为准确。

根据《史记·五帝本纪》载："舜子商均亦不肖，舜乃豫荐禹于天。十七年而崩。三年丧毕，禹亦乃让舜子，如舜让尧子。诸侯归之，然后禹践天子位。"《史记·夏本纪》："帝舜荐禹于天，为嗣。十七年而帝舜崩。三年丧毕，大禹辞辟舜之子商均于阳城。天下诸侯皆去商均而朝禹。大禹于是遂即天子位，南面朝天下，国号曰夏后。"可知大禹进行变革和称后的过程中，主要与虞舜族的商均发生交接。笔者在《共工氏文化解析及其流徙辩证》一文中对帝喾、帝舜与共工氏的关系进行过探讨和分析，认为郑洛地区大河村五期文化为帝喾高辛氏（虞舜）征伐共工氏而形成的文化遗存[24]。高辛氏后期迁实沉于大夏，迁阏伯于商丘，一般均认为此商丘即现在的豫东之商丘。而据郦道元《水经注·洧水》："晋居参之分，实沉之土。郑处大辰之野，阏伯之地。"大辰之野指为郑地，也就是嵩山东麓一带，切中历史真谛，实为"商丘"之本源。以阏伯曾为"帝尧"之火正，应该是后期"祝融"名号的实际载体。而后舜子义均受封于商，亦应在此区域之内。从而才能提供大禹先期作为帝舜族的臣属，与帝舜集团友好相处，赢得帝舜赞许和禅位的客观条件。后因所谓的商均不肖，辞避商均于阳城。由是而引发王湾三期文化的变革之始，在时空上形成了存在条件，具有较大的可能性。

先秦文献称禹为"夏禹"，称禹的部族为"夏后氏"或"有夏氏"，如《国语·郑语》云："夏禹能单平水土，以品处庶类者也。"《随巢子》云："天命夏禹于玄宫。"《国语·周语》：因禹治水有功而"皇天嘉之，祚以天下，赐姓曰姒，氏曰有

㉒ 韩建业、杨新改：《王湾三期文化研究》，《考古学报》1997年第1期。

㉓ 北京大学考古文博学院、河南省文物考古研究所：《登封王城岗考古发现与研究（2002—2005）》第十三章，大象出版社，2007年，第776—782页；仇士华：《^{14}C测年与中国考古年代学研究》，中国社会科学出版社，2015年，第84、85页。

㉔ 常兴照：《共工氏文化解析及其流徙辩证》，见本书。

夏。”《尔雅》：“夏，大也。”《诗·秦风·权舆》：“于我乎夏屋渠渠。”传：“大也。”朱骏声《说文通训定声》：“（夏）此字本谊训大也。万物宽假之时也。”《方言·第一》：“自关而西，秦晋之间，凡物之壮大者而爱伟之，谓之夏。”“夏”是夏民族自誉的形容词，其肇端实始于庙底沟二期文化。帝喾迁实沉于“大夏”，已经指明夏文化的根源在于“大夏”。夏民族的图腾崇拜是蛇虫之属。《列子·黄帝》云：“夏后氏人面蛇身。”金文中“禹”字就是虫蛇之象形，腰中有时斜跨一耒耜之类的工具（豳公盨、祖辛罍铭文）。《说文》：（禹）“蟲也。从厹，象形。”注曰：“蟲也，夏王以为名。”文献中还有许多把禹的出生和“石”联系起来的记载，如《淮南子·修务训》云：“禹生于石。”高诱注：“禹母修己，感石而生禹，坼胸而出。”《汉书·武帝本纪》载武帝到中岳，“见夏后启母石”，注引应劭曰：“启生而母化为石。”其实这些都与蛇的习性有关。蛇有冬眠的习惯，冬季多窝藏在石缝、石洞和隐蔽坑穴之地，春季复苏，故而出现蛇生于石的错觉。扬雄《蜀王本纪》载：“秦王知蜀王好色，乃献美女五人于蜀王。蜀王爱之，遣五丁迎女。还至梓潼，见一大蛇入山穴中。一丁引其尾，不出。五丁共引蛇，山乃崩，压五丁。五丁踏地大呼，秦王五女及迎送者皆上山，化为石。”可见蛇石幻变的认知流布深远。蛇有些是卵生，有些是卵胎生，即卵在母体发育成新的个体后才产出母体的生殖方式。所谓“感石而生禹，坼胸而出”，“启母化石”，“石破北方而启生”的记载，则应源于是说。王震中先生指出：夏族姒姓，也可说明蛇形龙是其重要图腾。姒姓之“姒”字，不见于《说文》。在金文中，姒、始同字，从厶从女，如《卫姒鼎》《邓伯氏鼎》等。丁山考证姒字初形实即厶（私之古文），说它“象蛇身自环，史言禹为姒姓，无异言禹本蛇身……然则夏后氏祖禹而姒姓，当演自以蛇为图腾之神话”[25]。二里头文化中有较多蛇龙形器物，著名的有绿松石粘塑龙形器，“一首双身”蛇形龙纹陶片，周身盘踞6条蛇形堆龙纹的透底陶器，口沿内侧浮雕一条蛇形长龙、身上有麟纹、龙身上方阴刻鱼纹一周的陶盆等[26]。夏民族流行蛇龙崇拜，则亦源于庙底沟二期→陶寺文化系统。陶寺遗址早年发现的顶级大墓共有6座，有2座大墓被盗，没有出土龙盘；其余4座大墓每座墓出土1件共出土4件龙盘。目前公布的2件彩绘龙盘，两个龙盘中的龙都呈盘旋状，其主体是蛇蟒，可以称之为蛇龙或蛇蟒之龙[27]。可见以蛇形龙作为祖神图腾标示，属于夏系民族的传统习俗。久之则形成了夏民族“藏主石室”“典司宗祏”的祖神崇拜习俗。远祖之宔为石室藏之；祭祖之仪谓之郊宗石室；最后演变成了绵亘三代的“亞”字形祖神祭祀符号[28]。至今仍为商周学者津津乐道。

《史记·六国年表》：“禹兴于西羌。”《集解》引皇甫谧：“孟子称禹生石纽，西夷人也。传曰：‘禹生自西羌’是也。”《新语·术事篇》：“大禹出于西羌。”《荀子·大略》：“禹学于西王国。”杨倞注曰：“或曰大禹生于西羌、西王国，西羌

㉕ 王震中：《蛇形龙崇拜与二里头遗址夏都说》，《光明日报》2021年4月10日。

㉖ 参见上述王震中先生文中所引图。

㉗ 王震中：《陶寺与尧都：中国早期国家的典型》，《南方文物》2015年第3期。

㉘ 常兴照、宁荫堂：《论山东章丘县小董家所出陶罐及其刻画符号》，《北方文物》1995年第3期。

之贤人也。”羌在商周时期即为羌戎。在殷商时期，关中、河套地区是商朝贵族祭祀先祖使用羌牲的主要来源[29]。西周时期称戎狄。周初戎人尚且占据关中盆地的大部，以及陕北高原和晋中南地区。《左传·昭公十五年》：“晋居深山，戎、狄之与邻，而远于王室；王灵不及，拜戎不暇。”《史记·周本纪》记载：周之先祖不窋末年，因“夏后氏政衰，去稷不务，不窋以失其官而奔戎狄之间”。亦为其证。一般认为，大禹出于西羌之说，多为汉代以后的文献所记，可靠性欠佳。但作为夏系文化的渊源因素，以小口瓶、深腹罐、敞口盆等器类为组合的文化特点，在半坡文化时期即已形成。在龙山早期的庙底沟二期和中期的陶寺文化、晚期的客省庄二期文化以及三里桥文化中，半坡文化的基因仍然十分强大。与庙底沟二期文化关系密切的案板三期文化，发展演变为客省庄二期文化，与王湾三期文化多有交流。案板三期与客省庄二期的地望属于羌戎之地应该没有问题。禹生于西羌或者学于西羌，在早期的文化交流中流布到嵩山地区，并非完全不可能。

综上，王湾三期文化作为龙山晚期嵩山周边地区的考古学遗存，文化早期与大汶口文化尉迟寺类型、山东龙山文化早中期人群有密切的传承关系（主要指与帝舜和商均等人的关系）。及至后期，在大禹的引领下完成了蜕变，开创了一个新的时代，形成了夏族文化。有文献和考古文化的双重证据，结论基本可以成立。

2. 后冈二期文化与“祝融”

后冈二期文化于1931年在安阳市后冈遗址的第二期遗存中发现。主要分布在豫北和冀南地区，其文化因素可以波及鲁西地区和豫东地区。靳松安先生认为：其早期阶段主要分布于卫河中下游和漳河流域；晚期阶段则迅速向四周扩展；北面约到冀中任丘一带，东北面抵达滹沱河一线的沧州陈圩，南界达豫北南部新乡洛丝潭，东南面可至马颊河上游濮阳程庄，西界大约进抵太行山西麓的晋东南长治小神村。依据不同区域文化面貌表现出的差异性，可将后冈二期文化划分为三个类型，即白营类型、孟庄类型和小神类型[30]。但亦有学者指出，龙山时期的豫北、冀南地区从文化面貌本身看也有着很大的差别。最为鲜明的差异在于炊器的形制上。二者虽然都以夹砂罐和绳纹夹砂陶甗作为主要炊具，但冀南地区使用的夹砂有腰隔鬲式甗与以后冈遗址为代表的后冈二期文化所使用的无腰隔斝、鬲、鬶式甗有着较大差异；冀南地区较常见的橄榄状卷沿小罐与后冈二期文化常见的炊器深腹夹砂罐更有着本质的不同，它们均应分属于不同的系统；并仍然赞成使用邹衡先生提出的“涧沟型”来命名[31]。

与后冈二期文化关系密切的还有山东龙山文化尚庄类型。其突出特点是深灰陶居多，黑陶和红陶次之，白陶极少。器表多为素面，常见纹饰有篮纹、方格纹、弦纹，绳纹较少。某些器物的颈部或腹部，包括罐、瓮、鼎、甗、罐、盆，往往装有对称的横扁耳。因处于与后冈二期文化的交界地带，与后冈二期文化有密切的交流；故与后冈二期

㉙ 王慎行：《卜辞所见羌人考》，《中原文物》1991年第1期。

㉚ 靳松安：《河洛与海岱地区考古学文化的文化交流与融合》，科学出版社，2006年。

㉛ 王立新、朱永刚：《下七垣文化探源》，《华夏考古》1995年第4期。

有较多相似的文化面貌。如居址中多数使用白灰面，陶器的制法、色泽、器形、类别方面也大致相似，两者都有篮纹、方格纹和绳纹[32]。但尚庄类型三足器发达是突出特点。有学者统计，尚庄的三足器与后冈遗址比较，前者所占比例约当后者的三倍，平底器则后者超出前者的三分之一；在三足器中，甗的数量最多，尚庄所占比例略多于后冈。其他几种器物中，尚庄鼎类器很多，鬶次之，鬲也有一定数量，斝极少。后冈类型斝、鬲较多，鬶的数量仅有尚庄的一半，鼎较少[33]。应该指出，甗可以作为尚庄类型的标志性器物。其作为在大汶口晚期出现的一类炊器，经历了鼎式实足、弧裆款足、鬲式袋足的发展过程。后冈二期的袋足甗，应该是由前期山东龙山文化的弧裆款足吸收了鬲的袋足优势之后变化而出的。尚庄类型对后冈二期文化影响较大，典型的龙山文化鸟首形鼎足在诸多遗址的晚期遗存中都能见到，且数量相当可观；其他常见的器类还有袋足鬶、直口瓮、子母口瓮、子母口罐、折盘豆、圈足盆、子母口盆、子母口盒、筒形杯、器盖等。说明在一定时期内，这一类型可能占据了后冈二期文化的部分区域。

后冈二期文化发现多座龙山晚期城址，其中孟庄龙山城址是极其重要的一座。城址位于孟庄遗址西北部，城址的城墙距现代地表仅0.3—0.5米深。据袁广阔先生介绍：东城墙保存较好，长约375米；北墙西部多被毁，残长约260米，复原长度约340米；西墙330米；南墙在70年代已被平整土地时全部平去，仅存有南护城河。整个城址的平面形状略呈方形。孟庄龙山城址在龙山文化晚期至二里头时期以前毁于洪水的迹象十分明显：孟庄城垣内侧有宽6—8米的壕沟，深达3米左右。内侧壕沟中淤积厚1.5米含有龙山文化各时期陶片的淤土。西墙的中北部有一大的缺口，已探出部分有15米宽，原有的龙山城墙夯土已全部被洪水冲掉，且洪水在下切入生土达1.5米左右，由西向东伸去。冲沟内的淤土中包含龙山文化各个时期的陶片。文章认为该城址可能属于共工氏的部落址，损毁原因大概与洪水有关。辉县在西周时为共伯国，《史记·周本纪·正义》："卫州共城县本周伯之国也。"《水经注》曰："共和之故国。"共国故城至今仍保持在辉县市城南，城东还有共山。文章援引徐旭生先生推论，认为这里不仅是共和之故国，而且还是古代共工氏族所居住的地方。共工在古传说中特别同水有关。百泉水自名共，不名淇，发源于今辉县的诸水因为在共氏旧墟附近，所以名声很大。共地正当黄河转折的地方，并接纳了辉县境内为患的共水，引起黄河下游的水患，故共为洪之本字，古人用以泛指黄河下游的水患。因此袁广阔先生认为共工氏与孟庄龙山城址的洪水当存在一定的关系[34]。这些论述具有较强的客观性，特别是关于遗存属性为共工氏的推论，殊可信从。笔者认为，后冈二期文化中的孟庄类型与"禹逐共工"有密切关系；同时认为孟庄龙山城址的损毁不是单一的洪水原因，主要是与禹逐共工、人为毁城有关。《荀子·成相篇》："禹有功，抑下鸿，辟除民害逐共工。北决九河，通十二渚，疏三江。禹傅土，平天下，躬亲为民行劳苦。"《山海经·海外北经》："共工之臣曰相柳氏，九首，以食于九山。相柳之所抵，厥为泽溪。禹杀相柳，其血腥，不可以树五谷种。禹

㉜ 常兴照：《龙山文化与后羿传说》，见本书。

㉝ 于中航：《尚庄遗存与后岗类型》，《华夏考古》1987年第1期。

㉞ 袁广阔：《关于孟庄龙山城址毁因的思考》，《考古》2000年第3期。

厥之，三仞三沮，乃以为众帝之台。在昆仑之北，柔利之东。”上述记载基本说明了孟庄类型损毁的原因。同时认为大禹治水的首要举措就是逐共工，杀相柳，流共工于幽陵，最后完成了尧、舜时期就形成的夙愿。文献记载基本得到了考古学文化的证明[35]。

应该说，后冈二期文化的白营类型是该文化的核心构成。在龙山时代早期，这里应是祝融氏的中兴之地[36]。但在龙山时代晚期，祝融氏已经不复存在（因逐共工不力而被帝喾诛杀），其“火正”官职亦已被其他部族所替代。豫北地区代之崛起的则是以“鬲”为图腾的民族。其突出特点是以夹砂罐和夹砂绳纹陶鬲、陶甗作为主要炊具，还有较多罐形斝，甗多数是无腰隔陶甗。但这一族群则将陶甗的形制发挥到了极致，生产出了斝、鬲、鬶式甗，形成了特征突出的“甗”文化。正是这种以“制鬲造甗”为突出特征的氏族文化，形成了一个新的部族即“鬲族”。因此翦伯赞先生认为，有鬲氏乃祝融之后，属制鬲之族[37]。许慎认为“融”是一个形声字：融，炊气上出也。从鬲，虫省声（《说文解字·鬲部》）。但由于山东青州苏埠屯商代大墓出土铜器上面的“融”字族徽面世[38]，方知其字体构形实与从虫省声没有联系，而是一个氏族联盟的复合徽识。上文第1小节已经论证大禹是以“虫蛇”为图腾的民族，而“融”字族徽的出现，证明了“虫鬲”的联盟重组是夏代历史中的重大转折。《国语·周语》：“昔夏之兴也，融降于崇山。”即说明虫鬲组合对于夏民族的振兴极其重要。根据后冈二期文化的相关遗存分布和交流关系，基本可以认定，白营类型的就是有鬲氏一族。其在大禹逐共工、杀相柳的事件中可能出手相助，并与之结成同盟。随后协助大禹攻占了豫东、皖北地区，驱逐了崇伯鲧，争取（娶）了涂山氏，拥戴大禹南面为王，促成了夏王朝的诞生。然而此后不久，鲁北地区的后羿集团，发起了统一海岱、逐鹿中原的争霸之战。豫北冀南地区被后羿作为北狄凶水之地而攻伐，族群被当成水火之怪“九婴”而灭杀[39]。及至后来后羿夺夏，太康失国；夏禹同姓诸侯有糜氏又逃奔有鬲氏，收二斟遗民协助少康攻杀寒浞，中兴有夏。故有“虫鬲相合”的“融”族遗民逐渐东移并出现在鲁北地区的青州苏埠屯商代墓地；并且相关族群后裔“鬲国”“甗国”亦散布于鲁西北地区。鬲国在德州市平原至禹城一带，《水经·河水注》所说“河水西流经平原鬲县故城西”，即此。甗国在济南北部，《春秋·僖公十八年》：“宋师及齐师战于甗。注：甗，齐地。”即今齐河晏城镇。

3. 禹会村类型与涂山会盟

前引《煤山》对豫东、皖北龙山时期相关遗存的分析，实际上是将学界一般认定的“龙山文化王油坊类型”划分为早期的禹会村类型、中晚期的王油坊类型。禹会村类

㉟ 常兴照：《共工氏文化解析及其流徙辩证》，见本书。

㊱ 常兴照：《共工氏文化解析及其流徙辩证》，见本书。

㊲ 翦伯赞：《诸夏的分布与鼎鬲文化》，《夏文化论文选集》，中州古籍出版社，1985年，第110、111页。

㊳ 山东省文物考古研究所、青州市博物馆：《青州市苏埠屯商代墓地发掘报告》，《海岱考古》（第一辑），山东大学出版社，1989年。

㊴ 常兴照：《龙山文化与后羿传说》，见本书。

型的遗存包括《煤山》所分蚌埠禹会村第一期和第二期、柘城山台寺一期、鹿邑栾台一期、沈丘乳香台一期、寿县丁家孤堆一期、寿县青莲寺一期[40]。其突出特征是：鼎以侧扁高足多见，宽扁高足稍少见，腹部多饰弦断篮纹，素面和只饰弦纹者较少见，不见乳足鼎；小口高领瓮亦体型多较小，且颈部较高；甗和折壁器盖有一定量的存在；圈足盘腹部不甚深；漏斗形擂钵少见；细颈鬶的形态较丰富；甚至还可见到一定量的来自山东龙山文化因素的器物如鸟首形鼎足、平裆鬶、堆纹器盖、弦纹深腹罐等。类型中存在与大汶口文化尉迟寺类型的器物有承继关系的侧扁足绳纹鼎、带竖槽宽扁足绳纹鼎、侧扁足素面鼎、小口高领瓮、深腹罐、束颈罐、袋足粗颈鬶、袋足细颈鬶、带流深腹盆、双鋬深腹盆、簋形器、壶形器、缸、甗、器盖、盆等。早期的年代被界定为距今4500—4300年。中期以永城王油坊遗址为代表的相关遗存，被划定为王油坊类型。代表性遗存包括《煤山》所分山台寺第二至三期、芦城孜第一至二期、王油坊第一至二期、平粮台第一期、斗鸡台第一期等。其最突出的特征是：以侧扁高足鼎最为常见，极少见乳足鼎；存在较多的甗、折壁器盖、平底盘和子口瓮；圈足盘有相当一部分有折沿；还有部分来自海岱地区龙山文化因素的器物，如鸟首形鼎足、冲天短流鬶等。时代界定在距今4300—4000年。晚期的王油坊类型，基本维持了前一阶段的分布格局，只有个别遗址未延续到本阶段。代表性遗存包括本文所分山台寺第四期、芦城孜第三期、王油坊第三期、平粮台第二期、乳香台第三期、斗鸡台第二期等。时代界定在距今4000—3900年。《煤山》认为，禹会村类型是在继承大汶口文化尉迟寺类型的大量文化因素的基础上，同时吸收了一定量的山东龙山文化因素和少量的石家河文化晚期因素，融合发展演变而来。也有研究者指出：王油坊类型不仅含有尉迟寺类型的文化因素，还存在如深腹罐、大口罐等器形，并非本地产物。而是后冈二期文化中普遍存的几种器形，而且器物形态相近。后冈二期文化的发展壮大、势力膨胀对豫东皖北地区造成一定的冲击。而王油坊文化形成，正是结合了该地区尉迟寺类型和后冈二期文化的因素，产生了如侧装三角形足的鼎、器盖、子母口缸等与众不同的器形，从而形成了独具特色的文化面貌。晚期的器物组合中突然出现了折腹盆、甑、单耳罐等器形，这几种器物在“煤山类型”和后冈二期文化中普遍存在，说明上述文化类型参与了王油坊类型的发展。“二里头文化”时期的到来，说明了王油坊类型的结束[41]。

应该特别指出，禹会村遗址在2007—2010年的发掘中，清理出一个大型的祭祀台基。台基是先挖槽、后分层堆筑而成的，台基的北部有一略呈“X”形的棱状凸起。凸起的土棱上部和南侧，有5个散落分布的柱洞。台基的中部和南部有一排柱坑，共计35个，跨度50米；排坑的北端有一覆斗状夯土台，高1.25米，底1.85米×1.4米，顶1.1

---

[40] 中国社会科学院考古研究所、安徽省蚌埠市博物馆：《蚌埠禹会村》，科学出版社，2013年；中国社会科学院考古研究所、美国哈佛大学皮保德博物馆：《豫东考古报告：“中国商丘地区早商文明探索”野外勘察与发掘》，科学出版社，2017年；河南省文物考古研究所：《河南鹿邑栾台遗址发掘简报》，《华夏考古》1989年第1期；河南省文物研究所、周口地区文化局：《河南乳香台遗址的发掘》，《华夏考古》1990年第4期；北京大学考古学系商周组、安徽省文物工作队：《安徽省霍邱、六安、寿县考古调查试掘报告》，《考古学研究》（三），科学出版社，1997年。

[41] 王蒙：《王油坊文化研究》，吉林大学硕士学位论文，2013年。

米×1.1米。在“X”形凸棱和排坑之间，有8个散落分布的圆形圜底坑。台基之上的凸棱、凹槽、烧土面、夯土台、排坑、圆坑等遗迹，都是在台基筑成后营建的。另有祭祀沟一条，位于祭祀台基的西侧，亦呈南北向。沟内有两个时期的堆积，主要是大量的草木灰、炭屑、火烧兽骨、石器以及大量的陶器碎片。考古报告提供的遗址绝对年代是公元前2400—前2200年[42]，横跨禹会村类型早中期之间。

近年来考古工作者陆续对禹会村遗址进行了更深入的探讨，2007—2010年发现的大型礼仪性建筑“祭祀台”实为龙山文化城址东北角的一部分；与2017年发现的两段台基以及若干解剖点构成了闭合城垣。其中，西城垣和南城垣被淮河侵蚀，北城垣现存长度约300米，东城垣现存长度约600米，根据城墙走向推测城址原有规模至少18万平方米。2020年，中国社会科学院考古研究所对禹会村新发现的龙山文化城址东北角进行解剖。发现东、北城垣堆积结构相近。人们利用较高的自然地势逐层堆筑城墙基础，城垣内外两侧取土形成了低洼的壕沟。基础大致完工后铺垫了较为纯净的灰白色土，局部较为纯净，灰白色土面上发现有碎陶片、烧土和炭屑分布，推测该层面上有人类活动。在此之后城垣又经过数次堆筑增高，城墙内侧有人类居住，内城壕黑色淤土内发现了大量损毁的陶器。北城墙还发现向北拓宽的现象，覆盖了早期的外壕沟[43]。结合2007—2010年发现的台基之上的凸棱、凹槽、烧土面、夯土台、排坑、圆坑等遗迹，推测是在修筑城墙的过程中有过较大规模的群体活动；抑或是先修成台基，在集群活动结束之后又利用台基修成了城墙；故其为禹会诸侯的遗迹则并非不可能。学界普遍认为禹会村遗址发现的大型“祭祀”遗迹，与文献记载和传说中的大禹治水、“禹会涂山”、“禹娶涂山”密切相关[44]。根据上述分析，笔者认为：禹会村→王油坊类型的发展状况，仍然十分贴近鲧禹交替、涂山会盟的有关历史。

如何认定鲧、禹治水的性质，对于认定夏文化有重要作用。传统说法：大禹乃崇伯鲧之子。由于鲧治水不力，被尧、舜殛杀于羽山，化为玄鱼或者黄能。大禹接受尧、舜的委派，开始了行之有效的开山导河，成功制服了洪水。这些传说，有历史踪影，也有神话故事，真假莫辨。但调整一下视角解读相关文献，就会发现相关传说或有着真实的历史踪影。所谓鲧、禹治水“堵、疏”方略的不同，客观上是“固土防守”和“决堤水攻”之战术的区别。如是推之，鲧禹并非同一部族。鲧族发源较为模糊，只说是颛顼之子。《国语·鲁语下》“鲧障洪水而殛死。”韦昭注：“鲧，颛顼之后，禹之父也。”

㊷ 中国社会科学院考古研究所、安徽省蚌埠市博物馆：《蚌埠禹会村》，科学出版社，2013年。

㊸ 马荣瑞：《禹会村龙山文化城址为“禹会诸侯”等提供新材料》，中国新闻网，2020年11月26日。

㊹ 何驽：《禹会遗址祭祀礼仪遗存分析与研究》，《蚌埠学院学报》2014年第2期；谢维扬：《禹会涂山之意义及中国早期国家形成过程中的特点》，《蚌埠学院学报》2014年第4期；徐大立：《禹会村遗址发掘缘由与成果分析》，《禹会村遗址研究：禹会村遗址与淮河流域文明研讨会论文集》，科学出版社，2014年，第111—117页；赵兰会：《禹会村遗址与大禹传说》，《禹会村遗址研究：禹会村遗址与淮河流域文明研讨会论文集》，科学出版社，2014年，第279—287页；王震中：《从蚌埠禹会村遗址看涂山的所在及夏禹权力的时代特征》，《禹会村遗址研究：禹会村遗址与淮河流域文明研讨会论文集》，科学出版社，2014年，第237—239页；罗琨：《禹会村遗址与“禹会涂山”的思考》，《禹会村遗址研究：禹会村遗址与淮河流域文明研讨会论文集》，科学出版社，2014年，第226—236页。

《大戴礼记·帝系篇》："颛顼产鲧，鲧产文命，是为禹。"但其成名之地应是在黄淮下游范围之内。《国语·周语》："昔共工弃此道也，……以害天下，皇天弗福，庶民弗助，祸乱并兴，共工用灭；其在有虞，有崈伯鲧播其淫心，称遂共工之过，尧用殛之于羽山。"说明鲧是在有虞氏境内称遂共工之过的，有虞氏地望在豫东地区已为学界共识，则鲧的地望亦必在豫东。此为一。历史上洪水之害多在黄、淮，豫东周口、商丘、濮阳、鲁西菏泽、皖北宿州等地区一直是重灾区，所以治水的范围亦应在这一带。徐旭生先生通过考证，即持此说[45]。此为二。鲧族与有莘氏关系密切。《大戴礼记·帝系》说："鲧娶于有莘氏之子，谓之女志氏，产文命。"《世本·帝系篇》载："鲧娶有辛氏女，谓之女志，是生高密。"文命、高密都是大禹的别称。有莘氏地望有山东曹县说、河南伊川说、陕西合阳说等，但以曹县之说时代最早，与夏鲧的关系最贴切。伊川、合阳乃与商伊尹、周武王相联系，是为后出。有莘氏或称有辛氏，辛莘同音，可能属于帝喾高辛氏的一个部族，袭有辛之号，后世称其为有莘氏。《左传·僖公二十八年》载："晋侯登有莘之虚以观师。"杨伯峻注："有莘氏之虚在今山东曹县西北。"故鲧娶有莘之女为妃，壮大氏族势力，成就诸侯大业，事在情理之中。此为三也。鲧受命治水，事不成而禹接任其职。《尚书·洪范》：箕子说："我闻，在昔，鲧堙洪水，汨陈其五行。帝乃震怒，不畀其洪范玖畴，彝伦攸斁。鲧则殛死，禹乃嗣兴。"说明鲧禹治水属于两个阶段，也是两个部族权力的更替。传说夏鲧是被尧、舜殛杀，实际上他是被大禹攻杀。《山海经·海内经》说："鲧窃帝之息壤以湮洪水，不待帝命。帝令祝融杀鲧于羽郊。鲧复生禹。帝乃命禹卒布土以定九州。"因为鲧、禹所谓的父子关系，此事一直被历代史家所讳言。鲧复（腹）生禹，就是指杀鲧才能生禹。祝融是大禹的同盟军，是大禹东征的重要力量。祝融替大禹赶走了鲧并殛之于羽郊，才成就了大禹的"涂山会盟"。

在大汶口文化尉迟寺类型时期，豫东、皖北和鲁西南地区属于帝舜有虞氏建邦和开疆扩土的中心地带。及至禹会村类型后期，由于舜子商均的不肖，族群核心凝聚力有所衰减，各个部族逐渐形成较为松散的部落方国。根据文献记载，这一区域应该包含涂山氏、有莘氏、崈伯鲧、有仍氏、有虞氏、有缗氏等多个部落方国。其中涂山氏、有莘氏、有虞氏、有仍氏、有缗氏属于东夷太昊（帝舜）集团；鲧部族则可能属于颛顼后裔加入有虞氏集团的部落。在王油坊类型形成之后，大禹集团以治水的名义对这一地区进行了征伐。争取（娶）了涂山氏；驱逐了崇伯鲧；后冈二期文化的族群（祝融）亦参与了这次征战。根据相关文献，大禹集团的东征还可能得到了淮河中上游及汝颍地区皋繇、伯益等部族的支持，最后完成了南面称王的大业。《左传·哀公七年》记载："禹合诸侯于涂山，执玉帛者万国。"《史记·外戚世家》云："夏之兴也以涂山。"正是涂山之会，确立了禹为天下共主的地位，是为夏代立国的表征。禹合诸侯，各种文化交集，则是造成禹会村、王油坊类型文化因素复杂的原因。涂山会盟之后，大禹又开始了大规模的征三苗战争，一直打到沪宁杭地区，最后病故于会稽。尽管涂山会盟完成了大禹的称王霸业，但由于其倾力进行征服三苗的战争，后方空虚，豫东皖北地区很快又落

㊺　徐旭生：《中国古史的传说时代》（增订本），文物出版社，1985年，第140页。

入东夷集团后羿的征杀范围，造成了后羿乱夏的重大历史变故。笔者有专文论析过相关过程，本文第一节也介绍了相关论点[46]，故不赘。据此，还可以延伸探究《煤山》所论“南荡类型”的文化性质，基本可定其属大禹南征过程中产生并遗留的相关遗存。

4. 郝家台类型与皋繇、伯益

龙山早期的汝颍河地区，属于大汶口文化分布的另一个中心地区，相关遗存也较为丰富。是为《煤山》所论“大汶口文化前后屯类型”。代表遗址有登封阳城（即告成北沟）龙山文化早期、禹州瓦店龙山文化早期、吴湾早期、前后屯龙山早期等，其影响范围则已经括有郑州周边地区[47]。但根据大汶口文化晚期在中原地区的分布和发展状况，笔者赞成杜金鹏先生关于大汶口文化颍水类型的界定[48]，即将颍水中上游和伊洛下游地区的含有大汶口文化因素的相关遗存都包括在内，可大致反映中原核心地区龙山早期的基本面貌。因为这些遗存均与尉迟寺类型有密切关系，区别甚微。杜金鹏先生认为颍水类型属于太昊文化[49]，所论至确。而据索全星先生研究：新郑市华阳城遗址就是西周时期的华国都邑；其下层遗存为大河村五期文化。从文献中追索，战国时吴起所言“夏桀之居，左河济，右泰华”（《史记·孙子吴起列传》）中的泰华，就是登封的太室山和新郑的华山；大河村五期文化就是古代的华族文化；华国在中华文明的构建中有重要作用[50]。这些研究与笔者的推论深度契合。其实华国实即太昊之国；太昊是帝舜称帝之后的封号；也是东夷民族统领中原之后成立的国号。帝舜名“重华”，太昊母族“华胥”，均与“华”有渊源关系。“昊”字声纽字义本与“华”同，华、昊双声通转；是故华夏即昊夏，华族即昊族[51]。古代嵩山周边实际上也是华族聚居地，只是时代上比夏族早了一个阶段。

在龙山时代中期，汝颍地区形成了郝家台类型。以往有众多学者将其归类于王湾三期文化的地方类型。而《煤山》的贡献就在于将郝家台类型从王湾三期文化中独立出来。依该文总结：郝家台类型的遗存包括禹州花石头、瓦店一期、郾城郝家台一期和二期、许昌丁庄一期、襄城台王一期、上蔡十里铺一期等[52]。基本上是在前期颍水类型

---

[46] 常兴照：《舜窜三苗与禹征三苗再认识——兼谈良渚文化族属》，《东方考古》（第19集），科学出版社，2022年；常兴照：《龙山文化与后羿传说》，见本书。

[47] 河南省文物研究所：《登封告成北沟遗址发掘简报》，《中原文物》1984年第4期；河南省文物研究所、中国历史博物馆考古部：《登封王城岗与阳城》，文物出版社，1992年；河南省文物研究所、郑州大学历史系考古专业：《禹县瓦店遗址发掘简报》，《文物》1983年第3期；河南省文物考古研究所：《禹州瓦店》，世界图书出版公司，2004年；河南省文物考古研究所、密苏里州立大学人类学系、华盛顿大学人类学系：《颍河文明——颍河上游考古调查试掘与研究》，大象出版社，2008年，第250—274页；河南省文物研究所、禹县文管会：《禹县吴湾遗址试掘简报》，《中原文物》1988年第4期；山东大学考古与博物馆学系、河南省文物局南水北调文物保护办公室：《河南禹州市前后屯遗址龙山文化遗存发掘简报》，《考古》2015年第4期。

[48] 杜金鹏：《试论大汶口文化颍水类型》，《考古》1992年第2期。

[49] 杜金鹏：《大汶口文化颍水类型为太皞文化考》，《史学月刊》1993年第2期。

[50] 索全星：《华国遗址考察与中华名称溯源》，《中原文化研究》2013年第5期。

[51] 常兴照：《华族、华族文化与华夏关系考论》，《东岳论丛》2007年第6期。

[52] 见《煤山》第三章第三节、第四章第二节。

（前后屯类型）的基础上赓续发展的文化；但从文化发展势头看明显不如龙山早期的发展态势。在龙山时代后期，距今4300年前后，社会动荡较大。汝颍地区形成了煤山文化（类型），郑洛地区则进入了王湾三期的中后期阶段，登封王城岗遗址附近成为了两个文化的交接区。这种格局一直保持到公元前2000年前后。值得重视的是，这一时段出现了众多龙山时期的城址。

目前汝颍流域发现的龙山晚期城址有六座，分别为颍水中游的淮阳平粮台、上游的郾城郝家台和平顶山蒲城店，嵩山周边的登封王城岗、新密古城寨、新密新砦。其中平粮台龙山城址虽被划分在王油坊类型中，但由于其与郝家台类型有密不可分的联系，故在此一并研析。平粮台遗址范围约50万平方米，地层堆积包含仰韶文化、大汶口文化、龙山文化等不同时期的遗存。城址在遗址中南部，城址面积约5万平方米。建城时间经^{14}C测定为距今4350年以前。2014—2019年的发掘[53]，进一步揭露和确证了平粮台龙山城址的正方形形状与对称城门结构；发掘并复原了城内的“中轴线”布局；城内布局以南北道路为中轴，规划有序。经大面积揭露，确认了多排东西向布局的高台式排房。陶排水管和纵、横连通的沟渠共同构成了目前国内已知年代最早、最为完备的城市排水系统。南城门内早期道路上，还发现了车辙痕迹。其中一组基本平行的车辙间距0.8米，为最早的“双轮车”的车辙印迹。道路垫土中发现的玉冠饰残片，形状和加工特征与后石家河文化、海岱龙山文化的同类器物近似。排房室外堆积中出土了一件可复原的龙山时期陶碗，表面刻划有对称的复杂兽面纹，与长江流域的玉器纹饰在结构和表现方式上颇为接近。这些惊人的发现，有力地说明了平粮台城址的建造，已具有王都宫城的规制。与二里头遗址一样，虽然没有发现大城，在国内同期城址中仍然具有独领风骚的标志性作用。有众多学者考论平粮台城址为有虞氏或帝舜的都城或即宛丘[54]，笔者基本认同。但需要进一步说明，平粮台城址初始的功能，应该是帝舜正式封王建朝之后，以“太昊”为帝号，以“风”为族徽（姓），以“伏（风）羲”等名号标领国族根脉、承德继天而规划建设的王城[55]。在龙山时代末期，平粮台城址大概为其嫡裔虞思的都城。在夏代后期则成为了少康复国的策援地。

郝家台遗址面积约6.5万平方米，遗存堆积包括龙山早期到二里头三期文化。表明该遗址从龙山早期即开始住人，经历了千年岁月。龙山文化城址坐落于遗址西南部，平面呈长方形，面积3万余平方米。城址面积不大，但建城较早，^{14}C测定距今4600年左右[56]。从相

---

[53] 河南省文物研究所、周口地区文化局文物科：《河南淮阳平粮台龙山文化城址试掘简报》，《文物》1983年第3期；齐永、张广起：《河南平粮台遗址考古新发现面积扩至50多万平米》，中国新闻网（http://www.chinanews.com/cul/2011/07-25/3207058.shtml）；秦岭、曹艳朋：《入围终评项目：河南淮阳平粮台城址》，国家文物局微信公众号 2020-04-25 0:08 发表于北京。

[54] 曹桂岑：《河南淮阳平粮台龙山文化古城考》，《华夏文明》（第一集），北京大学出版社，1987年；李伯谦：《论造律台类型》，《文物》1983年第4期；田昌五：《对中国文明起源的探索》，《殷都学刊》1986年第4期；秦文生：《舜都于淮阳平粮台龙山文化古城考》，《中原文物》1991年第4期。

[55] 拙文：《少昊、帝舜与大汶口文化》（上、下），《文物春秋》2003年第6期、2004年第1期。

[56] 河南省文物考古研究所、郾城县许慎纪念馆：《郾城郝家台遗址的发掘》，《华夏考古》1992年第3期；河南省文物考古研究所：《郾城郝家台》，大象出版社，2012年。

关遗存和周边文化分布看，这里应属于禹会村类型西进的前哨阵地，是平粮台遗址西侧的防卫重镇。对郝家台类型有深入研究的魏继印先生将其视为王湾三期文化的源头，认为从王湾三期文化的特征来看，其分布范围主要包括今驻马店、漯河、平顶山、许昌、郑州、洛阳、焦作等地区。但根据对王湾三期文化的分期来看，其最早应产生于颍水中游一带。以后逐渐向北发展到郑州地区，随后进入洛阳盆地。并且认为这一类型不属于夏文化，而是属于东夷部族皋繇（陶）或伯益的文化[57]。此为目前对该类型切入核心、基本合理的分析与判断。文献中有传伯益或为皋陶之子（《路史·后纪七》），两者时代上有先后。据上博楚国简《容成氏》所记："禹有子五人，不以其子为后，见咎繇之贤也，而欲以为后。咎繇乃五让以天下之贤者，遂称疾不出而死。禹于是乎让益，启于是乎攻益自取。"此内容与《史记·夏本纪》中关于皋陶早卒的记载相吻合。但据清华大学出土文献研究与保护中心之清华简《厚父》篇有"启惟后，帝亦弗恐启之经德少，命咎繇下，为之卿士"。可知伯益与咎繇（皋陶）在年代上存在重叠，都有与夏启共处朝堂的历史。据此分析相关文化属性，郝家台类型大概属于舜子商均和同宗皋繇、伯益等部族共存共处的文化，并且与大禹等部族有密切的共和现象。

根据上述推论，结合文献记载，可以进一步深化我们对郝家台类型以及王城岗、新砦、古城寨等遗存文化属性的认识。《史记·夏本纪》载："禹辞辟舜之子商均于阳城。"《集解》引刘熙说："今颍川阳城是也。"《孟子·万章》："舜荐禹于天，十有七年，舜崩……禹避舜之子于阳城，天下之民从之，……禹荐益于天，……益避禹之子于箕山之阴。朝觐讼狱者不之益而之启。"《水经注·颍水》："其水东南径阳城西，……故亦谓之五渡水。东南流入颍水。颍水径其县故城南。昔舜禅禹，禹避商均，伯益避启，并于此也。亦周公以土圭测日景处。……县南对箕山。"因此王城岗遗址很可能与这些记载有密切关联。

登封王城岗遗址共发现2座小城和1座大城城址。两座小城均位于遗址东北部，东西并列。西城近正方形，边长约100米，城内总面积近1万平方米。东城大部分被河流冲毁，只剩西南城角部分。两城略有早晚，东城稍早于西城。小城奠基（祭祀）坑据^{14}C所测年代：ZK-0581距今4000±65年、3890±65年，经树轮校正为公元前2469—前2291年。大城位于遗址中部，是在小城废弃之后兴建的，其面积据现有资料推算约有35万平方米[58]。^{14}C测年其上限不晚于公元前2100—前2055年或公元前2110—前2045年，下限不晚于公元前2070—前2030年[59]。最早提出小城可能为"禹居阳城"之属的是安金槐先生[60]，只是因为其面积太小而^{14}C测年又太早而未被多数学者认可。现在看来，安先生的推测是基本合理的：因为大禹是"辞避商均"，必须低调，因此城防不能太大，仅为围

---

[57] 魏继印：《试析王湾三期文化的来源》，《考古》2017年第8期；魏继印：《对王湾三期文化族属的新思考》，《中原文化研究》2018年第4期。

[58] 河南省文物研究所、中国历史博物馆考古部：《登封王城岗与阳城》，文物出版社，1992年；北京大学考古文博学院、河南省文物考古研究所：《登封王城岗考古发现与研究（2002—2005）》，大象出版社，2007年。

[59] 李伯谦：《王城岗龙山文化大城——"禹都阳城"的所在地》，《华夏文明》2016年第12期。

[60] 安金槐：《试论登封王城岗龙山文化古城与夏代阳城》，《中国考古学会第四次年会论文集》，文物出版社，1983年。

护祭祀中心和礼仪建筑而设。据上文第1小节的论析，大禹辞避商均的事件发生在距今4300年前后，小城年代过早的问题已不足论据。是则王城岗小城即“禹居阳城”基本可定。

与王城岗密切关联的是新密古城寨遗址。据密县地方志原来认为古城寨遗址是西周郐国都城。遗址地层堆积包含仰韶文化、龙山文化、二里头文化至汉代等各时期遗存。龙山晚期城址位于古城寨遗址的中心区，平面呈长方形。城址迄今仍较好地保存着南、北、东三面城垣和南北相对的两个城门缺口，面积达到17万余平方米。城内东北角发现的一号房址为三面带回廊的大型夯土建筑，可能为宗庙或宫殿建筑，四号房址为廊庑式建筑，这两座建筑的方向都与城墙基本一致，表明该城的建造是事先经过统一规划和精心设计的，体现了使用者地位不凡。发掘者认为该城建造、使用年代与王城岗龙山文化第三期相当[61]。魏继印先生根据地层关系和类型分析认为古城寨“王湾三期文化”第二、三期应分别与王城岗第一、二期相当，第四期的年代应与王城岗第三期相当[62]。袁飞勇在《煤山》一文中亦认为古城寨龙山晚期遗存与王城岗遗存年代一致[63]。上述论析基本说明古城寨龙山晚期遗存可能比王城岗遗址略早或大致同时。有些学者认为古城寨遗址可能与《左传·昭公十七年》所谓“祝融之虚”有关联[64]，所论甚是。但需要进一步说明的是：《左传》中虽言“郑，祝融之虚也”，但并未确指是哪个祝融。祝融的名称其实为职官，即火正，后尊为火神，命曰祝融。《吕氏春秋·孟夏》：“其神祝融。”高诱注：“祝融，颛顼氏后，老童之子，吴回也，为高辛氏火正，死为火官之神。”文献中确指为祝融的人物，实则只有《史记·楚世家》所记的两个人重黎和吴回。然据安徽大学藏楚国简书《楚纪》所记的世系，与《史记·楚世家》的世系有明显的不同：老童为颛顼所生，老童所生有四子，即“重及黎、吴及韦（回）”。黎氏即祝融，而不是重或吴、回。而且无陆终其人，生六子者就是祝融黎[65]。其实真正称为祝融的只有“黎”一人，而且早在被高辛氏征伐“共工氏”的过程中诛杀[66]。但被任命为“火正”后为火神的确有另外之人，那就是帝喾之子“阏伯”。《左传·襄公九年》载：“陶唐氏之火正阏伯居商丘，祀大火，而火纪时焉。”前文第1小节已经指出：阏伯所居大辰之野即为郑地，亦即嵩山东麓一带，是为“商丘”之本源。因而古城寨城址指为“祝融之虚”，实际上应是“阏伯”所封之地，也就是后来商均所居之所。结合古城寨遗址的遗存状况，基本符合商均所居的等级和规模，与文献所记基本吻合。如此才

---

[61] 蔡全法、马俊才、郭木森：《河南省新密市发现龙山时代重要城址》，《中原文物》2000年第5期；河南省文物考古研究所、新密市炎黄历史文化研究会：《河南新密市古城寨龙山文化城址发掘简报》，《华夏考古》2002年第2期。

[62] 魏继印：《论新砦文化与王湾三期文化的关系》，《考古学报》2019年第3期。

[63] 见《煤山》第二章第一节（一）典型遗存分析。

[64] 马世之：《新密古城寨城址与祝融之墟问题探索》，《中原文物》2002年第6期；周书灿：《新密市古城寨龙山古城的族属及其相关地理问题》，《中原文物》2006年第1期；许顺湛：《五帝时代研究》，中州古籍出版社，2005年，第57页。

[65] 黄德宽：《安徽大学藏战国竹简概述》，《文物》2017年第9期。

[66] 常兴照：《共工氏文化解析及其流徙辩证》，见本书。

能构成大禹“辞避商均于阳城”的相应条件。

如何认识新砦城址，也是上述推论是否成立的关键。新砦城址是一处具备外壕、护城河、城垣和内壕等多重防御设施的大型聚落。城址平面基本呈方形，现存东、北、西三面城墙及贴近城墙下部的护城河，南以双洎河为自然屏障，城内面积约70万平方米。城址由龙山文化晚期城址和新砦期城址两部分组成，龙山文化晚期城墙直接被新砦期城墙叠压。经^{14}C测定，新砦遗址龙山文化晚期年代约为公元前2200—前1900年。新砦期年代大约为公元前1900—前1750年。新砦龙山文化城址打破龙山文化晚期文化层，其始建年代为龙山文化晚期偏晚阶段。推算新砦龙山城址的始建年代约为公元前2000—前1900年间[67]。但从新砦龙山晚期遗存综合分析，此城年代可能还要早一些。关于龙山晚期新砦城址，多数学者认为是夏启之都[68]，并且认为新砦二期文化为羿浞代夏时期的遗存[69]。这些论述基本贴近史实，可惜均未探究相关的历史细节和基本进程。文献记载，与夏启有密切关系的人物是伯益。《晋书・束皙传》：“益干启位，启杀之。”《战国策・燕策一》：“禹授益，而以启为吏，及老，而以启为不足任天下，传之益也。启与支党攻益而夺之天下，是禹名传天下于益，其实令启自取之。”伯益具有很强的领导能力并与大禹有较为密切的共存关系（《尚书・大禹谟》）。其功德名声，获得了大禹的嘉许：“禹举益于阴方之中，授之政，九州成。”（《墨子・尚贤》）这些记载说明，在夏启之前，伯益实际上统领了夏朝一段时期，但由于时间较短或因其属异族，故被史家所忽略。《墨子》里的阴方，可能就是外方山，也就是今天的嵩山一带（为熊耳山东段余脉）。称为阴方，或因与江汉地区的内方山（章山或大洪山）对称：山在北为阴，山在南为阳。根据上述分析，王城岗大城最大的可能或即“益避禹之子于箕山之阴”之所；而新砦遗址的龙山文化晚期城址，实则就是夏启初居的“黄台之居”[70]；因之较比王城岗大城的时代略晚。夏启的历史含有较多的神话传说。《汉书・武帝纪》颜师古注引《淮南子》载：“禹治洪水，凿轘辕开，谓涂山氏曰：‘欲饷，闻鼓声乃去。’禹跳石，误中鼓，涂山氏往，见禹方作熊，惭而去。至嵩高山下，化为石，方生启。禹曰：‘归我子！’石破北方而启生。”然神话传说可能含有一定的历史踪影，新砦遗存中有较多王油坊类型文化因素，极有可能与涂山氏（或曰女娲氏）助启夺位争国相关联。

㊼ 赵春青、张松林、张家强：《河南新密新砦遗址发现城墙和大型建筑》，《中国文物报》2004年3月3日；北京大学震旦古代文明研究中心、郑州市文物考古研究所：《新密新砦1999—2000年田野考古发掘报告》，文物出版社，2008年。

㊽ 赵春青：《新密新砦城址与夏启之居》，《中原文物》2004年第3期；马世之：《新砦遗址与夏代早期都城》，《中原文物》2004年第4期；马世之：《新砦城址与启都夏邑问题探索》，《考古与文物》2007年第3期；张国硕：《夏都探寻》，《中国古都研究（第二十三辑）・南越国遗迹与广州历史文化名城学术研讨会暨中国古都学会2007年年会论文集》，三秦出版社，2008年，第427—442页。

㊾ 韩建业：《夏文化的起源与发展阶段》，《北京大学学报》（哲学社会科学版）1997年第4期；北京大学震旦古代文明研究中心、郑州市文物考古研究所：《新密新砦——1999—2000年田野考古发掘报告》，文物出版社，2008年，第541、542页；李伯谦：《新密新砦——1999—2000年田野考古发掘报告・前言》，文物出版社，2008年；李伯谦：《新砦遗址发掘与夏文化三个发展阶段的提出》，《文明探源与三代考古论集》，文物出版社，2011年，第119—121页。

㊿ 顾万发：《“启居黄台之丘”及相关问题考证》，《东南文化》2004年第6期。

文献所记夏启所都为阳翟钧台，地望在禹州。《太平御览》卷八二“帝启”条引《归藏》云：“昔夏后启筮，享神于大陵，而上钧台，枚占，皋陶曰：‘不吉’。”《古本竹书纪年》载：夏启“大飨诸侯于钧台”，是为启召诸侯在钧台举行祭祀和飨宴，表示正式继位开国，史称“钧台之享”。《左传·昭公四年》：“夏启有钧台之享。”杜预注：“启，禹子也。河南阳翟县南有钧台陂，盖启享诸侯于此。”近年禹州瓦店遗址屡有重大发现，最近又发现了夏代早期祭祀遗迹[71]。许多学者认为瓦店作为启时期政治中心的可能性很大[72]。结合文献、考古遗存及时代特征，禹州瓦店发现的夏代早期祭祀遗址，应该就是夏启作“钧台之享”的祭祀遗迹。此后不久由于“有扈之乱”，夏启忙于征伐，放弃阳翟，西迁到大夏，建都安邑。《古本竹书纪年》：“诸侯从帝归于冀都。大飨诸侯于璇台。二年，费侯伯益出就国。王帅师伐有扈，大战于甘。”陕晋豫交界处的东下冯龙山晚期遗存与二里头文化时期的东下冯类型，应该就是启伐有扈并归于冀都的物质遗存[73]。事后因帝太康“居斟寻。畋于洛表。羿入居斟寻”。经过一段纷乱的部族争夺，进而形成了新砦二期文化，这应该是夏代早期基本的历史过程。是与文献所载相互印证，大致契合。

平顶山蒲城店也是这一时段的重要遗址。遗址发现了龙山晚期城址和二里头时期城址各一座。还发现二里头文化时期罕见的成排房址，揭露各时期房址、窖穴、陶窑、灰坑、水井、墓葬等各类古代遗迹900多处。二里头时期城址位于遗址西南部，略呈东西向长方形，面积约5.2万平方米。其年代大致为二里头文化一期，是迄今为止发现二里头时期最早的一座有墙垣的城址[74]。根据遗存状况和相关文献，笔者认为这里应该就是少康中兴的“纶邑”。《左传·哀公元年》记曰：夏少康“逃奔有虞，为之庖正……虞思于是妻之以二姚，而邑诸纶，有田一成，有众一旅。……以收夏众，抚其官职。”纶邑的地望，有三种说法：一是河南虞城县，《通典·卷一七七·虞城》：“有纶城，即少康邑。”《读史方舆纪要·卷五十·虞城县》载：“纶城在县东南三十五里。夏时虞国之邑。”二是汉代颍阳县，古城址位于襄城县颍阳镇一带，《太平寰宇记·卷五·河南道》：“颍阳县东北九十里元二乡，本夏之纶国，竹书纪年楚及秦伐郑围纶氏是也，汉置县。”三是偃师东南或登封西南，《河南通志·卷五十二·河南府》载：纶城“在偃师县东南，括地志云即古纶国”。又云：颍阳城“在登封县西南八十里，夏纶国汉置县”。虞城县一带属于有虞氏的核心地区，也是寒浞征杀夏后相的地方，少康不可能在此安身，故一说不可取。登封和偃师一带属于后羿乱夏的主要地区，太康在此失国，少康也不会在此隐居，故三说亦不可据。《古本竹书纪年·显王》记载：“楚吾得帅师及

[71] 方燕明、韩朝会：《河南禹州市瓦店龙山文化遗址1997年的发掘》，《考古》2000年第2期；王胜昔、崔志坚：《河南禹州瓦店遗址发现夏代早期大型祭祀遗迹》，《光明日报》2022年6月28日。

[72] 马世之：《新砦城址与启都夏邑问题探索》，《考古与文物》2007年第3期；周书灿：《〈穆天子传〉“启居黄台之丘”考——兼论周穆王东巡的地理问题》，《中国历史地理论丛》2005年第2期，第126—134页。

[73] 田建文：《东下冯龙山晚期遗存分析及意义》，《三晋考古》（第二辑），山西人民出版社，1996年。

[74] 魏兴涛、赵文军、楚小龙等：《河南平顶山蒲城店发现龙山文化与二里头文化城址》，《中国文物报》2006年3月3日第1版；河南省文物考古研究所、平顶山市文物局：《河南平顶山蒲城店遗址发掘简报》，《文物》2008年第5期。

秦伐郑，围纶氏。”襄城一带正是楚国伐郑的必经之路，以纶城或纶氏在襄城一带较为可信。反观蒲城店遗址，大致与襄城为邻，与登封、偃师具有一定的距离，基本符合纶邑的时代、地理和遗存特征。其龙山晚期城址，当即有虞氏之纶邑；二里头一期城址，实则为少康的中兴之地。

从文献中可以看出，大禹发展初期和帝舜、皋陶等人有较好的共事关系（见《尚书·皋陶谟》），上博简《容成氏》曰：禹“见咎繇之贤也，而欲以为后。咎繇乃五让以天下之贤者，遂称疾不出而死。”是或说明皋陶（咎繇）为事睿智、低调，早就预见将来大禹族可能王天下，故不与之争锋而主动退避中原腹地远离矛盾中心。推测《煤山》所分“煤山文化杨庄二期类型”的相关遗存，可能为皋陶避居淮河上游一带的历史遗留。这也为后来“皋陶卒。封皋陶之后于英、六，或在许”（《史记·夏本纪》）奠定了基础。

5. 肖家屋脊诸类型与伯益南迁

《煤山》一文认为：煤山文化中期阶段以后，汝颍地区的煤山文化由郝家台类型发展转变为煤山类型，并大举南下，取代豫东南、豫西南鄂西北、鄂北、江汉平原及鄂西宜都地区的石家河文化晚期遗存，在以煤山文化因素为主并结合当地少量原有文化因素的基础上，生成新的地域类型如杨庄二期类型、乱石滩类型、西花园类型、肖家屋脊类型、石板巷子类型等。其中肖家屋脊类型资料较为丰富，可以作为这一地区的相关类型的代表⑮。因为这些类型都是在原有地方文化的基础上看其包含多少煤山类型因素而形成的，故均可视为煤山类型的影响范围。诚如白云先生所论述的：石家河文化实际上是一个包含着三类遗存的混合体。在这三类遗存中，有两类是江汉地区土生土长的文化；其一以石家河早期为代表，年代相当于中原的庙底沟二期文化；其二以季家湖遗存为代表，年代相当于中原的“龙山文化”晚期（案：季家湖遗存大致相当于《煤山》文中肖家屋脊类型的早中期遗存）。第三类遗存属于自中原楔入江汉地区的一股，以石板巷子和乱石滩遗存为代表，其年代与季家湖文化大致相当，但早晚略有交错，其性质当为煤山文化在江汉地区的变体⑯。

关于石家河文化中的煤山文化因素，学界大多认为属于“禹征三苗”形成的文化遗存。但从前文关于禹会村类型的属性辩证，已知此论失据。笔者拙见，此应与伯益部族南下有关。《古本竹书纪年》记曰：夏启即位“二年，费侯伯益出就国”，说明启夺帝位之后并没有杀益，而是放逐到外地另谋生路。虽然没有说明“就国”的地望与方向，但综合各方状况分析，其东、北、西向都有与夏启相关的强大势力环伺，唯一的可能就是南下。远在帝舜流放讙兜的时期，东夷集团即已基本控制江汉地区，为其南下预备了可能的条件。在大禹和商均、皋陶、伯益等共和时期，伯益可能已将势力扩展到了这一地区，所以《古本竹书纪年》称之为“出就国”。这在近年发现的简帛文献中可见

---

⑮　《煤山》第三章·小结。

⑯　白云：《关于“石家河文化”的几个问题》，《江汉考古》1993年第4期。

其端倪。前文引安大简《楚纪》："融乃使人下请季连，求之弗得。见人在穴中，问之不言，以火爨其穴，乃惧，告曰：酓（熊）。使人告融，融曰：是穴之酓（熊）也。乃遂名之曰穴酓（熊），是为荆王。""融"使人下请季连，说明季连已先期到达。然求之弗得，见人在穴中就以火爨其穴。这种做法不像父子相招，或更像是君王对下属的惩戒行为。而文献中能做这件事情的只有伯益。《孟子·滕文公上》曰："舜使益掌火，益烈山泽而焚之，禽兽逃匿。"刘向《说苑·君道》云："益掌禽。"《帝王世纪·五帝》："益为朕虞，庶物繁植。"此说伯益曾经掌火，并管理各类禽兽，季连之"穴酓"亦必在其中。据此则可能伯益就是祝融。文献中有北方祝融，为颛顼后裔，帝喾火正黎为祝融，但其在高辛时期已被杀。亦有南方祝融，如《山海经·海外南经》："南方祝融，兽身人面，乘两龙。"郭璞注："火神也。"而据《春秋合诚图》《春秋运斗枢》等文献记载：南方祝融名字叫容光，为黄帝夏官，所据不详，反观则以伯益掌火而烈山泽是为火神或即祝融更靠谱。随着时间推移，伯益族可能进一步南下，到达了湘西、湘南一带，进一步丰富和演绎了当地关于太昊伏羲氏（帝舜）在这一地区的历史传说。根据考古文化和相关文献线索，宜都石板巷子类型以及澧阳平原的孙家岗类型等[77]可能就是其进一步南下的证据。由此则衡山之上就有了祝融峰，流经益阳之资水，亦或被冠名为益水。据《汉书·地理志》长沙国益阳县注："应劭曰：在益水之阳。"《水经·资水注》："茱萸江又东径益阳县北，又谓之资水。应劭曰：县在益水之阳。今无益水，亦或资水之殊目矣。"益阳数千年来无论辖地怎么变换而其名不变，很可能与伯益南迁有深远的关联。

伯益的另外一项重大贡献，是著作《山海经》。东汉赵晔《越王无余外传》："（禹）与益、夔共谋，行到名山大泽，召其神而问之，山川脉理、金玉所有、鸟兽昆虫之类，及八方之民俗、殊国异域、土地里数，使益疏而记之，故名之曰《山海经》。"刘钊先生近作《出土文献与〈山海经〉新证》，从《山海经》里的用字用词习惯，仅见或多见于《山海经》和楚简及楚地所出秦简的例子，与楚国或楚地之间建立起了关联。并用出土文献特别是楚国文字，从古文字角度审视《山海经》的文本，得出了很多较为科学的解释。所以得出如下推论：《山海经》的《山经》部分的产生时代至迟不晚于战国，产生的地域很可能是在楚地，其作者也应该是楚人[78]。这从另一个角度提供了伯益南迁的历史依据。

6. 乱石滩类型与稷放丹朱

需要重点解析乱石滩类型。《煤山》认为乱石滩类型主要分布于豫西南鄂西北地区，由煤山类型越过方城隘口南下，取代本地区此前的石家河文化晚期遗存发展而来。代表性遗存包括本文所分下王岗、马岭、大寺、八里岗、乱石滩等遗址的第一至二期。其最突出的特征是，以形态丰富的侧扁高足鼎为主，并且含有一定量源自本地石家河文

---

⑰ 何驽：《试论肖家屋脊文化及其相关问题》，《三代考古》（二），科学出版社，2006年。

⑱ 刘钊：《出土文献与〈山海经〉新证》，《中国社会科学》2021年第1期。

化传统的圜底釜和来自关中地区客省庄文化的带耳罐、深腹斝等器物。到煤山晚期，代表性遗存包括该文所分下王岗、马岭、大寺、乱石滩等遗址的第三期。基本维持前一阶段的分布格局，大部分遗址延续到了本阶段，并且也新出现了全寨子、三明寺、尖滩坪等遗址[79]。樊力先生则着重分析了乱石滩、下王岗、大寺等相关遗存，将十八种主要陶器分为四组，认为乱石滩文化的形成除承袭当地石家河文化的孑遗因素（A组陶器）外，还受到主要来自关中客省庄文化和中原王湾三期文化等外来文化因素强烈影响，其B组和C组陶器分别与两地同期遗存的同类陶器相同。值得注意的是，D组陶器集本地和关中两种文化因素于一身，是文化融合的产物。并认为这一文化突变的出现，与文献记载的“尧伐丹水”（《论衡·儒增》）有关[80]。这些认识具有较为合理的针对性，但在具体指征方面尚需进一步梳理。

《吕氏春秋·召类》说：“尧战于丹水之浦，以服南蛮。”《帝王世纪》：“诸侯有苗氏处南蛮不服，尧征而克之于丹水之浦。”《太平御览》卷六三引《尚书逸篇》云：“尧子不肖，舜使居丹渊为诸侯，故号曰丹朱。”《古本竹书纪年》：尧“五十八年，帝使后稷放帝子朱于丹水”。《山海经·海内南经》注引《竹书纪年》云：“后稷放帝朱于丹水。”《太平御览·卷六三》引《六韬》：“尧伐有扈战于丹水之浦。”《庄子·盗跖》：“丹朱与南蛮旋举叛旗，尧乃战于丹水之浦。”上述文献说明了三点：一是丹水之浦即尧子丹朱流放之处，亦即南蛮所居之地；二是征南蛮与放丹朱可能为一回事；三是尧放丹朱就是稷放丹朱，其中存在兼伐有扈的过程。进一步探究，势必牵涉对帝尧、虞舜和后稷等文化的认识和辩证问题，而陶寺和石峁两大重要遗址，是不得不说的问题节点。

目前学术界基本认可襄汾陶寺遗址是帝尧的都邑，陶寺文化是帝尧陶唐氏的物质遗存，只是对陶寺早期遗存是归属于庙底沟二期文化还是陶寺文化存在争议[81]。但是从文献中查证，陶唐氏和帝尧可能存在时代上的早晚。《吕氏春秋·古乐篇》：“昔陶唐氏之始，阴多滞伏而湛积，水道壅塞，不行其原，民气郁阏而滞著，筋骨瑟缩不达，故作为舞以宣导之。……帝尧立，乃命质为乐。质乃效山林溪谷之音以歌，乃以麋各置缶而鼓之，乃拊石击石，以象上帝玉磬之音，以致舞百兽。”据童书业先生考证，在《山海经》《左传》等文献中，论及唐或陶唐时均不说“尧”，言及尧时亦不涉及“唐”或“陶唐”[82]。《左传·昭公元年》：高辛氏“迁实沈于大夏，主参，唐人是因，以服事夏商”。可知陶唐氏是在帝尧之前就已存在的重要氏族，帝尧大概只是其中一代显赫的族群首领。笔者认为：其实庙底沟二期文化就是陶唐氏文化，也就是大夏文化。庙底沟二期文化中出现的大汶口文化因素，应该属于实沉带去的物质遗存，随着大汶口文化的介入，随之出现了有关“帝喾娶陈锋氏女，生放勋（帝尧）”（《史记·五帝本纪》）的记载，其后又出现了“昔尧德衰，为舜所囚也。……舜放尧于平阳”（《古本竹书纪年》）的不同说辞。文献中关于尧、舜关系的系列传说实际上均为这一历史进程的附属

---

⑲ 《煤山》第三章第三节。

⑳ 樊力：《乱石滩文化初论》，《江汉考古》1998年第4期。

㉑ 何驽：《陶寺文化谱系研究综述》，《考古学集刊》（16），科学出版社，2006年。

㉒ 童书业：《“帝尧陶唐氏”名号溯源》，《古史辨》（第七册），上海古籍出版社，1982年。

产物。因此，从物质文化面貌和相对年代考察，陶寺遗址早期遗存应该就是帝尧的文化遗存，同时亦关联着帝舜的相关文化因素。将其归属于庙底沟二期或陶寺文化都可以成立：属于庙底沟二期文化是因为根源于陶唐氏集团；归属于陶寺文化是因在外部因素作用下形成了新的族群代表。文献中帝尧与帝舜时代上有交错，并且与帝尧嫡嗣丹朱有相互“避”“封”的历史交集。《孟子·万章上》曰：“尧崩，三年之丧毕，舜避尧之子于南河之南。天下诸候进觐者，不之尧之子而之舜；讼狱者，不之尧之子而之舜；讴歌者，不讴歌尧之子而讴歌舜，故曰，天也。”《古本竹书纪年》：“帝陟于陶。帝子丹朱避舜于房陵，舜让，不克。朱遂封于房，为虞宾。三年，舜即天子之位。”上述相互矛盾的记载，应该是后世史家以不同立场采取的不同叙事方式，反映的则是舜与丹朱分道扬镳的历史本质。陶寺文化中后期东方大汶口文化因素的减少，应该与帝舜避丹朱于“南河之南”有关（南河应该就是黄河，南河之南可能泛指伊洛地区或嵩山一带）。据《山海经·海内南经》等记载，尧子丹朱曾为帝，如“苍梧之山，帝舜葬于阳，帝丹朱葬于阴”，并非《史记·五帝本纪》所记的尧子丹朱“顽凶、不用”。《山海经·海内北经》又载：“帝尧台、帝喾台、帝丹朱台、帝舜台，各二台，台四方，在昆仑东北。”说明丹朱亦曾执掌帝权，并且十分显赫，其功德具有能与帝喾、尧、舜等贤君共祀的地位。根据相关资料，陶寺遗址中期出现较大城址，面积是早期城址的5倍；宫殿区已不再是如早期那样偏隅于小城东南部，而是基本位于中期城址的中部，似乎是凸显出来作为一个单独区域。一般居民区位于中期大城的西北部，东南部为仓储区。中期小城位于大城南侧，功能比较特殊，在其西北角发现中期墓地，面积约1万平方米，大、中、小型墓分布密集。在中期小城内还发现大型建筑ⅡFJTI，其建筑规模宏大，形制奇特，结构复杂，功能多样，推测为兼观象授时与祭祀功能为一体的多功能建筑[83]。这些发现说明陶寺中期文化有了更大的发展，社会等级、功能区分有着严密的布局规划，权力进一步集中，社会分化程度进一步加大，“王都”性质的聚落已经形成。推测陶寺中期城址，应该是帝丹朱的都邑。陶唐氏族群历经数百年，但有明确帝号的首领只有帝尧与丹朱。所以不排除丹朱仍以“帝尧”的名号管理族群政务，继续号令诸侯。

在陶寺遗址晚期，经历了重大历史变故。城址已经被毁坏，宫殿区也已被废弃，大型建筑ⅡFJTI被毁，成为普通手工业作坊址。同时还出现有很强暴力色彩的遗存现象，一条陶寺晚期的垃圾沟里不仅出土了大量石坯剥片，而且还出土了五层散乱人骨，人骨明显被肢解，还有女性被虐待致死[84]。与此大致同时，西北方向黄河以西的神木石峁，却出现了一座规模空前的龙山晚期城址[85]。关于石峁文化和石峁城址的绝对年代，目前出土器物的特征和系列测年数据均显示不晚于公元前1800年左右。根据皇城台东护墙内

---

[83] 中国社会科学院考古研究所山西第二工作队等：《2002年山西襄汾陶寺城址发掘》，《中国社会科学院古代文明研究中心通讯》第5期，2003年；中国社会科学院考古研究所山西队、山西省考古研究所、临汾市文物局：《山西襄汾县陶寺城址祭祀区大型建筑基址2003年发掘简报》，《考古》2004年第7期。

[84] 中国社会科学院考古研究所山西队、山西省考古研究所、临汾市文物局：《山西襄汾陶寺城址2002年发掘报告》，《考古学报》2005年第3期。

[85] 陕西省考古研究院、榆林市文物考古勘探工作队、神木县文体广电局：《发现石峁古城》，文物出版社，2016年。

紝木等标本的测年结果，其修建和使用年代集中于公元前2200—前1900年。而叠压在大台基南护墙上的文化层中出土了双鋬鬲、单把鬲、三足瓮、喇叭口折肩瓶等器物，这些陶器呈现出典型的石峁文化中期特征。据此可知，皇城台大台基的修建年代不会晚于石峁文化中期，即公元前2000年左右[86]。基本与陶寺文化晚期同时（陶寺文化的绝对年代大致为公元前2500—前1900年，早、中、晚三期的时间分界大致为公元前2300年和公元前2100年，每期各延续了200年左右的时间[87]）。石峁遗址有三项令人惊诧或颠覆认知的发现，一是皇城台2018年在台顶发现了一座夯土筑芯、砌石包边的大型建筑台基，其上还修建有大型房址。台基大致呈南北向长方形，规模宏大，已揭露出的南护墙长度超过80米，最高处高约4米。南护墙上发现有30余件石雕，大部分出土于墙体的倒塌石块内，仍有部分镶嵌于墙面之上。可以判断它们并非最初的原生遗存。虽然石料整治规整，墙体垒砌得也比较整齐，但那些带有雕刻画面的石块，若干件石雕的排列具有很大的随意性，甚至还有画面倒置的现象；尤其是神面雕像也被倒置，这是令人深思的一种行为。二是在修建外城东门及周边的外城城墙时，埋入了近百个人头。这些头骨均位于修建城门、城墙之前平整地坪的棕褐色沙土，即大型建筑的“奠基坑”内，分布在城门外、城门入口处、城墙外及城墙下，头骨个数为8—24个（部分经严重扰动），部分头骨上有明显的砍斫和砸击痕迹，有的头骨枕骨和下颌部位有灼烧迹象。三是所谓的“藏玉于墙”。外城东门一带石墙内埋葬玉器的现象尤为引人关注，玉器或发现于墙体倒塌堆积之内，或发现于石块砌筑的墙体外缘。根据其出土状况分析，这些玉铲、玉璜、玉钺等器物应是城墙修建过程中有意嵌入墙体的[88]。对于此类现象，学术界异说纷陈，此不赘引。笔者认为石雕和墙体中的大部分玉器不属于石峁人的自有文化，而是对敌对民族文化圣物进行掠夺和摧残的一种方式。其功能和作用同奠基坑内的人头是相同的，都有避邪和镇压的作用。很多学者探讨了石峁和陶寺的相互关系，认为石峁文化对陶寺文化有重大影响和冲击[89]。韩建业先生更是直接将文献记载的“稷放丹朱”事件与上述文化现象相对应，认为石峁遗存南下向陶寺晚期文化区域进逼是北方周族先民对陶唐氏征服的考古学体现[90]；基本点中了问题的实质。

综上，基本可以认定，石峁遗址应该是周人先祖后稷的王都。在陶寺文化晚期，后稷部族可能打着“惩戒不肖”的旗号，对丹朱部族进行了毁灭性征讨。石峁遗址墙体里的玉器和石雕，其中有很多可能是从陶寺遗址抢夺而来。据研究，外城东门址祭祀坑

---

⑧⑥ 孙周勇、邵晶、邸楠：《石峁遗址的考古发现与研究综述》，《中原文物》2020年第1期。

⑧⑦ 曹艳朋：《陶寺文化研究》，郑州大学硕士学位论文，2009年。

⑧⑧ 孙周勇、邵晶、邸楠：《石峁遗址的考古发现与研究综述》，《中原文物》2020年第1期；孙周勇、邵晶：《关于石峁玉器出土背景的几个问题》，《玉魂国魄——中国古代玉器与传统文化学术讨论会文集（六）》，浙江古籍出版社，2014年，第84—92页。

⑧⑨ 徐峰：《石峁与陶寺考古发现的初步比较》，《文博》2014年第1期；戴向明：《陶寺、石峁与二里头—中原及北方早期国家的形成》，《夏商都邑文化（二）——纪念二里头遗址发现55周年学术研讨会论文集》，中国社会科学出版社，2014年；何驽：《对于陶寺文化晚期聚落形态与社会变化的新认识》，《新世纪的中国考古学（续）——王仲殊先生九十华诞纪念论文集》，科学出版社，2015年；邵晶：《石峁遗址与陶寺遗址的比较研究》，《考古》2020年第5期。

⑨⓪ 韩建业：《唐伐西夏与稷放丹朱》，《北京大学学报》（哲学社会科学版）2001年第4期。

中发现的女性明显多于男性，且多为壮年，种族特征与内蒙古长城一带的土著居民具有高度的一致性，头骨上留有明显的火烧或创伤痕迹，表明该民族可能为争夺资源而战争频繁，表现出较为强烈的扩张态势[91]。而丹朱一族则被迫举族流徙，一路南下到达了丹水流域，沿途或许裹挟了一下“有扈氏（客省庄文化）”，因而演绎出“尧伐有扈战于丹水之浦”“尧战于丹水之浦，以服南蛮”等历史传奇。由于文献中还载有“尧伐驩兜”，或曰“尧与有苗战于丹江之浦”等说法（见《荀子·议兵》、《战国策·秦策》、《汉学堂丛书》辑《六韬》），说明尧（丹朱）所征南蛮可能还包括了先前被帝舜流放于此的讙兜部族[92]。乱石滩类型中的客省庄文化因素、肖家屋脊类型中出现与陶寺文化相类似的玉器，都是这一历史进程的物质反映。后稷与大禹、伯益等交流密切，《大禹谟》《皋陶谟》《益稷》等文献中较为详尽地说明了他们之间的关系。故从时代和人物关系上，可认定“稷放丹朱”事件基本与煤山文化对江汉地区的影响过程大致同时或略有交错。

三、夏代纪年推定

关于夏代纪年，文献中有较具体的记载：自禹至桀十七世，有王与无王，用岁四百七十一年（见《古本竹书纪年》）。著名的夏商周断代工程，亦大致按照这一脉络进行考订，给出的夏代纪年为公元前2070—前1600年，“14代17王，共470年”[93]。

如前所述，大禹南面称王，应以涂山会盟为标识。禹会村遗址相关遗存大致年代在公元前2300年。那么广富林文化作为“禹征三苗”和“帝陟于会稽”的物质遗存，其起止年代可为大禹的年代提供证明。根据陈杰先生研究：广富林文化文化面貌独特，自身特点鲜明，主要分布于环太湖地区。南界可能已经越过钱塘江而到达宁绍平原，与良渚文化的分布大致相同。广富林文化的^{14}C测年数据显早，约为距今4260年。相对年代处于良渚文化和马桥文化之间，与中原龙山文化晚期晚段时间相当。广富林文化来源主体是以王油坊类型为主导的中原龙山文化，本地传统文化和浙南闽北以印纹陶为代表的文化因素在其发展中也起了重要的作用。广富林文化的形成与发展与龙山文化时期各地区文化间分化融合的大背景密切相关，它是外来文化征服的结果[94]。如果以广富林文化的起始年代作为“涂山会盟”之后而发起的“禹征三苗”的年代，其起始年代应该在公元前2200年之前，即同良渚文化的结束年代大体一致。与传统认知的大禹时代相比较，可见大禹的时代已经远超我们认定的夏代纪年。

《左传·宣公三年》谓商代“载祀六百”，《汉书·律历志》据《三统历》以汤伐桀至武王伐纣为六百二十九岁。夏代历年数，按前引《古本竹书纪年》“自禹至桀十七世，有王与无王，用岁四百七十一年”，与《史记·夏本纪》集解、索隐据徐广《史记

[91] 陈靓、熊建雪、邵晶等：《陕西神木石峁城址祭祀坑出土头骨研究》，《考古与文物》2016年第4期。

[92] 常兴照：《舜窜三苗与禹征三苗再认识——兼谈良渚文化族属》，《东方考古》（第19集），科学出版社，2022年。

[93] 夏商周断代工程专家组：《夏商周断代工程1996—2000年阶段成果报告·简本》，世界图书出版公司，2000年。

[94] 陈杰：《广富林文化初论》，《南方文物》2006年第4期。

音义》、《通鉴外纪》卷二所引《纪年》，年数相同。但《晋书·束晳传》则云："其《纪年》十三篇，记夏以来至周幽王为犬戎所灭……大略与《春秋》皆多相应。其中经传大异，则云'夏年多殷'。"束晳是见过全部"汲冢竹书"的大学者，其说极具可信性。《资治通鉴外纪》卷二"桀"条下自注引《六韬》云："禹三十一世至桀。"《路史·后纪》卷十四注引作："禹之德流三十一世至桀……"较现行的《古本竹书纪年》多出十四世（王），则总年数至少应增加一二百年。参证前述夏、禹史迹中有关遗址的相对年代和^{14}C编年，夏代历年大约也应在六百年以上。从禹会村遗址的^{14}C测年和广富林遗址的相对年代分析，从涂山会盟到征讨三苗，可能还需历经一定的时间，是则夏代初年大致应在公元前2250年前后。

史传夏禹之后，曾将帝位荐与伯益，伯益避禹子夏启于箕山之阴；《史记·夏本纪》则为：益让帝禹之子启，而避居箕山之阳。《墨子·尚贤》："禹举益于阴方之中，授之政，九州成。"《战国策·燕策一》："禹授益，而以启为吏。"文献说明伯益曾经摄政并统治了夏朝一段时期。前文论指登封王城岗大城即伯益代行禹政的地方，其年代在公元前2100—前2030年。结合煤山文化（类型）与新砦二期之间的演变关系，在时空方面基本契合，是当不谬。

夏启与支党攻益而夺天下，是文献中首位以嫡长子夺位的君主。《今本竹书纪年》帝启："元年癸亥，帝即位于夏邑。大飨诸侯于钧台。"益、启之间年代的交错应该就是王城岗大城和新砦龙山文化城之间的废、立界线，年代应该在公元前2045—前2030年（王城岗大城年代下限）。此后夏启因有扈氏之乱而伐于甘，作《甘誓》。诸侯从帝归于冀都。晚年又发生了武观不肖，"放王季子武观于西河。十五年，武观以西河叛。彭伯寿帅师征西河，武观来归"（《今本竹书纪年》）。这一段历史，大概延续至公元前2000年以后，应该是可信的。此亦基本契合学界目前较为一致的推论。

《古本竹书纪年》记载，太康于元年癸未即位，居斟寻。畋于洛表。经过羿入居斟寻、仲康即位、寒浞杀羿、相居斟灌、寒浞使其子浇弑相、伯靡杀寒浞等系列战乱，前后不会少于百年。故新砦二期属于后羿代夏的遗存，时代框定在公元前2000—前1900年，基本可以信据。但根据张雪莲、仇士华等人将2005年以来二里头遗址两次测得的数据与新砦遗址数据所做的长系列总拟合。拟合的结果是：新砦早期的年代约为公元前1870—前1790年，新砦晚期的年代约为公元前1790—前1720年，二里头第一期的年代约为公元前1735—前1705年，二里头第四期的年代约为公元前1565—前1530年。由此可以得出，新砦早期的年代上限应不早于公元前1870年前后，二里头第一期的年代上限应不早于公元前1750年[95]。其中新砦期和二里头文化的年代大致上比考古学界的推论晚了约百年。笔者认为，新的拟合理论和方法，属于新技术应用，相关成果可能尚需更多资料的对比和时间的检验。目前的结论，仍应以2000年夏商周断代工程专家组所公布的二里头文化一至四期拟合后的日历年代为准，即在公元前1880—前1521年为宜。目前学术界亦基本认可新砦三期和二里头文化一期，文化面貌相似，时代上接近，可以认同为一类

---

⑮ 张雪莲、仇士华等：《新砦—二里头—二里冈文化考古年代序列的建立与完善》，《考古》2007年第8期；中国社会科学院考古研究所：《二里头（1999—2006）》第七章，文物出版社，2014年，第1215—1238页。

遗存。大致认定属于少康中兴阶段的文化遗存，与蒲城店二里头文化遗存约略相当。

史载帝杼（宁）为夏后氏一代明君，《国语·鲁语》曰："杼，能帅禹者也，故夏后氏报焉。"根据《今本竹书纪年》"伯子杼帅师灭戈"以及《左传·襄公四年》"后杼灭豷于戈"和《哀公元年》"使季杼诱豷"的诸多记载来看，杼直接参了夏少康的复国战争。其即位之后将国都迁于原（今河南济源市附近），再迁于老丘（春秋时期为宋国城邑，据考在开封市附近）。通过一系列的军事手段，征东海、伐三寿，得一狐九尾（《今本竹书纪年》），扩大了夏王国对东夷地区的控制，稳定了夏文化的东方范围。诚如王树民先生所论：其实夏作为一个朝代，是帝杼以后才形成的，其前是和有虞氏的时期一样不固定的[96]。但是帝杼的年代和相关遗存，亦应包括在相当于二里头一期的诸遗存之中。

二里头文化第二期开始，二里头都邑进入了全面兴盛的阶段。这一时期的遗存遍布于现存300万平方米的遗址范围，宫殿区在此期已得到全面开发。其中3号、5号基址所代表的大型多进院落宫室建筑群开始营建，院内开始埋入贵族墓。该区域的外围垂直相交的大路已全面使用。官营作坊区兴建了围墙并开始生产铜器。第三期则是在宫殿区大路上偏内侧增筑了宫城城墙，宫城城墙围起的面积超过10万平方米。一大批大中型夯土建筑基址兴建于此期。在宫城南大门中轴线上，兴建起了面积达1万平方米的1号基址[97]。二、三期文化的这种现象应与帝芬及其后续诸王的经营有关。《今本竹书纪年》帝芬："元年戊子，帝即位。三年，九夷来御。……三十六年，作圜土。"这里的"作圜土"，应该就是指宫室营造。其后至帝芒、帝泄、帝不降等王在位都比较稳定，时期也较长。所以二里头二期至三期的遗存，应该是帝芬及后续诸王的文化遗存。

自四期开始，陶器的变化非常显著。这些变化主要表现在三个方面：一是传统器类在形制、装饰方面变化较大。制作工艺变得粗糙，陶胎变得粗厚，陶色普遍变灰，黑陶进一步减少。二是早期常用的某些器类急剧减少以至消失，同时另一些器类数量大增。三是出现新的器形，尤其引人注目的是一些外来因素[98]。《今本竹书纪年》记载，帝孔甲"王好事鬼神，肆行淫乱，诸侯化之，夏政始衰。"孔甲之后诸王在位年代都比较短，战乱频仍。或可据此认定二里头四期的早段（学术界一般把二里头文化分为四期，每期又可分为早、晚两段[99]），大致属于孔甲之后的文化遗存。

有学者指出，二里头文化在进入四期晚段之初，二里头都城的主体要素均仍正常使用，未出现被破坏或叠压的情况。此后不久，除了绿松石器制造作坊和铸铜作坊可能仍在使用外，其他在二、三期建成并一直使用的主体要素均受到不同程度的叠压或破坏而

---

[96] 王树民：《夏代三康》，《文史》（第四十九辑），中华书局，1999年。

[97] 中国社会科学院考古研究所：《二里头（1999—2006）》结语，文物出版社，2014年；赵海涛、许宏、陈国梁：《河南偃师二里头遗址宫殿区考古新收获》，《2011中国重要考古发现》，文物出版社，2012年。

[98] 郑光：《二里头陶器分期初论》，《中国商文化国际学术讨论会论文集》，中国大百科全书出版社，1998年。

[99] 中国社会科学院考古研究所：《中国考古学·夏商卷》，中国社会科学出版社，2003年，第70—80页；中国社会科学院考古研究所：《偃师二里头1959年—1978年考古发掘报告》，中国大百科全书出版社，1999年；李维明：《二里头遗址二里头文化陶器编年辨微》，《中原文物》1991年第1期；张良仁：《论二里头文化分期与性质》，《考古学集刊》（第14集），文物出版社，2004年。

废弃了，特别是出土有成组下七垣文化和岳石文化特征器物的灰坑，直接破坏1号基址夯土，或出现于其近旁，表明其遭受毁灭性的破坏而废弃。由于下七垣文化、岳石文化入侵，二里头都城废弃、政权灭亡。但之后并未将二里头都城的居民全部消灭和毁弃二里头遗址的设施，也并未撤出二里头遗址，而是继续使用二里头铸铜作坊等相关设施，新建绿松石器制造作坊、并新建了10号和6号基址[100]。这些现象说明，夏商之交的具体界限，应该存在于二里头文化四期后段之际，参证文献所记亦基本吻合。“三十一年，商自陑征夏邑，克昆吾。大雷雨，战于鸣条。夏师败绩，桀出奔三朡。商师征三朡，战于郕，获桀于焦门，放之于南巢。”（《今本竹书纪年》）其具体年代当与郑州商城和偃师商城的始建年代接近或略晚（距今3600年前后）。

综上所述，夏代历史应以涂山会盟为始，而以桀奔南巢为终，跨度约为650年。前期，以禹、皋陶、伯益、启、三康和后羿、寒浞等历史人物为代表，多具有传说和神话色彩，文献记载的相关代际世系，杂说较多，应该审慎辨证。后期，则以帝杼及其后续诸王的历史为主，时代较为明确，文献记载也较为清晰，基本可为信史。

四、夏系文化疏证

说到夏系文化，是因为文献中存在“大夏”“有夏”“西夏”“诸夏”等称谓，有必要进行梳理。《左传·昭公元年》：“迁实沈于大夏，主参，唐人是因，以服事夏商。”由是推之，陶唐氏的祖源文化应是最早称之为夏的氏族；在因代关系上，对其他称夏的民族有领袖作用，故为大夏。目前学界基本认同山西临汾地区的陶寺文化，属于帝尧陶唐氏的物质文化。陶寺文化的直接渊源，是为庙底沟二期文化。关于庙底沟二期文化的类型、分期以及主体因素，目前仍然存在较多争议。学界一般认为庙底沟二期文化源自晋南豫西，主要分布于中原西部至关中等地。多数研究者认为，小口平底瓶、斝、釜灶、夹砂罐和鼎构成的陶器基本组合是庙底沟二期文化的本质所在[101]。从考古文化的谱系分析可知，庙底沟二期文化属东西两大文化系统长期交争与融合产生的多元文化共同体，与关中地区和晋中地区的案板三期、陶寺早期、白燕二期文化等都具有密切的亲缘关系[102]。其对华夏文明的产生和构建有重要作用。所以大夏文化应该就是在仰韶晚期社会变革中震荡重组的庙底沟二期文化。因为陶唐氏是直接承接大夏的传承主体，所以陶寺文化早期也应是大夏文化。

古史中的夏人或夏墟，多认为在豫西或晋南地区，基本上处在太行、中条、熊耳、伏牛诸山之间的山前平原地带。正因为夏后氏在这一带建国并长期生息于此，因此也被称为“有夏之居”。大禹是直接承继有夏之称的氏族，《国语·周语》：因禹治水有功而“皇天嘉之，祚以天下，赐姓曰姒，氏曰有夏”。《史记·夏本纪》中禹“南面朝天

[100] 赵海涛：《二里头遗址二里头文化四期晚段遗存探析》，《南方文物》2016年第4期。

[101] 卜工：《庙底沟二期文化的几个问题》，《文物》1990年第2期。

[102] 罗新、田建文：《庙底沟二期文化研究》，《文物季刊》1994年第2期；魏兴涛：《庙底沟二期文化再研究——以豫西晋西南地区为中心》，《考古与文物》2016年第5期。

下，国号曰夏后”。前文已经论证，王湾三期文化的后期，以庙底沟二期为主要因素的族体形成了夏族文化。后至少康中兴，帝杼之后的帝芬在偃师建立二里头王城；形成了二里头夏文化。所以狭义的夏文化应指王湾三期文化中后期直至以二里头文化为主体的相关文化。

周人也自称夏。《尚书·康诰》曰：“（周文王）用肇造我区夏，越我一二邦，以修我西土。”《立政》：“乃伻我有夏，式商受命，奄甸万姓。”《广雅》：区，“小也”。区夏即小夏，“小夏”是为谦称，其如《大诰》之“小邦周”。从地理方位上讲，相对于河东地区陶唐氏的大夏，周人长期发展赖以生存的关中及河套地区，应该就是西夏。《逸周书·史记解》：“昔者西夏，性仁非兵，城郭不修，武士无位，惠而好赏，屈而无以赏。唐氏伐之，城郭不守，武士不用，西夏以亡。”《博物志·杂说上》：“昔西夏仁而去兵，城郭不修，武士无位，唐伐之，西夏云（亡）。”庙底沟二期文化对关中地区的渗透和对嵩山地区的扩张，则有其对案板三期以及郑州地区“龙山文化早期”等遗存形成的影响现象为证[103]。说明“唐伐西夏”“唐伐共工”基本处在同一时段，在考古文化上确有所本。故西夏文化应指处于龙山早期的案板三期文化为主体的相关文化。

至于文献中的诸夏，是在春秋前后形成的文化概念。《左传·僖公二十一年》：“任、宿、须句、颛臾，风姓也。实司大皞与有济之祀，以服事诸夏。”这里诸夏即周代分封的“王之支子母弟甥舅”等诸侯国。《左传·闵公元年》：“诸夏亲昵，不可弃也。”《春秋繁露·观德》：“灭国十五有余，独先诸夏，鲁晋俱诸夏也。”是为周人夺取中原之后标领正统的国族认知，对后世中华统绪、多元一体的传统有较大的影响作用。

早在新石器时代中期，黄河流域就已经形成了华渭为中心的考古文化系列群和在黄河中下游地区的海岱考古文化系列群。它们分属两个系统：一是西部的李家村、老官台文化系统，主要以李家村、老官台文化→半坡文化→庙底沟（西阴文化）等文化为主要序列。二是东部的磁山、裴李岗文化系统，以贾湖、裴李岗、磁山文化→安徽双墩、江苏龙虬庄、山东北辛、大汶口、安阳后冈一期文化等为序列。笔者依据文献和考古文化综合分析，判析这两个文化系列群乃是形成公元前4000年前后炎、黄文化东西分野的基础[104]。及至龙山时代早期，中原地区形成大汶口文化晚期与庙底沟二期文化东西对峙的新局面。张海等先生在有关研究的基础上，又提出了东、西文化“半月弧”的概念。仰韶文化的核心区（关中至晋南、豫西）为“西半月弧”地带，东部汉（水）淮（河）至海、岱一线可以称为“东半月弧”地带，来自东西两个“半月弧”地带的诸多文明要素深刻影响了中原社会早期文明化的进程[105]。这种划分，仍然标示了东西两大文化系统的分布格局。

综上，我们可把“西半月弧”地带含有较多黄帝文化传统的考古文化统称为夏系文

[103] 见上引“庙底沟二期研究”诸文。

[104] 常兴照：《炎黄文化东西说》，《文物春秋》2005年第6期。

[105] 张海、赵晓军：《仰韶与龙山之间：公元前3千纪前半叶中原社会的变革》，《中原文物》2021年第6期。

化。结合文献和考古遗存，龙山时代的夏系文化主要包含共工氏、陶唐氏、夏后氏、有扈氏、有郃氏等氏族文化。而东方地区主要是有虞氏（即太昊氏及皋陶、伯益等族）、涂山氏、有仍氏、有莘氏、有缗氏等部族群体，基本上属于东夷或华族文化范畴[106]。

附记：本文是在借鉴众多师友、同仁及相关学者研究成果的基础上，将有关夏代历史的碎片进行对缝拼接的尝试。相关推论与当下主流观点多有不恰，存在不足在所难免，文责由本人自负。谨对本文引用过观点、论据的所有文章作者和提供者致以衷心的感谢。

2022年8月6日于京东燕郊

---

[106] 常兴照：《华族、华族文化与华夏关系考论》，《东岳论丛》2007年第6期。

齐地古史的考古学研究

——兼谈炎黄传说

最近发现并被认可的大汶口文化五村类型[①]，使我们对鲁北地区新石器时代文化遗存的内涵成分有了新的认识，给我们研究鲁北古史以有益的启迪。由此笔者试从考古学角度并结合古代文献传说对鲁北齐地的史前历史作初步讨论。

一、考古文化现象概略

据现有资料研究，鲁北地区新石器文化至少存在两种或两种以上的不同传统的文化成分。在距今7000年前后的新石器时代早期，可以邹平西南村、青州桃园等类遗存为代表，约和鲁南地区的北辛文化时代相当。目前这类遗存多系采集所见。从器物类型学原理分析，该类遗存中多含有一种以曲（折）腹底盆形鼎，小口肩耳壶，红顶钵或口唇部涂一道深赭色彩带的筒腹尖圜底、口沿下有一周喙突的“漏器”等典型因素。大量事实证明，这类因素在时代上可能比北辛文化要晚，在传统上与豫北冀南的后冈一期文化有传承关系。目前看来，该类遗存在鲁北沿泰山北侧有一条分布线，就是说，远在新石器时代早期偏晚之际，鲁北地区就曾植入了太行山地区的文化传统[②]。在距今6000—5000年前后即相当鲁南地区的大汶口文化阶段，是类遗存通过张店西寨等类遗存的中继、发展演变成大汶口文化五村类型（这种递变过程在最近发掘的临淄后李遗址的资料中又进一步证实）。从分布范围上说，五村类型主要集中在潍淄流域，同时并与含有鲁南典型大汶口文化因素的等类遗存交叉分布。越到晚期，后者的势力也就越大，并逐渐形成主导地位[③]。但是，五村类型的传统因素并没有因此消亡，其后在潍淄流域的龙山文化遗存中仍有较多保留。五村类型的文化特征主要表现有：陶器以红陶和泥质陶较多见；彩陶盛行，主要为红、白、赭三色相间勾勒，纹样有网纹、三角形直线几何纹、涡纹等，曾发现一件彩陶片，上绘双鸟；流行纽饰；器物多手制及慢轮修整；主要器类有折腹鼎、罐形鼎、钵形鼎、钵、豆、罐、壶、杯等。生产工具方面石质生产工具较少，而有较多骨器、蚌器。经济生活类型方面，由于大多在滨海地区生活，加之生产力水平落后，故以渔猎采集为主。居住形式可能由于地理环境存在周期性迁移活动。埋葬习俗

① 常兴照：《论五村类型》，《青果集：吉林大学考古系建系十周年纪念文集》，知识出版社，1998年。

② 常兴照：《论五村类型》，《青果集：吉林大学考古系建系十周年纪念文集》，知识出版社，1998年。

③ 常兴照：《论五村类型》，《青果集：吉林大学考古系建系十周年纪念文集》，知识出版社，1998年。

以单人土圹竖穴墓为主，头向以东北或东南向为多见，随葬品较贫乏，有陶器的墓约占32%，一般只有两三件，最多3—5件，主要组合为鼎、豆、罐或鼎、豆、壶，鼎、豆、杯等。同鲁南地区大汶口文化中以觚形杯、背壶、高柄杯等为特征的文化遗存相比较，五村类型自身的传统因素十分鲜明，尽管两者有许多器物所共有④。共有可以认为是文化融合及时代同化现象，差异则是深层文化根基上的区别。如何理解物质遗存中反映的这些文化现象，或者说五村类型归属哪种人群共同体，这是我们探讨鲁北古史不容回避的重要问题。其实，如果将其置放在黄河流域新石器时代文化谱系中考察并结合古史传说的文献资料综合研究，这一问题并不难回答。

二、文化区系层次与背景

苏秉琦先生曾指出："我国历史地理，在某些意义上，大体可以分为两大部分——面向海洋的东南部地区和面向亚洲大陆腹地的西北部地区。"⑤这是对我国古代历史文化分区的高度概括，亦为我们认识中国古代文化传统的第一层次。其后，张忠培先生在《原始农业考古的几个问题》一文中认为：自公元前五六千年开始，"从考古文化的谱系研究，可知在长江流域存在着以江汉平原和长江下游为中心的两个考古文化系列群，在黄河流域可能存在三个考古文化系列群。后者之一是西起甘青，东至洛阳左逝，北起河套，南越秦岭至汉水上游，而以渭水为中心的考古文化系列群；之二是以泰沂为中心的考古文化系列群；之三是包括华北东北部及东北西南部以滹沱河为中心的考古文化系列群。……这五个平行的考古文化系列群，目前已能确认的源头即大溪文化、河姆渡文化、老官台文化、北辛文化和磁山·裴李岗文化……"⑥。最近，张忠培先生等又根据后冈一期文化及黄河下游距今6000年前后的其他新石器文化均不同程度地存在以鼎、壶、钵等基本器物组合并出现少量彩陶等特征为基点，将磁山·裴李岗与北辛文化划归同一谱系，指出后冈文化是太行山以东面向海洋的磁山·裴李岗文化系统中的一个重要阶段。它同太行山以西以华山为中心面向亚洲腹地的老官台文化系统中以瓶、罐为特征的半坡、庙底沟等文化形成黄河流域东西文化分野。由于地方特征和发展的不平衡，后冈文化总体上又可分为东部以泰沂为中心和西部以太行山为中心的两大分布区。西区的代表遗存即后冈一期遗存和南杨庄类型等，东区的代表遗存系指大汶口遗址1974—1978年发掘的第五层遗存和胶东地区的邱家庄类型。每区内还可分成若干文化类型。从文化源流上说，后冈文化同磁山·裴李岗文化中间存在缺环，而同北辛文化等类遗存比较接近，即各区内相当于北辛文化的诸类遗存是后冈文化的主要渊源。在西区，后冈文化如何通过钓鱼台及大司空类型为代表的遗存，发展到后冈二期文化，以及它们之间是否是

④ 常兴照：《论五村类型》，《青果集：吉林大学考古系建系十周年纪念文集》，知识出版社，1998年。

⑤ 苏秉琦：《略谈我国东南沿海地区的新石器时代考古——在长江下游新石器时代文化学术讨论会上的一次发言提纲》，《文物集刊》（第1集），文物出版社，1980年。

⑥ 张忠培：《原始农业考古的几个问题——为纪念〈农业考古〉创刊四周年而作》，《农业考古》1984年第2期。

直接的传承关系还有待研究。在东区，后冈文化的直接继承者即大汶口文化[⑦]，这实际上是在第二或第三个层次上对黄河流域原始文化传统的概括与分析。就黄河流域东西两大文化系统的关系来说，曾经出现如下情形的文化背景：在后冈文化发达阶段，东部系统发展要胜于西部系统。因此，后冈文化曾经冲破地理条件限制，跨越作为地理分界的太行山，将势力一直深入到河套地区。但到了半坡文化末期或庙底沟文化初期西部老官台文化系统势力膨胀，后冈文化逐渐后退，直至连其原生地之一的太行山东麓也依次落入庙底沟文化势力之内，仅在泰沂山系周围继续发展。如果再作进一步分析的话，后冈文化最本质、最有代表性的器物乃曲腹圜底盆形鼎，它的发展和存在具有突出的年代尺度和文化属性的标识意义。以现有资料分析，后冈文化西区的鼎类器没有东区发达，形制要比东区的稍晚，而且东区的此类鼎与北辛文化的同类器有着直接的承继关系[⑧]。因此，我们有理由认为，后冈文化西区应是直接吸收了东区鲁南地区北辛、大汶口遗址五层遗存的一部分因素并结合当地的文化内涵而发展起来的。结合前一节我们指出的后冈文化晚期因素在鲁北地区出现的情况，可以认为，大概在后冈文化后期，由于西部老官台文化系统的进逼，后冈文化西区的部分居民又沿黄河下游泰沂山系北侧东渐，在长期的发展演变过程中，与当地文化因素融合而在潍淄流域形成了五村类型。就目前鲁北地区的考古学资料进行查验，这一推测还是符合客观事实的。

综上所述，五村类型的时空位置，只不过是黄河流域原始文化网络的一个扣结。探讨五村类型的历史面貌，必须对黄河流域两大文化系统以及汶泗流域的北辛、大汶口早期文化在中国古史中的位置有一个基本的认识：即弄清东西文化分野意味着什么；后冈文化西区和汶、泗流域的北辛、大汶口早期文化又属哪些文化集团。不然则只能仍在迷宫中徘徊。

三、古 史 探 源

中国古代神话传说，是一部浓缩的原始社会史。但由于记载的淩乱，传说的舛谬，要想梳理决断一个完整的系统绝非易事，但基本的线索还是可以找到的。从文献上推考，与东、西文化系统相关联的文化集团可能即炎、黄两大族系；而北辛晚期、大汶口早期文化的族属可能与蚩尤氏有关；那么五村类型最有可能的代表人物则非爽鸠氏莫属。这里主要从以下四个问题谈起。

（1）炎黄不同族。《国语·晋语》：“昔少典取于有娇氏，生黄帝、炎帝。黄帝以姬水成，炎帝以姜水成。成而异德，故黄帝为姬，炎帝为姜。”《绎史》卷五引《新书》：“炎帝者，黄帝同母异父兄弟也，各有天下之半。”今本《新书·制不定》作“同父异母弟。”传统古史研究多依此认为炎黄二族同源同宗[⑨]。对此，有些学者也曾

⑦ 张忠培、乔梁：《后冈一期文化研究》，《考古学报》1992年第3期。

⑧ 郑笑梅：《试谈北辛文化及其与大汶口文化的关系》，《山东史前文化论文集》，齐鲁书社，1986年。

⑨ 徐旭生：《中国古史的传说时代》（增订本），科学出版社，1960年。

质疑[10]，但多未尽其旨。本来，原始社会的氏系宗支传说多系后人梳理，其中多有讹误。原始婚姻因知其母不知其父，故多托为感天地造为神异之说炎、黄二帝的出生情况就说明了这一点：如黄帝母附宝之祁野，见大龟绕北斗枢星感而怀孕，生黄帝于寿丘；炎帝母女登游于华阳，有神龙首，感生炎帝。足以说明所谓同父或同宗之说不可信。归纳起来黄帝、炎帝不同族的文献证据主要有四：①生地、姓氏不同，黄帝为姬、炎帝为姜，如《国语》所记。②图腾崇拜不同。《山海经·海外西经》："轩辕之国……人面蛇身，尾交首上。"轩辕即黄帝，则黄帝族实为虫蛇崇拜之族。《绎史》卷四引《帝王世纪》："炎帝神农氏人身牛首。"则炎帝族应为一崇拜牛的氏族。③文化发展不同。《史记·五帝本记》："（黄帝）迁徙往来无常处，以师兵为营卫。……时播百谷草木，淳化鸟兽虫蛾。"可见其游掠性较大，渔猎经济成分较多而兼营农业。而炎帝族则不同。《太平御览》卷七二一引《帝王世纪》："炎帝神农氏长于姜水，始教天下耕种五谷而食之，以省杀生。尝味草木，宣药疗疾，救死伤之命。"可知其农业经济比较发达。④其后裔分属、地域不同。商周之际的姬姓建国主要分布在山西南部的中条山周围及太行山西麓，《左传·襄公二十九年》："虞、虢、焦、滑、霍、杨、韩、魏皆姬姓也。"见于《左传》的还有芮、荀、狐、耿等[11]，多属周人族团。而姜姓的建国则偏南、偏东。主要封国在河南的有申、吕、许，在山东的有齐、逄、纪、向、州等[12]，多属夷蛮集团。上揭四条，足证炎黄二族实为两个在经济、政治、信仰和文化上都有极大区别的氏族，应该分属不同的谱系。

（2）炎、黄二族与黄河流域两大文化系统的分野相吻合。一般认为黄帝、炎帝的传说起始是原始社会末期，随着私有制的发展出现部落之间以掠夺财富为目的的战争而出现的[13]。而从我国新石器时代文化的发展状况看并非如此。我国黄河流域远在七八千年前后就出现了十分发达的农业经济文化，形成不同谱系的文化族团，不同文化之间的交流也始终存在。很难设想这些交流都是以和平方式进行的。其中因为生存空间的争夺也会导致战争。我国北京猿人时期就存在猎首食人习俗就说明了这一点。而战争的首领一般应该是男性，即便典型母系氏族社会中也应如此。这是由于雄性动物的好战性和体魄的悍强劲所决定的。我国永宁纳西族的母系氏族内，男孩子在成人仪式中要挂箭佩弓，手持长矛和长刀，象征男孩子勇敢顽强。成年礼要由舅舅主持，没有舅舅则由其选定的男人主持。正是这种军事首领应为男性的有力证明[14]。还有在一些人类的近亲如类人猿的社会中，雄性猿类的首领作用表现得更突出。所以，强者为王，也应是初民社会的普遍规律。所谓母系制，应该指生活和生产的最小组合单位是以母系血缘关系为纽带的基本组织，不应该理解为部落酋长也应该为"老祖母"氏的人物。因此笔者认为，

---

⑩　王献唐：《炎黄氏族文化考》，第一篇，齐鲁书社，1985年；何新：《诸神的起源》，生活·读书·新知三联书店，1986年，第159页。

⑪　徐旭生：《中国古史的传说时代》（增订本），科学出版社，1960年，第44、45页。

⑫　徐旭生：《中国古史的传说时代》（增订本），科学出版社，1960年，第46、47页。

⑬　孙淼：《夏商史稿》，文物出版社，1987年，第189页。

⑭　严汝娴、宋兆麟：《永宁纳西族的母系制》，云南人民出版社，1983年，第146页。

炎、黄传说的历史背景是从两个较大氏族之间的战争开始的，而这场战争的起始应该是黄河流域两大文化系统开始碰撞的真实写照。具体地说，就是后冈文化系统同半坡文化系统争夺的反映。《史记·五帝本纪》：“炎帝欲侵陵诸侯，诸侯咸归轩辕（黄帝）。轩辕乃修德振兵，治五气、艺五种、抚万民、度四方，教熊、罴、貔、貅、貙、虎，以与炎帝战于阪泉之野。三战，然后得其志。”《大戴礼记·五帝德》中将炎帝记为赤帝，是为同一人。这是中国有文字记述的第一次大规模战争。它反映了这样一些背景：①炎帝族要比黄帝族发展得稍早；②黄帝仍是以渔猎营卫为特点的氏族；③战争的地点在太行山附近。这些情况与后冈及半坡文化的情况多有相近。后冈文化系统远在裴李岗·磁山阶段，就有十分发达的农业文化。裴李岗文化中极富特征的大磨盘，作为谷物加工的典型器物，说明其农业经济水平已经相当高。磁山文化中众多的储粮窖穴[15]，亦说明了这一点。其整个文化发展比老官台文化似乎稍快一些。而老官台文化系统在半坡阶段其渔猎经济仍占很大比重，这除了彩陶中的大量鱼纹是一佐证，从墓葬中随葬品情况也说明了这一点，元君庙墓地中发掘出的纺轮、蚌刀等多发现在女墓，男墓和合葬墓中的男子身边则存有箭头，也是渔猎经济中男女分工不同的典型例证。特别是半坡文化中居址多用围壕圈界则应是“师兵营卫”的最好说明。而与其相当的后冈文化中则农业生产工具较多，如石铲、石斧、石刀等。更为重要的是，炎黄之战同前面提及的后冈文化的西进与后缩情况完全一致，这不会只是一般的巧合。再者文献中炎帝为火神，《左传·昭公十七年》：“炎帝氏以火纪，故为火师而火祖也。”《管子·轻重》篇：“炎帝作钻燧生火。”《淮南子·汜论训》：“炎帝死而为灶。”是或说明炎帝族对火的利用比较先进。在后冈文化西区中较后冈文化稍早一个阶段的遗存就发现有陶灶[16]，这种灶具显然要比地灶或明火支烧更科学，更方便。此为指示炎帝作为火神、死而为灶的最好物证。凡上种种，均说明炎黄之分应即我国新石器时代黄河流域两大文化系统之分。炎、黄成为中华民族的共同祖先，有着深远的历史根据。

（3）蚩尤是黄河下游北辛、大汶口文化的一个重要集团，它是炎帝族的重要组成部分。文献记载中蚩尤与炎帝关系十分迷乱，多有相混。①容貌相近。《太平御览》卷七八引《龙鱼河图》：“蚩尤兄弟八十一人，并兽身人语。”《述异记》：“蚩尤兄弟七十二人”，“人身牛蹄，四目六手。秦汉间说：蚩尤耳鬓如剑戟，头有角。”看来蚩尤极像一头牛。与炎帝“人身牛首”同类。②生地相近。《初学记》卷九引《归藏·启筮》：“蚩尤出自羊水，八肱八趾，疏首。”《国语·晋语》：“炎帝以姜水成。”羊、姜互通，本为一水。③名号事迹相同。《路史·蚩尤传》：“阪泉氏蚩尤炎帝之裔也。”又云：“蚩尤逐帝而居于涿鹿，典封禅，号炎帝。”《史记·五帝本纪》：“黄帝乃徵师诸侯，与蚩尤战于涿鹿之野，遂禽杀蚩尤。”《庄子·盗跖》篇：“黄帝尚不能全德，而战涿鹿之野，流血百里。”《新书·益壤》篇：“炎帝无道，黄帝伐之涿鹿之野，血流漂杵，诛炎而兼有其地。”炎帝与蚩尤似为同一人。上述诸项，只要确认蚩

⑮ 佟伟华：《磁山遗址的原始农业遗存及其相关的问题》，《农业考古》1984年第1期。

⑯ 河北省文物管理处：《磁县界段营发掘简报》，《考古》1974年第6期。

尤族在考古文化上的反映就会真相大白。蚩尤的族属一说为苗蛮。所据多因传说蚩尤是九黎好君长，而《国语·楚语》下有“三苗复九黎之德”之句。其实，九黎即九夷，上古三、九多为概数，黎夷、苗蛮是中原华夏民族对四围人民的统称；而九黎的传说又多与东夷集团有关；从“三苗复九黎之德”亦看不出多么直接的亲缘关系；故此说不可信。徐旭生先生曾主张蚩尤属东夷集团，地望在鲁西南一带，所据较真，其说甚切[17]。最近，王树明先生等又根据大汶口文化王因遗址的墓葬发现含食陶球的习俗，参考文献记载蚩尤似牛而啖食铁石的传说，结合民俗方言指出：蚩是古代对鸟兽虫鱼之类的统称，蚩尤之蚩是族名的附丽字，谓其属虫类。尤即牛，鲁南一带至今读牛为尤。故蚩尤氏族即鲁南大汶口文化早期之际的一个氏族集团[18]。此说丰富了徐旭生先生的推论，足可信据。进而论之，蚩尤族的发展应该在北辛文化晚期就已形成。从前面分析中已知后冈文化是在北辛晚期文化的参与之下发展形成的，那么也就是说，蚩尤族是在北辛文化晚期之际就完成了替代或发展成炎帝的过程，所以才有了以后的炎、黄大战。这场战争的第一阶段是在太行山周围发生的，炎帝被迫流离四方。所以其中有一部分就形成了鲁北地区的五村类型的前身。战争的第二阶段即所谓“黄帝擒杀蚩尤”，西方黄帝族为了取得彻底胜利，一直打到炎帝、蚩尤族的发源地之一——汶、泗流域。于是乎就有了鲁南区大汶口文化早期后段的大量庙底沟式彩陶。而黄帝的传说也由陕西、河北，转移到了曲阜，故有黄帝生于鲁东门寿丘一说。黄帝对蚩尤族的政策，是以夷制夷，用东夷族的另一个著名集团少昊氏来管辖蚩尤部落（《逸周书·尝麦解》），这就是所谓炎、黄大战的本来面貌。

（4）五村类型是炎帝的遗裔，其传说背景与女娃有关。中国神话传说之中有一个著名的故事，即“精卫填海”。一向被为人们作为不屈精神的象征。过去很少有人把它作为信史。但如果比照一下五村类型的文化特征，并参考上述炎帝的传说，就会发现，“精卫填海”的故事有着一定的历史背景。《山海经·北次三经》：“又北二百里，日发鸠之山，其上多柘木。有鸟焉，其状如鸟，文首、白喙、赤足，名曰精卫。其鸣自詨。是炎帝之少女名曰女娃。女娃游于东海，溺而不返，故为精卫，常衔西山之木石，以堙于东海。”《述异记》：“昔者炎帝女溺死东海中，化为精卫。”这里有四个因素：①出自炎帝；②溺海而亡，当指在海域生活；③化而为鸟；④常衔西山之木石以堙于海，有迁徙之义。我们前面对五村类型文化因素中海滨地区以渔捞猎采为主的生活方式、居住上的迁移性活动及其与后冈文化的深层联系等分析，与此是何其相似乃尔。其中化而为鸟，大概喻指其与当地文化结合而化生出新的图腾崇拜，五村遗址就发现过一件彩陶，上绘双鸟比翼齐飞。如果此论不谬，那么鲁北历史脉络几可清晰。《左传·昭公二十年》：“昔爽鸠氏始居此地；季萴因之，有逢伯陵因之，蒲姑氏因之，而后大公因之。”这里的爽鸠氏，大根就是五村类型或其后续者。“爽鸠”与精卫所居的“发鸠之山”名、义相近，必有缘承。《左传》上有爽鸠氏为少昊司寇的记载，或有可能说明

⑰ 徐旭生：《中国古代的传说时代》增订本，科学出版社，1960年，第49—54页。

⑱ 王树明、常兴照、张光明：《蚩尤辩证》，《中原文物》1993年第1期。

少昊集团也曾对爽鸠氏有过重要的影响。鲁北地区在五村类型后期逐渐增强的鲁南文化因素，或许就是这一记载的物质证明。从这一推测进而引伸，那么鲁北地区商周时期出现那么多的姜姓侯国，则有源可据，甚至连齐太公为“东海上人”，也可以充分理解了。

四、余 论

爽鸠氏作为第一个登上鲁北地区历史舞台的文化集团，无疑对鲁北齐地的文化意识有着深远的影响，它始终同中原地区的华夏民族有着相互的交流和影响。因此，我们同意王树明先生对鲁北文化传统中尚箭嗜射习俗的考定，以及将这一习俗的肇始年代指为龙山文化中晚期的结论[19]。同时我们认为尚箭和崇鸟，一直是鲁北地区史前文化中交相并存的文化习俗，成为鲁北民族深层文化意识的两条主干。

（原刊于《管子学刊》编辑部：《管子与齐文化》，
北京经济学院出版社，1990年）

⑲ 王树明：《齐地得名推阐》，《东夷古国史研究》（第一辑），三秦出版社，1988年。

龙山文化与后羿传说

后羿是东夷民族的著名首领，曾给我们留下许多生动的神话与传说。著名的如“羿射九日”“擒杀六害”“嫦娥奔月”“逄蒙学射”“后羿乱夏”等。自汉代以来，关于后羿的研究与解释汗牛充栋，但从其考古文化和族团源流方面进行讨论的寥无几人。友人王守功先生曾作《夷羿族团的衍变与考古发现辩证》①，从一个新的视角阐述了后羿部族的地望、文化的发生、发展及变迁过程，分析了其演变的原因和历史背景，启益良多。但依据笔者对后羿文化的研究与理解，对后羿族团所处时代、生发过程、文化演变等问题有不同的认识，析论如次。

一、后羿传说概论

通检载籍中关于后羿的传说，是为一半神半人、有大功大过、毁誉参半、宗姓不清、时代难定的人物形象。尊其为“神”，因为他是上帝降派下界的使者，是“以扶下国”的钦差。《山海经·海内经》：“帝俊赐羿彤弓素矰，以扶下国，羿是始去恤下地之百艰。”《楚辞·天问》：“帝降夷羿，革孽夏民。”说其为“人”，因为他不过是一善射的英雄，最后尚且被其好心收养的弟子残害。《吕氏春秋·审分览·勿躬》：“夷羿作弓。”《淮南子·修务训》：“羿左臂修而善射。”《荀子·儒效》：“羿者，天下之善射者也。”《左传·襄公四年》：“昔有夏之方衰也，后羿自鉏迁于穷石，因夏民以代夏政，恃其射也，不修民事而淫于原兽。弃武罗、伯因、熊髡、龙圉而用寒浞。寒浞，伯明氏之谗子弟也。伯明后寒弃之，夷羿收之，信而使之，以为己相。浞行媚于内而施赂于外，愚弄其民而虞羿于田，树之诈慝以取其国家，外内咸服。羿犹不悛，将归自田，家众杀而亨之，以食其子。其子不忍食诸，死于穷门。靡奔有鬲氏。浞因羿室，生浇及豷，恃其谗慝诈伪而不德于民。使浇用师，灭斟灌及斟寻氏。处浇于过，处豷于戈。靡自有鬲氏，收二国之烬，以灭浞而立少康。少康灭浇于过，后杼灭豷于戈，有穷由是遂亡。”言其大功，因其上射作恶之十日；下杀为害之禽兽；万民皆喜。指其大过，因其“革孽夏民”，信用寒浞，“淫于原兽”，“因夏民以代夏政”，扰乱了天下秩序。誉之者，称其为后羿、仁羿、帝羿；毁之者，呼之为夷羿、淫羿。关于其宗属渊源，比较明确的关系有两个：一为帝俊，《山海经·海内经》：“帝俊赐羿彤弓素矰，以扶下国。”《说文·弓部》：“（羿），帝喾射官，夏少康灭之。”帝喾即帝俊，是则后羿为帝俊属下。一为帝尧，《淮南子·本经训》：“逮至尧之时，十日

① 王守功：《夷羿族团的衍变与考古发现辩证》，《古代文明》（第1卷），文物出版社，2002年。

并出，焦禾稼，杀草木，而民无所食；猰貐、凿齿、九婴、大风、封豨、脩蛇，皆为民害。尧乃使羿诛凿齿于畴华之野；杀九婴于凶水之上；缴大风于青邱之泽；上射十日而下杀猰貐；断脩蛇于洞庭；禽封豨于桑林。万民皆喜，置尧以为天子。于是天下广狭、险易、远近始有道里。”于是后羿又为尧臣。就文献反映出的后羿所处时代而言，则上至喾、尧之际，下至太康失国。更有甚者，《太平御览》卷八〇五引《随巢子》曰：“幽历之时，奚禄山坏，天赐玉玦于羿，遂以残其身，以此为福而祸。”则羿又成了西周晚期之际的人物，此说甚奇特，一般不为学者据。判其处于唐尧至夏初之际，乃学界比较一致的看法。

大量民族志材料和古史研究证明，历史传说中的神物、动物或怪物形象，往往是不同图腾崇拜和具有不同文化特质的氏族名称。上述文献中的众多奇兽怪物，亦应作如是解。后羿的征、杀、擒、射，实际上是一个氏族集团对外发展扩张的历史进程。如果将上述各种记述归类概括，则不难看出，除了幻化的“嫦娥奔月”等传说之外，后羿的主要故事无非是两个时代、两种身份、两件大事、两种结果。即喾、尧时期为神，射日除害，万民皆喜；有夏之际为人，扰民乱夏，身败名裂。前者多见于诸子杂家，后者常见于经传正史。如果进一步考订两大事件所涉及的人物、地点及内在联系，就会发现前者多发生在东方，甚至基本都在海岱地区；后者则发展到了豫北、豫东以及河洛一带。

先看射十日：十日即“十日之国”，一般均认为在东方。《山海经·海外东经》：“汤谷上有扶桑，十日所浴，……九日居下枝，一日居上枝。”《淮南子·天文训》：“日出于旸谷，浴于咸池，拂于扶桑，是谓晨明。”《论衡·说日》：“东方有汤谷，上有扶桑，十日沐浴，水中有大木。”汤谷之地，或谓在山东东部，或谓在辽东，或谓在朝鲜与日本一带。吕思勉先生就认为，古之中国山东、辽宁，朝鲜三半岛及日本，都应属于旸谷范围②。郭璞于“汤谷”下注曰：“谷中水热也。”《山海经·大荒南经》：“东南海之外，甘水之间，有羲和之国。有女子名曰羲和，方日浴于甘渊。羲和者，帝俊之妻，生十日。”《山海经·大荒东经》：“有山……上有扶木，柱三百里，其叶如芥。有谷曰温源谷。汤谷上有扶木，一日方至，一日方出，皆载于乌。”又曰：“东海之外大壑，少昊之国。少昊孺帝颛顼于此，弃其琴瑟。有甘山者，甘水出焉，生甘渊。”这里大壑、旸谷、甘渊、温源谷、汤谷均为一地而别称。综合各种资料，论知《山海经》中的东海实应为今天的沂沭河盆地，大壑就是沂沭大裂谷，温源谷其实就是沂沭河盆地的热泉河与热泉湖。地质地貌资料表明，沂沭裂谷系主体位于山东省境内东南部。东濒黄海，北临莱州湾，西侧为泰沂山脉。裂谷系内地形复杂，以低山丘陵为主；中部为呈北北东向展布的串珠状丘岗，对应于沂沭断裂带，称贡丹山地垒；西部为泰沂山脉及鲁南丘陵，东北部为五莲山、马耆山等呈北东走向的低山丘陵，南部为苏北残丘。区内广布湖沼相沉积。山东第四纪湖沼相沉积划归全新世黑土湖组和白云湖组。黑土湖组同位素地质测年数据多集中在距今10000—4000年，属全新世早—中期，分布在山东大部分地区和苏北地区，地貌上为剥蚀堆积平原的古洼地、坳谷及水系两侧的洼

---

② 吕思勉：《先秦史》，上海古籍出版社，1982年。

滩，具区域性标志层意义。该组成因与当时构造运动减弱和湿热古气候有关，该组与沿海地区全新世中期海侵层大致同时形成，是当时海平面上升，内陆排水不畅致停滞水域中的沉积物。全新世早、中期存在的湖沼在4000年前后消亡，取而代之的是发育活跃的河流，山区形成临沂组、沂河组，平原区形成黄河组[③]。有意思的是至今这一地区的众多地名，仍以“湖”名之，群众下地干活亦称“下湖”。据赵希涛等先生的研究，全新世海面变化可分为6000年以前的急剧上升、距今6000—5000年间最高海面和距今5000年以来的相对稳定或稍微下降三个阶段[④]。高广仁先生据此认为气候的回升引起冰流的消退，然后才导致海面上升。并推定大汶口早期处于高海面期，大汶口中期则处于海面下降期，大汶口晚期处于低海面期[⑤]。因此基本可以认定，大汶口早、中期之际的沂沭盆地，大部分是湖泊大淖，也就是《山海经》所记的东海。到了大汶口文化晚期，水面下降，很多高岗土丘出现，文化才发达起来。由此亦可推知，秦汉之际在这里设立东海郡，不是没有道理。进一步研究可知，沂沭裂谷系基本与沂沭断裂带重合，新构造运动表现得十分强烈。在许多地方，晚白垩统地层倒冲在第四系地层之上，浅源地震频繁发生。自公元前70年以来，已记载了五次七级以上强震，小于五级地震时有发生，这些地震源深度多在20—40千米，反映了裂谷的活动机制。裂谷系地热场呈高低相间的带状分布，轴部裂谷带（即临沂、沂南、安丘一带）为一带状地热区，地温梯度3.66—4.58℃/100米，热流值1.49—1.88HFU，都比鲁西、胶东地区要高。在沂南铜井、临沂汤头等地还有几处水温50℃以上热泉出现。较高的地热场与裂谷系的地质历史紧密相关，表现为深部热，地表张裂，可能反映了古裂谷的特征[⑥]。在临沂汤头，热泉流水形成一条河流，因名汤河。隆冬之际，热气氤氲，蔚为壮观，是与《山海经》中的汤谷极为吻合。推测在大汶口中晚期之际，在强烈的地质活动之后热泉大量出露，形成热海或热渊是十分可能的。可以认为，沂沭裂谷系中呈带状分布的地热场形成的热泉，就是古籍中的汤谷或者甘渊；位处带状地热场附近的胶州、胶南、莒县、莒南、诸城、五莲、日照、临沂等地，就是“扶木”与“十日”的所在地。由于湖水及“汤谷”的缘故，这一带大汶口早中期遗存发现较少，只是到了大汶口晚期的低海面期，这一带才空前发达起来。从文献、考古资料与地质、地貌，综合推考，汤谷实即沂沭裂谷带及这一带的热泉地貌，“十日”即大汶口文化晚期和龙山文化早期的陵阳河类型、三里河类型等先民创造的原始文化[⑦]，理由有三，其一大汶口晚期陵阳河类型为崇日民族，其刻划于礼制器物上面的神圣徽号多有祭日之形；其二，古代先民认为山东东部是太阳升起的地方，许多与崇拜太阳有关的神话与传说多发源于此，如秦汉之际的八主之祠，其日主、阳主、月主、四时主均在这一带；其三，及至秦汉之际，沂沭河裂谷地区的众多地名仍然与太

---

③ 王世进、张成基、刘海坤等：《山东省第四纪地质研究新进展》，《山东地质》1999年第2期。

④ 赵希涛、张景文：《中国沿海全新世海面变化的基本特征》，《中国海岸演变研究》，福建科学技术出版社，1984年。

⑤ 高广仁：《自然环境对大汶口文化、屈家岭文化发展的影响》，《海岱区先秦考古论集》，科学出版社，2000年。

⑥ 刘洪滨：《郯庐断裂中段沂沭裂谷系的构造作用与岩浆活动》，《山东地质》1986年第1期。

⑦ 常兴照：《少昊、帝舜与大汶口文化》（上、下），《文物春秋》2003年第6期、2004年第1期。

阳有关，如城阳国、阳都、开阳、启阳等等，应有其历史渊源。

再看杀猰貐：《山海经·海内南经》曰：猰貐“龙首，居弱水中。”《北山经》又说其居“少咸之山”，“其状如牛，而赤身、人面、马足”，又写作窫窳。此或即《海外东经》的“肝榆（之夷）”，猰貐、肝榆可以通转。汉东海郡的赣榆县名，可能来源于这个氏名。所居弱水，据何幼琦先生考证，《海经》中的昆仑，即今天的泰山；弱水为大汶河[8]。《山海经》中“弱水”与“若水”多见，舛变转借，非指一处。窃以为此“弱水”或与《山海经·海内经》：“南海之外（一作内），黑水青水之间，有木名曰若木，若水出焉”中的“若水”相通，若水、若木是相互联系的地名和事物。《史记·秦本纪》云：伯益次子若木被封于徐国，为徐氏始祖。徐国地在苏北，故若水或在鲁南苏北一带。是则猰貐一族，或与苏北地区的某些文化遗存相关联。

关于诛凿齿，严文明先生早就指出凿齿系指“具有拔牙风俗的人民”[9]，也就是存在拔牙习俗的鲁中南地区大汶口至龙山文化的先民，说不可易。凿齿被杀的畴华之野，高诱注：“畴华，南方泽名。”畴为古国名，《国语·周语》：“昔挚、畴之国由大任。”注：“挚、畴二国任姓，奚仲、仲虺之后，大任之家也。”奚仲、仲虺均居薛，在今滕州境内。《左传·定公元年》：“薛宰曰：‘薛之皇祖奚仲，居薛以为夏车正，奚仲迁于邳，仲虺居薛，以为汤左相’。”因此挚、畴二国亦应为薛之后人。古畴华之野，亦当不出薛之邦畿。《山海经》一书所言方位，多以岱岳（冀州）为中心，滕、薛一带，亦属南方。所以，畴华之泽，极有可能在现在的微山湖一带。微山湖属于断陷湖，700万年以来，由于地壳强烈运动，形成大面积凹陷并在鲁中山西形成涝洼区，历史上在泗水、洙水等河流的作用下多次形成大泽。畴华之野，应在今天的枣（庄）、滕（州）一带。

还有杀九婴：《淮南子·本经训》高诱注：“九婴，水火之怪，为人害，北狄之地有凶水。”凶水既在北狄，九婴似乎也属北狄之族。北狄泛指北方古代民族，范围很宽，但尧舜之时的北狄，却在山东西部到河北中部一带。《山海经·海外南经》：“狄山，帝尧葬于阳，帝喾葬于阴。”毕沅注：“《墨子（节葬篇下）》云：‘尧北教八狄，道死葬蛩山之阴。’则此云狄山者，狄中之山也。”《吕氏春秋·安死篇》：“尧葬穀林。”高诱注：“传曰：尧葬成阳，此云穀林，成阳山下有穀林也。”是则狄山、蛩山、成阳山皆为一地而异称。此山位处何处，无法确指；但成阳故城在山东濮县东南，当今鄄城一带。由于历史上黄河多次改道，鲁西、豫北地区地形变化较大；狄山或者蛩山可能已经湮没或者变形难识。狄山又称蛩山，蛩通穷，可能即与有穷后羿斩杀九婴有关联。又《今本竹书纪年·贞定王》载：荀瑶伐中山，取穷鱼之丘。中山为白狄之国，穷鱼为中山之邑，穷鱼之穷，似乎也与后羿有穷氏密迩相关。总之，北狄之地，其实就在山东的西北部与河北的中南部。至于凶水，窃以为即古衡水，亦即《禹贡》“覃怀底绩，至于衡漳”的衡漳水。从音韵学上说，衡为匣纽，庚韵；凶为晓纽，钟韵；

---

⑧ 何幼琦：《〈海经〉新探》，《历史研究》1985年第2期。

⑨ 严文明：《大汶口文化居民的拔牙风俗和族属问题》，《大汶口文化讨论文集》，齐鲁书社，1979年。

晓、匣古为双声可通，庚、钟韵尾相同易转，衡、凶可谓一音之转。故推论后羿在古衡水一带征伐九婴，还是比较谐顺的。

再论缴大风于青邱之泽：《山海经·海外东经》有青丘国，《山海经·大荒东经》有青丘之国；《山海经·南山经》有青丘之山。《淮南子》曰“缴大风于青邱之泽”，则青邱又是个湖泊。《元和郡县志》云：“千乘县，县北有青邱县，以齐景公有马千驷，畋于青邱得名。”位于广饶、寿光一带。原有青水泊，即青邱之泽，现已堙塞。至于大风，高诱注：“大风，风伯也，能坏人屋舍。”风伯或谓即风神飞廉，屈原《离骚》有“前望舒使先驱兮，后飞廉使奔属”句，王逸注：“飞廉，风伯也。”又或谓即鸷鸟，师旷《禽经》：“风翔则风。”张华注：“风禽，鸢类，越人谓之风伯，飞翔则天大风。”鸢即鸷鸟，是说风伯为鸷鸟，见则有大风。其实飞廉也是一种神禽，《汉书·武帝纪》“元封二年”条注：“应劭曰：‘飞廉，神禽，能致风气者也。’”所以大风就是一种大鸟，或者就是大凤。后羿所灭大风，应该是一崇鸟的氏族，位于淄河流域的广饶一带，推之当与爽鸠氏不无关系；或即爽鸠氏之遗裔。

再如断脩蛇于洞庭：若论洞庭之位置，这是后羿征讨对象中最远的一个。与后羿对其他部族的征讨区域比较，攻击脩蛇的范围跳跃太大，有悖于常理。袁珂先生认为，脩蛇即《山海经·海内南经》中的巴蛇，也就是《山海经·海内经》朱卷之国的黑蛇[⑩]。何幼琦先生则认为，蝮蛇、巴蛇、黑蛇、玄蛇都是《山海经·海外南经》中“岐舌”的双音词；也就是《淮南子》《吕氏春秋》中的“反舌国”，与“不死民”为邻；“不死（民）”当系《战国策·秦策》苏秦讲“昔者神农伐补遂”之补遂的同音词[⑪]；是为灼见。严文明先生指出，汶泗流域大汶口早期文化中有在人口中含放陶、石小球的习俗，口含小球，影响发音，可能会使人误以为他们的舌头有问题，久之形成习惯，说话亦含混不清，所以称之为岐舌[⑫]。现今泗水、曲阜、滕、薛一带，说话咬舌音较多，四、十不分，飞、水同音，证实了严先生的推断。脩蛇（岐舌）即在汶泗流域，洞庭亦当距此不远。稽之文献，现在的东平湖历史上也曾称为洞庭。唐苏源明《小洞庭洄源亭讌四郡太守诗并序》歌曰“小洞庭兮牵方舟……”即指此[⑬]。东平，古称东原。唐虞夏商时期属徐州。《尚书·禹贡》对“徐州”的记述是：“海、岱及淮惟徐州。淮、沂其乂，蒙、羽其艺。大野既潴，东原厎平。”“东原厎平”为东平得名之始。东平湖历史上与周边多处泽薮如大野泽、雷泽、梁山泊等有演变关系，东平湖与洞庭湖也音近易转，因之脩蛇所居洞庭可能就是东平一带水域。另外，帝舜有虞氏的后人遂国，也在这一带。《左传·庄公十三年》：“齐人灭遂。”杜注：“遂国在济北蛇丘县东北。”江永《春秋地理考实》认为在“今兖州府，宁阳县西北三十里有遂乡”。此遂极有可能即神农所伐的“补遂”旧地，也就是“不死”之民的区域。所以，论指脩蛇与洞庭均在汶泗流域是有一定根据的。当然，不排除随着后羿南下西进，逐鹿中原，推翻有夏，将“断脩蛇

⑩　袁珂：《山海经校注》，上海古籍出版社，1980年，第281页。

⑪　何幼琦：《〈海经〉新探》，《历史研究》1985年第2期。

⑫　严文明：《大汶口文化居民的拔牙风俗和族属问题》，《大汶口文化讨论文集》，齐鲁书社，1979年。

⑬　《全唐诗》，上海古籍出版社，1986年，第642页。

于洞庭”的故事传播到长江流域的可能；或者是后人因洞庭湖成名之后，派生出相关传说，也是可以理解的。

最后再看封狶，高诱注曰：“封狶，大豕，楚人谓豕为狶也。”《左传，昭公二十八年》：“昔有仍氏生女黰黑而甚美，光可以鉴，名日玄妻。乐正后夔取之，生伯封，实有豕心，贪惏无厌，忿纇无期，谓之封豕。有穷后羿灭之，夔是以不祀。”有仍传为太昊后裔，封狶之“封”，当为太昊风姓之“风”；夏后帝相的妃子后缗为有仍氏女；后羿所灭封狶，当为有仍支系。有仍故址在今金乡县一带，封狶之地亦距此不会太远。封狶被杀的桑林，商汤曾于此祷旱祈雨（《淮南子·本经训》高诱注），商代早期都城多在豫东、豫北或鲁西南地区迁移，推测桑林可能就在鲁西南一带。综上可知，后羿初期的扩张活动，基本上局限在海岱地区，可以认为是东方民族的一次统一进程，不过这一进程太过于惨烈了。

后羿的第二阶段或言第二件大事，主要是带领集团成员对中原地区夏民族的征讨。前引《左传·襄公四年》魏绛语十分详细地记述了这件大事的过程；《左传·哀公元年》伍员谏夫差语对这一过程的后段亦有更生动的描述，曰：“昔有过浇杀斟灌以伐斟鄩，灭夏后相。后缗方娠，逃出自窦，归于有仍，生少康焉，为仍牧正。惎浇，能戒之。浇使椒求之，逃奔有虞，为之庖正，以除其害。虞思于是妻之以二姚，而邑诸纶。有田一成，有众一旅，能布其德，而兆其谋，以收夏众，抚其官职。使女艾谍浇，使季杼诱豷，遂灭过、戈，复禹之绩。祀夏配天，不失旧物。”在《国语·晋语》魏绛语和《史记·吴世家》伍员语与这两段记载前后文相同，但均无此段夏后失国的逸史。故康有为、顾颉刚、童书业等皆斥之为刘歆伪造《左传》之文。从这两段逸史的内容看，似非汉代人所能伪造。《史记·夏本纪》言：“帝太康失国，昆弟五人，须于洛汭。”《集解》：“孔安国曰：‘盘于游田，不恤民事，为羿所逐，不得反国。’”说明夏代确有中衰之世。《国语》《史记》记三代历史是以中原为正统的，或许存在“为王者讳”的心理而避之不谈这段令夏族羞耻的历史，故而后羿也就被名之为夷羿、淫羿等蔑称，是可以理解的。与后羿乱夏过程有关的氏族主要有寒浞、有鬲、有仍、有虞、斟灌、斟鄩等，有必要对他们稍作探讨。

首先是寒浞：寒浞是后羿代夏的同盟部族，后期取而代之，袭有穷之号。特定意义上说寒浞当为乱夏的罪魁祸首。史载其为“伯明氏之谗子弟也”，伯明氏宗姓不明，史籍无征。但是从寒浞与后羿的关系上考察，伯明氏实为逄伯陵氏；寒浞也就是逄蒙。逄伯陵氏也称伯陵氏，《国语·周语》下：伶州鸠说“则我皇妣太姜之侄，伯陵之后，逄公之所凭神也”。伯明与伯陵读音相近，上古明音属蒸部，陵音属耕部，韵尾相同，或可旁转，是为一。伯陵氏地在鲁北，《左传·昭公二十年》中晏子语：“昔爽鸠氏始据此地；季荝因之；有逄伯陵因之；蒲姑氏因之；而后大公因之。”明言其在齐地。伯明氏亦在鲁北，《左传·襄公四年》杜注：“寒，国。北海（今潍坊）平寿县东有寒亭。伯明，其君名。”两者地域相同，是为二。逄蒙与寒浞都是杀羿的当事人，《孟子·离娄下》：“逄蒙学射于羿，思天下惟羿愈己，于是杀羿。”《左传·襄公四年》：“浞行媚于内而施赂于外，……羿犹不悛，将归自田，家众杀而亨之，以食其子。其子不忍食诸……浞因羿室，生浇及豷。”两者事迹相同，是为三。所以，寒浞就是逄蒙。《山海经·海内经》：“炎帝之孙伯陵，同（通）吴权之妻阿女缘妇，缘妇孕三年，是生鼓、延、殳，（殳）始为侯，鼓、延是始为钟，为乐风。”侯者，箭靶也。《小尔雅·广器》七：“射有张布谓之侯。”逄氏其祖为箭靶的制造者，这也为逄蒙学箭找到了渊源。晏子记述鲁北古史的因代关系，指逄伯陵是继季荝而立的鲁北诸侯，这也为我们推论后羿的肇始年代提供了依据。

再看有鬲氏：有鬲氏也是后羿代夏的主要同盟。《水经卷五·河水》：“（大河故渎）西流迳平原鬲城故城西，地理志曰鬲津也。”注：“王莽名之曰河平亭，故有穷后羿国也。”从夏后同姓诸侯靡奔有鬲，收二斟之烬以灭寒浞推之，有鬲似又属有夏与国。翦伯赞先生认为，有鬲氏乃祝融之后，属制鬲之族[⑭]，甚是。综合分析这些信息，推其情况应是，有鬲氏本为夏民族重要盟国，地处东方，首先被后羿征服，成为有穷属国。因不满太康失德，随后羿入征中原。羿死，寒浞为乱，靡则逃归有鬲，收同姓诸侯二斟遗烬而立少康，光复夏室。《史记·夏本纪》正义引《帝王世纪》的有关记述[⑮]，与上述推测基本吻合，可证其确。

还有如有仍氏、有虞氏：有仍氏的情况已如前述，与“封豨”密切关联，在寒浞乱夏之前已被后羿征服。寒浞杀夏后相，相妻后缗逃奔母家有仍，生子少康。少康长大后先为有仍牧征，后为寒浞之子浇所追逼，逃奔有虞，为之庖正。有虞氏为帝舜后裔，本无异议。但有虞氏地望却异说纷纭，莫衷一是。较具说服力的为晋南说和豫东说。近有王树明先生综合考古与文献资料，论定河南淮阳平粮台龙山文化城址，就是帝舜太昊部族迁居豫东之后所建的城邦国家[⑯]，实际上就是有虞氏的故址，至确。由于有虞氏与夏民族有千丝万缕的联系，有虞氏接纳少康，助其复兴，乃在情理之中。

之后是斟灌、斟鄩：史籍多言其为夏后氏同姓诸侯，或谓夏之与国，差异不大。但是二斟地望，也存在河南、山东两省三地之说，即斟灌有山东寿光说、山东安邱说、河南濮阳说，斟寻有山东潍坊说、河南濮阳说、河南巩县说。王树明先生根据山东青州苏埠屯墓地出土“亚醜”铭文，推论即斟族徽号；山东地区出现斟族遗物，是夷夏交争过程中斟族随夏王室及其同监诸部“进逼”“围歼”后羿部族本土之后，遂定居于此的缘故[⑰]。也就是说，斟族本居河南濮阳或巩县一带，其在少康复兴之际，与有鬲氏联合一体，反攻到了后羿本土，所以才留下了鲁北地区的斟族遗存和传说。这是迄今最为确切的一种论述，点中了夷夏关系的根本脉络。

通过上述考察可知，后羿的两种传说，实际上是连续发展的两个历史阶段，也就是后羿集团先期统一海岱、进而称霸中原的基本过程。后羿的征、杀、擒、射故事，也基本上表现出了自东向西的大致趋势。关于后羿集团的地望，从后羿与寒浞、逄蒙的关系以及二斟侵入鲁北的事实分析，后羿祖居鲁北、发迹于齐地似为不争之说。但是令人

⑭　翦伯赞：《诸夏的分布与鼎鬲文化》，《夏文化论文选集》，中州古籍出版社，1985年。
⑮　《史记》（第一册），中华书局，1959年，第86页。
⑯　王树明：《帝舜传说与考古发现诠释》，《故宫学术季刊》1992年第九卷第四期。
⑰　王树明：《“亚醜”推论》，《东夷古国史研究》（第二辑），三秦出版社，1990年。

费解的是，如此显赫并有巨大功绩的氏族首领，为什么在晏子叙述齐地古史的因代关系中却不著一字？分析其原因有三，其一是其族团复杂，成分混乱。后羿既为帝喾射官，说明其氏族集团中存在帝喾的文化因素。实际上他在统一海岱的战事中，却打着帝尧的旗号，主要为帝尧服务，又说明其集团中帝尧的文化成分并不占少数。他招纳寒浞，也就是逢蒙，逄氏为鲁北土著，其文化根蒂可以溯源于炎帝时期⑱，基础深厚，早就为他灭国毁社隐聚了溃口之军；后期寒浞取代后羿，袭有穷之号，某种意义上是恢复了本土的统治势力。所以鲁北古史言逄氏不言后羿，是合乎情理的。其二是其崇武尚箭，不修民事。在后羿的所有故事中，基本上是以射、杀为主题，没有怀柔与安抚。既不建立地方政权，也没有法规政令和思想文化方面的建设，一味地杀伐或“淫于原兽”，所以其政权是短命的，对于后世的文化影响和印痕不够明显。其三是其身败名裂，断嗣绝祀。后羿入主中原，违反了尧舜建立的禅让之制，触犯了传统的礼法禁忌，为后世史家所不齿。其子嗣后裔，又为寒浞所逼杀。其建立的氏族集团，随着夏民族的复兴而四分五裂。后人不愿或不敢公然宗其为祖，只是在深层意识上保留着对其武功神射的敬畏。故史家不传后羿，是可以理解的。

后羿是鲁北地区史前时期一个有着复杂文化背景、集合了多种文化因素的氏族集团，确定其所处时代的具体界标，是全面认识理解其文化内涵的基本要求。王守功先生《夷羿族团的衍变与考古发现辩证》文中论定其肇始于大汶口文化晚期，终结于夏代早期。笔者对其所据所论有四点不同看法：考古发现表明，大汶口文化晚期鲁东、鲁南的物质文化极为发达，本身具有十分强烈的扩张意识，具体表现是皖北、豫东乃至豫西地区都发现类似的遗存，对鲁北的渗透也十分明显。而鲁北地区远远落后于上述地区，遗址数量与文化面貌都十分零落。如果大汶口晚期的鲁北文化是后羿的话，以鲁北之势发起对鲁东鲁南的征讨，有悖于常理。此其一也。尽管历史上存在落后民族征服了先进民族的个例，但先进民族的生产和文化必然发生衰变，大都经历一个时期的萧条之后再复苏，通检各国历史莫不如是。而大汶口文化晚期到龙山文化早期，文化发展的强势并没有改变；只是到了龙山文化（中）晚期前后，鲁东、鲁南地区才出现衰落迹象。与此同时，鲁北地区则有了较大的发展，甚至超过了前者。这种现象需要有更合理的解释。此其二也。从逻辑上讲，应先有“十日为害”，才有“后羿射日”，两者相差至少一个时段。后羿打着帝尧的名号以行征讨，某种意义上说明后羿已完成了替代帝尧的过程，所以后羿必定要晚于帝尧；同时，后羿文化也必定晚于“十日”文化，此其三也。从大汶口晚期到有夏初年，前后有一千多年的时间。若后羿有此千余年的历史，必然形成特征突出的物质文化，在东方考古文化序列中必然占有重要地位。但是目前并未指定哪一种文化属于后羿文化，也没有确认哪一类遗存属于后羿的物质遗存。是为四也。总此四点，笔者认为论定后羿的时代始于大汶口文化晚期失之过宽。从龙山文化（中）后期的格局演变分析，后羿的肇始年代不会超过龙山文化中期；其形成或扩张时期应当于龙山文化中晚期，其终结年代约当于夏代初期；其鼎盛时期也就一二百年的时间。结合文献

---

⑱ 常兴照：《炎黄文化东西说》，《文物春秋》2005年第6期。

中记载的鲁北历史，他应处在季萴氏之后，逄伯陵氏之前。根据笔者研究，季萴氏实为帝尧文化深入鲁北地区的一支，其物质遗存就是鲁北地区相当于大汶口文化中晚期的五村类型[19]；而逄伯陵氏曾为后羿集团的一个部分，其后杀羿而代之，史迹已进入夏代初年。因之后羿的物质文化，很可能就存在于鲁北地区龙山文化中晚期遗存之中。

二、龙山文化研讨

详细剖析龙山文化（或曰典型龙山文化）的分期与类型，探讨各类型之间的关系，对于认识后羿文化有重要意义。山东龙山文化发现遗址较多，但系统做过发掘工作、文化面貌较为清晰的也不过六七十处。在已有的研究文章中，对于龙山文化有集中和系统研究的以栾丰实和赵辉两先生的文章较具代表性[20]。前者将海岱地区的龙山文化遗存分为十段、六期、早晚两大阶段，统一区分为六个地方类型。后者分为四段、早晚两期，其中早期区分为三个地方类型，晚期区分为两个地方类型。比较两者的区分标准和依据，前者在分期方面较为细致，但在类型区分方面文化因素主干不够明晰。后者类型按照早晚时代进行划分，既考量自身文化特点，又照应时代的区别，方法较为合理；但在具体的划分界定上，也显得比较宽泛。笔者基本同意两位先生的分期框架和标准，但同时认为栾丰实先生的分期更为细致，对应性更为适宜。按照栾丰实先生的分期标准，可将典型龙山文化主要遗址的遗存分期对应如附表。

仔细分析附表中相关资料，我对龙山文化的地方类型提出自己的分型建议：即早期可以分为鲁东地区沂沭河流域的尧王城类型、胶东半岛地区的杨家圈类型、鲁北地区潍淄流域的姚官庄类型、鲁南地区汶泗流域的西吴寺类型；苏北地区以藤花落、朝阳遗址[21]等为代表的龙山文化遗存可称为藤花落类型。晚期可分为鲁中地区的桐林类型、鲁西地区的尚庄类型、鲁南地区的尹家城类型和鲁西南豫东地区的王油坊类型。

1. 早期尧王城类型

该类型与栾丰实先生所分尧王城类型略有不同，既不包括苏北的连云港地区，也不包括潍淄地区。主要以分布于五莲山、马鬐山等鲁东低山丘陵附近的山前坡地、冲积平原以及沂沭河盆地周边的河滩阶地、湖心高岗之上的龙山文化遗存为主。重要遗址有尧王城、两城镇、东海峪、丹土、呈子、三里河、大范庄、苏家村[22]、大略疃[23]、化家

---

⑲ 常兴照：《少昊、帝舜与大汶口文化》（上、下），《文物春秋》2003年第6期、2004年第1期。

⑳ 栾丰实：《海岱龙山文化的分期和类型》，《海岱地区考古研究》，山东大学出版社，1997年；赵辉：《龙山文化的分期和地方类型》，《考古学文化论集》（三），文物出版社，1993年。笔者对龙山文化的分析大致以两文为参照。

㉑ 南京博物院、连云港市博物馆：《江苏连云港朝阳遗址发掘简报》，《东南文化》2004年第2期。

㉒ 聂政：《山东日照苏家村遗址调查勘探简报》，《中原文物》2013年第4期。

㉓ 党浩：《莒县大略疃龙山文化及汉代遗址》，《中国考古学年鉴（2000）》，文物出版社，2002年。

村[24]、罗圈峪[25]、后明坡[26]、湖台[27]、防城[28]等遗址。遗址中以两城镇遗址发现最早，相关学者也常用两城类型来冠称。但这里之所以使用尧王城来代表这一类型，主要是因为传统的两城类型包括了潍淄流域的龙山文化遗存，故使用尧王城类型以示区别。这一类型文化性质较为单纯，器物类群多属于龙山文化的指征性器物。典型特征为：大型遗址较多，很多遗址超过20多万平方米，两城镇遗址、尧王城遗址更是有80万和330万平方米之多。遗址分布密集，五莲、日照、临沂等地该类遗址几与现代村庄比肩。遗址文化堆积一般和大汶口文化晚期陵阳河类型、三里河类型相叠压，表现出紧密的传承关系。城址较多，壕沟类围城、夯土城墙加壕沟的都有，多数有扩建的小、大城或者内、外城联套；城墙多为堆土夯筑。房址有方形、长方形、圆形等多种，一般城内房址较多，有台式建筑和土坯错缝垒砌墙体等先进技术；建造加工较为细致，使用年代较长久。墓葬多为土圹竖穴，存在少量石棺墓；中小型墓葬居多；墓葬中较少使用箭镞之类随葬，如有也只用一两件；器物类别有陶、石、玉、骨器等各类；陶器以黑陶为主，灰陶次之；素面为主，有少量弦纹、附加堆纹、刻划纹和篮纹等；主要器类有罐形鼎、袋足鬶、壶、罐、豆、杯等；子母口类的器物较少；黑陶高柄杯、单耳杯、觯形杯、瓶式背壶等多见，也就是酒器较多；玉器较多；玉器中多见被认为国之重器的牙璧、牙璋、玉琮和玉圭等礼器。文化总体较为发达，可列同期相关类型之冠。但是该类型绝大部分遗址均在龙山文化中期前后中断或废弃，仅在个别遗址采集到的晚期遗物，说明必有重大事件与变故。

2. 早期姚官庄类型

这一类型主要分布于鲁北地区的潍㳽流域，南依沂山山脉，北临莱州湾，以潍坊市周边地区为主。主要遗址有姚官庄、狮子行、鲁家口、邹家庄、边线王、火山埠、凤凰台、老峒峪[29]等遗址。该类型与传统的姚官庄类型略有区别，即以包含龙山文化早中期遗存的遗址为主；个别遗址虽有少量早期遗存，但主要成分为中晚期遗存的则不包括在内。这一类型遗址普遍较小，大部分遗址在10万平方米以下，罕见20万平方米以上的遗址。遗址堆积一般包含大汶口文化晚期三里河类型和龙山文化早中期遗存，存在传承关系。此类型在文化面貌上与尧王城类型有较多相似性。这也是在较早的研究中多数学者将其归纳在两城类型之中的原因之一。最早指出两类型差异的是赵辉先生，他在《龙山文化分期和地方类型》中将其分为两城类型的南区和北区。栾丰实先生也指出了两类型的区别，遗憾的是他没有区分时代早晚的差异。概括该类型的文化特征有：城址较小，建造较为精致，城墙之下有基槽；也有的仅使用有围护作用的围壕；圆形房址较多，多

㉔ 山东大学历史系考古专业：《山东莒南化家村遗址试掘》，《考古》1989年第5期。

㉕ 于秋伟、赵文俊：《山东沂南县发现一组玉、石器》，《考古》1998年第3期。

㉖ 任相宏：《山东临沂市后明坡遗址试掘简报》，《考古》1989年第6期。

㉗ 临沂市博物馆：《山东临沂湖台遗址及墓葬》，《文物资料丛刊》（10），文物出版社，1987年。

㉘ 防城考古工作队：《山东费县防故城遗址的试掘》，《考古》2005年第10期；张子晓等：《防城龙山、东周、汉代古城》，《山东古城古国考略》，文物出版社，2016年。

㉙ 郑岩、徐新华：《山东安丘老峒峪遗址再调查》，《考古》1992年第9期。

数平地起建，也有先挖基槽再建房的，墙体抹草拌泥墙皮；墓葬多数为中小型墓，长方形竖穴，有的有少量随葬品；墓葬方向不一致，因遗址而不同。工具中石器较多，蚌器相对较少；陶器中黑陶较多，灰陶较少；素面较多，带纹饰的较少；纹饰仅有弦纹、篮纹、附加堆纹、泥饼之类；器类有鼎、鬶、甗、罐、盆、豆、盘、匜、杯、器盖等；罐形鼎、实足鬶较多，鼎和鬶造型较为美观；管状流鬶形盉较独特；杯类器中壶形黑陶杯较多，蛋壳陶数量较多且工艺复杂；少见尧王城类型的鼾形壶、单耳杯、瓶类器；总体上可知生活较为富足、稳定，制陶工艺较高；贫富分化较小。由于地理位置与沭河流域的其他文化遗存有交接，文化渗透现象也较为突出；边线王城址的出现，或即与氏族征防之事有关。

3. 早期杨家圈类型

该类型主要分布于胶莱河以东的半岛地区，遗址多为丘陵地带风化坡积物沉积，含有较多的甲壳类海洋动物遗骸。代表性遗址有杨家圈、紫荆山、大口、于家店[30]、司马台[31]等。遗址面积都不大，分布也较疏散，缺少较大型的中心聚落遗址。胶东三面环海，自古交通较为闭塞；除了考古工作开展不够充分之外，该类型文化面貌较之尧王城和姚官庄类型的发展程度，还是具有一定的落差。相关特征可归纳为：房址多为方形，属于带有深基槽的木骨泥墙地面式建筑；墓葬以土坑竖穴墓为主，有少量石棺墓；靠海地区有人体上压石块或覆盖蛤蜊壳、小石子的习俗；有的墓地内有埋葬兽骨的祭祀坑。工具以石器为多，蚌器较少；有一定数量的捕鱼工具。陶器中黑陶比例特别高，素面为主，个别器物饰弦纹、篮纹、刻划纹和少量的泥饼、镂孔、圆圈纹等，不见绳纹、方格纹。器类中鼎、罐较多，鬶、甗都很少；大口缸形器较有代表性。其文化因素与姚官庄类型有较多的亲缘关系，如大口遗址出土的蛋壳陶杯与姚官庄出土的同类器几乎一样，鲁家口遗址出土的单把双腹盆形鼎，在杨家圈遗址也有发现，说明两类型的交流与影响十分密切。

4. 早期西吴寺类型

该类型主要分布于汶泗流域泰安、济宁、枣庄和徐州北部一带，主要遗址有西吴寺、尹家城、天齐庙、野店[32]、建新[33]、二疏城、西孟庄以及宁阳于庄[34]、徐州高皇庙[35]等。可能由于地缘相连等因素，其文化面貌与尧王城类型有着明显的交流和影响。如二疏城出土的口部双层镂孔鬶、天齐庙发现的瓶式背壶等，都与临沂大范庄、湖台遗址出

㉚ 北京大学考古实习队、烟台地区文物管理委员会：《山东省海阳、莱阳、莱西、黄县原始文化遗址调查》，《考古》1983年第3期。

㉛ 烟台市文管会、海阳县博物馆：《山东海阳司马台遗址清理简报》，《海岱考古》（第一辑），山东大学出版社，1989年。

㉜ 山东省博物馆、山东省文物考古研究所：《邹县野店》，文物出版社，1985年。

㉝ 山东省文物考古研究所、枣庄市文化局：《枣庄建新——新石器时代遗址发掘报告》，科学出版社，1996年。

㉞ 房振、郭俊峰、颜奕：《山东宁阳于庄东南遗址发现“𢆶”符号大口尊》，《中国文物报》2020年3月6日第8版。

㉟ 江苏省文物管理委员会：《徐州高皇庙遗址清理报告》，《考古学报》1958年第4期。

土的同类器物相同或相近。但主要特征与尧王城类型有较大的区别：这里尚未发现较大型的聚落中心遗址，遗址规模都不大，分布较为散落。房址以方形和长方形为主，半地穴式建筑较多；墓葬头向以朝东向占绝大多数，多见木质葬具。器物群特点不够集中统一，每一处遗址似乎都有自己的特点。总体上陶器黑陶不如东部地区多，而且多见灰胎或褐胎黑皮陶；不见或少见夹砂白陶，常见夹砂红陶挂白衣而代之；纹饰以素面为主，存在弦纹、篮纹和少量的绳纹、方格纹；器形以平底器为多，次为三足器、圈足器，鼎、鬶、甗等较多，瓶、杯、单把杯等器类数量和形式都不如东部地区发达，罐、缸、盆、盘等器物也多有不同。子母口之类器形较多见。该类型的文化渊源应该是继承了当地大汶口文化晚期的西夏侯类型的主要因素，又接受了来自东部尧王城类型的较大影响，并与鲁西、豫东地区相关文化有较多的交流。西吴寺、天齐庙、二疏城和新发现的西孟庄、于庄等遗址均在中期之后中断或废弃，尹家城遗址三、四期之间存在明显的缺环，反映出文化中继过程出现了断裂或停滞；之后在龙山晚期尹家城类型形成后又有一定的发展，但远不如早期兴旺和繁荣。

5. 早期藤花落类型

该类型主要分布于沂、沭河下游的苏北连云港、宿迁地区，已经发现的同类遗址约20余处[36]；主要遗址有藤花落、朝阳、沭阳的藏墩，赣榆的苏青墩、青墩庙、后大塘，新沂小林顶[37]等。根据邹厚本等先生的归纳：陶器中灰陶比例大，黑陶少，夹砂红陶占有一定的比例。轮制为主，器形规整；纹饰有篮纹、弦纹、绳纹、方格纹等；器形有盆形鼎、罐形鼎、折沿侈口罐、白陶鬶、敞口斜腹盆、双腹盆、高柄豆、筒形杯、罐形杯等；豆把上常见凸棱[38]。相关文化特征以藤花落遗址最具代表性：其城址建造十分精细，墙体夯土中均发现非常密集而又粗壮的木桩，分内外城，由堆筑和版筑相结合筑成。外城是生产区，城垣有明显的防洪功能。内城是生活居住区，有城垣、道路、祭祀台基、高等级房屋、城门和哨所等。格局规整，功能突出，具有城和郭的基本形态。相关遗存具有典型龙山文化的共同特征，但又具有地方特色，并包含较多鲁西和豫东地区王油坊类型的文化因素；具有成熟的稻作生活业态，但不见或少见贝类等海洋生物遗骸、鱼骨等，与三里河、两城镇等遗址有较大区别。推测这些文化因素可能蕴含有深刻的社会历史背景。

6. 晚期桐林类型

这一类型主要分布于浉河流域以西、济南市（含）以东、徒骇河以南、泰沂山脉之

㊱ 顾维玮、朱诚：《苏北地区新石器时代考古遗址分布特征及其与环境演变关系的研究》，《地理科学》2005年第2期；吴建民：《苏北史前遗址的分布与海岸线变迁》，《东南文化》1990年第5期。

㊲ 南京博物院：《江苏邳海地区考古调查》，《考古》1964年第1期；南京博物院：《江苏赣榆新石器时代至汉代遗址和墓葬》，《考古》1962年第3期；尹焕章、赵青芳：《淮阴地区考古调查》，《考古》1963年第1期；

㊳ 邹厚本、谷建祥：《淮河下游三角洲新石器时代文化初论》，《“迎接二十一世纪的中国考古学”国际学术讨论会论文集》，科学出版社，1998年。

北的山前平原地区。这里是春秋时期齐国的中心，亦即齐文化的中心分布区。可能是文化延续或者早晚期分布的原因，淄河周边存在姚官庄类型和桐林类型交叉分布的现象。主要遗址有桐林、西朱封、郝家庄、丁公、城子崖、宁家埠[39]、邢亭山[40]等。该类型区域内存在少量的龙山早期文化遗存，如城子崖、丁公以及大辛庄、乐盘[41]等遗址均有发现。但资料贫乏，面貌较为模糊，总体上生产力水平较低，不成气候。但是到了中晚期之际，该地区文化有了突飞猛进的发展，如城址建造较多较发达，以大型聚落或城址为中心的遗址群发现较多，如桐林、西朱封、丁公、城子崖等。其中桐林遗址中心城址之外有八片遗址构成聚落群，周边遗址密集，已具备国与野的基本构架。80年代发现的龙山文化祭祀坑，出土成组成套的礼制性陶器，似乎已经形成初步的礼制观念。西侧愚公山发现同时期石器制作工场，说明已具有一定规模的生产职能分工。城子崖遗址周边也是龙山文化遗址分布集中，遗址本身发现龙山、岳石、春秋三个时期叠压的城址，在遗址西北部的舌状凸出部分还发现环壕，与东西城墙形成了一个面积约4万平方米的封闭区域，时代应早于龙山文化城址的筑城年代。岳石文化城址分早晚两期，外圈城址较早，内圈城址较晚，发现了城内夯土台基、葬人灰坑、南北大道等遗迹，说明直到岳石文化时期，这里仍然是中心文化城址。丁公遗址周边包括邹平、高青、桓台、周村等地，也是龙山文化遗址密集区，环壕遗址、台城遗址均有发现。丁公遗址发现的龙山文化城址，结构布局均十分精巧，城内排水构造十分先进；城内发现房址近百座，还有较为少见的陶窑、水井、局部道路等，说明生产力水平已经达到相当的高度。西朱封遗址也是一处中心环壕聚落，周边遗址密集。在传统的研究中都将其归入姚官庄类型，但从器物组合和形态特征上看，其与桐林遗址十分接近。如地层中出土的陶器以夹砂灰陶为主，泥质黑陶数量较少；夹砂陶多饰绳纹和篮纹；墓葬中器物组合有成组或成套的现象；器物中带盖器特别多，几乎占绝大多数，其中的敞口罐形鼎、盆形鼎与桐林遗址出土的列鼎十分接近；罍形器较多，在墓葬或采集器物中都十分多见，这都是桐林类型所共有的特征；所以应该将其归入桐林类型范围内。由于其处于姚官庄类型的分布范围，故有较多姚官庄类型的一般特征。西朱封龙山大墓的豪华程度是至今其他同期墓葬所不能比拟的，比如高规格的棺椁形制、彩绘器物箱或彩绘木器、成组的精制陶器、华美的玉冠饰、玉钺、玉刀等，都说明了墓主人身份的高贵和奢华，可能属于族酋或首领之类的人物。特别是墓葬中随葬大量石质或骨质箭镞，也属目前龙山文化墓葬所罕见。根据发掘报告多学科综合研究，箭镞基本处理的标准是一致的，推测可能已经出现依附于贵族或受其控制的工匠和作坊，昭示着弓箭成为主要远射兵器，制作已经实现标准化和专业化生产。

该类型到晚期后段，多地出现了素面鬲这一特殊器物；陶质、陶色也发生了一定的变化，如细泥陶较少，夹砂灰陶增多，纹饰中绳纹、方格纹增多；标志着该类型增加了

---

[39] 济青公路文物考古队宁家埠分队：《章丘宁家埠遗址发掘报告》，《济青高级公路章丘工段考古发掘报告集》，齐鲁书社，1993年。

[40] 严文明：《章丘县邢亭山大汶口文化至商代遗址》，《中国考古学年鉴（1986）》，文物出版社，1988年。

[41] 赵辉：《龙山文化的分期和地方类型》，《考古学文化论集》（三），文物出版社，1993年，第253页。

西部地区的文化因素。

7. 晚期尹家城类型

该类型主要分布于汶泗流域济宁、枣庄以及徐州北部一带。与早期西吴寺类型范围大体一致。主要遗址有尹家城、庄里西、程子崖、龙湾店[42]等，以尹家城、程子崖遗址资料较为丰富。城址只有滕州庄里西遗址一处，约呈正方形，城墙为板筑。房址流行地面式建筑，以方形为主，出现白灰面地面；墓葬发现极少。陶质以夹砂陶为主，泥质灰陶次之，泥质黑陶较少，夹砂灰、褐陶占一定比例，还有少量红陶；器表以素面为主，纹饰以篮纹、绳纹、方格纹数量较多，还有弦纹、附加堆纹、镂孔、铆钉、盲鼻和鸡冠耳等附加装饰。器形以平底为主，圜底器、三足器较少，主要器种有鼎、鬶、鬲、甗、罐、盆、圈足盘、豆、杯、尊、盒、壶、器盖等，鼎类器物中出现侧装三角形鼎足。总体上遗址分布较为零散，文化面貌不如早期的西吴寺类型发达。该类型出现较多的深腹罐和方格纹、绳纹纹饰以及房址中存在白灰面等因素，应该与鲁西、豫东地区相关文化因素的传播和交流有关。

8. 晚期尚庄类型

这一类型主要分布于鲁西北、鲁西和豫北、冀南的部分地区，主要遗址有邢寨王、尚庄、南陈庄、教场铺、景阳岗、青堌堆等。濮阳地区的戚城、铁丘[43]等遗址可能也属于该类型范畴。相关遗存多数为龙山晚期遗存，少见早期遗物；与当地的大汶口文化晚期遗存存在缺环。该类型在以往研究中多归属于城子崖类型，近来有学者提出以“教场铺类型”（梁中合）或“尚庄类型”（李伊萍）将其独立出来[44]。根据相关文化因素和研究历史，本人认同将该类型以“尚庄类型”单独命名。学界亦曾将青堌堆遗址归类于王油坊（造律台）类型或城子崖类型，实际上归类于尚庄类型更为贴切。该类型有密集的遗址和城址，已发现教场铺、景阳岗、尚庄等三座城址，尚有五六座疑似龙山文化城堡等待查证[45]。说明文化扩张与争夺的场面极其宏大，攻防之事极其频繁。城址建造较为精细，遗存丰富，出现板筑城墙的建造方式。教场铺城址分为两期，后期城址是对前期的修补和扩展；城墙底部或周边有较多与城墙有关的人殉祭祀；城内有房址、陶窑、墓葬以及灰坑窖藏；房址多为平地起建或浅穴式建筑，有圆形、圆角方形或方形；墙皮或居住面都涂抹白灰面；陶窑呈“品”字形分布，具有一定的规模。陶器普遍使用轮制，手制很少；深灰陶居多，黑陶和红陶次之，白陶极少。器表多为素面，常见纹饰有篮纹、方格纹、弦纹，绳纹较少。某些器物的颈部或腹部，包括罐、瓮、鼎、甗、罐、

㊷ 济宁市博物馆：《山东兖州市龙湾店遗址的试掘》，《考古》2005年第8期。

㊸ 濮阳戚城文物景区管理处：《濮阳戚城遗址龙山文化灰坑清理简报》，《中原文物》2007年第5期；首都师范大学、濮阳市文物保管所：《河南省濮阳市铁丘遗址2012年发掘简报》，《中原文物》2013年第6期。

㊹ 梁中合：《教场铺类型》，《中国考古学·新石器时代卷》，中国社会科学出版社，2010年；李伊萍：《龙山文化——黄河下游文明进程的重要阶段》，科学出版社，2005年，第42、43页。

㊺ 张学海：《鲁西两组龙山文化城址的发现及对几个古史问题的思考》，《华夏考古》1995年第4期。

盆，往往装有对称的横扁耳；常见的器形有鼎、鬶、甗、罐、盆、瓮、碗、豆、单耳杯等。因处于与后冈二期文化的交界地带，与后冈二期文化有密切的交流和争夺，故与后冈二期有较多相似的文化面貌。如居址中多数使用白灰面，陶器的制法、色泽、器形、类别方面也大致相似，两者都有篮纹、方格纹和绳纹。但尚庄类型三足器发达是突出特点。有学者统计，尚庄的三足器与后冈遗址比较，前者所占比例约当后者的三倍，平底器则后者超出前者的三分之一；在三足器中，甗的数量最多，尚庄所占比例略多于后冈。其他几种器物中，尚庄鼎类器很多，鬶次之，鬲也有一定数量，斝极少，仅一见。后冈类型斝、鬲较多，鬶的数量仅有尚庄的一半，鼎较少[46]。应该指出，甗可以作为尚庄类型的标志性器物。作为在大汶口晚期出现的一类炊器，甗经历了鼎式实足、弧裆款足、鬲式袋足的发展过程。后冈二期的袋足甗，应该是由前期龙山文化的弧裆款足吸收了鬲的袋足优势之后变化而出的。尚庄类型对后冈二期文化影响较大；相关遗址中出现的龙山文化因素颇多；典型的龙山文化鸟首形鼎足在诸多遗址的晚期遗存中都能见到，且数量相当可观；其他常见的器类有袋足鬶、直口瓮、子母口瓮、子母口罐、折盘豆、圈足盆、子母口盆、子母口盒、筒形杯、器盖等。说明在一定时期内，这一类型可能占据了后冈二期文化的部分区域。

9. 晚期王油坊类型

这一类型主要分布于鲁西南、豫东、皖北一带地区，与大汶口文化尉迟寺类型存在地层叠压和承继关系。主要遗址有曹县莘冢集，菏泽安丘堌堆；永城王油坊以及黑堌堆、造律台[47]，商丘县坞墙[48]，淮阳平粮台[49]，沈丘乳香台[50]，鹿邑栾台[51]，郸城段寨[52]，杞县鹿台岗、段岗[53]，民权县牛牧岗[54]等遗址；在皖北地区的有蒙城尉迟寺[55]、蚌埠禹会村遗址[56]等。学界对于该类型遗存的研究较多，并提出“王油坊类型”、“青堌堆类

---

[46] 于中航：《尚庄遗存与后岗类型》，《华夏考古》1987年第1期。

[47] 李景聃：《豫东商邱永城调查及造律台黑孤堆曹桥三处小发掘》，《中国考古学报》（即《田野考古报告》）（第二册），1947年；中国社会科学院考古研究所河南二队、商丘地区文物管理委员会：《1977年豫东考古纪要》，《考古》1981年第5期。

[48] 商丘地区文物管理委员会、中国社会科学院考古研究所河南二队：《河南商丘县坞墙遗址试掘简报》，《考古》1983年第2期。

[49] 河南省文物研究所、周口地区文化局文物科：《河南淮阳平粮台龙山文化城址试掘简报》，《文物》1983年第3期。

[50] 河南省文物研究所、周口地区文化局：《河南乳香台遗址的发掘》，《华夏考古》1990年第4期。

[51] 河南省文物研究所：《河南鹿邑栾台遗址发掘简报》，《华夏考古》1989年第1期。

[52] 曹桂岑：《郸城段寨遗址试掘》，《中原文物》1981年第3期。

[53] 郑州大学考古专业、开封市文物工作队、杞县文物管理所：《河南省杞县鹿台岗遗址发掘简报》，《考古》1994年第8期；郑州大学文博学院、开封市文物工作队：《豫东杞县发掘报告》，科学出版社，2000年。

[54] 郑州大学历史学院考古系、商丘市文物局、民权县文化局：《河南民权县牛牧岗遗址发掘简报》，《考古》2012年第2期。

[55] 中国社会科学院考古研究所：《蒙城尉迟寺——皖北新石器时代聚落遗存的发掘与研究》，科学出版社，2001年。

[56] 中国社会科学院考古研究所、安徽省蚌埠市博物馆：《蚌埠禹会村》，科学出版社，2013年；王吉怀：《安徽蚌埠禹会村遗址二〇一一年春季发掘新收获》，《中国文物报》2011年10月21日第4版。

型”和“造律台类型”等几种命名。对于该类遗存的文化属性问题，一种是“河南龙山文化说”，认为该类遗存属于河南龙山文化的地方类型（《河南考古四十年（1952—1992）》）。一种是“山东龙山文化”说，认为是山东龙山文化的地方类型（栾丰实）。另一种是“混合文化说”，认为该类型由于内含大汶口、后冈二期和王湾三期文化的文化因素，面貌复杂，是一支混合文化（李伯谦）[57]。最近又有学人以“王油坊文化”作为专题进行了研究（王蒙）[58]。该类型淮阳平粮台城址的发现有重要意义：城址平面呈正方形，每边长185米，面积约5万平方米。西南城角保存最为完整，外角略呈弧形，内角较直。城墙采用版筑和堆筑法建成，即先用小版夯筑宽0.8—0.85米的土墙，然后在其外侧逐层呈斜坡状堆土，夯实加高到超过墙的高度后，再堆筑出城墙的上部；南城门位于南城墙正中，门道路土宽1.7米，门道下铺排水管道，是一套较为完整的早期城市排水系统；两侧有门卫房的遗存。2014年以来最新一轮考古发掘中取得了突破性学术成果：进一步确认了城址严整规划的方正格局，尤其是位于城址中轴线上的道路是目前国内经考古发掘确认的最早的城市“中轴线”和，城内的高台式排房建筑也以“中轴线”为依据进行规划设计。道路上发现的我国最早的车辙，将车（可能是双轮车）的起源提早到龙山时代，并与大时代背景下的东西文化交流相吻合[59]。城址内已发掘出多座房基，多为长方形排房，有三间一组和四间一组的。房基无论是平地起建的，或是夯土高台建筑，普遍使用土坯砌墙。在城内还发现有灰坑、陶窑和墓葬。出土遗物有陶质的鼎、罐、瓮、甗、豆、盆、鬶、纺轮，石质的凿、铲、斧、锛、镞、纺轮和骨凿、骨镞、蚌刀、蚌镰等，此外还发现铜渣。王油坊类型的分期与年代，多数认为可分为三个阶段，绝对年代大约与典型龙山文化相当，处于距今4600—4000年。但从典型器物分析中可发现龙山文化的标型因素则多属于晚期阶段，甚至有人指证王油坊类型早、中期与尹家城7段的年代大体对应，晚期与尹家城类型8段大体相当[60]。这说明其器物组合存在一定的问题。栾丰实先生也注意到这一点并进行了相应的调整[61]。察看王油坊类型早期材料，可知其中来自典型龙山文化的文化因素并不是很多，其主体文化因素主要是在当地大汶口晚期文化的基础之上，受到王湾三期文化和后冈二期文化的影响而形成的。至王油坊类型晚期时，来自龙山文化的文化因素才大量增加。该类型发现的房基有圆形和方形两种。有的房基用土夯筑，墙用土坯砌成；有连间排房和用石灰涂抹地面和墙壁的技术，但不如后冈二期文化和王湾三期文化发达。窖穴多为口大底小的圆形和椭圆形坑；陶质以泥质灰陶为主，夹砂灰陶次之，泥质黑陶较少，与龙山文化中绝大部分是泥质和夹砂黑陶的情况形成鲜明的对比；但黑陶的比例较王湾三期文化、后冈二期文化则又占优势。陶器中素面、磨光的占一半以上，方格纹、篮纹比较流行，亦有一定数

---

[57] 李伯谦：《论造律台类型》，《文物》1983年第4期。

[58] 王蒙：《王油坊文化研究》，吉林大学硕士学位论文，2013年。

[59] 秦岭、曹艳朋：《入围终评项目——河南淮阳平粮台城址》，国家文物局微信公众号，2020年04月25日20:09发表于北京。

[60] 王蒙：《王油坊文化研究》，吉林大学硕士学位论文，2013年。

[61] 栾丰实：《海岱龙山文化的分期和类型》，《海岱地区考古研究》，山东大学出版社，1997年。

量的绳纹。李伯谦先生将该类遗存分为三组，甲组：包括王油坊类型多见、周围其他文化少见或基本不见的器物，如侧装三角形足罐形鼎、袋足甗、圈足盘、素面盆形甑、大口尊形器、圆纽器盖、漏斗形器等；乙组：主要包括王湾三期文化、后冈二期文化、王油坊类型多见而龙山文化少见或基本不见的器物，如侈口深腹罐、敞口斜壁碗、浅盘弧腹豆、高领瓮、双腹盆、刻槽器等；丙组：包括王油坊类型和龙山文化多见而王湾三期文化、后冈二期文化较少见以及龙山文化多见、王油坊类型少见、王湾三期文化和后冈二期文化更少见或基本不见的器物，主要有素面圆腹罐、单耳罐、大平底盆、横耳高领瓮、长颈壶、短流袋足鬶、单耳筒形杯、觚形器、鸟首足平底盘、直口皿等[62]。从数量上看丙组多于甲乙两组，从时代上看早期以甲乙两组为主，晚期以丙组为主。这种局面说明龙山文化早期，该类型曾经出现过中原地区相关文化占主导地位的情况。亦如有关学者指出：在龙山时代，大汶口时期尉迟寺类型的地盘被中原龙山文化居民所夺回，整个东方地区，停滞了向文明社会挺进的步伐[63]。不过从该类型丙组器物情况来看，到龙山文化晚期，海岱地区的文化又一度占领了这个地区；并一直延续到当地的岳石文化。

根据上述相关研讨，将海岱地区龙山文化的基本格局总结如图一。

三、后羿文化厘定

文献记载后羿之前的古史传说，基本不见“夷”或“东夷”的称谓。只在后羿出现之后，被明确冠以“夷羿”之名。则东方民族以“夷”称之，实从后羿为始。《礼记·王制》：“东方曰夷。”《说文》：“夷，从大从弓，东方之人也。”夷羿或简称羿，其本字为“芎”或“羿”，实际上就是箭杆与弓或者箭杆和羽毛的组合。“羿”字乃俗体或讹变。“羿”，《说文》曰：“羽之羿风，亦古诸侯也，一曰射师。”段注曰：“此谓有穷后羿，……夷羿国也，……俗作羿。”“芎”，《说文》曰：“帝喾射官，夏少康灭之。”《论语》曰：‘芎，善射。’”段注曰：“芎与羿，古盖同字……羿之讹也。”羿或夷羿，癖性尚箭，嗜射；有的古籍在记述夷羿史迹中，直接推尊夷羿是我国古代弓、矢一类远射兵具的发明者。《吕氏春秋·勿躬篇》记载：“夷羿作弓。”《墨子·非儒篇》曰：“古者羿作弓……”王树明先生在《齐地得名推阐》一文中，根据杨雄的《上林苑令箴》《荀子·解蔽篇》《荀子·效儒篇》等有关记载推论：齐地得名，本源于鲁北地区为尚箭嗜射的民族发源地，也就是因循于后羿集团的崇武尚箭之风，古“齐”字即是三枚箭头的实际摹画[64]。因此，地处鲁北和尚箭嗜射是后羿集团的突出文化要素。通过前一节对典型龙山文化的梳理，不难看出，后羿集团的文化特征，与龙山文化桐林类型的相关因素十分契合。

在龙山文化晚期诸类型中，桐林类型无疑是最发达和最繁荣的群体。目前桐林遗址

---

[62] 李伯谦：《论造律台类型》，《文物》1983年第4期。

[63] 赵春青：《龙山时代中原与海岱地区文化分布格局的比较》，《东方考古》（第1集），科学出版社，2004年。

[64] 王树明：《齐地得名推阐》，《东夷古国史研究》（第一辑），三秦出版社，1988年。

“遗址围城”的聚落中心现象是海岱地区史前文化中唯一的存在，可能预示着“国与野”的初步形态。城子崖、丁公、西朱封等多地的龙山文化城址建造规模和数量也比其他类型发达。相关遗址的分布也较密集，据调查在东到淄河、西至乌河，面积约170平方千米的范围内，共发现先秦时期遗址81处，其中龙山文化遗址竟有51处之多。桐林遗址聚落变迁分为早中晚三个阶段，与一般龙山文化分期稍有差异。所谓早期阶段也就是桐林遗址聚落的最初阶段，相当于一般龙山文化的早期早段，延续时间甚短；桐林遗址中期阶段，其开始在龙山文化分期的早期晚段，然后延续到龙山文化中期；而晚期阶段基本与龙山文化晚期同步。早期阶段房子结构主要是土坯或板筑墙体，房子均为独间单体建筑，可能也存在几座房子组合成的社区；中期阶段房子结构变成挖基槽的木骨泥墙，仍然以独间单体建筑为主，但面积有所扩大。聚落布局上最大的变化就是北部以前疑似几座房子组合成的社区被一处大型院落取代；其上发现了大型的经过夯打的柱洞；与之相应的堆积中出土陶片以精细泥质陶为主，普遍磨光，胎薄体轻，有各种杯盘、豆、器盖、盆、盒、壶等，多是些精致的宴饮、食器，少见炊、储等日用粗笨器类。可见这类房子曾频繁地使用精致器物进行宴饮等活动，显然其性质并非一般场所，由建筑形式和院内发现来看，这处院落规格较高，使用性质可能发生了根本变化。大型院落的出现可能改变了遗址最初的聚落结构，标志着聚落内部中心区域的出现；而这时聚落外围也正好开始营建城墙，这两件事情同时出现并不是巧合，可能标志着这个时期氏族集团出现了高等级的管理阶层。该类型中的西朱封遗址出土的三座龙山文化大型墓葬，在同期所有类型的遗存中也是独有的。特别是墓葬随葬大量箭镞，说明其主人崇武尚箭；此与后羿的文化习俗密迩相合，成为后羿文化的指征性标志。该类型生产力空前发达，手工业十分先进，专业分工已经形成，集团内部可能根据不同的制作工艺形成了相关的制作组织，并延续传承，也为后来形成不同的族团打下了基础。综上，从桐林类型的遗存分布、文化特征并结合文献考证后羿的时代和地望，可以基本认定：桐林类型的相关遗存应属于后羿集团的文化遗存；后羿集团的征杀擒射、东进西征当以桐林类型为背景。

桐林类型的分布范围内，在大汶口文化晚期大致存在两种不同面貌的文化遗存。一是以黑陶、灰褐陶为主、以鼎、鬶、瓶、壶、杯等遗存为特点的遗存；一种是以红陶、红褐陶为主，以折腹罐形鼎、高领罐、罐、豆、钵等器物为主并常见彩陶的遗存。前者与常规的大汶口文化基本相似；后者则面貌独特，较为怪异。我在相关文章中论指这种遗存为“五村类型”，应该属于鲁北古史中“季蒯氏”的物质文化。并指出此类遗存可能与庙底沟二期文化的东传有关，大概代表帝尧陶唐氏东进的一个分支[65]。2017年度全国十大考古新发现的章丘焦家遗址[66]，证实了五村类型的确立和传递关系。西朱封遗址M203发现的彩绘痕迹，疑似彩绘木盘和器物箱之类，颜色主要有红、黑、白等，与五村类型的彩陶颜色基本相似，可能具有一定的基因联系。或可认为桐林类型因为受到

---

[65] 常兴照：《论五村类型》，《青果集》（第二辑），科学出版社，1990年。

[66] 山东大学考古学与博物馆学系、济南市章丘区城子崖遗址博物馆：《济南市章丘区焦家新石器时代遗址》，《考古》2018年第7期。

了五村类型的支持和介入才在龙山文化中期发生突变，迅速繁荣和发达起来。是故有“尧乃使羿……上射十日而下杀猰貐……万民皆喜，置尧以为天子”（《淮南子·本经训》）之说。

泛而论之，位处东方的三个龙山文化早期类型，在文化特质上有较为相似的文化因素，相关器物的质地、色泽、纹饰以及器形，除了个别细节，只是存在数量多寡和分布疏密的区别。追其根源大多踪循于大汶口文化晚期三里河或陵阳河类型。在第一节已经明确，这些类型可能与流行太阳崇拜的十日之国十分贴近。特别是尧王城类型的有关现象，反映出与历史传说的紧密贴合。这一地区在大汶口文化晚期多地伴出的“日月山”形陶器图像表明了其太阳崇拜的实际物象。而相关地层证明这里的大汶口文化晚期与龙山文化早期紧密传承密不可分，是同一氏族的物质遗存。当地许多太阳石、太阳神像、太阳陵等传说以及与太阳有关的地名等说明了文化习俗的久远和传承。该类型早期的发展与繁荣，证明了十日之国的地位和影响。但是该类型在龙山文化后期急剧衰落，与桐林类型的中后期的发达形成鲜明对比。有关学者已经作专文论述[67]。其实两城镇遗址的相关现象已解释了这一问题：遗址壕沟内填埋大量器物碎片，在28平方米范围内出土陶片数以万计，拼对出完整器形达200余件，许多均为完整器形。墓葬较为散乱随意，多数墓葬无葬具和随葬品；遗址上遍布各式箭镞，但并不属于工场遗留等情况；综合分析，似与战争毁城的原因比较贴合。结合后羿射日相关传说，该类型晚期急剧衰微，应与后羿射日密不可分。

同时还应指出，两城镇遗址也发现部分晚期遗物，可能与后羿文化的另一个传说“嫦娥奔月”之事有关。我在相关文章中曾经推论：汶泗流域的大汶口晚期文化，可能是帝喾（帝俊或太昊）西渐过程中的重要族团，也就是其妻常仪的氏族[68]。常仪亦即嫦娥，在文献中嫦娥、姮娥、常仪、常羲、皇娥、羲和等实为一人而异传。她们都是帝喾或帝俊的妻子，生过少昊抑或生过太阳或月亮，都有过浴日或浴月的故事；因此论指常仪即嫦娥已为学界共识。从嫦娥与后羿的传说中可知，嫦娥部族在后羿征伐过程中是被征服的氏族之一，之后成为后羿的同盟，或被讹称为后羿之妻。但此同盟并不牢固，故有窃“不死之药”而奔月的故事。奔者，逃也。《山海经·海外南经》记：在反舌西边，有个不死（民）。此当系补遂的同音词，由它演而绎出不死之乡、之山、之树、之草和之药。所谓吃“不死”之药升天，则可引申为是在“不死民”的帮助下而逃离的。逃离的去向，则应是日、月居留之地，即大海或甘渊。《山海经·大荒南经》：“东南海之外，甘水之间，有羲和之国。有女子名曰羲和，方日浴于甘渊。羲和者，帝俊之妻，生十日。”《山海经·大荒西经》：“有女子方浴月。帝俊妻常仪，生月十有二，此始浴之。”后世传说之“碧海青天”之所，当即月宫寂寥之地也。尧王城类型区域内十分零散的晚期遗存及其后续贫乏的岳石文化，应该就是嫦娥奔月的历史孑遗。

从地理位置和文化性质而论，龙山文化早期杨家圈类型应该属于嵎夷氏族之遗存；

---

[67] 栾丰实：《试析海岱龙山文化东、西部遗址分布的区域差异》，《海岱考古》（第九辑），科学出版社，2016年。

[68] 常兴照：《少昊、帝舜与大汶口文化》（上、下），《文物春秋》2003年第6期、2004年第1期。

历代学者持此说者众。《尚书·尧典》载：“分命羲仲，宅嵎夷，曰暘谷。寅宾出日，平秩东作。”这里“宅”字有居有、驻守、统领之意；亦即由羲仲辖制嵎夷。曰旸谷是指将嵎夷之地也称之为旸谷，把旸谷的范围扩展了。羲仲本属羲和一族，要到嵎夷之地寅宾出日，说明了羲和族对嵎夷地域的扩张与影响。《禹贡》：“海岱惟青州，嵎夷既略，潍淄既道”。这里“略”字也属于平定、征服之意，与《尧典》之文相互对应。文献史实说明了羲和崇日之族对嵎夷的渗透和经略。这也证实了大汶口文化晚期至龙山早期杨家圈类型中常见尧王城与姚官庄类型因素的原因所在。《山海经·海外北经》：“北方禺彊，人面鸟身。”郭璞注：“字玄冥，水神也。”《山海经·大荒北经》：“有儋耳之国，任姓，禺號子，食谷。北海之渚中，有神，人面鸟身，珥两青蛇，践两黄蛇，名曰禺彊。”《山海经·海外东经》：“黑齿国在其北，为人黑，食稻啖蛇。”王逸注《楚辞·招魂》云：“黑齿，齿牙尽黑。”高诱注《淮南子·坠形训》云：“其人黑齿，食稻啖蛇，在汤谷上。”《山海经·大荒东经》：“有黑齿之国。帝俊生黑齿，姜姓，黍食，使四鸟。”禺號、禺彊实即嵎夷之名号。审之该民族食稻啖蛇，黑身或黑齿，亦为崇鸟民族，崇鸟也就是崇日。杨家圈遗址发现了碳化稻谷，说明这一类型食稻是历史事实；至于是否黑齿、黑身，可能是风俗中有染齿染身的习惯，但于今已不易被发现了。由于该类型与尧王城类型、姚官庄类型的亲缘关系，可能在后羿集团初期的征杀过程中被作为太阳民族射杀了。故胶东地区亦绝少龙山晚期文化遗存，仅在杨家圈等遗址有零星发现。这或与晚期寒浞封享其子浇于“过乡”相关连。后期岳石文化在胶东地区较为发达；商周时期的莱夷、莱子国归属于姜姓之国，均应和“处浇于过”有关。

姚官庄类型与桐林类型区域交叉相连，早期对桐林类型有扩张进攻之举；这在浯河流域的龙山早中期遗存中较为常见。后期随着后羿文化的崛起和进逼，基本上也在中期偏晚阶段中断或消失。寻史觅踪，该类型可能属于后羿所征伐的大风氏遗存。在大汶口文化晚期，这一区域属于三里河类型的分布范围，至龙山文化早中期其文化属性没有大的变化。大风氏与少昊部族崇鸟十分密切，基本可以认定属于鲁北地区爽鸠氏的族裔。在被后羿征伐之后，这一地区成为后羿大本营之一。寒浞及其子浇被二斟剿灭之后，这里成为后羿遗裔与夏后氏民族争夺和交流的势力范围，商周之际这里成为纪、曩、莱、融、斟等诸族混居之地。在青州、寿光、临朐等地发现的纪氏、其氏、斟族、融族、鄩氏等商周铜器，客观上证明了这一点。

从前述论证可知，龙山早期的西吴寺类型是延续大汶口文化晚期的大汶口类型、西夏侯类型等遗存而发展的文化，与帝喾（帝俊、太昊）西渐活动十分密切。其文化属性是为常仪、补遂、有仍氏等部族的物质文化。因为其文化特征突出，在后羿征讨的过程中是被蔑称为“凿齿”或“歧舌”的族类。被后羿征服之后部分氏族一度成为后羿的同盟，故有嫦娥为后羿之妻一说。汶泗流域龙山文化中期左右出现的文化断层或中止等现象，应与这些历史事件密切相关。这些氏族中后期发生了嫦娥奔月的故事（见前文），以致今日照一带的乡音俗语也与洙、泗地区的方言一样，带有浓重的咬舌音。及至龙山文化晚期后段，汶泗地区形成了晚期尹家城类型和后续的岳石文化，文化又有一定的发展和延续，但远不如早期文化先进和发达。推测这种现象可能与有緡氏部族的回迁有关。《左传·哀公元年》所记“昔有过浇……灭夏后相。后緡方娠，逃出自窦，归于有仍，生少康焉”之类，可为尹家城类型的此类现象作一注脚。及至商、周两代，这些氏族逐渐分立或重组，形成承祀太昊的风姓四国以及奉祀少昊的嬴姓商奄等族。《左传·僖公二十一年》：“任、宿、须句、颛臾，风姓也，实司太皞与有济之祀，以服事诸夏。”《左传·定公四年》：“因商奄之民，命以伯禽，而封于少皞之虚。”则为后事之续。

龙山晚期尚庄类型位处海岱地区西缘，是后羿西征的重要阵地。从文献上推考，这里可能属于后羿所都穷石的区域。《左传·襄公四年》：“昔有夏之方衰也，后羿自鉏迁于穷石。”穷石一说在今河南孟州市西，即穷谷，《晋地道记》：“河阳有穷谷，盖本有穷氏所迁也。”一说在今安徽霍邱县西南，《路史·国名纪》：“今寿之安丰有穷谷、穷水，即穷石。”一说在今山东德州市南，《水经·河水注》：河水西流经平原鬲县故城西，“故有穷后羿国也”。从后羿文化的发展过程看，在平原鬲县故城一带的可能性最大。尚庄类型以龙山晚期为主，基本上少见早期遗存。与当地大汶口文化链接缺环较大，存在文化迁入的可能性。而鉏邑或鉏城，则可能是指济南附近的城子崖、丁公等龙山文化遗址。穷石是后羿正式立国的地方。穷通穹，《左传·襄公四年》孔颖达疏：“羿居穷石之地，故以穹为国号，以‘有’配之，犹言‘有周’‘有夏’也。”《释名·释兵》：“弓，穹也。”有穷氏可能是以善于造弓而得名。在第一节已经论析：后羿在凶水一带斩杀九婴，可能主要是对后冈二期文化相关部族的征讨。邯郸涧沟遗址发现遗址除窝棚内的留有砍剥痕迹的人头骨外，还见有两种丛葬坑。一种是圆坑，内有大小男女人骨架10具，有的相互枕压，但头均靠近坑壁。一种是水井，内有5层人骨架，其中男女老少都有，或痛苦挣扎，或身首分离。这些人是被杀、活埋或溺水而死的；地层中亦常见散乱的人骨架；明显反映了战争的激烈与残酷[69]。在稍早的阶段，尚庄类型以东方文化因素为主，主要表现有密集的遗址和城址，城址建造较为精细，遗存丰富；说明了文化的兴旺繁荣。在后冈二期文化中也能发现东方因素的强烈影响。如果把后冈二期文化分为四期[70]，在一、二期中龙山文化因素几乎不见，至后冈三、四期时，龙山文化因素明显增多，表现为鸟首形足鼎、袋足鬶、双鋬耳瓮、双贯耳盆、瓦足皿、小罐、折腹细柄豆等器物多见。尚庄类型到后期阶段，则表现出西方文化因素强势进入，如素面鬲、罐形斝的出现，白灰面房址的使用等；鲁北两座岳石文化城址的出现也说明后羿文化的败退和式微，城址均利用原有的龙山文化城址进行修补，规模较小，修建技术较为简易；章丘乐盘遗址还发现了岳石文化乱葬坑等。凡此均与文献中的有靡氏联合有鬲氏，收二斟遗族助少康中兴，讨灭过、戈等史迹相互对应、斑斑可证。

王油坊类型分布区域之前属于大汶口文化尉迟寺类型的地盘。诸多研究证明，尉迟寺类型是大汶口文化晚期从鲁东地区西迁而在皖北、豫东发展起来的一支文化，可能是随着帝舜太昊部族“耕、渔、陶、作”，“就时于负夏”（《史记·五帝本纪》）而形

---

[69] 北京大学、河北省文化局邯郸考古发掘队：《1957年邯郸发掘简报》，《考古》1959年第10期。

[70] 刘媛媛：《后岗二期文化发展阶段及其与周邻文化的关系研究——以陶器为中心》，云南大学硕士学位论文，2017年。

成的部族集团，到龙山时代前期逐渐发展成有虞氏之族[71]。从大汶口文化尉迟寺类型的相关探讨和淮阳平粮台龙山文化城址的发现与研究，都直接或间接证明了这一点。王油坊类型甲、乙、丙三类遗存，分别说明其既遗传了大汶口文化的基因，又存在中原龙山文化因素的渗透，后期又遇到了典型龙山文化的强势介入。文献中有虞氏为一庞大的氏族集团，传说中的皋陶、伯益、后夔等均属于该族部众。结合文献研究，域内应该还有帝相、有穈、有缗等氏族存在。李伯谦先生论指该类型为混合文化，可谓点中其精髓。后羿代夏过程中，曾“禽封狶于桑林”；然则后夔之族或被视为“封狶”而擒杀。其余有缗归于母家有仍，有穈逃奔有鬲，帝相等移居斟灌（濮阳一带）仍被征杀。至后期少康部族辗转加入有虞氏集团以后，该类型慢慢成为夏后氏核心力量。应该说王油坊类型为夏王朝的最后建立做好了前期准备。

四、夷夏关系简说

广义上的夷夏关系应该说是夏民族和东方民族的关系，狭义的夷夏关系则应是夏民族同后羿族团的关系。夏文化的形成与发展，始终与东方民族的参与和推进密不可分。从古史传说系统和发生地域上考察，东方民族和夏民族关系可以分两个阶段和两个地区进行讨论。第一阶段主要发生在中原地区，约处于龙山文化的早期，表现的是以大禹为代表的夏民族同有着东方血统的皋陶、伯益等氏族之间的关系，这一阶段与主体夏文化的形成息息相关。第二阶段则发生在中原和海岱两个地区，约处于龙山文化的晚期，表现的是后羿代夏和少康中兴的整个过程，标志着夷、夏文化的嬗变与融合。

与典型龙山文化大约同时的中原地区古文化遗存，一般以“河南龙山文化”称之。大多数研究者都将河南龙山文化视为同一文化共同体，其下再划分若干地方类型。作为河南地区考古研究成果的总结，《河南考古四十年（1952—1992）》一书将河南龙山文化分为六个类型：即“王湾类型”“后岗类型”“三里桥类型”“王油坊类型”“郝家台类型”“下王岗类型”[72]。陈冰白先生对此则有独到的研究和见解：他将上述遗存准确地概括为以鼎、鬲、甗、斝为代表性器物的四个大类，并大致勾勒出中原腹地龙山晚期呈漩涡状的文化分布格局。斝系遗存即一般所称的王湾类型，其位置正处中央的洛阳盆地；在它的西北面是鬲系（单把为主）遗存，这种遗存有自西向东发展的趋势，包括以关中平原为中心的客省庄文化和以晋西南为次中心的南礼教类型；斝系遗存的东面是甗系遗存，这类遗存有过自北而南的发展，包括以往所称的后冈二期文化和豫东王油坊类型的晚期；斝系遗存的南面分布着鼎系遗存，这种遗存即所谓的下王岗类型或郝家台类型，陈先生重新命名为煤山文化；豫东的王油坊类型在甗未到达之前也是以鼎为传统的。同时认为二里头文化是太康以降的夏代文化，是在旧有的文化格局经历了破坏性震

---

[71] 李伯谦：《论造律台类型》，《文物》1983年第4期；王树明：《帝舜传说与考古发现诠释》，《故宫学术季刊》第九卷第四期，1992年。

[72] 河南省文物研究所：《龙山时代文化》，《河南考古四十年（1952—1992）》，河南人民出版社，1994年。

荡之后形成的新的文化秩序；而更早的夏文化如以禹、启为代表的族体则包含在龙山晚期的煤山文化和与之相关的诸遗存之中[73]。以陈先生之论为线索，结合文献关于夏民族的有关记载，可知中原地区夏代早期的氏族分布与上述考古文化的组合态势较为吻合。

从上文的分析已知，后羿射日的阶段与大禹的事迹大致同时。但文献中却不见大禹与后羿有何瓜葛，其原因有二：一是传说系统不一样，二是故事发生的地区不一样。后羿射日主要在山东地区，后羿乱夏的主要战场应该是豫北地区。夏后相立国先在商丘一带，其后迁都于斟灌、斟寻、帝丘，都在今豫北濮阳一带。豫北是后冈二期文化的分布区域，其早期也是以鬲为主的民族亦即有鬲氏的聚居地区。后羿文化形成之后，对后冈二期文化进行了震荡重组，重要标志之一是从东方的鼎式甗演化生成鬲式甗。寒浞代羿之后杀夏后相，夏后氏同宗诸侯有糜逃奔有鬲，也是一次文化重组。大禹族（虫）与有鬲氏合体，虫鬲相合，进一步确立了祝融集团的形成。归因索证，大禹民族的族神崇拜即为虫（蛇），《列子·黄帝》云："夏后氏人面蛇身。"金文中"禹"字就是虫蛇之象形，腰中有时斜跨一耒耜之类的工具。《说文》：（禹）蟲也。从厹，象形。《说文解字注》：蟲也，夏王以为名。《国语·周语》：昔夏之兴也，融降于崇山。也是说明虫鬲重组，对于夏民族的复兴极其重要。以祝融氏为代表的后冈二期文化大举南下，成为早期夏文化的重要力量。

大禹治水主要在豫中和豫东以及皖北地区，大禹治水应同时认为是夏民族对其他氏族统一和整合的过程。在尉迟寺类型结束之后王油坊类型中出现的王湾三期、后冈二期文化因素，以及蚌埠禹会村发现的龙山文化城址和祭祀遗迹，基本可以认为是大禹治水、涂山会盟的遗存物证。禹会万国，形成了短暂的统一，其后则是"禹征三苗"和"益干启位，启杀之"的历史演进与政权更替。这或表现在王油坊类型南渐攻陷良渚文化而促成广富林文化的诞生[74]、西征在郝家台类型中形成的文化因素的递变与消长；所谓煤山文化，或即是"益、启相争"之后的物质遗存。晚期少康生于有仍，形成于有虞，在二斟和有鬲氏扶持下杀了寒浞，开启了有夏一代也就是华夏一统的肇端。这也表现在王油坊类型晚期（有虞氏、少康）与郝家台类型之后的煤山文化（伯益、夏后氏），以及后冈二期文化（有鬲氏、祝融氏）的相互交流与影响；最终导致鼎系、甗系、斝系、鬲系遗存的大融合，形成了二里头文化。

这里需要结合藤花落类型的文化性质，论述一下王油坊类型相关因素在藤花落遗存中出现原因。根据文化面貌和相关文献研究，我认为藤花落类型是"殛鲧于羽山"的产物，夏鲧氏族的物质文化实际上是王油坊类型早期的文化遗存。其证如下：鲧族发源之地较为模糊，只说是颛顼之子。但其成名之地是在王油坊类型范围之内。《国语·周语》："昔共工弃此道也，虞于湛乐淫失其身，欲壅防百川，堕高堙庳，以害天下，皇天弗福，庶民弗助，祸乱并兴，共工用灭；其在有虞，有崈伯鲧播其淫心，称遂共工之过，尧用殛之于羽山。"说明鲧是在有虞氏境内称遂共工之过的，此为一。鲧受命治

[73] 陈冰白：《从龙山晚期的中原态势看二里头文化的形成——兼谈对早期夏文化的若干认识》，《中国考古学的跨世纪反思》，（香港）商务印书馆，1998年。

[74] 陈杰：《广富林文化初论》，《南方文物》2006年第4期。

水，事不成而禹接任其职，其与大禹治水的区域应该相同。《尚书·洪范》：箕子说：“我闻，在昔，鲧堙洪水，汩陈其五行。帝乃震怒，不畀其洪范玖畴，彝伦攸斁。鲧则殛死，禹乃嗣兴。”是为二。鲧族与有莘氏关系密切。据《大戴礼记·帝系》说：“鲧娶于有莘氏之子，谓之女志氏，产文命。”《世本·帝系篇》载：“鲧娶有辛氏女，谓之女志，是生高密。”东汉宋衷注云：“高密，禹所封国。”有莘氏地望有山东曹县说、河南伊川说、陕西合阳说等，但以曹县之说时代最早，与夏鲧的关系最贴切。有莘氏是夏商周三代出美女的国族。夏鲧、商汤、周文王均娶有莘氏之女为妃。根据古代同姓不婚的原则，可知有莘氏不属于夏、商、周相关氏族。有莘氏或称有辛氏，辛莘同音，可能属于帝喾高辛氏的一个部族，袭有辛之号，后世称其为有莘氏。《左传·僖公二十八年》载：“晋侯登有莘之虚以观师。”杨伯峻注：“有莘氏之虚在今山东曹县西北。”故夏鲧娶有莘之女为妃，壮大氏族势力，成就立国大业，事在情理之中。此为三也。所以，王油坊类型的部分早期遗存，属于夏鲧部族的物质文化，基本没有悬念。

《左传·昭公七年》：“昔尧殛鲧于羽山。”《国语·周语下》：“舜之刑也亟鲧。”传说夏鲧是被尧舜殛杀，实际上是被大禹攻杀。因为鲧与大禹所谓的父子关系，此事一直被历代史学家所讳言。《山海经·海内经》说：“鲧窃帝之息壤以湮洪水，不待帝命。帝令祝融杀鲧于羽郊。鲧复生禹。帝乃命禹卒布土以定九州。”鲧复（腹）生禹，就是指杀鲧才能生禹。大概是在王油坊类型早期后段，夏禹氏族以治水之名大举进入豫东，赶走了夏鲧；才形成之后的“涂山会盟”。客观分析尧、舜杀鲧，实际是下达一个命令，形成了一个决议，真正实施殛鲧的则是大禹与祝融。这一传说过程基本反映在藤花落类型相关文化特征之中：一是藤花落古城年代，正处于龙山文化早期后段和中期晚段之间，与王油坊类型早中期遗存年代相当。二是藤花落遗存中有较多王油坊类型的文化特征，反映出王油坊居民进入藤花落聚落的客观实际。三是藤花落古城造型规整，具备城与郭的基本形态，符合“鲧筑城以卫君，造郭以守民，此城郭之始也”（《吴越春秋》卷第二）。四是藤花落遗址很少发现鱼骨和甲壳类海洋生物遗骸，说明其居民生活仍然保留内地居民以杂粮为主的食物习惯。

《山海经·海内经》：“鲧死，三岁不腐，剖之以吴刀，化为黄龙。”《左传·昭公七年》《国语·晋语八》等说鲧的尸体化为黄能，《拾遗记》卷二说鲧“化为玄鱼”。推论鲧化为玄鱼的可能性较大；《说文》：鲧，鱼也，从鱼系声。《玉篇》鲧：大鱼也。黄龙或者黄能，是后人对夏鲧被杀后的一种哀思寄托，希望其仍然活跃在天上人间。玄鱼或者大鱼，才是鲧族本身的氏族徽号和外部名称。甲骨、金文中的鲧字，就是大鱼与玄或丝字的组合。鱼属图腾；玄为丝结，下端像单绞的丝，上端是丝绞上的系带，表示染丝用的丝结；本意为赤黑色。《说文》：黑而有赤色者为玄。鲧字实际上标示的是赤黑色的鱼。所以鲧为玄鱼是较为通俗的认知。历史上传说的羽山，就在连云港所辖范围内，处于东海县与山东省临沭县交界处。《尚书·禹贡》注：“羽山之谷，雉具五色，山因以羽名。”郭璞《山海经注》谓此即舜殛鲧处，亦名禹山，离赣榆不远，属于一个地理单元。是故赣（肝）榆之名，应与“殛鲧于羽山”相关联。在上古音系中，肝榆之肝，与鲧之读音相通，肝为见母寒部，鲧为见母文部，二者互为声转。“肝榆”之名，实际上就是“鲧鱼”之称。连云港地区地处沂沭河下游，河湖纵横，水网密布；一片水乡泽国之貌。从内地看来，就是处于弱水（若水）之中。在历史的演进过程中，鲧鱼一族逐渐形成猰貐之名（带牙齿的鱼）。在后羿大规模征杀擒射过程中，被作为“食人怪兽”（《山海经·海内南经》：窫窳龙首，居弱水中……，食人）射杀了。这也就是藤花落古城消亡的实际原因。

五、后羿遗裔寻踪

“夷”之称族，以后羿为始。“夷”字的形态就是对后羿民族崇武尚箭之风的具体摹写。以此为线索追踪溯源，可以基本解锁鲁北历史之谜。近代鲁北地区多次出土带有“亚貘”或者“亞矣”之徽号的商周青铜器，王树明先生根据金文中常见的数十种“亞矣”形态（图一），详细分析了“亞矣”徽号的来源和发展变化，推定“亞矣”中的侧首、短肢、持杆或镞、类人似燕的图形就是后羿集团崇拜的祖神形象[75]，“亞貘”之祖实为后羿。“亚矣”同铭“亚貘”名号，实际上是在宗主之后再复铭集团分支的徽号。有时带有“亞貘”徽号的铜器与其他徽号的铜器伴出，也是在铭记、祭祀宗主的同时兼有祭祀分支祖神的常见现象（图二）。

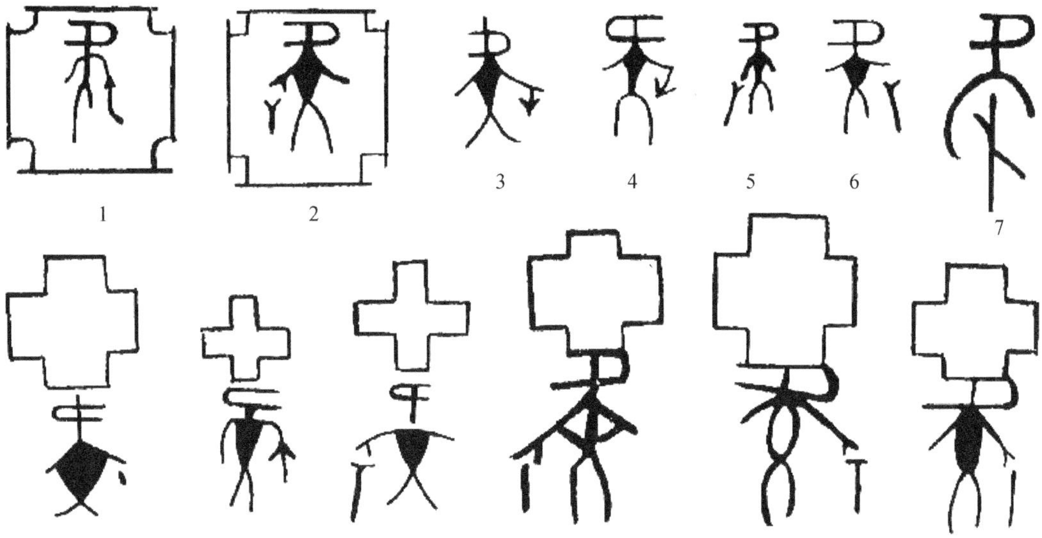

1　2　3　4　5　6　7　8　9　10　11　12　13

图一　后羿族徽常见图形（亞矣形态）

1.《美帝》A147、B147亚矣鼎　2.《考古》1974年第5期，314页

3—7.《金文诂林附录》321页　8—12.《金文诂林附录》298页　13.《三代》卷17，1745页

（转引自王树明：《貘祖夷羿新解》）

---

[75] 王树明：《貘祖夷羿新解》，《华夏考古》2004年第2期。

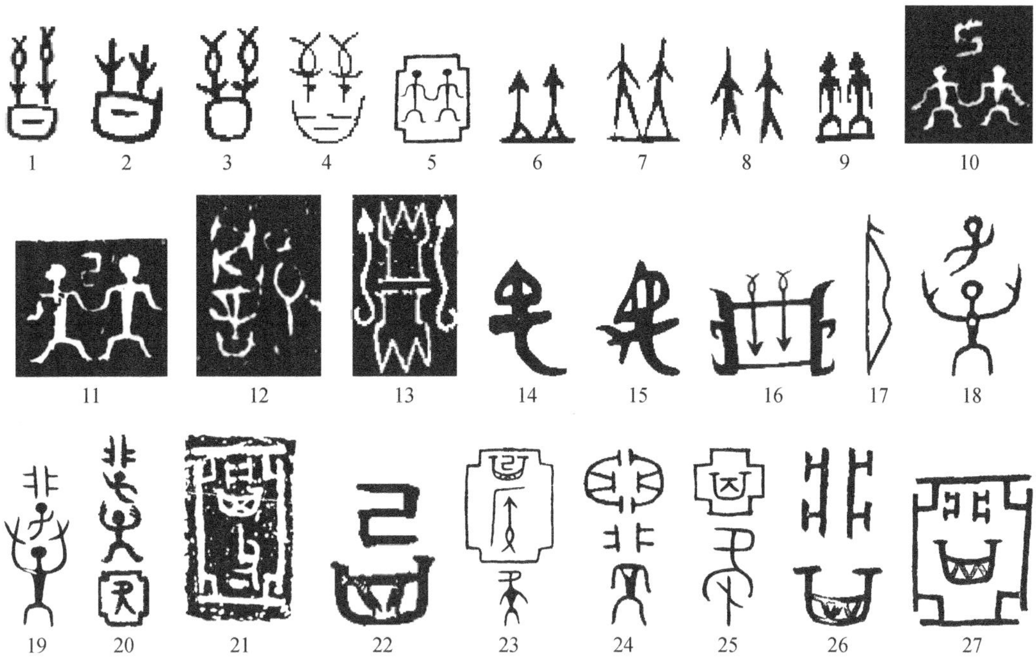

图二　甲骨、金文中所见部分后羿族裔及其关联徽号

【晋】1. 合19568　2. 合19569　3. 格伯作晉姬簋（集成3952）　4. 掷□田簋鐘（集成38）

【並】5. 父已簋（《金文编附录上》145）　6. 乃子克鼎（集成2712）　7. 合34041　8. 合34557　9. 並爵（集成7401）
10、11. 寿光益都侯城出土铜器“己並”

【冎阝】12. 章丘“郭甘鼎”铭文首字

【融】13. 青州苏埠屯商墓出土铜器铭文

【禹】14. 且辛禹方鼎（集成2111）　15.且辛罍（集成9806）

【箙】16. 葡盘（集成10012）

【弓】17 .弓父庚卣（集成4968）

【举】18. 父庚觚（《金文编附录上》001）　19. 父已尊（《金文编附录上》001）　20. 觚（《续殷文存》卷下第43页）

【亚㠱】21. 桓台高奎萱收藏“亚㠱父丁”爵　22. 作父丁尊（《金文编》卷一四2637）　23.“亵”方鼎（《金文编附录上》129）　24.觯文（《金文编附录上》002）　25. 卣文（《金文编附录上》129）　26. 子卣（《金文编附录上》131）　27. 父已甗（《金文编附录上》131）

根据前面我们对龙山文化桐林类型的考察，可知这一集团已经形成较为专业的职能分工和标准化工艺，不同的专业可能形成了不同的族团。因此，“亞㠱”徽识可能还有另外的含义。我在《论山东章丘县小董家所出陶罐及其刻画符号·说亞》中认为：亚形崇拜的最初形态原本是夏民族在祖神崇拜中习用的石室藏主的祭祀形式，其后随着夏文化的扩张与交流，逐渐形成绵亘三代、遍及中华并不断发展升华了的一种文化习俗。其中山东地区的潍淄流域成为亚形崇拜比较集中的地区，这是因为夏代初年后羿乱夏，少康中兴，部分夏后氏族团来到鲁北，将这一习俗流传到了这里[76]。因此“亞”字形徽

[76] 常兴照、宁荫堂：《论山东章丘县小董家所出陶罐及其刻画符号》，《北方文物》1995年第3期。

号，其实是祭祀祖先和神主的特殊标记。“亞㠱”中的己、其等字，均应是集团中较为常见的族团。1984年寿光县益都侯城出土过一组商代铜器，有“並”“己”等徽号铭文，1975年临朐营子乡曾出一组土晚商“㠱”氏铜器，王永波先生据此曾作《“己”识族团考——兼论其、并、己三氏族源归属》[77]，论指夏商时期鲁北地区活动着一支由己氏（后来称之为纪国）、並氏（后来的纪国郱氏）、其氏（后来的㠱国）等部族组成的夷人集团。西周时期的纪国在山东寿光一带，春秋时期的郱氏在山东临朐一带，均属㳽河流域；并认为“並氏”的徽识经历了从双矢到双夭的演变，属于尚箭部族，并立的双矢是部族出征和狩猎时祭祀的一种现象；同时还认为殷末纣王时期三贤之一的比干氏，是並氏集团在河南的分支。其说可从。因此，己氏、並氏、其氏可能标志着不同的职能分工，而且都宗主于后羿旗下（后羿遗裔关联徽号、国名字符见图二）。

根据以上推论，可将后羿关联族裔分别梳理如次：

己氏：纪国之“己”，在甲骨、金文中就是丝纶绳索的形象摹画。王树明先生论其为“捆绑箭镞的绳索类”之物[78]。其实，这应是弓弦的实物摹写，也是尚箭部族职能分工中极为重要的专业之一。弓为抛射兵器中最古老的一种弹射武器，它由富有弹性的弓臂和柔韧的弓弦构成；当把拉弦张弓过程中积聚的力量在瞬间释放时，便可将扣在弓弦上的箭或弹丸射向远处的目标。为防止弓弦老化失去张力，平时并不挂弭，直到战前才挂弭开弓。所以弓弦平时就是一团丝索。古代的弓弦材料使用牛筋或生牛皮。《考工记》中认为：制弓以干、角、筋、胶、丝、漆，合称“六材”；其中角、筋、胶、丝都是制作弓箭的重要材料。丝筋之类，是弓箭制作不可或缺的功能要素。己氏之初，应该是专做丝筋之物的部族，故为后羿集团的重要氏族。“己”与“並氏”或“其氏”合铭，是部族联合重组的一种现象。

其氏：“其氏”之“其”，在甲骨金文中就是簸箕之类的象形物，这就为我们查证其族类提供了证据。前面已知，后羿集团在扩张西进的过程中，实施了堆土为垒、步步为城的战略。在鲁中㳽河一带到鲁西地区300千米左右的范围，已经发现时代相近的龙山文化城址七八座，在聊城地区尚有五六座疑似龙山文化城堡有待查证，足见其筑城功力之强。筑城是一项极为复杂和耗时耗工的巨大工程，需要大量的运土工具。在当时条件下，只能是使用筐、篓、簸箕之类的盛装器具。由此，用荆条编制筐、篓、箕之类的编制部族便应运而生，推测“其氏”之族便是这样的专业族团。进而推之，大量出产灌木荆棘的山岗也就成了箕山。箕山在山东、河南习见，盖由此事而名也。“其氏”因随后羿西征到达河南一带，最后在夏商周三代成为当地重要部族。甲骨、金文中屡见其人、其名，“其器”“㠱器”在河南、河北、北京、辽宁等多地出现，说明其实力之强和族团之大。殷墟妇好墓出土大批㠱器，可能说明“其氏”为妇好的母族。“其氏”的另一代表性人物是商末的箕子，为朝中重臣，周初为避乱远走北上，最后受周王封于朝鲜而创立箕子朝鲜。北上沿途留下不少遗裔，故在两周时期带有㠱氏、亚㠱、其氏徽铭

---

[77] 王永波：《“己”识族团考——兼论其、并、己三氏族源归属》，《东夷古国史研究》（第二辑），三秦出版社，1990年。

[78] 王树明：《齐地得名推阐》，《东夷古国史研究》（第一辑），三秦出版社，1988年。

的铜器在河北、北京、辽宁多地出现。其在鲁北老家的族裔，有的留在原地潍淄流域，成为当地的氏族之一。还有的可能因寒浞封享其子裔于胶东，而随之迁居胶东。史载："处浇于过，处豷于戈。""戈"在宋、郑之间，约当今河南商丘、新乡一带。"过"在今山东省掖县（莱州）西北附近；故在这些地区发现"㠱"氏遗存，有其历史上的因缘。

"丬"氏：金文中屡见"北"字形符号与"其"字合铭。如父已甗、父甲卣、子爵等[79]，桓台县史家遗址出土后由企业家高奎萱收藏的"亚其父丁爵"亦有同铭[80]。由于"北"字形符号亦常与"举"字合铭，于省吾先生释为"举"的孳乳字，仍读为举[81]。从"己"字与"其"字合铭的形意规律分析，这个"北"字符号也是一种工具，应该与筑城有关。"丬"在金文、甲骨文中并不存在，而单一的爿字则是有的，作 ┤ 或 ├ 形，与《说文》"片、爿"形似。《说文·片部》："爿，反片为爿，读若牆"。甲骨文字经常反正不拘，片爿同属一字。所以甲骨的爿、片皆应读若墙，而不是片。窃以为此应是板筑城墙两边的模板，两侧的扉齿是为支撑模板的立柱。后羿西进筑城的后段，在鲁西和豫东一带，板筑城墙成为主流，所以筑城的重要工具夹板制作和筑城工艺，也就不可或缺，久之而成为后羿集团的一个部族，也是可以理解的。北氏单独为铭的器物基本不见，可能已经融入其他氏族之中了。

逄氏：金文中多见"举手人形"上面加"子"的徽号，学界多释为举；可从。但这并不是举的本义，举字原本应为鲁北望族"逄氏"的族徽，亦即为"夆"的初始字。辞书典籍中一般将"夆"作为"举"的异体字（见《四声篇海·□部》《字汇补·□部》《汉語大字典·夕部》《汉典》），可见两者之密切。金文中"举"与众多氏族徽号合铭，实则应是族徽和国名的关系。举有生育崇拜之义，如：举子（生育小孩）、举息（生育子女）、举乳（哺乳）、一举得男（生儿子）。《史记·卷七十五·孟尝君传》："婴告其母曰：勿举也。其母窃举生之。"夆字即逄字，与逢通，即所谓"蓬勃"者也。也有生发旺盛，后世昌达的含义。《尚书·洪范》：身其康强，子孙其逢吉。可证其不悖。逄氏氏族世居鲁北，史载为炎帝之后，历史久远；可能是鲁北地区的姜姓始祖。若此论不谬，则"举"形族徽可能是所有姜姓民族的祖神形象。姜姓之姜，从女羊声。母女同义，羊为吉祥、美好之意，也是对女性崇拜的延伸。相关著录上有确切出土地点的商代"举族"铜器，除安阳一带则多数分布于海岱地区如桓台、长青、费县等地，是或说明举族集团应是海岱地区的土著民族。"举"与"羿"以及"其"等徽号合铭，说明这几个部族曾为一个集团或同盟（图二）。但举族或逄族群势力浩大，在两周之际带有举字徽号和夆字国名的铜器各地多有发现，证明了逄氏在中华历史舞台上的地位。20世纪80年代在济阳刘台子墓地出土众多西周"夆"氏铜器[82]，证明逄族遗裔在鲁北是一直存在的。

朿氏：前面说过，鲁北地区的逄伯陵氏也称伯明氏，与寒浞有族脉关系，寒浞是

---

[79] 容庚：《金文编·附录上·131》，中华书局，1985年。

[80] 王树明、张光明：《山东省桓台县史家商代箕（㠱）国都址东夷旧部薄姑说》，《管子学刊》2011年第2期。

[81] 于省吾：《释举》，《考古》1979年第4期。

[82] 山东省文物考古研究所：《山东济阳刘台子西周六号墓清理报告》，《文物》1996年第12期。

“伯明氏之谗子弟也”。故“举”字徽号也应是寒浞的祖徽。不过他后来加入后羿集团，也就同事后羿为宗主了。故有“举”与“羿”同铭之类。但甲骨金文中还有一个部族值得注意，那就是朿氏。见于著录的“無憂卣”铭文中“亚朿無憂作父丁彝”，说明無憂属于“亚朿”族。在另一件铜卣中，“亚朿”与“举”同铭，组成复合族徽（图三），说明“亚朿”属于举族的组成部分。“朿”族之名最早见于武丁时期甲骨卜辞，《甲骨文合集》14921刻：“惠朿令暨多子族。”说明“朿”族在殷商时期与王室关系较为密切。“朿”字即“刺”字，《说文解字注》：“（朿）木芒也。芒者、艸耑也。引伸为凡尖锐之称。今俗用锋铓字古衹作芒。朿今字作刺。刺行而朿废矣。”在我看来，“朿”象荆刺棘木做成的箭。作为族徽中的“朿”，实际上应读为芒；段注“凡尖锐之称，今俗用锋铓字古衹作芒”已经指出了朿字的本源。芒者，逄蒙也。芒在上古音系中为明母唐部，蒙为明母东部，互为通转。故逄蒙也可读为逄芒或逢芒。“朿”上部的箭头，说明了朿族与后羿的承联关系。则此“亚朿”应该就是逄蒙亦即寒浞的氏名徽号。無憂卣中的“無”字，根据郭沫若等隶释[83]，可释为“鄦”，也就是许国之许；许为姜姓之国；亦为“举”作姜姓祖神形象提供了有力佐证。逄蒙后来泛称为寒浞，寒或为谥号或地名，浞则实为蔑称。浞一般为雨淋濡湿之意，是麻烦、难受的意境。用以比况逄蒙，实因其杀羿代夏、不修纲纪而称其为寒浞，视其烦恶而避之不及也。

1　　　　2

图三　金文中的亚朿徽识

1. 無憂卣（集成5309）　2. 卣（集成5360）

鄑、郚：《左传·庄公元年》“齐师迁纪、郱、鄑、郚。”杜注：“齐欲灭纪，故徙其三邑之氏而取其地。”《谷梁传》曰：“纪，国也，郱、鄑、郚，国也。”己氏（纪氏）、並氏已如前述，鄑氏、郚氏也应是纪国的宗属之裔。鄑字本字为晋，在甲骨、金文中为双箭射日之形，《周礼·夏官·职方氏》郑注引杜子春曰：“晋当为箭，

[83] 郭沫若：《曾子斿鼎、無者俞钲及其它》，《文物》1964年第9期。

书亦或为箭。”是为后羿之族裔的力证。《韵会》：鄑，邑名。古属青州，周属纪，后入齐。《春秋·庄公元年》注：北海都昌县西有訾城，即鄑城也。《说文解字注》：“（鄑）宋鲁闲地。左传庄元年。齐师迁纪、郱、鄑、郚。杜曰三邑也。北海都昌县有訾城。杜意訾即鄑也。许于下文郚曰东海县。故纪侯之邑。此不云纪邑而云宋鲁闲地者，据庄十一年公败宋师于鄑而言。不谓纪邑也。”北海都昌县即今昌邑市，鄑城在这里应该可信。许氏《说文》中谓鄑为宋鲁闲地，也可以理解为鄑氏部族在随后羿西征过程中，到达过宋鲁之间而为邑也。

郚氏之“郚”是为“啎”，原字当为“午”。甲骨、金文中大部分“午”字象镞形，即郚之本字。《说文》：“（午）啎也。五月，阴气午逆阳。冒地而出。此予矢同意。凡午之属皆从午。”注曰：“矢之首与午相似。皆象贯之而出也。”又云：“前志云。东海郡郚乡。疑此当云郚乡东海县。故纪侯之邑也。春秋经庄元年。齐师迁纪、郱、鄑、郚。杜云。郚在东莞朱虚县东南。按前汉郚乡县，后汉并入琅邪之朱虚。永初元年。朱虚又属北海国。晋属東莞郡。故杜预、刘昭皆云。……今山东青州府临朐县县东六十里故朱虚城是也。故郚城，在今青州府安丘县县西南六十里。”因此郚城可能在安丘西南的郚山一带。

薄姑：我们在《商奄蒲姑钩沉》一文中曾论证过鲁北历史上的“蒲姑”“尃古”或者“薄姑”之名实际上就是“箙弓”，是将箙（箭壶）和弓组合起来的称呼，后世演变为“薄姑”[84]，该部族也是宗主于后羿的族团之一。“箙姑”“薄姑”一词后世已经直接命名为弓箭名，《左传·庄公十一年》曰：乘丘之役，公以金僕姑射南宫长万，公右歂孙生搏之。杨伯峻注曰：“僕姑，矢名。”僕、薄二字为一音之转，“僕姑”即“薄姑”。依此，箙姑、薄姑原本就是弓矢之名的前身。可以基本推定，商周青铜器铭文中带有弓、箭、箙之类徽号的族类，基本上都与薄姑或者后羿有关。薄姑族可能因周初参与三监之乱，在周公东征的时候大去其国，避难于胶东，则黄县一带出土的“启卣、启尊”等是其物证。薄姑旧址可能在今桓台史家、旬召遗址一带，相关考古遗存可为其证。

过、戈：寒浞杀羿之后将“过”封为其子浇的领地，史载东莱掖县有过乡。从龙山文化杨家圈类型的晚期遗存看，应该事有所本。今本《竹书纪年》：“二十七年，浇斟鄩大战于潍，覆其舟灭之。”一般认为是浇灭斟鄩，实际上应是斟鄩灭浇之战。因为后期寒浞势力式微，部族多数退居海岱，才能有大战于潍的条件。之后文献中不见浇的踪迹与名号，但金文中尚有不多的过氏之器；如“過伯爵”（西周早期《集成》8991》）。因为浇在寒浞指挥下曾经灭了斟鄩、斟灌和帝相，在夏民族心中是万恶之人，对其族裔也是极尽谤议，故有“过，罪愆也”之蔑称。过氏之裔有因避难去“辶”改为称咼氏者，后再简为呙氏。山东章丘摩天岭遗址曾出土一件“郭甘鼎”，铭文首字从骨、从言、从邑（见图二，12），隶定为“郻”，推转为郭。我们据此认定为过氏之器，当为过氏族裔遗存，后称之为郭。《新序·杂事》记：齐桓公游于野，见“郭氏之

---

[84] 常兴照、张光明：《商奄蒲姑钩沉》，《管子学刊》1989年第2、3期。

墟”。即此[85]。

戈氏地望大致可以推定，在河南北部一带，这与《史记》正义引《括地志》云“在宋郑之间”是接近的。有明确出土地点的殷、周戈族器物很多，但在鲁北老家很少发现戈氏之器。比较集中多见的是安阳（含辉县等）、洛阳和泾阳，其中以安阳为大宗。说明戈氏封国之后基本都在豫北一带活动。在甲骨文中见有“戈人”之族，如《甲骨文合集》33002：“惠戈人射”；8404：“辛亥卜，鼎（貞）：乎（呼）戈人※辜。”说明戈人与商王室关系密切。20世纪90年代在泾阳高家堡发掘了一批西周墓葬，出土较多戈氏铜器[86]，证其大约于西周时期在泾阳立国。

应该说山东地区近年相关龙山文化的发现与研究，客观上印证了后羿代夏、少康复国进程的历史流变。根据以上论证，大致可明晰鲁北地区龙山晚期至夏商时期历史文化的基本进程。进而基本推定，龙山文化之后的岳石文化，应该是后羿民族在战败之后而继续努力生存和发展的文化；其中包括了与中原民族如二斟、虫离等氏族的推进、融合和转化。所以岳石文化在鲁北地区和胶东较为集中和发达；在鲁中南地区则较为零星和贫乏。后羿族团对中国文明的影响和遗传，在夏商周三代历史中绵延不绝，占有重要地位。希望今后能有进一步的研究和讨论。

附记：此文是我于20多年前思考并起草的，2002年已经完成大半。后因工作变动，忙于其他事务而无暇完稿。2020年春节之后由于新冠疫情封闭在家，故重拾旧文并据近年新资料进行校改，形成现稿。敬请同道学人指正！

2020年10月于燕郊

---

[85] 常兴照、宁荫堂：《山东章丘出土青铜器述要兼谈相关问题》，《文物》1989年第6期。

[86] 陕西省考古研究所：《高家堡戈国墓》，三秦出版社，1995年。

附表　典型龙山文化重要遗址遗存分期对应表

遗址	主要遗存概况	遗存所属分期	资料出处
1.日照市两城镇遗址	遗址面积约80万平方米。先后发现大、中、小未完全封闭的壕沟遗迹；大壕沟圈内总面积约74万平方米；壕沟内有填埋现象，出土大量陶器残片；房址有圆形、方形和长方形，墙体分别用土坯、木骨泥墙、和夯筑方式建造；所见墓葬分布无规律，多为小型竖穴墓，无葬具。出土遗物为龙山文化典型器类。遗址出土兽面纹玉圭等较多典型精致的玉、石、骨器；地表多见各种箭镞。在外壕沟西北部探沟内仅14米×2米×1.7米左右的地方竟拼对出200余件陶器，属于填埋所致	小壕沟、中壕沟使用时间约在龙山文化早中期；大壕沟使用时间约在龙山文化晚期；器物群分别归属于龙山文化早、中、晚各期，以早中期占大宗；发现过少量晚期遗存	南京博物院：《日照两城镇陶器》，文物出版社，1985年；中美两城地区联合考古队：《山东日照市的两城地区考古调查》，《考古》1997年第4期；中美两城联合考古队：《山东日照市两城镇遗址1998—2001年发掘简报》，《考古》2004年第9期
2.日照市尧王城遗址	遗址核心面积约56万平方米；发现了内城、外城；内城垣加环壕面积约20万平方米；外城在内城的东南部，面积约26万平方米；更外侧有第三道城圈和壕沟；总面积约330万平方米。内城西北部为生活居住区，发现20余座房址；有长方形和圆形房址，墙体使用夯土和土坯垒砌两种形式建造；墓葬分布较零星，共发现50余座。器物以陶器为主，泥质磨光黑陶数量大，主要器型有鼎、罐、器盖、单把杯、平底盆、豆、鬶、壶、盒、甗、尊、高柄杯、筒形杯等	内城始建年代约为大汶口文化晚期，使用年代为龙山文化早中期；外城年代更晚；第三圈城墙年代不详。主要器物群分别属于龙山文化的1、2、3、4期；存在极少量晚期遗物	临沂地区文物管理委员会、日照县图书馆：《日照尧王城龙山文化遗址试掘简报》，《史前研究》1985年第4期；中国社会科学院考古研究所山东队、山东省文物考古研究所、日照市文物局：《山东日照市尧王城遗址2012年的调查与发掘》，《考古》2015年第9期
3.日照市东海峪遗址	面积约8万平方米。三次发掘发现房址12座、墓葬18座和若干灰坑；以发现大汶口文化、大汶口文化向龙山文化过渡期、龙山文化早期的三叠层地层为特征。房址分布密集，排列有序，均由台基、墙基、墙外护坡、室内地基、灶址及门道组成；墓葬为长方形土坑或长方形竖穴石椁墓；出土陶器以黑陶为主，主要器物有鬶、鼎、宽沿黑陶高柄杯、单耳杯、豆、罐、平底盆等	下文化层为大汶口文化晚期遗存；中、上文化层分别属于龙山文化早中期遗存；器物群大部分代表龙山文化的1、2、3期，兼有少量4期陶器类型	山东省博物馆、日照县文化馆东海峪发掘小组：《一九七五年东海峪遗址的发掘》，《考古》1976年第6期
4.临沂市大范庄遗址	面积20余万平方米，东北部有大量的墓葬，应为墓葬区；西南部堆积较厚，应为居住区。1973年发现26座墓葬，出土陶器725件；1977年发掘墓葬15座，出土器物130余件。历年调查采集器物数百件。陶器以黑陶为主，器型有鼎、盆、盘、匜、罐、甗、鬶、罐形罍、盂、钵、杯、壶、器盖、纺轮；出土较多蛋壳黑陶杯、单耳杯、瓶式背壶，采集镂孔双层白陶鬶、牙璋等器物，特点突出	主要遗存包含大汶口文化末期和龙山文化早期；遗存联系紧密，几不可分。其中1975年发掘的多为龙山文化1期，1977年发掘的和采集的遗存有较多2、3期遗物	临沂文物组：《山东临沂大范庄新石器时代墓葬的发掘》，《考古》1975年第1期；冯沂：《山东临沂市大范庄遗址调查》，《华夏考古》2004年第1期

续表

遗址	主要遗存概况	遗存所属分期	资料出处
5. 五莲县丹土遗址	遗址面积约33万平方米。2000年通过勘探、发掘发现大汶口晚期、龙山早期、龙山中期三个连续扩展的城址；发现房址46座、灰坑160余个、墓葬33座。城有围壕和城墙，有四个城门，城门有的有防御性房址；城墙为堆土夯筑，有蓄水和排水设施。遗址有丰富的陶器、玉器、石器等，陶器以黑陶为主；主要器型有鼎、鬶、甗、罐、壶、盆、杯、圈足盘、器盖、纺轮等；出土较多蛋壳陶、玉璇玑、玉刀、玉琮、玉钺、玉铲等重要器物	主要遗存处于大汶口文化晚期和龙山文化早、中期，器物联系和变化十分紧密。其中龙山器物群约包含1、2、3期龙山文化遗存	山东省文物考古研究所：《五莲丹土发现大汶口文化城址》，《中国文物报》2001年1月17日；刘延常等：《丹土大汶口—龙山古文化城》，《山东古城古国考略》，文物出版社，2016年
6. 胶州三里河遗址	面积约5万平方米。1974年和1975年两次发掘，上层为龙山文化遗存，下层为大汶口文化遗存。遗存有房址、灰坑、墓葬。其中大汶口文化房址5处，灰坑31个，墓葬66座；龙山文化灰坑27个，墓葬98座；发现有祭祀遗迹；陶器以黑陶为主；主要器类与丹土遗址相似。出土较多的蛋壳陶器，还发现了黄铜锥形器	主要遗存约处于大汶口文化晚期和龙山文化早中期阶段。龙山文化遗存1、2、3、4期的遗存，器物演化比较紧密	中国社会科学院考古研究所：《胶县三里河》，文物出版社，1988年
7. 诸城市呈子遗址	面积约2万平方米，1976—1977年发掘发现墓葬100座，房基3处，灰坑16个；1978年，第二次发掘，共发现灰坑44个，房基4座，墓葬26座。下层为大汶口文化，中层为龙山文化。龙山文化有陶器、石器、骨器和角、牙、蚌等器物；陶器以夹砂黑陶、灰陶为主；主要器类有鼎、鬶、甗、盉、罐、盘、碗、盆、壶、罍、单耳杯、薄胎高柄杯等；龙山文化遗存中还发现了一铜器残块	遗存下层为大汶口文化，中层为龙山文化，上层为岳石文化和商周遗存；龙山器物群主要相当于龙山文化第1、2、3期遗存；有少量第4期遗物	昌潍地区文物管理组、诸城县博物馆：《山东诸城呈子遗址发掘报告》，《考古学报》1980年第3期
8. 潍坊市姚官庄遗址	面积约16万平方米，1960年发掘，揭露面积1700余平方米，发现灰坑130多个，墓葬12座。均为长方形竖穴，单人葬，少数有少量随葬品；陶器类群较全面；陶器以泥质和砂质的黑陶为主，细泥黑陶、泥质和砂质的灰陶较次之；器型有鬶、盉、鼎、甗、罐、瓮、杯、碗、盆、盘、豆、蛋壳陶杯、尊形器及器盖等。石器中矛和镞所占比例可观；还出土有人面形饰品	文化遗存主要有两大层。下层为龙山文化，上层为周汉时期的遗存。龙山器物群包含有龙山文化1、2、3期遗存，其中第2期遗存较为丰富	山东省博物馆：《山东潍坊姚官庄遗址发掘简报》，《考古》1963年第7期；山东省文物考古研究所、山东省博物馆、中国社会科学院考古研究所山东队：《山东姚官庄遗址发掘报告》，《文物资料丛刊》（5），文物出版社，1981年
9. 潍坊市鲁家口遗址	面积约4万平方米。1973—1974年发掘，上层有房址11座、灰坑29座；下层有灰坑1座、墓葬2座；上层房基中圆形10座，长方形1座；有7座房基是平地起建的，4座墙基是挖槽建筑的；墙用黄土或黄色草泥土筑成。内外抹一层掺有姜石土的草拌泥墙皮；陶器以夹砂陶较多，约占陶片总数的60%，泥质陶约占40%；颜色以黑陶居多，灰陶次之；器类有鼎、罐、鬶、甗、盆、盘、豆、杯、盂、壶、罍、带流钵、碗、器盖等	主要遗存分为龙山文化层（上层）和大汶口晚期文化层（下层）。龙山文化层分别包含有1、2、3期遗存；其中2、3期遗存较为丰富	中国社会科学院考古研究所山东队、山东潍坊地区艺术馆：《潍县鲁家口新石器时代遗址》，《考古学报》1985年第3期

续表

遗址	主要遗存概况	遗存所属分期	资料出处
10. 潍坊市狮子行遗址	面积14万平方米。1978年发掘发现墓葬9座，灰坑7个，包含大汶口文化晚期和龙山文化层。采集和出土遗物有陶器164件，石器17件，骨器10件。龙山文化遗物有陶器、石器、骨器；陶器以黑陶居多，纹饰以弦纹、附加堆纹常见，有少量竹节纹、镂孔、网格纹等；器类有鼎、豆、鬶、盂、杯、罐、薄胎高柄杯等	主要遗存分为龙山文化层和大汶口晚期文化层。龙山文化层分别包含有1、2、3期遗存	潍坊市艺术馆、潍坊市寒亭区图书馆：《山东潍县狮子行遗址发掘简报》，《考古》1984年第8期
11. 昌乐县邹家庄遗址	面积约21万平方米。1983年、1985年两次发掘，发现龙山文化灰沟1、墓葬9、灰坑窖穴50余座；灰沟经查证为龙山文化的防护壕沟，围护了西、南、北三面。陶器以黑陶为主，褐陶其次，白陶、灰褐陶和红陶数量较少。其中泥质陶多里外透黑，夹砂陶如甗、鼎、罐等器类多褐陶和灰褐陶，器类有鼎（罐形、折腹盆形）、鬶、甗、盆、豆、环足盘、罐、罍、筒形罐、杯、蛋壳陶杯及匜等，多为龙山文化常见器物	主要遗存属于龙山文化第2、3期；其中第二期遗存较为丰富	北京大学考古实习队、昌乐县图书馆：《山东昌乐县邹家庄遗址发掘简报》，《考古》1987年第5期；梁中合：《邹家庄遗址》，《中国考古学大辞典·新石器时代》，上海辞书出版社，2014年
12. 寿光市边线王遗址	总面积约10万平方米。1984—1986年先后三次发掘，共清理灰坑100余个，墓葬150余座；发现龙山文化城址，外城面积5.5万平方米；内城面积近1万平方米。城垣为先挖基槽后筑城墙，城墙底部有祭祀和殉人现象。出土文物千余件；陶器以黑陶为主，红褐、灰陶次之；素面为主，有少量弦纹和个别篮纹、压印纹；器类主要有罐形鼎、盆形鼎、罐、盆等为大宗，还有鬶、甗、豆、圈足盘、三足盆、带耳杯、壶和器盖等	主要文化遗存约处于龙山文化早中期阶段，包含有第1、2、3期遗物，有少量第4期遗物	杜在忠：《边线王龙山文化城堡的发现及其意义》，《中国文物报》1988年7月15日；山东省文物考古研究所、潍坊市博物馆、寿光市博物馆：《寿光边线王龙山文化城址的考古发掘》，《海岱考古》（第八辑），科学出版社，2015年
13. 寿光市火山埠遗址	面积约12万平方米。文化堆积2米左右，20世纪70年代末因平整土地遭严重破坏。抢救清理10余座墓葬，包含大汶口和龙山以及岳石文化遗存。采集龙山文化遗物有石器、骨器、蚌器和陶器；陶器黑陶为主，灰陶、褐陶次之；器类有鼎、鬶、甗、盉、罐、碗、单耳杯、双耳壶、罍、器盖等。是该地区一处重要的古文化遗址	主要遗存含大汶口晚期文化、龙山文化和岳石文化。龙山文化遗存较为丰富，以早中期遗存即第2、3、4期为主，有少量龙山文化第6期遗存	寿光县博物馆：《寿光县古遗址调查报告》，《海岱考古》（第一辑），山东大学出版社，1989年；贾效孔：《寿光考古与文物》第一章第四节，中国文史出版社，2012年
14. 青州市凤凰台遗址	凤凰台为汉代夯土台基，凤凰台台基下面压着龙山文化层，面积约3万平方米。1984年发掘，有龙山文化至汉代的各类遗存。其中清理龙山文化水井1眼、墓葬2座和众多灰坑、房屋基址，出土了石、骨、蚌、陶等质地的生产工具、生活用具、装饰品等遗物，陶器以黑、灰陶为主；器类为龙山文化习见器物	主要遗存为龙山、周、汉时期，其中龙山文化器物群主要包含了龙山第2、3期遗存，个别单位（H187）可以晚到龙山文化第4期	山东省文物考古研究、山东大学历史系考古教研室、青州市博物馆：《青州市凤凰台遗址发掘》，《海岱考古》（第一辑），山东大学出版社，1989年

续表

遗址	主要遗存概况	遗存所属分期	资料出处
15. 栖霞杨家圈遗址	总面积约1万平方米。1981年发掘，发现龙山文化和大汶口文化层。龙山文化遗存有4座房屋，平面略近方形，四周有深基槽和密集柱洞。1座龙山文化墓葬，头东脚西单身屈肢。陶器以黑陶和灰陶居多，红陶和红褐陶次之；陶质以砂质陶占绝大多数，泥质陶次之；器型有鼎、鬶、罐、盆、杯、碗、盘、器盖、瓮等；在地层和灰坑中发现了粟和水稻的皮壳及印痕，是已知史前栽培稻分布的最北界限；还发现陶祖、残铜条和一些铜渣等特殊器物	主要遗存包含大汶口文化晚期和龙山文化早期遗存；龙山文化遗存属于第2、3期遗存；采集遗物包含第6期遗存	山东省文物考古研究所、北京大学考古实习队：《山东栖霞杨家圈遗址发掘简报》，《史前研究》1984年第3期；北京大学考古实习队、山东文物考古研究所：《栖霞杨家圈遗址发掘报告》，《胶东考古》，文物出版社，2000年
16. 蓬莱紫荆山遗址	面积约3万平方米。1963年发掘。存在大汶口文化早期和龙山文化早期地层。龙山文化遗存黑陶占绝大多数，一般都素面磨光，有少量堆纹、弦纹和划纹，存在少量蛋壳陶片；器型有三足盘、平底盘、碗、盆形鼎、杯、器盖、残陶缸、小盘等	主要遗存属于大汶口文化早期和龙山文化早期；龙山文化遗存属于第2、3期遗存	山东省博物馆：《山东蓬莱紫荆山遗址试掘简报》，《考古》1973年第1期
17. 长岛砣矶大口遗址	遗址大部分破坏，残存约500平方米。1982年9月发掘，发现龙山文化和岳石文化层。龙山文化遗迹有残房基址1座、墓葬12座、用火遗迹10处和兽坑7个。墓葬为长方形竖穴，骨架上部填土中有一层海螺、蛤蜊壳或小石子，骨架上有的压有石块；兽坑一般埋有猪或狗骨架，骨架上面有的压有石块；陶器夹砂陶中，以褐陶和灰陶为主，黑陶次之。泥质陶以灰陶为主，褐陶和黑陶次之。多是磨光素面，纹饰有少量弦纹、乳钉纹、堆纹、按压纹、划纹、窝纹等；器型有鼎、豆、罐、单耳杯、盆、罍、盘、碗等；曾出土精美蛋壳陶高柄杯，类似姚官庄遗址同类遗物	遗存主要为龙山文化和岳石文化遗存；龙山文化遗存属于2、3期遗存。与岳石文化遗存具有同质性，但中间并不连接	中国社会科学院考古所山东队：《山东省长岛县砣矶岛大口遗址》，《考古》1985年第12期；李步青、王锡平：《胶东半岛新石器文化初论》，《考古》1988年第1期
18. 兖州西吴寺遗址	遗址面积近10万平方米。1982年春小规模试掘。1984年春至1985年底“全国田野考古领队培训班”三次发掘，出土文物1400余件。以龙山文化遗存和周代文化遗存为主。其中龙山文化的遗迹有灰坑、房址、水井、墓葬。遗物主要有陶器和少量的石、骨、角、牙、蚌器等。夹砂陶数量最多，泥质陶次之；陶色以黑灰陶和灰陶占大多数，黑陶较少，褐陶占一定比例，还有少量红陶。以素面为主，纹饰主要有弦纹、附加堆纹、刻划纹、镂孔和少量篮纹、绳纹、方格纹等，流行盲鼻、铆钉和鸡冠耳等附加装饰。器型有鼎、罐、甗、鬶、盆、匜、豆、瓮、高柄杯、单耳杯、盘等	主要遗存为龙山文化和周代遗存。龙山文化遗存包含有第1、2、3期和第4期前段遗存	文化部文物局田野考古领队培训班：《兖州西吴寺遗址第一、二次发掘简报》，《文物》1986年第8期；国家文物局考古领队培训班：《兖州西吴寺》，文物出版社，1990年

续表

遗址	主要遗存概况	遗存所属分期	资料出处
19.泗水县天齐庙遗址	遗址残存4500平方米。1988—1989年国家文物局田野考古领队培训班两次发掘。分别发现大汶口文化、龙山文化、岳石文化及商周文化遗存。龙山文化分为甲、乙两类，既有时代差别也有文化因素的区分。甲类遗存包括第二阶段的全部房址、墓葬和大多数灰坑，陶器以夹砂黑灰、灰陶最多，泥质灰陶其次，细泥黑陶、夹砂褐陶也有一定数量，常见鼎、甗、鬶、罐、瓮、盆、匜、盘、豆、钵、杯、器盖等。乙类遗存单位较少，以夹砂灰陶最多，泥质灰陶其次，夹砂红褐陶、泥质黑陶也占一定比例，器表以素面为主，纹饰陶也占相当数量，以绳纹、方格纹为多见，其次是篮纹和附加堆纹，器物以罐、甗、盆、器盖等较为常见，侧装三角形足鼎、大圈足盘等较富特色	主要遗存包含大汶口文化晚期、龙山文化、岳石文化及商、周时期遗存；龙山文化遗存主要属于早中期，存在少量晚期遗存	国家文物局田野考古领队培训班：《泗水天齐庙遗址发掘的主要收获》，《文物》1994年第12期
20.枣庄市二疏城遗址	因取土等种种原因仅残存约2.3万平方米。1991年、1992年两次发掘。包含龙山文化和周代地层。龙山文化遗迹主要是房址、灰坑、水井、墓葬。房址为长方形，周边密布柱洞，室内地面经加工。墓葬为土坑竖穴，仰身直肢；有二层台，随葬器物放置台上；陶质有夹砂和泥质两大类，夹砂陶还可分粗砂陶和细砂陶两种；陶色有灰、褐、黑、红、白五种，以灰、褐陶为多，器表素面为主，常见的纹饰有凹凸弦纹、附加堆纹、刻划纹、竹节纹、按压纹、篮纹、方格纹、绳纹等；器类主要有鼎、鬶、甗、罐、瓮、盆、盒、单把杯、蛋壳高柄杯、豆、钵、器盖等。镂空鬶、三足罐、钵形袋状鸟首足鼎、鸟首足鼎式甗较为特殊	遗存包含龙山文化和周代遗存。龙山文化遗存主要为早中期遗物，可能包含部分第4期遗存，与西吴寺遗址大约相当	中国社会科学院考古研究所、枣庄市博物馆：《枣庄市二疏城遗址发掘简报》，《海岱考古》（第四辑），科学出版社，2011年
21.滕州市西孟庄遗址	遗址大部分破坏，仅存一小部分。2018—2019年发掘计2500平方米，发现较为完整的龙山文化聚落。有围墙、环沟、房址、灰坑、墓葬、窑址及大量柱洞，形成围墙聚落。早期方形围墙阶段：由基槽和柱坑构成。整体正方形，面积近2200平方米。围墙内发现房址10座，多为方形地面式木骨泥墙建筑，分单间、双间，面积多为12—20平方米，南北向、成排分布。晚期圆形围墙阶段：围墙恰处于方形围墙内，平面圆形，直径36米，面积约1100平方米，其外环绕浅沟，其内发现丰富房址，确认34座。建筑方式、形制结构几乎完全等同方形围墙，只是柱洞更密集。初步判断聚落属于寨堡式建筑，具有防御功能	遗存包括龙山文化和战国、汉代遗存。龙山文化遗存多属于龙山文化早、中期。方形围墙聚落或修筑于龙山初期，使用到龙山早期早段，早期晚段被圆形围墙代替，延续至龙山中期圆形围墙废弃	山东省文物考古研究院：《山东滕州西孟庄遗址发现完整龙山文化小型围墙聚落》，《中国文物报》2020年1月17日7版；山东省文物考古研究院：《山东滕州市西孟庄龙山文化遗址》，中国社会科学网，2020年1月13日

续表

遗址	主要遗存概况	遗存所属分期	资料出处
22. 临朐县 西朱封 遗址	面积约60万平方米；1987年有小规模试掘，1989年又进行发掘；1997年、2011年进行勘探和测绘，2015年全面勘探。发现龙山文化早晚两期不断扩展的围壕；并发现三座高等级墓葬。墓葬长方形竖穴，双椁一棺，带器物箱（边箱和脚箱），椁室、棺室和器物箱或有彩绘。随葬大量精美器物，主要有鼎、鬶、罐、罍、盆、盒、壶、单把杯、蛋壳高柄杯、三足盆、器盖、骨匕、蚌器、獐牙、玉器等。发现疑似彩绘木盘、木箱等类遗迹，可能为盛装精美器物而置；出土精美兽面纹玉簪首、牙璧、玉刀、玉钺、玉铲等。陶器绝大部分带有器盖；男性墓葬随葬较多精美石、骨质箭镞；陶器、箭镞似为标准化制作	地层出土以及采集遗物大约包含少量大汶口或龙山文化早期遗存；但墓葬遗存主要属于第3、4期遗存。处于龙山文化中期阶段	山东省文物考古研究所、临朐县文物保管所：《临朐县西朱封龙山文化重椁墓的清理》，《海岱考古》（第一辑），山东大学出版社，1989年；中国社会科学院考古研究所等：《临朐西朱封——山东龙山文化墓葬的发掘与研究》，文物出版社，2018年
23. 临淄区 桐林 遗址	面积达230万平方米，由若干个遗址组成遗址群。1965年发现，1982年进行过一次局部试掘，清理H5；1992年全面勘探，发现城址；2001—2005年多次发掘；发现中心聚落为内外相套的龙山文化城址，内城约15万平方米，外城约35万平方米；中心聚落外围是8处紧密相连的聚落；并发现遗址西侧愚公山石器制造工场；2006—2008年进行邻近区域考古调查；确认桐林聚落周边沿淄河、乌河分布有密集的龙山文化遗址。出土器物以黑褐陶、灰陶居多。常见器型有甗、鬶、鼎、罐、鬲、杯、豆、盆、罍、碗等。1982年清理的H5疑为祭祀坑，出土了许多甗、鬶、鼎、盆、碗等器物，其中有迄今最大的高116、口径44厘米的灰陶甗。出土泥质磨光黑陶盆形鼎，大小有别，系列有序，类似“列鼎”性质	遗址包含大汶口文化、龙山文化和岳石文化遗存。大汶口堆积属于中期，与后来的龙山文化之间存在缺环。龙山文化遗存处于早期偏晚至晚期阶段；以中期偏晚阶段约当第4、5期遗存最为丰富。岳石文化遗存与龙山文化有承继关系	吴玉喜：《岳石文化地方类型初探——从郝家庄岳石遗存的发现谈起》，《考古学文化论集》（3），文物出版社，1993年；赵辉：《临淄桐林龙山文化及岳石文化遗址》，《中国考古学年鉴（2006）》，文物出版社，2007年；孙波、高明奎：《临淄桐林遗址聚落形态研究考古报告》，《海岱考古》（第五辑），科学出版社，2012年
24. 青州郝 家庄 遗址	遗址面积约2.5万平方米。分别于1983年10月和2009年10月发掘。发现龙山文化和岳石文化地层；出土一批陶、石、骨器等。龙山文化陶器以夹砂陶占大多数，泥质陶所占比例较小。夹砂陶以灰褐陶为主，其次为红褐陶和黑陶；泥质陶以黑陶为大宗，磨光黑陶和灰褐陶次之；素面为主，纹饰有弦纹、凸棱纹、镂孔、按窝纹、附加堆纹、盲鼻、鸡冠耳等；器形有鼎、鬶、甗、罐、盆、罍、圈足盘、尊、盒、单把杯、器座、箅子、器盖、纺轮等	遗存主要为龙山文化和岳石文化遗存。其中岳石文化遗存被论定为郝家庄类型。龙山文化遗存约处于中晚期阶段，属于第3、4期	吴玉喜：《岳石文化地方类型初探——从郝家庄岳石遗存的发现谈起》，《考古学文化论集》（3），文物出版社，1993年；山东省文物考古研究院：《青州市郝家庄遗址发掘报告》，《海岱考古》（第十辑），科学出版社，2017年

续表

遗址	主要遗存概况	遗存所属分期	资料出处
25.章丘城子崖遗址	面积约20万平方米。1930—1931年试掘；1989—1991年全面勘探并试掘，发现龙山文化、岳石文化和春秋等多期城址；2010—2015年全面调查和发掘，复核东周、岳石文化、龙山文化相关遗存；其中岳石文化遗存最为丰富，龙山文化次之。龙山文化遗迹主要分布于遗址北部，少量发现于南部；以城墙、城壕、环壕、墓葬及灰坑为主，另有少量水井。城墙为平地堆土夯筑。出土器物包括陶、石、骨、蚌等类；陶器以夹砂黑褐、灰陶为多，泥质黑陶次之；多素面，纹饰有弦纹、压划纹；流行盲鼻和横向錾耳，有白衣红陶粗颈袋足鬶、素面袋足甗、素面筒腹袋足鬲、扁三角形足或鸟首形足的各式鼎及扁足盆、高圈足盘、直腹宽錾筒形杯以及罐、罍、器盖等。石器多磨制，有斧、铲、镰、石刀、镞等。骨角器有锥、针、笄、镞、鱼叉等，还有穿孔蚌刀和带齿蚌镰	遗存主要为龙山文化和岳石文化遗存。龙山文化遗存属于第2、3、4、5期，以第4、5期遗存多见。岳石文化最丰富，城墙分早晚两期，早期城墙在外侧，晚期城墙在内侧，两者间距约15米。另外还有商代、周代等阶段的文化遗存	李济等：《城子崖》，中央研究院历史语言研究所，1934年；张万春、何德亮：《城子崖遗址与山东龙山文化》，《史前研究（2004）》，三秦出版社，2005年；山东省文物考古研究院、北京大学考古文博学院：《济南市章丘区城子崖遗址2013—2015年发掘简报》，《考古》2019年第4期
26.邹平丁公遗址	面积约18万平方米。1985—1996年先后八次发掘，累计发掘面积2000余平方米。其中1991年秋发现龙山文化城址和龙山文化刻字陶片。龙山文化城址外城为圆角方形，城墙宽约25米，堆土夯筑，面积约10.5万平方米。城外有宽30—40米的壕沟，最深处低于城内地面3米以上；北墙中部有废弃的城门和木结构排水设施。内城较小，与外城建造方式相同；内城废弃之后再建造外城。房址有半地穴式建筑和地面式建筑两种；半地穴式建筑主要见于早期，面积一般较小，地面式建筑晚期较多，面积一般较大；陶窑有横穴窑和竖穴窑两类；水井为圆筒形，口径较大，深度超过4米；墓葬共发现60余座，以小型墓居多。墓葬形制以单人葬为主，有个别二次葬，多数有少量随葬品，有手握獐牙的习俗；遗物有陶、石、骨、蚌等类；陶器以灰陶为主，黑褐陶次之；纹饰以素面为主，有一定的弦纹、篮纹、绳纹、方格纹、堆纹、刻划纹和泥饼等；主要器形有鼎、鬲、甗、罐、盆、杯、盘、豆、盒、鬶、器盖等；并出土了刻字陶片	主要遗存包括了大汶口文化、龙山文化、岳石文化、商代、周代和汉代六个时期的遗存。龙山文化为主，大约包含龙山文化全过程，约当龙山第1、2、3、5、6期；以第3、5期最为丰富；第4期似乎有缺环。龙山城址延续使用到岳石文化时期，直到商代之后才被废弃。岳石文化和商代遗存也较丰富	山东大学历史系考古专业、邹平县文化局：《山东邹平丁公遗址试掘简报》，《考古》1989年第5期；山东大学历史系考古专业：《山东邹平丁公遗址第二、三次发掘简报》，《考古》1992年第6期；山东大学历史系考古专业：《山东邹平丁公遗址第四、五次发掘简报》，《考古》1993年第4期；栾丰实：《丁公龙山、岳石文化城》，《山东古城古国考略》，文物出版社，2016年

续表

遗址	主要遗存概况	遗存所属分期	资料出处
27. 禹城邢寨汪遗址	因生产破坏遗址仅存约6000平方米。1979年试掘，出土遗物119件，包含龙山文化和汉代地层。龙山文化遗存主要有陶、石、骨器；陶器以灰陶为多，黑陶次之；纹饰以素面为主，部分弦纹、乳钉纹、盲鼻、绳纹，但篮纹少见；器型有罐、盆、碗、杯、鼎、盒、器盖、豆、假腹豆、鬶等，素面鬲较多；工具类有石、骨质的刀、镞、针等器物	主要遗存包含龙山和汉代遗存，采集到的有商代遗物。龙山文化遗存基本属于第5期	德州地区文物工作队：《山东禹城县邢寨汪遗址的调查与试掘》，《考古》1983年第11期
28. 茌平尚庄遗址	面积7.5万平方米。1975年秋至次年春进行局部发掘，遗址文化层堆积厚2—5米。文化遗存分为3期：第1期属大汶口文化，发现墓葬17座。第2、3期属龙山文化，遗物包括生产工具和生活用具，绝大部分是陶器，陶器以夹砂和泥质灰陶为主，其次为泥质黑陶和泥质红陶，器表以素面最多，有少量纹饰如篮纹、方格纹、弦纹、附加堆纹、划纹等。器型主要有鼎、甗、鬲、鬶、罐、盆、瓮、杯等。1994年底经勘探，发现疑似龙山文化时期古城，平面呈圆角方形，面积3万余平方米	主要遗存包含大汶口文化晚期和龙山文化晚期；龙山文化遗存主要处于中晚期，属于第3、4、5、6期，不见龙山早期遗存	山东省文物考古研究所：《茌平尚庄新石器时代遗址》，《考古学报》1985年第4期；张学海：《鲁西两组龙山文化城址的发现及对几个古史问题的思考》，《华夏考古》1995年第4期
29. 茌平教场铺遗址	面积约16万平方米。2000—2004年多次发掘。发现龙山文化城址，呈东西略长、南北略短的椭圆形，城圈东西约230米，南北约180米，总面积近5万平方米。城墙平均宽度为28米，最宽处达到30米。城墙分为两期，分层夯筑的痕迹非常明显。在第1、2期城墙之间，存在举行奠基仪式而遗留下的奠基坑、祭祀坑。墙外侧挖有护城壕，内侧有取土沟；城内出土房址、陶窑、祭祀坑、奠基坑、墓葬及灰坑等大量遗迹。房址绝大多数为平地起建或浅地穴建，个别呈半地穴建筑。平面形状分为圆形、圆角方形和方形。房址内部结构相同，居住面中心位置设有地面灶，涂抹白灰面。7座窑址为横穴窑，有窑室、窑箅、火道、火塘四部分组成，还发现了用于存放待烧制陶坯的窖穴。并出土陶、石、骨、角、蚌器等遗物。陶器以夹砂或泥质灰陶、黑陶为主，纹饰多篮纹、弦纹、绳纹、方格纹、网格纹，素面陶也占较大的比例。器型见有罐、器盖、鬲、甗、鼎、豆、盘、壶、鬶、杯等类。出土了带有明显灼痕的卜骨	出土遗物主要为龙山文化晚期遗存，见有少量商周和汉代遗物。龙山文化遗存约处于第4、5期，不见早期遗存	中国社会科学院考古研究所山东队等：《山东茌平教场铺遗址龙山文化城墙的发现与发掘》，《考古》2005年第1期；中国社会科学院考古研究所：《山东茌平教场铺龙山文化城址》，《中国重要考古发现（2004年）》，文物出版社，2005年

续表

遗址	主要遗存概况	遗存所属分期	资料出处
30. 阳谷县景阳岗遗址	发现龙山文化城址；面积约38万平方米。平面近似圆角长方形，东北—西南走向，中部弧形凸出，南北长约1100米，宽280—370米，南端宽约330米，城墙顶部宽10.5—12.5米，下部宽19—20.5米，残高2—3米。墙体为版筑，后经多次堆土修筑。发现五座夯土台基，其中4号台基上有疑似祭祀灰坑遗迹。其他遗迹有灰坑100余座及房址、墓葬等。出土有石、骨、角、蚌、陶等遗物；陶器中，以灰陶为主，黑陶较少，红褐陶占有一定比例。纹饰以素面为主，有较多的篮纹、绳纹、方格纹。器类以盆、罐、甗、豆、盒、瓮、器盖为常见，鼎、鬲较少，以罐作为主要炊器之一，方格纹罐、绳纹甗、斝等器物较独特	遗存面貌总体上与茌平尚庄龙山文化遗存相当；主要遗存属于龙山文化4、5期	山东省文物考古研究所、聊城地区文化局文物研究室：《山东阳谷县景阳岗龙山文化城址调查与试掘》，《考古》1997年第5期；李繁玲：《景阳冈龙山文化古城》，《山东古城古国考略》，文物出版社，2016年
31. 茌平南陈庄遗址	遗址面积近8万平方米，为南北相连的两个土丘。文化内涵丰富，堆积厚2.5—3.2米，文化遗存从龙山一直延续到汉，其中以龙山文化最为典型。出土了石、骨、蚌、陶等器物，有石斧、石刀、骨凿、角锥、蚌镰等；陶器以夹砂灰陶居多，其次为泥质黑陶、灰陶，有少量红、褐陶，蛋壳陶偶有发现，厚度仅0.1厘米，多素面磨光，纹饰中篮纹、方格纹、弦纹较多，绳纹、附加堆纹次之，其中篮纹、方格纹形式多样，拍印不甚整齐，器形有深腹罐、瓮、鬶、大口罐、盆、碗、杯、器盖等。遗址内同时发现了岳石、二里头文化陶片	南陈庄龙山文化遗存与邢寨汪相关遗存相当，约处于龙山文化第5期	山东大学历史系考古专业、聊城地区文化局、茌平县图书馆：《山东省茌平县南陈庄遗址发掘简报》，《考古》1985年第4期
32. 梁山县青堌堆遗址	据1958年水位，遗址露出水面东西长约800米，南北宽400米，面积约32万平方米。现仅存约2500平方米。1959年和1976年两次发掘，发现龙山、商代、汉代文化层。龙山文化遗存有石、骨、蚌、陶等器物。陶器以砂质和泥质灰陶为主。泥质黑陶一般只是表皮黑色，胎心及内壁往往是灰色或灰黄色，未见典型蛋壳陶；篮纹、方格纹、绳纹是常见纹饰；器形有大、中、小口罐，盆，器盖，豆，盂，瓮及把手、碗、鬶残片、甗足、鼎足、圈足盘、泥质红灰陶钵等	其中龙山文化遗存约属于第5、6期；商代遗存约处于二里冈上层时期	中国科学院考古研究所山东发掘队：《山东梁山青堌堆发掘简报》，《考古》1962年第1期；吴秉楠、高平：《对姚官庄与青堌堆两类遗存的分析》，《考古》1978年第6期

续表

遗址	主要遗存概况	遗存所属分期	资料出处
33. 泗水县尹家城遗址	面积约5000平方米，发现龙山、岳石、商周至汉唐等六个时期地层，龙山、岳石文化遗存比较丰富。龙山文化遗存主要有房址、灰坑、沟和墓葬等。房址共发现20座，有半地穴式和地面式建筑两类。半地穴房址平面为方形或长方形；四壁和居住面经火烘烤；室内多有陶器、石器等遗物，个别有身首异处的人骨，其中以儿童居多。地面式建筑房址四周均挖有基槽，槽内绝大多数有密集的柱洞，居住面加工得平整坚实，或在表面涂抹薄层白灰面。墓葬共清理65座。皆为长方形土坑竖穴墓，半数有木质葬具，多为一棺；个别有一椁一棺或两椁一馆。葬制以一次葬为主，除2座头朝南外，余者皆为头东脚西。部分墓主有枕骨人工变形和拔牙的习俗，近五分之一的墓主手握獐牙。随葬品数量不等，最多者40余件，最少者仅1件，石器有斧、锛、凿、铲、镰、刀、钺、镞、矛等。还出土少量玉器、细石器和一件圆雕石猪。骨器有凿、镞、矛、鱼镖、锥、针、笄等，其中以镞、锥、笄的数量最多，蚌器多用大蚌壳做成，经打、切割、磨制等工序制成，有的还穿孔，器形有铲、镰、刀、镞、锥等。陶器以灰、黑陶占绝大多数，另有少量褐陶、白陶、红陶。快轮制作。器表以素面和素面磨光为主，少数器表施一层陶衣。纹样种类有凹凸弦纹、篮纹、方格纹、附加堆纹、绳纹、竹节纹、锥刺纹、镂孔、圆圈纹、波浪纹、三角纹、云雷纹和泥饼等。器形十分繁杂，主要有鼎、鬶、甗、鬲、罐、瓮、盆、壶、匜、钵、圈足盘、豆、盒、碗、杯、箅子、器座和器盖等	龙山文化遗存基本包含第1、2、3、4、5、6各期；仅在三期的后段存在缺环。其中第4、5期遗存较丰富。另外岳石文化遗存是该遗址的又一重要收获，已被学界归属于岳石文化尹家城类型	山东大学历史系考古专业等：《山东泗水尹家城第一次试掘》《泗水尹家城遗址第二、三次发掘简报》《山东泗水尹家城遗址第四次发掘简报》《山东泗水尹家城遗址地五次发掘简报》，《考古》1980年第1期、1985年第7期、1987年第4期、1989年第5期；山东大学历史系考古专业教研室：《泗水尹家城》，文物出版社，1990年
34. 济宁市程子崖遗址	面积约60万平方米。1986年、1999年、2006年三次发掘。获得一批从龙山文化到隋唐时期的遗物；发现的龙山文化遗迹主要有灰坑、灰沟、房址等；房址为圆形地面房屋，先在平地铺垫黄土，然后将内面切齐，夹筑起墙基，再于基上挖槽筑墙；居住面在修好房屋之后另行铺垫。遗物以陶器为主，还有少量石器和骨器。陶器以夹砂灰陶为主，泥质灰陶次之，泥质黑陶较少，夹砂褐陶占一定比例，还有少量红陶，器表以素面为主，纹饰以篮纹、绳纹、方格纹数量较多，还有弦纹、附加堆纹、镂孔、铆钉、盲鼻和鸡冠耳等附加装饰。器型以平底为主，圜底器、三足器较少，主要器类有鼎、鬶、鬲、甗、甑、箅、罐、盆、圈足盘、豆、杯、尊、盒、壶、钵、碗和器盖等。制法主要为轮制，器壁较厚重	报告将龙山文化遗存分为三期：一期属于栾丰分期的第3期后段；二期大部分属于第5期；二期后段的部分单位（如H199）和三期遗存属于第6期	国家文物局考古领队培训班：《山东济宁程子崖遗址发掘简报》，《文物》1991年第7期；济宁市文物考古研究室：《山东济宁市程子崖遗址第二次发掘》，《考古》1999年第7期。2006年发掘资料未发表

续表

遗址	主要遗存概况	遗存所属分期	资料出处
35. 滕州市庄里西遗址	面积约5万平方米。包含龙山、岳石、商周至汉代地层。发现龙山文化夯土城墙，东墙、南墙分别长约200米以上，北墙、西墙尚未探明；推测略呈正方形。墙宽7米以上，由版筑夯土块组成；南侧为倾斜的堆筑夯土护坡；护坡外为古河道。城内灰坑、窖穴较多。南墙内侧发现多处火烤的房屋地面，多数房址仅剩基槽与柱洞。所见遗物主要为陶器，器形有鼎、甗、罐、甗、豆、杯、纺轮等；陶色以灰陶为主，红褐、黑陶次之；纹饰有绳纹、篮纹和方格纹。石器有铲、斧、锛、凿、刀等；还出土过玉璇玑。灰坑内出土动物遗骸有猪、鹿、水牛角、鱼骨、蚌、螺、龟壳等	龙山文化遗存属于晚期，大致与济宁程子崖龙山文化遗存相当	燕生东、刘延常：《滕州市庄里西新石器时代至汉代遗址》，《中国考古学年鉴（2003）》，文物出版社，2004年；燕生东：《庄里西龙山文化古城》，《山东古城古国考略》，文物出版社，2016年
36. 曹县莘冢集遗址	面积约3.5万平方米。1979年试掘，发现龙山文化和商代文化层。龙山文化灰坑7个；其中H2有可能属房址。遗物有石器、骨器和陶器三种。陶器以泥质灰陶为主，夹砂灰陶次之，黑陶少量，也有蛋壳陶。以素面为主，纹饰有方格纹、篮纹、绳纹，还有刺点纹，附加堆纹，凸、凹弦纹等。有的器表施黑陶衣、磨光。轮制，多为薄胎，火候较高；有的器物规整，制作精致，胎薄似蛋壳。以罐、碗最多，其次是盆、瓮、单耳黑陶杯，未见鬲；其中漏斗形陶器较独特	龙山文化遗存处于晚期，主要属于第5期	菏泽地区文物工作队：《山东曹县莘冢集遗址试掘简报》，《考古》1980年第5期
37. 菏泽市安邱堌堆遗址	面积仅存约2500平方米。1976年、1981年、1984年三次发掘；发现龙山文化、岳石文化、早商和晚商依次叠压的地层。龙山文化遗迹房基共12座，灰坑4个，灰沟3条；陶器主要是夹砂罐，器表多饰方格纹，也有少量陶甗和极少量的灰陶鬶、平底盆、碗、细柄豆、小口瓮等。龙山文化的房址比较密集，有圆形和长方形；墙面和地面均抹草拌泥并经火烧；F4门道下发现过人祭现象	其中龙山文化遗存面貌与曹县莘冢集遗址大致相当，时代基本属于龙山文化第5期	北京大学考古系商周组、山东省菏泽市文化馆、山东省菏泽地区文展馆：《菏泽安邱堌堆遗址发掘简报》，《文物》1987年第11期

续表

遗址	主要遗存概况	遗存所属分期	资料出处
38. 永城王油坊遗址	面积1万平方米，文化层的厚度一般在3米以上，除个别地方有较薄的扰土层或汉代层外，大多在表土层下即为龙山文化晚期遗存。经社科院考古所河南二队在1977年两次发掘，清理出较完整的龙山时期房基20座，灰坑44个，墓葬14座，石灰窑3座。一座房址的东西向墙体内埋入儿童尸体3具；另一座房址门朝南开，房屋东北部的房基下埋有3具成年人的骨架，额部全被砍去，南墙近西南角还埋有儿童尸体一具。遗址出土了大批陶石、骨蚌、角器。生产工具类有石斧、石铲、石箭头等，骨器有鱼镖、针、锥、凿、梭形器等，陶器以泥质灰陶为主，夹砂陶、褐陶、红陶、黑陶较少。纹饰以方格纹为主，其次是篮纹和绳纹，素面和磨光也较多。此外还有指甲印纹、附加堆纹、鸡冠耳等。陶器类有罐形鼎、深腹罐、甗、甑、碗、大口平底盆、镂孔高圈足盆、豆、杯、纺轮、网坠等	发掘报告将遗存分为三期，代表连续发展的三个阶段。主要遗存属于龙山文化第4、5、6期，以第4、5期遗存为多见	商丘地区文物管理委员会、中国社会科学院考古研究所洛阳工作队：《1977年河南永城王油坊遗址发掘概况》，《考古》1978年第1期；中国社会科学院考古研究所河南二队、河南商邱地区文物管理委员会：《河南永城王油坊遗址发掘报告》，《考古学集刊》（第5集），中国社会科学出版社，1987年
39. 连云港市藤花落遗址	遗址面积约40万平方米。发现北辛文化和龙山、岳石文化遗存。存在龙山文化城址，由内外两道城垣组成。外城平面呈圆角长方形，面积约14万平方米。南北长435米、东西宽325米。墙宽21—25米、残高1.2米，由堆筑和版筑相结合筑成。外城垣有明显的防洪功能。内城平面呈圆角方形，面积约4万平方米。南北长207—209米、东西宽190—200米，墙宽14米、残高1.2米，主要由版筑夯打而成；有城垣、道路、城门和哨所等。内城墙体夯土中均发现非常密集而又粗壮的木桩。在内城里发现30多座房址，分长方形单间房、双间房、排房、“回”字形和圆形房等各种形状。门大多朝向西南，与现代民居方向一致。其中最大的一座平面呈回字形，外间面积达110平方米，应是一座与宗教、祭祀或其他大型活动有关的建筑设施。此外还发现水沟、水口、水坑、水田等与稻作生产有关的遗址。发现炭化稻米数百粒，与现代栽培稻极为相似。生产工具有斧、锛、刀、镞、凿等各类石器形式多样，且大部分磨制极为精细。玉器仅发现小件锛、坠、锥形饰和六棱形水晶柱状体等。陶器有鼎、罐、盆、盘、甗、豆、杯、器盖等。动物遗骸有猪、牛、梅花鹿等，很少见有鱼骨和贝类。陶器有夹砂陶和泥质陶，陶色有黑、灰、红、褐、白等。从纹饰风格看，以素面为主，有弦纹、附加堆纹、绳纹、方格纹、篮纹、刻划纹、竹节纹、盲鼻、镂孔等，其中绳纹、篮纹和方格纹较多	发掘报告将地层和遗迹分为三期四段：一段属于龙山文化早期，遗物极少；二段是城墙始建阶段，属于龙山文化早期后段；三段、四段属于城墙的使用和废弃时段，属于龙山文化中期偏晚阶段。总体上与栾氏分期的第1、2、3、4期相当	南京博物院、连云港市文物管理委员会、连云港市博物馆：《江苏连云港藤花落遗址考古发掘纪要》，《东南文化》2001年第1期；周润垦、李洪波、张浩林等：《2003—2004年连云港藤花落遗址发掘收获》，《东南文化》2005年第3期；南京博物院等：《藤花落——连云港市新石器时代遗址考古发掘报告》，科学出版社，2015年

第二部分
从文献分析认识考古文化

对古史研究中几个争议问题的基本研判

我在古史研究中经常遇到学术界争讼不已的相关问题。尽管依据文献解析和考古文化的论证已经得出了自己的结论，但遇到具体事物和论点时，仍会不断申明自己的论证过程和观点，这是研习人员常有的心态和习惯。故此总结几个常见的学术难点进行综合研判，以期得到学界的理解和认可。

一、定位《山海经》

《山海经》《尚书·禹贡》（以下简称《禹贡》）这两部书是先秦时期文化地理的代表作品，是研究古史传说不可绕避的重要典籍。但由于两者成书年代一直未有定论，且《山海经》里又尽是异物怪兽的描写，所以历代学人多持半信半疑的态度来对待。邵望平先生曾对《禹贡》“九州”做过详细的研究和分析[①]，在学界引起较大反响。她认为：《禹贡》作者的地理知识仅限于商末周初中央王朝所知的“天下”，远未达到战国时期的水平。九州的蓝本有可能出自东土的商朝史官对商族活动地域的风土人物的记述；或者是西周初年对夏、商两朝的事物的追忆。至于现今《禹贡》含有“导山导水”“五服”等篇章，可能是春秋战国学者补缀、修订的结果。2002年春天由北京保利艺术博物馆专家在海外文物市场上偶然购回的“豳公盨”上的铭文，验证了邵望平先生的判断。说明至少西周中期时遂国的某一代国君“豳公”所铸的青铜礼器上，已经有了“天命禹敷土，随山浚川”的记载[②]。

邵先生关于《禹贡》的论证对我们认识《山海经》的性质和年代也有一定的启发。一般认为《山海经》的成书年代比《禹贡》略早，历来著录《山海经》时都说它是大禹或伯益所作。最早提及《山海经》作者的，是西汉末年的刘歆。他校订了《山海经》，并给汉哀帝《上山海经表》说：“山海经者，出于唐虞之际。昔洪水洋溢，漫衍中国……禹乘四载，随山刊木，定高山大川。益与伯翳主驱禽兽，命山川、类草木、别水土。……禹别九州，任土作贡，而益等类物善恶，著山海经。”赵晔在《吴越春秋·越王无余外传》中提到此事：禹……巡行四渎……使益疏而记之，名曰《山海经》。王充在《论衡·别通》中也说道：禹益并治洪水，禹主治水，益主记异物。海外山表，

① 邵望平：《〈禹贡〉“九州”的考古学研究》，《考古学文化论集》（二），文物出版社，1989年；邵望平：《邵望平史学、考古学文选》，山东大学出版社，2013年。

② 裘锡圭：《遂公盨铭文考释》，《中国历史文物》2002年第6期。

无远不至，以所闻见，作《山海经》。在《山海经·大荒东经》中有这样一段话："有困民国，勾姓而食。有人曰王亥，两手操鸟，方食其头。王亥托于有易河伯仆牛，有易杀王亥取仆牛。"长期以来学者们皆以其出自《山海经》而少于采信。直到近代殷墟甲骨的出土，罗振玉、王国维等先生依据甲骨文材料考证出殷先王先公的名字和世系，才明白这个"亥"，就是《吕氏春秋·勿躬》中的"王氷"、《世本·作篇》中的"骇"、《天问》中的"该"、《史记·殷本纪》与《三代世表》中的"振"、《汉书·古今人表》中的"垓"，是殷商的先王，而他的名字在甲骨文中正作"亥"[③]。这至少表明了一点：《山海经》或者是《海经》的部分，记录的也是商代或者商代以前的民族和事物。历史学家何幼琦先生经过研究，认为《山海经》中的《海经》是一部有重要历史价值的地理著作，可能成书于战国初期，记录的应是距今5000年前后的古代民族和地理分布，其中最主要的地区就在山东。只要不怀成见，实事求是地印证一下华北的地图，便不难理解，昆仑墟就是泰山，《山海经·海经》的山川、疆域就是山东省及其周边的地区[④]。何先生的研究又为我们开启了一扇窗口。结合《左传·昭公十七年》孔子问郯子"少昊氏以鸟名官"的故事，笔者认为《山海经》所记录的，很可能是东夷地区或东夷族群所能认知并传承的历史地理和民族传说。特别是关于后羿的传说、帝俊的传说、太昊和少昊的传说、四凶的传说以及四海的方位、山川的走势等，均能和东夷地物及故事联系起来。客观分析《禹贡》和《山海经》，可以发现两书所记地理名物的角度和语言风格存在较大区别。也就是说，《山海经》与《禹贡》，应该是两套传说系统。前者可能是以海岱地区为主，兼及苏、皖、豫、冀等相邻区域即所谓东方地理和传说系统。后者可能是商人或周初统治中原之后的地理和族群观念，属于西方话语体系。刘钊先生近作《出土文献与〈山海经〉新证》，从《山海经》里的用字用词习惯，仅见或多见于《山海经》和楚简及楚地所出秦简的例子，与楚国或楚地之间建立起了联系。并用出土文献特别是楚国文字，从古文字角度审视《山海经》的文本，得出了很多较为科学的解释。所以给出如下推论：《山海经》中《山经》部分的产生时代至迟不晚于战国，产生的地域很可能是在楚地，其作者也应该是楚人[⑤]。这和笔者推测《山海经》的作者伯益氏族在夏代初年流落到江汉一带，形成了石家河后期文化的论断构成相互印证[⑥]，说明《山海经》里有些传说涉及长江流域和巴蜀地区，大多数也是随着东夷人的迁徙而形成的历史流传。至于书中竟然出现了长沙、零陵、桂阳、诸暨等秦汉时期的郡县之名，则因典籍佚缺，后期补缀讹变所致。诚如梁启超先生在《汉书艺文志诸子略考释·附考诸子略以外之现存子书》中所说：书中所见秦汉郡名，则出于附益，古籍多然，不独此书矣[⑦]。

---

③ 王国维：《殷卜辞中所见先公先王考》，《王国维考古学文辑》，凤凰出版社，2008年。

④ 何幼琦《〈海经〉新探》，《历史研究》1985年第2期。

⑤ 刘钊：《出土文献与〈山海经〉新证》，《中国社会科学》2021年第1期。

⑥ 常兴照：《夏代、夏族与夏系文化论析》，见本书；常兴照：《从出土文献看楚人早期历史》，见本书。

⑦ 梁启超：《饮冰室合集·专集第十八册》，上海中华书局，1989年。

二、古九州辩证

《左传·襄公四年》："芒芒禹迹，画为九州。"是说夏禹通过治水和征服，匡定天下，形成了夏代及以后的行政疆域。《尚书·禹贡》中记载的冀州、兖州、青州、徐州、扬州、荆州、梁州、雍州、豫州，是最为人公认的九州。但文献中记载的"九州"有多种叙述。如《周礼·职方氏》：曰"东南曰扬州"，"正南曰荆州"，"河南曰豫州"，"正东曰青州"，"河东曰兖州"，"正西曰雍州"，"东北曰幽州"，"河内曰冀州"，"正北曰并州"。《逸周书·职方解》与《周礼》全同。《吕氏春秋·有始》曰："何谓九州？河、汉之间为豫州，周也。两河之间为冀州，晋也。河、济之间为兖州，卫也。东方为青州，齐也。泗上为徐州，鲁也。东南为扬州，越也。南方为荆州，楚也。西方为雍州，秦也。北方为幽州，燕也。"《淮南子·地形训》曰："何谓九州？东南神州曰农土，正南次州曰沃土，西南戎州曰滔土，正西弇州曰并土，正中冀州曰中土，西北台州曰肥土，正北济州曰成土，东北薄州曰隐土，正东扬州曰申土。"《尔雅·释地》、《后汉书·张衡传》注引《河图》、《初学记》卷八州郡第一引《河图括地象》等也有不同的说辞。因此可以说不同时代、不同国族和地域的古人心中对天下地理范围存在不同的认知。但总体上有两大类别，一是以山东泰山为中心的九州说，以《淮南子》《河图》《河图括地象》《山海经》等书为主；一是以中原、河东地区为中心的九州说，以《禹贡》《周礼》《吕氏春秋》等书为代表。近年出版的上博楚简《容成氏》亦列举了"禹分九州"之名。整理者李零先生言"是可补古史之缺的宝贵材料"⑧，给我们探讨《禹贡》之前的相关地理区划提供了重要依据。简文如下（释文用通行字）："禹亲执枌（耒）耜以波（陂）明者（都）之泽，决九河之渫（阻），于是乎夹州、涂州始可处。禹通淮与忻（沂）东注之海，于是乎竞州、莒州始可处也。禹乃通蒌与汤（易），东注之海，于是乎蓏（藕）州始可处也。禹乃通三江、五湖，东注之海，于是乎荆州、阳州始可处也。禹乃通伊、洛、并里（瀍）、干（涧）东注之河，于是乎叙州始可处也。禹乃通经泾与渭，北注之河，于是乎虘州始可处也。"⑨《容成氏》"九州"与前述"九州"多有不同，其中只有荆州、阳（扬）州两个州基本相似。有两个州如叙州、虘州名称初见，然与豫州、雍州指征大致相同。另有五个州的名称和范围完全不同。有众多学者对此做过分析和论证⑩，部分学者以更高的学术敏感，看到了其独特的价值和亮点。如周书灿先生认为：《容成氏》九州传说发生的地域最大可能

⑧ 马承源：《上海博物馆藏战国楚竹书》（二），上海古籍出版社，2002年，第249页。

⑨ 马承源：《上海博物馆藏战国楚竹书》（二），上海古籍出版社，2002年，第268—271页。

⑩ 陈伟：《竹书〈容成氏〉所见的九州》，《中国史研究》2003年第3期；沈建华：《楚简〈容成氏〉州名与卜辞金文地名》，《古文字研究》（第二十五辑），中华书局，2004年，第328—333页；晏昌贵：《上海博物馆藏战国楚竹书（二）〉中〈容成氏〉九州柬释》，《武汉大学学报》（哲学社会科学版）2004年第4期；易德生：《上博楚简〈容成氏〉九州刍议》，《江汉论坛》2006年第5期；易德生：《从楚简〈容成氏〉九州看〈禹贡〉的成书年代》，《江汉论坛》2009年第12期；朱渊清：《禹画九州论》，《古代文明》（第5卷），文物出版社，2006年。

在黄河下游的今山东一带；李禹阶、陈昆等则认为：《容成氏》篇中的“九州”地理框架带有明显的东方倾向[11]。这些研究进一步说明了九州的不同概念，与东、西方的民族地理观念有关。笔者认为，《容成氏》九州的最大不同，是将《禹贡》中的“海、岱及淮惟徐州”，变成了“莒州”“兢州”“涂州”等三个州，既与《禹贡》九州的部分有很多相似，又与《淮南子》九州的部分区域范围相同，介乎两者之间。简文中多处提到“通某某，于是乎某州始可处”，是或说明某州早已存在，说明在大禹治水之前《容成氏》九州地理形势已基本形成。进一步分析类比，还可以发现上述九州的范围内，多数与大汶口文化晚期遗存传布区域且与帝舜或太昊的史迹传说相一致：①莒州，大汶口文化陵阳河类型发源地，帝舜的出生地。莒县、诸城交界处尚有诸冯村。文献有“舜生诸冯”（《孟子·离娄下》）。②竞州，大汶口文化早中晚各期发展最完全的区域，或为帝喾（簪幕）的发生地。文献有帝喾“娶娵訾氏女常仪生帝挚”《史记·五帝本纪》。邹鲁之地有娵邑和訾邑；泗水亦有诸冯、雷泽等古迹。③夹州与涂州，大汶口文化付庄类型及尉迟寺类型形成地，是颛顼、帝舜与帝喾传说的中心区域。文献中有“颛顼都帝丘”“帝喾都亳”“太昊都陈”之说（《史记·五帝本纪》《帝王世纪》）。古迹有亳都、帝丘、宛丘等。④叙州，庙底沟二期文化与王湾三期文化分布区，遗存中都存在较多大汶口文化和龙山文化因素。可能为帝喾迁实沈于大夏、迁阏伯于商丘以及舜臣尧、尧举舜、舜都蒲坂、舜举禹、禹避商均等历史事件的发生地。⑤䖏州，属案板三期与客省庄文化发生地。案板三期与庙底沟二期有密切关系。庙底沟二期文化是大汶口文化系统与半坡四期遗存长期碰撞、交流和融合的结晶[12]。在陕西和甘肃地区，也存在较多关于帝舜和太昊的传说。⑥藕州，属雪山一期或小河沿文化的分布区域，冀中地区的午方类型就有很多大汶口文化因素[13]。文献传说有帝喾“娶有娀氏之女简狄而生帝契”“舜流共工于幽陵”“舜都潘城”等（见《史记·五帝本纪》《水经注·漯水》等）。⑦扬州，主要为良渚文化分布区，良渚文化与大汶口文化有较多的交流。笔者曾指论良渚文化即三苗文化[14]。文献传说有“帝舜窜三苗于三危”。史迹主要在上虞、余姚等地（见《史记·五帝本纪》正义引《会稽旧记》等）。⑧荆州，为屈家岭文化和石家河文化分布区域，石家河文化中有较多大汶口文化因素，并出土与陵阳河类型相似的陶文符号[15]。文献有“（舜）放讙兜于崇山”“舜征三苗，道死苍梧”等传说（《史记·五帝本纪》《淮南子·修务训》）。因此，笔者认为，《容成氏》中的九州，应该是帝舜有虞氏王朝的地理疆域。而《禹贡》中的九州应该是大禹继承有虞氏之后接管的地理范

---

⑪ 周书灿：《上博简〈容成氏〉九州补论》，《史学集刊》2012年第3期；李禹阶等：《从上博简〈容成氏〉篇看楚人的东方政治地理观》，《西南大学学报》（社会科学版）2021年第1期。

⑫ 卜工：《庙底沟二期文化的几个问题》，《文物》1990年第2期。

⑬ 韩嘉谷：《环渤海古文化谱系和区系类型》，《中国考古学会第九次年会论文集》，文物出版社，1997年，第20—34页；韩建业：《论雪山一期文化》，《华夏考古》2003年第4期。

⑭ 常兴照：《舜窜三苗与禹征三苗再认识——兼论良渚文化族属》，《东方考古》（第19集），科学出版社，2022年。

⑮ 湖北省文物考古研究所：《邓家湾》，文物出版社，2003年；湖北省荆州博物馆、湖北省文物考古研究所、北京大学考古学系：《肖家屋脊》，文物出版社，1999年。

围，到两周时期通过各地史官的编辑又有调整和扩展[16]。

三、炎帝源流寻踪

《国语·晋语》："昔少典氏娶于有蟜氏，生黄帝、炎帝。黄帝以姬水成，炎帝以姜水成。成而异德，故黄帝为姬，炎帝为姜。"这是对炎黄族源的权威描述，为历代史家所尊奉。近代以来随着考古学研究和文献考据的发展，已不断有学者质疑，如王献唐先生的《炎黄氏族文化考》、何新先生的《诸神的起源》等都对炎黄同源同宗提出了不同的看法[17]。笔者亦撰文对此做过论证，明指炎黄文化决非同源同宗，而是具有东西文化分野意义的两大文化集团，其物质文化即以老官台→半坡→庙底沟文化为传承的黄帝文化和贾湖、裴李岗、磁山→北辛、后冈文化相承继的炎帝文化为标志[18]。许永杰先生近作《庙底沟文化与天黿》亦认为：庙底沟文化龟蛙类图案之母题即是龟之大者—黿，天黿即轩辕氏，为传说时代黄帝部族最常见的名号，庙底沟文化为黄帝部族的物质遗存[19]。可见学界对黄帝文化的认知已逐渐趋同。但对炎帝文化的讨论仍然很少，大部分仍以《国语》之述进行指证，甚至将炎帝的姜姓与后期的羌戎视为一体，并以甲骨文显示"羌姜一家，羌是男羌、姜是女羌"作为证据[20]，差距太大。特作进一步辩证。

少典、有蟜二族的来龙去脉，史籍无征。徐旭生先生在《中国古史的传说时代》中十分审慎地认为：未便妄说[21]。丁山先生在《中国古代宗教与神话考》一书中认为：少典即小腆，宜即小的日主，与少昊的名义相近[22]。亦有学者直接指出：少典氏当为少昊氏之误[23]。这些学者所本据的文献理论和方法可能有所不同，但都不约而同地认为少典即少昊，可谓灼见皆同。笔者亦认为少典即少昊之名的误写。少典一词最早出现在《国语·晋语》之中，少典娶于有蟜氏生炎帝、黄帝之说，实际上应该代表了春秋、战国之际的一种认识，与后来的"黄帝生于鲁东门寿丘"可谓为一本之说，实际是将黄帝诛杀蚩尤之后炎黄文化大融合的历史提前化了。较早的文献《逸周书·尝麦解》[24]给了我们

---

⑯ 常兴照：《有虞氏王朝概论——兼谈中华文明的起源》，见本书。

⑰ 王献唐：《炎黄氏族文化考》1.1章，齐鲁书社，1985年；何新：《诸神的起源》第10章，生活·读书·新知三联书店，1986年。

⑱ 常兴照：《炎黄文化东西说》，《文物春秋》2005年第6期。

⑲ 许永杰：《庙底沟文化与天黿》，《华夏考古》2022年第2期。

⑳ 于省吾：《释羌、苟、敬、美》，《吉林大学》（社会科学学报）1963年第3期；傅斯年：《姜原》，《国立中央研究院历史语言研究所集刊》第二本第一分，1930年。

㉑ 徐旭生：《中国古史的传说时代》（增订本），文物出版社，1985年，第41页。

㉒ 丁山：《中国古代宗教与神话考》，上海文艺出版社，1988年，第390页。

㉓ 郭元兴：《读〈经法〉》，《中华文史论丛》1979年第2期。

㉔ 李学勤认为：《尝麦》有可能是穆王初年的作品（李学勤：《〈尝麦〉篇研究》，《古文献丛论》，上海远东出版社，1996年，第87—95页）。沈长云指出：《尝麦解》是东周较早时期的作品（沈长云：《黄帝、黄帝部族与黄帝发祥地》，《文史知识》2008年第7期）。张怀通结合官职名称认为：《尝麦》最初当成于西周早期，同时指出"《尝麦》经过西周春秋时代的流传，到战国时代基本定型时，其语言文字已经变得较为通俗，并且有春秋末年、战国时代的官职羼入其中"（张怀通：《〈尝麦〉新研》，《社会科学战线》2008年第3期）。

很大的启示，对此篇内容似可这样理解：天地开辟之初，诞生了两位大帝；其中炎帝（赤帝）分用了两位卿士，即蚩尤和少昊，并让蚩尤管辖少昊，兼及四方。顺应上天的旨意，蚩尤发展起来；于是驱逐了炎帝，炎帝十分恐慌，求救于黄帝；（黄帝）在中冀抓住并斩杀了蚩尤，（黄帝）重整天规朝纲，纪号曰大帝，这里名叫绝辔之野（在绝辔之野举行加冕大典）；命少昊清主持政事，规范五帝百官之位，奉天承运，典纲大成，至于今不乱。这段文献基本明确了炎黄属于两个集团，和同宗、同族、同父、同母没有关系。有蟜氏亦作有侨氏，或作有娇氏，也就是女娇。司马贞补《史记·三皇本纪》引古本《帝王世纪》作“有娲氏”，而《太平御览》卷七八引《帝王世纪》则云“有喬（乔）氏”。《康熙字典》则将“蟜”作“娲”。朱起凤《辞通》（上海古籍出版社，1982年）认为，“娲”字先讹作“蜗”，形与“蟜”近，因此致讹。故有蟜氏实乃为有娲氏，也就是后世所传的女娲氏。从《史记·夏本纪·索隐》引《世本》：“涂山氏女名女娲，是禹娶涂山氏女号为女娲也。”《史记·夏本纪·正义》引《帝系》说：“禹娶涂山氏之子，谓之女娲，以生启也。”可知，有蟜氏即涂山氏，属于东方古族，与少昊（少典）、炎、黄、大禹等部族都存在过联盟关系。据此可以推测，黄帝执杀蚩尤之后，少昊（少典）执政，少昊族可能联合有蟜氏等东方部族为黄帝举行了一次加冕大典，是故轩辕黄帝诞生了，后人则传为少典生黄帝，黄帝则生于鲁东门寿丘。基于炎帝与少昊的同盟或臣属关系（《尝麦》中二卿之一），大概又将炎帝后裔（大庭氏）安置于曲阜，如《帝王世纪》记：炎帝“初都陈，后徙鲁”。《左传·昭公十八年》：“宋、卫、陈、郑皆火。梓慎登大庭氏之库以望之，曰：宋、卫、陈、郑也。数日，皆来告火。”杜注：“大庭氏，古国名，在鲁城内。”孔颖达疏：“先儒旧说皆云炎帝号神农氏，一曰大庭氏。”以至于后世传出的少典娶有蟜氏生炎帝、黄帝之说，皆应本源于此。

关于《国语·晋语》中的姬水与姜水，学界一般认为姬水就是今武功境内的漆水河；姜水就是今宝鸡的清姜河。既然炎黄诞生传说与少昊有关，那么姬水与姜水必然不在黄土高原。笔者十分怀疑姬水即古济水，姜水即羊水，羊姜相通，羊水亦即蚩尤所出的羊水，考即今天的大汶河。大汶河上游称为羊流水，位于今新泰市境内，也是晋代巨族羊祜的故乡。其下游入东平湖后又汇入黄河，历史上则是进入古济水的水道，这也就是《淮南·子地形训》关于昆仑虚周边水流记载中的关于“洋水出其西北陬”的洋水，“出”当作“流出”解，说明洋水亦即羊水。如此理解，则炎、黄诞生之地的相关传说皆发生在泰山附近，既与文献记载的黄帝与泰山、炎帝与曲阜的关系相一致，亦与大汶口文化早中期的文化演变现象吻合[25]，基本符合历史发展的逻辑轨迹。

有学者推论，河南裴李岗文化是海岱地区北辛文化的重要来源，裴李岗文化的主要类型之一贾湖文化沿淮河向东推进，经双墩等地方文化的过渡，北上进入山东地区，与

㉕ 常兴照：《炎黄东西说》，《文物春秋》2005年第6期。

当地文化结合变生出北辛文化[26]。此与笔者的认识基本一致。结合《逸周书·尝麦解》的记述，可以基本认定裴李岗文化变生出北辛文化，又发展成大汶口文化的过程，就是炎帝文化转化为蚩尤文化的过程[27]。因此，河南中南部的许昌、漯河、南阳一带，应该就是炎帝文化的发祥地，此与后世的姜姓属国，都分布在河南中南部（申、吕、许等）和海岱地区（齐、逄、纪、曩、莱、州、向等）一带，应该有着深远的联系。后来随着煤山文化的南下，战国—秦汉之际炎帝成为南方天神，湖北、湖南分布较多炎帝传说，均是可以顺理成章的。

金文中多见“举手人形”上面加“子”的徽号，学界多释为举[28]。笔者考论，举字原应为鲁北望族“逄氏”的族徽，亦即为“夆”的初始字。辞书典籍中一般将“夆”作为“举”的异体字（见《四声篇海·□部》《字汇补·□部》《汉语大字典·夕部》《汉典》），可见两者之密切。金文中“举”字曾与众多氏族徽号合铭，实则说明了族徽和国名的复合关系。举有生育崇拜之义，如：举子（生育小孩）、举息（生育子女）、举乳（哺乳）、一举得男（生儿子）。《史记·卷七十五·孟尝君传》：“婴告其母曰：勿举也。其母窃举生之。”夆字即逄字，与逢通，即所谓“蓬勃”者也。也有生发旺盛，后世昌达的含义。《尚书·洪范》：身其康强，子孙其逢吉。可证不悖。逄氏氏族世居鲁北，史载为炎帝之后，历史久远，可能是鲁北地区的姜姓始祖。由此推究，则“举”形族徽亦可能是所有姜姓民族的祖神形象。姜姓之姜，从女羊声。母女同义，羊为吉祥、美好之意，也是对女性崇拜的延伸。“姜”字一般用于女性，也说明了这一道理。相关著录上有确切出土地点的商代“举族”铜器，除安阳一带则多数分布于海岱地区如桓台、长青、费县等地；是或说明举族集团应是海岱地区的土著民族。“举”曾与“羿”以及“其”“北”等徽号合铭，说明这几个部族曾为一个集团或同盟[29]。但举族或逄族群势力浩大，在两周之际带有举字徽号和夆字国名的铜器各地多有发现，证明了逄氏在中华历史舞台上的地位。20世纪80年代在济阳刘台子墓地出土众多西周“夆”氏铜器[30]，证明逄族遗裔在鲁北是一直存在的。《山海经·北次三经》：“又北二百里曰发鸠之山，其上多柘木。有鸟焉，其状如乌，文首、白喙、赤足，名曰精卫。其名自詨。是炎帝之少女名曰女娃。女娃游于东海，溺而不返，故为精卫，常衔西山之木石以堙于东海。”炎帝爱女化而为鸟，或说明炎帝族团的一支是以鸟为图腾的，迁徙到东海地区了。与上述推论亦基本吻合。至于“姜、羌”同源之说，已有学者辩其误[31]，不再赘述。

㉖ 韩建业：《双墩文化的北上与北辛文化的形成——从济宁张山“北辛文化遗存”论起》，《江汉考古》2012年第2期。

㉗ 王树明、常兴照、张光明：《蚩尤辨证》，《中原文物》1993年第1期；常兴照：《北辛文化与炎黄传说》，《文物春秋》2005年第6期。

㉘ 于省吾：《释举》，《考古》1979年第4期。

㉙ 常兴照：《龙山文化与后羿传说》，见本书。

㉚ 山东省文物考古研究所：《山东济阳刘台子西周六号墓清理报告》，《文物》1996年第12期。

㉛ 姜允玉：《羌、姜同源说辨正》，《中山大学学报》（社会科学版）2001年第3期；李莎莎：《甲骨文中的羌与姜》，《文物鉴定与鉴赏》2021年第14期。

四、“华夏”之名简析

在《尚书·周书·武成》中最早出现“华夏”一词如“华夏蛮貊，罔不率俾”，故中国称华夏、中华，中国人称华人，一直有很多解释。如华即花，引申为美丽而有光彩，考古学泰斗苏秉琦先生就有“华山玫瑰燕山龙”之说[32]。一种说法是古代中原地区的人们，自认为自己居住在衣冠整齐而华丽的文明地区，所以自称为华，《左传·定公十年》疏云：“中国有礼仪之大，故称夏；有章服之美，谓之华。”还有认为“华”即“华山”，“夏”即“夏水”（汉水），华夏概指中原腹地的山水地形。但这些认识一直没有很到位的分析和可信服的依据。已故学者庄春波先生于1996年率先提出《华夏东西说》[33]。他认为：华与夏原本不是一回事，华为族名，得之于虞舜之名重华；华族文化就是太昊文化亦即帝舜文化；打开了华夏研究的新视野。

其实，华族即昊族。虞舜之名重华，固与其属华族有关。但渊源则与“昊”字密切相连。从考古材料与文献推论中可知，太昊即帝喾；帝喾即帝俊；帝俊即帝舜；帝舜即太昊。王国维、童书业、郭沫若等先生早有精论。太昊与少昊是两个关系深远的部族，有着共同的渊源。黄帝灭蚩尤之后，少昊先在汶泗流域建国，并在黄帝的支持下统一了东方。后派句芒辅佐帝舜（太昊）建立了位于东海大壑的少昊之国，后演化为羲和之族。句芒名重，太昊亦即羲和或曰羲华，可能就是帝舜“重华”之名的来源。太昊发展很快，在鲁东地区建立了极其发达的部落联盟，也就是十日之国。后来太昊逐渐向中原和南方地区进行迁徙（扩张）：在豫东皖北取代了其父喾幕或曰瞽幕的帝位，利用帝喾的影响和名号，使用婚缘及文化技术，渗透到西方各个氏族中去，如娶上妃姜嫄氏，生子后稷（指与客省庄二期文化的关系）；次妃有娀氏（简狄），生子帝契（实为介入了后冈二期文化的发展）；再次妃陈隆氏（亦称陈锋氏），生子帝尧（此为对庙底沟二期文化和陶寺类型的渗透）；末妃娵訾氏（即十二月神之母，是指汶泗流域一带的大汶口晚期诸氏族，也是两昊氏族的再联合），生子帝挚。成就了一个大的时代即帝“喾”时代；最终建立了帝舜有虞氏王朝[34]。周口地区的西华（羲和），新郑一带的华山、华国[35]，都是帝舜在该地活动或建国的例证。因此，“华”与“夏”，是代表史前两个最辉煌文明的略词，与“虞夏”具有同样的意义和指向。

山东东部地区的大汶口晚期到龙山文化早期，文化面貌基本一致，生产力水平高度发达，出现了图像文字（陶文），器物类型多种多样，造型别致，等级差别非常突出，代表着当时先进的生产力水平和文化思想。并且西进南迁，向南影响到江淮和长江中下

㉜ 1985年11月7日在山西侯马召开的晋文化研究会上，苏秉琦先生用“华山玫瑰燕山龙，大青山下斝与瓮。汾河湾旁磬和鼓，夏商周及晋文公”四句诗作为提纲进行了发言。

㉝ 庄春波：《华夏东西说》，《赵俪生先生八十寿辰纪念论文集》，山东大学出版社，1996年。

㉞ 常兴照：《太昊、帝舜与大汶口文化》（上、下），《文物春秋》2003年第6期、2004年第1期；常兴照：《华族、华族文化与华夏关系考论》，《东岳论丛》2007年第6期；常兴照：《有虞氏王朝概论——兼谈中华文明的起源》，见本书。

㉟ 索全星：《华国遗址考察与中华名称溯源》，《中原文化研究》2013年第5期。

游地区，向西影响到洛阳和关中地区，是当时最先进的文化代表。其实这就是帝舜文化也就是太昊文化，或者说就是华族文化。当时的夏文化应该就是陶寺类型和王湾三期等文化，也就是帝尧和夏禹的分布范围或联合体。这些就是华夏东西说的基本框架。

五、四罪与四凶

研究中国古代历史传说，“四凶”或者“四罪”是不可回避的重要话题。因为四罪或四凶的生成与迁变，代表了华夏文明和文化传统的形成过程。结合文献和考古学的研究，四罪或四凶的传说应该是真实存在的。只不过征讨和被征讨的对象或有混淆，时代或有早晚错位。《左传》只有四凶，没有四罪；《尚书》只有四罪，没有四凶；而司马迁《史记》在收录了“四罪”的同时，也收录了“四凶”。《史记·五帝本纪》的记载主要依据《五帝德》和《帝系》二篇文献。《五帝德》亦载于《孔子家语》。《孔子家语》中的《五帝德》仅一句话：流四凶而天下服。由是可见《孔子家语》的“四凶”就是《尚书》的“四罪”。司马迁将两种记载全部收录，并且均归集于帝舜之功德，其实也是证明所谓四凶就是四罪。唐张守节《史记·正义》则说得更为直接：“讙兜，浑沌也；共工，穷奇也；鲧，梼杌也；三苗，饕餮也。”孙诒让《尚书今古文注疏》引郑玄语、孔颖达《春秋左传正义》均指出：浑敦即讙兜，穷奇即共工，梼杌即鲧，饕餮即三苗，可证四凶、四罪本为一指。在古代文献中，传说历史是有两套话语系统的。即记载四凶的文献，多载于《山海经》《淮南子》《神异经》等著作，这些都属于东方的语言和传说系统，神话成分较多。虽然《左传》等被视为正史的典籍也有记载，但因为记录者如鲁国史官太史克、左丘明等人都是当地土著之人，故他们的相关记载，也带有东方传说的烙印。四罪之说，则多载于《尚书》《五帝德》《帝系》等文献。这些属于中原地区的语言和传说系统。一般代表正统和主流的话语权，故多为史家所征引。

三苗和饕餮。有一个奇怪的现象，近年来江浙一带良渚文化的发现，是中国考古学的重大收获，其文化的发达和丰富，堪当史前文明中的一颗璀璨明珠。但至今尚无确切研究明确其属于古史中的哪个民族。三苗是古史中十分重要的氏族集团，在虞夏时期是中原地区和东夷民族的巨大威胁。尽管目前学界有多位学者都认为长江中游的屈家岭文化和石家河文化，就是三苗文化[36]，但深究则基本根源于徐旭生先生在《中国古史的传说时代》所划分的苗蛮集团概述，实际上与文献中所记三苗的时代、地理和史迹节点等方面存在抵牾，故而至今不能确指其考古文化归属。

从时代上看，三苗与蚩尤有密切的关系，《尚书·吕刑》：“蚩尤唯始作乱，延及于平民，罔不寇贼，鸱义奸宄，夺攘矫虔。苗民弗用灵，制以刑。”孙星衍《尚书今古

㊱ 见俞伟超《先楚与三苗文化的考古学推测》（《文物》1980年第10期）；石兴邦、周星《试论尧、舜、禹对苗蛮的战争——我国国家形成过程史的考察》（《史前研究》1988年第1期）；李龙章《江汉新石器时代文化系统族属考》（《江汉考古》1988年第2期）；韩建业、杨新改《禹征三苗探索》（中原文物》1995年第2期）；林邦存《再论屈家岭文化为三苗创造的早期文化》（《湖北省考古学会论文选集》，《江汉考古》1998年增刊）；田春峰《中国古史传说时代“征三苗”问题新探》（陕西师范大学硕士学位论文，2008年）等。

文注疏》该条下引郑玄语："苗民……上效蚩尤。"蚩尤曾为九黎君长，统治过三苗。在蚩尤被黄帝征杀之后，三苗不服，曾经发起过反攻，故有"三苗复九黎之德"的说法（《国语·楚语》）。蚩尤的时代约处炎黄传说的末期。大汶口早期文化中头骨枕部变形、面额部骨片束发、口含砂石小球等习俗，是蚩尤氏铜头铁额、头有角、啖砂石子，装束成牛头形状、流行牛崇拜的遗存证明[37]。但这一阶段，尚不见大汶口文化和屈家岭文化的交流与接触，反倒是花厅墓地出现了大汶口文化和良渚文化的两合现象，花厅大墓墓主随葬刻有蚩尤图像（兽面饕餮形象）的玉琮，说明了两种文化在蚩尤的旗号下和平相处、共存共生的状态。从地理上说，《战国策·魏策一》吴起有言："昔者，三苗之居，左彭蠡之波，右有洞庭之水，文山在其南，而衡山在其北。恃此险也，为政不善，而禹放逐之。"史家一般认为"右有洞庭之水"即今天的洞庭湖，但实际上今天的洞庭湖直到东晋时期才形成[38]，战国早中期的"洞庭"应该是今天的太湖。按吴起的说法，三苗之居应在鄱阳湖以东，太湖以西。从历史节点上看，帝舜和大禹先后对三苗发起过征伐，特别是大禹"亲把天之瑞令，以征有苗……搤矢有苗之祥，苗师大乱，后乃遂几"（《墨子·非攻下》）。但是江汉地区基本上少见大禹的史迹与传说。反倒是在江浙地区，既有虞舜的史迹分布如上虞、余姚等地，又有绍兴的大禹陵、禹王庙的存在等。对这些传说与史迹，应该给予合理的解释。根据文献中三苗与南蛮是分开记述的，并且都处于不同的方位，是被流放或被改变的不同族体；所以苗、蛮应该是不同的氏族集团，将苗蛮视为一个共同体，是不正确的。笔者认为，从考古学文化辨析，长江下游的良渚文化，应该属于三苗文化，其在相关节点上与文献记载较为契合。长江中游的屈家岭与石家河文化，应该属于南蛮文化，其与之后的迁放讙兜、稷放丹朱、伯益出就国等事件相互关联。大汶口文化花厅类型是蚩尤被杀之后三苗作乱的物质证明；而良渚文化后期出现的大汶口文化因素，则是舜征三苗的具体表现；杭嘉湖地区广富林遗存的出现和良渚文化彻底消失，以及大禹在宁绍地区的传说和遗留下来的大禹陵、禹王庙等遗迹，都属于"禹征三苗"事件的具体反应[39]。

文献中记载的饕餮，与良渚文化的宗教神像极为相合。宋罗泌《路史·蚩尤传》注云："蚩尤天符之神，状类不常，三代彝器，多者蚩尤之像，为贪虐者之戒。其像率为兽形，傅以肉翅。"揆其所说，殆即饕餮。从良渚出土的神人兽面图像被大量使用于玉琮、玉冠饰、玉钺等器物上而分析，兽面图像可能属于良渚先民的祖神或者凶猛神一类，是被当做荣誉或圣灵而崇拜的。可基本认定良渚文化中的神人兽面像就是商周之际的饕餮图像，是良渚亦即三苗文化崇拜蚩尤的宗神形象。

讙兜和混沌。《左传·文公十八年》："昔帝鸿氏有不才子，掩义隐贼，好行凶德，丑类恶物，顽嚚不友，是与比周，天下之民谓之浑敦。"浑敦即讙兜。一般认为驩

---

[37] 王树明、常兴照、张光明：《蚩尤辩证》，《中原文物》1993年第1期。

[38] 邹逸麟：《长江中下游水系的变迁》，《中国历史地理概述》，上海教育出版社，2007年；小图图：《云梦泽消亡史，回顾洞庭湖的前世今生》，微信公众号"图闻天下"，2019年3月4日发表，https://twtx.17ditu.com/article/397.html#

[39] 常兴照：《舜窜三苗与禹征三苗再认识——兼谈良渚文化族属》，《东方考古》（第19集），科学出版社，2022年；常兴照：《夏代、夏族与夏系文化论析》，见本书；常兴照：《从出土文献看楚人早期历史》，见本书。

兜为苗民的重要首领，《山海经·大荒北经》："西北海外黑水之北，有人有翼，名曰苗民。颛顼生驩兜，驩兜生苗民。"帝鸿实为黄帝之臣大鸿，也是帝俊的儿子。大鸿也即大鸟，是为太阳的象征。鸿即昊，鸿昊乃一音之转。讙兜一族可能与沂沭河下游的大汶口晚期文化有关。赣榆有一古镇，春秋时期就已存在，其名为"欢墩埠"，可能即与讙兜氏族有关联。屈家岭文化中存在较多大汶口文化因素，可能与舜"放欢兜于崇山"有关。而石家河文化肖家屋脊遗址出土的与大汶口文化相类似的图像文字，更有力证明了这一点。帝舜将讙兜迁移至南蛮区域之后，该部族原来所占据的沂沭河下游，在大汶口晚期文化之际急剧衰落，遗址分布极为贫乏，这也是舜放讙兜之后可以理解的客观状况。

伯鲧与梼杌。鲧族发源之地较为模糊。但鲧是在有虞氏境内"称遂共工之过"的。鲧受命治水，事不成而禹接任其职，其与大禹治水的区域应该相同。《大戴礼记·帝系》说："鲧娶于有莘氏之子，谓之女志氏，产文命（大禹）。"有莘氏地望有山东曹县说、河南伊川说、陕西合阳说等；但以曹县之说时代最早，与夏鲧的关系最贴切。有莘氏是夏商周三代出美女的国族。夏鲧、商汤、周文王均娶有莘氏之女为妃。有莘氏或称有辛氏，辛莘同音，可能属于帝喾高辛氏的一个部族，袭有辛之号，后世称其为有莘氏。《左传·僖公二十八年》载："晋侯登有莘之虚以观师。"杨伯峻注："有莘氏之虚在今山东曹县西北。"夏鲧娶有莘之女为妃，壮大氏族势力，成就立国大业，事在情理之中。所以，卡在历史节点上，鲁西豫东地区龙山文化王油坊类型的部分早期遗存，应属于夏鲧部族的物质文化。

鲧、禹并非同族和父子关系。《山海经·海内经》说："鲧窃帝之息壤以湮洪水，不待帝命。帝令祝融杀鲧于羽郊。鲧复生禹。帝乃命禹卒布土以定九州。"祝融是大禹的重要同盟军，鲧复（腹）生禹，就是指杀鲧才能生禹。大概是在王油坊类型早期的后段，夏禹氏族以治水之名大举进入豫东，赶走了夏鲧，形成之后的"涂山会盟"。这一传说过程基本反映在龙山文化藤花落类型和禹会村—王油坊类型的相关文化特征之中。至于鲧与梼杌联系起来，应该是对鲧的一种蔑称。焦循在《孟子正义》中说："惟梼杌皆从木，纵破为析，横断为梼杌。断而未折其头则名顽。是梼杌则顽之名，因其顽，假断木之名，以名之为梼杌，亦戒恶之意也。"梼杌就是树墩子，或曰榆木疙瘩。唐人张守节《史记正义》引《神异经》注道："西方荒中有兽焉，其状如虎而大，毛长二尺，人面，虎足，猪口牙，尾长一丈八尺，搅乱荒中，名梼杌。一名傲很，一名难训。"因鲧治水不力，半途而废；而大禹接续其位，三年而功成。故世人谓鲧傲很、难训而成为罪人也[40]。

共工与穷奇。古史中对于共工的传说也是有褒有贬颇不一致，但是大多与水有关联。与共工关系最直接的是颛顼，其次是祝融。祝融氏族的产生，与"空足三足器"鬲、甗的出现有关，时代偏晚。史籍中与"共"有关的河山地名有多处，徐旭生先生认为以《汉书·地理志》河内郡的"共县"（今辉县）最具为"共工"之国的可能性。虽

[40] 常兴照：《龙山文化与后羿传说》，见本书；常兴照：《夏代、夏族与夏系文化论析》，见本书。

然辉县已处共工的势力范围，但其中心地区应在郑州一带。综合分析，以郑州大河村三、四期遗存为代表的秦王寨文化，有可能代表早期共工氏的物质遗存；新发现的双槐树遗址，有可能就是共工氏的都邑。由于秦王寨文化和大汶口早中期文化有密切关系，所以有共工氏为“少昊氏不才子”而名之为“穷奇”之说。到大河村第五期文化之际，由于大汶口文化的植入，已经改变了秦王寨文化的性质，形成另一种文化主体——大河村五期文化，并分化组合生成孟庄龙山文化和王湾三期文化、后冈二期文化。再后由于王湾三期文化东进，形成大禹逐共工、杀相柳，并“流共工于幽陵”；其中一部分向北迁徙至燕山地区，促进了夏家店下层文化的产生[41]。综上可知，上古四罪与四凶并非向壁虚造，实则有着真实的历史依据。

六、有虞氏溯源

有虞氏是古代显赫的氏族集团，开创了中国第一代王朝国家。故史籍常以“虞夏商周”来概指文明初曙。但为何称其为“有虞氏”，史籍记载较为含糊。《潜夫论》：“帝舜姓虞”。《左传·昭公三年》：“箕伯，直柄，虞遂，伯戏。杜注：四人皆舜后”。《通志·氏族略》：“禹封商均之子于虞城为诸侯，后以国为氏”。“虞”的含义很多，《说文》认为虞是一种仁兽：（虞）“驺虞，白虎黑文，尾长于身，仁兽，食自死之肉”。还有认为“虞”为职官，贾谊《新书·礼》：“虞者，囿之司兽者也。”《国语·晋语》：“询于八虞。”韦注：“八虞，周八士，皆在虞官。”从而又引申有：虞人（掌管山泽苑囿的官）、虞师（掌管山泽之官）等名、虞旗（又叫“虞旌”，虞人在汇集所获物时所用的旗帜）、虞罗（原指掌山泽之虞人所张设的网罗）等。还有认为“虞”是祭祀仪式，既葬而祭叫虞。如虞歌、虞殡（送葬歌曲），虞祭（祭名，葬后所行安神之祭），虞主（虞祭时所立的神主）。辞典字书中还有“预料”“忧虑”“欺骗”“欢娱”等解释，十分繁杂。林沄先生指出：从文献上推考，氏命的来源主要有三：①《公羊·成公十五年》“孙以王父字为氏”——以男性祖先之名为氏命。②《左传·隐公八年》“胙之土而命之氏”——以地名为氏命。③《白虎通义》“或氏其官，或氏其事，闻其氏即可知其德也”——以职事为氏名[42]。舜之先有幕，舜之父为瞽瞍，都存在氏命来源的问题。从祖先之名追索有虞氏之源基本无考。故可与帝舜之名相关联的仅有地名和职官。作为地名的主要有三：一是山西省平陆县虞城，传说为舜祖先的封地。二是河南虞城，传为舜子商均受封之地，故址约在今河南省虞城县西南。三是浙江上虞，《水经注·浙江水》引《晋太康地记》：“舜避丹于此，故以名县。”司马贞《史记索隐》引《括地志》曰：“县西七十里有汉上虞故县，《会稽旧记》云舜上虞人，去县三十里有姚丘，即舜所生也。”上述三地之名均晚出，多数在秦汉之际或更晚时期才出现，细审之均属因舜而虞，而不是因虞而舜，对有虞氏的起源追溯作用不

[41] 常兴照：《共工氏文化解析及其流徙辩证》，见本书。

[42] 林沄：《对早期铜器铭文的几点看法》，《古文字研究》（第五辑），中华书局，1981年。

大。近年出版的上博楚简《容成氏》记载了“禹分九州”之事，给出了新的九州之名和范围，为我们提供了新的方向。简文中有“禹通淮与忻（沂）东注之海，于是乎竞州、莒州始可处也”[43]。这里竞州和莒州是新出现的地名。从其地理坐标沂河与淮河的方位看，竞州和莒州的范围基本上和《禹贡》中的“徐州”范围差不多。莒州大概是指沂沭河流域；竞州应为汶泗流域。简文之“簷”，隶定为“莒”，与出土铜器铭文中“莒”字相同[44]，释为“莒”没有问题。但文献中的“莒”字用法很简单，一是地名，即两周时期的莒国，位于今山东省莒县；二是一种草本植物，即芋头。《说文·艸部》：“莒，齐谓芋为莒。”可知“莒”亦读如“芋”。芋字古音为匣母，鱼部。虞字古音为疑母，鱼部；莒为见母，鱼部；三字为旁纽同韵，可以通转。由此可知“莒”字亦可读如“虞”。从构字形义上说，简文“簷”字从竹从虍从月（肉），正与文献中“虞”的字义“掌管山泽苑囿、司理鸟兽”之意相同，形声相近，是则“簷”可能为“虞”字的初源字。而“簷”字的形成，应该与有虞氏的原居地有关。

簷州位于鲁东南地区，地质构造以沂沭裂谷系为主体，东濒黄海，北临渤海，西侧为泰沂山脉。裂谷系内地形复杂，以低山丘陵为主。中部为呈北北东向展布的串珠状丘陵，对应于沂沭断裂带，称贡丹山地垒；西部为泰沂山脉及鲁南丘陵，东北部为五莲山、崂山等呈北东走向的低山丘陵，南部为苏北残丘。在临沂、莒南、临沭、郯城一带，形成了一个盆地状的沂沭河冲积平原。区内广布全新世早期的黑土湖组沉积（QH），沉积年代为距今8000—4000年。沉积说明在距今8000—4000年，沂沭盆地的许多地区应该是大泽或湖泊地貌。据赵希涛等先生的研究，全新世海面变化可分为6000年以前的急剧上升、距今6000—5000年的最高海面和5000年以来的相对稳定或稍微下降三个阶段[45]。高广仁先生据此认为气候的回升引起冰流的消退，然后才导致海面上升。并推定大汶口早期处于高海面期，大汶口中期则处于海面下降期，大汶口晚期处于低海面期[46]。因此基本可以认定，大汶口早、中期之际的沂沭盆地，大部分是湖泊大淖，实际上就是《山海经》所记的东海。大汶口文化晚期（距今5000年前后），由于地质运动，热泉群出露，形成了温热湿地与土岭残丘相混合的地貌，草木繁茂，鸟兽云集，物产丰饶。特殊的环境造成了东夷集团对山林鸟兽的特殊感情和依赖，《左传·昭公十七年》关于“少昊氏以鸟名官”的记载，恰当地说明了这个问题。这一阶段沂沭河流域以凌阳河、三里河、呈子、东海峪、尧王城、大范庄等为代表的文化遗址，呈现出较为发达的文化面貌。农业是当时最主要的经济部门。农具制作较为精致，石器多经磨光，刃部锋利，有的有穿孔；种植的农作物主要是粟；粮食有了一定的剩余；墓葬中较多酿酒和饮酒器具，饮酒之风甚盛；家畜饲养业发达，畜禽种类有猪、狗、牛、羊、鸡。其中

---

[43] 马承源：《上海博物馆藏战国楚竹书》（二），上海古籍出版社，2002年，第268—271页。

[44] 山东省博物馆、莒南县文化馆：《莒南大店春秋时期莒国殉人墓》，《考古学报》1978年第3期；郭沫若：《两周金文辞大系图录考释》，科学出版社，1957年，第173页。

[45] 赵希涛、张景文：《中国沿海全新世海面变化的基本特征》，《中国海岸演变研究》，福建科学技术出版社，1984年。

[46] 高广仁：《自然环境对大汶口文化、屈家岭文化发展的影响》，《海岱区先秦考古论集》，科学出版社，2000年。

猪的地位最为重要，是当地居民肉食的主要来源。当地人对猪的偏爱是其他地区无法比拟的。以猪随葬是当地大汶口文化显示财富的主要方式，三分之一的墓葬都用猪的下颌或是猪头来作为随葬品，是墓主人身份地位的象征。在三里河墓地中，66 座大汶口晚期墓葬中20座随葬有猪下颌骨，最多一个墓（M302）随葬猪下颌骨达到37个[47]。还有就是随葬猪骨的数量和其他遗物的数量、质量成正比，贫富分化正在逐步加重。这些现象说明，沂沭河流域的大汶口文化居民，已经形成规范有序使用当地资源的相关认识，可能已找到了有效的管理方法，出现了掌管山林水泽，司理鸟兽畜牧的人员和聚落，"虞"的理念已经形成。这与后来该地区形成"十日之国"的传说可以互证。《山海经·大荒南经》："东南海之外，甘水之间，有羲和之国。有女子名曰羲和，方日浴于甘渊。羲和者，帝俊之妻，生十日。"《山海经·大荒东经》："有山……上有扶木，柱三百里，其叶如芥。有谷曰温源谷。汤谷上有扶木，一日方至，一日方出，皆载于乌。"这里规定每天有一"日"出来巡视，轮流执政，较好地说明了"虞"的署理规则。

沂沭河流域的大汶口文化居民，后期向皖北、豫东、豫中有较大的迁徙活动，形成了大汶口文化尉迟寺类型和颍水类型。这也巧妙地证明了《孟子·离娄下》关于"舜生于诸冯，迁于负夏，卒于鸣条，东夷之人也"的记载。诸冯之地，学界基本认可位于现在的山东诸城市南部，进一步说明帝舜有虞氏的故乡就是鲁东南的"篖州"地区。另外，虞舜统治中原之后，最早设立了"虞官"，《史记·五帝本纪》："舜曰：谁能驯予上下草木鸟兽？皆曰益可。于是以益为朕虞。"可知对山林水泽、草木鸟兽的重视，一直是虞舜集团特别重视的事情。所以"篖州"应指原有虞氏的发源之地，故称为"篖"。莒国始祖兹舆期在西周初年封于莒，是时莒（虞）州早已存在。故以"篖"（虞）地为国名，后辗转简化为莒，变化源流十分清晰。综上可知，有虞氏的氏命来源，一是应与"篖州"的地名相关联，二是与"篖（虞）"字所标示的职能有较深的渊源关系，十分符合林沄先生总结的氏名因缘规律。

七、夷、夏之争

"夷夏东西说"最早是由民国硕儒傅斯年先生1933年提出来的。此说认为商代文化由两个族群建立：商朝的西部由夏族群开发，商朝的东部由夷族群开发。后来根据当时最新发现的考古结果，夷夏东西说得到一些学者的进一步扩展，认为仰韶文化是由西部的夏人建立，而龙山文化由东部的夷人建立。直到大约1960年以前，中国和西方史学家都以这个假说来解释中国的史前史。通览后羿之前的古史传说，记载中基本不见"夷"或"东夷"的称谓。只有到了后羿时期，才被明确冠以"夷羿"之名。之后则东方民族以"夷"称之，实从后羿为始。《礼记·王制》："东方曰夷"。《说文》："夷，从大从弓，东方之人也"。其实真正的夷夏东西说，是从后羿和夏人的关系上来说的。

---

[47] 中国社会科学院考古研究所：《中国田野考古报告集丁种三十二号·胶县三里河》，文物出版社，1988年，第159—173页。

探讨龙山文化各类型之间的关系，对于认识后羿文化有重要意义。结合学界对于龙山文化研究的成果[48]，笔者曾对龙山文化类型划分提出了自己的分析意见：即早期可以分为尧王城类型、杨家圈类型、姚官庄类型、西吴寺类型、藤花落类型。晚期可分为桐林类型、尚庄类型、尹家城类型和王油坊类型。山东龙山文化早晚之间存在较为突出的分布规律，即早期遗存大多分布在山东东部，晚期遗存大多分布在山东西部。这些类型可能分别代表龙山时期不同部族的相关文化。其中最值得注意的是桐林类型，其遗存中的大墓、城址、陶器特色说明其文化的发达，墓葬中出土成堆的箭镞，与后羿尚箭习俗多有匹配；也与后羿传说的"征杀擒射""夺夏乱政"的相关事件相吻合。因此可以论定桐林类型即后羿集团的物质文化[49]。

从文献上考察，后羿有两种历史身份：喾、尧时期为神，射日除害，万民皆喜；有夏之际为人，扰民乱夏，身败名裂。前者多见于诸子杂家，后者常见于经传正史。如果进一步考订两大事件所涉及的人物、地点及内在联系，就会发现前者多发生在东方海岱地区，后者则发展到了豫东和豫中地区。统一海岱地区，实际上是一次惨烈的大屠杀，基本上灭掉了海岱地区的原始民族，使海岱地区的文化传承几乎断裂。但是对后羿评价最高的仍然是东夷后人，常存在于像《山海经》《淮南子》等文献之中。这也说明，征服者才是英雄的道理存续久远。后羿集团统一山东地区之后，继续率领其部众寒浞等大举西进，直达河南中部，夺取了夏王朝的太康政权，在中原地区统治了近百年，形成了历史上著名的"后羿乱夏"之变。这在考古文化上亦有反映，如近年来发现的新砦遗址晚期遗存，可能就是后羿代夏期间形成的相关史迹现象[50]。后羿在中国历史文化中影响巨大。20世纪50年代，山东黄县出土了一批刻有亞㠱徽号的铜器，北京、辽宁喀左一带偶有所见。王树明先生根据亚㠱或者亚矣徽文的形体特征分析，认为它是依据矢镞形态演变、增繁而来的人形，是我国古代东方夷人崇拜的箭神、射神夷羿或后羿的神像[51]。笔者在此基础上进一步探讨，发现与这个形象有关的族名或徽号如己、並、鄁、部；如箙、弓；如鼓、延、殳，如举（夆）族、束族等都与崇武尚箭遗风或者说都应和后羿集团有关。其后人在鲁北地区念念不忘自己的祖先，各以不同的名号继续后羿文化的传承，此是后话。

上述相关研究和观点，大部分属于新问题，可能与当下学界的传统认知不相符合。但愿可做引玉之砖，以期能给更多学者参考和讨论。

附记：本文是2015年为单位职工作"专业讲座"讲稿的后半部分。受陈雍老师指教，该部分亦作修改和补充，作为文献研究相关问题的解析说明。

2023年8月于燕郊

⑱ 栾丰实：《海岱龙山文化的分期和类型》，《海岱地区考古研究》，山东大学出版社，1997年；赵辉：《龙山文化的分期和地方类型》，《考古学文化论集》，文物出版社，1993年。

⑲ 常兴照：《龙山文化和后羿传说》，见本书。

⑳ 常兴照：《夏代、夏族与夏系文化论析》，见本书。

㉑ 王树明：《㠱祖夷羿新解》，《华夏考古》2004年第2期。

蚩尤辩证

一、蚩尤氏的图腾

《史记·五帝本纪》正义引《龙鱼河图》："黄帝摄政，有蚩尤兄弟八十一人，并兽身人语，铜头铁额，食沙石子。"任昉《述异记》："俗云（蚩尤）人身牛蹄，四目六手。秦汉间说：'蚩尤耳鬓如剑戟，头有角。'"又说："今冀州人掘地得髅髅如铜铁者，即蚩尤之骨也。今有'蚩尤戏'。其民两两三三，头戴牛角而相觝，汉造角牴戏，盖其遗制也。"《初学记》卷九引《归藏·启筮》："蚩尤出自羊水，八肱八趾。"徐宗元《帝王世纪辑存》："黄帝杀蚩尤，其皮为鼓，声闻百里。"吴任臣《山海经广注·大荒北经》引《广成子传》："蚩尤铜头啖石，飞空走险。以馗牛皮为鼓，九击止之，尤不以飞走，遂杀之。"综合诸书所记，蚩尤是一个狞猛异常的怪物，但各种传说给人的总体印象则更近乎牛的形象。治古史者都明白，我国传说中的诸多神话人名，实际上是许多不同氏族或部落的名称，并非具体的历史人物。在世界各民族历史中，亦均存在或流行过图腾崇拜习俗。原始人相信每个氏族都与动物、植物或无生物有着亲属或其他特殊关系，此物即成为该民族的保护者和象征物。我国古代传说中出现许多人神杂糅、人兽相混的现象，也实即这种图腾崇拜的讹传和演化。从这一认识出发，可知蚩尤氏诸多似牛或类牛的传说，只能说明蚩尤氏是一个崇拜牛或以牛为图腾的部落或氏族。而作为族名的蚩尤二字，亦反映出同样的道理。我国原始社会部族名称，多以一字为名，如炎、黄、尧、舜等。许多貌似两字的名称，实际上也是在族名之加了一个附丽推崇之词，如伏羲、太昊、少昊、伯益、后羿等。蚩尤之蚩，从本义上讲，也应是族名前的附丽字，尤字才是族名。《说文》："蚩，虫也。"甲骨文中蚩字常与它通，亦指虫类。虫是我国古代水陆动物的通称。《酉阳杂俎·酒食》："天子可具三群之虫，谓水居者腥，肉攫者臊，草食者羶也。"由此，所谓蚩尤，实即虫尤，谓尤为虫类。《方言》十二："蚩，悖也。"《广雅·释诂》三："蚩，乱也。"则蚩亦可引申为"为害之虫"，即灾害之意。尤，过也。《易·贲》："匪寇婚媾，终无尤也。"《诗·小雅·四月》："废为残贼，莫知其尤。"笺："尤，过也。"蚩尤，明显地标志这是一种贬称。在金文中还有作"蚘"字者（如《集成》980）。均为此类。因蚩尤是一个失败的英雄，所以被后人作为凶神恶煞的象征。《史记·五帝本纪》："轩辕之时，神农氏衰……蚩尤作乱，不用帝命，于是黄帝乃征师诸侯，与蚩尤战于涿鹿之野，遂禽杀蚩尤。"正义引《龙鱼河图》："（蚩尤）造立兵仗刀戟大弩，威振天下，诛杀无道，不慈仁。……天遣玄女下授黄帝兵信神符，制伏蚩尤，帝因使之主兵，以制八方。蚩尤没后，天下复扰乱，黄帝遂画蚩尤形象以威天下，天下咸谓蚩尤不死，八方万邦皆为弭服。”因此蚩尤受到后人的辱骂是可以理解的。那么尤字作族名，很可能是一同音或谐音假借之字，综合推考，意其真正的形象实即为牛。牛、尤二字古韵同部，互可通转。今山东南部一带许多地方仍称牛为“尤”，称黄牛为“黄尤”，称水牛为“水尤”。结合文献中蚩尤似牛或类牛的传说，尤即牛字则情通理顺，蚩尤为牛则昭然明矣。

蚩尤作为造反的诸侯受人辱骂，但作为勇猛善战的神人又使人敬畏。所以，蚩尤又是我国古代人们尊崇的战神。《诗·六雅·皇矣》：“是类是祃，是致是附。”朱熹注曰：“类，将出师祭上帝也；祃，至所征之地而祭始造军法者，谓黄帝及蚩尤也。”《史记·封禅书》：“三曰兵主，祠蚩尤。”三代中如何祭蚩尤，今已无考。但据《路史·蚩尤传》记载，汉魏以来祭祀蚩尤之典，绝不许用牛头。这一有趣的禁忌也反证蚩尤与牛有关。牛是我国古代牺牲的通用物，凡郑重的祭典必以牛为牲，祭蚩尤所以不用牛头，只能解释为蚩尤即牛。故不以牛为享。

二、蚩尤氏的宗属地望

由于文献中关于蚩尤的世系记载比较杂乱，故而蚩尤氏的宗属和地望一直聚讼未决。概括起来则有以下几种观点。其一，自清末以来许多学者都认为蚩尤属苗蛮集团。这是因为《国语·楚语》下有“及少昊之衰也，九黎乱德，……其后，三苗复九黎之德”之句，而汉儒高诱、马融等人均言蚩尤是九黎的君名。如《战国策·秦策一》注：“蚩尤，九黎民之君子也。”其说当有所本。由此似可解释三苗为九黎之后，蚩尤当为三苗之属。再者《尚书·吕刑》中说：“蚩尤唯始作乱，延及于平民。罔不寇贼，鸱义奸宄，夺攘矫虔。苗民弗用灵，制以刑。”亦说明蚩尤曾管辖过苗民。今有何新在《诸神的起源》一书中仍依此说[①]。周国荣先生则进一步确指蚩尤乃古吴族的首领，以龙为图腾，渡江北上，故与黄帝发生战争[②]。其二，《路史后记》四《蚩尤传》：“阪泉氏蚩尤，姜姓炎帝之裔也。”《逸周书·尝麦解》：“赤帝（炎帝）分正二卿，命蚩尤于宇少昊，以临四方。蚩尤乃逐帝，争于涿鹿之阿。九隅无遗。”上述文献又似说明蚩尤与炎帝有着十分密切的关系，则有的学者即认为蚩尤应属炎帝族。神话学家袁珂先生在《中国古代神话》一书中即主此说[③]。其三，孙作云先生曾作《蚩尤考》，根据“蚩”在《说文》虫部，认为“蚩”属虫类，与它为一字，专指蛇，进而论之，蚩族即蛇族，蚩是蛇部族的总称。蚩后之尤字，是蚩的附丽字，或认为是蚩的缓读音，遂成蚩尤一词。并进而推测，蚩尤氏故墟在河南鲁山县滍水一带[④]。其四，徐旭生先生在《中国古

① 何新：《诸神的起源》，生活·读书·新知三联书店，1986年，第161页。
② 周国荣：《龙的起源和古吴族》，《东南文化》1988年第2期。
③ 袁珂：《中国古代神话》，中华书局，1985年，第112页。
④ 孙作云：《蚩尤考—中国古代蛇氏族之研究—夏史新探》，《中和月刊》第二卷第四、五期，1941年。

史的传说时代》一书中力陈蚩尤应属东夷集团，其活动地望在鲁西南一带。其证有四：一是因为《周书·尝麦篇》说蚩尤居少昊之地，故其应属少昊集团，归东夷；二是鲁西南地区有蚩尤祠和蚩尤塚，那里的人民崇拜蚩尤，应该具有很深的根源；三是蚩尤为九黎君长，九黎为山东、河北、河南三省交界处的一个民族，汉代的黎阳、黎县均因此得名；四是《盐铁论·结和篇》："黄帝战涿鹿，杀两皞、蚩尤而为帝。"两皞即两昊，属东夷。蚩尤与两昊同与黄帝战，是证蚩尤亦属东夷集团[⑤]。我们认为：徐旭生先生的说法证据更充分，结论更具说服力，即蚩尤氏应宗属于东夷集团。除了徐先生所举四证之外，我们认为还必须重新认识"九黎"一词。确定这一点，那么蚩尤氏的宗属也就明白无疑了。九黎在古书中或简称作"黎"。黎者，众也。《诗·大雅·桑柔》："民靡有黎，具祸以烬。"传："黎，齐也。"疏："黎，众也。众民皆然，是齐一之义。"黎字训齐训众，泛指庶民百姓。《尚书·尧典》："百姓昭明，协和万邦，黎民于变时雍。"九黎之九，本为概数。《周礼·职方氏》："辩其邦国、都鄙、四夷、八蛮、七闽、九貉、五戎、六狄之人民。"九黎一词并非指具体的部族名称。从九黎和少昊及三苗等族的关系分析，九黎应指古代东方边辟之民，故有"及少昊之衰也，九黎乱德"之说。但是文献中如《大戴礼记·千乘》又说："东辟之民曰夷。"《礼记·王制》："东方曰夷。"由是推之，九黎实即九夷。夷有平齐之意，黎亦可训齐。夷为喻纽齐韵，黎为来纽脂韵，上古同属脂部，同部可通。因而可知，蚩尤为九黎之君长，实即九夷之君长。也就是说蚩尤族当是东夷集团中势力发展最强盛的一支，在古代东夷民族中有着较强的威慑和影响力量。

徐先生认为蚩尤氏的活动地望主要在鲁西南一带，这是比较接近历史事实的。进一步则可确指其活动中心当在鲁南地区的汶、泗流域。《周书·尝麦篇》有："命蚩尤于宇少昊。"少昊遗墟在鲁。《左传·定公四年》："因商奄之民，命以伯禽，而封少昊之虚。"蚩尤故地亦不会去鲁太远。《汉书·地理志》"东郡寿良县"条下说："蚩尤祠在西北涑上。"王先谦《前汉书补注》卷二八上："涑当作泲。""姊"是"济"的古文，涑上就是说在济水之上。《史记·五帝本纪》集解引《皇览》："蚩尤冢在东平郡寿张县阚乡城中，高七丈，民常十月祀之。有赤气出，如匹绛帛，民名为蚩尤旗。肩髀冢在山阳郡矩野县重聚，大小与阚冢等。传言黄帝与蚩尤战于涿鹿之野，黄帝杀之，身体异处，故别葬之。"寿良亦即寿张，寿张与矩野两地，均去鲁不远。徐旭先生认为：蚩尤是一个失败的英雄，与后世整理的圣王明君格格不入，被人唾骂千古。正因为此，他的祠堂和坟墓很少有人附会推崇。唯寿张与矩野一带的人们却仍然那样崇敬如斯，足以说明蚩尤与这一带人民有着深远的历史根蒂[⑥]。另外，鲁南地区有着浓厚的崇牛习俗，民谚云：杀人放火宰老牛，是良心泯灭的三大罪恶，来世不得好报。此与蚩尤崇牛也应有一定的联系。另外，《初学记》引《归藏》中说："蚩尤出自羊水，八肱八趾，疏首，登九淖，以伐空桑。"空桑即穷桑，为曲阜的古名。羊水亦可能即在附近。

⑤　徐旭生：《中国古史的传说时代》（增订本），科学出版社，1960年。

⑥　徐旭生：《中国古史的传说时代》（增订本），科学出版社，1960年，第51页。

曲阜东北新泰境内汶河上游有羊流水，历史久远[7]，或即古羊水。羊流水曲折入汶，汇流而下，西流入于济，其下游多大泽巨淖。这一奇特的地理形势，与“蚩尤出自羊水”，“登九淖，以伐空桑”的传说多有相合。特别是泰山南侧的汶、泗地区远在旧石器时代晚期就有先民生息，在新石器时代则成为黄河下游独具特征的北辛—大汶口文化的发祥地，且在同期其他考古学文化具有领先发展的地位。蚩尤氏能在东夷集团中成为领袖部族，应该与物质文化的发展互为表里。由上可知将蚩尤氏地望泛指汶、泗流域，或不致谬。

三、考古学文化中的蚩尤氏遗存

蚩尤氏与炎、黄之间的循环战争，是中国历史上记载的第一场氏族大战。整个战程反映的是黄河流域不同氏族文化集团的发展、碰撞与融合、递变等历史过程。这不能不在考古学文化中有所表现。但蚩尤氏所处时代应属何种文化阶段？换言之，我们应在哪一种考古学文化中寻找他们的历史踪影，这是不得不深入考虑的。有人认为，炎、黄与蚩尤之间的战争是以原始社会末期以掠夺为目的，并以之作为“经常的职业”存在的社会现象为历史背景的[8]。或者认为他们的战争和其后黄帝的改革等是划分原始社会和奴隶社会的界限[9]。其说如果不误，这一历史阶段反映在考古学文化上当在龙山文化前后，这是我国多数学者都已认可的。也有的学者从考察传说历史的姓氏、婚姻制度和继承关系入手，认为炎、黄的传说应处在母系氏族社会阶段[10]。笔者认为，由于历史发展的不平衡，各个氏族进入某一社会发展阶段的时间和表示各个阶段的物质文化界标都不是相同的。如果不考虑历史发展的复杂性，单纯套用马克思主义氏族社会的经典理论，难免出现窒碍不通的地方。单纯推考文献中的姓氏传说，亦难达事物本质。传说炎、黄始教天下耕，时播百谷；蚩尤作五兵、造立刀戟兵杖大弩；是说他们所处的时代是农业文化集团的形成期，也是氏族战争的发生期。考古发现，远在公元前6000—前4000年前后，黄河流域就已形成不同的农业文化系列群；不同文化集团的碰撞、争夺及交流融合也始终存在[11]。而黄河下游的北辛文化和大汶口文化，则是探讨炎黄文化和蚩尤集团相互关系的重要对象之一。

北辛文化是山东地区目前最早的农业经济文化类型，距今7300年左右。生产工具常见以打击而成的扁平长方形、桃形石铲、琢磨的磨棒、带足的磨盘和石镰等，标志着农

---

⑦ 羊流水及羊流店，旧志云为晋代羊祜故里。叶圭绶《续山东考古录·新泰县》对此有详考，认为此乃祜祖东汉羊续故里，羊祜则已迁南城。考后汉羊续、晋代羊忱均为泰山平阳（新泰）人，世为冠族。古人得姓或有以地名为氏者，如《左传》隐公八年：“胙之土而命之氏。”则羊氏旧族或以羊水得姓亦不无可能。

⑧ 孙森：《夏商史稿》，文物出版社，1989年，第186—190页。

⑨ 田昌五：《马克思主义与华夏文明》，《华夏文明》（第一集），北京大学出版社，1987年。

⑩ 刘信芳：《中国传说帝王的姓氏、婚配及世系变迁》，《东南文化》1988年第2期。

⑪ 张忠培：《原始农业考古的几个问题——为纪念〈农业考古〉创刊四周年而作》，《农业考古》1984年第2期；张忠培、乔梁：《后冈一期文化研究》，《考古学报》1992年第3期。

业经济的重要与发达。陶器中最多的是垂腹圜底鼎、圜底钵、平底碗、双耳壶、筒腹罐和支脚等。纹饰主要有窄堆纹、篦纹、划纹和乳钉纹⑫。北辛文化晚期常见曲腹圜底盆形鼎、折腹圜底釜形鼎、小口双耳壶、凿形矮足三足碗及部分饰黑色或白色的宽带彩陶钵、筒状圜底上腹部饰一周喙突的漏器、猪嘴形支脚等。属于北辛文化晚期遗存的还有王因遗址下层、大墩子遗址下层、大汶口遗址1974—1978年发掘的第五层遗存等⑬。研究表明，北辛文化晚期遗存同徐淮地区的“青莲岗文化”有许多相同之处，同苏南浙北的马家滨下层、崧泽下层等遗存也有许多可比的因素⑭。同时与豫北冀南的后冈一期文化亦有许多共同的特征⑮。正是这些时代特征，蕴含着一种深刻的社会历史背景。大汶口文化是以鲁南苏北为主要分布区并以汶、泗流域为中心的新石器时代文化，距今6000—4600年前后。生产工具以磨制的石质斧、锛、穿孔铲、钺等为主；陶器从以红色为主递变为灰、黑陶为主；早期的后段和中期的前段出现较多彩陶，其风格与仰韶文化庙底沟类型的彩陶风格接近。器类除承继北辛文化的鼎、壶、钵等外，新发现鬶、豆、杯、甗等，并以钵形鼎、大镂孔圈足豆、背壶、觚形杯、高足杯、高柄杯等为典型器物。从地层关系和器物特征及分布范围等方面，都证明大汶口文化与北辛文化是同一文化基因在不同历史阶段发展变化的产物。许多大汶口文化遗址都发现氏族公共墓地，各墓之间随葬品多寡悬殊，许多墓葬中有男女合葬的现象，其社会发展阶段可能已进入父权制。其中有几种特殊的文化习俗，尤其值得我们注意：①兖州王因遗址是大汶口文化的一处早期氏族墓地。1976—1978年的发掘中，在2000余平方米的范围内就发现墓葬700余座，可见密度之大。王因墓地合葬墓和二次合葬墓占有一定的比例，多数为多人合葬，单人二次葬为数不多。在有些墓坑中只保留部分躯干，缺少头骨或四肢骨及盆骨，发掘者认为这是迁出墓，是二次合葬时迁墓剩余的部分。多人二次合葬墓少数排列有序，如M2240，共22个个体的头、四肢骨，基本上自成单元放置，可辨性别者均为男性成年个体。但一般二次合葬墓是骨骼随意放置坑内，有的尚能判别属于一个整体的关系，不过头向不易判明。如M243埋入24个个体，分三层放置，排列就比较杂乱。二次合葬墓除个别的包含男女或老幼，大多数只有男性成年个体。一次合葬墓也基本上是同性合葬，且大多数为成年男性，次为成年女性。仅有少数异性合葬或成年女性与未成年个体的合葬⑯。王因墓地合葬墓的性质，绝不是简单比附就能解决的，值得深入探讨。②王因墓地中除具有大汶口文化成年男女敲拔侧门齿的习俗之外，还有一个奇特的习

---

⑫ 中国社会科学院考古研究所山东队、山东省滕县博物馆：《山东滕县北辛遗址发掘报告》，《考古学报》1984年第2期。

⑬ 中国社会科学院考古研究所山东队、济宁地区文化局：《山东兖州王因新石器时代遗址发掘简报》，《考古》1979年第1期；南京博物院：《江苏邳县四户镇大墩子遗址探掘报告》，《考古学报》1964年第2期；南京博物院：《江苏邳县大墩子遗址第二次发掘》，《考古学集刊》（一），中国社会科学出版社，1981年；郑笑梅：《试谈北辛文化及其与大汶口文化的关系》，《山东史前文化论文集》，齐鲁书社，1986年。

⑭ 南京博物院：《长江下游新石器时代文化若干问题的探析》，《文物集刊》（1），文物出版社，1980年。

⑮ 张忠培、乔梁：《后冈一期文化研究》，《考古学报》1992年第3期。

⑯ 中国社会科学院考古研究所山东队、济宁地区文化局：《山东兖州王因新石器时代遗址发掘简报》，《考古》1979年第1期。

惯：在一些人头骨的下臼齿侧，留有陶质、石质小球，相应地有齿面萎缩内收呈马蹄形和齿面磨损甚重的现象，显然是由于长期将陶石小球含于口内所致，男女老幼均不乏此例[⑰]。陶石小球在大汶口文化遗存中多有发现，以前多称之为“弹丸”，从王因墓地的发现，我们似可重新估计它的作用和价值。另外还有大汶口文化居民比较重视头部装饰，随葬品中经常发现如束发器、骨、石笄、石片串成的头饰等；并普遍存在头骨枕部人工变形的习俗。将上述诸条，同文献中的蚩尤氏传说相参证，不难发现，其中许多恰同蚩尤氏的特点有着惊人的一致性。文献记载中蚩尤不仅容貌如牛，还有一奇特的习惯即食铁砂石子。所谓“食砂石”“啖石”，就是将砂石含在口内咀嚼。王因墓地发现的大汶口人生前将陶石小球长期含于口内的习俗，使蚩尤氏食铁砂石子的传说得到印证。至于为什么“食砂石子”，可能与宗教信仰有关。再看蚩尤氏的“铜头铁额”，可以理解为蚩尤族可能常在头部戴有保护性装饰或面具。这种装饰未必非铜即铁，在铜铁尚未出现的时代或可用皮革、骨片之类代之。联系到大汶口人注重头部装饰的习惯，可以说这种可能性还是很大的。特别是大汶口人普遍存在头骨人工变形的习俗，并不排除其由于佩戴头部装饰而强化了这种畸形的可能性。从大汶口墓地所见的畸形头骨明显变高变圆可知[⑱]，单凭仰卧硬枕是达不到如此程度的。这种理解还可从汶、泗流域的青铜文化中得到佐证。如滕州市前掌大商代遗址[⑲]，曾发现商代晚期贵族墓，随葬品中有长1.7、高0.7米的嵌蚌片牌饰物，即在木板上用蚌片组成狰狞的兽面图案，亦即彝器中的饕餮纹样。并且出土许多逼真的牛头形铜面罩。商周彝器中的饕餮纹，有多数是图案化的牛头形象，究其起源实与牛神崇拜有关，故嵌蚌牌饰物也可说是牛神崇拜的一种反映。牛头形铜面罩，亦是本地区崇牛爱牛的一种传统表现，说明其习俗中有喜用牛头形面罩装扮的情况。此与远古中蚩尤氏形象似牛或类牛、铜头铁额的传说是多么吻合。前掌大商代遗存与蚩尤氏传说时代差远，不能论其即为蚩尤氏遗存，但同时也说明该地区远古文化习俗在后期遗存中得到传承。此亦反证前述蚩尤氏族常在头部戴有保护性面具或装饰的推测是可以成立的。文献记载蚩尤族骁勇善战，但伤亡也很大。从王因遗址的二次合葬分析，王因墓地同元君庙墓地中的合葬墓或二次合葬墓有所不同。王因墓地具有合葬者多为同性或成年男性居多的特征，极少如元君庙墓地中含有不同辈分、不同性别且既有一次葬者又有二次葬者的墓葬。用家族单位来解释王因遗址的合葬墓是不合适的，因为一个家族单位不会全是男性或女性。另外即使一次合葬墓中也是以同性和成年男性为多，也说明他们的死亡率较高。但这不会是同时病死的，因为在生活环境恶劣的原始社会，病死率高的只能是抵抗力较低的妇女和儿童。至于那些无头骨、多数缺少四肢骨或盆骨的墓葬，也不是什么“迁出墓”。因为其中有的还是有头骨或四肢骨的。很可能这

⑰ 中国社会科学院考古研究所山东队、济宁地区文化局：《山东兖州王因新石器时代遗址发掘简报》，《考古》1979年第1期。

⑱ 山东省文物管理处、济南市博物馆：《大汶口新石器时代墓葬发掘报告》图版2，文物出版社，1974年；颜訚：《大汶口新石器时代人骨的研究报告》，《考古学报》1972年第1期。

⑲ 胡秉华：《滕州市前掌大商代遗址（墓群）》，《考古学年鉴·1986》，文物出版社，1988年；《中国文物报》1989年3月10日第三版。

类墓葬本来就是躯体不全的伤残者。像上述这种死亡情况，一般只有战争原因才能形成。民族学资料中也记载，有的民族对特殊死因的人要实行不同葬式，其中也有“二次葬”者，但二次葬的形式有所不同。《博物志·异俗》：“楚之南有炎人之国。其亲戚死，朽之肉而弃之，然后埋其骨，乃为孝子。”我国东北索伦族人对于冬天死亡的人，用桦皮或苇子包好放在阿伦河西岸搭好的木架上，至春天开化之后再进入坟地⑳，这也是一种二次葬。今山东、河南一带在中华人民共和国成立前仍然保留有对非正常死亡者实行“二次葬”的习俗，如被打死、淹死等凶死之人，要收其遗体、盛以棺椁，用土坯砌一小房子陈之，经数年之后，或待其配偶死，择吉日而葬其遗骨，这种葬式，应该反映了一种久远的历史文化传统。王因墓地发现的二次葬，很可能就是对非正常死亡者的一种特殊葬法。古人认为，非正常死亡者，特别是战死、打死、流血而死的人是极端不吉利的，是凶神恶煞作祟，不进行这种葬式，凶神不会离开他，他的灵魂也不会进入另一个世界。因此王因的二次合葬墓，很可能是蚩尤族对于炎、黄二族战争中凶死的战士实行的一种特殊葬式。《皇览》：“传言黄帝与蚩尤战于涿鹿之野，黄帝杀之，身体异处，故别葬之。”这一推测如果不误。对于我们理解蚩尤族社会和历史文化属性以及重新评估考古学界对“二次葬”的解释，都极有意义㉑。

综上，我们认为汶、泗流域的大汶口早期文化，实即传统中蚩尤氏的物质遗存。但大汶口早期文化，只是蚩尤氏文化发展的一个阶段。从渊源上说蚩尤氏的形成早在北辛文化晚期遗存中就应该初具规模；就是说，北辛文化晚期遗存也属于蚩尤氏物质文化的一部分。

四、蚩尤氏在中国古代文明中的地位和影响

蚩尤氏在其盛时，南控三苗，北伐炎、黄，对古代东方形成了一个影响范围较大的文化现象。后来蚩尤虽然失败了，但是他的盛名和影响却千古不衰。作为战神兵主，各代兵事均有祭仪㉒，成了英猛无畏的象征。《史记·天官书》又说：“蚩尤之旗，类彗而后曲，象旗。见则王者征伐四方。”后代史志多承此说。文献还记载“蚩尤作五兵。”或许说明他或其后裔是青铜兵器的最早使用者，至少也应是最早使用石质兵具的部族。大汶口文化中发现的石钺、穿孔石铲，各种类型的石、骨箭镞都是明证。这些都为社会的发展进步起过非常重要的作用。另外，我们认为，蚩尤即饕餮，也就是青铜彝器上的牛头纹饰。饕餮本是吉祥神，是蚩尤后人崇拜牛神的另一种形式。以其在彝器中的显要地位，可知对它的尊崇是有深远根蒂的。

---

⑳ 内蒙古阿荣旗查巴奇乡索伦族调查资料，转引自北京大学历史系考古教研室：《元君庙仰韶墓地》，文物出版社，1983年。

㉑ 王树明：《二次葬检讨》，待刊稿。

㉒ 《周礼·春官·肆师》注，《史记·封禅书》，《汉书·郊祀志》，《史记·五帝本纪》，《汉书·高祖本纪》，《宋史·祀志·军礼·祃祭》。

蚩尤作为一代东方霸主，第一个揭开了东西文化交流与融合的序幕，对中华民族的形成发展有着奠基者的作用。他的许多风俗习惯和发明创造，在中华民族传统文化中有过十分重要的影响，对我国多元一体的文明形成，做出了开创性的贡献。

附记：本篇由王树明先生命题，张光明先生参与讨论，作者执笔成文。原刊于《中原文物》1993年第1期。王先生认为该文属于我们的学术成果，拒绝收入其学术文集。先生学风令人钦佩，谨此记之为敬。

舜窜三苗与禹征三苗再认识

——兼论良渚文化族属与迁变

我曾在相关文章中对“舜窜三苗”问题做过探索[①]，今看稍显粗浅。此前在研究龙山文化和后羿族团的关系时[②]，涉及中原龙山文化、海岱龙山文化及其与良渚文化、屈家岭文化等相互关系的分析与研判，进而认为必须对三苗、南蛮等氏族文化与中原、海岱地区相关文化的关系重新梳理和总结，可能对进一步明确中国史前文明的进程和演变、厘清原始社会末期氏族文化融合的基本架构，促进考古学文化与中国传说历史相结合等问题的研究具有重要意义。

一、“舜窜三苗”与“禹征三苗”的时空框架

三苗为古史中的一大集团，与炎、黄、虞、夏都有着交流与征战，声威赫赫。长期以来，学界多把其与南蛮混在一起。认为虞夏之际呼为苗，周代以后多称蛮[③]。由于《战国策·魏策一》吴起之言“三苗之居，左彭蠡之波，右有洞庭之水，文山在其南，而衡山在其北”，主流认为三苗所居地理方位，应在两湖地区。20世纪80—90年代以来，中国考古学有了跨越式的发展，各地逐步建立起来较为完整的考古文化系统和编年，为我们对三苗的研究提供了较大的空间。但检索相关文章，多数学者仍然秉持上述观点，并进一步论指江汉地区的屈家岭—石家河文化，就是古代三苗文化[④]。

相关论述有三个问题值得进一步认证：一是苗蛮是否是一个民族；二是三苗约当历史上的那个阶段；三是三苗居处两湖是否正确。首先，从文献记载分析，苗、蛮存在明显的区别。《吕氏春秋·召类篇》：“尧战于丹水之浦以服南蛮；舜却苗民，更易其俗。”同一条记述有不同的称呼，已经界定了苗蛮不同。《史记·五帝本纪》：“放驩兜于崇山，以变南蛮；迁三苗于三危，以变西戎。”这里三苗与南蛮也是分开记述的。

---

① 常兴照：《炎黄文化东西说》，《文物春秋》2005年第6期。

② 常兴照：《龙山文化与后羿传说》，见本书。

③ 徐旭生：《中国古史的传说时代》（增订本），文物出版社，1985年，第57页注1。

④ 见石兴邦、周星《试论尧、舜、禹对苗蛮的战争—我国国家形成过程史的考察》（《史前研究》1983年辑刊）；李龙章《江汉新石器时代文化系统族属考》（《江汉考古》1988年第2期）；韩建业、杨新改《禹征三苗探索》（中原文物》1995年第2期）；林邦存《再论屈家岭文化为三苗创造的早期文化》（《湖北省考古学会论文选集》，《江汉考古》1998年增刊）；田春峰《中国古史传说时代“征三苗”问题新探》（陕西师范大学硕士学位论文，2008年）等。

如果苗蛮相同，就不存在所谓“迁三苗、放驩兜”并去“变南蛮，变西戎”。在这里，三苗、讙兜、南蛮、西戎都处于不同的方位，是被流放或被改变的不同族体，所以苗、蛮应该是不同的氏族集团。

其二，三苗所处的时代跨度较大，大概可分三期。早期见《尚书·吕刑》：“蚩尤唯始作乱，延及于平民，罔不寇贼，鸱义奸宄，夺攘矫虔。苗民弗用灵，制以刑。”孙星衍《尚书今古文注疏》该条下引郑玄语：“苗民……上效蚩尤。”说明蚩尤曾经制服并统辖过苗民，在蚩尤战败被杀之后，并仿效蚩尤为祸作乱。可知在炎黄时代晚期，三苗已经登上中华历史舞台。中期见《尚书·尧典》：“（帝尧令舜）流共工于幽州，放欢兜于崇山，窜三苗于三危，殛鲧于羽山，四罪而天下咸服。”《孟子·万章上》：“舜流共工于幽州，放驩兜于崇山，杀三苗于三危，殛鲧于羽山，四罪而天下咸服，诛不仁也。”《史记·五帝本纪》：“驩兜进言共工，尧曰不可，而试之工师，共工果淫辟。四岳举鲧治鸿水，尧以为不可，岳彊请试之，试之而无功，故百姓不变。三苗在江淮、荆州数为乱。于是舜归而言于帝，请流共工于幽陵，以变北狄；放驩兜于崇山，以变南蛮；迁三苗于三危，以变西戎；殛鲧于羽山，以变东夷。四罪而天下咸服。”可知在尧舜时期，确有对三苗的征讨与流变。晚期则主要在夏禹时期。《墨子·非攻下》详细记载了禹征三苗的情况：“昔者三苗大乱，天命殛之。日妖宵出，雨血三朝，龙生于庙，犬哭乎市，夏冰，地坼及泉，五谷变化，民乃大振。高阳乃命玄宫，禹亲把天之瑞令，以征有苗。四电诱祇，有神人面鸟身，若瑾以侍。搤矢有苗之祥，苗师大乱，后乃遂几。禹既已克有三苗，焉磨为山川，别物上下，卿制大极，而神民不违，天下乃静。则此禹之所以征有苗也。”《国语·周语下 》：“王无亦鉴于黎苗之王，下及夏商之季……是以人夷其宗庙，而火焚其彝器，子孙为隶，下夷于民。”可知此次禹征三苗较为彻底，自此三苗宗庙被毁，子孙为隶；在文献中基本再无见其史迹。

其三，三苗确切的地理位置位处何方？以《战国策·魏策一》吴起所言：“昔者，三苗之居，左彭蠡之波，右有洞庭之水，文山在其南，而衡山在其北。恃此险也，为政不善，而禹放逐之。夫夏桀之国，左天门之阴，而右天谿之阳，卢、睪在其北，伊、洛出其南。有此险也，然为政不善，而汤伐之。殷纣之国，左孟门而右漳、釜，前带河，后被山。有此险也，然为政不善，而武王伐之。”这是最古也最为详实指定三苗地理方位的文献。后世虽有众多硕儒大家如司马迁、韩婴、刘向、高诱等或沿袭其说据而改之，或别有参悟另做疏证，然则均不能确定吴起所指的具体方位，亦不能否认吴起所言的权威性。由于彭蠡之波即今江西鄱阳湖，古今几无争议，对吴起这段言语的最大争讼，是洞庭之水的“左、右”之解和南岳衡山的“南、北”之争。这是因为历代学者研究这段记述，无不把其中的洞庭看作为湘鄂之间的洞庭，而把其中的衡山，也看作是现在的湘南衡山。所以在方位上出现了左右难辨和南北莫名的困惑。其实，结合历史地理和相关水文资料，可以很容易地辨知此洞庭非彼洞庭，此衡山亦非彼衡山。

吴起是战国早期的军事家和政治家，文韬武略，旷世奇才，对历史地理了然于胸，不会在具体方位上犯左右混淆、南北倒置的错误。从其对夏桀、殷纣的方位记述，也可看出其南北、左右都是十分清晰准确的。另外，根据学界对濮阳西水坡仰韶遗存M45号大墓的研究，可知我国先民早在仰韶时代，就已经掌握了子午、北斗、分至四神等早期星象知识，天圆地方的观念也早已形成。所以地理学上的北上、南下、左西、右东是人们辨别方向和规划疆土的基本常识。南面为君，北向为臣，以君位分左右可能和地理应用中的左右有所不同。但吴起对魏武侯陈述历史典故，是以臣僚身份面叙，不可能以君位视角看待左右。由此而推，左彭蠡之波既定，右洞庭之水就必然不是今天的洞庭湖。2002年，湖南省文物考古研究所对湘西龙山县里耶古城文物进行抢救性发掘，这是一座历史典籍中尚未记载的战国古城，并从古城遗址的一号井中发掘出了36 000余枚战国至秦朝的竹简和木牍。随后，专家们释读了其中部分文字，从这些极少量被认读的秦简文字中，向人们传递了春秋、战国到秦的许多文化信息，特别是在秦简中有关“洞庭郡”的文字，解决了两大历史公案：一是中国历史上是否有洞庭郡问题。二是楚辞中的“洞庭”与秦简中的“洞庭郡”有直接关系⑤。《后汉书·南蛮传》也有“洞庭”的记载：“及吴起相悼王，南并蛮越，遂有洞庭、苍梧。秦昭王使白起伐楚，略取蛮夷，始置黔中郡。汉兴，改为武陵。”这条史料的重要性是记载了洞庭郡设置的时间，给洞庭郡的存在提供了极为重要的依据。它很明白地告诉人们：洞庭郡和苍梧郡是在吴起投奔悼王后设置的。这里的悼王是楚悼王，楚悼王在位时间是公元前401年到公元前381年。吴起投奔楚国是公元前383年⑥。是年吴起去楚国，要有一段接续和磨合，这一年楚国不会马上就设置洞庭郡和苍梧郡。而公元前381年吴起和楚悼王同时被杀，公元前381年之后也不可能设置洞庭郡。只有在公元前382年和公元前381年这两年内，楚国设置洞庭郡和苍梧郡的可能性最大。既然楚国的洞庭郡是吴起相楚之后设置的，那么他以前所记述古代三苗之居的右洞庭，也就不可能在楚国之地。另外水文地理也证明了这一点：据《左传》《国语》及司马相如《子虚赋》等记载，先秦时期楚国有一名为“云梦”的楚王狩猎区，地域相当广阔，东部在今武汉以东的大别山麓和幕阜山麓以至长江江岸一带，西部当指今宜昌、宜都一线以东，包括江南的松滋、公安县一带，北面大致进到随州市、钟祥、京山一带，南面以长江为缘。区域内有山林、川泽等各种地理形态，著名的“云梦泽”就在这里。“云梦泽”因“云梦”而得名，春秋时，梦在楚地方言中为“湖泽”之意。当云梦泽还在湖北的时候，长江的南边有一个小湖，屈原在《九歌·湘夫人》中“袅袅兮秋风，洞庭波兮木叶下”里面的“洞庭波”可能即指此湖。两汉时期，因为长江、汉江的泥沙淤积，荆江与汉江两江的三角洲逐渐合为一体，汉朝在合并的三角洲上新设置了华容县。后来泥沙越积越多，三角洲也不断向东、向南发育，原先的云梦泽不断萎缩，锐减近半，长江也开始南移寻找新的分水道。到了东晋永和年间，长江分出了沧水，冲入洞庭湖平原，与原先的“洞庭波”合并，形成了一个更大的洞庭湖⑦。这些均已说明，在吴起所处的时代，洞庭湖尚未形成。也就是说，三苗所居

⑤ 张伟权：《屈赋“洞庭”与里耶秦简“洞庭”的解读》，《中南民族大学学报》（人文社会科学版）2008年第5期。

⑥ 钱穆：《先秦诸子系年·吴起年谱》，商务印书馆，2001年。

⑦ 邹逸麟：《长江中下游水系的变迁》，《中国历史地理概述》，上海教育出版社，2007年；《云梦泽消亡史，回顾洞庭湖的前世今生》，微信公众号“图闻天下”，2019年3月4日发表，https://twtx.17ditu.com/article/397.html#。

右洞庭，与今天的洞庭湖没有关系。

那么所谓右洞庭是指何方泽薮？东汉王逸在《楚辞章句·湘君》“驾飞龙兮北征，邅吾道兮洞庭”一句中，对“洞庭”就有明确注释：“洞庭，太湖也。”可以说王逸是第一个把屈赋中的“洞庭”注为太湖的楚辞学家。遗憾的是王逸没有更进一步把当时太湖的“洞庭”和楚国的洞庭郡区别说明。这里有两个可能：一是汉代的洞庭指为太湖是耳熟能详的常识；二是楚地的“洞庭波”尚不能与彭蠡泽等大薮巨泽相比拟。晋朝左思《吴都赋》里说：“指包山而为期，集洞庭而淹流。”李善注：“太湖在秣陵（今江苏宁南秣陵关）东湖中有包山，山中有如石室，俗称洞庭。”关于太湖洞庭山的记载，还有唐朝的陆广微在《天地记》中有言：“洞庭山在太湖中”。因湖中洞庭山而称太湖为洞庭，在汉晋之际尚为习见。

太湖古称震泽，又名“笠泽”，是古代滨海湖的遗迹。位于江苏和浙江两省的交界处，长江三角洲的南部。大约在100万年前，太湖还是一个大海湾，后来逐渐与海隔绝，转入湖水淡化的过程，变成了内陆湖泊。太湖面积2425平方千米，湖岸线长达400多千米。太湖历史称为“五湖”，是指菱湖、莫湖、胥湖、游湖和贡湖。相传，远在4000多年前，夏禹在太湖治理水患，开凿了三条主要水道，东江、娄江、吴淞江，沟通了太湖与大海的渠道，将洪水疏导入海。这就是司马迁在《史记》中记载的“禹治水于吴，通渠三江五湖。”太湖水面辽阔，东西二百里，南北一百二十里，广为三万六千顷。《初学记》引《史记集注》：洞庭亦谓之太湖，三苗之国“右洞庭”即此。则此洞庭之水昭然明矣。

再看衡山的南北之争：《尚书·禹贡》导山章言：“岷山之阳，至于衡山，过九江，至于敷浅原。”孔传云：“江所经，在荆州”。既为大江所经，必然在长江之滨。但班固《汉书·地理志》“长沙国湘南县”下云：“《禹贡》衡山在东南，荆州山。”其地当今湖南衡山，去长江甚远。以后的学者与班固的意见多相接近，如《后汉书·郡国志》长沙郡条、郦道元《水经注·禹贡山水泽地篇》、孔颖达《尚书正义》、胡渭《禹贡锥指》等，都认为此衡山指湖南的衡山。魏源《书古微》则认为有两个衡山，一个是古代帝王巡狩之山的衡山，即安徽西南之天柱山。另一个即《禹贡》中的衡山，不仅是湖南的祝融峰，横亘南方的五岭都可以谓之衡山。后来杨守敬也提出两衡山说，一个为《禹贡》导山章的衡山，为皖西南的霍山亦曰天柱山；一个为荆州章衡山之阳的衡山。其中论导山章衡山立论精准，辨析详明，知霍山实名衡山。以五证论之：“《战国策·魏策》吴起曰：文山在其南，衡山在其北。若是湖南之衡山，安得在彭蠡、洞庭之北？其为潜县之霍山无疑，其证一。《史记·秦始皇本纪》：始皇自彭城西南渡淮河，至衡山、南郡、浮江，至湘山祠。是渡淮先至衡山，而后浮江，则此衡山为霍山何疑，其证二。《史记·月表》：吴芮为衡山王，都邾。邾县，在汉属江夏郡。《汉书·地理志》：六安国，故楚，高帝元年别为衡山国，即指吴芮也。考吴芮初封时，仅有邾、蓼、安丰、安风、阳泉五县，后高祖徙之，始有长沙、豫章郡等县。而其封即称衡山王岂非以霍山在其境内耶？其证三。《风俗通》：衡山一名霍山，言万物霍然大也。解者谓应氏指湘南之衡山，一名霍。按《尔雅》：大山宫，小山霍。今天柱山中峰小，四围有大山绕之。若湘南之衡山，则中峰独高，而前后左右皆在其下。是天柱可名为霍山，而岣嵝不可名为霍山。知应劭所指，是即天柱而言，其证四。《山海经·中次八经》：又东南五十里曰衡山。郭氏无注。案：此经自荆山至琴鼓，今虽不尽可考，而女几山见《水经注》，淹水见《汉志》，大抵皆江北之山，其不得渡江而南可知，其证五。有此五证，则《尚书·禹贡》导山，从霍山过九江，至于敷浅原，其道里径直不烦解说矣。”[⑧]《史记·封禅书》亦有记载：“其明年冬（元封五年），上（武帝）巡南郡，至江陵而东。登礼灊之天柱山，号曰南岳。浮江，自浔阳出枞阳，过彭蠡，礼其名山川。备至琅琊，并海山。四月中，至奉高修封焉。”在此，汉武帝所礼封之灊天柱山，号为南岳，也在江之北，故礼封后才浮江，过彭鑫。所行之道为始皇所巡之旧道，以两文参校，则《史记·秦始皇本纪》之衡山，即为《史记·封禅书》里的潜之天柱山。《水经注·山水泽地所在》亦指出天柱山为霍山，即为南岳。霍山即今安徽省霍山，位于安徽省西部、大别山北麓，一名天柱山。清人顾祖禹《读史方舆纪要·卷二十六·庐州府》：“霍山在县南五里，本名天柱山，亦曰南岳山，又名衡山。”这些则已说明，迟至西汉早期，衡山仍然是指安徽霍山（天柱山）。吴芮初为衡山王，后封长沙王；拥有长沙、豫章、桂林、象郡、南海五郡，都于临湘，湘南的衡山正在其辖境，或因吴氏集团怀念昔日的旧地衡山国而将衡山之名乔置到湘南也是十分可能的。

如上，彭蠡、洞庭、衡山三地已明；则只有“文山在其南”尚不清晰。《韩诗外传》文山作岐山，然岐山在今陕西宝鸡附近，与三苗所居明显不符。《韩诗外传》中的岐山为何山史书无载。《说苑·君道》有“大山在其南，殿山在其北”之说，也是没有结论。《战国策》鲍彪本将文山作为“汶山”，《史记》中岷山皆作汶山；故后世众多学者或将岷山作为文山。但因其位处偏远，可能性也不大。根据前面辨析，文山最大可能应处在浙、闽、赣一带为宜。稽之文献，历史上称为文山的地名在江西、浙闽等地有六七处；其中乐平市东南有文山；《明一统志·饶州府》：文山“在乐平县东南七十里。山势磅礴，亘连广信之弋阳、贵溪二县。多幽险，今特设官镇之”。就地形论之，此山应该就是江西怀玉山。怀玉山又称玉山、辉山、玉斗山，坐落于江西省玉山县西北60千米处，与三清山对峙相望，正处于乐平市的东南。怀玉山地当浙赣之交，东达沪杭，南通闽粤，西迎荆楚，北望苏皖，为信江的发源地，是鄱阳湖水系和钱塘江水系的分水岭；因“天帝赐玉，山神藏焉”而得名。这里溪涧如网、潭瀑溅玉，“石韫玉而生辉、水怀珠而川媚”，极富诗意。拥有太阳坑、十八龙潭两大自然风光集聚地和云盖峰、香炉峰等40余座奇峰[⑨]。此山是否为吴起所指文山或难即定，但较为符合文山所属。深入研究或可发现更多的历史陈迹。综上，故言三苗之居，实则为今鄱阳湖之东、太湖之西的赣东、皖西、江苏、浙江等长江下游一带。

三苗之居既定，不能不说南蛮。《吕氏春秋·召类篇》：“尧战于丹水之浦以服南蛮。”《史记·五帝本纪》：“舜归而言于帝，请流共工于幽陵，以变北狄；放驩兜于崇山，以变南蛮。”《礼记·王制》：“中国戎夷，五方之民，皆有其性也，不可推

⑧　杨守敬：《衡山考》，《清人文集地理类汇编》（第五册），浙江人民出版社，1988年。

⑨　360百科词条：https://baike. so.com/doc/7657758-7931853.html。

移。东方曰夷，被发文身，有不火食者矣。南方曰蛮，雕题交趾，有不火食者矣。西方曰戎，被发衣皮，有不粒食者矣。北方曰狄，衣羽毛穴居，有不粒食者矣。中国、夷、蛮、戎、狄，皆有安居、和味、宜服、利用、备器。”这是文献中关于南蛮的较早或较为明确的记载。《孟子·滕文公上》：“（楚人许行）今也南蛮鴃舌之人，非先王之道。”可知楚人被称为南蛮之人。《国语·晋语八》：“楚为荆蛮。”《史记·周本纪》：“长子太伯、（次子）虞仲知古公欲立季历以传（姬）昌，乃二人亡如荆蛮，文身断发，以让季历。”鄂、湘、粤、桂一带，即零陵、桂阳、长沙、武陵、南阳、江夏等荆州大部，商周之际被称为南蛮或荆蛮；是学界较为一致的认知。“尧战于丹水之浦”“放驩兜于崇山”，较为明确地界定了南蛮的地理方位。丹水即丹江，在今河南淅川境内。崇山则有多处选项。《尚书·舜典·孔颖达疏》：“盖在衡岭之南也。”据清王夫之《孟子稗疏》、王鸣盛《蛾术编》卷四六，当在唐驩州境内，泗城之南（今广西凌云县和西林县一带）。唐沉佺期《从崇山向越常》诗“朝发崇山下，暮坐越常阴”，即其处。而据《辞源》载：“崇山在湖南大庸县西南，与天门山相连。相传舜流放欢兜于崇山，即此。”（见《太平御览》卷四九引盛弘之《荆州记》及《通典·州郡十三》）其地在张家界市西南20千米处，海拔1164.7米，主峰面积3平方千米。其山顶今存欢兜墓、欢兜屋场、欢兜庙等古遗迹，民间亦颇多关于欢兜在崇山征战的传说。因此可知，江汉平原、洞庭湖地区属南蛮之居似无可疑。

三苗、南蛮既然属于不同的民族，又处不同区域；为什么史学界一直把他们混作一体，以至于认为“虞夏之际呼为苗，周代以后多称蛮”。考其原因有四：一是由于宋朝洪兴祖作《楚辞补注》时把屈赋中的“洞庭”说成是今天的洞庭湖，是将先秦洞庭湖移位的始作俑者⑩。后来就以讹传讹，无人去辨别真伪；从而认为两湖之间属于三苗居处，与南蛮居处混作一体。二是对水文地理资料研究不足，不清楚东晋之后洞庭湖才扩大成湖的历史，错以为先秦之际现在的洞庭湖已经存在了。三是对苗、蛮不同族没有准确分析，而以汉代对苗蛮的认识作为标尺，笼统地把南方民族一并归为苗蛮。四是因为在禹征三苗之后，三苗集团分崩离析，散居三危，南蛮民族逐渐走上中原历史舞台，故而才有“周代以后多称蛮”。

综上可知，三苗、南蛮不属于同一民族，而是不同地域不同系统的氏族集团。三苗所处时代大概从炎黄时代晚期至大禹时代亦即夏代早期，与蚩尤、帝舜、大禹等氏族关系密切，后被大禹彻底攻陷，其所居处应处于长江下游一带。南蛮约出现于尧舜时代，但在商周之际仍然与中原文化有密切交流，所居之地大概位于长江中游荆楚地区。

二、三苗文化的考古学观察

20世纪70年代中叶，苏秉琦先生提出“区系类型理论”，80—90年代形成并取得了很好的应用，先生在《中国文明起源新探》中划定的“六大考古学区系”也基本得到印

---

⑩ （宋）洪兴祖撰，黄灵庚点校：《楚辞补注》，上海古籍出版社，2015年。

证[⑪]。但长江流域的区系划分，根据近年来的考古研究成果可以稍作调整。基本上可以确定长江下游以环太湖为中心，辐射江苏、浙江、皖南、赣东等地区主要以河姆渡、马家浜→崧泽→良渚→广富林、钱山漾→马桥文化等为主要文化系统；长江中游以洞庭湖为中心，辐射湘、鄂及豫南、赣西等地区主要以城背溪→大溪→屈家岭→石家河文化等为主要文化系统；长江上游以成都平原为中心，辐射四川、重庆等地区主要以宝墩→三星堆→十二桥文化等为主要文化系统。根据笔者对海岱地区北辛、大汶口文化的研究并结合古代文献、神话传说、民俗学和古地理考察，基本可以论定：帝舜文化大概形成于距今5000年前后，主要以大汶口晚期文化的陵阳河、三里河类型为主体，并随着帝舜集团的耕、陶、渔、作等功德广布，在豫东、皖北地区形成了大汶口晚期尉迟寺类型；以此为据点，对中原、江淮、长江中下游地区进行了广泛的文推武进[⑫]，其中比较突出和重要的就是和良渚文化的交流和碰撞。依据此前对三苗集团所处时代和地望的考证，再参照我们对于帝舜文化的研究及其与良渚文化的相互关系，基本可以认定：良渚文化就是文献和传说中的三苗文化；并可以从以下三个方面予以证之。

（1）三苗作为中华文明史上有重要影响的氏族集团，必然要产生极为发达的考古学文化。根据目前的考古学研究成果，从时代、地望、文化面貌等诸方面考察，只有良渚文化可以与之匹配。良渚文化从1936年发现至今，考古成果惊世骇俗，研究文章连篇累牍。已成为长江下游地区远古文明的璀璨明珠。代表遗址为良渚遗址，距今5300—4300年。遗址区内发现一座面积290万平方米的古城，其年代约处于良渚文化晚期；也是至今所发现的同时代中国最大的城址之一。根据目前已有的研究可知：良渚文化农业生产较为发达，发现的工具种类之多为其他新石器时代文化所少见。从犁田、开沟、施肥、中耕、直到收割，都有各种专用工具。犁耕是良渚文化农业耕作的主要方式，在许多遗址中都发现了当时使用的石犁，仅钱山漾遗址出土的石犁就有百余件。水稻栽培是当时最主要的农业生产活动，在众多良渚文化遗址的堆积中，都发现了稻谷和稻米的遗迹。水稻种植要引水灌田；打井修渠和灌溉农田，是良渚文化诸氏族部落农业发展的又一重要成就。多地都发现了这一时期的水井，有的遗址发现了100多口水井；徐家湾遗址发现了用于引水排水的沟渠遗迹，可能已经出现了灌溉农业，这一农业生产技术在中国大陆是首创的。良渚文化已拥有陶器、石器、木器、竹器、丝麻纺织、玉雕以及髹漆等多种手工业，而且都达到了较高的水平。其中，以制陶业和玉器制作更为突出。良渚文化的陶器已普遍采取快轮成型的方法，各种陶器造型优美，胎质细腻，器壁厚薄均匀，火候较高，常在器表用镂刻技巧加以装饰。一般的器物突出部位刻划出精美的花纹图案，既有形态生动形象的鱼、鸟、花、草等动植物，也有线条纤细、结构巧妙的几何形图案。生活用具中酒器很多，有鬶、盉、双鼻壶、贯耳壶、阔把壶，以及各式杯等，特别在余杭吴家埠遗址还发现了制酒时过滤酒糟的过滤器。良渚文化玉器出土地点多，分布面广，尤以杭嘉湖地区最为集中。良渚文化的玉器制造业，承袭了马家浜、松泽

⑪　苏秉琦：《中国文明起源新探》，商务印书馆（香港）有限公司，1997年；生活·读书·新知三联书店，1999年。

⑫　常兴照：《少昊、帝舜与大汶口文化》（上、下），《文物春秋》2003年第6期、2004年第1期。

文化的工艺传统，并吸取了北方大汶口文化和东方薛家岗文化各氏族的经验，从而使玉器制作技术达到了当时最先进的水平。出土的玉器有璧、环、琮、钺、璜、镯、带钩、柱状器、锥形佩饰、镶插饰件、圆牌形饰件、各种冠饰、杖端饰等，还有由管、珠、坠组成的串挂饰品，以及各类玉珠组成的镶嵌饰件等。雕刻工艺采用阴纹线刻和减地法浅浮雕、半圆雕以至通体透雕等多种技法。图案的刻工非常精细，工匠的技术也是相当熟练的。玉器的图案常以卷云纹为地，主要纹饰是神人兽面纹，构图严谨和谐，富有神秘感。

在良渚古城外围的北面和西面，存在着一个由秋坞、石坞、蜜蜂弄等10条堤坝以及长约5千米的塘山长堤共同构成的古代水利系统。该水利系统占地辽阔，雄伟异常，控制范围达100多千米，距今已有5000多年的历史，兼具防洪、防潮、航运、灌溉和滩涂围垦等综合功能。这是世界上最早、规模最大的水利系统，也是迄今为止被发现的世界上最早的拦洪水坝系统。良渚社会已经分化成不同的等级阶层，这在墓葬遗存中表现得尤为突出。在浙江的反山、瑶山、汇观山等等贵族墓地，大都建有人工堆筑的大型墓台，贵族墓大都具有宽大的墓穴、精致的葬具，特别是随葬有一大批制作精美的玉礼器。余杭反山氏族墓葬中各种玉器占全部随葬品总数的90%以上，11 座墓中计出土3200 余件，其中有一座墓随葬玉器达 500 多件。与其相对的小型平民墓葬，不具有专门的营建墓地，只是散落在居住址的周围，墓穴狭小，随葬的只是简陋的陶器及小件的装饰用玉饰件。大型墓台的营建工程量巨大，需要一定的社会秩序来加以保证。而建立这种社会秩序，又是与当时社会等级差别的产生有着密切的联系。可以说，在良渚文化时期，在氏族和部落里已经出现了具有很高权威的领袖人物，有着组织大量劳动力进行这类大规模营建工程的社会权力。良渚文化已经有了具有表意特征的刻画字符。被称为文字或符号的共有三类，其一发现于玉器、琮、璧、镯之上，有祭坛形、侧立的鸟及作正面飞翔的鸟等图案。其二是刻划在陶器腹部的成组画面，如余杭南湖出土的一件黑陶罐上刻划了个11个符号，其中有鱼骨形的、网形的、兽形的，似为一组叙事画面。其三为类似甲骨文的刻文，有的单个刻于陶器底部，如在吴县澄湖出土的一件鱼篓形贯耳黑陶壶的腹部，横排刻了四个陶文；在上海马桥出土的一件阔把黑陶杯的底上刻有两个陶文⑬。良渚文化的先进性已经被中外文化研究者所公认。

良渚文化的分布主要在太湖流域和钱塘江流域，包括余杭良渚，还有嘉兴南、上海东、苏州、常州、绍兴、宁波一带；再往外，则有良渚文化的扩张区，西到安徽、江西，往北一直到江苏北部，接近山东，有较多良渚文化的扩张证据；在苏北的新沂花厅遗址，存在良渚文化的墓葬与大汶口文化墓葬共存的现象⑭。再往外则是影响区，西北直到山西南部地带；西向则到了成都盆地；南向则到了闽、粤地区；当时“良渚”势力占据了半个中国。这样的文化影响力，与文献中三苗传说较为契合。《史记·五帝本纪》：“三苗在江淮、荆州数为乱。”这一则说明江淮、荆州都不是三苗的故地，而是

⑬ 黄宣佩：《良渚文化研究50年》，《史前研究（2000）》，三秦出版社，2000年。

⑭ 高广仁：《花厅墓地“文化两合现象”的分析》，《东南文化》2000年第9期；南京博物院：《1987年江苏新沂花厅遗址的发掘》，《文物》1990年第2期。

他们侵扰和作乱的他国敌方；二则说明三苗文化与中原文化的长期碰撞与影响，是中国史前历史中不可回避的实际存在。反观长江中游的同时期的屈家岭→石家河文化，与中原地区的文化交流就十分低调，其存在感极难分辨，远远达不到“在江淮、荆州数为乱”的效果。故良渚文化属三苗，其证一也。

（2）古史传说中与三苗部族有关联的氏族集团及其文化，与良渚文化在时间与空间上的联系十分吻合。古史中与三苗最早发生关联的是蚩尤族，其时代约处炎黄传说历史的末期。我们在相关文章中对蚩尤族的图腾形象、宗属地望、考古遗存及其文化影响等做过较为详细的探讨⑮；我们认为汶、泗流域的北辛晚期→大汶口早期文化，实即传说中蚩尤氏的物质遗存。大汶口文化中头骨枕部变形、面额部骨片束发、口含砂石小球等习俗，是蚩尤氏铜头铁额、头有角、啖铁砂石子、装束成牛头形状、流行牛图腾崇拜的遗存证明。研究表明，北辛文化晚期遗存同徐淮地区的“青莲岗文化”有许多相同之处，同苏南浙北的马家浜文化、崧泽下层等遗存也有许多可比的因素⑯。同时与豫北冀南的后冈一期文化亦有许多共同的特征⑰。正是这些时代特征，蕴含着一种深刻的社会历史背景，这一背景就是炎黄传说后期，蚩尤氏驱逐炎帝之子榆罔而代之的过程⑱。《路史·后记四》：“蚩尤姜姓，炎帝之裔也。……帝榆罔立，……蚩尤产乱，出羊水，登九淖，以伐空桑。逐帝而居于浊麓，典封禅，号炎帝。”之后蚩尤西进南征，故有《尚书·吕刑》所言“蚩尤唯始作乱，……苗民弗用灵，制以刑”。南征使蚩尤族成了东方霸主，九黎君长。马家浜文化、崧泽下层遗存中出现的与北辛文化晚期相似的文化因素，实际上就是蚩尤族创造的“大后冈文化”在长江下游地区的反映。

蚩尤族在与黄帝族大战于阪泉之野以后，山东地区大汶口文化出现了转折。这种转折大约在大汶口早期的后段和中期的前段；代表性因素是大汶口文化出现了较多庙底沟文化的彩陶。分析此一现象是黄帝族征服蚩尤之后，在穷桑之地建立了新的联合体，也就是少昊之国，采取了以夷制夷的政策，命少昊清“司马鸟师”。《逸周书·尝麦解》较为详细地记载了这段历史。而这一时段也就是花厅墓地出现了大汶口文化和良渚文化的两合现象。是亦说明蚩尤长期统治三苗（九黎）民族形成了较为深刻的思想文化烙印，其在蚩尤战败之后又打着蚩尤的旗号进行造反。《史记·五帝本纪》正义引《龙鱼河图》：“蚩尤没后，天下复扰乱，黄帝遂画蚩尤形象以威天下，天下咸谓蚩尤不死，八方万邦皆为弭服。”可见镇服九黎或三苗民族，最有效的方法是打着蚩尤的旗号，演习蚩尤之风。花厅大墓墓主随葬刻有蚩尤图像（饕餮形象）的玉琮，极有可能是三苗民族北上祭祀蚩尤的法器；墓地中的文化两合现象，说明了两种文化在蚩尤的旗号下和平相处、共存共生的状态。大汶口文化中期的花厅类型，就是这一状态的物化证明。

良渚文化中期，经历了一段较为平和稳定的发展时期，良渚文化开始崛起：遗址数量大幅增加；文化内涵更为丰富，社会复杂化程度变高，出现了大规模城址和复杂的防

⑮ 王树明、常兴照、张光明：《蚩尤辩证》，《中原文物》1993年第1期。

⑯ 南京博物院：《长江下游新石器时代文化若干问题的探析》，《文物集刊》（1），文物出版社，1980年。

⑰ 张忠培、乔梁：《后冈一期文化研究》，《考古学报》1992年第3期。

⑱ 常兴照：《炎黄文化东西说》，《文物春秋》2005年第6期。

洪水利工程以及成熟的稻作农业；形成了以良渚古城为核心的至少三个层次的等级体制，初步形成了国家体系。同时对外的扩张和影响又开始频繁，故有“在江淮、荆州数为乱”。良渚文化对江淮等地区的扩张，与鲁东南地区大汶口文化晚期形成的帝舜（太昊）部族西进形成了碰撞与冲突[19]；故而引出了帝舜族对三苗的又一次征讨。这次征讨的典型事例就是《史记·五帝本纪》所记的“（帝舜）放驩兜于崇山，以变南蛮；迁三苗于三危，以变西戎”。这一事件在考古文化上的反映就是南京北阴阳营H2出土的良渚文化陶尊[20]，无论从造型上，还是从刻划符号上，都与鲁东南大汶口文化陶尊相同。上海青浦福泉山良渚文化墓中的彩陶背壶、弦纹玉琮[21]，其形制与大汶口文化背壶、骨雕筒非常近似。良渚文化的陶鬶，其源头大约也在大汶口文化[22]，良渚玉器方面表现也比较明显，出现了大汶口文化陶尊上面常见的刻画图形符号。不过帝舜部族对三苗的征伐，还是较为温和的，《韩非子·五蠹》云：“当舜之时，有苗不服，禹将伐之。舜曰：‘不可!上德不厚而行武，非道也。’乃修教三年，执干戚（盾与斧）舞，有苗乃服。”可见帝舜深知三苗的文化习俗和巫觋传统，仅用宗教舞蹈即将三苗征服。帝舜征服三苗之后为防其变，窜三苗于三危，放讙兜于崇山；后续过程将于后文详细考证。但可以基本明确，流、变方向主要是奔向西方，湘南湘西以及川黔地区的帝舜传说和蚩尤崇拜大概与这次事件有关。

大约在典型龙山文化早期，即距今4500—4300年前后，中原地区的大禹民族利用“治水”战略，对江淮地区进行了一次统一，基本夺占了豫东和皖北地区的相关区域，并在蚌埠地区举行了所谓的涂山会盟[23]。表现在考古学文化上面的物证就是豫东和鲁西南地区龙山文化王油坊类型的形成。但是，王油坊类型并没有停留在苏鲁豫皖交会地区，之后又发起了对长江下游史前民族又一次大规模的征讨和灭杀，其物质遗存就是环太湖地区的广富林文化的出现。以陈杰先生对广富林文化的研究成果为证：①广富林文化文化面貌独特，自身特点鲜明。主要分布于环太湖地区，南界可能已经越过钱塘江而到达宁绍平原。广富林文化的相对年代处于良渚文化和马桥文化之间，与中原龙山文化晚期晚段时间相当或略晚。根据考古学文化命名的原则，可以命名为广富林文化。②广富林文化来源主体是以王油坊类型为主导的中原龙山文化。本地传统文化和浙南闽北以印纹陶为代表的文化因素在其发展中也起了重要的作用。但是，这种影响力相对较弱。③广富林文化的形成与发展与龙山文化时期各地区文化间分化融合的大背景密切相关，它是外来文化征服的结果。其特征是文化内涵上的明显断裂，文化因素的整体置换[24]。这种考古学文化的突变，实际上印证了文献中的“禹征三苗”事件。从文献上分析，舜

⑲ 苏秉琦：《中国文明起源新探》，商务印书馆（香港）有限公司，1997年；生活·读书·新知三联书店，1999年。

⑳ 南京博物院：《长江下游新石器时代文化若干问题的探析》图六，《文物》1978年第4期。

㉑ 孙维昌：《上海青浦福泉山良渚文化墓地》，《文物》1986年第10期。

㉒ 高广仁、邵望平：《史前陶鬶初论》，《考古学报》1981年第4期。

㉓ 王吉怀：《安徽蚌埠禹会村遗址二○一一年春季发掘新收获》，《中国文物报》2011年10月21日4版；另见常兴照《龙山文化与后羿传说》中的王油坊类型分析，见本书。

㉔ 陈杰：《广富林文化初论》，《南方文物》2006年第4期。

征三苗与禹征三苗在时代上是有区别的，在结果上也是不同的。前者是“窜三苗于三危”，后者是“苗师大乱，后乃遂几”。说明虞舜时期虽然削弱了三苗的主体力量，但余威尚存，仍然属于江淮民族的心腹之患。所以大禹民族借着水患、地震和血雨、夏冰、五谷变化等极端灾害，“亲把天之瑞令，以征有苗……搤矢有苗之祥，苗师大乱，后乃遂几”（《墨子·非攻下》）。夏禹集团这次征讨，一直打到了三苗最后的领地会稽山下，并在会稽又进行了一次会盟。《国语·鲁语下》记有：“昔禹致群神于会稽之山，防风氏后至，禹杀而戮之。”防风氏被杀，宣告了三苗民族的彻底瓦解。在考古学文化上的广富林遗存的出现和良渚文化彻底消失，以及后世关于大禹在宁绍地区的传说和遗留下来的大禹陵、禹王庙等遗迹，都属于这一事件的具体反映。

文献中与三苗集团有关联的部族有蚩尤、讙兜、防风氏、羽民国等。因此，学术界主张良渚文化属于上述任何一个部族的都有，唯独没有主张其为三苗部族的文章。所以基本上都不能完全解释良渚文化消亡的直接原因。如果认定良渚文化为三苗，则可与历史传说紧密印证，几无缺环。其证二也。

（3）古史传说中四凶之一的饕餮，对夏商周三代文化影响深远。文献中记载饕餮即指三苗；其与良渚文化的宗教神像极为相合。《左传·文公十八年》云：“缙云氏有不才子，贪于饮食，冒于货贿，侵欲崇侈，不可盈厌；聚敛积实，不知纪极；不分孤寡，不恤穷匮。天下之民以比三凶，谓之饕餮。”杨伯峻注：“或以饕餮当《尚书》之三苗。”《神异经·西荒经》中有云：“西方荒中有人，面目手足皆人形，而胳下有翼、不能飞，为人饕餮，淫逸无理，名曰苗民。”宋罗泌《路史·蚩尤传》注云：“蚩尤天符之神，状类不常，三代彝器，多者蚩尤之像，为贪虐者之戒。其像率为兽形，傅以肉翅。”揆其所说，殆亦饕餮。《吕氏春秋·先识览》有云：“周鼎著饕餮，有首无身，食人未咽害及其身，以言报更也。”《史记·五帝本纪》正义：“（饕餮）谓三苗也。”可见饕餮被认为蚩尤之形象，又被常被指为三苗之民。

将饕餮视作贪虐者，指其侵欲崇侈，淫逸无理；应该属于后世比附和臆测之论。究其根源当与文化崇拜和宗神祭祀形象有关。商周彝器上饕餮形象，其脑袋狰狞，双目炯炯，鼻梁凸出，首部有一双弯曲的兽角，其弯曲的方向似无定制，或内勾似羊角，或外曲似牛角；有嘴或大张利齿如锯，或嘴巴紧锁；两侧有一对肉翅或耳朵（图一，1）；也有不见明显的口唇线条，但可看出嘴巴向下的变形写意（图一，2）；总体上仍是一种牛首形状的变形摹画。在良渚文化玉器中的亦见有大量饕餮形象，学界或称为神人兽面象。大多数刻画在玉琮、玉钺、权杖、玉冠饰及小件装饰品上。良渚玉器上标准的神人兽面神徽，其上端为以略呈弓形的介字冠，冠下缘的正中有一倒梯形的脸框，脸内有圆圈的眼，眼的两侧各刻以短线表示眼角，鼻如悬胆，鼻翼宽阔，口作长条形，内刻平齐的牙齿；脸框外缘为饰细密云雷纹的“风”字形帽，帽顶饰放射形的羽毛，这种外缘似弓形顶端有尖状凸起的巨大羽冠，是极富特色的。羽冠之下为左右延伸平举的两臂，自肘部向里弯折，十指平伸，拇指上翘，指关节的横道及指甲均得到表现，臂上饰以大小不一的云雷纹，在上臂的外缘有两处臂章状的突起，当为文身或者服饰。手指按扶处有一对以椭圆形眼睑为特点的兽目；眼睑内再饰以重圈表示眼球和瞳仁，显出虎虎生气。眼之间为鼻梁和鼻端，平面略如“工”字形；鼻端两侧为鼻翼；鼻下为巨大的嘴，嘴内露出尖锐的牙齿，内侧两枚向上，外侧两枚向下。腿部于鼻翼两侧左右分开，膝部自转角处转向里弯曲，双脚接于嘴下缘的中下部，趾如鸟爪或可认为蛙的蹼状趾（图二）。若不看其手指，羽冠的外形颇似宽广的前额，两上臂可认作眉，或将肘部视为颧骨，小腿的部位恰似下巴，趾爪就成为一撮山羊胡子了。整个画面主题分为两个部分，上部主要是戴羽冠的人面形象；下部主要是圆目、阔鼻、大嘴巴，凸显威猛与庄严的兽面图案。

对比反山墓地出土的玉冠形饰（图三），可知上部的羽冠人面像属于配属题材，它在冠形饰构图上被拆分为两部分，分列在兽面像的两侧；镂空的圆目、阔鼻和条状圆角云纹围合着三个小孔组成了大嘴巴；嘴巴两侧为半蹲的兽足；兽足不是爪形而可视为蹄形足。额头部分由镂空和云纹构成“介”字形额冠；但也可以把额头部分称之为眼眉和犄角形头饰。总体构图基本上和商周饕餮纹相一致。

对于这一图像的含义众说纷纭，如有认为兽面纹是虎、鳄鱼、猪等，有认为神人兽

1

2

图一　商周铜器纹饰

图二　良渚玉琮纹饰（反山M12：98）

图三　良渚玉冠形饰（反山M16：4）

面纹是鸟和猛兽的复合，或认为是鸟人纹像。张光直先生的“巫蹻说”较有代表性；他认为神像分为人像和兽像两大母题，上部人像表现的是巫师的形象，下部兽像则是协助巫师沟通天地的伙伴“蹻”（指可以上天入地，与鬼神来往的龙、虎、鹿，语出《抱朴子》《道藏》）[25]。纵观玉琮和其他玉器上的多数纹样，主体基本都是圆目、阔鼻、大嘴巴，这应是良渚文化崇拜的基本主体。考察原始宗教信仰中，先民崇拜多与祖神、自然神、凶猛神等有关。祖神是氏族集团发源的主根；可能是族酋，也可能是盟主；一般作为氏族群体的族徽或标签。自然神随生活和生产状态而发生，多由于祈护先民采集、狩猎、农桑等事而引发，多属于山川地物，风云雷电等。凶猛神多属于能惩治妖孽怪兽和疫病灾祸的人或物象，抑或为能冲锋陷阵、攻城夺地的领袖英雄。从良渚兽面图像被大量使用于玉琮、玉冠饰、玉钺等器物上面分析，兽面图像可能属于良渚先民的祖神或者凶猛神一类，是被当做荣誉或圣灵而崇拜的。故它是“主”而不是“蹻”。张先生对羽冠人像的推断是正确的，大概应属主管祭祀的巫祝类人物，履行与兽面神主沟通和服务的职责。所以在完整的神人兽面图像里，他是双手恭捧兽面像的；在玉冠形饰图像里，他变成了分列两侧的装饰构件。李学勤先生曾详细分析了良渚玉器上的神人兽面纹和商周饕餮纹的异同及发展关系，认为这是信仰和神话的传递[26]。因此，可基本认定良渚文化中的神人兽面像就是商周之际的饕餮图像，是良渚文化的宗神形象。

饕餮图像与蚩尤的关系密不可分。在远古传说中，蚩尤人身牛体，铜头铁额，四目六首，食铁砂石子；能作云雾，与黄帝轩辕氏大战于涿鹿，兵败后被黄帝斩杀分尸。《史记》正义引《龙鱼河图》说：“（蚩尤）造立兵杖……诛杀无道，不仁慈。”后世形容蚩尤天符之神，状类不常。故三代彝器，多作蚩尤之像，说明了对蚩尤神武凶猛的崇拜与恐惧。古代中原地区有许多和蚩尤有关的遗迹、风俗和神话传说。河北涿鹿、山东东平、陕西长安、江苏沛县、山西太原等地均发现有和蚩尤相关的墓、神祇、旗、山等。有些地方还有专祭蚩尤神的民俗活动。《史记》中也有关于秦始皇、汉高祖尊蚩尤为“兵主”，为利战事而立祠祭祀的记载。说明了蚩尤崇拜的源远流长。蚩尤在战争扩张中曾经统治过三苗，曾作为九黎和三苗集团的首领和君主，故三苗族团崇拜蚩尤符合历史常理。所以良渚文化中的兽面像，应该就是蚩尤图像[27]。因此，三苗集团的历史形象和良渚文化的文化特征相吻合。其证三也。

三、“窜三苗”之史影觅踪

古史中有四凶和四罪，是相互对应的人物形象。《尚书·舜典》曰：“流共工于幽州，放驩兜于崇山，窜三苗于三危，殛鲧于羽山，四罪而天下咸服。”《左传·文公十八年》道：“流四凶族混沌、穷奇、梼杌、饕餮，投诸四裔，以御魑魅。”穷奇即

㉕ 张光直：《商周青铜器上的动物纹样》，《考古与文物》1981年第2期。

㉖ 李学勤：《良渚文化玉器与饕餮纹的演变》，《东南文化》1991年第5期。

㉗ 王树明、常兴照、张光明：《蚩尤辩证》，《中原文物》1993年第1期，第26—31页。

为共工，梼杌视为夏鲧，混沌即是讙兜，饕餮同于三苗，对此史学界基本没有异词。但对四凶的流徙方向，却异说纷纭，莫衷一是。其中主要的争议集中在对“窜三苗于三危”的认知和辨析上。陈爱峰等学者曾经梳理过相关文献，关于三危的说法竟达十几种之多[28]，足见其问题的复杂与分歧的巨大。《尚书·禹贡》作为先秦时期的地理著作，不可能完全和历史状况相吻合；设若指其完全向空虚造亦则不够中肯。《尚书·禹贡》“导水”部分被认为是先秦地理的精华。它按照先北后南、先上游后下游、先主流后支流的顺序，对九州向靠近黄河的帝都提供贡赋所经过的水道中九条河流的水源、流向、流经地、支流和入河口等作了描述。但雍、梁二州的地物界标“黑水”却始终不明就里。梳理《尚书·禹贡》相关记载，梁州篇说“华阳、黑水惟梁州”；雍州篇说：“黑水、西河惟雍州……三危既宅，三苗丕叙。”导水篇：“导黑水至于三危，入于南海”。可知这个黑水分别是雍州和梁州的一个界标，流经三危的地界，最后入于南海。如能确指黑水所在，对于论辩这一重大历史事件具有纲举目张的作用。从《尚书·禹贡》原文看，在梁州域内有“岷山导江”的岷江、“沱、潜既道”的沱江（即今沱江）、潜水（或曰涔水，约指川东渠江）[29]，有“因桓是来，浮于潜，逾于沔，入于渭”的桓水（川北白龙江）、沔水（汉江）等，基本都有所指；但广元以北的嘉陵江上游却没有相关描述。嘉陵江发源于秦岭北麓的陕西省凤县代王山；干流流经陕西省、甘肃省、四川省、重庆市。嘉陵江上游处崇山峻岭之间，自古是川陕之间的重要通道；地理位置十分重要。综合论析，或可认为这段水系就是《尚书·禹贡》中的“黑水”。其证有三：一是文献中没有说明可能就是因为已经给予名分而后人没有识别；这不能责怪《尚书·禹贡》作者。二是其与“西河”“华阳”呈三角鼎立，作为雍、梁二州主要界标较为贴切，没有违和感。其三是其“入于南海”是最大的可能。古代的“南海”，常为南方之概指。而狭义的“南海”则是指长江中游自枝江以东至于武汉以东的广大地区，即今长江湖北地段，春秋至西汉时这里还有面积广大的云梦大泽，楚成王所谓“寡人处南海”可以为证（见《左传·僖公四年》）。又《国语·楚语》《左传·襄公十三年》载：楚子囊说楚恭王“抚征南海，训及诸夏”，“奄征南海，以属诸夏”以及《诗经·江汉》“匪疚匪棘，王国来极。于疆于理，至于南海”等的“南海”，都可以理解为古代荆江一带的大水泽。古代河湖大水而谓之为“海”者多见，如淮河称为“淮海”，汝水称为“汝海”等；故“导黑水至于三危，入于南海”。实际上就是指嘉陵江汇集岷江、沱江诸水之后入于云梦之海。

三危之地因学界有多种看法，文章较多，恕不列举。马少侨先生认为“三危”非指地名，而是泛指众高地；“窜三苗于三危”即“窜群苗于荆杨之间的群山”[30]。视三危为泛指之地望，具有一定的道理；然与《尚书·禹贡》雍州篇“三危既宅，三苗丕叙”

㉘ 陈爱峰、杨梅、于晓冬：《〈尚书〉“三危”地望研究述评》，《青海民族研究》2006年第3期；罗骥：《〈舜典〉三危考》，《思想战线》2016年第4期。

㉙ 《史记卷二·夏本纪第二》及《汉书·地理志》均收录《禹贡》全文，其中《史记》所收与通行本略有差别，《汉书》所录则与通行本一致。

㉚ 马少侨：《“窜三苗于三危”新释》，《中央民族学院学报》（哲学社会科学版）1981年第2期。

之言存在较远的距离。细审三危地望论证中的各种观点，以“西裔说”或更具有客观性。《尚书地理今释》引马融《尚书注》：“三危，西裔也。”《尚书正义·舜典》孔安国传：“三危，西裔。”《尚书·禹贡》孔氏又说：“西裔之山已可居，三苗之族大有次序，美禹之功。”《尚书·舜典》孔颖达疏：“窜三苗于西裔之三危。”从“三危既宅”而言，仅言地名的确不能完全涵盖其本意。《说文》：“宅，人所托居也。”所以三危还含有一定的“族群”之意。故《淮南子·俶真训》也曰：“有苗与三危通为一家”。《史记·五帝本纪》：“迁三苗于三危，以变西戎”。《左传·昭公九年》杜注：“允姓，允戎之祖，与三苗俱放于三危者”。所以，视三危为泛指的西部部分区域，包含一定的族群概念，可能较为贴近历史的本原面貌。

“西戎”在整个古代中国，狭义即指氐羌诸部，广义则包括中国西部各民族。《尚书·禹贡》：“织皮、昆仑、析支、渠搜，西戎即叙。”包括的范围很广。《史记·匈奴列传》：“秦穆公得由余，西戎八国服于秦，故自陇以西有绵诸、绲戎、翟、豲之戎，岐、梁山、泾、漆之北有义渠、大荔、乌氏、朐衍之戎。”《后汉书·西羌传》记载得更具体：“西羌之本，出自三苗，姜姓之别也，其国近南岳，及舜流四凶，徙之三危，河关之西南，羌地是也。”我国现代羌族主要分布在四川省阿坝藏自治州的茂县和汶川县、理县、黑水县、松潘县等地，因此认定古代西羌和西戎大概包括川北、陇南和陕西西部地区，应该不致大谬。结合上文对黑水以及雍、梁二州的地理考证，可以推论三危大概括指陇南、川北和陕南一带的相关区域和民族，在舜迁三苗之后，对当地的氏族文化可能产生了一定的影响，故有“以变西戎”之说。

如果上述推论不谬，则该历史事件必定在考古学文化上存在一定的反应。目前四川盆地发现的史前考古学文化主要为宝墩文化→三星堆文化系统；其中宝墩文化的时代约与良渚文化的中晚期亦即舜迁三苗时代相当。关于宝墩文化的来源，许多学者认为与长江中下游文化有相当大的关联。如高大伦的《成都平原古文明的活力之源》，认为宝墩文化中常见的灰白陶以及宝墩遗址中浮选出的水稻，皆受长江中下游影响[31]。也有众多学者如俞伟超、万娇、赵殿增、王毅、孙华等学者阐述了宝墩文化遗存中有长江中游地区屈家岭、石家河文化的典型器物灰白陶和镂孔圈足器等因素[32]；实际上灰白陶和镂孔圈足器等因素也属于良渚文化的重要特点。而且在后续的三星堆文化中，则存在良渚文化更强的影响。程世华在其《良渚文化的余辉在三星堆文化中闪烁》一文中认为：良渚文化与三星堆文化，虽然在时空上，先后相差上千年光景和东西间距也逾千余千米，似乎是风马牛不相及；然而，种种迹象表明，其间还是有诸多联系与影响。主要表现在鸟崇拜、尚太阳、玉琮与饕餮纹饰、金杖、干栏式建筑、土祭台、猎头与燎祭、悬棺葬与

---

[31] 高大伦：《成都平原古文明的活力之源》，《夏商周方国文明国际学术研讨会论文集》，科学出版社，2015年，第9页。

[32] 俞伟超：《四川地区考古文化问题思考》，《四川文物》2004年第2期；万娇、雷雨：《桂圆桥遗址与成都平原新石器文化发展脉络》，《文物》2013 年第9期；赵殿增：《从考古发现看汉水在巴蜀文明发展中的地位》，《汉水文化暨武当文化国际学术讨论会文集》，2004年；王毅、孙华：《宝墩村文化的初步认识》，《考古》1999年第8期。

石室墓、稻作与蚕丝等十数中文化因素的相似性。但是关于传播路线，他认为是由鱼凫氏沿长江西上迁徙并由濮人带入的[33]。如果程先生认识到良渚文化即三苗文化，其文章可能会有更大的扩展。

基于上述论析，我们基本可以认定：舜迁“三苗于三危”，绝非向空虚造，应该是真实的历史存在。但是相关学者怀疑的问题是：“把三苗窜往如此遥远、蛮荒、路途艰险的地方，显然是非常不合情理的：其一，难以实施。在流放方式上，如果是武装押送，耗费巨大，可以肯定政府无力实施；如果是自行前往，犯人们岂愿自寻死路。其二，目的不明。把犯人们流放到远方蛮荒之地，固然能让他们吃苦，但此地当局不能控制，万一犯人们在此地不受限制地发展强大起来，岂不是适得其反。”[34]梳理相关帝舜的传说，结合考古学文化分析，可知这次“窜变”过程并非艰难凶险和自寻死路，而是相当和谐和神圣的。其一是因为帝舜的征服方式是“修教三年，执干戚舞”，大概对良渚文化上层人物进行了洗脑和政治教育，是否树立了远大的理想和宏伟的目标，如开拓更大的领地，寻找更美好的家园等，都是极有可能的。因为沿长江西进有众多大泽巨淖，水路崎岖，行进不便，故其流变路线大概是沿赣南、粤北、湘南、湘西、贵州等地的陆路行进的，大致方向与近代工农红军长征的路线相近。其二则为帝舜族团的确是派了自己的团队伴行迁徙的，使这次“窜放”变成了文化传播和功德宣传。所以沿途留下了众多美好的传说和优秀的考古学文化，其中石峡文化就是明证。石峡文化是中国岭南地区的新石器时代晚期文化。因广东曲江石峡遗址而得名。主要分布在粤北和湘南地区；年代距今5000—4000年。石器工具普遍磨光，有弓背两端刃、有段石锛、有肩石锛、凿、钺和镞等。稻作农业发展程度较高，发现较丰富的粳、籼稻遗存。陶器中三足器、圈足器发达，有少量曲尺纹、漩涡纹、几何印纹陶。在石峡遗址发现墓地，多数墓坑经过烧烤，均单人葬，盛行二次迁葬。迁葬墓有两套随葬品，一套是同人骨一起迁来的残破陶器，另一套是二次埋葬时新放入的。晚期大小墓差别明显，反映出贫富分化和社会已出现特殊阶层。大墓随葬品多达数十件至百余件，包括成批石器及琮、瑗、璧等贵重玉器，往往还伴放稻谷米粒作为祭奠食物。石峡文化与岭南地区土著文化明显有别，部分陶器具有良渚文化特征，与北邻的江西赣江流域樊城堆文化关系最为密切，有人将两文化并称为樊城堆—石峡文化[35]。不可否认，石峡文化中众多的鼎、豆、壶、鬶等器物组合与造型，带有浓厚的东方大汶口文化因素，也为这次迁徙带来强有力的证明。因此这一带就有了“《箫韶》九成，凤凰来仪”（《尚书·益稷》）；在“韶峰”，闻“韶乐”；韶山与韶峰皆因帝舜在此奏《韶》乐而得名。有“（舜）南征三苗，道死苍梧”之说（《淮南子·修务训》），故有“湘妃哭竹”之典故。《史记·五帝本纪》有帝舜“南抚交趾”的记载，古之韶州和今之韶关，皆因帝舜在韶石奏《韶》乐而得名。《元丰九域志》载：“英州，鸣弦峰，《图经》云：舜南巡，援琴于此，峰

---

[33] 程世华：《良渚文化的余辉在三星堆文化中闪烁》，《中华文化论坛》2006年第1期。

[34] 罗骥：《〈舜典〉三危考》，《思想战线》2016年第4期。

[35] 李家和、杨巨源、刘诗中：《再论樊城堆—石峡文化——二谈江西新石器晚期文化》，《东南文化》1989年第3期。

南有薰风亭。”峰在今英德市南山；与之关联明显。帝舜与三苗，在湘南、粤北和湘西地区，大概停留了很久，并且建立了新的根据地。《博物志》卷二：“昔唐尧以天下让于虞，三苗之民非之，帝征之，有苗之民叛，浮入南海为三苗国。”说明了这次停留的结果。同时，湘、黔地区留居的现代苗、瑶、侗、畲等民族，众多的蚩尤崇拜和帝舜传说，均应与这次三苗大迁移有关。

历尽千山万水，长途跋涉，三苗族最后到达了四川北部也就是三危地区。这里物华天宝，气候适宜，不比长江下游环境差多少，绝不是蛮荒凶险之地。是故三苗族民安居乐业，不思“良渚”。因此有“三危既宅，三苗丕叙”的良好局面；并且优化了“宝墩文化”，催生了后续的“三星堆”文明；同时把帝舜的崇拜也带到了巴蜀地区，故而形成了“大皞生咸鸟，咸鸟生乘厘，乘厘生后照，后照是始为巴人”的传说（《山海经·海内经》）。这就是“舜窜三苗”的大致进程与结果。

因为长期以来学术界都把江汉地区的屈家岭→石家河文化视为三苗文化，所以不得不梳理一下屈家岭文化与帝舜窜放“四凶”的关系以明就里。从文献上考察，江汉地区屈家岭文化阶段的民族，应该与四凶之一的“讙兜（混沌、浑敦）”有关。一般认为讙兜为苗民的重要首领，《山海经·大荒北经》：“西北海外黑水之北，有人有翼，名曰苗民。颛顼生驩兜，驩兜生苗民”。实际上讙兜之族不属于三苗，而属于东夷的喾、昊集团。但是可能与三苗亦即良渚文化关系密切，存在一定的同化现象。

《左传·文公十八年》：“昔帝鸿氏有不才子，掩义隐贼，好行凶德，丑类恶物，顽嚚不友，是与比周，天下之民谓之浑敦。”《山海经·西山经》云：“英水出焉，而西南流注于汤谷。有神鸟，其状如黄囊，赤如丹火，六足四翼，浑敦无面目，是识歌舞，实惟帝江也。”这里“浑敦”指太阳；帝江即帝鸿，古音“江”与“鸿”通。传说浑敦面目浑迷且行事错乱、是非不分，故后世称之为“浑沌”。帝鸿氏一般认为是黄帝别名。《史记正义》解释说，黄帝为有熊国君，号有熊氏。及曰缙云氏，又曰帝鸿氏，亦曰帝轩氏。这些均为后世比附的结果。其实“帝鸿氏”是黄帝的大臣之一，是黄帝战败蚩尤之后在东方穷桑建国的重要力量。《山海经·海外西经》：“轩辕之国，在此穷山（或作穷桑）之际。”《韩非子·十过》：“昔者黄帝合鬼神于西泰山之上，驾象车而六蛟龙，毕方并辖，蚩尤居前，风伯进扫，雨师洒道，虎狼在前，腾蛇伏地，凤凰复上，大合鬼神，作为《清角》。”《史记·五帝本纪》：黄帝“为云师，置左右大监，监于万国。万国和，而鬼神山川封禅与为多焉。获宝鼎，迎日推筴。举风后、力牧、常先、大鸿以治民”。此四臣均为东方民族：风后即风伯，是太昊集团的族酋。常先即常羲，是东夷巨族，属于少昊集团。力牧亦属于东夷，《帝王世纪》：“得风后于海隅，登以为相。得力牧于大泽，进以为将。”史传力牧造车，可能与夏代的奚仲之族有关联。而大鸿即帝鸿，大鸿也即大鸟，是为太阳的象征。鸿即昊，鸿昊乃一音之转。传说中的讙兜形象，“人面鸟喙有翼，食海中鱼，杖翼而行”，是一种食鱼的鸟。其与东夷的崇鸟、崇日习俗十分相合。讙兜指为帝鸿氏不才之子，当属两昊部族之一。其栖居之所，可能位处泽薮左近之地。

综合大汶口文化的研究，我认为讙兜一族可能分布于沂沭河下游地区，或与大汶口文化中期的花厅类型有关。沂沭河下游属于苏北的连云港和宿迁市一带；是地河湖纵横、水网密布，残丘较多；也是古代文化较为集中的区域。这一带属于良渚文化和大汶口文化的交会地带，自北辛文化晚期就与长江下游的原始文化有交流；所以文化面貌中有较多马家浜和良渚文化因素。及至今天，该范围内居民方言和文化习俗与沂沭河中上游的民俗方言亦有较大的区别。该地区内的赣榆有一古镇，春秋时期就已存在，其名为“欢墩埠”；可能即与讙兜氏族有关联。讙兜族由于文化因素的两合性，故在部族风格上也有两面性，在氏族集团中或盟或叛，或帮华夏或助三苗的行为可能经常发生。然其主要错误还是因为举荐了共工治水。《史记·五帝本纪》：“欢兜进言共工，尧曰不可而试之工师，共工果淫辟。”是故有是非不分之嫌，因此被称为混沌。此举引起帝舜震怒，故而“放欢兜于崇山，以变南蛮”。崇山（指湖南大庸）标识了流放的大致方向，具体地望则应指整个南蛮之域，也就是两湖地区。

从考古学上来看，以江汉平原为中心分布区的屈家岭→石家河文化可能属于南蛮文化已如前述。早就有学者指出，屈家岭文化中存在较多大汶口文化因素，其中屈家岭文化晚期中出现的陶鬶、陶壶、蛋壳彩陶杯以及拔牙习俗、连间房屋建造技术等等，都有可能与大汶口文化的南迁有关[36]。韩建业、杨新改等在《苗蛮集团来源与形成的探索》文章中也分析了屈家岭文化中存在的大汶口文化因素。他们将屈家岭文化早期的主要陶器种类分为三组：A组：包括凿足小罐形鼎、圈足弧腹碗、彩陶壶形器、彩陶薄胎杯、甑等，基本上都能在屈家岭下层那类黑陶遗存中找到渊源，只是形态有所变化。颇具代表性的双腹豆、双腹碗也大致属于此组，只是变化幅度更大了一些，而且豆的比例比大溪晚期大为增加。此组构成文化的主体。B组：高领罐与双腹盆形鼎，在大溪文化中没有传统，只在晚期有个别类似器物出现；但在北部南阳盆地青龙泉仰韶文化一类遗存中却有不少同类器，只是盆形鼎尚未形成双腹。因此该组器物的出现可能与青龙泉仰韶文化一类遗存的影响有关。C组：包括尊与高柄杯，不见于大溪文化，但却是大汶口文化极具特色的器物。陶尊在大汶口文化中数量虽然不多，但其重要性与独特性却是大家公认的。它并非日常用具，早晚都存在，一般发现于各墓地最富有的墓中，且上面多有神秘的刻划符号；这些刻符又被认为与东夷集团密切相关。陶尊从屈家岭文化延续到石家河文化。屈家岭文化和石家河文化部分陶尊的相同部位也有划符号，而且个别刻符和大汶口文化刻符十分近似。高柄杯是大汶口文化的一种典型器物，又是龙山文化蛋壳黑陶杯的前身，可能属于酒器。大汶口文化部分的高柄杯矮胖，与屈家岭文化高柄杯近似。C组器的出现正暗示了大汶口文化的一支分化南迁，与原土著居民为主的屈家岭文化形成新的氏族集团[37]。遗憾的是，文章没有区分苗蛮之间的区别，囿于传统的文献分析和文化判定，仍然将这些因素归因于“是在颛顼时期，东夷之一支祝融族开始分化，其中某些分族并向西南方向迁徙”的结果。然而学者们总结的此类现象，其原本是帝舜“放欢兜于崇山，以变南蛮”的具体表现；而且这些现象，在后续的石家河文化中仍然

[36] 黎家芳：《山东史前文化在中华远古文明形成中的地位》，《山东史前文化论文集》，齐鲁书社，1986年。
[37] 韩建业、杨新改：《苗蛮集团来源与形成的探索》，《中原文物》1996年第4期。

有较为普遍的存在。根据杜金鹏先生的研究，大汶口文化晚期势力已经达到了河南颍水中上游地区，并与屈家岭文化有深入的接触和影响[38]。相关的文化因素传播现象证明帝舜完成“放欢兜于崇山”的历史行动具有充分的可行性。帝舜将讙兜迁移至南蛮区域之后，该部族原来所占据的沂沭河下游，大汶口晚期文化急剧衰落，遗址分布极为贫乏；至今仅发现泗洪县赵庄和安徽灵璧县有少量遗址[39]。这也是舜放讙兜之后可以理解的客观状况。

附记：本文以《舜窜三苗与禹征三苗再认识——兼论良渚文化族属》为题发表于《东方考古》（第19集），科学出版社，2022年。

2020年7月于燕郊

㊳ 杜金鹏：《试论大汶口文化颍水类型》，《考古》1992年第2期。

㊴ 赵庄遗址1982—1983年南京博物院对遗址进行第一次考古发掘，发掘表明其为一处包含大汶口文化、龙山文化、商周、汉及唐宋诸时期文化遗存的大型聚落遗址，但资料没有发表。2016年下半年开始，南京博物院考古研究所等正在对赵庄遗址进行第二次考古发掘，考古工作仍在持续进行中，期待能有重大发现。

管窥“三星堆”

三星堆遗址自20世纪80年代发掘以来，已经成为近年来的考古热点。特别是对新发现六座祭祀坑的发掘，引起了巨大的新闻效应。关于三星堆文化的性质、年代、族属以及与周边文化的关系等问题，已经引起海内外众多考古同行、历史学家以及社会各界的热切关注与讨论。对于三星堆遗址、三星堆文化、三星堆祭祀坑、三星堆相关出土文物等进行研究、分析、推测和复原的文章成百上千，异说纷呈、精彩迭现。笔者因为考察古代“三苗”传说及其文化流变的过程，对四川盆地的原始文化做过粗浅的梳理与分析①。管中窥豹，试对三星堆文化的性质、族属和相关出土文物提出一些谫陋的认识，分享给学界以供参考。

一、关于青铜“神坛”

所谓青铜“神坛”，是一件十分破碎的青铜文物，被发掘时已经碎成一百多块（图一）。每一块残片的表面都存在火烧的痕迹，其修复难度可想而知。四川考古研究院考古修复专家花了多年的时间，研究、复原为一座呈四或五层叠摞结构的“神坛”。其神坛最下层部分为圈足，共站立两只独角、双耳、四蹄的立兽；第二层为四个人俑，人物头戴冠帽且手握枝状物；人物头顶上部也就是第三层，可以看到一座山形器座，它共有四个叶片，仿佛是一个半开的花苞；其上第四层为一方形镂空“宝盒”，四壁都有一排五个双手作握物状的跪坐人像，顶部四角各立一鸟，中间缀立一鸟身人面像，顶部正中有一个方形了口，不知其上是否还有其他装饰②。北京大学考古文博学院孙华教授和社会科学院考古研究所王仁湘先生根据自己的研究辩识，分别进行了更进一步的复原。孙华教授复原的区别是在方形“宝盒”顶部增设了扣在器口上的镂空花纹的四面坡形盖子，盖顶有一个跪坐的顶尊人像，将全器称为熏炉③。王仁湘先生复原的区别是在顶部拼上了一件出土于二号坑的、仅保存了上半身的“兽首冠人像”，认为是登天的巫师④。细考神坛残片和相关复原逻辑，可知四川省考古研究院的复原较为慎重，充分尊重了原物的信息。而孙华教授和王仁湘的复原存在一定的假设和不合理现象：一是器物

---

① 常兴照：《舜窜三苗与禹征三苗再认识——兼谈良渚文化族属》，《东方考古》（第十九辑），山东大学出版社，2022年。

② 四川省文物考古研究所：《三星堆祭祀坑》，文物出版社，1999年；四川省文物考古研究院、三星堆博物馆、三星堆研究院：《三星堆出土文物全纪录》，天地出版社，2009年。

③ 孙华：《三星堆“铜神坛”的复原》，《文物》2010年第1期；孙华：《三星堆埋藏坑概说》，《文史知识》2021年第8期。

④ 王仁湘：《三星堆二号坑296号青铜神坛复原研究》，《东亚古物·A卷》，文物出版社，2004年。

图一　青铜神坛残件

子口尺寸不符，叠罗不合理；二是器物加高，比例失调，显得头重脚轻；三是器物顶部添加跪坐的巫师或祭献人员，使得器物整体威严和神秘的氛围大大降低，有多此一举的感觉。有专家认为，三星堆神坛主要表现的内容是蜀地先民原始的天、地、人三界理念[⑤]，或者认为"扑朔迷离的青铜神殿神坛"是远古宇宙观的造型[⑥]。无论是神兽、神人、神山、神鸟，还是建筑或者宇宙，它们都融合在一件器物中，均说明了该器物具有不凡的象征意义。

如果不考虑该神坛顶部的饰物，仅就可以基本确定的四层结构而言（图二），这件器物应该就是神话传说中的"昆仑虚"或者"昆仑丘"。《山海经·大荒西经》谓："西海之南，流沙之滨，赤水之后，黑水之前，有大山，名曰昆仑之丘。"《山海经·海内西经》谓："海内昆仑之虚，在西北，帝之下都。昆仑之虚，方八百里，高万仞。上有木禾，长五寻，大五围。面有九井，以玉为槛。面有九门，门有开明兽守之，百神之所在。有八隅之岩，赤水之际，非仁羿莫能上岗之岩。"《淮南子·地形训》曰："据昆仑虚以下地，中有增城九重，其高万一千里百一十四步二尺六寸。"又曰："旁有四百四十门，门间四里，里间九纯，纯，丈五尺。旁有九井，玉横维其西北之隅。北门开，以内（纳）不周之风。"《山海经·西次三经》云：昆仑丘"是实惟帝之下都，神陆吾司之。其神状虎身而九尾，人面而虎爪，是神也，司天之九部及帝之囿时。有兽焉，其状如羊而四角，名曰土蝼，是食人。有鸟焉，其状如蜂，大如鸳鸯，名曰钦原，惹鸟兽则死，惹木则枯。有鸟焉，其名曰鹑鸟，是司帝之百服。有木焉，其状如棠，黄华赤实，其味如李而无核，名曰沙棠，可以御水，食之使人不溺。有草焉，名曰蓍草，其状如葵，其味如葱，食之已劳"。《山海经·海内西经》云："昆仑南渊深三百仞。开明兽身大类虎而九首，皆人面，

图二　青铜神坛复原件

⑤　樊一：《三星堆寻梦》，四川民族出版社，1998年，第84、128页；樊一、吴维羲：《三星堆神坛考》，《四川文物》2003年第2期。

⑥　四川省地方志编辑委员会：《三星堆图志》，四川出版集团、四川人民出版社，2005 年，第66—69页。

东向立昆仑上。开明西有凤皇、鸾鸟，皆戴蛇践蛇，膺有赤蛇。开明北有视肉、珠树、文玉树、玗琪树，不死树。……开明东有巫彭、巫抵、巫阳、巫履、巫凡、巫相，夹窫窳之尸，皆操不死之药以距之。……开明南有树鸟，六首；蛟、蝮、蛇、蜼、豹、鸟秩树，于表池树木，诵鸟、鶽、视肉。”上述这些记载，十分灵动地描绘了“昆仑虚”的样貌形态：有山、有鸟、有兽、有城、有树、有人。由此推论，三星堆“神坛”之上如果还有装饰，应该有一棵神树，是则形成完美的“昆仑虚”构型。如是，则神坛下层的怪兽，应该就是“开明兽”，是守护昆仑虚的保护神；二层的神人（力士），应该是“帝之下都”的臣民或巫祝，如“巫彭、巫抵、巫阳、巫履、巫凡、巫相”之类；三层的山，应该就是昆仑丘或山；四层的宝盒大概即为昆仑虚中的“增城九重”，抑或就是“方八百里，高万仞”的昆仑虚，是帝之王宫或园囿。这里的帝一般指天帝或黄帝。《山海经·海内西经·卷六》珂案引《穆天子传·卷二》云：“吉日辛酉，天子升于昆仑之丘，以观黄帝之宫。”则天帝实即黄帝也。昆仑虚被视为帝之下都，那么上都在哪里？《逸周书·尝麦解》的记载给了我们很大的启示：“昔天之初，□作二后；乃设建典，命赤帝分正二卿，命蚩尤于宇少昊，以临四方；司□□上天末成之庆。蚩尤乃逐帝，争于涿鹿之河（或作阿），九隅无遗。赤帝大慑，乃说于黄帝，执蚩尤，杀之于中冀，以甲兵释怒。用大正顺天思序，纪于大帝。用名之于绝辔之野。乃命少昊清司马鸟师，以正五帝之官，故名曰质。天用大成，至于今不乱。”这段文献似可这样理解：天地开辟之初，诞生了两位大帝；各设立朝纲政典；其中炎帝（赤帝）分用了两位卿士，即蚩尤和少昊；并让蚩尤管辖少昊，兼及四方。顺应上天的旨意，蚩尤发展起来；于是驱逐了炎帝，征战于涿鹿之野；炎帝十分恐慌，求救于黄帝；（黄帝）在中冀抓住并斩杀了蚩尤，以强兵勇将出了这口恶气；（黄帝）重整天规朝纲，纪号曰大帝，这里名叫绝辔之野（在绝辔之野举行加冕大典）；（黄帝）命少昊清主持政事，规范五帝百官之位，名字叫质（质者，信诚之意，以表盟信）；奉天承运，典纲大成，至于今不乱。这是对于炎黄历史的一段明白、完整的记述。实际上从侧面告诉我们，黄帝的“上都”应该是他与炎帝分野的生发之地，历史上一般认为在河洛地区。而下都就应该是灭杀蚩尤之后在“绝辔之野”建立的新都，也就是“昆仑虚”。历史学家何幼琦先生经过研究，认为《山海经》中的《海经》是一部重要历史价值的地理著作，可能成书于战国初期，记录的却是5000年前后的古代民族和地理分布，其中最主要的地区就在山东。只要不怀成见，实事求是地印证一下华北的地图，便不难理解，昆仑墟就是泰山，《山海经·海经》的山川、疆域就是山东省及其周边的地区⑦。何先生的研究又为我们开启了一扇窗口。《山海经·海外西经》：“轩辕之国，在此穷山（或作穷桑）之际。”《韩非子·十过》：“昔者黄帝合鬼神于西泰山之上，驾象车而六蛟龙，毕方并辖，蚩尤居前，风伯进扫，雨师洒道，虎狼在前，腾蛇伏地，凤凰复上，大合鬼神，作为《清角》。”《管子·五行》：“昔者黄帝得蚩尤而明于天道，得大常而察于地利；得奢龙而辩于东方，得祝融而辩于南方；得大风

⑦ 何幼琦：《〈海经〉新探》，《历史研究》1985年第2期。

而辩于西方，得后土而辩于北方。黄帝得六相而天下治，神明至。”《史记·五帝本纪》：黄帝“为云师，置左右大监，监于万国。万国和，而鬼神山川封禅与为多焉。获宝鼎，迎日推筴。举风后、力牧、常先、大鸿以治民”。这些记载都说明了黄帝在东方海岱地区所建之国的大致形态，亦即由“少昊清司马鸟师”的“帝之下都”的基本状况。对此笔者曾经撰文详考⑧，此不赘。综上可以推论，三星堆遗址二号坑发现的青铜神坛，应该与东方海岱地区的少昊文化有关联。

二、关于“青铜神树”

三星堆二号祭祀坑出土了6株或8株青铜树，分大小两种，可复原的大约3株。一号青铜树造型奇特，极富神奇想象力。树的下面是一个基座，由圆环形底盘和三叉形支座构成一个云山状的根基，整个基座好似一座高山，山上云气缭绕。树干由三层树枝组成，枝上有花瓣托卵形果实，两垂一昂。所有向上的拱形枝上都有一鸟立于果实上。鸟头呈鹰嘴状，尾羽镂空。树干上方嵌有爬龙一条，呈绳索状弯曲向上（图三）。另一株青铜树仍是圆盘山岳形隆起底座，三层树枝。其独特之处是在底盘上有跪坐着的小铜人像。其形象与二号祭祀坑出土的其他青铜人像造型相似。《三星堆祭祀坑》报告的作者们认为，“这些树被安放在宗庙里，与祭祀神灵的活动有关”。一号神树树干有九枝，每枝上站立一鸟，推定树尖上还有一立鸟，鸟代表太阳，故树上共有十日，此树应是扶桑树。二号神树底座呈喇叭形，三方各跪坐一人，双手作握物状。但是，树干上的花托为璧形物，与一号神树上的炯纹光环互为因果关系，所以二号神树可能是“若木”，或与祭祀月神有一定关系。另一件小神树，树尖站立人面鸟，可能是司木之神“句芒”，认为这株青铜树应该与祭祀木神有一定关系⑨。发掘者对于“神树”的推测基本可信，这应该就是《山海经》里的“扶桑”或“扶木”。因为出土的“神树”有多棵，不可能与“建木”“若木”“扶木”等一一对应，但它们都是具有同类象征意义的圣物。《山海经·海外东经》：“汤谷上有扶桑，十日所浴，在黑齿北，居水中，有大木，九日居下枝，一日居上枝。”扶桑又名扶木，《山海经·大荒东经》记述：“汤谷上有扶木，一日方至，一日方出，皆载于乌。”又说扶木“柱三百里，其叶如芥”，可知是棵极高的神树。《淮南子·天文训》说：“日出于汤谷，浴于咸池，拂于扶桑，是谓晨明。”扶桑是生长在东海汤谷里的一棵神树，每天太阳就从这儿升起。建木在《山海经·海内经》里这样记载：“有九丘，以水绕之。名曰陶唐之丘，有叔得之丘，孟盈之丘，昆吾之丘，黑白之丘，赤望之丘，参卫之丘，武夫之丘，神即之丘。有木，青叶紫茎，玄华黄实，名曰建木，百仞无枝，上有九欘，下有九枸，其实如麻，其叶如芒，大皞爰过，黄帝所为。”《淮南子·地形训》曰：“建木在都广，众帝所自上下。日中无景，呼而无响，盖天地之中也。”若木在《山海经》中的《大荒北经》《海内经》均有记载：言

⑧　常兴照：《少昊、帝舜与大汶口文化》（上、下），《文物春秋》2003年第6期、2004年第1期。
⑨　四川省文物考古研究所：《三星堆祭祀坑》，文物出版社，1999年，第444、445页。

图三　青铜神树线图

其是在大荒之中的灰野之山，“上有赤树，青叶，赤华，名曰若木”，又说是在“南海之外，黑水青水之间，有木名曰若木，若水出焉”。《文选·月赋》注引古本《山海经》称若木为“日之所入处”。《淮南子·坠形训》也说：“若木在建木西，末有十日，其华照下地。”《楚辞·离骚》：“折若木以拂日。”王逸注“若木在昆仑西极，其华照下地”。通过这些记述，可以知道若木生长的地点是在西方，是太阳下山的地方。《说文·叒部》：“叒，日初出东方汤谷所登搏桑，叒木也。”段注：“当云：叒木，搏桑也，日初出东方汤谷所登也。”“叒”是若字古体。袁珂《山海经·大荒北经》注：“今案《说文》所言是东极若木，此经及《海内经》所说乃西极若木，不得同也。”[10]因而可知，天地之中的“建木”、东海的“扶桑”与西极的“若木”，或是供“太昊爰过”，“众帝所自上下”，或是太阳出入和栖息的地方，实指一事而称谓不同而已。

---

⑩　袁珂：《山海经校注》，山海古籍出版社，1980年，第437页。

三星堆青铜神树，实际上象征着东海汤谷的扶桑，还应该与古史中后羿所射的“十日之国”紧密关联[⑪]。汤谷又称旸谷，或谓在山东东部，或谓在辽东，或谓在朝鲜与日本一带。吕思勉先生就认为，古之中国山东、辽宁，朝鲜三半岛及日本，都应属于汤谷范围[⑫]。《山海经》郭璞注于“汤谷”下曰：“谷中水热也。”《山海经·大荒南经》：“东南海之外，甘水之间，有羲和之国。有女子名曰羲和，方日浴于甘渊。羲和者，帝俊之妻，生十日。”《山海经·大荒东经》：“东海之外大壑，少昊之国。少昊孺帝颛顼于此，弃其琴瑟。有甘山者，甘水出焉，生甘渊。”这里大壑、甘渊、汤谷均为一地而别称。综合各种资料，可知《山海经》中的东海实应为今天的沂沭河盆地，大壑就是沂沭大裂谷，汤谷其实就是沂沭河盆地的热泉河与热泉湖。地质地貌资料表明，沂沭裂谷系内地形复杂，以低山丘陵为主，中部为呈北北东向展布的串珠状丘岗，对应于沂沭断裂带，称贡丹山地垒，西部为泰沂山脉及鲁南丘陵，东北部为五莲山、马耆山等呈北东走向的低山丘陵，南部为苏北残丘。沂沭裂谷系基本与沂沭断裂带重合，新构造运动表现得十分强烈。在许多地方，晚白垩统地层倒冲在第四系地层之上，浅源地震频繁发生。自公元前70年以来，已记载了五次7级以上强震，小于5级地震时有发生，这些地震源深度多在20—40千米，反映了裂谷的活动机制。裂谷系地热场呈高低相间的带状分布，轴部裂谷带（即临沂、沂南、安丘一带）为一带状地热区，地温梯度3.66—4.58℃/100米，热流值1.49—1.88HFU，都比鲁西、胶东地区要高。在沂南铜井、临沂汤头等地还有几处水温50℃以上热泉出现。较高的地热场与裂谷系的地质历史紧密相关，表现为深部热，地表张裂，可能反映了古裂谷的特征[⑬]。在临沂汤头，热泉流水形成一条河流，因名汤河。隆冬之际，热气氤氲，蔚为壮观。自距今10000—4000年，这些热泉、热河持续形成黑土湖堆积[⑭]。是与《山海经》中的汤谷极为吻合。可以认为，沂沭裂谷系中呈带状分布的地热场形成的热泉，就是古籍中的汤谷或者甘渊；位处带状地热场附近的胶州、胶南、莒县、莒南、诸城、五莲、日照、临沂等地，就是“扶木”与“十日”的所在地。大汶口文化晚期和龙山文化早期的陵阳河类型、三里河类型、尧王城类型等先民创造的原始文化，就是东方的“十日文化”。理由有三，其一大汶口晚期陵阳河类型为崇日、崇鸟和祭祀山川、树木的民族，其刻画于礼制器物上面的神圣图形多有祭日、祭山、祭树和太阳神鸟之形（图四），文献中有少昊氏“以鸟名官”的记载（《左传·昭公十七年》）等就说明了这一点；其二，古代先民认为山东东部是太阳升起的地方，许多与崇拜太阳有关的神话与传说多发源于此，如秦汉之际的八主之祠，其日主、阳主、月主、四时主均在这一带；其三，及至秦汉之际，沂沭河裂谷地区的众多地名仍然与太阳有关，如城阳国、阳都、开阳、启阳等等，应有其历史渊源[⑮]。所以，青铜神树可能属于大汶口文化晚期陵阳河类型先民的祖居之地望或祖神象征。

---

⑪　常兴照：《龙山文化与后羿传说》，见本书。

⑫　吕思勉：《先秦史》，上海古籍出版社，1982年。

⑬　刘洪滨：《郯庐断裂中段沂沭裂谷系的构造作用与岩浆活动》，《山东地质》1986年第1期。

⑭　王世进、张成基、刘海坤等：《山东省第四纪地质研究新进展》，《山东地质》1999年第2期。

⑮　常兴照：《龙山文化与后羿传说》，见本书。

1　2　3　4

图四　大汶口文化陶刻、石刻、骨雕图像
1、2. 莒县陵阳河出土大汶口文化陶尊（分别藏国家博物馆、山东博物馆）
3、4. 邳州大墩子出土大汶口文化阳鸟纹石璧、骨雕太阳鸟⑯

三、关于二号坑出土的大玉璋及其图案

三星堆二号祭祀坑出土的一件玉璋长54.4厘米，青黑色，上有灰色斑纹。全器经火燎变质而出现龟裂纹。器身近似平行四边形，射和邸（柄）的分界明显，射宽而邸窄，射前端略宽于后端。在邸、射之间的分界略下处有一圆穿。发掘简报将此璋称作“边璋”，发掘报告《三星堆祭祀坑》已改称为“玉璋”。玉璋的图案两面均相同，整个图案的主要内容是两山和三人的固定格局。上下两幅图案布局对称，内容亦相同。不同之处在于邸端一组因邸的宽度窄于射的宽度，人物图案只刻了两人而非三人。两幅图案每幅又可分为两大组五小组，在两大组图案之间用几何形云雷纹隔开（图五）。

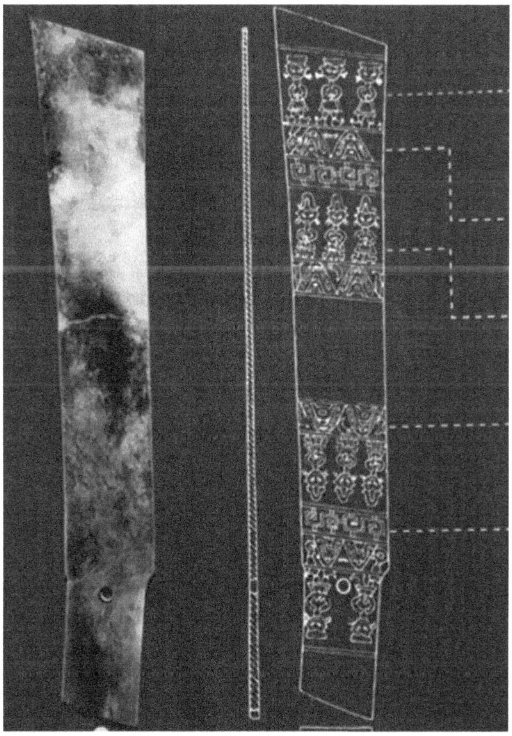

图五　三星堆大玉璋

⑯　张学海、李玉亭：《大汶口文化的新发现》，《华夏考古》2009年第4期。

第一幅由三个身材、姿势、衣着相同的人物组成。头戴平顶冠，冠上刺两行小点。细眉，“日”字形大眼，大嘴，嘴角下勾。双耳戴有铃形挂饰。长颈。双手作半握拳状，两拇指相顶。身着长衣，下摆至膝。两小腿上似戴有脚镯，两脚向外撇成“一”字形，大脚趾上翘。第二幅图案刻划两座大山，山上有一圆圈，似代表太阳。圆圈两侧分别刻有呈“八”字形的云气纹，云气纹下是一座小山，山的中部也有一圆圈，圆圈下还有一座小山。两座大山的两边各有一只大手，作半握拳状，拇指按着大山的山腰。在两山中间，刻有一个形符号。第三幅由两组勾连云雷纹组成，形成上下两大组图的界格。第四幅刻划三个相同的人物。均头戴“几”字形帽，帽上有雨点纹。细眉，“日”字形大眼，大嘴，嘴角下勾。两耳挂两两相连的圆耳环。长颈。双手在胸前作半握拳状，两大拇指相顶。衣长及大腿部。双膝跪地。第五幅有两座大山，山的内部构图与第二幅同。两山外侧各立一枚牙璋，两山中间空处有一个疑似象牙的钩状物。将图案的上、下两大组内容进行比较，可以看出两大组图案的内容不尽相同。其一是两山之间的悬置物不同；其二是两山外侧的标示的图形不同；其三是上下两群的人像形态、冠帽耳饰不同，不同的人物似各代表其不同的身份和地位。关于玉璋图案的相关含义，学者们几乎都判断该图是描绘了古蜀人祭祀神山的情形，其中以陈德安先生的观点最具有代表性⑰。

对于上一组图像两山间的悬置物，陈德安先生认为是“似可释为船和船上站立的人。船是渡河涉川的交通工具，巴蜀和楚地河流密布，死者灵魂渡河涉川亦需用船作为交通工具，可从《楚辞·九歌》‘驾飞龙乘桂舟’句得到证明。考古发现上亦有实例，如湖南长沙子弹库楚墓中出土的《人物御龙帛画》中，就有人物站立于龙形‘魂舟’上的图像”⑱。但是从上下两幅图像综合分析，其与下一幅图像两山中悬置的象牙所标识的意象差距过大，跳跃性太强。象牙可以解释为祭品，上一幅图像的悬置物很可能也是相类似的物品。笔者认为，这一图像与山东莒县陵阳河遗址出土的大汶口文化“滤酒图像”十分相似，很可能是同一种意象标识（图六），据王树明先生研究，滤酒图像由三部分组成：一是可以隶定为“享”字的酒神图像，可能为“耒、耜”之类的象形物（私意或是盛放酒曲之类的容器，因其有滴沥孔）；二是茅草叶；三是接酒盆⑲。玉璋上面的“船形物”缺少了酒神图像，只有茅草和接酒盆。是亦说明祭祀对象不是酒神，“酒”仅是祭山的贡品之一。如果把该图像判释为滤酒图像，则与下一幅图像中悬置象牙的属性相同，位置相近，似乎更能接近事物的真谛，也就更容易解释玉璋图案的实际作用。如是，则玉璋所刻上下图案应是

1　　2

图六　陶刻滤酒图像与玉璋刻符

1. 大汶口文化陶刻　2. 三星堆大玉璋刻符

⑰　陈德安：《浅释三星堆二号祭祀坑出土的“边璋”图案》，《南方民族考古》（第三辑），四川科学技术出版社，1991年。

⑱　陈德安：《浅释三星堆二号祭祀坑出土的“边璋”图案》，《南方民族考古》（第三辑），四川科学技术出版社，1991年。

⑲　王树明：《谈陵阳河与大朱村出土的陶尊“文字”》，《山东史前文化论文集》，齐鲁书社，1986年。

两幅祭山仪式导引图：从人物形象看，共有两类人群。一类是头戴平顶冠帽，耳戴铃形挂饰的直立人群，似在翩翩起舞。头戴平顶帽，帽圈上有上、下两周刺点，这种刺点可能是帽圈上纹饰的简化形式。平顶冠的冠圈上铸有纹饰的情况亦见于二号祭祀坑的大型青铜人立像和另外一件头像，只不过大型青铜人立像冠圈上方另加有兽面纹装饰罢了。另外，在二号祭祀坑出土的大量人头像中，平顶冠是出土的人头像的主要装饰。由此可以推测，上面图案中的这三个人的身份代表着主要的祭祀人群。下组图案中的跪立人物头戴“几”字形冠帽，帽檐上卷，帽上有刺点纹装饰，两耳垂戴双环形耳饰，身着喇叭裙，两膝并拢，两脚分开，似在虔诚跪拜。其面部造型和一号祭祀坑出土的一件铜人面像近似，而所戴“几”字形冠帽则与良渚文化玉琮上面的神人面像所戴羽冠十分相似，可能预示着跪拜人员的族群属性和相互关系。上下两幅图像的山形基本相同，但中间悬置物和两侧所刻图案标识着祭祀的不同物品。如果前面所论上幅图案中的悬置物是滤酒图像的推测不谬，则祭山的主要物品是三种。

一是酒。用灌酒或筛酒的形式来祭祀神灵或山川、土地，是大部分民族都有的习俗。祭祀活动中，酒作为美好的东西，首先要奉献给上天、神明和祖先享用；出征的勇士，在出发之前，更要用酒来激励斗志；酒与家国的关系由此可见一斑。《周礼·天官·酒正》对祭祀用酒有明确的规定，祭祀时要用“五齐”“三酒”共八种酒。主持祭祀活动的人，有相当大的权力，如巫师的主要职责是奉祀天帝鬼神，并为人祈福禳灾，筛酒供奉是主要的活动仪式；后来又有了“祭酒”之职专司主持飨宴中的酹酒祭神活动。

二是象牙。象牙是古人认为较为美好的物品。大汶口文化就曾发现较多象牙制品，如牙梳、牙雕筒、牙琮等。屈原《离骚》：“为余驾飞龙兮，杂瑶象以为车。”汉严忌《哀时命》：“怀瑶象而佩琼兮，愿陈列而无正。”瑶为美玉，象即象牙。都说明了美玉与象牙的珍贵与美好。但用整根象牙进行祭祀，在这里属首见。象牙用于祭山时的仪式怎样进行？就玉璋图案来看，应该是插埋于山顶。《尔雅·释天》：“祭天曰燔柴，祭地曰瘗埋，祭山曰庪悬，祭川曰浮沉。”关于“庪悬”的含义，一直存在争论。郝懿行《尔雅义疏》引文中孙炎的说法十分贴近：“庪悬者，观礼云：‘祭山丘陵升’。贾疏引《尔雅》而申之云‘升即庪悬也。’公羊僖卅一年疏引李巡曰：‘祭山以及璧以庪置几上，遥遥而目氏之若悬，故曰庪悬。’孙炎曰‘庪悬，埋于山足曰庪，埋于山上曰悬。’”视两山中的象牙位置和形态，正和孙炎的说法不谋而合。图像中将玉璋插埋于山根，将象牙插埋于山峰，应该是对“庪悬”最形象的解释。

三是玉璋。玉璋是古代礼器。《说文》璋：剡上为圭，半圭为璋。《尚书·顾命》：秉璋以酢。《礼记·祭统》：大宗执璋。《周礼·大宗伯》：以赤璋礼南方。《周礼·春官》中说：“璋邸射，以祀山川。”《考工记》中也说：“璋邸射素功，以祀山川。”考古发现的早期牙璋也表明与山川祭祀有着密切的关系。在山东龙山文化范围内，发现多处以牙璋、玉璧等祭山的遗址。其中山东五莲上万家沟牙璋出于半山腰的丘岗[20]，山东沂南罗圈峪遗址的三件牙璋，也是在山腹岩荫中发现[21]。证明早期牙璋与

⑳ 王永波：《耜形端刃器的分类与分期》，《考古学报》1996年第1期。

㉑ 王洪明：《山东省海阳县史前遗址调查》，《考古》1985年第12期；于秋伟、赵文俊：《山东沂南县发现一组玉、石器》，《考古》1998年第3期。

山岳的祭祀有密切关系，而且与东方夷人的宗教祭法紧密关联。三星堆玉璋图案则从另一个方面证实了玉璋的祭山功能和风俗渊源。一号祭祀坑出土玉璋40件，二号祭祀坑出土玉璋17件，可能大部分都是祭山的贡品。这充分说明祭山是三星堆先民十分重要的祭祀事项。进而还可深入理解三星堆遗址为什么出土那么多青铜酒器如尊、罍、瓿等以及那么多象牙的原因。

上一幅图像两山外侧各有一只大手，作半握拳状，拇指按着大山的山腰，含义费解。根据上下图像观测，这大概是指示祭品埋藏的部位或者标识插、埋的动作。如是则上下两幅图像还可能标识了祭祀的先后顺序。也就是说上一幅图像，是祭祀的第一时序：舞蹈、滤酒、挖坑；下一幅图像是祭祀的第二时序：跪拜、埋牙、插璋；这也和民间祭祀的基本程序相符合。三星堆地区属于成都平原，周边没有大山。如此隆重的祭山大典，祭祀对象是谁？许多学者认为是岷山，界定过于偏远。根据三星堆出土的青铜神坛来看，其所祭之山应该还是“昆仑虚”。因为不能到真正的大山之前祭拜，三星堆人使用模拟手法，铸造了象征意义的“昆仑虚”，在青铜神坛前面举行祭山仪式，表达对远祖神山的崇拜和敬畏，较为符合三星堆遗址的相关发现和文献记载。而大玉璋所刻图像的作用，实如“祭告文书”，也是为了向先祖及宗神告知：后代子孙根据祖宗法典，已经完成了规定的程式和仪礼。有图为证，伏惟尚飨。

四、关于青铜立人、人像、头像和兽面像

三星堆1、2号祭祀坑出土了大量的青铜人像、头像、人面像、兽面像（共100余件，因为统计的标准不同，数字有较大出入）。其中1件大型青铜立人像，身体修长，头戴平顶高冠，高冠上饰有饕餮纹（兽面纹），其脑后拖有一条小辫子，纵目大耳，硕大的双手握如环状，身穿长襟，赤足立于方座之上（图七）。身高1.82、座高0.8、通高2.62米。他的形体高大，神态庄严，铸造精细。应该具有特殊的身份。有学者认为：该人像很可能是政教合一的统治人物，既象征王者，又象征着最大的“司巫”㉒。或认为青铜大立人形象酷似汉语古文字“尸”字的字形，故应为“立尸”㉓；或认为青铜大立人是古蜀人的一代蜀王的形象；或谓立人冠的冠式当有古蜀人太阳崇拜的古风；或因其极致夸张的手部造型，就此提出了“手崇拜”一说㉔。因说法太多，此不赘述。蔡运章先生认为：在商周时期人们的观念里，日月之神就是上帝明神，也是人君的象征。《国语·周语上》载：“古者先王既有天下，又崇立上帝明神而敬视之，于是乎有朝日、夕月以教民事君。”《后汉书·五行志六》引《日蚀说》云：“日者，

㉒ 陈显丹：《三星堆一、二号坑几个问题的研究》，《四川文物》（广汉三星堆遗址研究专辑），1989年。

㉓ 陈德安：《三星堆祭祀坑出土青铜面具研究》，《四川文物》（三星堆古蜀文化研究专辑），1992年。

㉔ 各说分别见于下列文献：段渝：《商代蜀国青铜雕像文化来源和功能之再探讨》，《四川大学学报》（哲学社会科学版）1991年第2期；王仁湘：《三星堆青铜立人冠式的解读与复原——兼说古蜀人的眼睛崇拜》，《四川文物》2004年第4期；沈仲常：《三星堆二号祭祀坑青铜立人像初记》，《文物》1987年第10期；屈小强、李殿元、段渝：《三星堆文化》，四川人民出版社，1993年，第97页。

图七　三星堆青铜大立人像

太阳之精，人君之象也。”郑玄《诗·邶风·柏舟》注：“日，君象也。”太阳神是人君的象征，古代君王率领臣民对太阳神顶礼膜拜，自然有利于巩固自己的权威和统治地位。从2号祭祀坑出土的青铜神树来看，三星堆先民的太阳崇拜与《山海经》所载“十日”和日月之神“帝俊”事迹，应属同一神话故事的范畴。因此，这尊大型青铜立人像很可能就是日月之神“帝俊”的偶像，同时也是古蜀王国的祖先㉕。是说较为接近事物的本源。

但文献中的蜀国或者蜀王，是较为后起的名号。《华阳国志卷三·蜀志》：“蜀之为国，肇于人皇，与巴同囿。至黄帝，为其子昌意娶蜀山氏之女，生子高阳，是为帝颛顼；封其支庶于蜀，世为侯伯。历夏、商、周，武王伐纣，蜀与焉。其地东接于巴，南接于越，北与秦分，西奄峨嶓。……有周之世，限以秦、巴，虽奉王职，不得与春秋盟会，君长莫同书轨。周失纲纪，蜀先称王。有蜀侯蚕丛，其目纵，始称王。”这里虽称蜀人为颛顼后裔，但春秋之际仍然不得与内地诸侯盟会。直到周失纲纪，蜀侯蚕丛，始称王。这个时段，在周显王前后。《蜀志》中记有：周显王之世，蜀王有褒、汉之地。因猎谷中，与秦惠王遇，惠王与蜀王互赠珍玩、石牛相戏弄而图谋蜀地之事件。是时已经进入战国。估计蜀之为国，早不过春秋之际。帝颛顼是一个文化面貌和族属十分复杂的部族。文献中记载有虞氏、夏后氏都对他行祖祭；又与少昊、祝融有很深的关系；在《山海经》里他与帝俊一样，东西南北“无远弗届”。颛顼没有多少战功，之所以特别受重视是因为他在宗教进化方面有重大贡献，即《国语·楚语》所记的“绝地天通”。文献中的颛顼确与宗教巫术有密切的关系，是一个巫觋文化十分发达的部族。他与相邻氏族之间的沟通，可能多是以巫师的身份出现，所以很多氏族皆宗其为神主。故而虽言“封其支庶于蜀，世为侯伯”，可能另有所指。再者文献中也记有蜀人随周武王东征的事迹（《尚书·牧誓》）；甲骨文中也有“在蜀”（《合》20584）、“至蜀无祸”（《合》21723）等说辞；但是文献中还有“庚子陈本命……伐蜀，乙巳陈本命新荒蜀磨至，告禽霍侯、艾侯……”（《逸周书·世俘解》）的记载。庚子到乙巳，前后才六天，说明此蜀非彼蜀。但是另外一个与其“同囿”的巴人，是不能被忽视的。《华阳国志·卷一·巴志》：“《洛书》曰：‘人皇始出，继地皇之后，兄弟九人，分理九州岛，为九囿。’华阳之壤，梁岷之域，是其一囿；囿中之国，则巴蜀矣。”实则巴蜀在古代一直是不分彼

㉕　蔡运章：《三星堆文化的太阳神崇拜》，《中华文化论坛》2007年第2期。

此，称名联属，同囿相处的族群。“有周之世，限以秦、巴，虽奉王职，不得与春秋盟会”，说明秦人和巴人势力远比“蜀人”强大，一直是制约和限制“蜀人”的重要国族。《山海经·海内南经》：“巴蛇食象，三岁而出其骨。”《荀子·彊国》：“秦西有巴戎。”《墨子·兼爱下》：“又有君大夫之远使于巴、越、齐、荆。”《左传·桓公九年》“巴子使韩服告于楚”，请与邓为好。《左传·昭公十三年》：“乃与巴姬密埋璧于太室之庭。”文献中记载巴人的史迹远比蜀人要多。因此巴人的阶段发展可能比蜀人的更早、更强大。目前四川盆地的史前文化，基本上以宝墩文化和三星堆文化为主要序列，尚不能明确分辨巴、蜀文化的区别界限及类型标尺。所以，从三星堆文化的时代和遗存特征、分布范围等综合分析，其很可能属于巴文化遗存。而轻言三星堆遗存属于“古蜀文化”，可能失之偏颇。《山海经·海内经》：“西南有巴国，大皞生咸鸟，咸鸟生乘釐，乘釐生后照，后照是始为巴人。”这里记载的巴人世系十分清楚，亦即属于太昊后裔，以后照为始祖。回看三星堆出土青铜大立人相关特征，推测应该是巴人始祖后照的立像。铜像头戴高冠，高冠上饰有饕餮纹。饕餮是东方民族蚩尤族的徽识，也是古代三苗人的宗主神像。在远古传说中，蚩尤十分怪异。《史记》正义引《龙鱼河图》说：“黄帝摄政，有蚩尤兄弟八十一人，并兽身人语，铜头铁额，食沙石子。造立兵杖……诛杀无道，不仁慈。”任昉《述异记》：“俗云（蚩尤）人身牛蹄，四目六手。秦汉间说：‘蚩尤耳鬓如剑戟，头有角。’又说：‘今冀州人掘地得骷髅如铜铁者，即蚩尤之骨也。’今有‘蚩尤戏’。其民两两三三，头戴牛角而相抵，汉造角抵戏，盖其遗制也。”徐宗元《帝王世纪辑存 》：“黄帝杀蚩尤，其皮为鼓，声闻百里。”后世形容蚩尤天符之神，状类不常。但综合其整体形象，实际上就是一个牛的形象，蚩尤之“尤”也是牛的音变。《史记·五帝本纪》正义引《龙鱼河图》：“蚩尤没后，天下复扰乱，黄帝遂画蚩尤形象以威天下，天下咸谓蚩尤不死，八方万邦皆为弭服。”这个蚩尤形象，就是商周彝器的上饕餮纹饰，长角、大耳、凸目、阔鼻、方口，描绘的实为蚩尤之像，实际上就是牛的形象。说明了对蚩尤神武凶猛的崇拜与恐惧。我们曾经指认山东地区是蚩尤族的故乡；山东大汶口文化，是蚩尤族的主体文化；蚩尤族铜头铁额、食沙石子的习俗，就表现在大汶口文化墓葬中常见的薄骨片缠头、束发，口含陶、石小球的习俗[26]。蚩尤在战争扩张中曾经统治过三苗，曾作为九黎和三苗集团的首领和君长，故三苗族团一直以蚩尤为宗主。所以三苗文化中的饕餮崇拜实际也是蚩尤崇拜。综上，青铜大立人头戴高冠上面的兽面纹，标识了其族属是蚩尤一族，渊源于东方大汶口文化。学术界一般认为大汶口文化是少昊或者太昊的文化。实际上少昊、太昊文化是黄帝剿杀蚩尤后重组的文化，文化基因的主体并没有改变，仍然是蚩尤族的后继文化。所以两昊一族仍尊蚩尤为族神。大立人冠帽上铭刻蚩尤图像，明确标识其属于蚩尤或太昊后裔，则与巴人始祖后照的来源基本吻合。如是，则青铜立人双手所握持的物件大概有多种可能；可以是权杖（在三星堆一号坑中，出土了一件上套爬龙铜柱首，疑似杖首，与体呈圆圈形的虎形器似可配合成套，杖身可能还包有金皮），以标识君王的

㉖　王树明、常兴照、张光明：《蚩尤辩证》，《中原文物》1993年第1期。

权力与威严；可以是旌幡旄纛，用以号令百官和军阵；也可以是象牙、玉琮之类，用以统领祭祀大典，标识祭祀的种类和仪规。做成环状可随意安装、组合，在不同的场景下发挥不同的作用。

图八　三星堆纵目铜面具

三星堆祭祀坑最惊人的发现，是出土了3件长耳、柱目、阔嘴的兽（人）面像，俗谓“千里眼、顺风耳”或者“外星人”（图八）。陈德安先生认为：这件青铜兽面具和同时出土的青铜人面具的造型相距甚远，它应是兽面具，而非人面具。从造型上来看，除了方形的脸与人脸有某些相似之处外，在其他方面，人的成分就几乎不见了，而兽类的标志却十分显著。如长而尖的兽耳似大象耳朵，口缝很大，吐舌，鼻翼呈涡旋状卷起似牛鼻，下颌向前伸长等，这些都是兽类的特征，可看作该族类的标志。至于眼睛呈柱状向外长突，那更是现实生活中没有的怪兽形象。而商代的兽面纹，眼睛正是向外凸出的。因此，把这件青铜面具定为兽面具是比较合适的[㉗]。陈德安先生分析相当到位。他还认为：兽面纹有角，主要表现的应是走兽类。而兽面具上没有铸觗角，可能表现的对象是爬行类。但是，细观这种兽面像，其额上部都是齐平的，额中和耳际旁边有方孔，似作卯榫固定之用。从整体上看，头像是不完整的，不排除其额上部还有其他构型配件的可能。如是，则加铸犄角的可能性最大。综合分析这种长耳、柱目的兽面像，基本上还属于牛头形象。同商周之际的饕餮纹属于同类化身，和三星堆二号祭祀坑内同出的其他几种兽面像属性一致（图九）。关于这三件兽面像的性质认定，综合起来约有四种：①用于捧举作为舞蹈面具；②作为祭祀对象悬挂使用；③多件串起来当作图腾柱使用；④作为祭祀对象用在泥质或木质偶像上的装饰物。陈德安先生排除了前面三种使用方法，认为兽面像镶嵌在泥塑的身躯上使用的。这方面，铜面具内留的遗迹现象，提供了一些线索。面具内侧存有红褐色范土和近似范土的泥土，十分坚硬，与坑内的泥土区别较大。因此，推测铜面具是配合着泥塑的身躯使用的可能性较大。联系到铜面具两侧的穿孔，面具可能是镶嵌在以木质材料为骨架的泥塑身躯上的[㉘]。陈先生的推测具有一定的道理。这几尊兽面像体量巨大，造型突出，具有强大的神秘威严的冲击力，一定是三星堆先民认为十分重要和崇拜的对象。作为祭祀对象用在泥质或木质偶像上进行装饰，用以突出造像的神圣和威猛，应是十分可能的。联系到前面我们关于蚩尤形象和青铜立人的研究，进而可以认为，这些兽面像均应该是蚩尤形象，同时也是三星堆居民最大的祖神形象。

㉗　陈德安：《三星堆祭祀坑出土青铜面具研究》，《四川文物》（三星堆古蜀文化研究专辑），1992年。

㉘　陈德安：《三星堆祭祀坑出土青铜面具研究》，《四川文物》（三星堆古蜀文化研究专辑），1992年。

图九　三星堆青铜兽面像

与这些兽面像同出的还有22件人面像。其中一件（编号K1：20）脸部形状为圆形，体量较小且薄，头顶有V形的冠饰的人面像，大概也属小型配件。其余21件形体较大的人面像可分为长脸和方脸两大类。其中方脸的数量较多，有15件。脸部形状为正方形，眉粗且长，眼睛狭长，类似倒“八”字形，鼻为蒜头鼻，阔口细长，多数额中部有凿孔。根据2021年3月23日央视新闻频道特别节目《三星堆新发现》的报道，新发现的三星堆五号坑出土大量黄金制品，其中包括一张独特的金面具，形制与这些方脸人面像基本相同。以二号坑标本K2②：60为例，阔嘴两角下勾。耳饰云纹，耳垂下各一圆穿，宽额中部有凿孔，宽52、高25.6厘米，体量与前述长耳柱目的兽面像相似。此类人面像也是不完整的，额上部缺失，其上部可能还有冠饰。长脸人面像体量较小，略近于正常人的头部大小。额部均无凿孔。但额上部也是齐平的，有缺失；推测上部也应该还有冠饰。铜面具的用法也应该和前述兽面像的用法相似，可能是配合镶嵌在以木质骨架的泥塑身躯上而作为祭祀对象而使用的，也应该是祖神形象。不过这些形象更为具象，更接近于人。可能标识不同氏族部落的分支宗祖。这些人面像的脸型分为两类，与前面讨论的玉璋上面刻画的人群分为两类相似，应该代表不同人群的身份属性。

二号坑还出土几件小型人像，有的独立，有的跪坐。但这些人像大部分属于神坛、神树等器物的配件或装饰，用于构成特殊的场景；应该是扮演大型祭祀对象的从属人员。具体含义应该在掌握其基本构型的情况下才能进行分析与判释。但同时出土的57件人头像则是十分重要的分析材料。江西师范大学历史文化及旅游学院吴豪夫同学的硕士论文《三星堆文化青铜器研究》，系统地梳理了三星堆铜器中的人头像，按照类型学原理以辫发和髻发为标准将人头像分为两大类，较为准确地把握了人头像的基本特征[29]。按照人群头饰、发型判断人们的族属，是民族学中重要的分类标准。古代文献中也经常出现相类似的区分记载，如《淮南子·齐俗训》：“三苗髽首，羌人括领，中国冠笄，越人劗鬋，其于服一也。”按此分类，辫发人头像有共发现47件，其中一号祭祀坑9件，二号祭祀坑38件，是最多的人群。辫发人头像中大部分戴平顶冠，冠顶齐平，冠下沿较为平直，其上可能还有饰物。有少量头像贴金面罩。颈部铸成倒三角形。髻发青铜人头像共发现10件，其中一号祭祀坑2件，二号祭祀坑8件，数量较

㉙　吴豪夫：《三星堆文化青铜器研究》，江西师范大学硕士学位论文，2015年。

少，但形制较多样。有的也是平顶，但顶部有明显的子母口，类似于“頍”，如《续汉书志·第三〇·舆服志下》：“古者有冠无帻，其戴也，加首有□，所以安物。”其顶上可能还有其他饰物；有的额上戴有回字纹冠带；有的盘发绕顶；有的为圆头顶，后脑部有椎髻；有的圆头顶上戴有双角形冠饰，冠饰连接面罩遮住脸部；也有少量贴金面罩。头像颈部亦均铸成倒三角形。这种前后铸成倒尖角形的目的，或许和铜头像的使用方式有关。可能为方便与木柱或类似躯干之类的附件连接，组装方便而配合使用的。这类人头像的特点是数量较多，形态多样；个体较小，搬运方便；头像基本完整，相关特征突出；根据它们发式的区别，可以解释成不同的人群。推测其功能一是可能代表各地不同的酋邦部落，类似于现代运动会不同代表队的导引牌和队旗；二是可能作为偶像，构成特殊场景的仪仗组合；如分列于主要祭祀对象的两侧，以增加祭祀场景的恢宏气势与庄严氛围。

五、关于三星堆遗址、古城、祭祀坑

1999年《三星堆祭祀坑》出版，报告认为1号坑的埋藏时间应在殷墟一期末至二期之间，2号坑年代应在殷墟二期至三、四期之间[30]。学术界亦基本认同1、2号坑之间存在时代的早晚关系。因为判定了两个祭祀坑的时代有区别，所以对两个坑的分析和认知就歧义较多。近日北京大学考古文博学院孙华教授，在《文史知识》2021年第8期撰文[31]，较为详细和直观地介绍了三星堆遗址的发现、三星堆古城和祭祀区的发展演变以及对三星堆“神庙”的内部空间和祭祀内容的推测和分析，为我们认识三星堆遗址、古城、祭祀坑性质提供了重要的启示和条件。

孙华教授长期参与三星堆遗址的发掘和研究，现场经验十分丰富。他认为：三星堆古城经历了三个营建阶段：在三星堆文化早期，三星堆王国的人们只在鸭子河与马牧河之间筑城，这也就是所谓“月亮湾小城”。在三星堆文化中期，三星堆王国的人们向东、向南进行了扩城，南城墙跨越了马牧河，形成了南城区的“三星堆小城”。到了三星堆文化晚期，三星堆王国的人们更加注重南城区的建设，将南城墙向南推至今三星堆外城南城墙的位置，并在东郭城内兴筑了“仓包包小城”，形成我们今天所见三星堆古城的模样（图一〇）。

大约在三星堆文化晚期阶段，也就是在南城区扩城以后一段时间，三星堆王国可能发生了一次宗教或者礼仪的改革，西南小城成为专门的宗教祭祀区，并且在这个祭祀区里除了露天的滨河祭祀场所外，很可能还修建有神庙一类宗教建筑。不久，很可能就发生了一场重大政治变故（我们这里不对变故的原因进行分析），但变故的结果导致三星堆新建不久的“神庙”被焚毁，神像以及神庙内的陈设被砸坏或烧坏。三星堆王国的人们在变故平息以后，出于某种考虑不得不将神庙的这些物品埋藏在祭祀区附近，所以

㉚ 四川省文物考古研究所：《三星堆祭祀坑》，文物出版社，1999年。

㉛ 孙华：《三星堆埋藏坑概说》，《文史知识》2021年第8期。

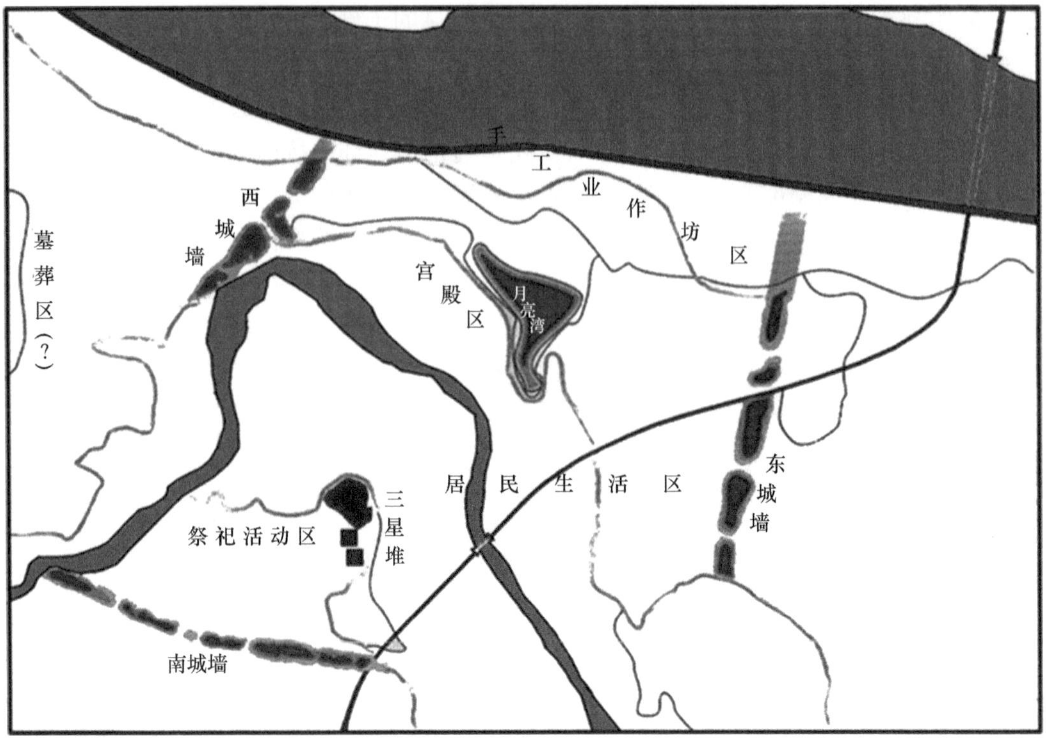

图一〇　三星堆古城示意图

应称之为埋藏坑。埋藏坑群位于三星堆土垄的西南一侧，在被历年平整取土以前，这个土垄上面有三个凸起的土丘或土台（1934年美国葛维汉博士绘制的草图上，可以清楚看出这一点）。这组耸立在平原地表的土台，应该不是自然生成的，而是人工堆筑的（四川省文物考古研究所的专家，认为这些土台是城墙的一部分）。三星堆埋藏坑的场所与土垄的方向平行或垂直，二者存在某种呼应关系。三星堆的这些埋藏坑及场所，应该是有规划的统一营建。在挖掘土坑掩埋祭祀品和陈设之前，先在三星堆土垄西南一侧寻找了一块场地，再运来被火烧毁的建筑垃圾（红烧土）和纯净的黄土铺垫场地的表面，然后再在场地上按照规划挖了六个长方形土坑（开始只规划了六个坑），土坑挖好后，可能还举行了一些仪式，然后才将神庙中被烧毁的像设、陈设和建筑残件放在坑内，最后用泥土填平了这些土坑。有两座特殊的5、6号坑，由于6号坑还打破了7号坑，这两个小坑年代要晚于其他埋藏坑，这是三星堆人按照原先的计划，在六个坑都埋藏完毕后，又发现还有漏埋的物品，故又挖了两个较小较浅的坑来掩埋这些东西。孙华先生的这些推论，基本符合目前已经发现的遗存现象，值得我们认真研读。其中对于神庙的推论尚存可推敲之处，其他基本可作为我们研判三星堆遗存的基础。

为什么孙先生关于神庙的推论有可推敲之处？因其有几点是难以闭合的论证。一是这些器物坑出土的祭祀对象十分复杂，类别众多，规模数量宏大。集中在多组宗庙大殿中都不可能放得下。另外，有些祭祀类型是不能在宗庙里祭祀的，如“祭山”大典。二是如果真有大量神庙存在，必然在其原来位置留存有建筑基础等相关痕迹，周边环境也应与其他建筑遗址略有区别。既然神庙焚毁，其被焚毁的残迹不可能完全消失。而这些遗迹现象至今并没有被发现。其三，因为有大量红烧土被用于铺垫祭祀场地，并非必然是宗庙被毁的结果。因为日常生活、烧造器物等，也可能产生大量红烧土。其四，三星堆目前发现的8座器物坑，出土的遗物说明是故意打碎并加以焚烧后填埋的，似乎和突然的变故导致宗庙焚毁之后填埋建筑垃圾有较大的区别。其五，从部分出土器物和神像样态观察，这些器物大部分都不是被经常使用的。有些器物内壁还保留红褐色范土和近似范土的泥土；有些兽面像、人面像额部，耳际存在的方孔边框的毛疵很重，并未受到较大的磨损；据此，这些铜面具似乎并未经常使用过。综上，可以认为存在宗庙遗址的可能性不大，相关祭祀活动可能是在露天空旷的广场上，分类、分批举行的一次规模宏大的祭祀活动。相关遗物是在祭祀完毕之后，人们将所有的祭祀用品全部打碎焚烧，填埋于特定的坑内而形成的遗存。结合前面我们对神坛、神树、玉璋、人面像兽面像、人头像等遗物的分析和研判，基本能够推定：在距今3200年前后（最近，北京大学碳十四实验室对正在发掘的六个坑进行了采样测年，将K4的年代框定在距今3200—3000年，即商代晚期）[32]，三星堆先民在此举行了一场深层规划、长期准备、动员广泛、规模恢宏、系统架构完整、主题层次分明的地方王国祭祀活动。

先说“深层规划和长期准备”。这次祭祀的主体对象，有代表祖地族源的神山圣树，有标识宗族威灵的神人圣像，有代表部落群体的族酋君长。举办如此广泛恢宏的祭祀大典，必须有深入骨髓的传统宗法信仰和客观条件的促进（如长期受到洪水毁城的困扰），才形成了数代三星堆人不懈的追求和梦想。从各类青铜器的铸造、玉石器的加工等，都要有造型的规范、烧造组装技法和装饰规格要求；祭祀的规模和场地的确定与建造、参与人群的动员和遴选、相关程序礼仪的核定，都要有专职人员去主持操办；其艰难程度绝不亚于我们操办一场奥运会。广汉三星堆祭祀坑出土青铜器的总重量超过数吨，而按当时冶炼的技术，若选用一般的矿石，可能需要成百上千吨矿石（现代高品铜矿1吨铜精粉需30多吨矿石，1吨粗铜约需2.5吨铜精粉）。现场出土大型青铜器多数是分铸法，即主体在场外加工而到现场补铸热焊组装。如兽面具额饰就是后来采用热补法补铸上去的，补铸额饰的铸疤上凸较高，这样可以解决远途运输的困难。三星堆祭祀坑出土器物，时代风格较为错乱：有商代的铜器，有二里头的陶器，有夏代的牙璋，有良渚文化的玉琮，似乎是多时代多文化的糅合体。这里难免有些器物是早期传留下来，一直保留到当年而使用；也有一些可能是在外地定制，辗转千遭运输而来，所以风格迥异；有一些可能是通过远途交易而获得，比如海贝；还有一些大概就是经年积累，逐渐储存而形成的，比如象牙。四川盆地古代多象，史书有载。《山海经·中次九经》：“又东北三百里曰岷山，江水出焉……其兽多犀象，多夔牛。”《华阳国志·蜀志》中也曾提到：“蜀之为国……其宝则有璧、玉……犀、象。”三星堆已经出土数百根象牙，可能还会继续出土。如此众多的象牙，必须猎捕成百上千头成年大象，即便是现

㉜ 吴小红、谢振斌、许丹阳等：《四川广汉三星堆遗址四号祭祀坑的碳十四年代研究》，《四川文物》2021年第2期。

代，也不是轻易即能做到的。或许因为他们必须常年猎捕大象，因此才有文献中“巴蛇食象”的记载（《山海经 · 海内南经》）。“巴蛇”其实是“巴蜀”的音转（古音黄侃系统“蜀”为定母屋部；“蛇”为定母歌部；两字通转）。这也正好说明三星堆祭祀坑的埋藏现象，是长期准备的结果。

次说“动员广泛和规模恢宏”。假设屏蔽了这八座祭祀坑（埋藏坑），再讨论三星堆遗址和古城的文化性质，与同时期黄河流域的殷墟、郑州商城、二里头、长江流域的吴城、盘龙城等遗址相比都明显逊色，更难说其辉煌与灿烂。1980年以来广汉三星堆遗址进行了多次发掘，共发现房屋基址40余座，陶窑1座，灰坑100多个，墓葬10余座，已发掘的4座㉝。虽然发现了疑似为宫殿遗迹的青关山一号建筑基址，但总体上遗迹较少，出土文物也不丰富。特别是墓葬发现较少，随葬品特别贫乏。说明遗址上居民定居性较差，私有化程度较低，社会发展水平并不高。遗址由多个遗址点构成，总面积约12平方千米，确定为中心遗址没有争议。在鸭子河上游也已发现十几处商周之际的遗址㉞。但整个成都平原发现并明确定性为“三星堆文化遗址”的并不多，发现大型青铜器的地方更是基本无见。因此，三星堆祭祀坑发现的众多祭祀用品，很可能是整个王国族群为了这次祭祀大典从各地集散汇聚而形成的。前面论证过颈部呈倒三角形青铜人头像的属性，如果一个人头像代表一个部落，那么57个人头像所代表的部落可能比目前已经确认的三星堆文化遗址还要多得多。如此，这次祭祀的规模和范围应该就是举“全国”之力，集全族精英，不遗余力，空前绝后的旷世大典。

再说“系统架构完整、主题层次分明”。从前面分析的神坛、神树、玉璋、大立人、兽面像、人面像、人头像等多种器物的属性可知，这次祭祀活动包括了祭山、祭树、祭宗主、祭祖神、祭君长等多种活动。其中最主要的是祭山活动，所祭之山乃指其祖源之地的昆仑虚。尽管所谓青铜神坛是昆仑虚的象征，但其所起的作用和大玉璋一样，是祭告标识。仅凭神坛还是不能完成祭山的相关活动的，还必须有真正能够演示篩酒、悬牙、埋璋的地方，这就是“三星堆”土垅。因此还要重新界定一下所谓“三星堆”土垅的性质。土垅位于三星堆遗址南部，呈西北—东南走向，西北端地面现存部分长约40米，东南端临马牧河岸缘仅存少许夯土边缘。根据现有的考古资料，可知“三星堆”城墙长度为260米。城墙南侧有壕沟，宽30—35米，壕沟距地表深2.84米，壕沟深2.4米。城墙上开有两个缺口，形成“三个土堆”，据说缺口的年代不会早于明代。根据解剖及调查资料，三星堆城墙残存部分高约6米，顶宽5—7米，基础宽度为40—45米。结构、筑法、体量及城墙内的包含物与东、西、南城墙基本一致，唯顶部宽度不及其他城墙。因此，发掘者认为“三星堆”是一条内城墙。同时认为一些学者将三星堆说成是祭坛，或直接将三星堆说成土坛是不正确的，应予纠正㉟。仔细研判“三星堆”土

㉝ 王明平等：《三星堆古城轮廓初现殷商时期南方最大城池》，《成都商报》2014年3月29日第5版。许丹阳：《三星堆文化研究四十年》，《中国文化研究》2021年第2期。

㉞ 四川省文物考古研究院：《四川鸭子河流域商周时期遗址2011—2013年调查简报》，《四川文物》2014年第5期。

㉟ 宋犀堃主编：《世界文明奇迹》，汕头大学出版社，2014年，第150—153页。

垅，就会发现，视其为内城墙的论证较为牵强。目前三星堆古城的残留城墙分为七段，中间没有完全闭合。根据孙华教授的推论，三星堆土垅是在月亮湾小城扩城之时向东、向南进行了推进，南城墙也就是“三星堆”土垅跨越了马牧河，形成了南城区的“三星堆小城”。当时马牧河是存在的，而且其水位所达的范围几乎就是扩城的范围。把河流包括在城址之内，在扩城规划上存在不合理或不可能。此为一。“三星堆”土垅与西城墙等相比，顶部有所不同。西城墙地面现存部分总长约600米，顶宽10—30米，底宽35—50米，高3—6米。“三星堆”土垅整体更高，顶部更狭小，顶宽仅5—7米，更像山的形状。此为二。“三星堆”土垅南部有壕沟，东、北、西部有马牧河围绕，自然形成一个独立区域，无城可居。此为三。再看载籍中关于昆仑虚的记载，《山海经·大荒西经》谓：“西海之南，流沙之滨，赤水之后，黑水之前，有大山，名曰昆仑之丘。”《淮南子·地形训》：“河水出昆仑东北陬，……赤水出其东南陬，……弱水出自穷石，……洋水出其西北陬，……凡四水者，帝之神泉，以和百药，以润万物。”说明昆仑虚周围是有水围合的，与土垅的地貌形态基本吻合。由此可以基本认定，“三星堆”土垅，实即三星堆先民人工围筑的“昆仑虚”；是专用于此次祭祀大典的重要祭台（图一一，孙华教授推测的三星堆古城第二期变化形态）。如是，则可知三星堆土垅、土垅西南侧用红烧土、黄土平整的广场，是这次祭祀活动的主要场地。在这里举行的祭祀活动有“泰山昆仑”祭、东海扶桑祭、宗主蚩尤祭、祖神后照祭、部族君长祭等包含主祭、从祭、分支祭、分组祭的各类祭祀活动。如果祭祀活动有相关的时序规定和安排，抑或按照春分夏至四时节令分别进行，相关活动可能要进行很长的时间。因此说，这是一次系统的、主体明确的、层次结构完整的祭祀大典。

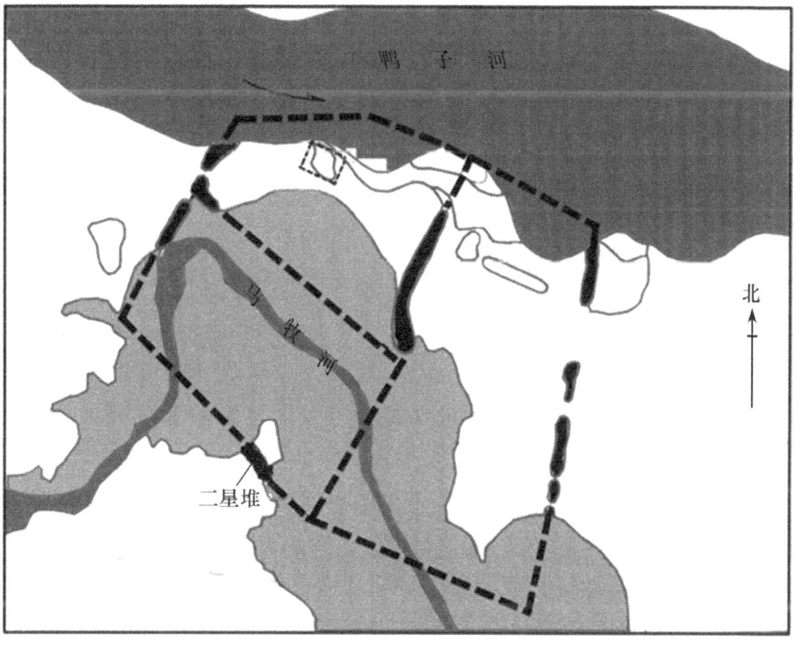

图一一　三星堆古城第二期形态示意图

祭祀活动结束之后，三星堆先民将所有的祭祀用品打碎烧毁埋入规划好的八座祭祀坑。如何理解这种行为？山东地区流传至今的两种民俗可以为此做出较为合理的阐释。一是家中亲人亡故后举行的“五七祭”中要举行的招魂、送魂活动。意为亲人归天，魂魄犹在，盘桓在家中不肯离去。如果不进行召唤引送，魂魄会在家迷失，久之会作祟后人。方法是用黄表纸剪成金元宝或纸钱，呼唤着亲人的称呼，沿屋内四角转圈，如果纸钱附着在某个地方，就说明魂魄找着了。要把魂魄纸钱、亲人牌位、生前使用物品、心爱之物以及祭祀期间使用的相关纸扎冥器等，都要运送到坟前烧化，烧不烂的就挖坑埋掉。以表示亲人真正归天圆满了。二是春节期间宗族内组织的“请主、送主”活动。做法是在除夕之前，在规定场所举行祭祀，由族中年长且有一定文识的人主持，召唤族中五服之内先人回家过年。事先写好牌位，按名号一一点名，烧纸鸣炮，跪拜迎接。回到祠堂或者在族内有一定身份且居室宽敞的家庭正堂，挂好族谱；摆好牌位；设好香案；陈设各种祭品；由族内各个分支、家庭分组列队，从春节凌晨一直到初五，不断举行跪拜祭祀。初五还要举行“送主”活动，也是以防先人魂魄迟滞在家，不能归天。先是在堂内召唤，焚烧祭拜；再则送到路口，焚烧送行。同时也要把祭品和请送期间的相关用品，一起焚烧或送到祖陵埋掉。有的家族，甚至不光迎送族内先人，有时也把玉皇大帝、太上老君、观音菩萨等一起迎送。这些习俗对解释三星堆祭祀坑的形成和作用，具有重要的参考意义。

六、关于三星堆居民的组成及来源

前文中已经分析了三星堆居民存在两种人群，且共同生活和睦相处，同在一起祭祀。这个结论或许令人费解。但只要认真考察文献中关于“舜窜三苗”和“迁三苗于三危”的记载，并结合考古学文化进一步分析，就会豁然明白。笔者在《舜窜三苗与禹征三苗再认识——兼谈良渚文化族属》一文中指出：苗蛮不属于同一集团：长江下游的良渚文化为苗；长江中游的石家河文化为蛮。大汶口文化花厅类型是蚩尤被杀之后三苗作乱的证明；而良渚文化后期出现的大汶口文化因素，则是舜征三苗的具体表现。帝舜征服三苗之后，实行了大规模窜放流徙的政策，迁“三苗于三危”，应该是真实的历史存在，绝非向空虚造。梳理相关帝舜的传说，结合考古学文化分析，可知这次“窜变”过程是相当和谐和神圣的。因为帝舜的征服方式是“修教三年，执干戚舞”，大概对良渚文化上层人物进行了洗脑和教育，制定了寻找更美好的家园规划和目标，开始了历史上时间最长、规模最宏大的一次迁移。其流变路线大概是沿赣南、粤北、湘南、湘西、贵州等地的陆路行进的，大致方向与近代工农红军长征的路线相近。同时帝舜族团是派了自己的团队伴行迁徙的，使这次“窜放”变成了文化传播和功德宣传；所以沿途留下了众多美好的传说和优秀的考古学文化[36]。分析以下几个迁移

[36] 常兴照：《舜窜三苗与禹征三苗再认识——兼谈良渚文化族属》，《东方考古》（第19集），山东大学出版社，2022年。

节点，可证明这次迁移的具体路线。

一是广东地区，以石峡文化为代表。主要分布在粤北和湘南地区，年代距今5000—4000年。石器工具普遍磨光，有弓背两端刃、有段石锛、有肩石锛、凿、钺和镞等。稻作农业发展程度较高。陶器中三足器、圈足器发达，有少量曲尺纹、漩涡纹、几何印纹陶。在石峡遗址发现墓地，多数墓坑经过烧烤，均单人葬，盛行二次迁葬。迁葬墓有两套随葬品，一套是同人骨一起迁来的残破陶器，另一套是二次埋葬时新放入的。晚期大小墓差别明显，反映出贫富分化和社会已出现特殊阶层。大墓随葬品多达数十件至百余件，包括成批石器及琮、瑗、璧等贵重玉器。石峡文化与岭南地区土著文化明显有别，部分陶器具有良渚文化特征；与北邻的江西赣江流域樊城堆文化关系最为密切；有人将两文化并称为樊城堆—石峡文化[37]。石峡文化中众多的鼎、豆、壶、鬶等器物组合与造型，带有浓厚的东方大汶口文化因素，也为这次迁徙带来强有力的证明。

二是贵州地区。由于地处山区，贵州考古工作比较零散，但相关发现仍然十分重要。有关学者将贵州新石器时代遗存分为五个区，其中以金沙江、横江、牛栏江、北盘江上游和三岔河为枢纽的黔西、黔西北混合型文化区可以说明相关问题。代表遗址有六枝老坡底新石器时代遗址群、中水鸡公山遗址群以及早年发现的毕节青场遗址等。含有多种文化因素是其中最为典型的特点。从鸡公山与六枝老坡底遗址群发掘所出土的遗物来看，在鸡公山遗址出土了少量带有西北地区氐羌文化因素、东南百越文化因素以及成都平原三星堆文化因素的器物。而“鸡公山文化”的核心区域则显然是在云南昭通地区和中水盆地；六枝老坡底新石器时代遗址群出土的夹砂褐陶圜底器、夹砂陶片的陶质陶色与纹饰都与贞丰木耳山遗址试掘出的遗物具有一定的相似性，显然这与东南沿海地区的文化因素具有一定的传承关系；而早年毕节青场出土的有段石锛，与广西南宁地区出土的极为近似[38]。根据已公布的考古材料，我国西南地区的云南、贵州西部和川西南地区，其新石器时代文化面貌有一定的相似。云南江川头咀山、祥云清华洞、安宁王家滩、鲁甸马厂、晋宁石寨山、云县忙怀以及滇池周围、澜沧江中上游地区，都发现以有段石锛、双肩石锛、双肩石斧为特征新石器文化遗存。贵州西部地区的盘州等曾采集到磨制的双肩石斧，水城和威宁发现了少量的有段石锛。川西南的雅安羌江北岸的斗胆村和沙溪村亦发现过被称为“有柄的石锄”的双肩石器。有段石锛和双肩石斧是我国东南沿海地区新石器时代晚期文化的典型遗存，这些石器在云贵高原和川西南地区新石器时代遗址中普遍发现，反映我国西南地区和东南沿海地区新石器时代文化之间的联系[39]。

三是成都平原地区，以宝墩文化为代表。宝墩文化在成都平原的出现比较突兀，似乎与外来文化迁移有关。目前已经发现属于宝墩文化的8座古城，多分布在与河流

㊲ 李家和、杨巨源、刘诗中：《再论樊城堆—石峡文化——二谈江西新石器晚期文化》，《东南文化》1989年第3期。

㊳ 吴小华：《近年贵州高原新石器至商周时期文化遗存的发现与分区》，《四川文物》2011年第1期。

㊴ 王红光：《贵州考古的新发现和新认识》，《考古》2006年第8期。

方向相一致的台地上。城墙的构筑方式为斜坡堆筑；城址的中心部位多数发现有大规模的建筑遗存；这些城址的文化堆积较薄，城址的年代跨度不长，可能与洪水毁城有关。宝墩文化的年代在距今4500—3700年，时间跨度约为800年，被分为四期，每一期中往往又包括几座城址。陶系分夹砂陶和泥质陶两种，夹砂陶多羼白色石英砂，有灰陶、外褐内灰陶和褐陶；泥质陶以灰白陶、灰黄陶和黑皮陶为主。其中泥质灰白陶的火候一般较高，也有火候较低、表面呈粉末状者；灰黄陶的火候较低，但大多施有黑色陶衣，出土时多脱落。夹砂陶以绳纹为主，泥质陶以划纹、戳压纹、附加泥条戳印纹和施黑衣为主。宝墩文化早期的陶器制作精细，多磨光，出土时黝黑发亮；后期陶器及其纹饰制作得较为粗率。器类盛行平底器和圈足器，不见圜底器和三足器，流行宽沿、大翻口的风格。典型器物有绳纹花边口罐、敞口圈足尊、盘口圈足尊、喇叭口高领罐、宽沿平底尊、壶、宽沿盆和浅盘豆等，另有少量的卷沿罐、筒形罐、深腹罐、窄沿罐、窄沿盆、曲沿罐、折腹钵、矮领圆肩罐、敛口罐、敛口瓮等。生产工具主要是石器，多为通体磨制，偏于小型化，以斧、锛、凿为主，另有少量的刀、铲、钺、镞和矛等㊵；没有发现有段或有肩类石器。根据相关新闻报道：宝墩遗址发现了疑似稻田的遗迹；通过植物考古显示，宝墩文化中水稻的数量占据了绝对的优势；说明这一时期成都平原人群以种植水稻为主，而与之前的桂园桥一期遗存以黍为主有较大的区别㊶。关于宝墩文化的来源，许多学者认为与长江中下游文化有相当大的关联。如高大伦认为宝墩文化中常见的灰白陶以及宝墩遗址中浮选出的水稻，皆受长江中下游影响。还有众多学者如俞伟超、万娇、赵殿增、王毅、孙华等学者认为宝墩文化遗存中有长江中游地区屈家岭、石家河文化的典型器物灰白陶和镂孔圈足器等因素㊷。实际上灰白陶和镂孔圈足器等因素也属于良渚文化的重要特点；而稻作农业，也应该和良渚文化有密切关系。宝墩文化目前发现少量的墓葬，多数没有随葬品。但是在大邑高山古城，2014—2016年发掘95座墓，被认为是成都平原年代最早、保存最完整的史前墓地。据悉3座墓有随葬品，可见拔牙习俗㊸。成都十街坊遗址试掘墓葬19座，有4座墓存在拔牙现象，其中M16为男性墓，有拔牙并有8件长方形片状骨器在头骨周围分布㊹。拔牙形式与大汶口文化居民的拔牙方式相同。三星堆仁胜村共发现 29 座墓

㊵ 江章华、王毅、张擎：《成都平原早期城址及其考古学文化初论》，《苏秉琦与当代中国考古学》，科学出版社，2001年。

㊶ 段祯：《4500年前是谁把水稻带到成都平原的？》，《成都日报》2021年6月9日第3版。

㊷ 高大伦：《成都平原古文明的活力之源》，《夏商周方国文明国际学术研讨会论文集》，科学出版社，2015年；俞伟超：《四川地区考古文化问题思考》，《四川文物》2004年第2期；万娇、雷雨：《桂圆桥遗址与成都平原新石器文化发展脉络》，《文物》2013年第9期；赵殿增：《从考古发现看汉水在巴蜀文明发展中的地位》，《汉水文化暨武当文化国际学术讨论会》，2004年；王毅、孙华：《宝墩村文化的初步认识》，《考古》1999年第8期。

㊸ 成都文物考古研究所：《成都市大邑县高山古城2014年发掘简报》，《考古》2017年第4期；周志清等：《四川大邑高山古城遗址2015～2016年发掘收获》，《2016中国重要考古发现》，文物出版社，2017年。

㊹ 朱章义、刘雨茂、王仲雄等：《成都市南郊十街坊遗址年度发掘纪要》，《成都考古发现（1999）》，科学出版社，2001年；张君、朱章义：《成都市十街坊遗址新石器时代晚期人骨的观察》，《考古》2006年第7期。

葬，有5座墓有随葬品。M5 随葬品最为丰富，随葬玉锥形器3件、玉泡形器3件、玉斧形器1件、黑曜石珠3颗和石弹丸2颗。由于埋葬现象十分特殊，墓坑底部和坑壁均经过夯打（与石峡文化中墓坑墓壁经过烧烤具有相似的作用），在墓底遍布一层呈油腻状的黏稠、细腻的有机物腐殖质。人骨或零乱不全，或严重腐朽，仅存模糊的朽痕，无法鉴定相关特征[45]。但墓中出土的一批玉石器，是目前已知成都平原出土玉石器中时代最早者。玉石器器类丰富、器形古异，计有璧形器、蜗旋状器、泡形器、锥形器、凿、矛、斧、斧形器及黑曜石珠等。已有多位学者指出这些器物与良渚文化的相关因素存在关联，可能属于良渚文化的文化传统[46]。上述遗址墓葬人骨存在的拔牙习俗、头部有长方形片状骨器围绕、遗物中有黑曜石珠、石弹丸等习俗，则和大汶口文化墓葬中的相关现象十分相似。另外，已有学者早就指出三星堆文化所出土的陶器类群中，很多也和东方大汶口、龙山文化有传承关系[47]。仔细观察唐际根先生总结的三星堆遗物陶器群（图一二）[48]，不难发现，其中如陶盉、高柄豆、高柄杯、陶瓶等器物，在山东大汶口文化和龙山文化遗存中确实存在某些文化基因的踪迹线索，如山东临沂大范庄遗址出土的大汶口晚期到龙山早期文化的器物群中，就有很多类似或相似的器物（图一三）[49]。综上，基本可以推定，三星堆先民的主要渊源，应该来源于东方大汶

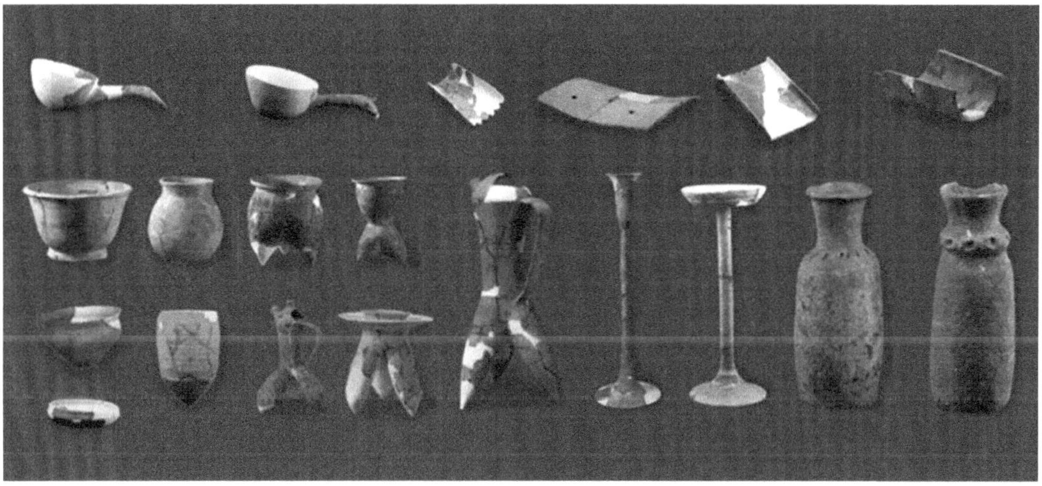

图一二　三星堆遗址出土器物
引自唐际根：《“祭祀坑”还是“灭国坑”：三星堆考古背后的观点博弈》

㊺ 四川省文物考古研究所三星堆遗址工作站：《四川广汉市三星堆遗址仁胜村土坑墓》，《考古》2004 年第10期。

㊻ 王方：《试析古蜀玉器中的良渚文化因素》，《玉魂国魄——中国古代玉器与传统文化学术讨论会文集（四）》，浙江古籍出版社，2010年；肖先进、吴维羲：《三星堆遗址仁胜村土坑墓出土玉石器初步研究》，《四川文物》2010年第2期。

㊼ 孙华：《巴蜀文物杂识》，《文物》1989年第5期。

㊽ 唐际根：《“祭祀坑”还是“灭国坑”：三星堆考古背后的观点博弈》，《美成在久》2021年第3期。

㊾ 冯沂：《山东临沂市大范庄遗址调查》，《华夏考古》2004年第1期；临沂文物组：《山东临沂大范庄新石器时代墓葬的发掘》，《考古》1975年第1期。

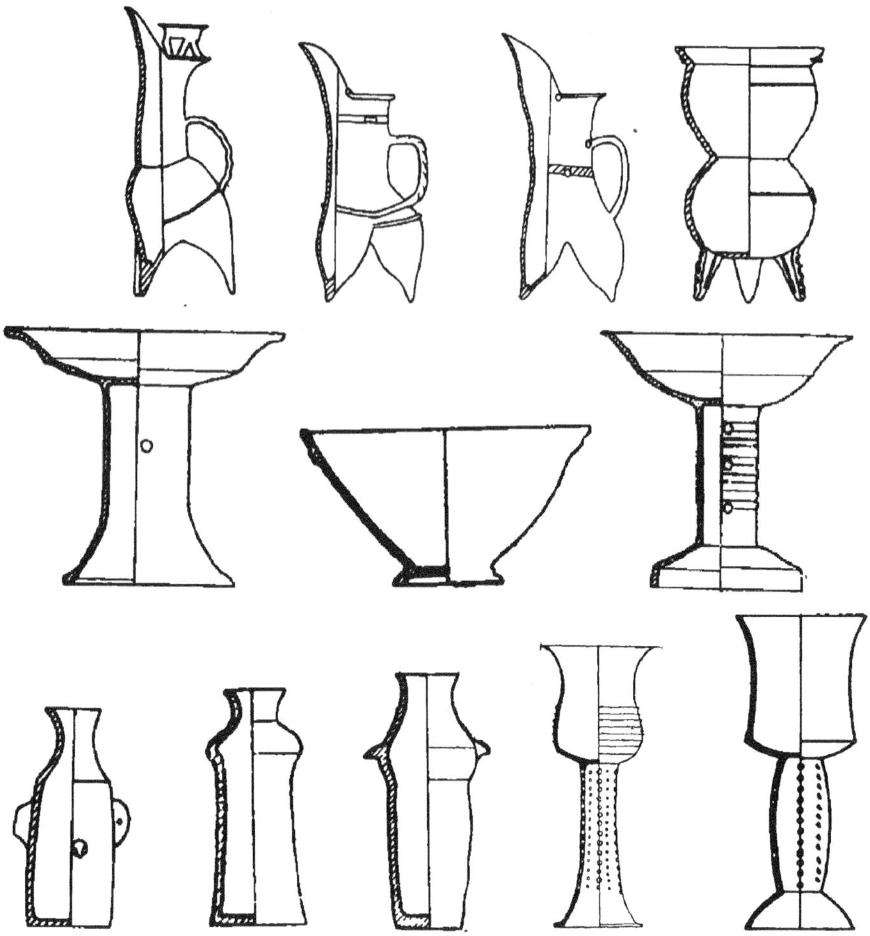

图一三　临沂大范庄遗址出土器物

口文化和良渚文化人群的迁移。迁移的主要动因，则与“舜窜三苗”的历史事件密切相关。《禹贡·梁州篇》有：“岷、嶓既艺，沱、潜既道。蔡、蒙旅平，和夷厎绩。”“和夷厎绩”旧说皆不得其解。一般释“和夷”为地名，其实应为族名，《尚书·尧典》对此事有明确记述。这里的“和夷厎绩”其意应指和氏之族在这里建功立业。因为西方部族均称“戎”或“西戎”，东方部族才称“夷”，“和夷”之称明显标示其来自东方。

或许需要说明，三星堆居民的两类族群，为何相处得如此和谐？其实三苗人和东夷人在历史上就存在诸多分合现象。例如，大汶口文化花厅墓地出现的文化两合现象[50]，还有良渚文化玉琮上，有良渚文化的图像记号与大汶口文化的图像记号相对而刻的例子；也有在良渚文化玉琮上或陶器上刻有大汶口的记号；说明两个文化的交流已经深入到宗教习俗之中[51]。即便是因为三苗“在江淮荆州数为乱”，帝舜“修教三年，

---

⑩　高广仁：《花厅墓地“文化两合现象”的分析》，《东南文化》2000年第9期。

⑪　〔日〕林巳奈夫：《良渚文化和大汶口文化中的图像记号》，《东南文化》1991年第8期。

执干戚舞”，征服三苗并“窜三苗于三危”，帝舜族团也是派了自己的团队伴行迁徙的，在迁移途中还可能发生了通婚关系。如广泛流传于苗、瑶、畲、彝等南方民族中的“盘瓠传说”中帝喾高辛氏（实即太昊有虞氏，帝喾即太昊）将女儿辛女嫁给盘王的故事，就说明了这一点。所以，三苗文化和东夷文化在四川盆地和谐相处，没有违和感。

附记：2023年12月中旬笔者有幸参观了新开放的三星堆博物馆新馆，看到了根据电脑三维图像拼接组合的由八号坑出土的青铜神兽、有13个小型青铜人像的镂空基台以及三号坑出土的青铜顶坛人像、青铜持鸟立人像，七号坑出土的青铜顶尊跪坐人像，还有二号坑出土的青铜喇叭座顶尊跪坐人像等部分拼合而成的“青铜神坛”。神坛中部有一“力士”托举着一个戴牛头冠的神人，背负神山和四柱天。此与我推论的三星堆出土铜像“很多头部是不完整的，不排除其额上部还有其他构型配件的可能。如是，则加铸犄角的可能性最大”十分吻合。证明这个氏族的主要人物，当为蚩尤的后代。神坛的组合形态基本符合《韩非子·十过》“昔者黄帝合鬼神于西泰山之上，驾象车而六蛟龙，毕方并辖，蚩尤居前，风伯进扫，雨师洒道，虎狼在前，腾蛇伏地，凤凰复上，大合鬼神，作为《清角》”所描绘的场面。

2021年8月于燕郊

从出土文献看楚人早期历史

楚人和楚文化是中国古代社会中十分艳丽的一支民族之花，对中华古代文明的建构和发展有着突出的贡献。以往学界研究楚人早期历史大多以《史记·楚世家》为蓝本，参证《帝王世纪》《世本》《国语》《左传》等文献进行比对，做过大量有益的论析和探讨。但是随着近年不断出土的楚国简帛文献的公布，已知楚人早期历史与传世文献有较大的出入。因此试依相关出土文献，对楚人早期历史做粗浅探析。

一、楚人早期历史梗概

《史记·楚世家》记载："楚之先祖出自帝颛顼高阳……高阳生称，称生卷章，卷章生重黎。重黎为帝喾高辛居火正，甚有功，能光融天下，帝喾命曰祝融。共工氏作乱，帝喾使重黎诛之而不尽。帝乃以庚寅日诛重黎，而以其弟吴回为重黎后，复居火正，为祝融。吴回生陆终，陆终生子六人……六曰季连，芈姓，楚其后也。……季连生附沮，附沮生穴熊。其后中微，或在中国，或在蛮夷，弗能纪其世。"又记曰："鬻熊子事文王，蚤（早）卒。其子曰熊丽。熊丽生熊狂，熊狂生熊绎。熊绎当周成王之时，举文、武勤劳之后嗣，而封熊绎于楚蛮，封以子男之田，姓芈氏，居丹阳。"《大戴礼记·帝系》曰："颛顼娶于滕氏，滕氏奔之子谓之女禄，氏产老童。老童娶于竭水氏，竭水氏之子谓之高緺，氏产重黎及吴回。吴回氏产陆终。陆终氏娶于鬼方氏，鬼方氏之妹谓之女隤，氏产六子；孕而不粥，三年，启其左胁，六人出焉。其一曰樊，是为昆吾；其二曰惠连，是为参胡；其三曰籛，是为彭祖；其四曰莱言，是为云郐人；其五曰安，是为曹姓；其六曰季连，是为芈姓。"《山海经·南山经》载："颛顼生老童，老童生重及黎，帝令重献上天，令黎邛下地。"《山海经·大荒西经》载："颛顼生老童，老童生祝融，祝融生太子长琴。"可知传世文献中早期楚先祖名号称谓、世系较为凌乱，史迹模糊，有较大的传说性质。季连、附沮之后称谓较为明确，喜欢使用"熊"的名号，至熊丽之后称谓格式基本固定。

20世纪90年代初有学者论析，楚君的名号有两种，一种是"某+熊"，一种是"熊+某"。前者如穴熊和鬻熊，后者如鬻熊以下的楚君。另外，楚人的这个氏名过去曾见于战国楚铜器，一律是写成酓字。近年发现的包山楚简证实，鬻熊的熊也写成酓，这说明楚君名号中的熊字无论在前还是在后都是写成酓字①。由于此前发现的楚文字资料中，凡是楚王姓氏用字均作"酓"，只有秦《诅楚文》用"熊"。对此郭沫若在《诅楚

① 李零：《楚国族源、世系的文字学证明》，《文物》1991年第2期。

文考释》中解释：“楚人自称其氏为酓而不为熊……此疑楚人入后开明，耻以兽类图腾为氏而文饰之，秦人则无须讳也。”②2003年出版的《新蔡葛陵楚墓》公布了该墓所出楚简1500余枚，简文包括卜筮祭祷记录和遣策两大类③。值得注意的是，这批竹简首次出现了见于《史记·楚世家》等史籍的楚人先祖“穴熊”。证明楚先祖名称是可以“熊、酓”通用的，并非文饰之意。此为楚文化研究提供了宝贵资料。

据黄德宽先生研究：新蔡简“穴熊（酓）”作为祭祷对象均在“祝融”之后，其中有两支简则完整保存“老童、祝融、穴熊”的组合排列（甲三：35；乙一：22）。从《史记·楚世家》可以看出，老童、祝融在楚诸先祖中具有重要地位。老童生重黎，重黎为祝融，穴熊与他（她）们并祭，表明他（她）在楚先祖中地位也非同一般，“老童、祝融、穴熊”可能是楚人祭祷先祖时的一个固定排列。新蔡简甲三：188、197号三位“楚先”中老童、祝融之后是“[illegible]酓”，这应与包山、望山楚简中的“媸酓”一致，是指同一位楚先。另外，依据郭店楚简、上海博物馆藏楚简陆续公布的资料，学者们注意到其中“流”字字形与“媸”字的偏旁相似，因而对“媸”的字形提出了新的看法，以为此字当从“女或示”从“流”（省水），即“毓”字。从典籍资料看“毓”通“鬻”，《经典释文春秋左传音义之二》“鬻熊”，注“音育”，“育”与“毓”同。《大戴礼记·帝系》：“孕而不粥三年，启其左胁，六人出焉。”“粥”即“鬻”之声符（或其省形），通“育（毓）”。“育（毓）、鬻”均为喻母觉部字，音同相通。由郭店、上博楚简的“流”字，进而释楚先祖名“媸”者，即“毓（𥛚）”字，读为“鬻”，这是一个进步。黄先生同时又在文中提出疑问：如果“毓（𥛚）酓”即楚先祖“鬻熊”，那么很自然与“穴熊”就非一人。望山、包山和新蔡简又确实出现了“老童、祝融、鬻熊”三位先祖的组合，这就与新蔡简“老童、祝融、穴熊”的组合形成并列；“三楚先”是指前者还是指后者目前还难以确定。也不能排除“三楚先”中最后一位可能指的是“鬻熊”。因此，看似明确的“三楚先”问题，实际上并未真正解决④。

2015年初，安徽大学出土文献与中国古代文明研究协同创新中心入藏一批竹简，经过专家的鉴定和竹简样品的年代检测，基本确认其为战国楚简。经过初步释读，可知这批简中包含了《诗经》和诸子类等珍贵文献，尤其是楚史、楚辞等内容的发现，更加支持了整理者对该批简地域和年代的判断。在这批简中，还发现了与长台关竹书、上博简《曹沫之陈》等相同的文献，这也进一步证明了它们所属的时代和国别⑤。初步整理的结果，楚早期世系为帝颛顼生老童，是为楚先。老童生重及黎、吴及韦（回）。黎氏即祝融，有子六人，其六子曰季连。“融乃使人下请季连，求之弗得。见人在穴中，问之不言，以火爨其穴，乃惧，告曰：酓（熊）。”使人告融，“融曰：是穴之熊也。乃

② 郭沫若：《诅楚文考释》，《郭沫若全集·考古编》（第九卷），科学出版社，1982年，第303页。

③ 河南省文物考古研究所：《新蔡葛陵楚墓》，大象出版社，2003年。

④ 黄德宽：《新蔡葛陵楚简所见“穴熊”及相关问题》，《古籍研究》（2005卷下）总第48期，安徽大学出版社，2005年。

⑤ 黄德宽：《安徽大学藏战国竹简概述》，《文物》2017年第9期。

遂名之曰穴酓（熊），是为荆王”。穴熊生熊鹿（丽），穴熊终，熊鹿（丽）立。此与《楚世家》等传世文献比较，有六点不同。一是老童为颛顼所生，不是称所生。老童所生有四子，即“重及黎、吴及韦（回）”。简文两个“及”这么用，显然是要防止将四子误为两人。二是黎氏即祝融，而不是重或吴、回。三是无陆终其人，生六子者就是祝融黎，文献陆终当是祝融之误。四是季连就是穴熊，而且简文交代了穴熊得名之由。五是不存在附沮一世。六是穴熊生熊丽，其间并不存在世系的中断，这也证明《史记·楚世家》鬻熊就是穴熊。因此，楚简中才会出现祭祀“老童、祝融、穴（鬻）熊”这三位祖先的组合。长期以来困惑学者的问题，根据简本楚史的记载就迎刃而解了。这证明安大简楚史与其他楚简对楚先祖世系的记载是一致的，是战国时期楚人业已形成的统一看法⑥。

楚人族脉渊源追踪于老童、祝融，然其均属虞夏时期中原地区的氏族人物，严格讲尚不能视为楚人历史。楚人早期历史实当以“季连”为肇端。尽管安大简《楚史》记载了楚先穴熊得名的缘由，进而说明穴熊就是季连；但是清华简《楚居》的记载，则又补充了该段历史的相关内容，进一步廓清了楚人形成的历史脉络。《楚居》记：“季连初降于郻山，抵于空穷，逈出于乔山，宅尻爰波。逆上汌水，见盘庚之子，尻于方山，女曰妣隹，秉慈率相，历游四方。季连闻其有聘，从，及之盘，爰生緼伯、远仲。游徜徉，先处于京宗。穴酓遅徙于京宗，爰得妣烈。逆流哉水，𠂢状（贴）耳，乃妻之，生侸叔、丽季，丽不从，溃自胁出。妣烈宾于天，巫并该其胁以楚，氏今曰楚人。”⑦文中说明了季连部族从隗山迁徙于穴穷、乔山、爰波等地，并逆上汌水，在方山见到盘庚之子妣隹，从及之“盘”的大致过程。这里明确记载是季连“先处于京宗，穴酓遅徙于京宗”，可知季连与穴酓并非一人。回头再看安大简《楚史》所言“融乃使人下请季连，求之弗得。见人在穴中，问之不言，以火爨其穴，乃惧，告曰：酓（熊）”。所述其实并不能明确“酓”就是“季连”，而只能说“融”找到的是自言名“酓”的人，后被“融”名之为“穴酓”。季连的父辈是祝融黎氏，处于高辛氏时期。盘庚是商代中期的帝王，与高辛氏相差上千年。由此可知“季连”并不是具体的人名，而是部族之名。深一步分析理解，则“穴酓”可能是季连族群中的一个分支，在迁入江汉地区之后与季连诸部散处于各地。其在季连取得盘庚之子的“盘”地（京宗）之后，迟徙于“京宗”，“爰得妣烈。……生侸叔、丽季”，因丽季“其胁以楚”，故曰楚人。

简文《楚居》实际上叙述了两个历史阶段，上半部分是季连从隈山到爰波的过程，这个过程大约处于虞夏之际。后半部分是见到盘庚之子娶妣隹再处于京宗的历程，这个时期约处于商代中期。据李学勤先生考证：隈山应是《山海经·中次三经》内的騩山，也即《中次七经》的大騩之山，就是今河南新郑、密县一带的具茨山。所论可从。但李先生认为具有关键意义的地名是汌水，且对汌水、方山等地名的训释，

⑥ 黄德宽：《安徽大学藏战国竹简概述》，《文物》2017年第9期，第58、59页。

⑦ 清华大学出土文献研究与保护中心编，李学勤主编：《清华大学藏战国竹简》（壹），上海中西书局，2010年。

有较为复杂的解读⑧。其实具有决定意义的地名应是爰波。简文言“宅凥爰波”，说明季连在这个名之为“爰波”的地方待了很久。“宅凥”就是“宅居”。《国语·周语下》：“宅居九隩。”扬雄《将作大匠箴》：“王有宫殿，民有宅居。”言季连“宅凥爰波”可能即指其在“爰波”建立了聚邑。学界对“爰波”的解释很多。如复旦读书会认为：“爰波”可能读为“爰陂”，楚地地名名陂者多見。“波”读为“陂”亦十分常见（原注：可详参周波：《战国时代各系文字间的用字差异现象研究》，复旦大学博士学位论文，2008年，第248页）。本篇简8有“疆涅之波（陂）”，亦是“波”可用为“陂”之证⑨。宋华强则认为：“爰”疑当读为“汉”，即汉水。“爰”属匣母元部，“汉”数晓母元部，读音相近。《淮南子·坠形》“暖湿生容”，高诱注：“暖一读熯。”“暖”从“爰”声，“漢”“熯”声符相同，故“爰”可读为“汉”。“波”读为“陂”当然可通，不过从古书用词习惯来看，“波”读为“泮”或“畔”似乎更合适，“波”属帮母歌部，“泮”属滂母元部，“畔”属并母元部，声母都是唇音，韵部对转，读音相近。“泮”“畔”都可指水涯，如《诗·卫风·氓》“淇则有岸，隰则有泮”，郑笺：“泮读为畔。畔，涯也。言淇与隰皆有厓岸以自拱持。”⑩如果不从事件发生的相关环境进行分析，仅考虑音训关系，可能会有众多貌似可通的解释。《国语·楚语下》：“又有薮曰云，连徒洲，金、木、竹箭之所生也。”韦昭注：“楚有云梦，薮泽名也；连，属也；水中可居者曰洲；徒，其名也。”据此笔者认为，爰波应释为云泊（湖）。爰属匣母元部，云属匣母文部，云、爰双声通转。波即很小的湖，屈辞《九歌·湘夫人》有“袅袅兮秋风，洞庭波兮木叶下”即证。屈子时期洞庭湖尚未形成，只是一湾小水泊，所以称之为“洞庭波”⑪。据而证之，爰波当即云湖或云泊，也就是后来的云梦泽。先秦时期的“云梦”是一个包括多种地貌，范围极为广阔的楚王游猎区，“云梦泽”只是“云梦”区中的一小部分。云梦泽历史上此消彼长，环境变化较大。根据谭其骧先生考证，夏商之际的云梦泽大概位于汉水北岸今天门、应城一带。其主要依据是《尚书·禹贡》篇里的“荆及衡阳惟荆州，江汉朝宗于海，九江孔殷，沱潜既道，云梦土作乂”。这是说荆州地区在经过大禹一番治理之后，江与汉合流归海了，江流壮盛得很，江的岔流沱和汉的岔流潜都得到了疏导，一部分云梦泽区积水既被排除，成为可耕地被开垦了。这一部分被垦辟了的云梦泽区，据《史记·夏本纪》“云梦土作乂”下《索隐》引韦昭《汉书音义》：“云土为县，属江夏。”《水经》沔水“又东南过江夏云杜县东”，《注》：“《禹贡》所谓云土梦作乂，故县取名焉。”都说就是汉晋的云杜县。土杜二字古通用，其说可信。汉云杜县治即今京山所在，辖境当兼有今应城天门二地。今

---

⑧ 李学勤：《论清华简〈楚居〉中的古史传说》，《中国史研究》2011年第1期。

⑨ 复旦大学出土文献与古文字研究中心研究生读书会：《清华简〈楚居〉研读札记》，复旦大学出土文献与古文字研究中心网站，2011年1月5日，http://www.gwz.fudan.edu.cn/SrcShow.asp?Src_ID=1353。

⑩ 宋华强：《清华简〈楚居〉1—2号释读》，简帛网2011年1月15日，http://www.bsm.org.cn/show_article.php?id=1391。

⑪ 刘璨：《洞庭湖与荆江的历史渊源及其沧桑演变》，《岳阳职业技术学院学报》2006年第2期。

京山虽多山地丘陵，应城天门则地势低洼多湖沼。如此说来，则今应城天门等县地，多半就是《禹贡》所说“作乂”了的“云梦土”[12]。京山、天门一带是石家河文化的主要分布区，也是“后石家河文化”即“煤山文化肖家屋脊类型”的发生地，与中原地区的夏文化关系密切[13]。若此将“爰波”释为“云泊”或“云泽”，是即季连南迁的重要居处；则为《楚居》中所载季连部族的迁徙历程，提供了十分重要的考古学佐证。简文前半部分中的穴穷、乔山等地名尚不能确指位于何处，但从总体上迁移的方向看，不外乎桐柏山、大洪山一带的洞穴和山地。环境应该比较恶劣，所以不能久居。其所以“宅凥爰波”，应是具有一定环境考量的。

简文后半部分从“逆上汌水”始。关于汌水的“汌”字和后文的“盘”字，众多学者据古音训读得出多种解释，如李学勤先生即释为“均水”，将“盘”释为“水畔”[14]，不赘述。《玉篇》释“汌”：“尺恋切，音钏。水也。一曰水名。”然“汌”通“川”，《管子·度地》：“水之出于他水，沟流于大水及海者，命曰川水。”是故荆江上游可以称之为川江，而汉水则可以称之为汉川。唐人孟浩然《送王大校书》“导漾自嶓冢，东流为汉川”是证。综合《楚居》所言地理形势，窃以为汌水或即为汉水。“汌”与“汉”均属元部字，容易音转；从地理形势上，也较符合季连“逆上”的方位。《禹贡·导河》：“嶓冢导漾，东流为汉；又东为沧浪之水；过三澨，至于大别，南入于江。”三澨之下已经不是沧浪之水，但没有名号，应该就是汌水。而方山实即今湖北钟祥西南的章山（一说为大洪山，在章山对岸），就在汉水的边上。《尚书·禹贡》：“导嶓冢至于荆山，内方至于大别。”《汉书·地理志·江夏郡》：“章山在东北，古文以为内方山。”因此，《楚居》中季连从云梦之地逆汉水而上，至于章山，见到盘庚之子，就是十分顺合的事情。故大可不必以音训意会到遥远且不能确指的地方。作为盘庚之子的妣佳，属于商人王族，她能够在江汉一带“秉慈率相，历游四方”，说明其在当地可能居有封邑或别都。商代王族女子的地位很高，武丁王后“妇好”可以带兵打仗，盘庚之子“妣佳”亦可作为南方领主。季连闻其有聘，从之及盘。关于盘，明显是个地名，而不能指为水泮。窃以为这个盘，就是妣佳的封邑或别都，或即黄陂盘龙城遗址。学界一般认为盘龙城遗址是为商人在南方的别都，是为商王朝专为保证铜资源供应和控制南方而设置[15]。而尹弘兵先生则认为这里是早期楚文化的发源地，他指出：“江汉地区的早期楚文化遗存最早出现于夏商时期的盘龙城遗址，以鼎式鬲为代表，主要分布于鄂东地区。晚商至西周早期汉水东北地区出现柱足鬲遗存。”[16]其说至确。“盘”与“盘龙城遗址”应该不只在名字上有些巧合，实则在遗存性质和历史年代上十分贴近，可为研究商文化的分布和盘龙城属性提供较好的注解。

---

⑫ 谭其骧：《云梦与云梦泽》，《复旦学报》（社会科学版）1980年S1期。

⑬ 袁飞勇：《煤山文化研究》，武汉大学博士学位论文，2020年；常兴照：《夏代、夏族与夏系文化论析》，见本书。

⑭ 李学勤：《论清华简〈楚居〉中的古史传说》，《中国史研究》2011年第1期。

⑮ 陈贤一等：《盘龙城与武汉地区商文明》，《武汉文博》1994年第2期；湖北省文物考古研究所：《盘龙城1963—1994年考古发掘报告》，文物出版社，2001年，第503页。

⑯ 尹弘兵：《早期楚文化初析》，《江汉考古》2011年第3期。

在取得了妣隹之后，“盘”很可能成为了季连的居地，抑或将此辟为了京宗。在“穴酓”迁居“京宗”之后，“爰得妣烈。……生侸叔、丽季”。正式称为楚人，其时大概已经进入商晚期之际。盘龙城后期的毁弃，很可能与季连部族的占领有关。这一段历史，在传世文献中也有记载。今本《竹书纪年》：“（武丁）三十二年，伐鬼方，次于荆。”武丁伐荆一事，又见于《诗经·商颂·殷武》：“挞彼殷武，奋伐荆楚。罙入其阻，裒荆之旅。有截其所，汤孙之绪。维女荆楚，居国南乡。昔有成汤，自彼氐羌，莫敢不来享，莫敢不来王，曰商是常。”殷武即商王武丁，此是商人赞颂武丁功绩的诗篇。从《诗经·商颂·殷武》所载来看，荆蛮在商汤之时已被征服。但后来商朝中期失去了对荆蛮的控制，至武丁时，遂出兵伐之。从而也验证了上文相关推测的准确性。

综上，依出土文献对季连、穴酓和鬻熊及其迁变事件的分析，大致可以勾勒楚人早期历史梗概：即楚先祖季连属于虞夏之际的部族名称，最早居处于郑州具茨山一带。可能在夏代初年由于夏族势力的挤压，迁居于江汉地区。经历了从穴穷到乔山，再到云湖（爰波）的过程，之后在云湖一带建立了居邑。其中部分族众，在穴穷一带，因祝融“以火爨其穴”而得到了“穴酓（熊）”的称呼。大概在商代中期，季连与盘庚之子妣佳建立了姻亲关系，并进一步取得了“盘”地，设立了“京宗”。之后“穴熊（鬻熊）”也到达“京宗”，娶了“妣烈”，生了侸叔、丽季。再后因武丁征伐，散处各地。直到周初熊绎受封，方正式建国，明确载入华夏正史。

二、楚人族系溯源

尽管文献中明指楚祖季连系出颛顼，归源于老童和重黎亦即祝融之后。后代楚君用名主要为熊或酓，以芈为姓。但实际上颛顼族系、祝融名号均属于史籍中较为迷乱的疑案，需要作进一步探析。

笔者在相关文章中有多次论述“传说历史中的帝王名号不是具体的个人，而是部族或联盟集团之称；帝王世系中的传递关系大多不是血族亲缘关系，而多为被征服后归附的氏族”的观点[⑰]。楚人的早期族系传说，基本符合上述论证逻辑，再一次证明了这一论点的合理性。传世文献中颛顼的祖源一般认为出自黄帝，如《史记·五帝本纪》说“帝颛顼高阳者，黄帝之孙而昌意之子也”。但又说其与少昊有密切关系，《山海经·大荒东经》云：“东海之外大壑，少昊之国，少昊孺帝颛顼于此。”《初学记·卷九》引《帝王世纪》：“颛顼生十年而佐少昊。”颛顼的地望按《吕氏春秋·古乐篇》云：“帝颛顼生自若水，实处空桑，乃登为帝。”《史记·五帝本纪·集解》引皇甫谧曰：“都帝丘，今东郡濮阳是也。”空桑在古兖州地域内，帝丘在濮阳，说明其发迹之地应在鲁西和豫北一带。笔者曾综合文献和考古学文化等因素进行分析，认为颛顼族是黄帝征杀蚩尤之后在黄河中游地区扶持建立的一个族群，因此有“黄帝之孙”的归属。但其与少昊族有密切的交集，可能在少昊集团中做过幕僚，故有少昊“孺帝颛顼于东海

⑰ 常兴照：《共工氏文化解析及其流徙辩证》，见本书；常兴照：《夏代、夏族与夏系文化论析》，见本书。

之外大壑”之说。其后颛顼因辅佐少昊有功，封于高阳。少昊势衰，共工氏与颛顼争夺帝位，颛顼打败共工，继少昊主政，曾经统治过山东西部和河南东、北部一带。其代表性文化就是大司空文化。后期由于东夷集团的西进，故而又取代了颛顼的统治，并且全部接收了颛顼部族的人才和资源，形成了一个新的帝喾（瞽幕）时代。再后随着鲁东南地区帝舜有虞氏集团的进一步西扩（大汶口文化尉迟寺类型），并取得了中原腹心地区（大汶口文化颍水类型），建立了以太昊为国号的有虞氏王朝⑱。依此可为辩证楚人族系渊源提供一个新的思路。

安大简记载“颛顼生老童”；新蔡简证实老童是楚人“三楚先”中的重要人物。但老童在史籍中记载较少，且多以神异之面出现。《山海经·大荒西经》曰：“颛顼生老童，老童生重及黎，帝令重献上天，令黎邛下地。”《世本·帝系》：“颛顼娶於滕氏，滕氏奔之子谓之女禄，产老童。”《大戴礼记·帝系》：“滕奔氏之女，谓之女禄，氏产老童。老童娶于竭水氏，竭水氏之子谓之高緺，氏产重黎及吴回。”《山海经·西次三经》：“又西一百九十里，曰騩山，其上多玉而无石。神耆童居之，其音常如钟磬。其下多积蛇。”注：“郭璞云：耆童，老童，颛顼之子。”而据安大简记载：“老童”的得名是因为“老童”生下来时就满头白发，状如老人，因此命名⑲。综合以上文献，可以得有两点认识。

其一是基本判断老童大概不是颛顼的子孙，而是被其收服的东方氏族。因为老童所生的“重”本就是东方古族，乃为少昊四叔之一，后为辅佐太昊的东方木神句芒。《左传·昭公十九年》：“少昊氏有四叔，曰重，曰该，曰修，曰熙；实能金木及水。使重为句芒，该为蓐收，修及熙为玄冥。世不失职，遂济穷桑，此其三祀也。”又曰：“木正曰句芒，火正曰祝融。”黎也属于东方古族，在蚩尤时代就有“九黎”之称。《国语·楚语》韦注：“九黎，黎氏九人，蚩尤之徒也。”《尚书·吕刑》疏引郑玄说：“蚩尤霸天下，黄帝所伐者。学蚩尤为此者，九黎之君，在少昊之代也。”徐旭生先生曾力证九黎属古代山东、河南、河北交界地区的古代氏族，汉代的黎阳、黎县均因此得名⑳。笔者亦撰文认为，“九黎”可能是一种统称，与后来的“九夷”相似，概指古代东方的氏族集团㉑。从蚩尤为“九黎君长”、少昊有“重和黎”、伯益后裔有“终黎氏”（《史记·秦本纪》）以及周初的钟离（承县）、西汉时期的黎县（郓城）等地名方位综合论之，九黎应即东夷的前身，由多个部族组成，主要活动地域当在苏皖北部、山东南部及冀、鲁、豫交联地带。及至颛顼接受少昊执政，少昊旧部大部分为颛顼所用。如《世本·帝系篇》记有：“颛顼娶邹屠氏之女生苍舒、陨鼓、祷戴、大林、龙降、廷坚、仲容、叔达八子。此八子俱贤，后世称为八恺。”此邹屠氏与帝喾亦有婚娶关系，属鲁南一带古氏族㉒。“八恺”在《左传·文公十八年》记为：“昔高阳氏

⑱ 常兴照：《共工氏文化解析及其流徙辩证》，见本书；常兴照：《有虞氏王朝概论——兼谈良渚文化族属与迁变》，见本书。

⑲ 刘钊：《出土文献与〈山海经〉新证》，《中国社会科学》2021年第1期。

⑳ 徐旭生：《中国古史的传说时代》（增订本），文物出版社，1985年，第52页。

㉑ 王树明、常兴照、张光明：《蚩尤辩证》，《中原文物》1993年第1期。

㉒ 王献唐：《炎黄氏族文化考》，齐鲁书社，1985年，第64页。

有才子八人：苍舒、隤敳、梼戭、大临、尨降、庭坚、仲容、叔达。”杜注：“此即垂、益、禹、皋陶之伦，庭坚则皋陶之字。”可知“八恺”中多数应为少昊部族。《国语·楚语》：“及少昊之衰也，……颛顼受之，乃命南正重司天以属神，命火正黎司地以属民，使复旧常，无相侵渎，是谓绝地天通。”说明颛顼统治的主要政策就是对东方集团的渗透和收服。分析老童和重、黎的生变过程，应该是颛顼联合滕奔氏，收服了老童以及重、黎二族的部分族众而辅用。老童的母族滕奔氏，其也应是东方古族。“滕”乃周代诸侯国名，在今山东省滕州区域内，与颛顼的另一妻族“邹屠氏”所处（在今邹城市一带）是为乡邻。《孟子·滕文公上》：“今滕，绝长补短，将五十里也。”因而又称“滕小国”。滕字从水，从朕，本义是水向上喷涌，所以滕奔氏又或作“滕濆氏”等。滕州一带是史前文化特别发达的地区，属于古代文明的中心区域之一。“滕”的名称很可能与滕奔氏部族有密切联系。还有周代初期东夷首领伯益的后人受封钟离邑，后建钟离国，钟离国最初的国址就在鲁南地区。《左传·襄公十年》：“十年春，会于柤，会吴子寿梦也。三月癸丑，齐高厚相大子光以先会诸侯于钟离。”《春秋左传正义·卷三十一·襄十年》：“……柤与锺离相近，地在宋之东南。”《史记·齐太公世家》：“（灵公）十九年，……令会诸侯盟于锺离。”《正义》引《括地志》云：“锺离故城在沂州承县界。”承县即今枣庄市峄城区，与滕县接壤。后期钟离国迁移至安徽蚌埠、凤阳一带，曾出土较多带铭文铜器。如1980年安徽舒城九里墩春秋墓还出土有一件青铜鼓座，上书铭文“隹王正月初吉庚午，余受氒（厥）于之玄孙童鹿公敿择其吉金……”[23]。有学者认为，此处的“童鹿公敿”当与蚌埠双墩一号墓戟铭所载的“童麗公”属于同族，“鹿”古音在屋部来母，“麗”古音在支部来母，两字声母相同，韵部为旁对转，可以互用。童鹿公也就是童丽公，亦即钟离公[24]。而童鹿之名，很可能根源于滕奔氏的遗传。童为定母东部，滕为定母蒸部，亦属双声与旁转，“童鹿”或就是“滕禄”，亦即滕奔氏之子“女禄”一族。

其二是高度信据老童即为老彭。老彭亦即彭祖，也是东方古族。黄帝时神医巫彭、夏代彭伯寿、商代彭伯考、商贤大夫彭咸等均为其同族。《庄子·逍遥游》成玄英疏：“尧封于彭城（今徐州），其道可祖，故谓之彭祖。”老彭与颛顼有密切的关联，“陆终六子”和“祝融八姓”中都有彭氏之名，并且还曾做过颛顼的老师。王符《潜夫论·赞学》：“故《志》曰：‘黄帝师风后，颛顼师老彭，帝喾师祝融。’”而《韩诗外传五》《新序·杂事五》等文献则记曰：颛顼学乎禄图，《白虎通义·辟雍》《路史·后纪八》亦有相似的记载。渌图和老童、老彭在音韵上较为接近，“渌、老”与“图、童”分别为双声，“童、彭”则在东部、阳部，同属阳声韵且韵尾相同，易变通旁转。故他们可能是同一人物。彭祖在《列仙传》《神仙传》中记载为一长寿者，活有七八百岁。《列子集释卷第六·力命篇》：“命曰，彭祖之智不出尧舜之上而寿

㉓ 安徽省文物工作队：《安徽舒城九里墩春秋墓》，《考古学报》1982年第2期；殷涤非：《九里墩墓的青铜鼓座》，《古文字研究》（第十四辑），中华书局，1986年，第27—42页；何琳仪：《九里墩鼓座铭文新释》，《出土文献研究》（第三辑），中华书局，1998年，第67—73页。

㉔ 徐少华：《舒城九里墩春秋墓的年代与族属析论》，《东南文化》2010年第1期。

八百。”孔广森注曰：“彭祖者，彭姓之祖也。彭姓诸国：大彭、豕韦、诸稽。大彭历事虞夏，于商为伯，武丁之世灭之，故曰彭祖八百岁，谓彭国八百年而亡，非实籛（彭祖）不死也。”但彭祖“寿至八百”的传说，却与上引安大简中“老童生下来时就满头白发，状如老人”的记载有异曲同工之妙。《山海经·西次三经》记载老童居住的騩山，其上多玉而无石，“神耆童居之，其音常如钟磬”，与老彭作为道家之祖、《列仙传》中的列仙，长居历阳山中的环境十分相似，因而亦释解了老童被异化的功德根源。另外，老童住在騩山，可能为后来《楚居》中“季连初降于隗山”之说提供了前置依据；也为黎氏祝融因与共工征战不利而被帝喾高辛氏诛杀，而以其弟吴回“复居火正为祝融”等历史事件的发生标识了时空上的可能性。

回顾一下“祝融”名号的发生转换关系，亦可进一步深化上述推理的合理性。根据《楚世家》记载，在帝喾接收颛顼高阳氏政权之后，“重黎”仍然被任用为“火正”，因为“甚有功，能光融天下，帝喾命曰祝融”。可知“重黎”是族名，“火正”是官职，“祝融”是别号或氏号。从安大简《楚史》记载和《山海经·南山经》《国语·楚语》等所言，已知“重”和“黎”分别为两人或两部族，那么“祝融”就只属“黎”一人或一族。笔者在相关文章中曾详细分析过祝融黎氏受帝喾所派征伐共工，黎因在征伐共工氏战争中“诛之而不尽”而被帝喾所杀的过程。结合《山海经·海内经》又有“祝融降处于江水，生共工”，推导出“祝融氏对共工有保全之意，迁移共工氏的部族到了另一处有江（河）水的地方”，结合《淮南子·原道训》所记共工“与高辛争为帝，遂潜于渊……”的文意以及后世还有“禹伐共工”的事件综合分析，认为豫北地区发现的辉县孟庄龙山早期文化遗存和后续的晚期龙山文化城址，是对这一历史过程的最好注脚㉕。这也为商代长治地区出现“黎国”，《尚书》中有“西伯戡黎”的记载以及汉代在浚县设置“黎阳县”等，找到了较为合理的因缘联系。祝融被杀，也可以理解为是其职务和氏号被褫夺。《史记·楚世家》记载是“重黎”之弟“吴回”继承了祝融名号。而吴回的史迹在文献中少见，乃因“吴、回”也是两个人或部族。“回”即“韦”亦即“豕韦”，属于老彭部族。“吴”是谁，文献中阙如。《路史·后纪八》载：“黎卒，帝喾以回代之。回食于吴，是曰吴回，生陆终。”其将“吴”视为地名，似乎有些望文生义。其实“吴”通“虞”，上博简《容成氏》之简5写有“又吴迵”，何琳仪和王志平先生都主张读成“有虞迵”㉖，郭永秉先生同意此说，并以上博简《子羔》之简9“有吴是”读成“有虞氏”为证㉗。因此“虞”可有两种解释，一是族名，即有虞氏；二是官职，即“虞官”。《易·屯卦》：“即鹿无虞。”注：“谓虞官。”《周礼·天官·太宰》：“以九职任万民，三曰虞衡。”郑玄注：“虞衡，掌山泽之官，主

㉕　常兴照：《共工氏文化解析及其流徙辩证》，见本书。

㉖　安徽大学古文字研究室：《上海楚竹书（二）研读记》引何琳仪说，《上博馆藏战国楚竹书研究续编》上海书店出版社，2004年，第432页；王志平：《上博简（二）劄记》，《上博馆藏战国楚竹书研究续编》，上海书店出版社，2004年，第501页。

㉗　郭永秉：《从上博楚简〈容成氏〉的“有虞迵”说到唐虞史事的疑问》，《出土文献与古文字研究》（第一辑），复旦大学出版社，2006年，第313—325页。

山泽之民者。”贾公彦疏：“地官掌山泽者谓之虞，掌川林者谓之衡。”孙诒让正义：“山林川泽之民属于虞衡，故即名其民职曰虞衡，亦通谓之虞。”从上述文献给出的信息，从火正、虞官与族姓等方面入手，来探讨吴、回的实际含义，当为正道。

依《左传·昭公元年》记曰：“昔高辛氏有二子，伯曰阏伯，季曰实沈，……后帝不臧，迁阏伯于商丘，主辰。商人是因……以服事夏商。”《左传·襄公九年》曰：“古之火正或食于心，或食与味，以出内火，是故味为鹑火，心为大火。陶唐氏之火正阏伯居商丘，祀大火，而火纪时焉。”杜预注：“谓火正之官，配食于火星。建辰之月，鹑火星昏在南方，则令民放火。建戌之月，大火星伏在日下，夜不得见，则令民内火，禁放火。”论迁阏伯、实沈之事所处时代和作用，约当高辛氏诛杀黎氏和征服共工之后，是为巩固东方势力范围而对以陶唐氏为代表的大夏族采取的渗透行为[28]。后因陶唐氏发展很快，曾对东方势力有过回收和扩张，故有帝尧一代的高光与辉煌。而阏伯成为帝尧之“火正”，则于这段历史相契合。因阏伯司火，故后世尊其为火神，从职官上看应该就是阏伯替代了后期的祝融氏号。阏伯被指为帝喾高辛之子，但世系传续并不清晰。许多史学前辈都论证过帝喾即帝俊亦即帝舜，笔者也曾撰文表示赞同[29]。但实际上帝喾可能即虞幕，亦即瞽幕（瞽瞍），与虞舜存在因代传承关系[30]。在帝舜取得帝位之后曾将颛顼和帝喾的所谓“八恺”“八元”全部接收，阏伯亦必在其中。故依此论指阏伯属有虞氏之族，亦即后续之“吴氏祝融”当属不谬。而阏伯所居商丘，传统说法多认为是即今商丘市一带。然郦道元《水经注·洧水》指出：“郑处大辰之野，阏伯之地。”大辰星即心宿三星中的大火星，是夏季在天空中部最容易看到的明星。郑处中原腹地，天地之中，故属于辰（商）星之位。《史记·天官书》：“心为明堂。”《索隐》引《春秋说题辞》：“房心为明堂，天子布政之宫。”以辰星之位确定阏伯所居方位，具有历史逻辑和地理方位上的合理性。明确了这个认识，亦即理解了为什么《左传·昭公十七年》中有“郑为祝融之墟”的说法。另外传世文献中与“吴”混编的“韦”其实也在郑州地区，张国硕先生综合文献和考古资料指出：文献有商汤“郼亳”的记载，其应位于今郑州市区一带。《吕氏春秋·具备》：“汤尝约于郼薄矣。”高诱注：“薄或作亳。”故“郼薄”当即“郼亳”。并引邹衡先生所论，韦在今河南郑州，成汤占据韦之后，筑了今郑州商城，加了“邑”，或叫“郼”，但同时又改称“亳”，因此又叫“郼薄（即亳）”。郼亳是商汤灭夏的重要军事基地和政治中心，而郑州商城地带分布的洛达庙类型二里头文化遗存以及北大街农业队住宅小区基建工地早期大型建筑基址的发现，说明此地具备这样的地位和属性[31]。或可理解“豕韦”“老彭”等部族均属颛顼→帝喾为代表的东方集团，在帝喾、虞舜逐鹿中原的过程中，有良好的联盟或从属关系，与阏伯混居一地，

㉘ 常兴照：《夏代、夏族与夏系文化论析》，见本书；常兴照：《有虞氏王朝概论》，见本书。

㉙ 常兴照：《少昊、帝舜与大汶口文化》（上、下），《文物春秋》2003年第6期、2004年第1期；《华族、华族文化与华夏关系考论》，《东岳论丛》2007年第6期。

㉚ 常兴照：《共工氏文化解析及其流徙辩证》，见本书；《有虞氏王朝概论》，见本书。

㉛ 张国硕：《夏代晚期韦、顾、昆吾等方国地望研究》，《中国历史地理论丛》2015年第2期。

故后世史官误以其与“吴氏”同宗而将其合编，也是可以认同的。

至虞舜时期，虽没有明确任命所谓的“火正”，但却任命过“虞官”。文献中“火正”与“虞官”的职能存在重合，都是掌管山泽之地的“放火”事宜。而历史上这个既为“虞官”又曾“掌火”的氏族，这就是伯益。《史记·秦本纪》载：“……女华生大费，与禹平水土。已成，帝赐玄圭。禹受曰：‘非子能成，亦大费为辅。’帝舜曰：‘咨尔费，赞禹功，其赐尔皂游，尔后嗣将大出。’乃妻之姚姓之玉女，大费拜受，佐舜调驯鸟兽，鸟兽多驯服，是为伯翳。舜赐姓嬴氏。”《尚书·舜典》：“咨益，汝作朕虞。”《帝王世纪·五帝》：“益为朕虞，庶物繁植。”《孟子·滕文公上》曰：“舜使益掌火，益烈山泽而焚之，禽兽逃匿。”据此则伯益抑或为“祝融”。但此事史籍中并没有相关记述。可能一是伯益佐大禹治水，功高盖世，后又代禹执政，声威显赫，是则此功遮蔽了彼功。二是因夏启夺权逐益，伯益在夏启二年“出就国”（《今本竹书纪年》），因之退出中原正统，处荒蛮而失传。诚如《楚世家》所言“弗能纪其世”也。三是大禹曾联合有鬲氏创立了新的“融”族，并受过“融”族的巨大帮助，故有“昔夏之兴也，融降于崇山”（《国语·周语》）之说。这里的“融”是“虫、鬲”二族的复合体，与“职官祝融”没有关系。但这也是导致后世对祝融认识迷乱的主要原因[32]。因为伯益后期被夏启驱赶，载籍中再现他的“职官祝融”会干扰正史，故华夏正统因“避讳”而不张。笔者曾做过探讨，认为伯益族曾经南下。《古本竹书纪年》记曰：夏启即位“二年，费侯伯益出就国”，说明启夺帝位之后并没有杀益，而是放逐到外地。综合各方状况分析，伯益集团（煤山类型）其东、北、西向都有与夏启相关的强大势力环伺，唯一的可能就是南下。伯益是大禹治水和统一中原的重要力量，并且在夏代初期被大禹“授之政，九州成”。在大禹和皋陶、伯益等共和时期，伯益可能已将势力扩展到了这一地区，所以《古本竹书纪年》称之为“出就国”。前文引安大简《楚史》记载“穴酓”得名的过程，与《孟子·滕文公上》中“舜使益掌火，益烈山泽而焚之，禽兽逃匿”的情形十分相似。据此，伯益有可能成为了南方地区的另一位祝融。而文献中确有南方祝融，如《山海经·海外南经》：“南方祝融，兽身人面，乘两龙。”郭璞注“火神也”。而据《春秋合诚图》《春秋运斗枢》等文献记载：南方祝融名字叫容光，为黄帝夏官，所据不详。反观则以伯益掌火、烈山泽是为火神（祝融）更具可信性。随着时间推移，伯益族可能进一步南迁，到达了湘西、湘南一带；进一步丰富和演绎了当地关于太昊伏羲氏（帝舜）在这一地区的历史传说。根据考古文化和相关文献线索，宜都石板巷子类型及澧阳平原的孙家岗类型等可能就是其进一步南下的证据。由此则当地衡山之上就有了祝融峰；流经益阳之资水，亦曾被冠名为益水。据《汉书·地理志》长沙国益阳县注：“应劭曰：在益水之阳。”《水经·资水注》：“茱萸江又东径益阳县北，又谓之资水。应劭曰：县在益水之阳。今无益水，亦或资水之殊目矣。”益阳数千年来无论辖地怎么变换而其名不变，很可能与伯益南迁有深远的关联[33]。伯益

---

[32] 常兴照：《龙山文化与后羿传说》，见本书；常兴照：《夏代、夏族与夏系文化论析》，见本书。

[33] 常兴照：《夏代、夏族与夏系文化论析》，见本书。

的另外一项重大贡献，是著作《山海经》。赵晔《越王无余外传》："（禹）与益、夔共谋，行到名山大泽，召其神而问之，山川脉理、金玉所有、鸟兽昆虫之类，及八方之民俗、殊国异域、土地里数，使益疏而记之，故名之曰《山海经》。"刘钊先生近作《出土文献与〈山海经〉新证》，从《山海经》里的用字用词习惯，仅见或多见于《山海经》和楚简及楚地所出秦简的例子，与楚国或楚地之间建立起了关联。并用出土文献特别是楚国文字，从古文字角度审视《山海经》的文本，得出了很多较为科学的解释。所以得出如下推论：《山海经》的《山经》部分的产生时代至迟不晚于战国，产生的地域很可能是在楚地，其作者也应该是楚人[34]。这从另一个角度提供了伯益南迁的历史依据。据此而进一步分析安大简《楚史》所记"穴酓"的发现和命名情形，以及清华简《楚居》所载"季连"氏族的迁徙变化，基本相互契合，并进一步证明了上述推论的合理性。

综上可知，生有六子的楚人先祖祝融（陆终），大有可能与阏伯和伯益部族有密切的关系。或是因为伯益等部族南下，才形成了当地关于太昊、伏羲以及祝融的历史传说，此可为楚人早期历史溯源提供新的视角。

三、楚君名号辩证

从名号上寻绎，楚祖季连，很可能来源于伯益之族。据《史记·秦本纪》记载：颛顼孙女脩吞玄鸟卵生大业，"大业取少典之子，曰女华，女华生大费（伯翳）。……大费（伯翳）生子二人：一曰大廉，实名鸟俗氏；二曰若木，实费氏……孝王曰'昔伯翳为舜主畜，畜多息，故有土，赐姓嬴'。……太史公曰：秦之先为嬴姓。其后分封，以国为姓，有徐氏、郯氏、莒氏、终黎氏、运奄氏、菟裘氏、将梁氏、黄氏、江氏、脩鱼氏、白冥氏、蜚廉氏、秦氏"。伯益祖源亦为颛顼，受赐嬴姓，与少昊同姓（见《说文》。另有记载或曰少昊为姬姓、已姓）；颛顼与少昊的关系已如前述，颛顼后人亦多数为少昊之裔。伯益之称大费，山东古有费邑（费地）；且其后嗣封国徐、郯、莒、奄、钟离等均在山东一带；则伯益原本应属东夷集团或少昊旧部。颛顼与帝喾进行权力更替之际，相关氏族形成八恺。《左传·文公十八年》杜注认为八恺"即垂、益、禹、皋陶之伦"，《水经·洛水注》引《百虫将军显灵碑》认为其中的"隤敳"即是伯益。作为少昊族裔，实际上伯益是继承少昊嬴氏的核心部族，也是后期建构太昊集团的主要力量。从伯益后裔有"终黎氏"来看，其与"黎氏祝融"有千丝万缕的联系。黎氏祝融生有六子，其中有惠连、季连；《帝王世纪》记载庖栖氏的部族有大连氏、骊连氏；伯益后人中有大廉、蜚廉。大连、骊连和大廉、蜚廉以及惠连、季连，有着成双并对的共同特点，可能是两个紧密关联的兄弟部族。他们在不同时代的氏族集团中出现，但音同义近，相互通转，实乃同名而异述；只不过存在代际演变上的区别。

---

[34] 刘钊：《出土文献与〈山海经〉新证》，《中国社会科学》2021年第1期。

出土文献中楚君名号多用“酓”，从文字音韵方面探析，其可能属于阏伯后裔。查《康熙字典·戌集上》門部“閼”字是一多音字，在用于动词时读如“遏”，有遏止、阻遏之意；在用于人名时读如“谒”或“焉”。《左传·襄公九年》火正閼伯居商丘，陆德明《释文》於葛反。又《广韵》《集韵》《韵会》《正韵》於歇切，音谒。从音韵上面考辩，阏、酓二字双声，音近相通。因之楚王称“酓”，可能来源于“阏伯”之“阏”。然“酓”则又通“熊”，已为楚简所证。而熊则通“嬴”，《说文解字注》熊字：“熊兽、佀豕。山尻。……从能。炎省声。按炎省声则当在古音八部。今音羽弓切。……玉裁谓。熊不妨古反于陵。要之反论必是能字。春秋左氏敬嬴、公穀作顷熊。盖炎熊嬴三字双声。凡熊之属皆从熊。”通观简帛中的楚国文字，增符减笔、变形异构、转注假借的现象较多。从简帛上面所书“能”“酓”字的形态看，与金文中的“嬴”“能”字主体构型十分相似（图一、图二），可能具有一定的关联。王延林先生也认为：金文“嬴”从女，声符似“能”字，是一动物之形象㉟。《逸周书·作雒解》记述周公东征时“凡所征熊、盈族十有七国”。又曰：“三叔及殷（蔡叔、霍叔封地）、东（管叔封地）、徐、奄及熊盈以畔（叛）。”周成王时青铜器《保卣》铭文中所记“殷东五侯”就有盈。古代盈、嬴二字通用，盈即嬴。《路史·国名纪》把盈国列为“少昊后嬴姓国”，并称“盈”为“嬴之枝”。李白凤先生则认为：“东夷中有盈、嬴二姓氏族，实非两姓而为一字之同音异书……是知古籍中东夷各族之盈、嬴二姓实为同族也。”㊱卫聚贤先生亦曾指出：从字形和字音的双重分析中可知嬴与熊本为一字，依据是《公羊传》宣八年“葬我小君顷熊”，《解诂》云：“熊氏，楚女。”《左传》作“敬嬴”。可知熊嬴两字是互换使用的。他认为熊姓的楚国，与嬴姓的秦国和赵国，都曾经是熊图腾的国度㊲。笔者认为，楚人崇拜熊（酓），实际上就是崇拜嬴，当与伯益受赐之“嬴姓”相关联，后因世系传续、文化变异而致用字不同也。

进一步探究，楚人于“嬴”通“熊”的升华，很大可能根源于太昊伏羲集团。闻一多先生曾作《东皇太一考》，认为伏羲即太昊，也就是东皇太一㊳。裘锡圭先生认为伏羲和太昊合体，是战国晚期的缀合结果，东皇太一不可能既是伏羲又是太昊。但是他又指出：楚帛书甲篇的开头一句“曰故（古）大[illegible]雹（包）虘（戏）……”，大家已经公认大[illegible]即大熊。大熊显然是伏羲的一个称号。《礼记·月令》正义引《帝王世纪》说伏羲“一号黄熊氏”。《易纬乾凿度》说“太古百皇辟基……始有熊（或作“能”）氏”。郑玄注：“有能氏，庖犧氏，亦名苍牙，与天同生。”又说：“苍牙有熊氏庖犧得易源。”都是伏羲与熊的相关证据㊴。其实闻一多先生所论并非无据，太昊与伏羲合体具有文献和考古文化的二重证据，笔者曾有专文讨论㊵，此不赘。但裘锡圭先生关于

㉟ 王延林：《常用古文字字典》，上海书画出版社，1987年，第634页。

㊱ 李白凤：《蒲姑熊盈考》，《东夷杂考》，齐鲁书社，1981年。

㊲ 卫聚贤：《古史研究》，上海文艺出版社影印版，1990年，第58页。

㊳ 闻一多：《东皇太一考》，《文学遗产》1980年第1期。

㊴ 裘锡圭：《“东皇太一”与“大熊伏羲”》，《裘锡圭学术文集》（第2卷），复旦大学出版社，2012年，第552—557页。

㊵ 常兴照：《少昊、帝舜与大汶口文化》（上、下），《文物春秋》2003年第6期、2004年第1期；常兴照：《有虞氏王朝概论》，见本书。

图一　金文嬴字上二、能字下二

图片转自《汉典》网https://www.zaic.net/

伏羲与大熊以及楚王用熊来源的论证，给我们提供了一个新的探索视角。清华简《参不韦》篇中记有“三不韦”呼启为“建后”“大放”，程浩先生指出：二者均为对君王的称谓。“建后”即天帝建设之帝后。至于“大放”，则可与古书所载相联系。《尚书·尧典》篇首载：“曰若稽古帝尧，曰放勋。”“放勋”多被认为是尧的名，也有论者指出其为尧之帝号。同篇中，尧身边又有一位重臣号曰“放齐”。联系《参不韦》中启的称号“大放”，可知“放”乃是一种对高级统治者的专称，“放勋”“放齐”或为一种类似“职官+名”的称谓方式[41]。据以参证楚王用“熊”，亦即类比其对高级首领的尊称。楚人视伏羲为“大熊”，同时说明楚人实际上从属于太昊伏羲集团。

---

[41] 程浩：《清华简〈参不韦〉中的夏代史事》，《文物》2022年第9期。

「能」郭.语 3.19　「能」上（1）.孔 .3　「能」上（1）.孔 .12　「能」上（1）.孔 .13　「能」上（1）.紂 .4　「能」上（1）.紂 .18

「能」上（1）.紂 .21　「能」上（1）.紂 .21　「能」上（1）.性 .2　「能」上（1）.性 .2　「能」上（1）.性 .32　「能」上（2）.子 .1

「畲」包 2.85　「畲」包 2.171　「畲」包 2.181　「畲」包 2.185　「畲」包 2.190　「畲」包 2.196

「畲」包 2.217　「畲」包 2.237　「畲」包 2.246　「畲」望 1.121　「畲」郭.老甲 .33　「畲」九 .56.35

图二　简帛能字上二、畲字下二

图片转自《汉典》网https://www.zaic.net/

但是熊的崇拜，实则导源于“龙”观念的形成。传统文化中的龙是一虚拟的形象，生成来源与概念结构较为复杂。目前学术界较为系统的说法有三种：一为蛇龙原型说，二为鳄龙原型说，三为雷电原型说[42]。刘庆柱先生梳理了考古发现的龙形遗存，亦将龙的原型分为三类，一类是猪龙（或称为熊龙、马龙），二类是蛇龙，三类是鳄龙。并据冯时先生“龙形象起源于星象”，龙的崇拜在于“龙星对于远古先民的授时作用”等论点，认为河南濮阳西水坡45号大墓出现的“蚌壳堆塑龙”，是真正意义上的星象龙，其造型就是鳄龙。指出“濮阳龙”在后世龙文化的形成具有重要的历史作用和核心地位[43]。笔者倾向于龙的起源实则导源于雷电，甲骨文、金文中的“龙”字实际上就是

[42] 陈伟涛：《龙起源诸说辩证》，《史学月刊》2012年第10期。

[43] 刘庆柱：《关于考古发现的“龙”之界定问题——濮阳西水坡遗址出土“龙”意义》，《濮阳职业技术学院学报》2012年第2期。

“申（电）”字加上了一个兽头（图三）。雷电和雨水密切关联，在先民思想认知中必定与农业生产以及日常生活息息相关，也与神圣和威猛的自然崇拜密不可分。但因为雷电转瞬即逝，以闪电和雷声形成的龙很难具象，在现实中必然需要一种可以象征和拟形的动物来替代，于是乎不同的民族创造出了不同的“龙”。如红山文化的“玉猪（熊）龙”；濮阳西水坡45号大墓的“鳄龙”；陶寺文化和二里头文化中的“蛇形龙”，甚至还有“鱼龙”“狗龙”“鸟龙”等各种形态[44]。在古代王朝和国族中，第一个打出龙的旗号，并以龙纪官的就是太昊。闻一多先生指出，《左传·昭公十七年》郯子云：“太昊氏以龙纪，故为龙师而龙名。”《文选·鲁灵光殿赋》注引《玄中记》：“伏羲龙

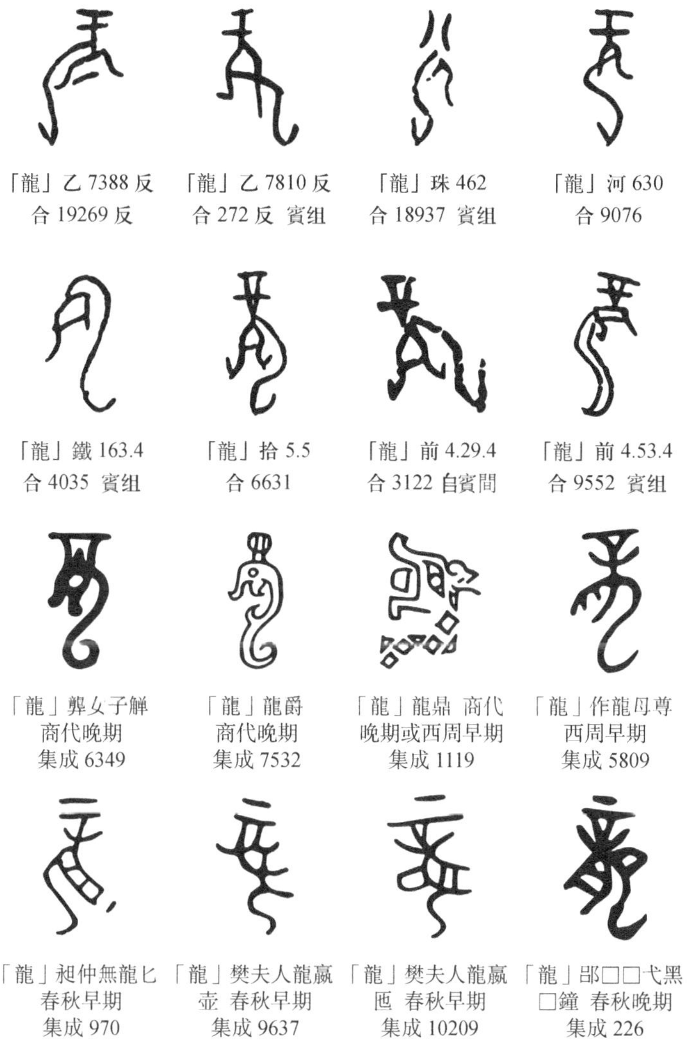

图三 甲骨文龙字上二、金文龙字下二

图片转自《汉典》网https://www.zaic.net/

④④ 李京华：《龙与考古研究》，《中华第一龙——95濮阳“龙文化与中华民族”学术讨论会文集》，中州古籍出版社，2003年。

身。”案伏羲龙身，太昊龙名，伏羲风姓，太昊亦风姓，是伏羲即太昊，此其证一。《汉书·律历志》：“炮牺继天而王，为百王先，首德始于木，故为帝太昊。”又《汉书·古今人表》：“太昊帝宓羲氏。”此其证二[45]。据前引裘锡圭先生的研究，伏羲氏又号黄熊氏，是以大熊作为图腾的。因此大熊可能就是伏羲氏亦即太昊氏的龙图腾。关于龙的含义，载籍中多有解释，《说文》：（龙）“鳞虫之长。能幽能明，能细能巨，能短能长。春分而登天，秋分而潜渊。”饶炯注：“龙之为物，变化无端，说解因着其灵异如此，以能升天，神其物，而命之曰灵。”关于龙的特点大致有三：一是能幽能明，能巨能细，变化无端；二是春分而出，秋分而潜，有蛰居之特能；三是能登天，能入水。而熊似豕类犬，能直立能爬树，能游泳能钻洞，冬眠蛰居，杂食广谱，吼声如雷，蛮力无穷，在陆生动物中兼有更多“龙”的特质。太昊伏羲氏以熊作为龙的形象，要比蛇类、鳄类、猪类、马类、龟类等诸多动物神勇得多。笔者曾经推论，太昊伏羲氏就是后来的帝舜有虞氏，最初是在鲁东南地区的东方海外建立了少昊之国，西进中原后建立了太昊之国。其国族是以太阳和鸟为神灵崇拜的，这些在文献和考古文化中有较多的佐证。但在大规模西迁并取得中原统治地位以后，为了提高国族的帝格和神格，又重新编订了创世新说和氏族标识[46]。现在看来，太昊氏以龙纪官，就是以熊和闪电为意象，创造出了全新的熊形龙。值得一提的是，伯益因佐禹治水、主畜作虞等大功德，被帝舜赐姓嬴，“嬴”字的形符就是熊（能）。是或说明此即伯益部族被太昊帝舜接纳为集团成员的标志。前文说过，甲骨文无嬴字，金文中“嬴”字为后期字，可能就是因为伯益加入太昊集团后新形成的氏族徽识。文献中还有“昔尧殛鲧于羽山，其神化为黄熊，以入于羽渊”（《左传·昭公七年》）；“禹治洪水，凿轘辕开，谓涂山氏曰：‘欲饷，闻鼓声乃去’。禹跳石，误中鼓，涂山氏往，见禹方作熊，惭而去”（《汉书·武帝纪》颜师古注引《淮南子》）等记载，这些也应属于鲧、禹氏族曾经接受太昊伏羲氏统领，并以熊为神龙的相关证据。至于后世记载太昊伏羲氏“人首蛇身”，当属夏后氏统一中原之后，转而推行自己的祖神崇拜“蛇形龙”的结果。

综上所述，可知楚人曾经归属于太昊伏羲氏集团；其先祖季连、穴酓等分别与和伯益、阏伯有密切关联；故而崇拜熊（嬴）也就是龙。其以大熊、熊某、某熊为名是一种尊称高级首领的习惯，也是楚人文化意识中的祖神圣灵，并不是单纯的自然崇拜。明白了楚人关于“熊龙”认知的根源，也就明白了楚人和秦人实际上属于同一族属。《清华简·系年》记有“成王屎（践）伐商邑，杀彔子耿，飞廉东逃于商盖氏，成王伐商盖，杀飞廉，西迁商盖之民于邾吾，以御奴且之戎，是秦之先，世作周危（卫）”[47]，说明秦人的来源属于商奄（盖），也就是伯益嬴氏十四族之一。因此有关学者提出“古秦楚两族同源论”[48]，实则有着较为深远的历史因缘。还有学者认为秦人也崇拜熊，亦来源于其祖先嬴氏，嬴就是熊；并举出甘肃礼县永兴乡赵坪村圆顶山嬴秦贵族墓出土（现藏

㊺　闻一多：《东皇太一考》，《文学遗产》1980年第1期，第5页注①。

㊻　常兴照：《有虞氏王朝概论——兼谈中华文明的起源》，见本书。

㊼　清华大学出土文献研究与保护中心：《清华大学藏战国竹简二》第三章，上海中西书局，2011年。

㊽　龚维英：《古秦、楚两族同源疏证》，《史学月刊》1999年第2期。

礼县博物馆）的青铜器造型，作为秦人崇拜熊的证据[49]。此亦进一步佐证了楚人嬴熊同义、秦楚同源的相关推测。

四、楚文化形成历程

探析楚文化的形成，离不开长江中游新石器时代晚期的考古学文化。长江中游的新石器时代晚期文化主要以屈家岭—石家河文化文化为代表。余西云先生曾以标型器物鼎的发展脉络对长江中游新石器时代的文化谱系作了较为系统的梳理。指出屈家岭文化早期遗存与晚期遗存应为两种不同的考古学文化；前者称为屈家岭下层文化，后者称为屈家岭上层文化。在屈家岭上层文化整合长江中游之前，长江中游存在三种不同的文化谱系：峡江至洞庭湖地区的文化序列为城背溪文化—关庙山一期文化—大溪文化；汉东至鄂东地区为螺蛳山遗存—屈家岭下层文化；汉水中游为下王岗一期文化—庙底沟文化（含较多半坡文化因素）。之后受到黄河下游大汶口文化的影响，长江中游在原有文化的基础上形成屈家岭上层文化并扩张到整个长江中游地区。因为屈家岭上层文化先后吸收了江汉平原屈家岭下层文化、汉水中游的下王岗一期等文化和鄂西地区大溪文化的成分，从而形成三个不同的地域类型。最后，屈家岭上层文化晚期吸收了较多的长江下游良渚文化因素，转化为石家河文化[50]。近年来随着考古资料的不断丰富和研究的深入，基本证明了余西云推论的合理性。最近武汉大学单思伟博士在余西云教授指导下完成的《屈家岭文化研究》，则更广泛地收集和梳理了历年来的考古成果，进一步推论屈家岭文化是分布在长江中游的屈家岭下层文化、朱家台文化在受到秦王寨文化的南下发展和大汶口文化的持续西进的影响下，内部相互融合，同时吸收了大量大汶口文化因素和少量秦王寨文化因素，加以改造、重组而成。屈家岭文化的各地区类型的成因就是在这一前提下，各自承袭各地文化传统或受周边其他文化因素影响而完成的。石家河文化主要承袭于屈家岭文化。这里面庙底沟二期文化南拓，斝类器物的向南传播增加了石家河文化内部某些地区类型器形的多样性，但对整体文化结构和格局影响不大。而来自长江下游的良渚文化的逐步西进、皖北豫东地区大汶口文化尉迟寺类型的扩张才是导致屈家岭文化向石家河文化转化的主要原因[51]。上述学者们的相关研究，阐述证明了基本一致的结论，即屈家岭文化和石家河文化的形成，均与大汶口文化的扩张和渗透有密切关系。

结合文献研究，可知东方大汶口文化对江汉地区的扩张和影响，可以分为三个不同的阶段。一是少昊后期，颛顼辅政，引发了对长江中、下游地区的整治和改造。《国语·楚语下》：“及少皞之衰也，九黎乱德，民神杂糅，不可方物。……颛顼受之，乃命南正重司天以属神，命火正黎司地以属民，使复旧常，无相侵渎，是谓绝地天通。”

---

[49] 叶舒宪：《秦人崇拜熊吗？》，光明网：www.gmw.cn/01gmrb/2007/06/07/content_619120.htm。

[50] 余西云：《长江中游新石器时代的陶鼎研究》，《华夏考古》1994年第2期。

[51] 单思伟：《屈家岭文化研究》，武汉大学博士学位论文，2018年。

韦注："南，阳位。正，长也。司，主也。属，会也。所以会群神，使各有分序，不相干乱也。"《晋书·律历志中》："洎于少昊则凤鸟司历，颛顼则南正司天。"可知颛顼的这种整治，主要是在礼仪和神权方面进行改革。重的职官为"南正"，有明确的方位指向，应该和其整治推进的目标在南方有关。因此，可以认为颛顼接受少昊授权之后，主要是以少昊旧族中的重氏和黎氏，对南方亦即长江中、下游地区进行了强力的扩张和推进。前述屈家岭文化的形成，应该就是这一历史过程的重要证明。这一过程的相对年代，大概处于距今5300—5000年，即大汶口文化中期后段，可能略早于屈家岭文化的形成年代。屈家岭文化形成之后，整合统一了江汉地区，并开始对淮河流域及中原地区的秦王寨文化、大汶口文化尉迟寺类型进行了渗透，但这可能是一种文化返浸现象，尚未形成文化更替等较大的影响。

第二个阶段，大概处在唐虞时期。如《国语·楚语下》又记曰："其后，三苗复九黎之德，尧复育重、黎之后，不忘旧者，使复典之。……宠神其祖，以取威于民，曰：'重实上天，黎实下地。'"《太平御览·卷八十·皇王部》引《帝王世纪》："诸侯有苗氏处南蛮不服，尧征而克之于丹水之浦。"《史记·五帝本纪》："驩兜进言共工，尧曰不可，而试之工师，共工果淫辟。四岳举鲧治鸿水，尧以为不可，岳彊请试之，试之而无功，故百姓不变。三苗在江淮、荆州数为乱。于是舜归而言于帝，请流共工于幽陵，以变北狄；放驩兜于崇山，以变南蛮；迁三苗于三危，以变西戎；殛鲧于羽山，以变东夷。"这里的三苗、南蛮、讙兜等氏族，与长江中、下游史前文化有十分密切的关系。笔者曾经撰文对古史中的三苗、南蛮进行过深入分析，认为苗、蛮分属不同民族。并指认分布于长江下游的良渚文化，应当属于三苗民族的物质文化。三苗与北方地区的蚩尤、帝舜和大禹等集团分别有过争夺和讨伐。蚩尤时期，三苗被征服，蚩尤成为九黎族（包括三苗）君长；崧泽文化中的北辛和大汶口早期文化因素，就是这次征服的文化现象。帝舜时期，三苗北上，对山东、江淮、荆州地区进行了侵扰，帝舜通过文征武战，"修教三年，执干戚舞，有苗乃服"，并派员"迁三苗于三危"，沿途在粤、桂、黔、川留下了众多帝舜传说和相关文化遗存，并最终催化了宝墩文化和三星堆文化的形成。同时认为江汉地区的屈家岭文化晚期与石家河文化属于南蛮之族，是帝舜"放讙兜于崇山"之后，由大汶口文化和当地民族文化混合而形成的文化[52]。笔者的相关推论，与前述余西云等人关于屈家岭文化发展演变的研究结论基本契合。文献中的"三苗复九黎之德""三苗在江淮、荆州数为乱"，基本上与良渚文化对淮河下游以及长江中游的推进和争夺相互印证，互为表里。而"诸侯有苗氏处南蛮不服，尧征而克之""放驩兜于崇山，以变南蛮"的记述，则可能说明三苗实际上统治过江汉地区或与"南蛮"形成了联盟，由此构成对中原地区的较多威胁与侵扰，进而引起中原地区尧、舜联盟对南蛮地区的强力镇压与改造，催生和强化了石家河文化的形成。

进一步解析石家河文化，可以深化上述推论的合理性。石家河文化的命名源于湖

---

[52] 常兴照：《舜窜三苗与禹征三苗再认识——兼论良渚文化族属》，《东方考古》（第19集），科学出版社，2022年。

北房县七里河遗址的发掘，发掘简报将龙山时期江汉平原的石家河类型，汉水中游的鄂西北地区青龙泉类型、鄂东南地区的尧家林类型、鄂西地区的季家湖类型、鄂东地区的易家山类型等统归为石家河文化[53]。20世纪90年代之后，部分学者认识到所谓的"石家河文化"早晚存在质的差别，原归入"石家河文化"晚期并以肖家屋脊报告中的"石家河文化晚期"为代表的遗存，与中原地区的煤山文化更为接近，应该属煤山文化在南方地区的一种地方类型。真正的石家河文化只包括前述的"石家河文化早期"遗存。为此学者们进行了多种分析和解构。如白云先生解构原石家河文化包含有"石家河文化""季家湖文化""煤山文化石板巷子类型、乱石滩类型"三类文化遗存[54]，杨新改、韩建业先生解析为"龙山前后期之交以王湾三期文化为主体的中原龙山文化对石家河文化的取代"[55]，孟华平先生的则分别称之为"石家河文化"和"后石家河文化"[56]，何驽先生则分别命名为"石家河文化"和"肖家屋脊文化"等[57]。袁飞勇博士在余西云教授指导下完成的《煤山文化研究》，则将石家河文化早期归为石家河文化，中晚期遗存归为煤山文化，并划分出西花园、肖家屋脊、乱石滩、石板巷子、等地方类型，进一步明晰了石家河晚期文化的来龙去脉[58]。前述相关学者的论述，已经涉及器物组合、器型变化等多方面证明石家河文化核心器类的文化因素主要来源于屈家岭文化，其次是良渚文化和大汶口文化，特别是来自大汶口文化的器形种类较多，证明了大汶口文化对石家河文化影响的重要性。而从埋葬形式和风俗习惯中存在多人合葬墓、二次葬、拔牙（凿齿）习俗、用猪下颌骨作为随葬品、用大口尊（缸）作为祭器（陶尊遗迹）等方面[59]，均与大汶口文化的相关习俗极为相似，也能看出石家河文化与大汶口文化有着深刻的渊源联系。还有一个不能忽略的重要因素，就是石家河文化中的刻画符号。石家河文化的刻划符号最早发现于1987年，此后随着田野发掘和室内整理的进行，陆续有新的符号发现，在肖家屋脊、邓家湾两个遗址上共发现符号60余枚，其中肖家屋脊经过8次发掘，共出土符号约43个；邓家湾经过4次发掘，出土比较完整的符号约12个。这些符号的年代均为石家河文化早期。55个符号中，只有极少数刻画于其他部位，有48个均位于大口陶尊的上腹部[60]。石家河文化的陶器刻划符号以象形符号为主，大多以简练的笔划勾勒出某一事物的外部形态，一件陶器上只有一个符号，而且绝大多数为单体符号，少数几个为合体符号。基本笔划为弧线和直线，间或用少数未戳穿的圆形小戳孔。主要是用某种材料制成的锐器在大口尊、缸的坯体

---

[53] 湖北省博物馆、武大考古专业、房县文化馆：《房县七里河遗址发掘的主要收获》，《江汉考古》1984年第3期。

[54] 白云：《关于"石家河文化"的几个问题》，《江汉考古》1993年第4期。

[55] 杨新改、韩建业：《禹征三苗探索》，《中原文物》1995年第2期。

[56] 孟华平：《长江中游史前文化结构》，长江文艺出版社，1997年，第101页。

[57] 何驽：《试论肖家屋脊文化及其相关问题》，《三代考古》（二），科学出版社，2006年。

[58] 袁飞勇：《煤山文化研究》，武汉大学博士学位论文，2020年。

[59] 湖北省博物馆、武大考古专业、房县文化馆：《房县七里河遗址发掘的主要收获》，《江汉考古》1984年第3期；大口尊在《肖家屋脊》报告中称臼，其组成的遗迹称陶臼遗迹，简称"JY"，见《天门石家河考古发掘报告之一：肖家屋脊》，文物出版社，1999年。

[60] 郑中华：《论石家河文化的刻划符号》，《江汉考古》2000年第4期。

上刻划而成。可以看出，石家河文化的刻画符号，与莒县陵阳河、蒙城尉迟寺等遗址发现的刻画符号，无论在图像描摹、刻画技艺、施画器物及部位等，都有着惊人的一致性。尽管有许多学者对刻画符号的形制、作用、是否为文字等等做过许多分析和解释，迄今尚无较统一的认识。但是学界基本认可如“”之类的符号最初形成于海岱地区的大汶口文化，是随着大汶口文化分布范围的扩大及各文化间交流的密切开展，这一凝聚着海岱区域文化核心内涵的符号逐渐被良渚文化和石家河文化所吸收[61]。上述这些文化现象已经不是简单的文化交流和影响，实则证明大汶口族群已经楔入了江汉地区，并在石家河文化阶段已占据该地区的统治地位。

笔者曾根据文献中讙兜是“帝鸿氏不才子”，进一步分析帝鸿实际上与帝俊和太昊有关。《山海经·大荒东经》有“帝俊生帝鸿”之说，大鸿即帝鸿；大鸿也即大鸟，是为太阳的象征。鸿即昊，鸿昊乃一音之转。因此讙兜实际上是太昊集团的部族成员。传说中的讙兜形象，“人面鸟喙有翼，食海中鱼，杖翼而行”，是一种食鱼的鸟。其与东夷的崇鸟、崇日习俗十分相合。其最初的栖居之所，可能位处泽薮之地，居处于沂沭河下游地区的可能性最大。沂沭河下游属于苏北的连云港和宿迁市一带；是地河湖纵横、水网密布，残丘较多；也是古代文化较为集中的区域。这一带属于良渚文化和大汶口文化的交会地带，自北辛文化晚期就与长江下游的原始文化有交流；所以文化面貌中有较多马家浜和良渚文化因素，代表性文化遗存即大汶口文化中期的花厅类型及后续的大汶口晚期遗存。及至今天，该范围内居民方言和文化习俗与沂沭河中上游的民俗方言亦有较大的区别。该地区内的赣榆有一古镇，春秋时期就已存在，其名为“欢墩埠”；可能即与讙兜氏族有关联。讙兜族由于文化因素的两合性，故在部族风格上也有两面性，在氏族集团中或盟或叛，或帮华夏或助三苗的行为可能经常发生。由于讙兜做事糊涂，是非不明，被称为“混沌”，故帝舜将其流放于“崇山”，以改变南蛮势力[62]。现在看来，石家河文化应属被流放后的讙兜文化，这一论证基本成立。

但是，真正完成楚文化成分建构的是第三个阶段，即所谓“后石家河文化”、“煤山文化肖家屋脊类型”或“肖家屋脊文化”形成阶段。前文已经介绍过夏代早期伯益族南迁的可能性和相关证据，依此论指“煤山文化肖家屋脊类型”为代表的相关地方类型大概就是伯益族群南迁之后形成的物质文化，具有考古和文献的双重证据，有着较强的合理性。结合前文关于楚先祖的来源、名号关系的分析以及清华简《楚居》的解读，可以大致推定：夏代初年，由于伯益集团在与夏启一族的争夺中失利，被迫带领阏伯、季连等部族南下，曾在穴穷、乔山等地短暂居留，最后在爰波（云梦）一带建立了聚邑，因之形成了煤山文化肖家屋脊等地方类型。然而由于夏文化的进逼和环境上适应性不佳，最终都在二里头文化一期前后消失或湮没。所以夏代中后期至商代中期之前，楚人实际上处于分崩离析的状态，散居于各地，没有形成可以亮眼的文明火花。但应该看到其文化基因并没有断裂，仍然在历史长河中不绝如缕。故而在盘庚时期又重现江湖，娶

---

[61] 牛清波：《中国早期刻画符号整理与研究》下编第二章第六节，安徽大学博士学位论文，2013年。

[62] 常兴照：《舜窜三苗与禹征三苗再认识——兼论良渚文化族属》，《东方考古》（第19集），科学出版社，2022年。

得妣隹，设立了京宗。但是在商末周初，仍然步履维艰，围绕江汉地区东移西迁、居无定所。如尹弘兵先生所论：直至西周中晚期之际早期楚文化才正式形成，以出现早期楚式鬲和完整的早期楚文化陶器组合为标志。此时早期楚文化遍及江汉地区，重心则在鄂西地区。夏商时期的早期楚文化与楚国无关，西周时期的楚国也只是早期楚文化中很小的一支[63]。从物质文化反映的现象看，尹说具有较强的客观性。但是就文化基因的成分而言，楚人的根脉一直隐藏在绵延的史前文化中。综合前文分析，楚人文化因素具有多种文化成分，体现了中华文明多元一体、融合发展的特征。其中最直接的是与东夷文化渊源深远，密不可分。由是看后期楚国长期对东方和海岱地区进行扩张和收复，并最终统一了江淮和鲁南地区，其中有很大可能涌动着返乡归祖的族群动力。进一步延伸，楚人崇拜熊龙，然则为芈姓。《史记·楚世家》索隐："芈，羊声也。"《说文解字》释芈："羊鸣也，从羊。"由是"芈"字当属于拟声字，用羊的鸣声作为族姓着实显得突兀。但在石家河文化出土的刻画符号中存在较多的牛角形符号，共22例，充分表现出该符号的重要性。郑中华先生认为其摹画的是一种角形容器[64]；王树明先生认为其原始摹刻应是一种军械用品，亦即我国现行汉字"角"字的远祖或滥觞[65]。王先生的推论较具合理性，因为在山东莒县陵阳河大汶口文化遗址的M19墓葬中确实发现过类似的陶质牛角号实物[66]，应该是军事首领用于号令的一种器具。用这种器具吹出来的声音类似于牛或熊的叫声，据以推测抑或正因为这种号令的声威，可以令人马上联想到其人其族，久之而成为军队或族群的代号。因此"芈"字大概应当读如"牟"或"吽"，也就是熊的吼声，其与"羊"可能没有多少关系。

2023年1月完稿于京东燕郊

---

[63] 尹弘兵：《早期楚文化初析》，《江汉考古》2011年第3期。

[64] 郑中华：《论石家河文化的刻划符号》，《江汉考古》2000年第4期。

[65] 王树明、刘红英：《从邓家湾与肖家屋脊发现图像文字说起》，《古代文明》（第7卷），文物出版社，2008年。

[66] 山东省考古所、山东省博物馆、莒县文管所：《山东莒县陵阳河大汶口文化墓葬发掘简报》，《史前研究》1987年第3期。

第三部分
铭刻文字解析及其他

商奄、蒲姑钩沉

一、序　　说

载籍中有周公东征践奄、灭蒲姑（薄姑，下同）等一段历史。后代史家一般认为商奄在曲阜，蒲姑在博兴。关于此二国之宗主族源，文献缺如，学界亦极少论证，是为千古疑案。或因为文献中有“鸟夷皮服”“东方鸟夷羽民”等称谓，而认为泰山北侧古老民族有爽鸠氏、逄伯陵氏、蒲姑氏等相代而来，可能都是以鸟为名的国家。蒲姑或即布谷，伯陵或为百灵，皆为鸟名音转。这是一种比较朴素的想法，无系统论证，故难深究。今人殷之彝先生曾认为“亚醜”徽文即商代蒲姑氏之族徽①；已故李白凤先生亦专文考辩蒲姑即熊盈，乃商周之嬴姓氏族中的一部，崇拜一个“似熊非熊”的“**㲋**”，薄姑之称乃由其居所在薄丘而得名②；同时又考证商奄即金文中的“天鼋”，从大从黾，为东夷中黾族一支，与莒、郯、徐、秦等同为嬴姓国，其地在莱芜而非曲阜③；王献唐先生《炎黄氏族文化考》一书中从音韵通转入手，推论薄姑乃炎族散处山东地区的番、圭二族声转而来，薄姑实为两国，“先后同处一地，因合族名，并呼其地为番圭，纽转易字为薄姑”。博兴之博亦即薄姑之薄④；闻一多先生释“天鼋”为从大从黾，乃国族名，省变为奄，又加邑作郁，郁国在鲁⑤。上述诸论，或因揭示不深，或因史证不足，是故学界反响并不强烈。然而蒲姑、商奄二国在东夷古国史中占有相当重要的历史地位，揭开它们身上的历史面纱，有可能找到探讨古代东方古史主要脉络，推进研究夷夏文明相互发展和影响之进程，进而考察齐鲁文化形成等问题的钥匙。因此，笔者不揣谫陋，试从前人研究中拾得片羽，结合新的考古资料对这两个东方古国作再研讨，以就教于学界方家。

二、考古发现简陈

典籍中关于商奄及蒲姑的记载十分疏浅，且多集中在周初成王前后的一段历史中。

---

① 殷之彝：《山东益都苏埠屯墓地和“亚醜”铜器》，《考古学报》1977年第2期。

② 李白凤：《薄姑熊盈考》，《东夷杂考》，齐鲁书社，1981年。

③ 李白凤：《薄姑熊盈考》，《东夷杂考》，齐鲁书社，1981年；李白凤：《奄族考》，《东夷杂考》，齐鲁书社，1981年。

④ 王献唐：《炎黄氏族文化考》，齐鲁书社，1985年，第345页。

⑤ 闻一多：《闻一多全集（二）古典新义》，开明书店，1949年，第507—512页。

《史记·周本纪》："成王即迁殷遗民，……召公为保，周公为师，东伐淮夷，残奄，迁其君薄姑。"这段史实在《尚书大传》《汉书·地理志》《书序》等书中均有记载。详略有异，但主要内容相同。古铜器彝铭中也有类似的记载（详后文），故可信。如是则首先要明确奄国和迁奄之地及蒲姑国的地望所处。关于奄国旧址暂置后论，这里仅就迁奄之地和薄姑故城的考察情况简陈于下。先看史书所载，《史记·周本纪》正义引《括地志》云："薄姑故城在青州博昌县东北六十里。"民国二十五年版《博兴县志》古迹篇云："蒲姑城，《通志》作薄姑，又作姑棼，在县南十五里柳桥庄。"又云："奄城，《通志》云在县东北十里。《书序》成王东伐淮夷，遂践奄，迁其君于蒲姑，即此地也。俗名嫌城，或云唐李勣征东立城屯兵于此，今犹有李相公堂庄在其北。"是地今名日贤城。依据志书指证，所谓蒲姑城，即指今博兴县东南十五里寨郝乡寨卞村北，小清河北岸的一处台地。1986年7月，山东省文物考古研究所鲁北工作队曾作过钻探调查，笔者也曾于1987年12月实地踏察。遗址现为果园覆盖，大致范围东西约200米，南北约300米。地表散见春秋及汉代陶片，断崖所见文化堆积极簿。钻探时曾发现夯土，但性质难定。周围虽发现过龙山文化遗存和战国墓葬，但都不很丰富。附近古文化遗址分布也十分稀疏，而且基本上不见商周之际的遗存。若从其遗物、堆积及规模等观察推证，此地比附于商末东方强国蒲姑氏的都治则十分牵强。而所谓奄城，在今博兴县城北五华里鲍陈、城头等村一带，地势比较平坦，地表现在还存有部分汉代城墙残迹。东西1140米，南北1100米，堆积最厚处不过1米。地表所见遗物多为汉唐时期的陶片，亦不见商末周初之际的文化遗存。志书曰俗称其为嫌城，又云唐李勣征东立城屯兵于此，故讹传的可能性较大。《水经·济水》："又东北通乐安县故城南。"注云："伏琛《齐记》曰：博昌城西北五十里有南北二城，相去三十里，隔时济二水，指此为博昌北城，非也。乐安与博昌、蒲姑分水俱同，西北蒲姑去齐城六十里，乐安越水差远，验非尤明。"叶圭绶《续山东考古录》卷十五："按南北二城，南博昌、北乐安也。"如此，这里若谓汉代乐安故城或存可能，指其为奄城，证据尚嫌不足。

但是，最近淄博市博物馆在桓台县田庄镇荀召遗址的考古发现为我们重新认识蒲姑、商奄等古国历史提供了重要线索，使我们对奄城及薄姑故城的考察具有了全新的含义。1987年5月，荀召村东北侧砖厂在挖土中破坏了一座周代残墓，淄博市博物馆闻讯前往调查清理，得铜鼎1、铜觯1、铜铃4、铜觚1、铜戈1。地表采集大量商、周至汉代陶片。遗址东北距"薄姑城"约25千米；东南距齐故城约30千米；南距传说中的齐邑葵丘（前埠遗址）约10千米。周围有众多龙山文化及商、周遗址分布。1987年12月笔者又到该遗址踏察，进一步核查了遗址范围及堆积情况：这里是一条东北西南向的凸隆高地，高于周围地表3—5米。整体被荀召村庄、砖厂及其他建筑切割覆盖，地貌破坏极甚。在东西约900米，南北约1200米的范围内，随处可见大量商、周及汉代遗物，犹以东北部商周遗存最为丰富，文化堆积可达2米。遗址西北部可见大量汉代灰坑、墓葬及少量龙山文化遗存。遗址东南部发现有夯土遗迹。

墓葬中所出铜鼎为直口、立耳、深腹、圆底、柱足，腹部饰餮餮纹带，其中一足显系修补而成。鼎腹下有烟炱痕迹。口径16.2、通耳高19.3厘米。铜觯为侈口、束颈、垂腹、高圈足，颈腹部饰两条夔龙纹带，锈蚀难辨。圈足内壁有阳铭“”合文。口径7.6、足径7.2、高13.2厘米（图一，1、2）。铜戈已残，直内，内有圆穿。觚上部残，柄及圈足部饰饕餮纹，无扉棱，无十字镂孔。铜铃多饰不同形状的饕餮纹，口径3.7—5.2、高6.2—7.3厘米。地表采集商周遗物中极富特征的是一种侈口折沿方唇、粗绳纹分档袋足陶鬲，有一个较明显的内倾的实足尖。还有一种侈口折肩罐，肩部饰三角纹、圆圈纹带。根据器物类型及花纹装饰特征看，上述几种器物约当商代晚期至西周早期之际，墓葬的时代可能在西周初年。铜觯圈足内所刻铭文，在金文著录中多有所见。李孝定认为与彝铭中的“吊龟”疑为一字，读为“叔龟”[⑥]。此说甚当，可从。但叔龟器在山东发现并有确切地点者，此为第一例。这里提出了如下问题：叔龟器在荀召遗址出土说明了什么？怎样认识它的族属？它与“薄姑”、獒丘等遗址的关系如何？下文都将予以讨论。可以毫不夸张地说，叔龟器的发现对于更新我们对蒲姑、商奄等问题的传统认识，具有极为重要的历史意义。

1　　2

图一　叔龟觯及铭文拓片

三、“叔龟”奄族考辨

“叔龟”合文，在金文著录中凡八式（见《金文编》附录），均大同小异。另有单体作“龟”称名者器如“龟父丁爵”（甘肃灵台出土）等。除李孝定认为“叔龟”当是人名（同上），目前尚不见更确切的解释。观殷周之器，多有在铭文之首或句尾具一

⑥　李孝定、张日昇、周法高：《金文诂林附录》，香港中文大学，1977年，第502页。

图像符号或在器物上独铭单体或合体图形文字者，字皆诡异难识。郭沫若认为："（商代铜器）单存一图形文字者，仅作器者自标其徽识而已。此意犹今人于所有物或所造物上盖章或签名。"⑦其实，进一步说这应该是原始氏族图腾制度的遗存。此种图形铭刻往往不只在一组器物、一组地点、或一个时期中出现，有的延续时间相当长，并存在着明显的发展转承关系。此类徽识有的可能也发展成国族名姓，但有的则仍作为氏族崇拜标记，表示敬宗追远，贻孙翼子之意愿。然不妨仍统称为"族徽"，因为它们往往能揭示氏族组织中的因缘关系。我们认为"叔龟"标识也就是由图腾崇拜而形成的氏族徽号。分析此铭，可能有两个含义：一为龟，是为图腾灵神；二为叔（吊），可能为图腾附件。古代图腾制度中用图腾柱者比较多见，我国文献中亦有类似的记载。如《拾遗记·少皞》记有："少皞以金德王，母日皇娥……时有神童，容貌绝俗，称为白帝之子。……帝子与皇娥泛于海上，以桂枝为表，结薰茅为旌，刻玉为鸠，置于表端，言鸠知四时之候。"这是极典型的一幅图腾崇拜图。《左传·昭公十七年》郯子曰："我高祖少皞鸷之立也，凤鸟适至，故纪于鸟，为鸟师而鸟名。"玉鸠立于表端，正是少皞族鸟图腾的崇拜形式。那么叔龟氏是否以龟形立于表端作为崇拜神物呢？由是推测，"叔龟"之第一字多呈倒三角立之，很像放置物体的托台，极有可能是图腾柱的实物摹画。柱之缴形带箭者，可能即族帜飘带之类物。作吊作叔，均应为后起之意，而叔龟氏真正崇拜的图腾神灵则是象形的乌龟。古人以龟为灵，灼龟甲以卜，谓卜为龟。《周礼·春官》有龟人，掌六龟之属，若有祭祀，则奉龟以往。《礼·礼运》则列龟为四灵之一，故先民将龟作为图腾宗神之徽识是完全可以理解的。

考古发现表明，崇龟习俗应与东方有关。最早可以追溯到大汶口文化早期或更早的阶段，且多集中在泰山南侧，汶泗流域或苏北一带。在大汶口文化墓葬中，经常于墓主胸前、脚下或腰间发现龟甲，龟甲内有的放四至六枚石子；有的置放骨针、骨锥；有的涂彩；多数有数量不等的穿孔；有的还有刻画符号。对此，学界曾有多种猜测：有的认为是装饰品，有的认为是盛贮器，甚至有的认为是保护生殖器的。王树明先生在1982年的"山东史前文化讨论会"上率先提出，大汶口文化随葬龟甲应与辟邪厌胜、占卜筮法有关。高广仁、邵望平先生对此又作了更进一步的论证⑧。这说明，当时人们已经形成了乌龟神圣的观念。至商代，乌龟崇拜有了更高层次的发展，大量的甲骨卜辞说明，龟卜几乎主宰了人们所有的社会生活。同时还出现了大量的龟形氏族徽号。此亦说明，商文化应与大汶口文化在意识形态方面存在着一定的渊源关系。但是我们仍可这样认为，凡具龟形氏族徽识的，应该就是大汶口文化乌龟崇拜集团的直接传人，或者是多少接受了崇龟文化的直接影响。这个推论不仅在逻辑关系上能够成立，且已被考古发现所证明。

已发现的殷周龟形氏族徽识约有三类（图二），一类即完全象形的龟体，如前面已提及的叔龟器和龟父丁鼎等（图二，18）。二类为相近相似的类龟体，即"天黿"

---

⑦　郭沫若：《殷彝中图形文字之一解》，《殷周青铜器铭文研究》，科学出版社，1961年。

⑧　高广仁、邵望平：《中国史前时代的龟灵与犬牲》，《中国考古学研究——夏鼐先生考古五十年纪念论文集》，文物出版社，1968年。

或“黽”等形体，如父乙角、父乙簋、父丁鼎、父辛卣、黽罍等（图二，1、6、10、11、13）。另外还有兼作装饰物的龟纽及龟纹等，如陕州七里铺出土的龟纽盖和陕西清涧出土的龟鱼纹盘等（图二，20、22）⑨。对前一类徽识的解释已如前述，此不赘。众所周知，争议最大、讨论最多的是对第二类类龟形徽识的认识，犹以“天黿”徽号最为复杂。自宋代以来，众说纷纭，迄无定论。兹择主要观点陈之于下：宋黄伯思释为“子孙”⑩，清阮元因之⑪。徐同柏、刘心源、吴大徵等皆袭宋人之说又有缘附之饰。罗振玉曾沿旧说释为“子孙”，后改释为“子黽”，后又改释“子龟”⑫。郭沫若释为“天黿”⑬。容庚因之⑭。唐兰、孙海波并释为“大黽”，谓人形之下为鼅黽之形。孙海波认为上边形体当是天或大字，下实黽形，“果族徽也，当释大黽，地志有大黽谷可证”⑮。闻一多本人则释其为“奄”，谓其省变为“奄”，乃周公所诛郁国之郁（参见前引闻文）。李孝定认为“说可徵信，姑定，暂从闻说”⑯。李白凤也释此为“奄”，谓“大黽”族即奄族⑰。于省吾先生则力排众议，释此为“黿”，谓天黽合文乃商人图腾之一⑱。上述观点，除“子孙”之释谬不足信，上部人形或天或大，古文天和大乃一字，无须辨。其余分歧焦点在于人形之下图象为黽为龟（黿）的解释。主黽者为大宗，谓“龟形短足而有尾，黽形无尾，其后两是既伸于前，后折于后，然则黽字本象蛙形，了无可疑”⑲。及郭沫若虽释为“黿”，同时又谓“人形之下分明鼅黽之象”。足见“黽”派立论逼人。主龟者无说，思其必据其形态而谓。欲辨此铭下半图属龟属黽，可将“天黿”诸图与“龟”形诸图作一比较，参考仰韶文化中被公认的蛙纹亦即黽形图案（图二，14、15、16）⑳，不难看出，仰韶黽形图案特征有三：①圆腹无尾；②足伸于后又折于前；③圆弧形头，头与腹紧密相连。特别是第三点，应是蛙类动物最突出、最本质的特点。而“龟”形诸图特征也有三点：①圆腹有尾；②足长短不一，有伸于后者，也有折于前者；③有一个较长的脖颈和一个三角形或椭圆形的头。后一点也应是龟属动物最易表现的特征之一。今山东一带方言骂人曰“伸长脖子”，即谓其为龟类。再看“天黿”诸图，特征也很明显：①圆腹，个别有尾，多数无尾；②足伸于前，又折于后；③有一个较长的脖颈和一个三角形或椭圆形的

⑨ 黄河水库考古队河南分队：《河南陕县七里铺商代遗址的发掘》，《考古学报》1960年第1期；高雪：《陕西清涧县又出土商代青铜器》，《考古与文物》1983年第3期。
⑩ （宋）黄伯思：《东观余论·古器说》，明刊二卷本。
⑪ （清）阮元：《积古斋钟鼎彝器款识》二，嘉庆版。
⑫ 罗振玉：《贞松堂集古遗文》正编，上虞罗氏，1930年；续编，上海蟫隐庐，1933年；《三代吉金文存》目录，珂罗版影印本，1937年。
⑬ 郭沫若：《殷彝中图形文字之一解》，《殷周青铜器铭文研究》，科学出版社，1961年。
⑭ 容庚编著，张振林、马国权摹补：《金文编》，中华书局，1985年。
⑮ 闻一多：《闻一多全集》二，第507页；引孙海波《古文声系·自序》。
⑯ 李孝定、张日昇、周法高：《金文诂林附录》，香港中文大学，1977年，第502页。
⑰ 李白凤：《奄族考》，《东夷杂考》，齐鲁书社，1981年，第75—78页。
⑱ 于省吾：《释黽、黿》，《古文字研究》（第七辑），中华书局，1982年。
⑲ 于省吾：《释黽、黿》，《古文字研究》（第七辑），中华书局，1982年。
⑳ 严文明：《甘肃彩陶的源流》，《文物》1978年第10期，第65页，图四。

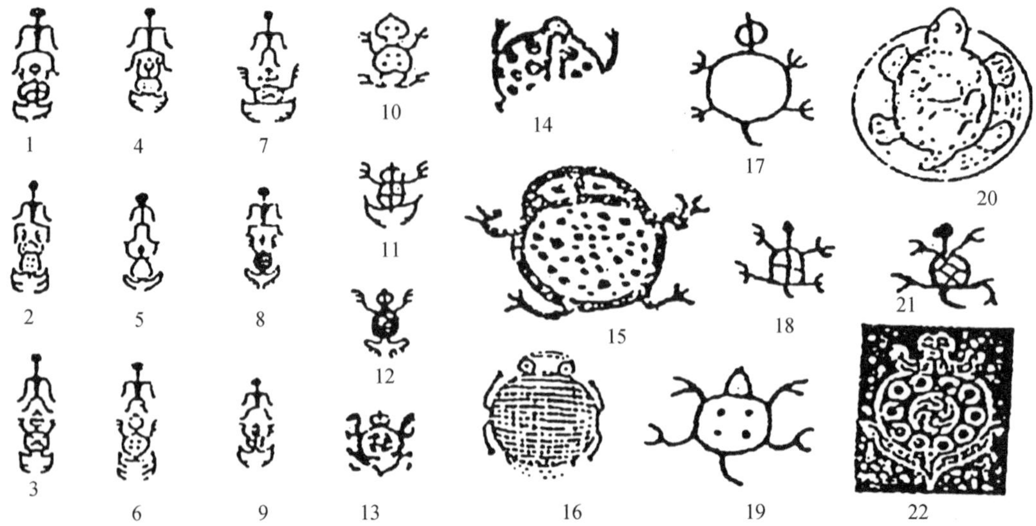

图二　各式龟徽、类龟徽及蛙纹、龟纹

1. 父乙角　2. 杨鼎　3. 献侯鼎　4. 父癸卣　5. 鼋戈　6. 父乙簋　7. 敕黴鼎　8. 妇未干鼎　9. 父癸簋　10. 父丁鼎　11. 父辛卣　12. 父丁鼎　13. 黾罍［以上从于省吾《释黾、鼋》，《古文字研究》（第七辑），中华书局，1982年］　14. 庙底沟　15. 临潼姜寨　16. 兰州雁儿湾（以上采自严文明《甘肃彩陶的源流》，《文物》1978年第10期）　17. 龟父丙鼎　18. 龟父丁鼎　19. 父丙簋　20. 龟纽盖（黄河水库考古队河南分队：《河南陕县七里铺商代遗址的发掘》，《考古学报》1960年第1期）　21. 吊龟爵（以上采自容庚编著，张振林、马国权摹补：《金文编》，中华书局，1985年）　22. 龟鱼纹盘（高雪：《陕西清涧县又发现商代青铜器》，《考古与文物》1983年第3期）

头。比较起来，它在前两个特征上较游移难定，但最主要的头部特征则与龟形特征是一致的。如将头部特征与整体形态结合起来看，“天鼋”下部图形均应为龟而非黾！其实，利用动物头部特征来分属定种，也是现代动物分类学上最基本最有效的手段。郑州白家庄商代墓葬所出“黾罍”颈部铭图，唐兰先生亦认为此像“龟”字，言曰：“这个字很像龟字，但龟字的四足大小相等，而此铭的后足长于前足，从尾部上曲，应为黾字无疑。这两个字在一般情况下应是氏族徽号。”㉑唐先生所误与前同，均在于对此铭的全形观察不足，而拘泥于局部四肢。蛙属之类动物体态虽与龟属相类，但最大的区别是龟属有颈，头尖有喙，蛙类肩颈不分，圆头连肩。至于足部，古代书无定势，字无定法，加上表现手法的图案化、装饰化、抽象化，不结合总体特征去考察是无法确切划分种属的。就如龟字，甲骨文龟字仅一足，从足形观察倒极像禽类，但隶定其为龟，则主要依其总体特征。如果将白家庄所出铜罍铭图同陕西清涧出土的龟鱼纹盘上的龟纹比较，可知它们的构图、风格都极为一致。显然，白家庄M2铜罍所铭乃龟字无疑。那么“天鼋”诸铭也应改释为“大龟”。如此，上述所铭龟形及类龟形徽号诸器之主，均应由东夷大汶口人的崇龟部族衍化而来。至于器物上带有装饰性的龟纽、龟纹等，也是崇龟信仰的一种反应。河南一带已发现许多大汶口文化墓葬，说明大汶口人曾聚族西迁，故郑州一带发现龟形徽识，是完全可以理解的。陕西是秦人的

㉑　唐兰：《从河南郑州出土的商代前期青铜器谈起》，《文物》1973年第7期。

封域，秦人统治者亦与东夷有关，文献记其嬴姓，为东夷伯益之裔。故陕西一带发现龟族徽识亦不足奇。清涧县所出龟鱼纹盘，盘底为龟，内壁为鱼，鱼是西方的象征，龟鱼合璧，正是东西两大文化系统交汇融合的实物证明。

龟形徽识，特别是“大龟”合文在殷周彝铭中习见，不能在文献中没有反映。闻一多、李白凤释其为“奄”，虽然对铭文的形态隶释有误，但从史实上是有一定道理的。笔者认为“大龟”合文乃“鼋”之形意字，从大从龟，读为鼋，又衍转省变为奄，其证如下：

其一，鼋是龟鳖之类的文语字。《楚辞·河伯》注：“鼋，大龟也。”《说文》：“鼋，大鳖也，从黾元声。”《尔雅翼·释鼋》：“鼋，鳖之大者，……然则鼋，介虫之元也，以鳖为雌，鼋鸣则鳖应。”金文中无鼋字，鼋之从元从龟，为形声字，当为后起。“大龟”合文与鼋字本意相同，从发展脉络上也有源承关系。鼋之声符元与大同义，《书·大禹谟》：“汝终陟元后。”传：“元，大也。”《诗·小雅·六月》传：“元，大也。”《国语·鲁语》：“元侯作师。”韦注：“元侯，大国之君也。”《书·金縢》：“今我即命于元龟。”孔传：“就受三王之命于大龟卜知吉凶。”如上鼋字从元实音义贯通。鼋之从黾亦形意兼备。因此可知“大龟”合文应是鼋字的祖型。

其二，奄字本应是“大龟”合文的变体字，其从大为神元本义，从申则为龟转。申者，电也；电者，龙也。我国古代神话中，云雨雷神名叫丰隆（即丰龙，见《楚辞·九歌》王逸注，《淮南子·天文训》高诱注）。龙之古字均从电。龙之实体，一般认为即蛇。《说文》：“龙，鳞虫之长。”“蛇，虫也，本作它，从虫而长。”《左传·襄公二十一年》：“深山大泽，实生龙蛇。”《荀子·劝学》：“螣蛇无足而飞。”注：“尔雅云：‘螣，螣蛇’。郭璞云：‘龙类，能兴云雾而游其中也’。”甲骨文蛇字（珠四，背；存下，五六）和龙字（铁16：3、铁16：4；105：3）相近，亦为同类。王充《论衡·龙虚》：“龙，马蛇之类也。”均此。而龟蛇又同类。《周易参同契》下：“雄不独处，雌不孤居，玄武龟蛇，蟠虬相扶。”《楚辞·远游》：“召玄武而奔属。”补注：“说者曰‘玄武，谓龟蛇。位在北方，故曰玄；身有鳞甲，故曰武’。《文选》注云：‘龟与蛇交，曰玄武。’”《酉阳杂俎》续集卷三：“宋道士者，太和八年，尝游庐山，憩于涧石，忽见蟠蛇如堆缯锦，俄变为巨龟，访之山僧，云是玄武。”龟亦龙属。《尔雅翼·释鼋》：“天地之初，介潭生先龙，先龙生元鼋，元鼋生灵龟，灵龟生庶龟，凡介者生于庶龟。”《楚辞·天问》有：“应龙何画？”古人认为龙有多种，《广雅·释鱼》：“有鳞曰蛟龙，有翼曰应龙，有角曰虬龙，无角曰䖞龙。龙能高能下，能小能巨，能幽能明，能短能长，渊深是藏，敷和其光，爪（介）龟也。”《管子·水地篇》亦云：“伏暗能存而能亡者，蓍龟与龙是也。龟生于水，发之于火，于是为万物先，为祸福正。龙生于水，被五色而游，故神。欲小则化如蚕蠋，欲大则藏于天下，欲尚则凌于云气，欲下则入于深泉；变化无日，上下无时，谓之神。”可见龟与龙在相关属性上是一致的；推之龟字通龙通电（申），均在情理之中。查龟字古文诸形有“𪚦”“𪚧”“龟”，亦为电字之变体。上揭诸条，可证奄字实由“大龟”合文所衍生。奄为国名，由“大龟”变为奄，是其氏族徽识神圣意象的升华，也是文字在发展中形意更具体更准确地反映。

其三，黿、奄古音可通。因为“大龟”即黿字，奄字的读音亦当从黿字通变而来。黿，古音属疑纽、元韵，上古属元部；奄，古音属影纽，琰韵，上古属谈部。疑、影二母同属喉音[22]，发音部位相近；元、谈二部，依王力拟音一为称an、一为am，韵腹相同，韵尾同属鼻浊音，又同为阳声韵，故黿、奄二字属旁纽双声，音近旁转。在古代语音方言相当混乱的情况下，产生黿、奄通变的情况是完全可以理解的。凡上三证，基本上说明了奄字由“大龟”衍变而来的全过程。

奄又通盖。铜器中有《禽鼎》（《三代》四，二），铭文有“王伐盖侯，周公某，禽祸……”等句。唐兰云：“盖国名，古书多作奄。盖奄声近通用。《墨子・耕柱》篇、《韩非子・说林》均作商盖，《左传》昭公九年和定公四年则作商奄。那么‘王伐盖侯’即是《书序》所说成王践奄之事，奄在山东曲阜。”[23]《说文》：“奄，覆也，大有余也。”段注：“古奄弇同用，覆盖同义。”笔者认为，盖之义亦从龟而衍生。龟之甲曰盖，乃山东、苏北一带俗语。谓人之有盖、大盖、硬盖、携壳带盖，均喻指其为龟、鳖之类。龟有背甲、腹甲，遮掩六根，若遇危险，缩首缩足，轻易不受伤害，故盖掩之意从此而得，是当不谬。

“大龟”合文为奄，单铭一龟者也应为奄。金文中龟形徽识，最早的见于商代前期，即郑州白家庄M2所出铜罍。另则如陕西清涧所出龟鱼纹盘，其腹外纹饰另有带状斜角云雷纹，从器形及纹饰看，均为商代风格。其纹饰与安阳武官村北地M1所出铜鼎的纹饰相似[24]，后者约当殷墟文化第二期。再者还有龟父丁鼎、龟祖乙觚、父辛龟卣（《三代》，二，21；十四，24；十二，55）、龟父丙鼎（《小校》，二，一五）、龟父丁爵（甘肃灵台）均为商代器物。而“大龟”合文就目前所知，时代明确的有天黿父癸方鼎（宝蕴，16）、天黿簋（武英，71），邹衡先生认为前者约当殷墟文化第三期，后者属先周文化第二期（乙辛之际）[25]。再则如献侯鼎（三代，三，五十）为成王器，其他时代多不详。但概言之大多在商周之际或西周早期。可见龟族徽识早期是无大字的，后期才有。为什么要添上人形大字，且殷周彝铭多有具此字于族徽上下者？笔者认为，此字应为商周之际祖宗崇拜的意象符号。在族徽上加大（天）字，使祖神人格化，这是思维意识上更高层次的升华。《大丰簋》铭有“王祀于天室”句，唐兰云：“天室即大室，也就是太室。”[26]商周之际与大字有关的一类人名、官职，均大约与祭祀祝司之职事有关，如“大祝禽鼎”等。太室也就是祭祖之所。太者，祖也，当为添大加符之本意。那么单铭龟字与“大龟”合文应是同一族徽在不同阶段的表现形式，其音义是相同的。

总结上文，龟族即奄族。故桓台荀召所出叔龟组铜器，应为奄族之遗物。文献中有

---

[22] 王力：《汉语史稿》（上册），中华书局，1980年。
[23] 唐兰：《西周青铜器铭文分代史徵》卷一，中华书局，1986年，第38页。
[24] 中国社会科学院考古研究所安阳工作队：《安阳武官村北的一座殷墓》，《考古》1979年第3期，图版叁。
[25] 邹衡：《夏商周考古学论文集》，文物出版社，1980年，第340页。
[26] 唐兰：《西周青铜器铭文分代史徵》卷一，中华书局，1986年，第12页。

迁奄君于薄姑之说，而传说中的“蒲姑”距此不远，此器出土，则证文献不误。此组铜器组合简单，贫乏，鼎足还有修补痕迹，可证墓主迁社之后贫穷潦倒之气象。从各方面情况分析观察，墓主虽不一定即奄君，但为奄国王室成员无疑。此地亦即奄城足可信据。确定奄城地点，对于探究薄姑故城所在，无疑是十分重要的。

四、薄姑族名新诂

如果讨论奄城与薄姑故地的关系，就不能回避薄姑古族的历史问题。《左传·昭公二十年》（晏子）曰：“昔爽鸿氏始居此地，季萴因之，有逢伯陵因之，薄姑氏因之，而后大公因之。”这是史籍中对薄姑氏因代关系的唯一记载。然对于其族源世系则一无所知，因而也形成了薄姑古史的千古之谜。1929年宝鸡出土西周《𪒠鼎》铭文中有“隹周公于征伐东尸、丰白、尃古、咸𢦏”之句[27]，唐兰认为：此尃古即薄姑，被周公征伐东夷时所灭。这是有关蒲姑族的唯一金文资料，是可证薄姑与四国作乱，为周公所灭，事属不疑。然而迄今为止，却从未发现蒲姑氏自作之器、自署之号。薄姑氏能因代有逢伯陵氏之域，能协商奄助三监叛周，足见其势不弱，其与殷商关系也十分密切。堂堂殷商东夷大国不可能没有铸造彝器，是至今还没被发现，抑或发现了没有被认识，这是值得我们深思的。

金文中有图形文字“□”，隶定为“□”（㝬钟），唐兰认为“字乃从泉㲋声，音当如《说文·木部》从木㲋声之臬，读若薄[28]。郭沫若在《两周金文辞大系考释·宗周钟》文中认为其说至确。又在《金文丛考·季□𣪘》文中认为“丙申父癸角”铭文中有□，乃□之繁文，从泉□声，亦古国族名。李白凤据以认为是字当薄姑族徽，又认为此字旧释为熊，实乃嬴字误释，嬴与盈为同音异书，盈则通姑，熊盈二字古即薄姑[29]。若依此推，李氏所论违反了矛盾律，此字既为薄，又为嬴，又作熊，又同盈，且不论其所依据是否合适，所得结论则已自破。王献唐先生利用文献记载从音韵通转入手来研究古国名号族系，可谓独辟蹊径，他在《炎黄氏族文化考》一书中论证薄姑族乃从番、圭二字音转之说，给我们很大启发，可惜实证太少，论述简略，亦难于深析。近有王树明先生在《齐地得名推阐》一文中利用古文字、古文献、考古资料广征博引，提出鲁北齐地，原为一崇武尚箭之地。齐国的齐字，其原形本为三枚箭头的摹画；族籍齐地的夷羿传说即与弓矢有不解之缘；齐地土著纪国及其属邑之名，均与箭矢有着密切的联系；鲁北地区史前文化中大量的箭镞，说明齐地尚箭有着深刻的历史渊源[30]。是说无论从逻辑推理及资料依据诸方面，都十分严密正确，不愧为研究山东古国史的力作。寻绎鲁北古史，可知其始居者爽鸠氏本为少昊司寇，是否为少昊之裔还可讨论，但为东夷人无疑。季萴氏谓为虞夏诸侯，但其背景可能与“羿代夏政、少康中兴”的传说有关，对于鲁北

㉗ 陈梦家：《西周铜器断代》（一），《考古学报第九册》，科学出版社，1955年。
㉘ 容庚编著，张振林、马国权摹补：《金文编》，中华书局，1985年，第682页。
㉙ 李白凤：《薄姑熊盈考》，《东夷杂考》，齐鲁书社，1981年，第92、93页。
㉚ 山东古国史研究会，刘敦愿、逄振镐主编：《东夷古国史研究》（第一辑），三秦出版社，1987年。

地区的文化传统可能没有多少影响。逄伯陵氏载籍中谓为姜姓诸侯，但山东自古就存在着一个强大的姜姓集团，从其文化传统上说，均为山东土著。窃以为古史传说中“逄蒙学射于羿，思天下惟羿愈之，于是杀羿”（《孟子·离娄》下），或即有逄氏之事迹。看来逄氏之祖亦与后羿有关。对于薄姑氏之远祖，从文献上尚难确知，依顾栋高《春秋大事表》查知其为嬴姓，《国语·郑语》：“嬴，伯益之后也。”对于春秋之氏姓的准确率我们姑且不论，然推薄姑氏为东夷人尚不致谬。其在鲁北地区立国，故其族源风习应与齐地尚箭崇武之传统有着密切关系。因此我们可以设证，薄姑氏可能就是起源于鲁北的夷羿之后；他取代逄伯陵氏的背景有可能就是复后羿之旧国，立箭神之本宗。它的族名徽号，可能与弓箭有着密切的联系。其实，这一点在载籍中早有反映。《左传·庄公十一年》：“公以金仆姑射南宫长万。”注：“金仆姑，矢名。”矢以仆（蒲）姑名之，或即暗示薄姑族本就是尚箭嗜射的古老民族，只因年代久远，人们一时难以认识罢了。

以尚箭为线索，我们不难发现，在殷周甲骨金文中存在着大量与弓箭有关的图形文字，其中较突出的有箙、弓、矢、箙等；犹以箙弓二字值得注意。1969年山东黄县小刘庄出土一批周代铜器，计有卣1、尊1、盉盖1、觯1。除觯外另三件均有铭文。其中卣之器、盖均有铭文五行38字，文末所具图像为“戉箙”[31]。《三代吉金文存》卷一一著录一件“启尊”，铭文与此近似，文末所具象形符号相同。二器当为一人所作，器主为启，文末象形符号当为族徽。器物时代约为昭王前后（参见前引唐兰书，第263—264页）。据铭文意推，启可能是“戉箙”族入侍王室的近臣，他把随王巡狩、南征视为极大荣宠而作器祭祖，乞求赐福，敬侍早晚之事。“启卣”出在山东黄县，铜器成组，应为随葬遗物。故这里可能是“戉箙”族的一处封邑。“戉”字之形本为山东龙山文化习见之石钺，“箙”字即弓箭之箙，故“启”之氏族当为山东土著。

“弓”字也是族徽。铜器中多见弓氏之器，如弓父癸觯（三代，14，48）、弓父庚卣（三代，12，53）等，出土地点均不明。但是，彝器中又见“弴父丁鼎”（三代，2，48），马叙伦指出：“弴”字旧释弓形中屋、羊，王国维谓弓内文即𦎫字，即说文弴字，画弓也。福山王氏藏一鼎，铭与此同。并说：“弴即彤弓……，盖弴以丹青画弓，丹青者颜色之本字，古代庶人用弓，盖皆不加丹青，故有功则赐彤弓彤矢，此作器者殆受彤弓之赐者也。”[32]看来，“弴”字徽识也与尚箭民族有关系。马氏言福山王氏藏器，乃指烟台福山王懿荣氏，其藏是器极有可能是山东出土。若是，此铭之氏族亦为山东土著。

要之，全文中从箙从弓之徽识多见，但二者实为一族。其一，箙弓是远射兵具弓箭的主要构件，缺一不可。它们作为尚箭民族的崇拜物而成族徽，可视为同宗近支，至多可能是两个胞族。其二，金文中可见二者同铭之徽识，如“弓箙壶”（三代，12，5），铭有四字，前二字不识其义，后二字当为族徽，从弓从箙，当为箙弓同族之强证。另外有“𨛫启方尊”（汇编，404），铭文第一字从卫从弓；而“父辛尊”

㉛ 齐文涛：《概述近年来山东出土的商周青铜器》，《文物》1972年第5期。

㉜ 马叙伦：《父丁鼎》，《读金器刻词》，中华书局，1962年。

（汇编，1408），铭文为“卫箙父辛”，父辛为人名，前二字当为族徽，箙字与卫字合铭。与前器对应，弓、箙都与卫字合铭，亦为箙弓同族之一证。最近，山东桓台县文管所和淄博市博物馆各征得一件仿古四足方鼎，虽然均为赝器，但其铭文在王俅《啸堂集古录》、薛尚功《历代钟鼎彝器款识》等书中早有著录。铭作“弓父丙朱子”。首字或可隶释作“第”，读如“弗”。契文中有“第”字，与此铭相类，疑为一字（前六，一一，八）。罗振玉曰：“此疑是第字，像双矢带缴之形……《广雅·释器》：‘矰第，箭也。’《周官·司弓矢》：‘矰矢第矢用诸弋射。’又作茀、第、茀……至矢之形或顺或逆，缴之形或左或右，文字中所不拘。”[33]矢之带缴，一般认为是结缴于矢，用弋飞鸟。但从第字字形观察，不若释为捆束箭杆的绳缴更为贴切。此铭形态似手持一捆箭，在意义上均可解释为束持箭杆，同甲骨文中“弗”字相似。《说文》：“弗，矫也。”“矫，揉箭箝也。”箝即夹持之义。这几个字又同甲骨文、金文中箙字形义十分相近，箙为矢置框架之上，表示盛矢箙中，其义与绳缴捆束箭杆相似，都是为了便于携持。根据义近形符互用通假原则，我们认为弗、茀、第、箙等字古时可通，故“第弓”又即“箙弓”。是铭所附铜器虽系赝品，但事实上任何赝器一般不会凭空捏造，均应有一定的实物可仿。赝器在山东鲁北屡屡发现，或者说明这里确曾出土过这样的铜器或铭文。这样则又证明箙弓不仅同族，而且本来就是鲁北地区的土著民族。

从上文所论，笔者认为：箙弓氏族其实就是殷周之际的蒲姑氏族。其先后聚居于潍淄流域，因崇拜弓箭及附属物，并呼其族为箙弓（其中可能包含若干小部族），纽转易字为蒲姑。后因历史变迁，其后则有散居于其他地区者。证据如下：箙弓二族遗物在山东地区屡有发现，在鲁北地区也有踪迹可寻，则与齐地尚箭传统十分吻合；文献中又有以“仆姑”之名称矢者的记载，这样考古发现与历史传说给我们提供了箙弓氏族蒲姑说的逻辑依据。此其一也。蒲又作薄、亳、尃；蒲上古属并纽、鱼部，薄、亳为同音字，属并钮、铎部，鱼铎对转，故蒲、亳、薄三字双声、对转为通假字。尃，上古属滂纽、鱼部，故尃、蒲二字谐声叠韵，亦为通假字。箙字，古音属并纽，职部，箙、蒲双声，鱼职二部旁对转，故蒲、箙二字亦通。姑、古、弓三字古音同属见纽，前二字属鱼部，后者属蒸部，蒸鱼二部旁对转，亦为通假字。此箙弓氏族蒲姑说，验诸字音可信者二也。古代文字多借假，字形多变迁。许多国族名姓在文献和金文中都有衍讹转代之变故，如徐之作余、郐，邢之为井，许之为鄦。故箙弓假为蒲姑，亦在情理之中。蒲姑为东方夷族，周公灭其国，周人作器记之，因其音而假其字，故有“尃古”之称谓，也是可以理解的。此箙弓氏族蒲姑说推诸情理可通者三也。在箙弓族中，箙氏曾是甲骨一期贞人集团的重要成员，曾在殷墟早期的政治活动中起过重要作用。所以它可能是箙弓族的大宗，是故称谓多以箙为先。但反称亦可，蒲姑城又称姑棼，推之亦即弓箙二字之音转。由此我们可以知道，蒲姑氏通武庚禄父协三监作乱，是有一定历史基础的。甚至我们可以大胆设论，彝铭中凡与弓箙（第）二形合铭之徽识，都可能与蒲姑氏族有着传承

㉝ 李孝定：《甲骨文字集释》卷五，第1575页。

关系。设若此论不谬，那么就不是蒲姑古国无自铸之器、自署之名，实则是古人误识，致使这个东夷大族的本来面目湮于古史三千余年，今始见其端倪。

五、蒲姑、商奄古史撮要

桓台荀召遗址的发现，导引出我们对商奄、蒲姑族名徽号的再认识，确定了荀召遗址即“迁奄”之后的奄城所在。但对问题的深层揭示，则必须解释蒲姑及商奄的地望，封域等重要问题，以至于对二国古史有一个较为完全的认识。

蒲姑族的历史记载，仅限于商周之际。但蒲姑族远在中商时期就具备了一定的势力，还在商王室中服务并保持密切关系，这在甲骨卜辞中早有大量证明。说明它与逢伯陵氏应同为鲁北地区商代方国，后来逢伯陵氏式微，薄姑氏代之，其鼎盛时期应在商代晚期阶段。但是从目前考古发现与研究成果观察，商代晚期的鲁北地区还存在着寿光的纪国[34]、益都的“亚醜”部族[35]或斟灌民[36]等方国势力。它们均在浒河附近。估计蒲姑氏的活动区域不会超过淄博以东地区。其都治地望、在载籍中都认为在博兴，但具体方位比较混乱。《括地志》《元和郡县志》并云薄姑城在博昌东北六十里。《水经·济水》云：“（济水）又通薄姑城北。”注：“后汉郡国志曰博昌县有薄姑城，地理志曰吕尚封于齐郡薄姑，薄姑故城在临淄西北五十里，近济水。”叶圭绶《续山东考古录·博兴县》逐一考证各家之说，认为薄姑城即博兴县东南十五里柳桥，民国《博兴县志》因之。不过我们在第二节中已经考察并认为此处地点不可能即薄姑故地，那么薄姑旧址又在何处呢？从文献记载分析，薄姑之名有广义和狭义之分。《左传》引晏子之语，其明显说明齐地在称齐之前的一段时间是呼为薄姑的。如前文论及蒲姑氏乃由箙、弓等胞族组成的氏族集团，因同宗同源共处一地而并呼其族，其势力所及之处或则均称为薄姑，从广义上这样说是合理的。《史记·齐太公世家》曰：“太公至国……都营丘……哀公时，纪侯谮之周，周烹哀公而立其弟静，是为胡公，胡公徙都薄姑……献公元年，尽逐胡公子，因徙薄姑都；治临淄。”对此我们可从广义上去理解：胡公所迁之都可能仅在薄姑区域之内，而不是在薄姑故城立治。因为胡公之所以迁都，实与国内宫廷权力之争十分激烈，外族侵患十分严重，自己无力排解，才用迁都来缓和矛盾；因而胡公就不敢也不能在薄姑族中心区域内建都。因为薄姑国虽然被灭，其族众是不能斩绝的，如在其中心区域内建齐都，无疑是从一个火坑跳入了另一泥淖。如此推索，博兴东南的薄姑城，或许就是胡公所建之都，其使用年限并不长；从这里的面积小规模小、堆积薄等情况分析，证明我们的理解是合适的。狭义上的薄姑，应指薄姑族中心势力所在，即被周公灭国迁社的地方。蒲姑与商奄作乱、为周公所灭，迁奄君于蒲姑，灭国与迁君是同时的，周公不会再为奄君另建一城。故奄君所在之处，应该就是蒲姑中心势力

㉞　寿光县博物馆:《山东寿光县新发现一批纪国铜器》，《文物》1985年第3期。
㉟　殷之彝：《山东益都苏埠屯墓地和“亚醜”铜器》，《考古学报》1977年第2期。
㊱　中国先秦史学会：《夏史论丛》，齐鲁书社，1985年，第252—256页。

所在之处。进而可说，桓台荀召遗址极有可能即蒲姑故都。证据有二：氏族势力的发展，与物质生活环境条件及历史文化基础息息相关；任何不毛之地，都极难发展起来称雄一方的霸主。桓台荀召遗址，面积达上百万平方米，文化堆积最厚处可达3—4米，文化内涵上至龙山文化，下迄汉晋遗存，其气势之雄伟，历史之悠久都是罕见的，堪具王城之象。在其周围附近，迭次发现商周青铜器，分布有史家、辕文、小庞、腾寨、新城、唐山、义和、楼子、郭庄、前埠等几十处龙山至商周时期的古文化遗址，如众星拱月，构成了一个十分密集的遗址群。薄姑族的繁荣应该与此互为表里，此为一。

《左传·庄公八年》：“齐侯使连称、管至父戍葵丘。”杜注：“葵丘，齐地，临淄县西有地名葵丘。”《史记·齐太公世家》：“襄公使连称、管至父戍葵丘，瓜时而往，及瓜而代。往戍一岁，卒瓜时而公弗为发代，或为请代，公弗许，故此二人怒，因公孙无知谋作乱。”民国二十二年《重修新城县志·古迹》：“葵丘，齐乘云在临淄西三十里。水经注京相璠曰：齐西五十里有葵丘。今县东二十里张家埠东涝淄河西崖一凸台，广数十亩，相传为葵邱故地。”此地即前埠遗址，西北距荀召约10千米，东距齐故城约20千米，为一龙山至商周时期的文化遗址，文化堆积最厚处2—3米。论为葵丘可信。但是令人不解的是连、管二人戍葵丘，瓜时而往，及瓜而代，期成，请代弗许，故而引出一场政治变故，葵丘之戍，何以如此重要？推而论之，其实就与蒲姑腹地有关。蒲姑国虽灭，遗民尚在，余烬亦不可等闲视之。在此戍守无疑是十分危险的，可以想象连、管二人终日提心吊胆，不期即有杀身之祸的艰难处境。因而他们对延期戍役心怀不满就是必然的！否则葵丘距齐城近在咫尺，齐戎葵丘，以御何人无解，连、管二人何怨之甚也不易说明。由葵丘之戍反证荀召即薄姑故都，是为二。凡上所述，薄姑旧墟所在几可明矣。

薄姑族从它发展壮大到灭国毁社，经历了一个漫长的历史过程。它给我们留下的文化遗产应该是十分丰富的。但是由于前人缺乏对它的客观分析，它的许多实物遗存至今仍然难以认识。笔者从近年来在鲁北地区的考古工作中，零零星星地发现了一些与其他地区不同的商周文化遗存，如前文提及的荀召所出的鬲、豆、罐、簋等，既有商文化的因素，又有当地风格。这一带的商周墓葬形制、器物组合特点也与其他地区如鲁城一带不同。惜之工作太少，不能联缀成系。现在看来，若谓这些土著因素即薄姑族的文化遗存，或当不谬，所谓齐文化，应该就是周文化结合薄姑族等地方文化的内涵发展衍生而成的。另外还须指出，周公征灭蒲姑，不等于将蒲姑历史画上了句号。作为勾结北殷等国叛周的共谋者，奄君得到了灭国迁社的惩罚，而薄姑的归宿史书无载，从情理上说，蒲姑族亦不应该比奄族更为惨烈。根据前文对薄姑族名的推证，我们认为蒲姑之君应是大去其国，避向胶东半岛去了。昭王时期的启卣启尊，当为薄姑后裔在胶东地区存在的实物证据。近年来胶东迭次发现鲁北故国如己、如曩等族的青铜器，是证胶东地区迄至春秋之际，仍是鲁北尚箭民族的避风港。此亦证明蒲姑族跑到黄县安家还是顺理成章的。至于蒲姑后裔修好王室，随周王南征，应视为矛盾转化和历史发展的结果，此不作赘。

蒲姑、商奄是一个历史问题的两个链环。我们考察了蒲姑古史的问题，就必须再研究一下商奄故里邦畿、发展状况。这样可以在同一历史平面上全面认识比较山东古国历史。徵之文献，奄国地望比较明确，争议不大。《左传·定公四年》："因商奄之民，命以伯禽。"《后汉书·郡国志》："鲁国、奄国。"《续山东考古录》卷一八曲阜县："服虔曰：商奄，鲁地。皇览云：奄国在鲁城内……纪要：奄在县东二里，仍在古城内也。"奄在曲阜，似已得学界认可。虽然《汉书·地理志》以汉代盖县误为奄地，《山东通志》等更以山东莘县弇山为"奄"及李白凤"奄在益都、莱芜"之说，实因奄、盖可通、附会臆测，证据极少。学界多不以为信。笔者认为，从奄族历史发展源流考察，商奄之说亦有广义和狭义两种概念。广义之说是把商奄作为一个区域或集团。"因商奄之民，命以伯禽，而封于少皞之虚。"这里不说封于商奄故里，即从广义上说鲁国邦畿之内，大都是商奄遗民。《诗·鲁颂·閟宫》："泰山岩岩，鲁邦所詹，奄有龟蒙，遂荒大东，至于海邦，淮夷来同，……保有凫峄，遂荒徐宅。"传："泰山龟蒙凫峄，鲁之所有。其余则国之东南，势相联属，可以服从之国也。"泰山与龟、蒙、凫、峄可谓鲁之四界，包括了整个汶、泗二水的腹谷之地。鲁地即奄邦，就是说泰山以南，蒙山以西，西南至凫、峄，可能就是奄族的范围。奄族起源于大汶口文化的崇龟部族已详前文，而且知道，大汶口文化发现龟甲的墓葬多在泰山南侧，且以汶泗流域最为多见。是为考定奄族区域的有力证明。无疑，奄族的中心地区应该就在汶、泗一带。但从狭义上说，商奄又仅仅是一个地名，亦即奄都。《太平御览》卷八三引《古本竹书纪年》："南庚更自庇迁于奄。""阳甲即位，居奄。"考察起来，此奄应在泗水、平邑一带而不在曲阜。其证如下：

（1）《诗·閟宫》："奄有龟蒙。"注："龟山也，蒙山也。"疏："鲁境又同有龟山。"汉蔡邕《琴操》上《龟山操》："子欲望鲁兮，龟山蔽之。手无斧柯，奈龟山何。"顺治《泗水县志·山川》："（龟山）在县东北五十里，峰峦耸翠，如龟状。按府志与蒙山相连，故鲁之北界也，……龟山之东北，汶水出焉，所谓汶阳、龟阴之山矣。"是山在今泗水县东北，接新泰界，与蒙阴县蒙山连为一脉。另新泰东有敖山，或曰鳌山，蒙山之主峰又称龟蒙顶。在这不大的区域内有如许与龟有关的地名，均应与奄族崇龟有关。所谓龟山，窃以为实因其处奄族中心，地近奄都而得名，谓山形如龟，乃后人不解其意，附会饰说之词。

（2）泗水、平邑一带，分布有众多的商代文化遗址，有的遗址见有早商文化遗存；有的成批发现商代青铜器。如泗水故县、尹家城，平邑流峪、保太、卞水、东阳、铜石等地，个别已见著录[37]。文物普查已经证明，这里还是大汶口、龙山文化的重要分布区，遗址十分密集。奄族之兴衰，与此有深远的历史根蒂。

（3）张衡《西京赋》："殷人屡迁，前八后五，居相圮耿，不常厥土。"考之殷人迁都许多地点则与这一带有关联：①相土营东都，见于《左传·定公四年》："取于相土之东都，以会王之东蒐。"王国维《观堂集林·说自契至于成汤八迁》云："则相土之

---

[37] 中国科院考古研究所山东工作队：《山东泗水、兖州考古调查简报》，《考古》1965年第1期；山东大学历史系考古专业：《山东泗水尹家城第一次试掘》，《考古》1980年第1期；临沂地区文物管理委员会、临沂地区历史学会：《沂蒙金文辑存》（征求意见稿），1984年。

时，曾有二都，康叔取其东都，以会王之东蒐，则当在东岳之下。”王树明在《泰山缘起》一文中论证“西周至春秋初年所谓泰山，是位于今平邑、蒙阴、费县三县交界处的蒙山”，“商汤所封之山即商代亦或商代晚期所谓泰山，其所指可能也是此山”[38]。如果其论不误，则相土之东都应在今平邑蒙山附近。②仲丁迁嚣，见于《书序》《古本竹书纪年》，《史记》记为迁隞。嚣与隞一音之转，三书所指实为一地。丁山认为，此嚣即新泰之嶅山，曰：“嶅山，正当洙、泗上游，其东即沂水支川桑泉水所从出。仲丁迁隞，盖自汶水流域东南进，由洙、泗源头曾深入沂蒙山区，这或者与征兰夷事有关[39]。邹衡先生认为：“丁山沂蒙之说虽未必可信，但仲丁所迁在山东也不是没有可能。”[40]这应该是比较审慎的说法。其实丁山之说，极为有理。仲丁之时，兰夷作寇，兰夷或在今临沂、苍山一带。荀子适楚为兰陵令，兰陵在今兰陵县；沂州府内有兰山，唐武德年置兰山县，即今临沂市；临沂本夷人之域，域内地名由兰夷得称实则并非无据。那么仲丁由鳌山一带来伐兰夷，就是完全可信的。③祖乙居庇，见于《古本竹书纪年》。丁山早年以费、比声音可通，以为庇乃鲁境之费邑，今山东鱼台县西南有费亭即其地[41]。陈梦家从其说。顾栋高《春秋大事表》曰：“费，鲁大夫费庈父之食邑，与季氏费邑有别，季氏费邑，在今沂州府费县治，西南十七里。庈父费邑在今兖州府鱼台县西南。”庈父之费，或因庈父之姓而得名；季氏之费，实为古费国旧地。《古本竹书纪年》（帝启）二年：“费侯伯益出就国。”《元和郡县志》：“费县，古费国。”费庈父之费与《左传·庄公十六年》杜注“滑国都费”之费，实际乃东夷西迁之遗存，庈父或即东夷费人之裔，祖籍亦可能在蒙山脚下。那么祖乙居庇，应即蒙山脚下之费，这样可与此前相土东都、仲丁迁隞合而证之。上述三地又证南庚所迁之奄，亦不会相距太远。因此，从历史地名、考古发现、殷代迁邑诸关系综合考察，推论奄都约在泗水、平邑一带，决非意必之辞。

奄族历史与蒲姑族相比要悠久和复杂得多。除了奄族导源于大汶口文化崇龟族团的原因，我们还可谓商人的崇龟风俗、礼仪观念及数迁都邑，亦与奄族有着深远的联系。这都是蒲姑族所望尘莫及的。至少在商代早期，奄族已有西迁的史迹，郑州白家庄出土“黾罍”是证，其事乃缘于奄族本就是商王朝的重要政治力量。后来，奄族曾继续向西渗透，势力可达陕西、甘肃一带。除了已发现的带龟形徽识的青铜器之外，文献上也有反映。《通志·氏族略》第二：“按《姓氏书·辩证》卷二八引云：‘周成王即践奄，其子孙以国为氏。’”《风俗通义校释·佚文》：“奄氏，国号，即商奄也。……左传秦大夫奄息，其后也。”陕西出土的龟鱼纹盘、带有“大龟”合文的青铜器等，可能都与奄族有关。《西清古鉴》著录一件铜鬶，上铭“大龟”合文，鬶乃东夷之物，此亦应为奄族之本器。惜之出土地点不明，难以深究。《国语·周语》：“我姬氏出自天鼋。”或指奄族西徙，与周人发生通婚联系而言。鼋即大龟，先秦文献中的“出于某”多指其母系祖源，如此理解或不致谬。天鼋星座一般作为齐之分野，也应与东方崇龟习

㊳ 王树明：《泰山缘起》，《东岳论丛》1985年第3期。

㊴ 丁山：《商周史料考证》，龙门联合书局，1960年。

㊵ 邹衡：《夏商周考古学论文集》，文物出版社，1980年。

㊶ 丁山：《由三代都邑论其民族文化》，《夏文化论文选集》，中州古籍出版社，1985年。

俗有关，地上有个崇龟的氏族，天上才有天鼋的星座，这也是奄族作为东方文化象征的一种反映。

六、余　论

需要补充说明，前文推论蒲姑乃尚箭民族的后裔，并不否认蒲姑族之远祖兼有崇鸟之遗风。文献中的爽鸠氏为少昊司寇，笔者认为这是鲁北地区龙山文化早期及至大汶口文化晚期的居民加入少昊集团联盟的一种反映。他们作为少昊联盟的一个部落集团，被封为爽鸠氏之号，故亦习少昊之风俗，以鸟为官。淄博市张店区黄家遗址1986年采集到一件“鸟”徽戈，广饶县五村大汶口文化遗存中发现鸟纹彩陶，可证鲁北地区确有崇鸟习俗。《左传・庄公三年》：“秋，纪季以酅入于齐。”《说文》：“巂，周燕也。”酅邑以鸟为名，是鲁北曾经崇鸟的又一证明。后羿集团是鲁北龙山文化晚期发展起来的，较之同期其他文化，这里的文化水平要发达得多。所以，后羿集团成为东方霸主，也是势之所然。后羿集团根据自身需要，产生出自己的箭神崇拜，也在情理之中。在崇拜箭神的同时，仍然若明若暗地崇拜鸟神，这也是鲁北土著民族独特的信仰特点。

再者，本文对于东夷蒲姑、商奄二古国史的推索，基本可以明确这样一个史实：从大汶口文化晚期，特别是夏商以来，夷人分别从泰山南北两侧西迁，促进和参与了商王朝的建立及其历史发展进程。其中奄族发挥了重要作用，以致最终成为东方文明的典型代表。作为中华远古文明的重要组成部分，在华夏文明史研究上应给予充分的重视。还有，一般说来在文化发展过程中，思想意识形态可以超然于物质文化之上，相对独立地存在于相当长的历史阶段中。因此，从图腾崇拜、宗教意识等方面入手，把历史问题置入动态环境中去考察，或不失为研究夷夏文明发展交流的重要途径[42]。

附记：本文系与张光明先生合著。承蒙王树明先生悉心指教；成文过程中淄博市博物馆、桓台县文化局、桓台县文管所提供诸多方便；乳山市文化馆孙吉海先生提供部分音韵考证资料；谨此记之为谢。原文曾发表于《东夷古国史研究》（第二辑），三秦出版社，1990年；《管子学刊》1989年第2、3期连载；1990年中国人民大学报刊资料中心全文转载。发表时因古文字较多，出版困难，故删除了大部分古文字和配图。收入本书后重新加入配图并对文字略作补充和校正。

2023年12月6日

㊷ 山东古国史研究会编，刘敦愿、逄振镐主编：《东夷古国史研究》（第二辑），三秦出版社，1990年；《管子学刊》189年第2、3期连载。

论山东章丘小董家所出陶罐及其刻画符号

一、概　　说

山东章丘小董家遗址，1974年出土一件陶罐。器为泥质灰陶，敛口，尖唇，唇微上翻，垂腹，大平底，腹饰绳纹，口颈部有两个管状竖耳，并阴刻三组图形符号；符号三角分布，逆时向依次排列如图二—图四。原器可能有盖。口径8.5、腹径16.5、底径12、高17.7厘米（图一）。

图一

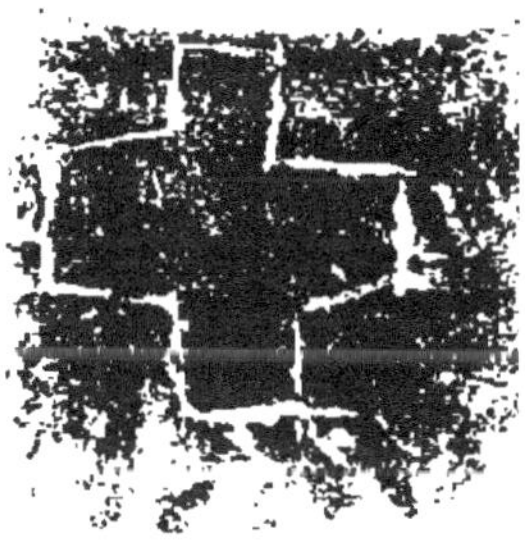

图二

图三

图四

小董家遗址位于章丘党家乡小董家村。此村原为一个村庄，现在行政上分成董东、董西两村。村庄本身即处在一个隆起的台地上，西距巨野河约1千米。但现村西低洼处即为一古河道，可能巨野河原来就流经此处。村庄北侧曾出土北辛文化晚期陶鼎；村西见有岳石文化遗存；村南由于人工用土及修平道路，分隔出部分台地，形成孤立状高台，面积约1200平方米。此高台东、北侧断崖上都见有灰坑及墓葬残迹。地表见有较多大汶口文化石器、彩陶片、罐沿、鼎足及商周时期绳纹陶簋残片、罐片、豆足等遗物。在高台东侧，群众用土时发现上述刻画图像符号的陶罐，现存章丘区博物馆。据调查，该村群众在日常生活中经常发现残陶碎瓦、石骨器具，分析村庄下面可能还压着较多古代文化遗存。整个小董家村所在地，应为一处包含北辛、大汶口、岳石、商周等不同文化遗存、纵横面积50万—60万平方米的古代遗址。

遗址所出陶罐造型独特，陶质坚硬，烧制技术较高，就其质地、纹饰风格来看，与常见的商代绳纹罐、簋、壶等相似，在其他地区的商代遗存中，亦曾见有类似陶器①，但是其颈部安装管状器耳的风格则是鲁北地区自史前文化就比较流行的一种装饰特征。结合本遗址其他商代遗存如簋、罐等器类形制特点综合分析，我们认为，其时代约处商代晚期阶段，其文化因素包含有明显的地方特征。其颈部的三组刻符呈三角分布，线条刚劲有力，可排除随意乱划的可能，从形象看作为装饰性图案的可能性也不大。故此三组刻符大概具有某种特殊的意义。现试释如下并对相关问题作初步探讨。

二、隶　释

第一组：呈“十”字形，释为亚。甲骨、金文中习见该符。如《殷墟文字甲编》第2464、2695、2810、3942诸片之契文；《三代吉金文存》第六卷之九所录商方彝之铭文等。亚的形态较多（详见《甲骨文编》卷一四之七，《金文编》卷一四等所录亚字诸形），如果再加上商周彝器中多见的亚形、类亚形图像徽号则更是不胜枚举。尽管学界对亚的职能涵义及其形象类比探讨较多，然对亚的形体隶释则了无异辞，故此符释亚无疑。

第二组：构图比较复杂，整体呈网格状。初释其为田，推测应即古代田地疆理的一种具体摹画。契文中田字形态亦有多种（详《甲骨文编》卷一三之九）。构图虽无此符繁缛，但其形态较多一致，都应是不同地区田理地制的写实形态。我国国土辽阔，地形复杂。不同地区农业民族的耕作田理，情貌各异。《周官·小司徒》：“乃经土地，而井牧其田野。九夫为井，四井为邑，四邑为丘，四丘为甸，四甸为县，四县为都，以任地事而令贡赋。”《诗·小雅》正义引司马法云：“四邑为丘，有戎马一匹，牛三头，是曰匹马丘牛。四丘为甸，甸六十四井，出长毂一乘，马四匹，牛十二头，甲士三人，步卒七十二人，戈楯具备，谓之乘马。”这种制度，徐中舒先生《井田制度探源》论其为殷代的田制与兵制，其说亦为学术界所承认②。但是从实际情况来看，无论殷代或周代，都无法在较大范围内整齐划一地实行井田制。从甲骨文中田字不尽作井字形，金文、契文中亦不见关于井田制度的名辞，或又可看出，井田之制只不过是统治者制令贡赋的一种设想，一井之内，不一定是九夫，大田之中，不一定尽为井。从我国区域地貌特征看，就连华北平原地区要统一按井田制布置也是十分困难的，仅纵横万千的河流沟壑，就足以形成井田规划的重要障碍。何况加上其他自然和生产力条件的限制，如节令气候，劳动力状况及耕作形式声不可能等同，统一按井田制布置，是不能便利生产的。但是其中一条是可行的，即“方区而田”。以阡陌为骨，沟洫为脉，因田野地势界划成

① 承张文军先生函示，山西太谷白燕遗址的发掘中见有同类器。另据王长丰先生《殷周金文族徽研究》第203页所引，安阳殷墟、陕西老牛坡亦出土过带“亚”字刻符的陶器。

② 徐中舒：《井田制度探源》，《中国文化研究汇刊》（第4卷上），燕京大学国学研究所，1944年。

不同的方块田区，作为贡赋或耕作的基本单位，如此既便于定制计算，也利于耕作排灌。这样理解可能更符合古代井田地制的本来面貌。韩百谦《别下斋丛书·箕田考》说：清代平壤一带实行箕田制度，“其中含毬、正阳两门之间，区画最为分明，其制皆为田字形。田有四区，区皆七十亩，大路之内，横计之有四田八区，竖计之亦四田八区。八八六十四，井井方方。其大略：界区以一亩之路，界田以三亩之路也。其三旁，九亩大路，由城门达咏归亭下，似是往来通衢，非专为田间阡陌而设。其必以十六田、六十四区，画为一甸。则亦不无界限之意。其尖斜欹侧，不能成方处，或一二田，或二三区，随其地势而为之，此则乡人传为余田。其公田庐舍之制，虽不可考；制田既非井字之形，则与《孟子》所谓‘中有公田，八家皆私，百亩之制’，已迳庭矣。”③分析这种田制的规划形态，应该就是古代田理地制的遗存表现。箕田制度，传说出于箕子，正是商人田制的孑遗。因而可知，方区而田，乃是中国古代乃至今天仍然行之有效的田理地制形式。根据这种理解，再看陶罐铭符第二组，则其摹画的正是古代田地疆理的个体形态，既有井井方方之田，又有尖斜欹侧之区，证之契文中的田字写法，我们释其为“田”还是可以成立的。

第三组：构图复杂、凌乱，除左上角有两个简单的符号独立旁侧，其他线条杂乱交织于一起，尚难辨识是一符还是多符合体。因而亦难隶释其形象、音义。但是，从近年来的考古发现研究知道，古代海岱地区的东夷民族曾经创造过自己的文字④，对中国文字的发生发展大约起过重要的作用。其中有些文字可能已经与汉字融为一体，有些文字则可能已经失传。仅就目前所见资料表明，这些夷人文字亦多与祭祀节礼活动有关。故而估测第三组符号亦为失传的夷人字符，其特征形象可能与祭献活动有关。

三、说　亚

自宋代以来，对亚形的解释争议颇大，踳驳互见。主要观点已达十数种。有的偏重亚形的功能含义，有的侧重于亚形的物象形态，至今还没有一个比较令人满意的解释。我们从古今著录的彝器铭文中收集例证500余例，运用类型学原理进行规律性分析，结合古代文献、民俗、文化因素及其发展交流现象综合研究，得到一些新的启示⑤，这里简叙如下。

③ 引自丁山：《甲骨文所见氏族及其制度》，中华书局，1988年，第48、49页。

④ 严文明：《胶东原始文化初论》，《山东史前文化论文集》，齐鲁书社，1986年，第86页；王树明：《谈陵阳河与大朱村出土的陶尊文字》，《山东史前文化论文集》，齐鲁书社，1986年，第249—281页；常兴照、程磊：《试论莱阳前河前墓地及有铭陶盉》，《北方文物》1990年第1期，第25页。

⑤ 笔者曾拟题“亚之论”意对亚形崇拜作深入探讨，后因事务繁杂而搁置。三十余年来，陆续有专家学者对族名徽号进行过综合研究，如王长丰先生的《殷周金文族徽研究》、何景成先生的《商周青铜器族氏铭文研究》、姚志豪先生的《商金文族氏徽號研究》等论著发布，对商周时期的亚形崇拜资料梳理较多，但基本论点仍是在传统认知上强调一下自己的主张。主要观点仍然集中在族徽说、宗庙说、爵称说、地名、方国、族氏说等等。相较之下，本文所论亚形符号为祖神祭祀符号说则更具有广泛的适用性。

总亚形在金文、卜辞中的出现情况主要有以下几种：一是与宗神族徽、图腾灵物纠连一起。各种兽形、物形以及形态怪异的单体或组合图像，或在亚形之内；或在亚形旁左上下；或则缠符连体；这是最多最常见的一类。二是有些彝器常单铭一亚形而别无他字。三是可见如边框界画，内有大段铭文事句，亚形外再无他字者。四是在字句间偶参亚字，与其他句词可缀联成文者。凡上四种，尚不尽括，但已揽其大部。其中前三类情况多见于青铜礼器，第四类情况则多见于卜辞契书，亦偶见于铜器中的长句铭文。因此，除第四类有可能作为单体“亚”字而组词造句之外，前三类的意义大约是相同的，暗含着一种非常神秘的因素，为历代学者所关注。

我们认为：中国古代多有用涂朱画符的方法将许多事物赋予神秘的超自然性质，或辟邪厌胜，或祈祷祭献，以求神主的嘉惠与庇佑。这种物体往往是专用的礼器或法器，如驱鬼祛恶的桃椎苇索、象征神道的丹砂朱符等。莒县陵阳河遗址出土大汶口文化晚期的大口陶尊，有许多带有刻画图象，有的图像还涂朱。研究者认为，这些陶尊即先民宗教崇拜所用之祭器。其图像往往与所祭献的对象有关⑥。因此。这类符号一般即某种神圣事物的象征。就亚形图像在殷周器物中的出现规律，乃以附带氏族徽识与图腾形象者为最众，约占总数的十之八九。而且器物铭“亚”者绝大多数为礼器，所以它的地位应与祖神崇拜的意义是相同的，其职能功用可能是标志祖神祭祀的专用符号。武丁卜辞有“……佳亚神乙岦王”（《契》253），岛邦男认为：这里的亚是祭名，“于此行亚祭，祖乙会岦王吗”⑦。这是极有见地的。武丁卜辞还有“……至亚祖乙鼻”（《前》5、3、5）。《说文》：“𢍜，礼器也，从廾持肉在豆上，读若镫同。”鼻或释为登之省形。卜辞中鼻，一般认为是祭礼词，意为奉献或升牲祭献。从全句顺释“至亚祖乙鼻”里的“亚”，也应该是一种祭祀，即用升牲之礼对祖乙行亚祭。其实，亚祭也就是神祖之祭。张抡《绍兴内府古器评》上《商父乙觚》云：“凡器之有亚者，皆为庙器。”庙器即祭器，也就是祖神之祭器。一语中的，其论至确。此亦说明，亚形符号实际就是祖神祭礼的专用标记，是属不疑。然而，亚形崇拜作为一种升华了的意识，其本源应该抽象于生活中的某种事物。证之典籍，推之于民俗，我们认为，彝器上亚形符号，应该来源于亚形之祭，也就是宗庙中安放神主牌位的亚形龛室。《左传·庄公十四年》：“先君桓公，命我先人，典司宗祏。”杜注：“宗祏，宗庙中藏主石室。”《说文解字注》（祏）：“宗庙主也。五经异义：今春秋公羊说。祭有主者。孝子以主系心。”“又曰：使祝史徙主祏於周庙。又曰：反祏於西圃。皆谓木主也。主当同宀部作宔。宔字下曰：宗庙宔祏也。祏字下曰：宗庙宔也。是为转注。艺文类聚引作宗庙之木主曰祏。周礼有郊宗石室。”石室之形，在金文中就有踪迹可查。于省吾《商周金文录遗》三二二著录一件铜觚，铭文作“”，双人跪拜于亚形龛下，推之应是这种祖神祭祀的真实摹画。据调查，今山东民间仍存有这种供奉神主之壁龛，今龛一般作方形，以木框架，外用两门蔽之，展开后亦如亚形。特别值得一提的是，今山东一带民间筑房，许多地方

⑥　王树明：《谈陵阳河与大朱村出土的陶尊文字》，《山东史前文化论文集》，齐鲁书社，1986年，第277页。

⑦　〔日〕岛邦男撰，温天河、李寿林译：《殷墟卜辞研究》，鼎文书局，1975年。

以夯土或土坯为墙，在两端山墙上方必留一个“十”字形龛，俗名“雀眼”。传说此即屋神家主的居住之所，一般禁止闲人偷掏。这种风俗实际上应是亚形崇拜的历史孑遗。不过，从亚形崇拜的源流上考查，这一习俗原应是中原地区夏民族中祖神祭祀的主要形式。因为从亚形徽号的出现频率来看，则以夏人后裔斟姓二部器物中出现最多，而且十分集中。如金文中的“亚醜”氏⑧。故斟姓二部可能是亚形崇拜的直接继承者。前引文献中的“宗祏”乃郑人宗庙遗物。郑为夏人故地，《左传·昭公十七年》梓慎曰：“郑，祝融之虚也。”杜注：“祝融，高辛氏之火正，居郑。”从文献上追索，祝融氏乃我中原地区原始社会末期的一个重要部族集团，在夏代初年，曾辅佐夏人建国。《国语·周语上》：“昔夏之兴也，融降于崇山。”韦昭注：“融，祝融也。崇，崇高山也。夏居阳城，崇高所近。”融族后裔斟姓之名，亦多与夏人宗族混称。《史记·夏本纪》正义引《帝王世纪》云：“帝相徙于商丘，依同姓诸侯斟寻。”《水经·巨洋水注》引薛瓒《汉书集注》云：“按《汲郡古文》‘相居斟灌’，东郡灌是也。”应该说，融族也是夏人部族集团的重要组成部分。郑桓公虽为周族，但他为人达观通变。当其时又处社会变革，时代动荡的历史转折之际。他到郑地就国，也就不能不入乡随俗。而石室内藏主，使虔诚的祖神崇拜平添几分神秘与庄严，符合人们对灵魂世界追求神圣和完美的社会心态，极易被人接受。况且三代礼制互相因袭的情况在文献中多有记载，《论语·为政》：“子曰，殷因于夏礼，所损益，可知也；周因于殷礼，所损益，可知也。”《礼记·王制》：“凡养老，有虞氏以燕礼，夏后氏以飨礼，殷人以食礼，周人修而兼用之。”凡此以证。故以郑国在祖神祭祀中合理地吸收祝融氏或即夏人的部分文化因素，绝非没有可能。文献中有许多“启母化石”“禹生石纽”“（禹母）吞神珠薏苡，胸坼而生禹”的记载。关于石纽，历来均以杨雄《蜀王本纪》所记，以为是地名。我们从“启母化石”的传说来推考，从禹母“胸坼而生禹”的情况分析，认为“石纽”就是禹母的形象。纽者，本也，所根据也。《庄子·人世间》：“是万物之化也，禹舜之所纽也。”《释文》：“简文云：纽，本也”。禹从石为木，石开而禹出，当是夏禹降生的原始形象，此与“启母化石”的传说应是同一渊源。是亦意味着其与石室内藏主的祖神崇拜有着密切的联系。因此，我们认为亚形崇拜的最初形态原本应是夏民族在祖神崇拜中习用的石室藏主的祭祀形式，其后随着夏文化的扩张与交流，逐渐形成绵亘三代、遍及中华并不断发展升华了的一种文化习俗。其中山东地区的潍淄流域成为亚形崇拜比较集中的地区，这是因为夏代初年后羿乱夏，少康中兴，经过多次文化更替，演进了一场夷夏交争的历史活剧。作为夏后氏或者祝融氏的一支部族斟灌、斟鄩，联合有穈氏助少康复国，其后又随帝杼征东海、伐三寿（今寿光一带）（《今本竹书纪年》载：“（帝杼）八年，征于东海及三寿，得一狐九尾”），东渐山东，入主潍淄流域，直至商末及春秋时期，仍有后人繁衍于此。山东青州苏埠屯墓地发现的亚醜徽文及融族

---

⑧ 王树明先生在《亚醜推论》（载《华夏考古》1989年第1期）一文中认为：醜字乃甚或醓字的原始形象，亦即斟字的祖型。醜字徽文是斟族祼礼场面的具体摹画，或又简称为“灌”，故斟氏亦作斟灌氏；寻氏可能是斟氏的一个分支部族。其论至确，足可信据。

徽号，山东临朐发现的周代鄩国铜器均是明证[⑨]。因此，斟姓二部的亚形崇拜习俗同样给当地的祖神崇拜带来影响，所以当地土著“曩”族等也逐渐形成了亚形崇拜。故传世铜器中曩族徽号多标有亚形标记，而曩族宗神后羿也被放在亚形龛室之中[⑩]。并且促使这种崇拜在今天的山东民间习俗中仍有踪迹可寻，足见其影响之深。同理可知，这种亚形崇拜意识又逐渐演化形成祖神祭祀的专用标记也是自然所成之事了！如果上述论证不误，那么由此亦可解释由“亚”派生的一系列问题：诸如亚字的音义演化衍转，生活中沿用的亚形、类亚形事物习俗，传统信仰中亚形意识的递变流布等等，都有可能从中找到根源。此不作赘。

根据上述，小董家遗址出土陶罐，既然铭有亚形图像，当为祭器无疑。其出土地点正在夷夏交争的传播带上，故有亚形崇拜习俗也在情理之中。但或诘之，在庄严肃穆的祖神祭祀中用陶罐祭献是否合适？此则文献中有证，《仪礼·士冠礼》：“侧尊一甒醴，在服北。”《方言》卷五：“甗，罂也，周魏之间谓之甗。”《仪礼·既夕礼》郑玄注：“甒，瓦器。”《礼记·礼器》：“门外缶，门内壶，君尊瓦甒。”《玉篇·瓦部》：“甒，盛五升小罂也。”甒是一种小口大腹且比壶小的陶制酒器，在祭祀节礼中极受尊崇。小董家出土陶罐口小腹大，烧制精细。从口部特征看原器可能上面有盖，与一般瓦罐多有区别。窃以为此即甒醴之类陶制酒器，在祖神祭礼中出现乃正常现象，于情于理均不悖也。

四、说　田

前文指出，章丘小董家遗址出土陶罐带有亚形祭祀符号，并从殷周器物铭“亚”的规律可知，与“亚”相匹之字往往就是氏族宗神或图腾灵物。此类文字虽多奇古难辨，但构图谨严，形象庄重，规律有序。一般认为，此等图形文字亦即古代国族徽号。从目前研究情况分析，上古国族徽号约有三类：一类为自然物象，即花草虫鱼、飞禽走兽、山石林木、风月雷电等等，这是世界各民族都有的图腾制度的一部分。二类为器物图像，包括生产工具、生活用具等，这是原始拜物教的遗存。三类为会意图象，一般为复合图象，其融含着初民升华了的思想意识，是研究者最感困难棘手的一类。其内容包括有某种礼制的浓缩，或某种习俗的概括，或某种神话传说的意写，或某种服司职官的象征等。族徽代表着氏族标记或名号，又反映着氏族的崇拜信仰。从其崇拜意识上又可分祖神崇拜、宗教崇拜、灵物崇拜等。这是一个复杂的古代信仰系统，在具体问题上应具体分析。陶罐的三组铭符除亚之外，第三组图像形体复杂、布局凌乱，无明显特征可循，初看极似以手抓提某种东西，与族徽之庄严、凝重特征相径庭，似乎无法体现族徽

---

⑨　祁延霈：《山东益都苏埠屯出土铜器调查记》，《中国考古学报》第2册，1947年；齐文涛：《概述近年来山东出土的商周青铜器》，《文物》1972年第5期；山东省文物考古研究所、青州市博物馆：《青州市苏埠屯商代墓地发掘报告》，《海岱考古》（第1辑），山东大学出版社，1989年；临朐县文化馆等：《山东临朐发现齐、鄩、曾诸国铜器》，《文物》1983年第12期。

⑩　王树明：《曩祖夷羿疏证》文中关于后羿徽号的推演，《管子与齐文化》，北京经济学院出版社，1990年。

一看就知、一见就明的标识功能。但第二组字虽然繁缛，然构图规整、洗练、形象，作为族徽则比较能够表现其氏族的标识要求和信仰系统。所以，我们认为，第二组田字可能是族徽。而第三组字的功能含义暂未可知，或许是表现着一种祈祷意向。

前面指出，亚形符号一般都与祖神崇拜有着密切联系。那田字所能代表的也应该是田氏宗祖的圣化形象，其源出可能与其祖先服田司农之职事有关。这在文献中早有解释。《白虎通义·姓名》："所以有氏者，何所以贵功德、贱伎力，或氏其官；或氏其事；闻其氏即可知其德，所以勉人为善也。"以职事为族名，这是我国古代氏族名号的重要来源之一。田氏因其祖先服司田事而用田理形态标法祖神，应是完全可以理解的。我们之所以认为田字应为田族族徽，还因为卜辞中常见"多田"名辞，如"余其从多田于多白正盂方白炎"（甲，2416、2395；粹，1189），"……以多田亚任……"（粹，1545），金文中亦屡有田氏铭文出现，如彝器有"伯田父敦""师田父尊"等。曾毅公《山东金文集存》著录：1918年山东长清崮山驿发现鼎、簋、卣、罍、爵、斝、觚等七器，鼎铭为"田父辛"，觚无铭，余五器为"田父甲"，这是田族器物出土最众者。上述事实说明，殷周时期，确乎存在着一个田方或田国，其因"田"之为氏，聚居之为族，比"田"而为徽也就顺理成章了。或疑之，田字在这里有没有可能作为田神祀之？答曰：不能！我国古代田地之神有二：《左传·昭公二十九年》："故有五行之官，是谓五官，木正曰句芒，火正曰祝融，金正曰蓐收，水正曰玄冥，土正曰后土。颛顼氏有子曰黎，为祝融；共工氏有子曰句龙，为后土。后土为社。"《说文·示部》："社，地主也。"社神后土，是总司土地的大神，为皇王国家专祀之神。《风俗通义·祀典》："《孝经》说：'社者，土地之主。土地广博，不可遍敬，故封土以为社而祀之，报功也。'《周礼》说：'二十五家置一社。'但为田祖报求。《诗》云：'乃立冢土'。又曰：'以御田祖，以祈甘雨。'"此处社神，又称土地神，乃邦国乡原之土神。为邦国大夫乡里村社所奉祀。上述二神均为社而祀之。《太平御览》卷五三二引《礼记外传》："国以民为本，人以食为天，故建国君民，先命立社。地广谷多，不可遍祭，故于国城之内，立坛祀之，亲之也，日用甲，尊之也。"可知祭田地之神是封土以为社，立坛祀之。社祀形式，文献记载颇多。《礼·郊特牲》："天子大社，必受霜露风雨以达天地气也，……盖社不屋，惟立坛柜而环之以墙。"是说社坛乃圆形并环之以墙。《后汉书·祭祀志》："建武二年，立大社稷于洛阳，在宗庙之右，方坛，无屋，有墙门而已。"亦见社坛为方形者。《周礼·地官·大司徒》："设其社稷之壝，而树之田之，各以其野之所宜木，遂以名其社与其野。"《论语·八佾》："哀公问社于宰我，宰我对曰：'夏后氏以松，殷人以柏，周人以栗。'"乃谓三代之中以树为社神。另亦有以石为社主的记载，《周礼·春官·小宗伯》郑玄注："社主盖用石为之。"《淮南子·齐俗训》："殷人之礼，其社用石。"高诱注："以石为社主也。"古代社祀遗址，已被考古发现所证实。如江苏铜山丘湾发现的社祀遗迹以及山东莒县陵阳河遗址大汶口文化陶尊发现的社祀图像[11]。这些均说明田地之神是不能以田之象形字为象征

---

⑪ 俞伟超：《铜山丘湾商代社祀遗迹的推定》，《考古》1973年第5期；王树明：《谈陵阳河与大朱村出土的陶尊文字》，《山东史前文化论文集》，齐鲁书社，1986年，第266—268页。

的。故这里的田字只能是象征神祖的氏族徽号而不应是其他。

田氏之族是有商一代的重要集团。王献唐先生在《炎黄氏族文化考》一书中引《殷墟书契后编》两条骨文刻辞，指为田族之最早记录。其一，“甲辰贞，又伐于田”。其二，“甲辰贞耒，甲寅又伐田”[⑫]。卜辞“于”字之后一般为名词，指地名或人名等，如是则“田”字或指田方、田国。但“贞耒”一词比较少见，疑其隶释有误。《甲骨文合集》第32 083片有“甲辰贞来甲寅又伐上甲羌五卯牛一”，还有“甲辰贞又伐于上甲九羌卯牛”之句，很可能与王献唐先生所引为同版。故这里实与田族无涉。但甲骨卜辞中亦确不乏有关田族之记录，这里仅录《殷契佚存》所载如“癸卯卜，丙，令田征（韋）�戋”（二三四，癸），如“田[illegible]”（二三八，乙）等。这里的“田”应该也是田族势力的一部分。其具体方位及与商王的关系尚难考释，仅能从其名称上看出与田族可能有着一定的联系。周代郜国，传为文王庶子所封，但其彝器铭文或作“亚告”（鼎，三代，2，8），或作“田告”（櫑，三代，11，40），或作“田告亚”（鼎，三代，3，29）；看来，郜国之祖源，也应是田族之分支。殷周之际的田氏之器具有明确出土地点，且数量多而集中者，还是首推1918年山东长清崮山驿所见的“田氏七器”（曾毅公《山东金文集存》下，二）。分析鲁西一带的济南地区，可能是田氏之族主要分布范围。前述章丘小董家遗址既然出土了带有“田”形徽号的陶罐，也应该与田族势力的分布有关。特别是小董家遗址堆积丰富，规模宏大，包含有北辛、大汶口、龙山、岳石、商周等不同时期的文化遗存，历史悠久，展示出其古代历史的灿烂与繁荣。是或表明，此即商代田国故址亦不无可能。

另则需要指出，《史记·田敬仲完世家》：“敬仲之如齐，以陈字为田氏。”集解引徐广曰：“应劭云始食菜地于田，由是改姓田氏。”索引：“据如此云敬仲奔齐，以陈田二字声相近，遂以为田氏。应劭云‘始食菜于田’，则田是地名，未详其处。”此段公案，至今未解。田字通陈，田敬仲即陈敬仲，这是史家公认的事实。但田字为什么通陈？就形义而论，两者差远，其声韵亦只相近，故论其可通似乎牵强。所以田字通陈可能存在一定的历史背景。齐国田氏之兴，虽处春秋晚期，战国时成为七雄之一，仍称霸百年之久。但临淄所出齐器所铭陶文之类却均作陈而不作田，可见陈田并非随意署之。今由章丘小董家遗址出土田族祭器推而证之，田陈之所以可通，可能与陈氏如齐之后所食之邑称名有关。齐地范围内的章丘地区既然分布田族势力或田国旧址，或即证明应劭云“敬仲始食菜于田”决非虚造。应劭为东汉人，献帝时任泰山太守，其对泰山周围的历史、地理、风土人情十分了解，其言应是可信的。所以陈田互通的历史事实应该是敬仲封邑于田，齐人始呼为田氏。这本是当时人们非常熟悉的道理，后来史家不书其原委，而只作陈田互通，致使真相湮于历史数千年之久。研究证明，齐国重臣在济南、章丘一带有封邑颇多，其如宁戚、管仲、鲍叔牙等[⑬]。是亦说明，田敬仲之食邑于田，田邑在章丘小董家是完全可能的。

---

⑫　王献唐：《炎黄氏族文化考》，齐鲁书社，1985年，第290页。

⑬　叶圭绶：《续山东考古录》章丘县、历城县条，山东书局，光绪八年；常兴照、宁荫堂：《山东章丘县出土青铜器述要兼谈相关问题》，《文物》1989年第6期。

五、结 语

本文从小董家陶罐之刻画符号，导引出对商周时期亚形符号的再认识，并由此涉及商代田族或田国的一些历史问题。所论所及仅此三点：①亚形符号即祖神祭祀之专用标记，其来源乃从夏民族石室藏主的祭祀习俗升华演变而成，并形成为绵亘三代的一种文化习俗。②田为商代的重要氏族势力，其族以田形为徽。山东西部济南地区是田族的重要分布范围。③齐国陈氏之所以又称田氏，实由其初食之邑称名为田所致，田、陈互通乃史家所误。但上述三题所涵盖的历史内容却又是巨大的，仅就亚形意识在古代文明中的地位和意义来说，远不是此篇小文或者笔者同仁就能探讨或论证清楚的。及至对于田族或田国历史的探讨，则仅仅是点到为止，复原其本来的历史面貌，还有待于更多的资料和更深入的研究。因此，我们殷切期望学界方家和同道师友能就上述问题不吝赐教，共同探讨，借以促进学术研究的进一步深入。

附记：本文系与宁荫堂先生合著。原文刊发于《北方文物》1995年第3期。

山东章丘出土青铜器述要兼谈相关问题

近年来（指20世纪80年代），章丘出土了一批商周青铜器，其中两件带有铭文。铜器出土地点较分散，出土单位也多不清楚。但仍不失为研究鲁北历史的重要资料。现择要概述其中的部分青铜器，并对相关问题探讨如下。

一、铜器出土地点及器物种类

1. 小峨眉山地点

位于县城明水镇东南部的小峨眉山北侧。北约0.5千米为明水湖，东北0.5千米为绣水村（传为汉土鼓城）。此处未发现墓葬及居住遗迹，但陆续出土了铜器80余件，有甬钟、铙形器、圭形器、璧形器等。

铜甬钟　4件（标本ZE：01、ZE：02）。形制、大小基本相同。标本ZE：01，甬高27.6、铣长46.8、舞径21.6—27、于宽39厘米，重18.5千克。斡以上饰两组云纹；斡饰三角雷纹，并带有鸟形纽，纽饰三角纹。柱状枚，计18个。舞、篆饰变形夔纹，隧部饰卷云纹（图一、图二）。另2件均残。

图一　铜甬钟（ZE：01）

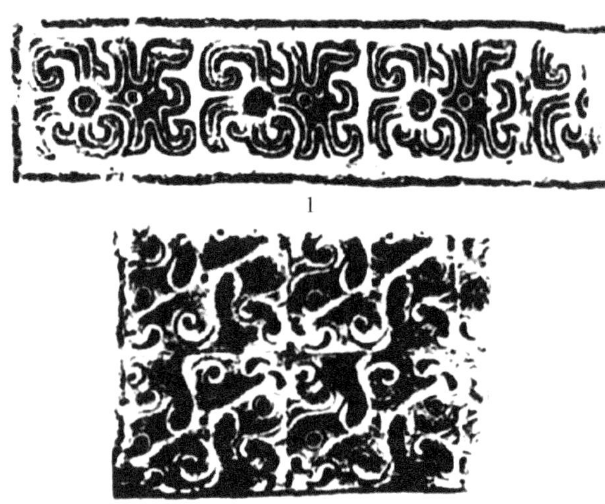

1

2

图二　甬钟局部纹饰拓片

1.篆　2.隧

铜铙形器　22件。分二式。

Ⅰ式：12件。长铣，柄为扁圆柱伏，器体较扁，壁较薄。素面。形体大小各异。标本ZE：05最大，通高34.2、柄长6.3、舞径2.4—14.7、于宽18厘米（图三，1）。标本ZE：09最小，通高21.5、柄长5、舞径1.5—10.8、于宽12厘米。

Ⅱ式：10件。长铣，柄为一面平一面圆的柱体，中部有一周凸棱。通体较扁，壁极薄。素面。标本ZE：17最大，通高23、柄长3.9、舞径2.2—10.5、于宽12厘米（图三，2）。标本ZE：24最小，通高15.6、柄长3、舞径3.3—7.8、于宽9厘米。

铜圭形器　30余件。铜片制成，上端呈三角形。大小相似。标本ZE：27，长24.6、宽3.3、厚0.1厘米（图三，4）。

铜璧形器　25件。分二式。

Ⅰ式：13件。环状。标本ZE：55，直径10，8、肉宽3、厚0.1厘米（图三，5）。

Ⅱ式：12件。饼状。标本ZE：71，直径10.5、厚0.1厘米（图三，6）。

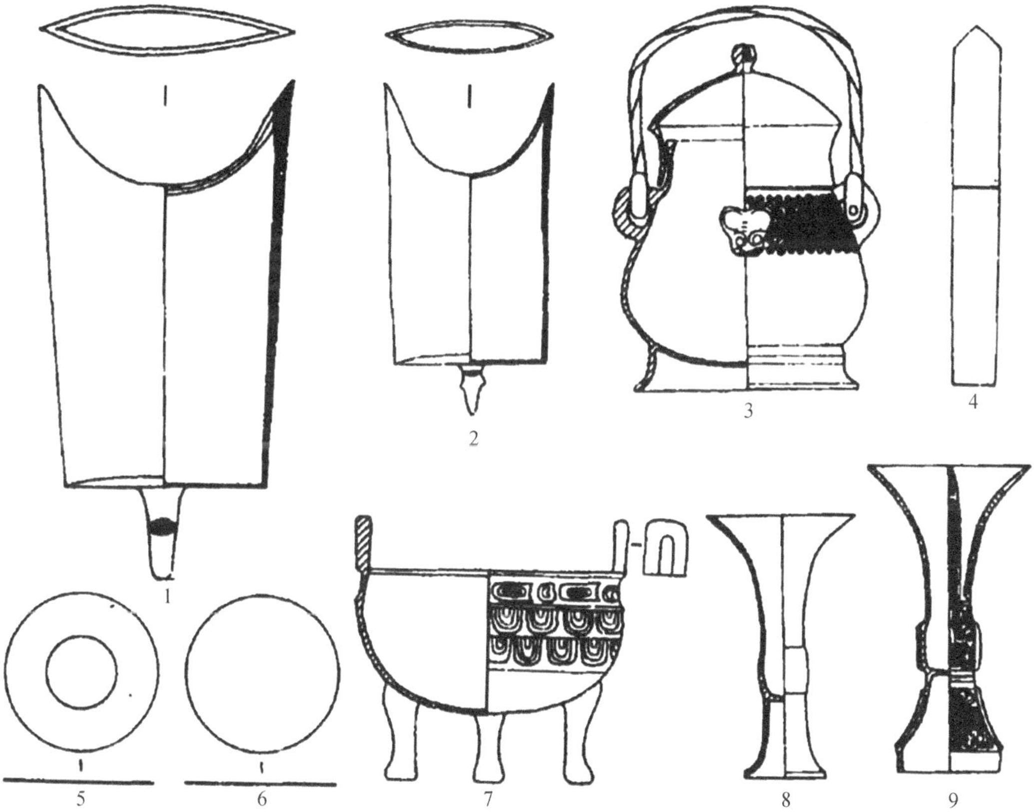

图三　铜器

1.Ⅰ式饶形器（ZE：05）　2.Ⅰ式饶形器（ZE：17）　3.提梁卣（ZJ：01）　4.圭形器（ZE：27）
5.Ⅰ式璧形器（ZE：58）　6.Ⅱ式璧形器（ZE：71）　7.鼎（ZH：01）　8、9.觚（ZJ：02、Z：01）

2. 东涧溪地点

位于明水镇东涧溪村西东涧溪小学校内。处于一南北向低缓丘陵的西北坡，向西100米左右曾为一大冲沟，现已填平。1974年东涧溪小学挖坑时挖到一座墓葬，出土一件铜卣，该地点东北约400米处有一隆起台地，俗称神仙顶，为一商周文化遗址。因胶济铁路从中穿过，加之群众用土，已破坏殆尽。地表散见大量簋、鬲、盆、罐等商周陶片及汉代砖瓦。在遗址北部发现过铜觚。

铜提梁卣　1件（标本ZJ：01）。敛口，平唇，鼓腹，矮圈足，绞索状提梁，拱形盖，盖口内束，蒜头形捉手，提梁与腹部二系相套。卣腹上部饰菱形云雷纹带，两侧中间各浮雕一兽首，圈足带两道凸弦纹。在内底和盖内顶部各有阴铭“亚[illegible]乍父癸彝”。口径12—14.5、腹长径23、底长径21、通高31.5厘米（图三，3；图四、图五）。

图四　铜提梁卣（ZJ：01）

2

1

图五　铜提梁卣（ZJ：01）铭文拓片

1. 内底　2.盖内

铜觚　2件。标本ZJ：02，喇叭口，腰较直，中部略凸，圈足较高。素面。口径14.6、腰径4、高24.2厘米（图三，8）。标本Z：01为废品站收集，出土地点不明，推测也可能出于这一带。喇叭口，束腰，盘口喇叭状圈足，腰、足部各有四条扉棱，身部饰蕉叶云雷纹，腹饰饕餮纹，足饰蝉纹及饕餮纹。口径16.3、腰径4.8、足径6.5、高28.2厘米（图三，9）。

3. 摩天岭地点

位于县城明水镇埃庄西北，县火化场西南部，为一隆起的高地遗址。遗址西部为西巴漏河，地表见有商周及汉代陶片。北部有岳石文化灰坑等遗存，南部靠近铁路曾出土过铜器，仅收集到铜鼎1件。

铜鼎 1件（标本ZH：01）。侈口，平唇，方立耳，弧腹，圜底，蹄足。腹近口部饰重环纹，中部饰垂鳞纹。腹内壁阴铭18字，重文2字，计20字。铭曰“郜甘辜肈乍隮鼎其万年眉寿子子孙孙永宝用亯”。口外径25.5、口内径22.6、腹深13、通高24.1厘米（图三，7；图六、图七）。

图六 铜鼎（ZH：01）

图七 铜鼎（ZH：01）铭文拓片

二、关于铜提梁卣与铜钟

东涧溪出土的铜提梁卣，造型与寿光益都侯城所出铜卣相似[①]，纹饰为菱形云雷纹，铭文简单，笔道有波磔，为商代晚期特点。估计此器年代亦应在商末之际，下限不会超过西周初年。铭文中的“亚”一般隶定为“宁”，通贮。丁山先生认为此字“正象机之持纬者，当是杼之本字，即今俗名的梭，用以缠纱织布的”[②]。从铭文看，当是族徽或国名。商代有宁氏之国，传世彝器有“贮铙”“宁鼎”“宁未盉”“宁䰡斝”[③]。但有确切出土地点、出土单位的宁氏之器，以此卣为首见。据调查，此器所在为一座小型墓葬，周围也曾发现过另外的墓葬遗存，所以此处可能为一商周墓地。与此处相近的东涧溪村东北400米处即一商周遗址，规模宏大，遗存丰富，地表、断崖处可见到大量商周陶片及灰坑残迹，其与铜卣所在墓地应该不无联系。如此，则推测这一带即宁氏之旧居，或至少是宁族之一支的故墟。

---

① 寿光县博物馆：《山东寿光县新发现一批纪国铜器》，《文物》1985年第3期。
② 丁山：《宁氏》，《甲骨文所见氏族及其制度》，中华书局，1988年，第119页。
③ 丁山：《宁氏》，《甲骨文所见氏族及其制度》，中华书局，1988年，第120页。

铭文中的“□”字罕见。字形似一半月形石刀，可能是农具铚的摹写。半月形有孔石刀，是山东地区岳石文化的典型器物。因此“□□”氏应为山东土著氏族。当然，不排除该氏族中还有其他分支，如“宁䰠斝”的“䰠”就可能是其中的一支。

甲骨文中常见宁氏。前国立中央研究院第13次发掘所得即有如“宁入”，“贮入，廿，㱿”，均为甲翼刻辞[④]。卜辞所见“某入”“入某”等，丁山先生在《甲骨文所见氏族及其制度》一书中有详考，认为即“入备宿卫”的省称。前引甲翼刻辞意即武丁巡守至㱿，宁氏即入夕宿卫。此说令人信服。但丁山先生以“□”为杼之本字，推测宁即《汉书·地理志》所称梁国的杼秋县，㱿当为穀水流域之穀邱，二者相距甚近，可为宁氏入卫之证[⑤]。以宁为杼秋，证据不足。以㱿为穀邱，则与丁山先生另外对《王氏、㱿》之所论相矛盾[⑥]。丁山在该文中认为“㱿”字依唐兰、于省吾等释读为“穀”。㱿，是武丁时代的重臣，国家大事多由㱿代商王贞卜。如“甲戌卜，㱿贞，我勿将，自兹邑，㱿□已作”；“庚申卜，㱿贞，今□，王徝伐土方”[⑦]。㱿的遗物，多出于安阳殷墟附近。但㱿的封邑，世有异辞。根据丁山先生在《王氏、㱿》文中所示，一说当今湖北谷城县。此依《汉书·地理志》南阳郡筑阳县下云：“故穀伯国。”一说在今山东一带。此据《春秋·桓公七年》：“夏，穀伯绥来朝。”《春秋·庄三十二年》：“春，城小穀。”杜注：“小穀，齐邑，济地穀城县城中有管仲井。”《左传》曰：“为管仲也。”杜注：“公感齐桓之德，故为管仲城私邑。”丁山先生认为：“此穀，介于齐鲁之间，宜即穀伯绥国所在，商代的㱿氏，也可能在此。”根据甲翼刻辞云“贮入，廿，㱿”，可证㱿、贮地理相近。但我们既已论证东涧溪一带为商代宁氏之旧墟，是否可以认为“宁氏入卫”之事即发生在这里呢？回答是可以的。殷人对东方的扩张于仲丁时代即已开始[⑧]。一般说来，早商前期文化还未到山东，但后期文化已到泰山一带。济南大辛庄遗存中即有属于早商后期的陶鬲和陶大口尊等[⑨]。文献中的商奄、薄姑大概也是殷人在东方的盟国。由此推论，东涧溪一带的宁氏，作为商殷的方国势力入卫商王，并非没有可能。有史以来，夷夏交流一直是中国历史的重要内容，东夷族的西迁和华夏族的东征，几乎成为夏商历史的主要脉络。所以山东、河南一带常有一国两处，一名两地的现象。因之可以推定，管仲所居之“小穀”很可能就是穀伯绥国所在之地，亦即商代㱿氏之旧墟，地理位置应该距“宁（贮）氏之地”不远。依此则史证较足，情理可通。就如己氏在山东建国于寿光[⑩]，但服务于王室，己氏之器在河南亦多见，是同样道理。

管仲之封，世人多依杜预之说，地在“济北穀城县”，即今平阴东阿镇。清人顾炎

---

④ 丁山：《甲骨文所见氏族及其制度·宁氏》，中华书局，1988年，第11页。

⑤ 丁山：《甲骨文所见氏族及其制度·宁氏》，中华书局，1988年，第121页。

⑥ 丁山：《甲骨文所见氏族及其制度》，中华书局，1988年，第60页。

⑦ 罗振玉：《殷虚书契续编》陸·九·五，珂罗版影印本，1936年；林泰辅：《龟甲兽骨文字》卷一·二七·11，艺文印书馆，1970年影印版。

⑧ 《后汉书·东夷传》李贤注引《竹书纪年》：“仲丁即位，征于兰夷。”

⑨ 蔡凤书：《济南大辛庄商代遗址的调查》，《考古》1973年第5期。

⑩ 寿光县博物馆：《山东寿光县新发现一批纪国铜器》，《文物》1985年第3期。

武曾作《小穀辩》认为："穀与小穀非一也，仲所居者，穀也，《春秋》庄三十二年所城者，小穀也。《春秋》有言穀而不言小者甚多，盖书小穀者别于穀也。"[⑪]那么，小穀又在何处呢？《穀梁传》范宁注："小穀，鲁地。"孙复《春秋发微》谓："曲阜西北有小穀城。"顾炎武、叶圭绶等皆依此说。但是若以《左传》"城小穀，为管仲也"而论，则小穀不能为鲁地。左氏为传，偏重史实，与公羊、穀梁等偏重义理有异，其说必有所依。笔者认为，书小穀乃别之于穀，此说可从。但论此小穀，仍当为齐地，且与管仲有着密切的关系。管仲有大功于齐，食邑非一，经籍多有记载。除穀之外，另有小穀为管仲别邑，完全可通。又，管仲与鲍叔牙为贫贱之交，然鲍氏食邑，世有历城以东之说，叶圭绶《续山东考古录》历城县云："鲍邑故城在东三十四里；《寰宇记》引《三齐记》云：'鲍叔牙所食之邑。'又隋志历城有鲍山。"则管仲之小穀，或与鲍氏之邑比邻也未必不能。结合宁、殸地理相近之论证，小穀大致应在历城、章丘一带。

东涧溪西向约5千米，旧志记有汉土鼓城。道光版《章丘县志·古迹考》："土鼓城在县治东南二十五里明水镇东。《水经注》云：济水右纳百脉水，百脉水出土鼓县故城西。"百脉水即今绣江河，源出百脉泉及东麻湾。所以土鼓城当在今绣水村一带。汉土鼓县因何立，旧志失载，按《汉书·地理志》济南郡统县十四，邑县之名多有所因，独土鼓之名突兀蹊跷，值得我们思索。

小峨眉山北侧出土的青铜器，除甬钟外，均为象征性礼器。数量较多，出土单位非窖藏及墓葬，应是用于祭祀的部分器物。铜甬钟的形制与"王孙钟"[⑫]形态近似。其主要纹饰为变形夔纹和云纹，都是春秋早中期流行的纹样。所以这批铜器可能是春秋早中期之际的器物。古人有祭天祀山的习俗，认为日月星辰、山川林泽皆为有灵之神，祀之以祈平安。因此小峨眉山出土的铜器可能是郊天祭山之物。然郊天祭山乃古之大礼，皆由王侯主祭。《礼记·王制》："天子祭天地……诸侯祭名山大川之在其地者。"那么，在小峨眉山主祭的又是什么人呢？小峨眉山出土的4件铜甬钟，均为群众挖土而得。此外是否还有未出土或出土已亡佚的，都不得而知。标本ZE：01、ZE：02铜甬钟形体较大，其主人应为王侯或僭越君礼的公卿大夫。从同出的其他器物看，以后者的可能性为大，显示了主祭之人地位的显赫。

从文献记载，春秋初年齐国之疆，"地南至于祇𥚃阴，西至于济，北至于河，东至于纪酅"[⑬]。可知春秋早期齐境可能已达章丘一带。至桓公盛世，其疆界"东至于海，西至于河，南至于穆陵，北至于无棣"[⑭]。这里虽不乏虚夸溢美之词，但今济南一带已为齐人所控，还是可信的。然在堂堂春秋霸主的齐国的确还有一人能用君侯之礼，那就是管仲。仲任齐相，功高盖世，齐桓称为"仲父"；"富拟于公室，有三归、反坫，齐人不以为侈"[⑮]。《礼记·礼器》："管仲镂簋，朱紘，山节，藻棁，君子以为滥

---

⑪ 清道光《东阿县志》卷十七，《艺文》录《小穀辩》。

⑫ 《尊古斋所见吉金图》，1936年影印本。

⑬ 《国语·齐语·桓公帅诸侯而朝天子》，上海古籍出版社，1978年。

⑭ 《春秋左传集解·禧四年》，上海人民出版社，1977年。

⑮ 《史记·管晏列传第二》，中华书局，1975年。

矣。”孔疏：“管仲至滥矣，正义曰此一节明奢而失礼之事。”可知管仲在齐国是不太尊重礼乐制度的。综合前面所论，管仲之小榖有可能就是小峨眉山下的土鼓城。鼓，金文作、；榖，金文作、⑯，二字形近易讹，又同为见母字，可以通转。由榖讹为鼓，是十分可能的。

至于东阿之榖邑，可能是管仲之后封，其邑名乔置，仍以榖称。管仲始封之地，则别以小榖或讹为土鼓，都是可以成立的。

三、关 于 铜 鼎

摩天岭地点出土的铜鼎（标本ZH：01），从造型和纹饰看，时代可定为西周晚期。

腹内壁铭文首字“”，金文初见。即冎，又可隶写为咼，如“過伯爵”的“過”，即从“”，从“”。此字从“”从“言”从“邑”，言口可通，因而左侧还可隶写为“咼”。所以此字应为一形声字，即从邑，咼声。以铭文文义看，此字应为族名或国名。第二字“甘”，为作器者名。“”为享。“肇”也写作肇，“肇作某某”及下文“万年眉寿”等，均为金文习用语。在殷周方国中，有两个国家值得注意。

（1）過。《左传·襄公四年》：“魏绛曰……浞因羿室，生浇及豷，恃其谗慝诈伪，而不德于民。使浇用师，灭斟灌及斟寻氏，处浇于過，处豷于戈。”杜注：“過、戈皆国名，东莱掖县北有過乡，戈在宋郑之间。”《风俗通·姓氏》：“過氏，国過，夏诸侯之裔也，子孙以为氏，汉有兖州刺史過诩。”徐中舒先生认为：“鬲、過、戈古同是见母字，故得相通。且過所从偏旁咼，又是鬲字形体的讹变，《说文》騧娲等字籀文仍从鬲作䮠𡡉，可证咼、鬲原是一字。又《史记·滑稽列传》有“炙榖過’的话，集解说：《别录》曰過字作輠。輠者，车之盛膏器也，炙之虽尽，犹有余流者（按：此段文字应见于《史记·孟子荀卿列传》集解）。過为车上盛膏之器，当因可系车上，有耳如鬲然。是過字即鬲字别体，从声音与形制两方面都可以成立的。”⑰翦伯赞先生则认为：“過之于鬲，亦与鄗（甑）之与鬲，虽同为鬲属，而皆为变形。因而過氏与鬲氏，虽同为负有鬲属文化之氏族，但非如徐氏所云過氏即有鬲氏，而系各为一族也。”又说：“据《左襄元年传》：（少康）使女艾谍浇，使季杼诱豷，遂灭遇、戈，复禹之绩，祀夏配天，不失旧物。’则過戈亦为夏之旧物，故夏灭遇、戈，谓之‘复禹之绩’。”⑱两位先生各有异辞，但均认为過为夏族，祖居中原。关于過国地望，历来有山东、河南两说，但以杜预之说在山东掖县（今莱州）为主。据《史记·夏本纪》载，夏王朝有十二个姒姓部落，但不见過氏之名。而過氏事迹多与羿、浞等联系在一起。浞之都寒，寒在平寿，即今潍坊寒亭区。羿、浞皆东夷之首领，所以過也可能为东夷族

⑯　高明：《古文字类编》，中华书局，1980年；黄濬：《邺中片羽》（三集），珂罗版影印本，1935、1937、1942年。

⑰　徐中舒：《再论小屯与仰韶》，《夏文化论文选集》，中州古籍出版社，1985年，第16页。

⑱　翦伯赞：《诸夏的分布与鼎鬲文化》，《夏文化论文选集》，中州古籍出版社，1985年，第103页。

属，祖居东土。“過”之偏旁咼，即冎，原为“骨”，此已为古文字学家所证明。《说文》：“冎，剔人肉，置其骨也。”说明過之得名，与咼字无涉。

铜鼎铭文中的“鄬”字，与“過”同声符，声近义通，又同为国名，内中必有联系。夷羿西迁，沿泰沂山北侧，西徙至德州东南，又西南至豫东北滑县一带，滑县得名，亦应与過氏有关。而铜鼎所在地点正处迁徙线内，据此如把郭甘氏作为過氏西徙途中的遗裔，当不至大谬。

（2）郭。郭通“虢”。《谷梁传·昭公元年》会于“郭”，《左传》作“虢”。《新唐书·宰相世系表》：“周武王封文王弟虢叔于西虢，后平王又封虢叔裔孙于阳曲，号曰郭公。”《春秋·庄二十四年》：“赤归于曹，郭公。”杨伯峻《春秋左传注》卷三：“公羊、榖梁以郭公与上节赤归于曹连读，以为赤即郭公也。曲说不可通。杜预不用。而以此为经有缺误。洪亮吉《左传诂》以为郭即虢，但周公簋有‘郭人’，古彝器有‘郭伯𣪘’簋，以铭文考之，郭国似在东方。”《新序·杂事》：“昔者，齐桓公游于野，见亡国故城郭氏之墟，问于野人曰：‘是为何墟？’野人曰：‘是为郭氏之墟。’桓公曰：‘郭氏者曷为墟？’野人曰：‘郭氏者善善而恶恶。’桓公曰：‘善善而恶恶，人之善行也，其所以为墟者，何也？’野人曰：‘善善而不能用，恶恶而不能去……夫与善人为怨、恶人为仇，欲毋亡得乎？是以为墟也。”可见郭国可能在齐国附近，春秋时早已灭亡。但“郭”到底是何人之裔或是否殷之旧国，不得而知。但有一点是可以肯定的，此“郭”绝不是“虢”的讹变。金文中“郭”作“𩫏”，隶写为“𩫏”，古文字学家多释为墉。如容庚《金文编》：“𩫏，说文象城郭之重，两城相对也。与庸、𩫖、墉为一字。”所以，郭伯𣪘簋又称为鄘伯𣪘簋。实际上，古彝器中的“𩫏”与现行的“郭”可能是有区别的。“郭”，出现于秦汉之际，《说文》“郭”释以郭氏之墟的郭，而“𩫏”则释为“度也，民所度居也，从回，象城郭之重，两亭相对也。”段注：“按城𩫏字今作郭，郭行而𩫏废。”文献中的郭氏之墟与金文中的“𩫏人”也可能有别。郭氏之墟，旧志或云在聊城，宣统版《聊城县志·沿革》：“唐虞三代兖州，周郭国后入齐。”《地名大辞典》：“郭城，在山东聊城县东北，《水经注》郭水出聊城县东北，《寰宇记》南岸有郭城，春秋时亡国郭氏之墟也。”但《水经注·河水》云：“黄沟承聊城郭水……自城东北出迳清河城南，又东北迳摄城北。春秋所谓聊摄以东也。俗称郭城，非也。”叶圭绶《续山东考古录》卷四博平县：“《圜宇记》聊城有郭城，《隋图经》云即亡国郭氏之墟，因俗名附会者。《水经注》黄沟又名郭水也，《魏志》有畔城而无摄城，疑摄城、郭城、畔城、微城四名实一城耳。”从郭氏之墟的地望看，应在齐桓之野，聊、摄为春秋晚期齐之西界，齐桓公之时似乎还没达到这一带。《左传·庄公十年》：“冬十月，齐师灭谭，谭子奔莒。”《左传·庄公十三年》：“会于北杏以平宋乱，遂人不至，夏，齐人灭遂而戍之。”北杏之会是桓公图霸之首会，其地约在今平阴东阿镇一带。看来，桓公之初的重要活动，多在谭、遂一带，济水之东。这里也是其后南征伐楚，西征攘于白狄的重要通道。郭氏之墟也可能在这一带。此件铜鼎所出的地点距谭国故城不远，鄬，读如過，与郭同为见母字，一为咼声，上古属歌部；一为郭声，上古属铎部，元音均为“a”，二者可以通转[19]。因此郭氏之墟，可能就是鄁氏之墟。如此，则史籍记载和地理条件、出土文物等均可吻合。金文中记为鄁，文献中记为郭，就如金文有“己”，而文献作“纪”，是同样的道理。

附记：本文系与宁荫堂先生合著，原文刊发于《文物》1989年第6期。铭文释读曾经高明先生指教，主要内容经李学勤先生审阅，谨此记之为敬。拓片：李胜利；绘图：王占琴。

⑲ 王力：《汉语音韵》，中华书局，1980年。

试论莱阳前河前墓地及有铭陶盉

1974年冬，莱阳县（今莱阳市）中荆乡前河前村群众在取土时发现8件洞器，其中一壶一甗带有铭文。为了弄清这批遗物的出土情况及遗址面貌，1975年春山东省博物馆与烟台地区文物管理委员会派人对该遗址进行了调查与试掘，清理了部分灰坑、车马坑及5座墓葬。获得了一批重要的考古资料[①]。1981年春，前河前村民盖新平在耕作中又发现1件陶盉，盉的颈部、腹部、流的两边分别带有图像纹样刻画，引起有关学者的注意，并著文谈及上述陶盉的铭文及族属[②]，论及陶盉的铭文及有关历史问题[③]。笔者等受近年来所出考古资料启发，不揣浅陋，也谈前河前墓地及有铭陶盉，谨以此文就教于学界。

一、墓 地 情 况

前河前墓地，位于莱阳县城南35千米处，五龙河西岸，前河前村南20米左右的隆凸的台地上。这里是五龙河下游冲积扇，周围为海拔100—200米的低缓丘陵。依山傍水，地理环境十分优越。遗址东西200—250米，南北250—300米，据查当年曾有城墙残迹，中心部位曾有大土丘，因历年来取土耕作均已荡然无存。1975年试掘清理的葬墓主要位于遗址的北部。墓葬皆土坑竖穴，有熟土二层台，多数为一棺一椁，头向东。随葬品多置于头部棺椁之间，个别置椁外。主要陶器组合为鬲、豆、罐、簋。其中M2是较大的一座墓，前述8件铜器即出于此墓，除置于头端椁外的铜器被取出之外，其他保存尚好。葬具中棺饰红漆，椁上不见。骨架朽甚，有殉人4个，其中南壁二层台上1具，北壁二层台2具，棺底腰坑内1具。腰坑内殉人的膝部还殉1条狗。殉人多用苇席遮垫。随葬品计有铜鼎2、铜盘 1、铜簠1、铜壶2、铜甗1、铜匜1[④]，置于头端椁外；铜盒1，置于棺内头部右侧；鱼形铜饰1，置于棺内左侧腰部；铜刀1，置于足端棺椁之间。头部棺椁之间放陶器，计有鬲20、豆30、簋20、罐37。陶器内及器物外面有许多鸡、牛等动物骨骼碎块。另外，墓主颈部有玉玦、玉管、鸡血石珠等饰件，腰部有石贝等物。

铜器造型和纹饰，均为西周中期以后的风格，其中一壶为绞索状圈足，壶底圈足内有铭文："已侯作铸壶，事小臣台汲永宝用。"一甗在内壁口沿下有铭文，大都锈蚀，仅"作旅尊彝"隐约可辨（均从李步青先生所释）。陶器中陶鬲均很小，可能为明器，

---

① 资料现存烟台市博物馆。

② 严文明：《胶东原始文化初论》，《山东史前文化论文集》，齐鲁书社，1986年。

③ 李步青、刘玉明：《[illegible]盉铭义初释及其有关历史问题》，《东岳论丛》1984年第1期。

④ 李步青：《山东莱阳县出土己国铜器》，《文物》1983年第12期。

侈口，折沿，分档，饰绳纹。罐有大、中、小三种，但形制相同，侈口，折肩，环底，肩部有四个小泥饼，肩以下饰绳纹。豆为浅盘矮柄喇叭足，柄较细，有的饰一周凸棱。簋为敞口，曲腹，高圈足。这些器物多为西周中、晚期的器物形制。铜器花纹如鼎、匜、壶上的重环纹、瓦纹、窃曲纹等，也是西周晚期流行纹饰，还有簠、匜等器也是中期偏晚出现、晚期比较流行的器物。考虑到器物的使用条件、地方特征及文化传播过程中的时间差等因素，将该墓年代判为西周晚期，当为不谬。

该遗址所出的其他墓葬，如M5的墓葬形制等基本文化的内涵，与M2是一致的，但随葬器物形态则具有西周早期特点，而M3的器物面貌则表现出春秋早中期特征。值得注意的是，在遗址地表采集的陶片中和部分灰坑中的陶片中（如H3），常见一种陶片为灰褐或红褐色，质地极粗糙，夹有云母、蚌壳、岩屑等杂质，制法极原始、拙笨，器物无完整或复原者，可辨器形有鬲足、簋、罐之类的口沿和圈足。其鬲足为乳状足，具有一个较矮小的柱状实足根。这种遗存与M2等所出的陶器，应分属两种不同的风格，即可能是当地的土著文化。

1981年村民盖新平发现的有铭陶盉，出于遗址中部。因器物失位，详细情况不明，估计是灰坑或墓葬内遗物。该器系泥质灰陶，陶质未经淘洗，含岩屑砂粒。有盖，器壁厚重，器表粗糙。侈口，尖唇，束颈，鼓腹，四个分档柱足，足根较矮。流为短圆筒形。另一侧带圆柱体桥式把手。盖为子母口，缓圆顶，顶部有方乳凸状纽，一侧附圆柱体环状耳。通高14.7、口径10.6、腹径13、足距 8、足高 2.5、壁厚 0.7厘米（图三）。盉的颈部、腹部、流的两侧均有阴刻图像符号，为锐物直接刻写于陶胎湿坯之上而成（图一、图四—图六）。线条粗犷流畅，图像古拙，除所绘鹿、鱼等纹样可辨，其他多数符号的形态个体极难确识。从器形观察，该器造型风格不同于M2等所出陶器，而同H3等及采集陶片中具“拙笨粗厚”之风格的遗存比较一致。其分档柱足亦与那些鬲足相似。它们应属同类文化遗存。但是如将此器与西周礼器铜盉比较，可以看出其形制又具有仿铜礼器的因素，其基本形态以矮胖为特点，颈较短，腹较浅，其时代应该晚于西周中期。因此该器有可能是西周晚期或春秋早期的遗物。

概言之，前河前遗址为一西周早期至春秋早期的文化遗址，文化内涵具有两套文化遗存。一种是常见的周代文化遗存，另一种可能是土著遗存。所谓有铭陶盉，应是土著文化的遗物，其时代约当西周晚期或春秋早期。

二、关于“己”器

己国铜器见于著录的很多，如寿光纪台所出己侯钟[⑤]，印辉先生所捐“纪侯簋”[⑥]，黄县旧城收集的“己侯鬲”[⑦]，烟台上夼所出己华父鼎”[⑧]，这次前河前遗址又

⑤ 容庚、张维持：《殷周青铜器通论》，科学出版社，1958年。
⑥ 陈佩芬：《上海博物馆新收集的西周青铜器》，《文物》1981年第9期。
⑦ 李步青：《山东莱阳县出土己国铜器》，《文物》1983年第12期。
⑧ 山东省烟台地区文管会：《烟台市上夼村出土㠱国铜器》，《考古》1983年第4期。

出“己侯壶”，有必要重新认识一下“己”器问题。在山东古国史研究中，争论最大的莫过于纪、己、曩、莱等问题的讨论。归纳起来有如下几种观点：①曩与纪一国说；②两国说；③曩、己、纪一国说；④曩、纪、莱一国说（文章较多，恕不详细列举）。其中王献唐先生在《黄县曩器》一书中运用历史、考古、古文字学相结合的方法，对曩、己、纪、莱等古国历史作了奠基性研究，是迄今对这一问题梳理决断最有权威的著作。

然而，近年来有关曩、己等国许多新的考古资料不断出土，使人们大大丰富了对这一历史问题的认识。1983年寿光“益都侯城”出土的大批己国铜器[⑨]，首次较多出现己国徽识“”，证明这里即“己”封爵之前国族旧地。而众所周知的曩国徽识是以“”为正宗的，而且多与“”联系在一起。这对王献唐先生己、纪为一国，己、曩不同名的观点提供了有力的证据[⑩]。最近，孙敬明同志综合了前人研究成果，从时间顺序和器群组合、地域分布等方面分析研究，认为“亚曩”封地在河南淇水流域，服务于王室。而从殷墟洹水南墓所出“己戈”与寿光“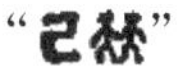”诸器证知，己族在商末已建国于淤河流域，而且也有在王室服务者。曩人在周初被作为殷商旧族分迁，沿河北、北京迁至大凌河一带建立了“令支”。至西周中期，曩族的强支，又迁到胶东半岛东部，并继续称侯，至齐灭莱之后渐趋式微[⑪]。如果此说不谬，则黄县曩器及烟台上夼曩器也就有了着落。以至对于为什么文献上有关曩国的记载几乎空白，而传世曩器却又极多，也可以做出合乎情理的解释。胶东是夷人之地，曩国从东北迁入，混迹于夷人之间，与内地的联系受到阻隔，故人们对他们的认识也容易混淆。那么己国情况如何呢？史籍和考古发现已证明，己国在寿光，与齐国为邻。经籍中明确的己国城邑有四：《春秋·庄公元年》：“齐师迁纪郱、鄑、郚。”《春秋庄公三年》：“秋，纪季以酅入于齐。”郱、鄑、郚、酅乃己之四邑，王献唐先生在《山东古代的姜姓统治集团》一文中已明确考证其方位：郚在安丘，鄑在昌邑，郱在临朐，酅在临淄东三数十里[⑫]。偌大范围之内，还杂居着莱族势力，王氏喻之为“插花地”。但是，值得注意的是《左传·庄公四年》的记载：“夏……纪侯大去其国。”《左传·庄公三十年》：“秋七月，齐人降鄣。”《公羊传》《穀梁传》皆言：鄣为纪之遗邑。杜注：“鄣，纪之附庸国。”这都说明纪亡之后仍有孑遗。孔广森《春秋公羊通义》说：“纪亡之二十余年矣，而鄣犹存，盖守邑大夫，抗节不降，若安陵不入于秦，莒、即墨不入于燕是也。”关于此鄣之地望，杜预认为在东平无盐鄣城，段玉裁《说文解字注》鄣字条谓：“今海州赣榆县之北七十五里有故纪鄣城，亦日纪城。”王献唐先生详细论证了这两处地方距齐、纪均甚远。如在东平或赣榆，当时中隔着鲁、莒、向、郲等国，纪国无法统治，齐人的势力也达不到这些地方而收降纪邑，降之也无法统治。进而推定鄣之地望仍应在纪国外围郱、鄑、郚各地一带[⑬]。王氏之说有理，但仍没举出更令人信服的事例来。笔者认为，这个

⑨ 寿光县博物馆：《山东寿光县新发现一批纪国铜器》，《文物》1985年第3期。

⑩ 王献唐：《黄县曩器》，《山东古国考》，齐鲁书社，1983年。

⑪ 孙敬明：《考古发现与曩史寻踪》，《东夷古国史研究论文集》（第一辑），三秦出版社，1988年。

⑫ 王献唐：《山东古代的姜姓统治集团》，《山东古国考》，齐鲁书社，1983年。

⑬ 王献唐：《山东古代的姜姓统治集团》，《山东古国考》，齐鲁书社，1983年。

纪郱邑应该就是莱阳前河前遗址。其一，前河前M2所出己器铭文和墓葬形制，证明了墓主人是一个士、大夫之类人物，从前河前遗址的地貌、遗存，亦足可推定为古代城邑遗址。其二，徵之文献，《左传·隐公元年》："八月，纪人伐夷。"杜注："夷在城阳庄武县。"《元和郡县图志》载："即墨县西五十里有庄武故城，晋张华封庄武侯。"就是说，纪人所伐之夷，当在今即墨内。自即墨去昌邑、寿光、安丘、临朐，均距离遥远，中隔大沽河、胶莱河、潍河等数条大河，如此远征决不是十分简单的事情，而史乘记载却又那么简略，令人不解。但从即墨到前河前不足百里，发生征伐可谓举手投足之劳，由此可窥知其本原的历史因缘。其三，前河前遗址所傍之五龙河的上游，旧志曾名之为陶漳河，俗称漳河，今上去数十里地还有陶漳镇，古代地名同音转借，游移变迁乃为习见，此五龙河古代是否就称漳河也未必不能。若如此，则从地理、文献，结合实物资料，证前河前遗址为纪之郱邑，是可以成立的。如是推之，以远在胶东的纪国旧邑和黄县灰城一带的统治者以及迁居胶东的㠱族发生媵嫁、交换，或战掠等方面的联系（如纪侯鬲出于黄县旧城，己华父鼎出于烟台上夼）就不难理解，乃至"纪侯大去其国"的流亡方向，也能找到一点影踪了。

三、关于土著遗存

胶莱河以东的半岛地区，先秦史籍几乎没有记载，可以敷衍的只有《尚书·禹贡》《左传》上的一鳞半爪。后来史家的注疏、考证也异说纷呈，使人们对于胶东古史的认识，只有一点是明确的：那里是一片夷人文化。而夷有多种，随着时代的变迁其界划区域也不同。总起来看，与这一地区联系最密切的，主要是莱夷。见于经籍正史的莱夷，主要在潍淄流域。《禹贡》："嵎夷既略，潍淄其道，莱夷作牧。"《史记·齐太公世家》："莱侯来伐，与之争营丘。营丘边莱。"《左传·襄公六年》："四月，晏弱城东阳而遂围莱……晏弱围棠，十一月丙辰灭之，迁莱于郳。"杜注："东阳，齐境上邑。""棠，莱邑，即墨有棠乡。"看来其最东所及也没超过平度一带。在诸子文献中，莱夷的界划或可到半岛中部。《国语·齐语》："通齐国之鱼盐于东莱，使关市几而不征，以为诸侯利。"《管子·小匡篇》也有类似的记载。韦注："东莱，齐东莱夷也。"《汉书·地理志》"东莱郡"条："高帝置，属青州。"颜注："故莱子国也。"其东莱所辖多在山东古登、莱二府所辖，齐桓公时的东莱可能与汉初的东莱不能等同，但至少应在这个区域之内。然在旧方志稗史之中，则胶东全境大都宗于东莱，直至半岛最东边。《齐地记》有："古有日夜出，见于东莱，故莱子立此城，以不夜为名。"光绪增修《登州府志·古迹》记："不夜城在荣城县西三十里，遗址尚存。"《齐乘》："不夜城在文登东北八十里海滨。"汉以后的地理书上关于东莱均言故莱子国，其区域也几乎包括了整个半岛。尽管如此，胶东莱夷的历史面貌仍然是十仍分模糊的，因为文献中除《左传·襄公二年》至《左传·襄公六年》有点记载，出现过莱子、莱共公浮柔，其余凡涉之，均以莱或夷称之，其宗姓世系，祀庙社稷，城垣邑址，史家异说纷纭，令人扑朔迷离。如果没有考古工作的开展，则莱夷历史，永远是一个谜。

有幸的是，近年来胶东地区考古工作的开展，为我们提供了一大批可供研究夷人文化历史的实物资料，其中尤为可喜的是20世纪60年代发现、在70年代末提出命名的岳石文化，70年代初发现的珍珠门文化，80年代发现的黄庄文化[14]，为我们提供了一个相当于夏商周三代的夷人文化序列。其中的岳石文化，虽然在内陆地区也多有发现，但半岛地区有着自己鲜明的特点，除了互相拥有一些对方所不见的器形和纹饰外，有些共有的器物，在形态上也有较大的差别，夹砂陶较多，特别是夹云母或滑石的器物较多，是胶东岳石文化的一大特色。有关学者已将其作为一个文化类型区分开来[15]。以长岛珍珠门遗址为代表的一类遗存，特点是陶质松散，器形简单。以夹砂或夹云母的红褐陶为主，泥质陶极少，器物多素面，器类以素面甗、鬲、簋、碗等为主，还有少量的绳纹鬲、盆等。甗的形体较大，一般高40—50厘米，卷沿、深腹、细腰、筒状或乳状袋足，腹上部多饰乳钉纹。鬲以素面为主，卷沿、筒腹、高档、乳状袋足，实足根较高。绳纹鬲较少，与中原地区商代中晚期鬲比较接近，方唇、折沿、高档，饰粗绳纹。簋，卷沿、鼓腹、矮圈足。碗，敞口、斜直腹、矮圈足。罐多为卷沿、折肩。珍珠门类型遗存在潍坊姚官庄[16]、昌乐邹家庄[17]等地也有发现，时代一般为商代中晚期或西周早期。其中烟台芝水的遗存说明，珍珠门文化是承继岳石文化而发展的。继珍珠门文化之后是以乳山南黄庄为代表的一类遗存，无论从器类、器形，还是从陶器的质地纹饰都与前者有直接的发展关系。特点是：陶器以夹砂或夹云母的红褐陶为主，泥质陶极少，器表以素面为主，纹饰主要有弦纹、乳钉纹、划纹和绳纹。器类有鼎、鬲、罐、簋。鼎，圆唇、卷沿，鼓腹，三个较短的实锥足。鬲，方唇、卷沿，束颈，瘦长腹，底边平，三短实柱足，有的颈部或唇外部饰一周乳钉。簋，方唇、折沿，微鼓腹，矮圈足。罐，方唇、直沿，溜肩或折肩，腹较直，小平底，口沿内或肩部多饰凹弦纹，腹部饰细绳纹。此类遗存目前多发现于半岛东南部，在黄县东营周家、栖霞大北庄也发现一些。其时代约当西周中晚期[18]。上述三种不同类型的文化有一个共同的特点：陶质粗糙，多夹云母或滑石，陶色以红褐色为多，鬲、鼎之类器，多有一个矮柱（锥）足，流行乳钉纹。它们与前河前H3等所出陶片中那些具“粗厚之风”的夹砂或夹云母之红褐陶遗存风格一致，其鼎、鬲之足根形状亦相近，应是一个系统的遗存，是半岛地区土生土长的夷人文化。笔者等在高密、平度、昌邑、昌乐、临朐等地，亦见到这种遗存，限于材料均属采集，无完整器物，确切的器物组合不清楚，归属于哪一个文化类型尚未可知，但大致可以断定，它们是有一定渊源联系的，至少是一种文化波及现象。当然，也不否认半岛地区也有内陆文化的影响存在，其只能说明文化交往的密切与否，而不能替代整个半岛地区夷

⑭ 王锡平：《胶东半岛夏商周时期的夷人文化》，《北方文物》1987年第2期。

⑮ 中国社会科学院考古研究所山东队、烟台市文物管理委员会：《山东牟平照格庄遗址》，《考古学报》1986年第4期。

⑯ 山东省文物考古研究所、山东省博物馆、中国社会科学院考古研究所山东队等：《山东姚官庄遗址发掘报告》，《文物资料丛刊》（5），文物出版社，1981年。

⑰ 笔者在参观该地器物标本时曾见到一些典型陶片。

⑱ 王锡平：《胶东半岛夏商周时期的夷人文化》，《北方文物》1987年第2期。

人文化的独立性和系统性。

文献中的莱夷范围已如前述，在这个范围内的夷人遗存能否归属于莱夷名下？我们认为是可以的。尽管《禹贡》中还提到过嵎夷，把它与莱夷并列于古青州之内。但关于嵎夷的问题，学界多有异词。而且它在中国古史中的地位较微弱，或许它只是一个特定时代，人们对特定地域中夷族的略称；抑或是比莱夷略早的史前群体，在莱夷统领了半岛地区之后，又湮没于莱夷族群之中了，这里暂不讨论。总体上可以基本认定商周之际半岛地区的土著遗存，大部分应归属于莱夷文化：其一，半岛地区的物质文化从早到晚基本内涵是相似的，有一个相对独立的文化序列和分布范围。其二，文献中关于莱的记载尽管简略，但它的活动自始至终同这个区域联系在一起，而且与土著遗存的波及范围基本吻合。至于莱夷范围在文献中由西及东的界划，应看作是内陆势力不断向东扩张的结果。其三，莱夷能在山东古国群中有重要地位，其势力足以抗衡强齐，必定有相应的物质文明。而半岛地区的土著遗存也只有莱夷才有资格统领。不可否认，在这样大的一个区域内，尽管他们同属于一个文化共同体，但文化层次不可能完全一致，他们在胶莱平原及半岛西部，可能有数个类似于国家的部族集团，与内陆文化的交往也可能有疏密先后之分，但基于共同的文化基因：如共同的风俗、习惯、服饰、用品、器具以及相近的语音等，又使人们对他们的认识混为一体，因此形成了历史上有关莱夷、莱都的千古之争。我们相信，随着考古研究的不断深入，这个问题将会越来越清楚的。

四、关于有铭陶盉

前面对于前河前墓地、己器、土著遗存的分析，必然归结到对陶盉铭符的认识。李步青先生在《[illegible]盉铭义初释及其有关历史问题》一文中，对此铭有过独到的论证，笔者有些不同的看法，在这里与李先生商榷。如盉颈的一周铭符（图一），李文释为14个字，即“虫（己）、国、父、乙、作、西、午、未、宅、[illegible] [illegible]、鱷、鹿、龟”。盉腹铭符，释为“己虿（虹）。”盉流铭符，释为“父目”。对照实物，分析盉铭拓片、摹本（图二），我们认为其释读方式和铭义解释比较随便，主观成分较多。如颈周铭符的顺序排列，是侧视纵读为宜，还是正视横读合适，从铭符中鹿、鱼等图像的构势观察，应正视横读为宜，而李文侧视纵读则背离图像和器物原态。李文分开的14个字，从笔触起落看，其中有几组需要重新组合，如第四、五组，“乙、作”二字本是一个图像，正视完全是一只横行的螃蟹。第六、七组，也基本上分不开，可能也是一种物象，抑或是蜗、螺之类的软体动物形象。第十二组“鱷”字，也不能成立，鱷是一种爬行动物，象形则不能从鱼而加上长嘴，形声则不能有形无声。被看作嘴的部分图像怪异，是与鱼形会意为一种事物，还是分为两个独立符号尚不好说。再如起首字，李文释“虫”，按其形态，颇像蝌蚪，倒也似“虫”。但李文假为“己”，则太突兀。在卜辞金文中，虫、己两体，截然不同，己从绪起，虫从虫象，许多学者早已证之。两字非形近又无音转，借为己实为臆说。第二组，李文释“国”，从“O”从戈，所谓“O”，乃一半月形弧线，一端开口，一端相连，仅用连笔行书之意，解释为“O”，不足信。

图一 陶盉颈部拓片

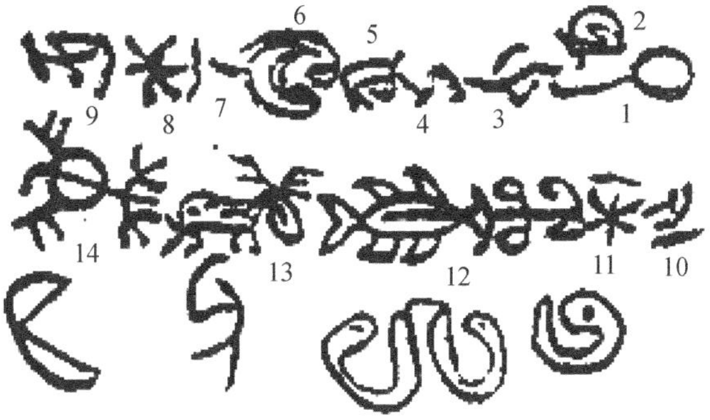

图二 李步青先生摹本

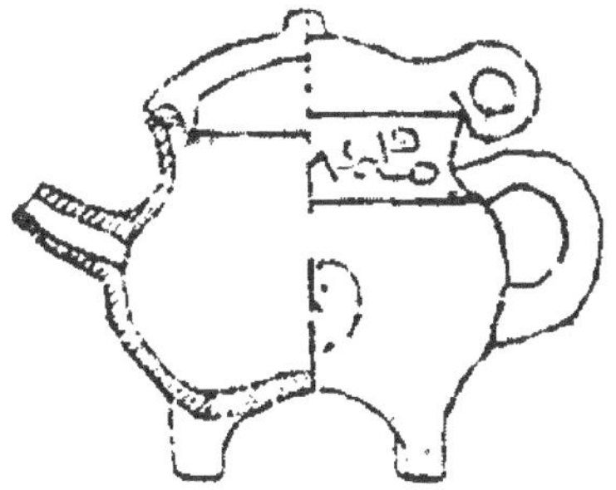

图三 陶盉线图

图四 腹铭拓片

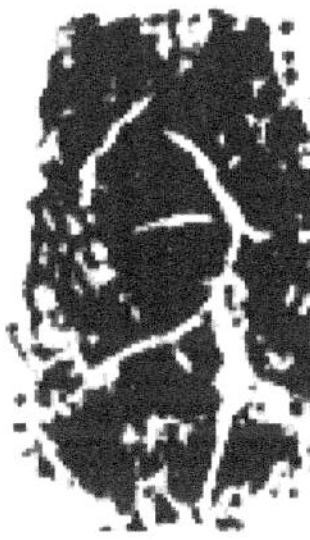

图五 流左侧

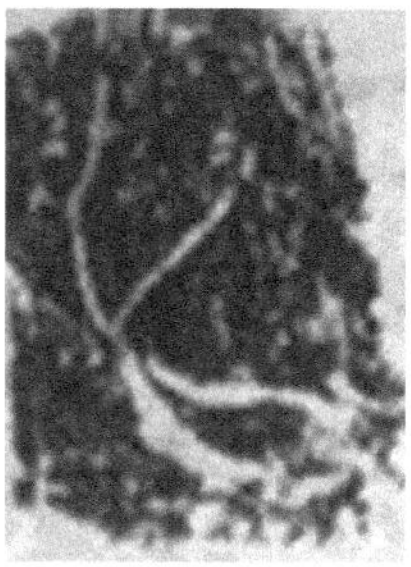

图六 流右侧

因为其他符号的笔触起落都十分清楚，形象十分准确，同时该符的另一偏旁也极难推勘为戈部。再如第八组与第十一组，是两个相同的符号，一为横立，一为纵立，是同义还是有别，尚难确释。第九组与第十组，卜辞、金文中都难找到相同或相似者。就连第三组释为“父”字者，按其笔触也极难与骨文、金文中的父字诠同。第十三组，是一只极象形的梅花鹿。第十四组，虽不完全象龟，但可肯定是类似的爬行动物符号，就连这两个图形与骨文、金文的传统风格也不一样。综合分析，此盉颈周铭符，极难在卜辞金文中找出同渊共流者，应是两种不同的文字传统，不能简单臆测其文意字号。至于盉腹铭符，李文认为是图腾或族徽，有一定道理，但释为“己蚕（虹）”，且推勘为“齐”，则不能苟同。前文已经论及此盉年代在西周晚期或春秋早期，较之卜辞时代已晚之甚矣。卜辞中“虹”字已非完全象形，而是有一定的主观意识渗入，构图已十分进化。而此铭还完全是生动的物象，两虫连尾栩栩如生，一虫翘首，蠢蠢欲动。如以《山海经·海外东经·君子国》之说：“蚕蚕在其北，各有两首”而论，则更证之此铭非“蚕 （虹）”，蚕有两首，而此虫是两体两首，仅尾部相触，不能与之等谓。至于“齐”字，在卜辞中早已有之，其形态与虫毫不相关，如推定此三虫为齐之祖形，总该有一定的内在转化关系，而这种关系现在还找不出来。另外盉流铭符，则更怪异难辨，李文所释谓“目、父”两字，除了对其形态认识有误（“目”字下端张口，而李摹为闭口）外，其笔顺与造型皆与甲骨文和金文大相径庭，在没有另外的佐证的情况下，实难论定其为何字。

分析过铭符，我们得到的印象除了几个比较生动的图像如鹿、鱼、蟹、龟等，其余符号均不得而知，与现在已知的汉字传统对不上号，可能是一种失传的文字符号，结合前面实物遗存分析，此盉应属莱夷遗物，那么这些符号也就只能是莱夷文字的孑遗了。近年来，胶东地区在古代遗物中不断发现令人难识的铭符刻画，如乳山南斜山石板墓发现的陶鬲铭文⑲，黄县徐村西、周墓中的铜鼎铭文⑳，长岛大钦岛西周墓中铜舟铭文㉑，已证明胶东夷人确实存在着自己的文字，它在中国古代文明中的地位和意义，已超出本文的讨论范围，将由有识者再作研讨。至于陶盉本身，从前河前遗址的性质及铭符图像综合分析，大概与隐公元年的“纪人伐夷”有关，可能为盟誓祭祀受降之礼器。

附记：本文系与程磊先生合著，原刊于《北方文物》1990年第1期。所引前河前墓地材料由王树明先生提供，他是1975年该遗址发掘者之一；部分文献材料也由王先生指教，谨致谢意。

⑲　严文明：《胶东原始文化初论》，《山东史前文化论文集》，齐鲁书社，1986年。

⑳　1985年黄县徐村出土西周铜器，资料现藏龙口市博物馆，简报待刊。

㉑　宋承钧、史明：《胶东史前文化与莱夷的历史贡献》，《东岳论丛》1984年第1期。

论五村类型

广饶县五村遗址的发掘，获得了一组有独特风格的史前文化遗存。根据遗存的文化面貌并结合其他发掘资料，我们提出了“五村类型”这一命题①。本文拟就已公布的几组资料为主要线索，试对这一类型的文化特征和系统源流及与周邻诸文化的关系等相关问题作初步探讨，谨此就教于学界。

一、文化因素及特征分析

迄今为止，已知可确定为这一文化类型的遗存资料有五组，主要集中在潍淄流域。

广饶付家：1980年在潍（坊）博（兴）公路拓宽工程中被发现并经多次调查；1985—1986年两次试掘，共清理大汶口时期墓葬199座。均为小型竖穴墓，随葬品较贫乏。调查资料已经公布②，试掘资料尚未发表。从调查和发掘的资料看，遗址分居住区和墓葬区，居住区在中西部，墓葬区在东部。总面积约14万平方米。为一凸隆的台形高地，周围洼地可能为湖沼相沉积。出土的器物主要为墓葬随葬品，大部分为陶器，有极少量的骨器、蚌器、玉器、石器等，但少见石质生产工具，陶器以夹砂或泥质红陶为主，次为灰褐陶，器表多素面，大部施红陶衣。盛行彩陶，主要有红、黑（赭）、白三种，纹样有网纹、涡纹、三角直线几何纹等，许多器物的唇部施黑（赭）彩。流行纽饰。主要器形有折腹鼎、罐形鼎、钵形鼎、钵形豆、钵、侈口罐、壶、杯等。

广饶五村：1980年在文物普查中发现并有过详细调查③。1985—1986年因配合30万吨乙烯工程修建排污管道面进行钻探和发掘。发掘面积约700平方米，共清理墓葬75座、灰坑500余个及部分房址、烧土坑、烧土面等遗迹。通过发掘和系统钻探，已知遗址为流水作用的埠台形堆积，面积约75 000平方米，周围为河湖沉积的浅平洼地。遗址亦分为墓葬区和居址区，居址区在中西部和南部，墓葬在东北部，居址内多大小不等的灰坑及居住面，墓葬区多土圹竖穴小型墓，随葬器极贫乏。居址内出土的器物多罐、鼎、钵；墓葬中出土器物多鼎、豆、壶、杯等。基本情况与付家遗址相类。五村文化遗存存在早晚关系，递变清晰。无论是器的演变规律，还是由居址及墓葬遗迹提示的社会

---

① 山东省文物考古研究所、广饶县博物馆：《广饶县五村遗址发掘报告》，《海岱考古》（第一辑），山东大学出版社，1989年。

② 山东省文物考古研究所、广饶县博物馆：《山东广饶新石器时代遗址调查》，《考古》1985年第9期。

③ 山东省文物考古研究所、广饶县博物馆：《山东广饶新石器时代遗址调查》，《考古》1985年第9期。

生活面貌，都自成一系、特点突出，为这一文化类型的代表性遗址[④]。

潍县鲁家口：1973—1974年发掘，共发现墓葬两座，为小型土圹竖穴墓，无葬具，头向西北。其中M106随葬陶罐1件。M107随葬壶（罐）、豆、盂（杯）及石环各1件。地层中出土的器物有折腹鼎、钵形鼎、编织纹镂孔豆足和侧置三角形鼎足、罐、高颈壶（罐）、口沿、钵、碗、器盖等。流行纽饰，陶器以红褐色占绝大多数，90%以上为素面，手制，个别慢轮修整。彩陶多见，以红、白、褐（黑）为主，偶见黄、紫，纹样多为几何形图案。少见石质生产工具而较多骨器、蚌器[⑤]。

寿光后胡营：1976—1978年调查试掘，共发现墓葬7座，均为长方形土圹竖穴，仰身直肢，头向除1例为西南向外余均东南向，墓圹大小略大于骨架，无葬具。有6座有随葬品，多者5件，少者1件，主要组合为鼎、豆、罐；鼎、罐、钵；或鼎、豆、罐、钵。调查采集的陶器以泥质陶居多，夹砂陶次之，红陶为主，褐陶次之，多数素面，器表磨光，施红陶衣，流行纽饰，个别有镂孔、锥刺纹。手制为主，盛行彩陶，有黑、白、赭诸色，纹样有网纹、花瓣、直线、三角纹等。器形有鼎、豆、壶、钵、杯形器、罐等，仅发现1件乳状袋足（地瓜）。鼎有折腹、罐形；豆有钵形、盘形等[⑥]。

青州王盘石：青州市博物馆1978年在该遗址采集到一组陶器，出土单位性质不明，疑或为灰坑、墓葬之内所出[⑦]。本组陶器比较集中，多为泥质红陶，素面，施红陶衣。彩陶较多，以黑彩为主，纹样有弧线三角网纹及直线条带纹。器多纽饰，有方片状折棱器纽和鸡冠状器纽，个别器带板状桥形耳。器类主要为壶、罐、偏腹壶等。

另外，在临淄东古城、桐林，寿光火山埠、西侯南等遗址的调查发掘资料中，均存在着五村类型的文化遗存，但由于资料尚未整理，故难以进行比较研究。笔者在临朐、章丘、邹平等地的调查资料中，也发现了一些零星的五村类型的文化遗存，但资料均嫌零碎，无法细致比较。而前述五组资料中，由于广饶付家试掘资料尚未发表，亦不能进行深入分析，故我们目前的讨论仅能利用其已公布的调查资料，研究受到一定局限。在这些资料中，仅以五村遗址的资料比较系统、集中、有代表性，是我们以“五村类型”命名的主要依据，讨论亦以五村遗址的资料为主。综合检讨各组资料所表现的文化特征约略如下。

1. 陶器

在陶器方面可概括为：红陶较多，彩陶发达，流行纽饰，手制粗糙，造型简朴，器类单调。就陶质而论，以夹砂陶为主，但泥质陶的比例亦很大，且时代越早，其比例越高，有时几乎平分秋色。泥质陶中细泥陶较少见，大多未经淘洗。其陶色以红陶或红

④ 山东省文物考古研究所、广饶县博物馆：《广饶县五村遗址发掘报告》，《海岱考古》（第一辑），山东大学出版社，1989年。

⑤ 中国社会科学院考古研究所山东队、山东省潍坊地区艺术馆：《潍县鲁家口新石器时代遗址》，《考古学报》1985年第3期。

⑥ 寿光县博物馆：《寿光县古遗址调查报告》，《海岱考古》（第一辑），山东大学出版社，1989年。

⑦ 青州市博物馆：《青州市史前文化遗址调查》，《海岱考古》（第一辑），山东大学出版社，1989年。

褐陶为主，少见黑褐陶，绝少漆黑光亮的泥质黑陶。从总体面貌上说，居址地层中的遗物和随葬品器物略有差异。居址中陶片以夹砂和褐色陶居多，多为罐、鼎、钵之类器，许多陶片有熏烤痕迹，相对比较粗糙。墓葬中陶器多数为红陶，泥质陶比例大，器表多磨光，施红陶衣，以鼎、豆、壶、杯之类为多，相对比较精美。陶器制作大多数为手制，但一般经慢轮修整。在器物造型装饰上，以丘瘤状纽和鸡冠状纽饰最具特色，双耳错位，形状不对称，一耳向上倾斜，一耳向下倾斜，一般多见于鼎、罐之类器。还有一种纯装饰性的方形贴片折棱器纽，主要见于罐、壶之类的肩部。彩陶盛行是这一文化类型的主要特征，大多数器物都施彩，如鼎、罐之类的口唇部，豆的口部和足部多施一周黑色或深赭色彩；许多器物施红陶衣，一般施于鼎、罐的上腹部和豆、钵的口部，有的仅施于外表，有的内外壁均涂；许多器物施绘彩色图案，早期以黑色或赭色单彩为主，晚期多见复彩，一般以红色为底，上以红、白、赭三色勾勒，纹样以直线条带、三角直线、几何纹、网纹、涡纹为多，亦见有少量钩点纹、圆圈纹、叶脉纹、波纹、鸟纹等。其他纹饰见有少量镂孔和锥刺纹、刻划纹等。典型器类有如下几种。

鼎　主要有四型。

A型　折腹罐形鼎。数量最多，可分四式。

Ⅰ式：侈口，小卷沿，斜肩，腹折线居中，平底，侧置三角形足，足根方折外伸，足面平直，足面及两侧各饰两三条凹槽及捺窝（标本后胡营26：13；图一，6）。

Ⅱ式：基本形态同Ⅰ式，但腹折线多饰两个对称的乳钉纽，足根凸斜伸，足面平滑，足根位置较式下移（标本五村M99：3；图一，1）。

Ⅲ式：侈口，小翻沿，束肩，腹折线较靠下，肩部有两个对称的纽，侧扁形足，足面圆凸（标本五村M83：2；图一，11）。

Ⅳ式：侈口，大翻沿，沿面较宽，束颈，缓折腹，平底，侧扁三角形足，足根内收（标本五村M55：2、M60：2；图一，7、13）。

B型　鼓腹罐形鼎。可分三式。

Ⅰ式：侈口，小翻沿，沿面极小，鼓腹略下垂，平底，侧扁凿形足，足根外伸（标本后胡营M6：1、五村T4422⑩：2；图一，3、2）。

Ⅱ式：侈口，翻沿，沿面稍宽，鼓腹，最大腹径居中，平底，侧扁凿形足，三足外围较腹径略大（标本后胡营M2：3；图一，4）。

Ⅲ式：侈口，大折沿，鼓腹最大径偏上，腹上部有两错位的鸡冠纽或纽，三足外围小于腹径（标本五村M54：2；图一，5）。

C型　钵形鼎。量较少，可分三式。

Ⅰ式：敛口，内折沿，腹较深，小平底，弓背形足，三足根距较大（标本鲁家口T306⑥：49；图一，19）。

Ⅱ式：敞口或微敛口，深腹，缓平底或圜底，三角形足，足根位于腹中部（标本后胡营26：16；图一，12）。

Ⅲ式：微敛口，浅腹，圜底，细高凿形足，足根位于上腹部（标本火山埠20：8；图一，8）。

图一　五村类型典型器物图

1. AⅡ式鼎（五村M99：3）　2、3. BⅠ式鼎（五村T4422⑩：2　后胡营M6：1）　4. BⅡ式鼎（后胡营M2：3）　5. BⅢ式鼎（五村M54：2）　6. AⅠ式鼎（后胡营26：13）　7. AⅣ式鼎（五村M55：2）　8. CⅢ式鼎（火山埠20：8）　9. D型鼎（广饶调查1：015）　10. ⅡB型豆（鲁家口M107：3）　11. AⅢ式鼎（五村M83：2）　12. CⅡ式鼎（后胡营26：16）　13. AⅣ式鼎（五村M60：2）　14. 盉（付家）　15. ⅠAⅡ式豆（五村M60：1）　16. ⅡAⅠ式豆（后胡营M7：5）　17. ⅠA型豆（五村M83：1）　18. ⅠB型豆（后胡营26：22）　19. CⅠ式鼎（鲁家口T306⑥：49）

D型　盂形鼎。较少见。直口束腹，腹下部垂折，平底或缓平底，侧置三角形足，足根外伸、足面圆凸（标本广饶调查1：015；图一，9）。

豆　可分二型。

A型　钵形豆。量较大，可分二亚型。

ⅠA型　直口或敞口，浅盘，盘外壁有时出现折棱，圜底，喇叭形高圈足（标本五村M83：1；图一，17）。

ⅡA型　敛口或微敛口，圜底。可分二式。

Ⅰ式：敛口，深腹，喇叭形圈足，无明显柄部，圈足有时饰星形或“十”字形镂孔（标本后胡营M7：5；图一，16）。

Ⅱ式：敛口，浅腹，喇叭形圈足，足根部渐细出现柄部，口、足部多施一周黑（赭）彩（标本五村M60：1；图一，15）。

B型　盘形豆。数量较少，可分二亚型。

ⅠB型　敞口，折腹，圜底，大镂孔高圈足或覆盆形圈足（标本后胡营26：22；图一，18）。

ⅡB型　敞口，大浅盘，加厚凸圆唇，筒形高圈足，圈足多饰两三个镂孔或瓦棱纹（标本鲁家口M107：3；图一，10）。

罐　主要有三型。

A型　敛口罐。较少见，敛口微翻沿，鼓腹瘦长，平底（标本五村G45：1；图二，16）。

B型　侈口罐。量最多，分二式。

Ⅰ式：侈口，小卷沿，鼓腹，腹上部多饰两个错位的纽或鸡冠耳（标本五村H277：1；图二，26）。

Ⅱ式：侈口，折沿，沿面较宽，鼓腹，平底（标本五村M77：1；图二，19）。

C型　折腹罐。敛口，折腹，平底（标本五村M30：2；图二，24）。

壶　约有六型。

A型　高领鼓腹壶。分二式。

Ⅰ式：侈口，高领，圆肩鼓腹，小平底，体瘦长，肩部有时饰方形贴片状纽饰（标本王盘石QW：18；图二，4）。

Ⅱ式：侈口，高领，鼓腹较矮胖，平底（标本后胡营26：25；图二，8）。

B型　高领折肩壶。侈口，高领，折肩，深腹，平底。肩部有两对称的桥形耳（标本王盘石QW：29；图二，14）。

C型　盘口壶。盘口高颈，圆肩鼓腹，平底（标本王盘石QW：13；图二，18）。

D型　单耳壶。分二式。

Ⅰ式：侈口，卷沿，鼓腹，平底，腹侧附一桥形耳（标本五村M82：1；图二，5）。

Ⅱ式：侈口束颈，垂腹，平底，腹侧附一桥形耳（标本五村M86：3；图二，1）。

E型　双耳壶。侈口，高领，圆肩，鼓腹，平底，肩部或唇部有两对称的管状竖耳（标本后胡营26：26、M2：1；图二，22、23）。

F型　偏腹壶，直口微侈，圆肩鼓腹，腹一侧扁平，有的在肩颈部鼓腹的一侧穿二孔供系绳之用（标本五村H161：1、王盘石QW：7；图二，3、7）。

杯　约有三型。

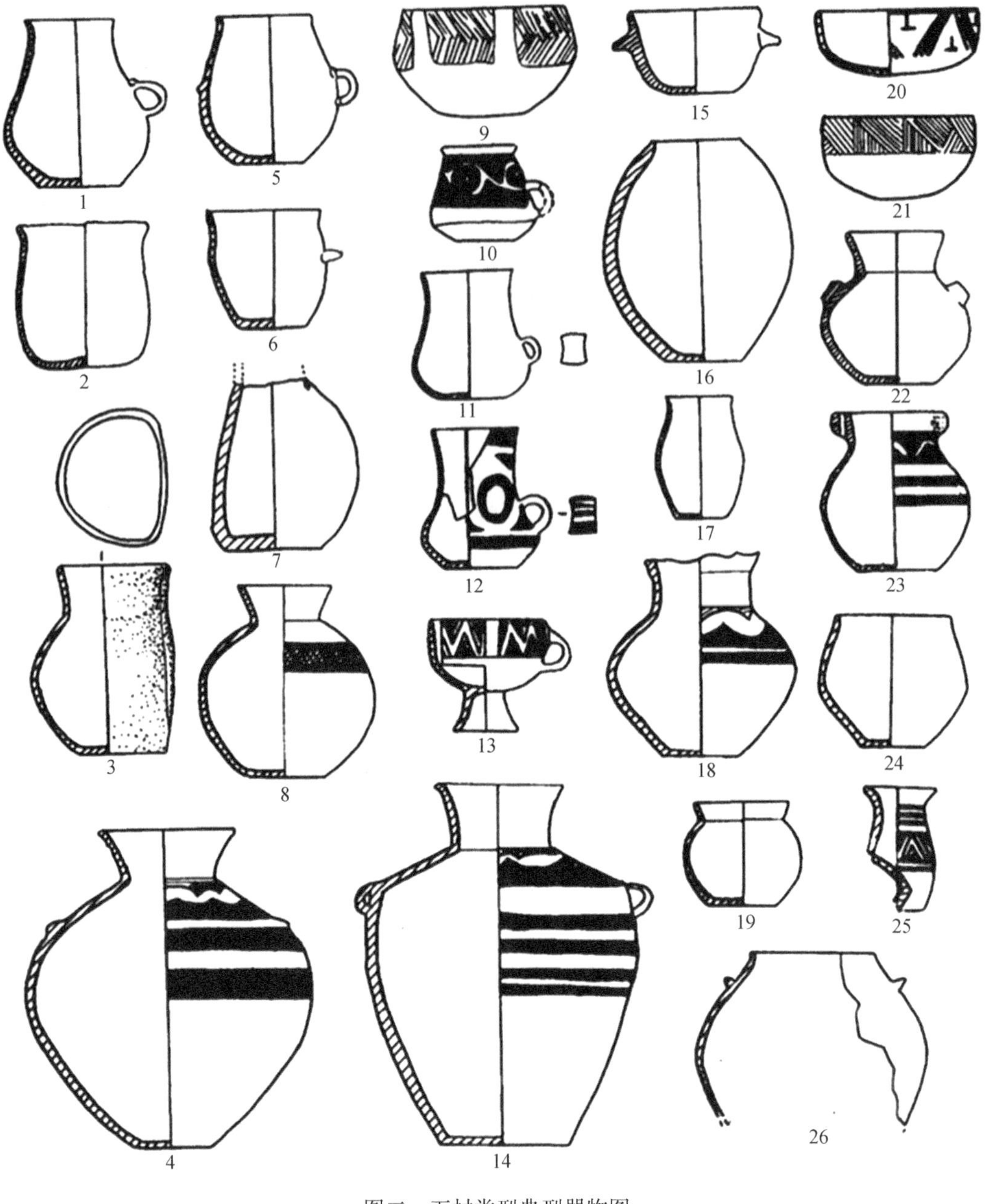

图二　五村类型典型器物图

1. DⅡ式壶（五村M86：3）　2、6. B型杯（鲁家口M106：1、五村M105：3）　3、7. F型壶（五村H161：1、王盘石QW：7）　4. AⅠ式壶（王盘石QW：18）　5. DⅠ式壶（五村M82：1）　8. AⅡ式壶（后胡营26：25）　9. A型钵（广饶调查1：018）　10. AⅠ式杯（五村M53：3）　11、12. AⅡ式杯（五村M60：3、M58：3）　13. C型杯（五村M90：3）　14. B型壶（王盘石QW：29）　15. C型钵（后胡营M7：2）　16. A型罐（五村G45：1）　17. A型瓶（广饶调查1：025）　18. C型壶（王盘石QW：13）　19. BⅡ式罐（五村M77：1）　20、21. B型钵（五村M47：1、广饶调查1：020）　22、23. E型壶（后胡营26：26、M2：1）　24. C型罐（五村M30：2）　25. B型瓶（寿光调查20：11）　26. BⅠ式罐（五村H277：1）

A型　带耳杯。分二式。

Ⅰ式：侈口，垂腹，平底，腹侧附一桥形耳或两纽（标本五村M53：3；图二，10）。

Ⅱ式：直口，束颈，垂腹，平底，腹侧附一桥形耳（标本五村M60：3、M58：3；图二，11、12）。

B型　筒形杯。直口或微侈口，腹壁较直，平底。有的腹侧附一板状手（标本鲁家口M106：1、五村M105：3；图二，2、6）。

C型　豆形杯。直口，圜底，小喇叭形圈足，腹侧附一桥形耳（标本五村M90：3；图二，13）。

钵　数量较多，可分为三型。

A型　敛口钵。敛口，深腹缓折或斜直，平底（标本广饶调查1：018；图二，9）。

B型　直口钵。直口或微敛口，浅腹，缓平底或圜底（标本五村M47：1、广饶调查1：020；图二，20、21）。

C型　敞口钵。敞口，斜壁，平底。有的腹侧附一耳或双耳（标本后胡营M7：2；图二，15）。

瓶　量较少，可分为二型。

A型　侈口，翻沿或折沿，鼓腹瘦长，平底（标本广饶调查1：025；图二，17）。

B型　侈口，翻沿，筒腹或微鼓腹，平底，有的施彩色纹样（标本寿光调查20：11；图二，25）。

盉　已发表资料无完整器，但在付家遗址发掘资料中发现过多件，其形制是在侈口鼓腹罐的肩颈部装一喇叭形短流，流根部用泥条加固（付家遗址标本；图一，14）。

上述器类基本上包括了这一文化类型的典型陶器，不难看出，除了少数器类如偏腹壶、折肩壶、豆形杯、盉等为其他类型遗存所少见之外，其余大部分器类都是山东地区史前文化多见器物，区别仅在于数量比例的大小及装饰风格的不同。这一文化类型的器物中最多见的为折腹鼎、鼓腹鼎、钵形豆、侈口罐、钵、单耳杯、单耳壶等，鼎、豆、罐（壶）构成主要的组合形式。从器类的总量到型式的变化，都比山东地区典型的大汶口文化遗存要简单得多。更为突出的是，器物组合中基本不见或少见大汶口文化的标型器如鬶、觚形杯、背壶及晚期多见的黑陶高柄杯。背壶的功能为偏腹壶所替代。这些既有共性、又有区别的情形，无疑是区别这一文化类型的重要特征。

2. 生产工具

诸遗存集中反映的突出特征是很少石质生产工具，而多见骨、蚌质器具。石器种类多见砺石，而少见斧、刀、铲等器，即或有一两件，也都加工不甚精细，有的仍保留打或琢的痕迹，形状不太规整，且残破较甚，可知使用程度极大。这类工具一般多在地表或地层中采集，墓葬中基本不见石质工具作随葬品。地层中发现较多骨器，主要有锥、镞、匕等，多用管状骨片或兽牙粗略磨制而成。蚌器中常见的有蚌刀、蚌镞，多用丽蚌壳略作钻、磨加工而成。较多蚌器的出现，可能与其地理环境靠近水域有关。在各类工具的总量上，比较多见的是锥、镞、匕、刀等，多属渔猎工具和日常生活用具。生产工具的不发达，表明了这一文化类型的生产力水平比较落后和原始。

3. 装饰品

装饰品数量很少，常见的有坠、环、璧等，其中以指环和腕环比较多见，质料以石质较多，玉质较少。付家遗址试掘资料中曾发现一成年女性胸佩玉璧，双手戴环，是迄今发现该类型先民装饰最华丽的一例。腕环一般呈束腰筒状，有的有孔修补痕迹，似亦说明主人生前对它们的珍爱。装饰品贫乏、简陋，同样反映了其文化发展水平的落后。而佩用腕环及指环，似乎又构成该类型先民独特的装饰特征。

4. 埋葬习俗

目前已发现的本类型的墓葬有290余座。均为土圹竖穴、无葬具的小型墓，长宽大小略大于骨架。多仰身直肢，双手有交于腹部的现象。头向以东北向（10°—45°）、东南向（110°—160°）为最多，次为西南或西北向（240°—305°）。以五村遗址为例，75座墓葬中有随葬品的共27座，占36%；随葬陶器的24座，占32%。随葬品一般置于头、肩部，陶器最多的仅三四件，以鼎、豆、罐为标准组合，没有罐则以残鼎代替，其后发展为壶或杯等。在墓中豆类器一般是盖在鼎类器之上的。墓葬的分布密度极大，50平方米的范围内就发现墓葬60余座；付家遗址在60平方米的范围内竟发现墓葬190余座。墓葬打破关系极复杂，同期打破现象较多，同时还有迁出或迁入埋葬的现象。因限于发掘面积较小，随葬陶器的墓葬太少，无法对整个墓地进行系统分析，暂未发现明显的布局规律。五村遗址发现5座合葬墓，仅有一座成年男女合葬墓，余为成年女性与儿童合葬墓。估计后者可能存在母子亲缘关系。在65个可鉴定的骨架中有32个未成年个体，并且有随葬品者比成人墓有随葬品的比例大。推测其原因有二：其一，发掘部位可能在小孩墓区附近；其二，说明当时生活环境恶劣，使得抵抗力较低的儿童死亡率较高。这一点对于说明当时的社会经济生活状况亦十分重要。

经过对广饶付家、五村遗址出土的本阶段人骨的研究⑧，可知这一类型的古代先民与山东地区史前居民的人类学特征具有较多的一致性，同属东亚蒙古人种，大多数存在着头骨枕部变形（70%以上）。但是，山东史前居民常见的拔除上侧门齿的习俗在这里极少见，仅在五村遗址M30一个成年女性头骨上发现拔除左右上侧门齿的现象，为这一习俗的孤证。

5. 居住形式

已公布的资料中尚未发现完整的房屋基址，但从付家、五村遗址的地层堆积和遗迹情况分析，这里的居民存在着周期性迁居活动。如五村遗址的居址区内分布有较多的活动面和众多不规则的柱洞（础）。活动面多以黄色沙质黏土铺垫，无夯筑和特殊加工痕迹，践踏程度较小，硬面板结较薄。硬面上多有具层理的灰黑色淤土堆积。活动面多分

---

⑧ 韩康信、常兴照：《广饶古墓地出土人类学材料的观察与研究》，《海岱考古》（第一辑），山东大学出版社，1989年。

层不整合叠压，形成黑黄相间的千层糕状地层，每层面多被大小不等、形状不规则的众多小坑、小沟打破而残缺不全。柱洞直径10—40厘米，有的底部夯实或用白膏泥充填，多数没有分布规律，有的虽位置较集中而开口层位却不同。这种堆积只能是间隔堆积才能形成，很可能与周期性迁居有关。因为迁居，居址建造简单粗糙，使用时间亦短，废弃与建造周期性循环，故对旧遗迹的破坏率也较高。结合鲁北、广饶一带的古地理形势综合考察，这种分析是可信的。淄、浉河流域的下游，位于泰沂山北麓山前冲积扇与黄河下游冲积平原的交汇处，海拔8—20米。有关资料表明，距今9000年前后，由于气候温暖，冰融水涨，世界洋面升高，海水前推。距今6000—5000年，海侵达到最大范围，渤海地区海相沉积向内陆达到静海、黄骅、海兴、滨海、利津、上口、昌邑一带，史称“黄骅海侵”。广饶一带是为海陆分界处，当为海滨地貌环境⑨。在气候分布区系中，这儿属暖温带半湿润季风气候区，春旱秋涝。夏秋之际，由于气候温湿，古济水及泰沂山北侧的扇形水系水量充溢，洪泛冲积比较频繁，那么这些海拔高度较低的台地遗址必然因经常形成岛屿而无法居住，人们要适应这样的环境，就必须不断迁徙。这从遗物中极少大型盛贮器，多为便于携带的小型炊煮器和食具，遗址周围亦多为河湖相沉积洼地等等也可以得到证明。斯大林说过：“地理环境当然是社会发展底经常必要的条件之一，而且它无疑能影响到社会底发展，加速或延缓社会发展进程。但它的影响并不是决定的影响，因为社会底变更和发展要比地理环境底变更和发展快得不可估量。”⑩通常认为地理环境对社会生活的影响是随社会发展阶段的不同而有程度上的差异，一般说来史前时期大，历史时期小。距今5000年左右的“五村”先民，以其当时的生产力水平，在居住形势上因环境变化而采取周期性迁移，无疑是一种最好的选择。与此相适应的建筑形式，只能是简易的窝棚式地面建筑。这种推测可由那些居住面和不规则柱洞（础）得到证实。那些众多的小坑，也应是垫压窝棚的副产品。但是也应该推知，有些离海较远的内陆遗址，可能会有另外的居住形式，因无具体材料比较，尚难定论。

6. 经济生活类型

根据本类型遗址所处的大致相似的地理环境、生产工具方面表现出的落后状态及其居址形式的迁移性，我们有理由认为，“五村”先民的经济生活只能以渔捞猎采为主。因为该类遗存中极少农业生产工具如斧、镰、刀、铲等，有些工具如蚌刀、骨锥、骨镞、蚌镞、骨质鱼钩等，多数为采集和渔猎工具。遗物中均发现较多兽类遗骸和蚌壳，都比较破碎。碎片上常见人工打击痕迹，应为人们食用或加工工具后的余料。可辨种属的有21类之多。野生动物以鹿类最多；水生动物以青鱼及贝类为多，如文蛤等栖息在海水盐度较低的河口区域的贝类。这既说明了当时的生态环境，同时也证明捕捞和狩猎活动在经济生活中的重要性。即或是潍、淄河的上游，由于发源于泰沂山系的放射性水网源短流急，夏季常有山洪暴发，洪泛作用频繁，不利于常规锄耕农业，受当时生产力条

⑨ 中国科学院海洋研究所、海洋地质研究室：《渤海地质》，科学出版社，1985年。
⑩ 《斯大林文选（1934—1952）》（上），人民出版社，1977年，第193页。

件限制，这一带居民亦只能以渔猎采集作为主要生活内容。真正发展起农业经济并达到一定高峰，是在龙山文化中晚期阶段的事情。

7. 社会发展阶段

综合前面几种因素特征，可以认为“五村”居民们尽管有集中的公共墓地，但分布密度大，埋葬秩序比较凌乱，可能与其聚落生活的迁移性有关。没有发现比较富有的大中型墓葬，随葬品普遍贫乏，贫富分化尚不明显。虽然出现了成年男女合葬墓，但例证太少，尚难推测其涵盖的本质意义。从该文化类型全部的墓葬情况、随葬品情况等分析，估计其社会性质可能已进入父系氏族社会的门槛，其社会生活单位，可能已出现了一夫一妻制家庭。由于发现有较多的母子合葬墓，推测其仍保留较多母系社会的遗风。

二、分期与时代

1. 分期

已知资料可以提供确切地层关系的仅有五村和鲁家口遗址。后胡营墓葬资料虽无直接的层位关系，但因其可以提供较准确的组合故在分期上不无参照意义。从这三组资料中按照层位关系、组合情况及器物型式变化选取一定的典型单位进行排比，可以看出这一类型的早晚发展关系及其阶段性差异，从而确定它们的分期。

根据五村发掘报告提供的地层剖面及地层关系对照，可以得到如下一组层位关系：商周层→M47、53、54、55、58、60→M81、82、83、86→⑦B→M90→⑧B→M30、99→⑨→H161。

在本组关系中，M47仅出土1件B型钵（型式名称依本文所定，与原报告略有不同，下同），组合太单调，可以暂不讨论。地层中出土物亦不典型，可以作为相对年代分界来看。但是⑨、⑩层中多发现较典型的足面饰沟槽及捺窝的鼎足以及H161出土了一件偏腹壶，可能标志一种稍早的时代因素，暂置后论。其余墓葬单位，都具有较丰富的组合内涵。将上述单位典型器物列表于下（表一）：

表一　五村遗址典型墓葬组合比较表

层次	器类 / 型式 / 单位	鼎	豆	罐	杯	壶	瓶
④层下	M54	BⅢ	ⅡAⅡ				Ⅰ
	M53	BⅢ	ⅡAⅡ		AⅠ		
	M105	BⅡ	ⅠA		B		
	M55	AⅣ	ⅡAⅡ				
	M58	BⅡ			CAⅡ		
	M60	AⅣ	ⅡAⅡ		AⅡ		

续表

层次	器类 型式 单位	鼎	豆	罐	杯	壶	瓶
⑥层下	M86	AⅢ	ⅠA			DⅡ	
	M82	BⅡ	ⅡAⅠ			DⅠ	
	M83	AⅢ BⅡ	ⅠA				
	M81	AⅢ	ⅠA			DⅠ	
⑦B层下	M90	AⅢ	ⅡAⅠ		C		
⑧B层下	M99	AⅡ ×2	ⅡAⅠ				
	M30	AⅡ		C			

可以看出，其组合形式存在着较明显的递变规律。⑧B层下单位主要为AⅡ式鼎、ⅡAⅠ式豆、C型罐，其中M99共出两件AⅡ式鼎，一件足残后继续作罐用，在组合中应该相当C型折腹罐。⑦B、⑥层下单位主要为AⅢ、BⅡ式鼎、ⅠA型豆、C型杯、D型壶；ⅡAⅠ式豆继续出现。④层下单位主要是AⅣ、BⅢ式鼎、ⅡAⅡ式豆、A型、B型杯等，BⅡ式鼎、ⅠA型豆、C型杯继续出现，并新出现瓶这一器类。各种器类的发展递变不平衡，但没出现逆行现象。同时，主要器类的形态变化，反映出明显的承继演变关系，如A型折腹鼎Ⅰ—Ⅳ式，表现出腹折线逐渐下移，肩颈越来越高，口沿逐渐变宽变大，纽由装饰到实用，鼎足由方厚变窄薄，三足根渐向内收拢。B型鼓腹鼎也表现出沿面逐渐宽大，腹部越来越深，最大腹径逐渐上移，三足由宽厚到窄薄，足根渐向下移。ⅡA型豆则表现出豆盘由深变浅，唇部由圆厚到尖薄，圈足由大喇叭逐渐出现细杯小喇叭。即便D型单耳壶和A型单耳杯，也都是颈部越来越高，腹部越来越垂。核对其他单位相同层位顺序的陶器变化，反映的共性基本一致，表明五村遗存确实存在发展阶段的差异。在上述演变关系中，以A型折腹鼎的发展规律最清楚，故可以作为标准器形进行比较。结合层位关系提供的相对时代分界，考虑到⑨、⑩层及H161出现的特殊因素，可将五村遗存分为四段：即⑨、⑩层及以下单位为Ⅰ段，B层下单位为Ⅱ段，⑥层和⑦B层及以下单位为Ⅲ段，④层及以下单位为Ⅳ段。分别标志五村遗址由早及晚的四个发展阶段。

根据鲁家口发掘报告提供的地层剖面及有关介绍，可以得到另一组层位关系：龙山层→M106、107→⑤（包括T101—104的⑤B）→⑥。

本组关系中极少具有典型组合内涵的单位，其中M107虽然比较丰富，但其器类较杂，故不具备普遍意义。但是如将本遗址所出的典型器物放在本组层位顺序中去比较，仍可发现一定的递变关系。如那种足面平直，有时饰凹槽及捺窝的侧置三角形鼎足，多见于⑥层，相同层位伴出的还有CⅠ式钵形鼎、A型高领壶、BⅠ式侈口罐、A型敛口体等。⑤层中则见有AⅡ式折腹鼎、C型敞口体等。其中⑥层发现的鼎足，多见于五村遗址⑩层，C1式钵形鼎，也相当于大汶口文化早期偏晚的形制，可见其⑥层的时代可能稍早，约当五村遗址的第Ⅰ段，⑤层的器物多与五村遗址第Ⅱ段的器物相似，故其时代也应相近。鲁家口M106、M107为本组关系中时代最晚的单位，其中M107出土的盘形豆，在五村遗址⑦层中曾发现一件残豆盘（T4121⑦A：7）。M106出土的筒形杯，同五村遗址M105所出同类器存在无錾和有錾的区别，可能两者之间也可继续分式，结合A型鼎的錾手变化规律，此或寓示着其中有发展演变关系，即鲁家口M106要比五村M105时代略早。综合比较这两座墓的情况，其时代可能与五村遗存的第Ⅲ段相当。

后胡营清理的7座墓葬中有6座随葬陶器。其组合情况如表二：

其中M7出土的B型鼎形态介乎BⅠ式和BⅡ式之间，具有过渡性，暂归入BⅠ式之内。M6出土的罐不太典型，在形态上与C型折腹罐比较接近，故亦将其归入C型罐之中。如此则后胡营墓葬器物组合反映的共性与五村遗址基本一致。从鼎的形态演化上说，M6、M7均处于五村遗址第Ⅲ段BⅡ式鼎之前，两墓所出C型带耳钵在鲁家口⑤层中也有发现。故两墓时代约当五村遗址第Ⅱ段。其余墓葬组合及鼎的形态，均与五村遗址第Ⅲ段墓葬相似，M2所出双耳壶，在五村遗址⑧B层中也发现过器耳残片（T4121⑧B：3），属于第Ⅲ段遗存。因此，后胡营遗址的其他墓葬时代亦当与五村遗址第Ⅲ段相当。

表二　后胡营遗址墓葬组合比较表

分期	器类 型式 单位	鼎	豆	罐	壶	钵	杯
晚	M1	BⅡ					
	M2	BⅡ	ⅡAⅡ		E		
	M3	AⅢ					
	M5	AⅢ	ⅡAⅡ				
早	M7	BⅠ?	ⅡAⅠ			C	AⅠ
	M6	BⅠ		C?		C	

以上三处遗存组合及器物发展形态还表现出一个共同的特点，即第Ⅰ、Ⅱ段的器物组合及形态变化比较接近，如折腹鼎的形态基本相似，组合以鼎、豆、罐或鼎、豆、钵为多，器类比较简单。而Ⅲ、Ⅳ段之间反映的特点则比较一致，如鼓腹鼎、钵形豆的形态都比较接近，组合上以鼎、豆、壶（杯、瓶）等为多，器类比较丰富。结合诸遗存在陶质、陶色、彩陶纹样等反映出的特征：如第Ⅰ、Ⅱ段多泥质陶，陶片较厚，红陶为主，彩陶多黑（赭）色单彩，主要为几何纹或网纹；第Ⅲ、Ⅳ段夹砂陶比例较大，不论夹砂或泥质陶片都较薄；褐陶较多，彩陶复彩较多，纹样较复杂，多见几何纹、涡纹等。鉴于此，可将五村类型遗存分为早晚两期，早期以五村Ⅰ、Ⅱ段，鲁家口⑥层为代表，后胡营M6、M7归入此期；晚期以五村Ⅲ、Ⅳ段，鲁家口⑤层及M106、M107为代表，后胡营其他墓葬归入此期。两期之间衔接比较紧密，没有发现大的缺环（表三）。

表三　五村类型陶器分期表

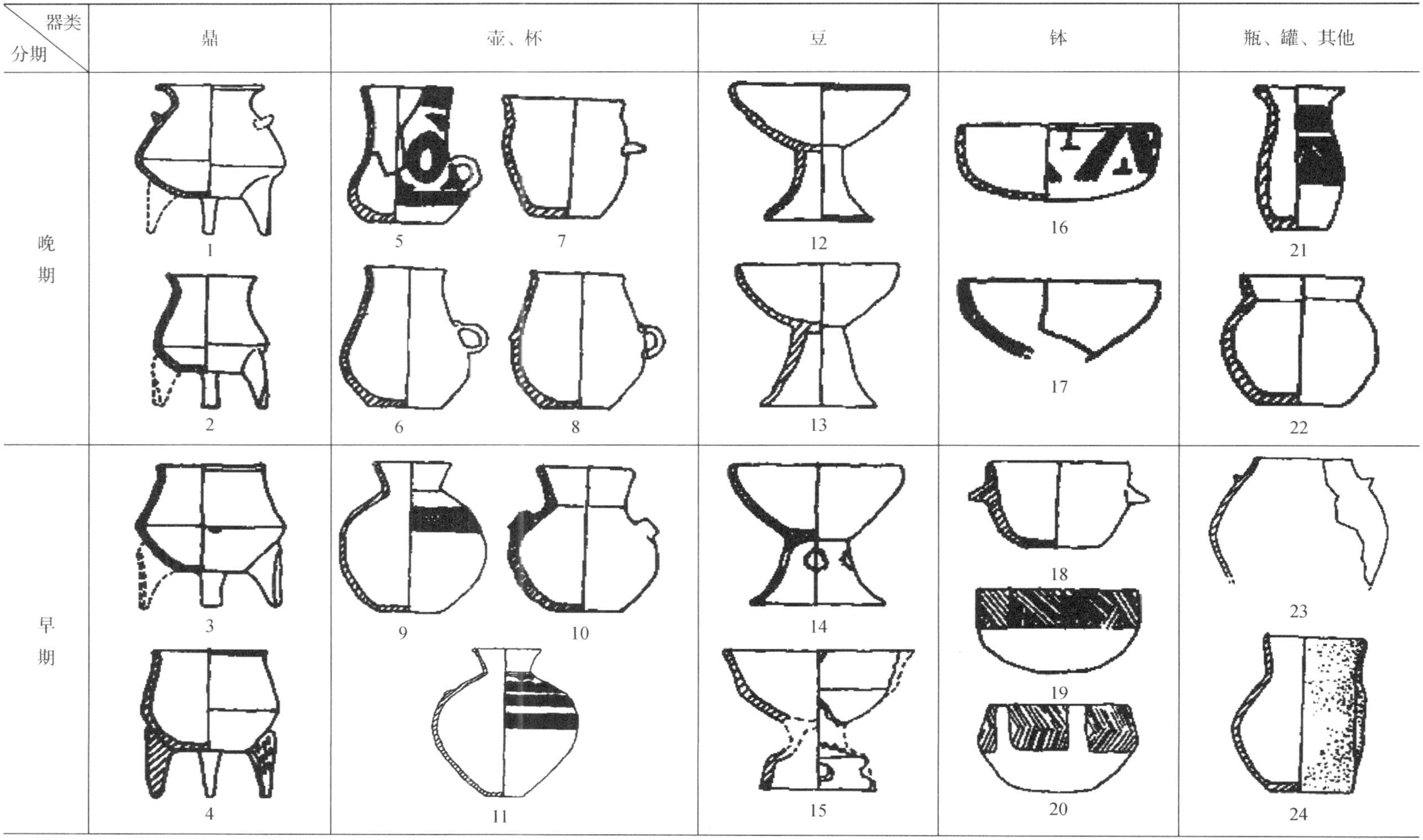

注：1. M60：2　2. M83：2　3. M99：3　4. 后胡营26：13　5. M58：3　6. M86：3　7. M105：3　8. M82：1　9. 后胡营26：25　10. 后胡营26：26　11. 王盘石QW：18　12. M60：1　13. M83：1　14. 后胡营M7：5　15. 后胡营26：22　16. M47：1　17. H11：1　18. 后胡营M7：2　19. 付家1：020　20. 付家1：018　21. 火山埠20：11　22. M77：1　23. M277：1　24. H161：1　未标出土地者均五村出土

另外，广饶付家调查和试掘资料，和五村遗址相类似，其中均含有五村类型早晚两期的文化成分，暂没发现更早或更晚的因素。青州王盘石出土的一组陶器，多为壶类器。其中QW：5偏腹壶，同五村H161：1形制相似；鲁家口⑥层中也曾发现类似王盘石高领鼓腹壶的口沿。王盘石陶器的彩色纹样，也多具该类型早期遗存的特点。因此，王盘石陶器应该属于五村类型早期文化的偏早阶段。

2. 年代

现有资料提供的地层关系表明，五村类型遗存之下尚未发现其他遗存被叠压，但其早期陶器风格及部分器形，与《大汶口》报告早期墓⑪、呈子一期墓葬⑫出土的同类器物多有相同或相似之处。而据研究认为这两处墓葬均处于大汶口文化的中期阶段⑬，故五村类型的早期遗存年代上限不会早到大汶口文化早期的晚段。依据鲁家口⑤、⑥层的两件木炭标本测定的^{14}C数据⑭，ZK882为距今4795±90年，树轮校正值为公元前3420±130年；ZK883为距今4385±80年，树轮校正值为公元前2930±180年。估计现有五村类型遗存的时代上限，约处在公元前3500年前后。

五村遗址提供的层位关系中，五村类型遗存之上叠压着历史时期文化层，其反映的年代意义差距太大。尽管鲁家口遗址提供了龙山文化遗存叠压在五村类型之上的层位关系，但由于鲁家口遗存中五村类型遗存不是该类型最晚的遗存，故其反映的时限意义也十分微弱。关于五村类型的时代下限，目前尚无准确的^{14}C数据可供参考。但是从五村遗存晚期出现的AⅡ式单耳杯形态与东海峪下文化层所出同类器相似⑮，可以估计它们的时代也应接近，即处在大汶口文化的晚期阶段，其下限不会晚于公元前2700年。

三、分布及源流

目前已知的五村类型的资料多集中在潍、淄河流域，这可能与工作侧重点有关，但从概率上也确实反映出鲁北潍、淄流域是五村类型的主要分布区。但是，如果对这一地区的其他相关的新石器时代遗存作一分析，就会发现该区内还存在着与五村类型年代相近而风格迥异的其他文化成分。如青州市大关营遗址⑯，1982年调查采集了一组陶器，据查系墓葬遗物。因为出土比较集中，故可视为一个组合单元。其器类有鼎、罐、背壶、豆、觚形杯等。背壶数量多达十多个，其形态与五村的偏腹壶大不相同，应该视为两类器物。该组器物除鼎之外，均为泥质黑陶。无论是组合形式，还是器物形态，都与五村类型绝不一致。其中背壶形制同大汶口墓地第Ⅴ式背壶（M25：28）十分

⑪　山东省文物管理处等：《大汶口》，文物出版社，1974年。
⑫　昌潍地区文物管理组、诸城县博物馆：《山东诸城呈子遗址发掘报告》，《考古学报》1980年第3期。
⑬　高广仁：《试论大汶口文化的分期》，《考古学报》1978年第4期。
⑭　中国社会科学院考古研究所实验室：《放射性碳素测定年代报告（九）》，《考古》1982年第6期。
⑮　山东省博物馆、日照文化馆东海峪发掘小组：《一九七五年东海峪遗址的发掘》，《考古》1976年第6期。
⑯　青州市博物馆：《青州市史前文化遗址调查》，《海岱考古》（第一辑），山东大学出版社，1989年。

相似[17]，豆的形态也同该墓出土的Ⅲ式细柄豆相似。故大关营遗存可能与大汶口M25年代相近。然而大汶口M25共出的其他遗物（如X式折腹鼎）证明其时代决不晚于五村遗址第Ⅳ段。那么大关营遗存也决不会比五村遗址第Ⅳ段更晚。从其出土的觚形杯与五村M58：3单耳杯相似，罐与五村M77：1侈口罐相似等因素也印证了这一点。在同一区域内同时存在着风格殊异的两套器物，显然有着不同的文化传统。类似的情况在寿光火山埠遗址的遗存中也较为突出[18]。火山埠史前遗存均系采集，无具体组合关系，但从器物类型学角度分析，这些遗存至少可以分为两组：一组为以钵形鼎、彩陶瓶、高领壶为代表的类似五村类型的遗存，简称甲组；一组为以高柄杯、鬶、盘形豆、单耳杯等为代表的遗存，简称乙组，此类遗存与三里河M2110出土器物极为相类[19]。三里河M2110的时代不晚于东海峪下文化层，也就是说火山埠乙类遗存不会晚于东海峪下文化层，进而证明亦不会晚于五村遗存第Ⅳ段，从其出土的单耳杯与五村遗址M58：3单耳杯相似亦可证实这一结论。其甲、乙两组的风格差异较大，说明一个遗址可能同时存在两种文化成分。查验可能了解的鲁北地区相当这一阶段的史前遗存，都存在这种现象。只是各种成分的比例不同，有的甲多一点，有的乙多一点，形成交叉共存的分布格局。依据目前掌握的资料，这种格局主要分布在泰沂山系北侧，东至诸城呈子、胶州三里河，西至泰安大汶口、茌平尚庄划一分界线，界线以南则基本不见或少见五村类型的文化因素了。

依目前发表的资料看，鲁北地区目前在编年上早于五村类型并具有典型意义的文化遗存有如下几组：相当于8000年左右的后李一期文化[20]；相当于6300—6000年前后的后李二期文化[21]；相当于大汶口文化早期的张店西寨遗址调查资料[22]；相当于北辛文化阶段的邹平西南村调查及发掘资料[23]。后李一期文化是近年新发现的一种新石器时代早期文化遗存，从陶器组合、器物类型等面貌上看，区别于山东境内已发现的任何一种考古学文化，故发掘者命名为后李文化。从^{14}C测定数据看，已达到距今8000年左右。由于其文化面貌迥异，绝对年代与五村类型相距太远，不具备讨论五村类型源流的直接参考意义，可以搁置不论。在此对其余三组文化遗存作重点分析。

第一，邹平西南村遗址。于1975年发现，其后省、地、县有关部门曾多次调查，惠民地区文管所和山东省文物考古研究所分别对其作过两次小规模试掘。在这些调查和试掘中，出了一批据认为相当于鲁南北辛文化阶段的早期文化遗存。遗物多出土于古河道的沙土层中，为一次性再生堆积。器类以鼎、钵、壶为最多。夹砂陶有较多器表装

⑰ 山东省文物管理处等：《大汶口》，文物出版社，1974年，第73页。

⑱ 寿光县博物馆：《寿光县古遗址调查报告》，《海岱考古》（第一辑），山东大学出版社，1989年。

⑲ 中国社会科学院考古研究所：《胶县三里河》，文物出版社，1988年，第137、138页。

⑳ 济青公路文物考古队：《山东临淄后李遗址第一、二次发掘简报》，《考古》1992年第11期；济青公路文物工作队：《山东临淄后李遗址第三、四次发掘简报》，《考古》1994年第2期。

㉑ 济青公路文物考古队：《山东临淄后李遗址第一、二次发掘简报》，《考古》1992年第11期；济青公路文物工作队：《山东临淄后李遗址第三、四次发掘简报》，《考古》1994年第2期。

㉒ 张光明、安立华：《淄博市张店周村古遗址调查报告》，《海岱考古》（第一辑），山东大学出版社，1989年。

㉓ 山东大学历史系考古专业：《山东邹平县苑城早期新石器文化遗址的调查》，《考古》1989年第6期；山东省文物考古研究所：《山东邹平苑城西南庄遗址勘探试掘简报》，《考古与文物》1992年第2期。

饰，主要为划纹（压印折线纹）、附加堆纹、指甲纹及乳钉纹。乳钉都较大，外表再刻压花纹，极富特征。附加堆纹以短泥条横列再刻压成齿状，极似后来的鸡冠纹。缺乏原生层位使研究工作失去了层位根据和组合关系，只能依类型学原理进行粗略排比。据笔者观察，西南村遗存至少可以分为两类：一类主要为深褐色夹蚌（砂）陶的直口或敛口的鼎、折沿罐（釜）、深腹罐、支脚、敞口盆等，器表或口沿部多饰瘤状乳钉纹、堆纹或刻划折线纹。该类遗存同鲁南地区的北辛文化有着较多的共同点，尽管也显示出明显的地方特征，应该是北辛文化在鲁北地区发展影响面形成的文化遗存（简称A组）。另一类主要为浅褐色夹砂陶、素面侈口小翻沿的鼎、罐，以及泥质小口肩耳壶、钵等，其钵类有许多是口沿带有红色条带的"红顶钵"，并共存颈饰喙突的筒腹尖底器（简称B组）。B组遗存与A组遗存存在较大区别，可能是晚于北辛文化而且含有新的文化因素的一类遗存。其中部分轮制小口肩耳壶和筒腹尖底器时代上可能更晚一些。如果此论可信，那么西南村B组遗存鼎、壶、钵的组合关系似乎与五村类型有一定的渊源关系，其中A组遗存的乳钉纹、附加堆纹对五村类型的纽饰风格也不无影响。

第二，后李二期文化。1988—1990年，山东省文物考古研究所对临淄后李遗址连续四次发掘，其中⑨层遗存被称为后李二期文化。该类遗存以夹砂红褐陶和泥质红陶为主，另有一定数量的灰褐陶和黑褐陶；以素面占绝大多数，可见极少量的篦刮纹、指甲纹及乳钉饰；以三足器和圜底器占绝大多数，少见平底器，不见圈足器；基本组合为侈口折腹圜底鼎、圜底钵、三足碗及小口双耳壶等。从文化面貌上讲，后李二期文化与大汶口遗址⑤层遗存有许多相似之处[24]，如都以鼎、壶、钵为基本组合，都存在三足碗或盘等。但也有很大的区别，如大汶口遗址⑤层鼎的数量大、类型多，有较多的红顶钵；后李二期器类简单，不见或少见红顶钵。从后李二期（H250：1）所出的圜底盆形鼎看，估计后李二期文化的时代应略晚于大汶口遗存⑤层的时代，同邹平西南村B组遗存一样，是一种晚于北辛文化，早于或与大汶口文化早期有交叉的文化遗存。尽管从相对年代上讲，后李二期文化与五村类型之间似乎存在较大的距离，但如果后李二期文化的诸因素与五村类型作一比较，不难看出，它们在文化传统上是有许多共同点的。如红陶较多，流行纽饰，手制粗糙，造型简朴，器类单调，组合以鼎、壶（罐）、钵为主，其中折腹鼎的形态也十分接近（图三）。唯一的不同点是后李二期文化不见彩陶，而五村类型的彩陶十分发达。这或许是年代上的区别，因为五村类型早期彩陶也是十分简单和少量的。因此，可以肯定地说，后李二期文化和五村类型有着密切的文化传统联系，只是中间有着较大的缺环而已。

第三，张店西寨遗址。淄博市博物馆在古遗址调查中，在西寨遗址采集到一组陶器，其中有釜形鼎、彩陶壶、钵、鼎足等。彩陶壶为泥质红陶，饰红色三角圆点纹；鼎足为方锥形或圆锥形，根部饰乳突，足面有的有一凹槽；鼎为夹砂褐陶，侈口折沿，浅腹缓折，圜底；钵为泥质红陶，微敛口，深腹缓平底。这些遗存虽为采集，但由于内涵比较单纯，可以视为一个假性组合单元。其釜形鼎、彩陶壶的形态，约当大汶口文化早

㉔　郑笑梅：《试谈北辛文化及其与大汶口文化的关系》，《山东史前文化论文集》，齐鲁书社，1986年。

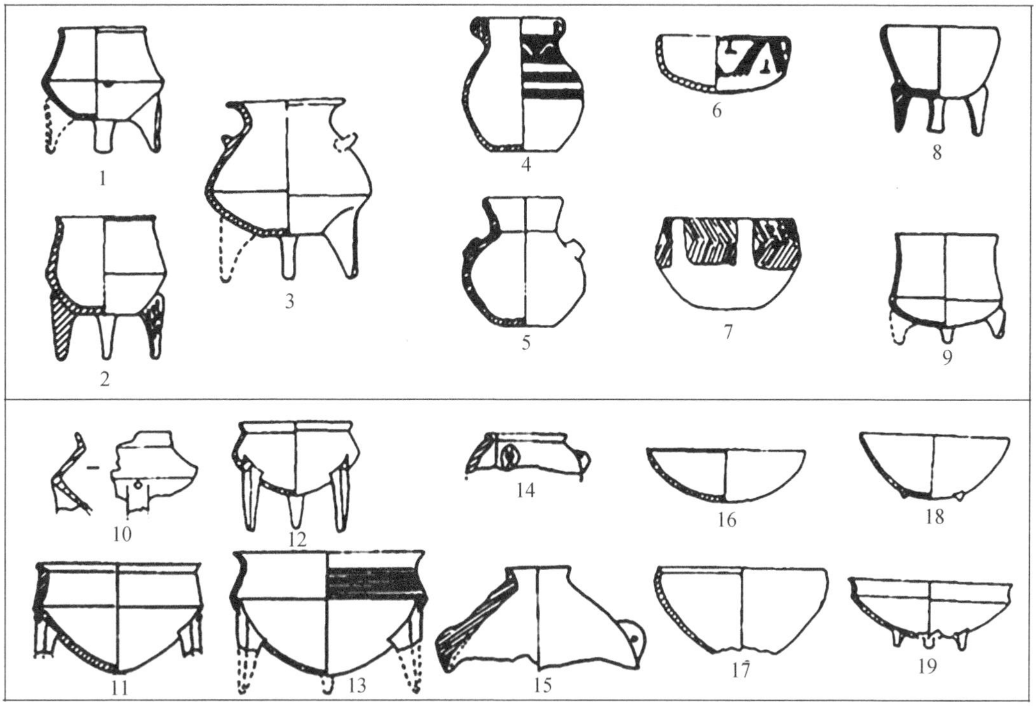

图三　五村类型与后李二期陶器比较图

1. 五村M99：3　2. 后胡营26：13　3. 五村M60：2　4. 后胡营M2：1　5. 后胡营26：26　6. 五村M47：1　7. 付家1：018　8. 后胡营26：16　9. 付家1：015　10. 后李H2452：13　11. H2452：4　12. F1：1　13. H250：1　14. H2452：18　15. H2472③：14　16. H2452：9　17. H2452：17　18. H2452：1　19. H2452：3

期，但其器类构成及装饰风格与五村类型十分接近，或者说，西寨遗存有可能是后李二期文化到五村类型的中间环节。只是限于资料太少，无法进一步分析比较，具体的发展脉络，尚待资料丰富时再作探讨。

通过上述分析，我们有理由认为鲁北地区在北辛文化后期到大汶口文化晚期阶段，形成了一支西南村B组→后李二期→西寨→五村类型等有突出特点的文化系列，该系列文化与以章丘董家、焦家，寿光三元王[25]，青州大关营等为代表，以鬶、背壶、觚形杯等为组合，由白、红、赭色相间，并由弧线三角组成的花瓣纹、斜栅纹、缠枝纹、己字纹装饰成华丽图案为彩陶传统的典型大汶口文化早中晚各期遗存长期共存，互为影响和发展，繁荣了鲁北地区的史前文化。

我们前面提及在鲁家口遗址已经发现五村类型之上叠压着龙山文化遗存的层位关系，这种现象在临淄桐林遗址亦曾出现[26]。而从寿光火山埠遗址的调查采集资料中也发现大量的龙山文化遗物[27]与五村类型的遗存混在一起，说明该遗址也具有龙山层叠压五

㉕　济南市文化局文物处、章丘县博物馆：《山东章丘县西部原始文化遗址调查》，《海岱考古》（第一辑），山东大学出版社，1989年；寿光县博物馆：《寿光县古遗址调查报告》，《海岱考古》（第一辑），山东大学出版社，1989年。

㉖　山东省文物考古研究所试掘资料。

㉗　寿光县博物馆：《寿光县古遗址调查报告》，《海岱考古》（第一辑），山东大学出版社，1989年。

村类型的层位关系。特别是潍县狮子行遗址的发掘[28]，不仅发现过同样的层位关系，而且从其龙山文化遗存的墓葬形制、随葬品情况及陶器形态都能找出五村类型的孑遗。有充分的证据说明五村类型的流向，应该在潍淄地区龙山文化中寻找，或者说五村类型与鲁北地区其他文化成分是产生潍淄地区龙山文化的母体与温床。

四、与周邻诸文化的关系

山东史前乃至青铜时代的文化可以分成三大地理板块[29]，为了叙述方便，不妨以鲁南区、鲁北区、胶东区称之。我们前面已经分析过鲁北区的史前文化情况，这里我们将要讨论的是以五村类型为核心的鲁北系列传统文化同鲁南区、胶东区及其西部毗邻的豫北冀南区相关文化遗存的关系。

1. 与鲁南区的关系

鲁南地区的新石器时代文化无论在文化编年上还是传统内涵上已经建立了一套完整的发展序列，即北辛文化→大汶口文化→龙山文化→岳石文化。各文化之间都有明确的地层依据，在器物发展规律上亦存在着直接的传承关系，说明它们是同一文化谱系内不同阶段的考古学文化，这已是学术界的不争之论。同时，就现有资料对比，东至以五莲山为中心的鲁东南丘陵，西至于汶、泗水及南四湖沉积平原，这一系列文化所反映的主体文化因素是一致的。在大汶口文化阶段尤为如此。概括其文化特点如下：存在十分丰富的磨制生产工具，除常见的斧、锛、穿孔石铲、钺等，还有精磨规整的玉铲；镂刻技术发达，出土有象牙雕梳、嵌绿松石的雕筒及各种玉石串饰等装饰品，陶器由以红色为主逐渐递变为灰黑陶为主；纹饰比较简朴，夹砂粗陶器仅饰简单划纹、压印纹等；许多陶器饰陶衣；陶器制作都较精细，轮制较多；彩陶多以白色为主体，衬托黑（熟褐）色和红色等组成复彩纹样，常见八角星纹、方形云雷纹、斜栅纹、勾连缠枝纹或其他几何形图案；主要器类有种类复杂的鼎、觚形杯、豆、钵、罐、壶、盆、杯等；以觚形杯、大镂孔圈足豆、足根内聚的钵形鼎、背壶、高足杯、黑陶高柄杯等为典型器物，其中、觚形杯、背壶、高柄杯等都有完美的发生发展序列。墓葬有大中小三型，随葬品丰富复杂，多的达数百件，从生产工具到生活器皿、装饰用品均极丰富，充分显示出这一文化的高度发达的生产力水平。其典型遗址包括前面提出的所谓“分界线”上的大汶口、呈子、三里河以及陵阳河[30]、东海峪[31]、王因[32]、野店[33]、西夏侯[34]，苏北地区的刘

㉘ 潍坊地区艺术馆、潍坊市寒亭图书馆：《山东潍县狮子行遗址发掘简报》，《考古》1984年第8期。

㉙ 王树明、常兴照：《山东古代文化的分区研究》，《中国文物报》1989年第10期。

㉚ 王树明：《山东莒县陵阳河大汶口文化墓葬发掘简报》，《史前研究》1987年第3期。

㉛ 山东省博物馆、日照文化馆东海峪发掘小组：《一九七五年东海峪遗址的发掘》，《考古》1976年第6期。

㉜ 中国社会科学院考古研究所山东队、济宁地区文化局：《山东兖州王因新石器时代遗址发掘简报》，《考古》1979年第1期。

㉝ 山东省博物馆、山东省文物考古研究所：《邹县野店》，文物出版社，1985年。

㉞ 中国科学院考古研究所山东队：《山东曲阜西夏侯遗址第一次发掘报告》，《考古学报》1964年第2期。

林[35]、大墩子[36]、花厅[37]等遗址。将鲁南区大汶口文化与五村类型进行比较，其文化水平的先进与落后、遗存的丰富与贫乏，差别是显而易见的。特别是具有文化标识意义的、觚形杯、背壶、高柄杯等在五村类型中不见或少见，形成一种强烈的反差。即便是双方共有的器物，在组合与形态演变中也有区别。如鲁北五村类型的折腹鼎在早期阶段与鲁南区相似，只是比例上不同；但晚期阶段的形态在鲁南区少见。豆类器五村类型流行钵形豆，鲁南区则流行盘形豆；鲁南区的钵形鼎在晚期少见，五村类型则继续发展。钵的情况也如是，鲁南大汶口早期多见钵，晚期则少见；五村类型的晚期仍是主要器种。彩陶在鲁南以大汶口早期的后段至中期较繁荣，晚期式微，但在五村类型晚期却有较好的发展。由于存在上述区别（有些区别可以认为是本质的区别），我们已不能确认其属于同一文化系统；但又不能不承认，五村类型的许多遗存，又和鲁南大汶口文化有着密切的关系。这就如前面分析中指出的那样，鲁南区大汶口文化对鲁北区的渗透一直十分强烈，许多地方都发现两种文化因素共存的现象，互为影响是必然的。五村类型处在这一文化圈内，仍能保留相当多的传统因素，只能说明两者在深层文化意识上存在较大的区别。

2. 同胶东区的关系

胶东地区已经建立的新石器时代文化序列是白石村一期→邱家庄一期→北庄一期→北庄二期→杨家圈一期→杨家圈二期→岳石文化[38]。其中北庄一、二期及杨家圈一期分别相当于大汶口文化早中晚三期。其整个新石器时代，文化传统的自身特征十分鲜明，许多学者也曾专文论述[39]。概括起来：胶东区夹砂陶较多，且多掺和较多的滑石、蚌壳碎屑等，故显得比较粗糙，器表装饰和附加物上流行柱状铆钉式把手、瘤形纽耳、乳钉式足。彩陶流行单色黑彩，纹样主要为平行线几何纹、弧线三角圆点、双曲勾连纹等，比较简单，且数量也不多。器类有鼎、钵、壶、罐、觚形杯、豆、盆等，存在着较多辽东文化系统的“之”字纹筒形罐。总体上说，其文化渊源与鲁南区大汶口文化系统十分密切。相当于五村类型阶段的北庄二期和杨家圈一期，均处于文化的衰落阶段，资料比较贫乏，尚难详细比较。值得注意的是，胶东区彩陶中单色黑彩及简单的纹样、器表上瘤形纽耳装饰及邱家庄一期、北庄一期存在较多的鼎、豆、壶、钵等器类组合，似乎与五村类型具有相似的传统。类似胶东风格的柱状把手在鲁家口、五村遗址均有所见，此或说明两者之间的确存在相互的交流和影响。

---

[35] 江苏省文物工作队：《江苏邳县刘林新石器时代遗址第一次发掘》，《考古学报》1962年第1期；南京博物院：《江苏邳县刘林新石器时代遗址第二次发掘》，《考古学报》1965年第2期。

[36] 南京博物院：《江苏邳县四户镇大墩子遗址探掘报告》，《考古学报》1964年第2期；《江苏邳县大墩子遗址第二次发掘》，《考古学集刊》（第1集），中国社会科学出版社，1981年。

[37] 南京博物院新沂工作组：《新沂花厅新石器时代遗址概况》，《文物参考资料》1956年第7期。

[38] 韩榕：《胶东原始文化初探》，《山东史前文化论文集》，齐鲁书社，1986年。

[39] 韩榕：《胶东原始文化初探》，《山东史前文化论文集》，齐鲁书社，1986年；严文明：《胶东史前文化初论》，《山东史前文化论文集》，齐鲁书社，1986年。

3. 同豫北冀南区的关系

这一地区与山东地区大汶口文化相近的遗存主要为后冈一期文化和所谓仰韶文化大司空类型。后冈一期与大司空类型在分布上重叠，但文化特征区别较大，年代也有早晚之别。从文化谱系上说，大司空类型与山东地区的史前文化没有直接的渊源（但不否认在一定时期存在着某种交流，如彩陶），但后冈一期文化的谱系则与山东地区史前文化关联较多，故我们的讨论仅限于鲁北地区五村类型系列文化与后冈一期文化的关系。

后冈一期文化主要分布在太行山周围。其典型遗址有河南安阳后冈[40]及河北正定南杨庄等[41]。其文化特征主要是：生产工具主要以石、骨为原料，多数磨制但很粗糙，有些保留着打或琢的痕迹，且多残断不全。主要有石铲、石斧、石凿、骨锥、骨针等。陶器中泥质红陶占70%以上，夹砂红陶次之；制法多为泥条盘筑，慢轮加工；纹饰陶较少，主要有划纹、堆纹、锥刺纹及占很少比例的彩陶；彩陶以红彩为主，并有少量黑彩，纹样主要在钵、碗的口部涂一黑彩带或用直线组成的三角几何图案。器类主要有鼎、罐、钵、小口平底瓶（壶）、盆、瓮等。鼎类器中极富特征的是曲腹底盆形鼎；钵类器存在着较多的“红顶钵”；并且存在着大汶口文化中常见的口沿下有一周喙突的筒腹尖底器。比较起来，上述因素有许多同西南村B组遗存及后李二期文化相近；同大汶口遗址⑤层遗存亦有许多共同之处。类似的遗存在长清万南，济南田家庄，章丘董东、王官，张店浮山驿，青州桃园等遗址[42]也多有发现。特别是章丘王官遗址还曾发现过如南杨庄1977年发掘T1：9小口内折的壶的残片[43]，说明鲁北地区西南村、王官、后李等地的遗存同后冈一期文化可能存在比较直接的交流。特别值得注意的是五村类型文化因素中诸如石器较少，陶器组合中存在较多的鼎、壶、钵，陶质多见红陶，彩陶纹样有许多为直线几何纹等情况竟与后冈一期文化颇多相似之处，尽管两者的年代差距极大（后冈一期^{14}C数据测定为距今6300—6100年），如果将五村类型及其稍早的西寨等遗存同后冈一期文化某些器物作一比较（图四），不难看出它们可能存在着某些传统上的联系。

五、其他相关问题

大汶口遗址1974—1978年发掘的第5层遗存，大部分因素同后冈一期文化相似，但

---

⑩ 梁思永：《后冈发掘小记》，《小屯龙山与仰韶》，《梁思永考古论文集》，科学出版社，1959年；中国科学院考古研究所安阳发掘队：《1958—1959年殷墟发掘简报），《考古》1961年第2期；中国科学院考古研究所安阳发掘队：《1971年安阳后冈发掘简报》，《考古》1972年第3期；中国科学院考古研究所安阳工作站：《1972年春安阳后冈发掘简报》，《考古》1972年第5期；中国社会科学院考古研究所安阳工作站：《安阳后冈新石器时代遗址的发掘》，《考古》1982年第6期。

㊶ 河北省文管处：《正定南杨庄遗址试掘记》，《中原文物》1981年第1期。

㊷ 均系近年来调查资料，有的已渐次公布，如蒋宝庚：《济南西郊发现古文化遗址》，《考古》1981年第1期。董东资料见本文，浮山驿资料见本文，桃园资料见本文。

㊸ 河北省文管处：《正定南杨庄遗址试掘记》，《中原文物》1981年第1期，图三，17。

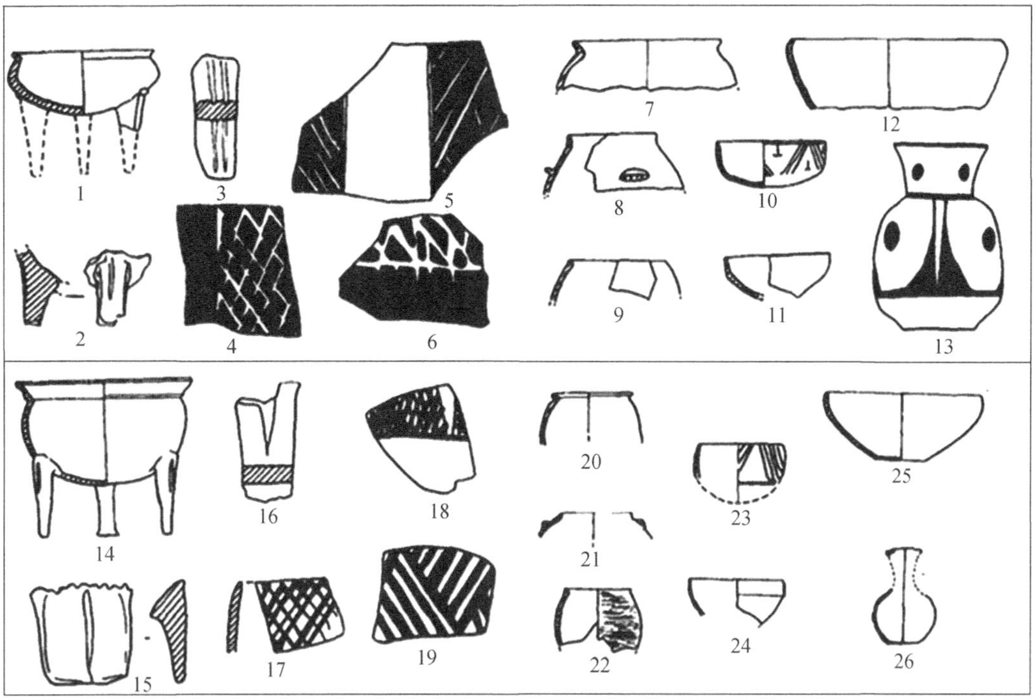

图四　五村、西寨等类遗存与后冈一期遗存比较图

1、2. 西寨（3：1、3：4）　3. 五村（2：04）　4—6. 五村（T5813⑥B：6、T5813⑨：7、H109：3）　7. 鲁家口（T101⑥：45）　8—11. 五村（T5611⑨：6、T4322⑥B：3、M47：1、H11：1）　12. 鲁家口（T106⑥：14）　13. 西寨（3：2）　14. 后冈（59H9③：14）　15、16. 后冈（59TC⑤：9、TB2④：10）　17、18. 南杨庄（77T1：10、C：11）　19. 后冈（59）　20. 后冈（59TC1③：5）　21、22. 后冈（59TA1③：24、TD4⑤：20）　23—25. 后冈（59TA2③1、72T4④：8、59H9②：10）　26. 后冈（72H3：7）

除了彩陶纹样不如后冈复杂之外，其余鼎类、钵类器都比后冈一期丰富、发达。从其尖底盆形鼎的发展形态上看，其时代可能略早于后冈一期的盆形鼎，因此，大汶口⑤层遗存可能比后冈一期的时代略早一些。鲁北地区的后李二期文化和后冈一期也有十分相似的文化因素，但从其鼎的演化形态上看，其时代不仅比大汶口遗址⑤层遗存要晚，而且比后冈一期文化也要晚，有些因素可能已相当于大汶口文化的早期阶段（如H2452）[44]。在前面的分析中，我们已经指出五村类型的许多因素与后冈一期遗存有着传统联系。这一跨越时空的文化现象，应该有着复杂的历史背景，可能与黄河流域新石器时代两大文化集团的碰撞与交流有关。

纵观黄河下游的新石器时代遗存，在距今6000年前后，均不同程度地出现了一些共同的特征，即都存在鼎、壶、钵等基本器物组合，并出现少量彩陶等因素。最近，有关学者综合了诸类遗存的共同特点，指出后冈文化是黄河以东以泰沂山系为中心、面向海

㊹　济青公路文物考古队：《山东临淄后李遗址第一、二次发掘简报》，《考古》1992年第11期；《山东临淄后李遗址第三、四次发掘简报》，《考古》1994年第2期。

洋的磁山·裴李岗文化系统中的一个重要文化阶段，它同黄河以西以华渭为中心、面向亚洲腹地的老官台文化系统中以瓶、罐为特征的半坡、庙底沟等文化分属不同的文化谱系。由于地域传统和发展不平衡等等，后冈文化又可分为东部泰沂山系周围和西部太行山系周围两大分布区，每区内又可分成若干文化类型。后冈文化盛时，曾经跨至老官台文化系统，将势力一直深入河套地区。但在半坡文化和庙底沟文化势力膨胀时，后冈文化逐渐衰落后退，后冈文化的西分布区依次落入庙底沟文化势力之内，后冈文化的一些因素被后据其地的庙底沟文化所吸收，丰富了庙底沟文化的内容。在东区，后冈文化仍然继续发展，大汶口文化成为后冈文化的直接继承者[45]。这一研究无疑为我们研究五村类型与后冈文化的特殊现象提供了一把钥匙。根据这一研究，后冈文化的标志器物是鼎或可直曰“鼎”文化。而大量的资料表明，山东地区的汶河、泗河流域是鼎的发源地，这从北辛、大汶口文化中大量复杂的鼎类器及其完美的发展演变序列等都可得到佐证。但是后冈文化西区的鼎类器却简单得多，形制上也要晚一些。我们有理由认为：后冈一期文化是海洋文化系统西进扩张的一个历史阶段，后冈文化西区诸类型有可能是汶泗地区先民西进并结合地方文化因素面形成的文化族团。参照前面我们分析的后冈一期文化因素在鲁北地区出现的情况可以认为：在后冈文化后期，由于老官台文化系统的进逼，后冈文化西区的部分先民又沿黄河下游及泰沂山北侧东渐，在长期的发展演化中，和鲁北地区的其他文化因素结合，形成了五村类型的独特风貌，如果这一推测不误，则对于解释胶东区中的邱家庄文化和北庄一期文化中亦存在较多后冈文化因素就顺理成章了，对于研究上古历史传说也不无意义[46]。

1989年10月初稿

1998年5月修改定稿

---

[45] 张忠培、乔梁：《后冈一期文化研究》，《考古学报》1992年第3期。

[46] 常兴照：《齐地古史的考古学研究》，《管子与齐文化》，北京经济学院出版社，1990年。

临沂远古至先秦时期历史文化漫谈

一、引　　言

谈临沂地区的古代历史文化，先要从山东地区的地形地貌说起。

大概在地质时期的燕山期（从一亿三四千万年前开始，到7000万年前后结束）地壳活动强烈，奠定了山东地形的基本构造格局，构造活动导源于太平洋板块对欧亚板块的俯冲，导致中国大陆南部整体向北移动，使鲁东地区由华北板块南缘沿郯城—庐江一线向北东平移，并与鲁西地块并置，形成郯庐断裂带（沂沭断裂带），在其两侧伴生大量次级断裂，形成鱼骨状格架形态。同时产生大量断（拗）陷盆地，盆地的展布方向与主要断裂方向一致。到第四纪则以差异性升降运动为主，形成鲁西中低山丘陵区、鲁东低山丘陵区和鲁西平原区，丘陵区与平原区的沉积组合差别较大。在全新世早—中期海水入侵大陆，至距今4000年前后才退出，海侵盛期由于气候湿热，侵蚀基准面上升，内陆排水不畅，沼泽化发育，形成黑土湖沉积。之后山丘区以河流沉积为主，平原区以发育黄河冲积物为主。

沂沭断裂带第四纪期间断裂活动特别强烈。证据有马陵山西侧黑土湖组和临沂组被其内部发育的垂直裂隙位移；纪庄北北东向断裂将中生代青山群或大盛群逆掩推覆于第四纪山前组之上；老断裂的继承性活动制约第四纪地层、河流、温泉的分布并诱发地震。在距今28000—18000年，沂沭断裂带曾发生过显著的断裂活动。中国地质科学院地质研究所庄育勋等在邹城市田黄镇枣园村东也发现NW向活动性断层，处于尼山断裂带中，大站组褐黄色亚黏土被断层错断。另外，赵凤江等还发现沂水汤头断裂在新生代强烈活动，派生多条切割晚第三纪临朐群玄武岩的断裂；鄌郚、葛沟断裂的次级断层也有切割第四系现象[①]。

沂沭裂谷系主体位于山东临沂地区，东濒黄海，北临渤海，西侧为泰沂山脉。裂谷系内地形复杂，以低山丘陵为主；中部为呈北北东向展布的串珠状丘陵，对应于沂沭断裂带，称贡丹山地垒；西部为泰沂山脉及鲁南丘陵，东北部为五莲山、崂山等呈北东走向的低山丘陵，南部为苏北残丘。在临沂、莒南、临沭、郯城一带，形成了一个盆地状的沂沭河冲积平原（图一）。区内广布全新世早期的黑土湖组沉积（QH），沉积年代为距今10000—4000年。沉积说明在距今10000—4000年，沂沭盆地的许多地区应该是大泽或湖泊地貌。如果与全新世以来海平面变化状况联系起来，可知这种局面与气候变化

---

① 王世进、张成基、刘海坤等：《山东省第四纪地质研究新进展》，《山东地质》1999年第2期。

有密切关系。

沂沭裂谷系基本与沂沭断裂带重合，裂谷系地热场呈高低相间的带状分布，轴部裂谷带（即临沂、沂南、安丘一带）为一带状地热区，地温梯度3.66—4.58℃/100米，热流值1.49—1.88HFU，都比鲁西、胶东地区要高。在沂南铜井、临沂汤头等地还有几处水温50℃以上热泉出现。较高的地热场与裂谷系的地质历史紧密相关，表现为深部热，地表张裂，可能反映了古裂谷的特征②。在临沂汤头，热泉流水形成一条河流，因名汤河。隆冬之际，热气氤氲，蔚为壮观。在某次强烈的地质活动之后热泉大量出露，形成热海或热渊亦或是沂沭盆地造就远古历史文化的重要因素。

二、一万年前后的临沂

地质活动造成的贡丹山地垒和沂、沭河地堑，在全新世之后海侵盛期由于气候湿热，侵蚀基准面上升，内陆排水不畅，沼泽化发育，同时孕育了适合这里存在的灿烂文化，这在临沂地区已经发现的历史文化中，斑斑可证。

1982年5—7月，山东省考古所和临沂地区文管会在河东黑墩凤凰岭配合兖石铁路建设进行考古发掘；考古队员之一的徐树彬先生发现了较多的细石器遗存，遂报给山东省文物局；之后由中国社会科学院考古所山东队、山东省考古研究所、临沂文管会组成联合考古队，对凤凰岭进行了细石器遗存调查与试掘，并在周边进行了相关调查，获得了较多实物资料③。而后中国科学院考古研究所、北京大学、山东省考古研究所、临沂文管会、江苏省文管会、南京博物院、中国科学院古脊椎动物与古人类研究所、山东大学等多家单位分不同批次和不同地点进行了相关调查与研究。从北到沂水、莒县，南到马陵山南端，至今已发现100余处遗址或地点。有学者曾将这批遗存归纳为凤凰岭文化，以此代表分布于沂沭流域以及马陵山地区一带具有细石器工艺特点的文化因素。

2001年秋，中国社会科学院考古研究所山东工作队对黑龙潭遗址做了补充发掘。在调查中，发现黑龙潭遗址地处陡峭山坡的低处，而高处马陵山坡有细石器文化遗存。鉴于黑龙潭的石制品工艺与典型细石器技术相去甚远，因此认为黑龙潭遗址中的细石器遗物可能是后期的“二次堆积”，2001年的发掘证实了这一推测。该遗址有3个含石制品的文化层（第2、3、4层），上部两层均为因风蚀和水流搬运而成的再生堆积，第4层为原生文化层。本次发掘认识到原生文化层中并没有典型细石叶或细石叶石核。由此可以肯定，过去在该遗址发现的细石器遗物应出自次生堆积层，系从高处搬运而来④。这和1984年5月中国社会科学院考古研究所山东工作队对重沟乡青峰岭遗址进行发掘、1983年3月山东省考古研究所对汤头泉上屯遗址的发掘一样，发掘的遗存大部分位于冲积层里，是次生堆积，非原生文化层⑤。

② 刘洪滨：《郯庐断裂中段沂沭裂谷系的构造作用与岩浆活动》，《山东地质》1986年第1期。
③ 临沂地区文物管理委员会：《山东临沂县凤凰岭发现细石器》，《考古》1983年第5期。
④ 沈辰、高星、胡秉华：《山东细石器遗存以及对“凤凰岭文化”的重新认识》，《人类学学报》2003年第4期。
⑤ 笔者主持了后者的发掘。

2001年中国社会科学院考古研究所田野调查的另一主要收获是发现并发掘望海楼原生文化层。该遗址于1982年和1984年进行过调查，采集的石制品标本上千件，包括大量的典型细石器遗物及各类石片与废品。遗憾的是由于风蚀严重，地层关系不清。本年度的调查在主峰东南侧发现有一处原属唐宋至民国时期的土庙遗址，有唐宋时期的瓷片和红烧土渣堆积。为此开了一条1米×3米的探沟，发现在历史时期遗存之下有旧石器原生地层，厚约1.8米，出土了典型的细石叶、细石叶石核以及刮削器等石片石器。正是该遗址原生地层的发现与发掘，确定了远古人类在这一山岭地区的存在，上千件采集的石器标本有了可靠的地层依据⑥。

目前看来，处在贡丹山地垒周边的串珠状低山丘陵和土丘，曾经是万年前后的人类乐园。人们以渔猎经济为主，广袤的湖泊河流为他们提供了丰富的食物源泉，提供了他们生产、生活的广阔空间，也为我们留下了深邃的文化渊源。凤凰岭细石器文化的发现，填补了山东地区万年前后物质文化的空白，也是临沂地区劳动人民对中国古代文明的卓越贡献。可惜大部分遗址在农业学大寨、大战长虹岭的运动中被破坏，现在能够发现和保存的已经寥寥无几。

三、8000—5000年前后的沂沭河盆地

距今8000—5000年前后，沂沭河盆地及周边古文化遗址发现较少，有个别线索也较为贫乏；这是许多学者不得不承认的现实。而在苏北地区和鲁中南地区则发现较多的新石器时代早中期的遗存；如北辛文化、青莲岗文化、大汶口早期文化等。

根据研究，由于气候变化，距今7000年前后海面在波动中呈现快速上升，在距今5500年左右达到最大值，其后海面在小幅度的波动中趋于稳定。在距今5000年前后，又有一次较大的海面沉降，比现在的海平面略高⑦（图一）。

遗址分布与海面变化关系密切。气候引起的海面变化是多年来环境演变研究中的焦点问题。全新世以来，海面频繁升降，导致沿海地区发生海侵，海岸线多次变迁。距今约7000年前的全新世最大海侵使山东、江苏沿海平原普遍遭到海侵，江苏青莲岗、山东北辛等古文化遗址多分布在基本未受海侵影响的陆相环境。而沂沭河流域那时应是一片汪洋，适宜人类生活的空间大大减少，所以古代文化遗址也就形成较少，故而发

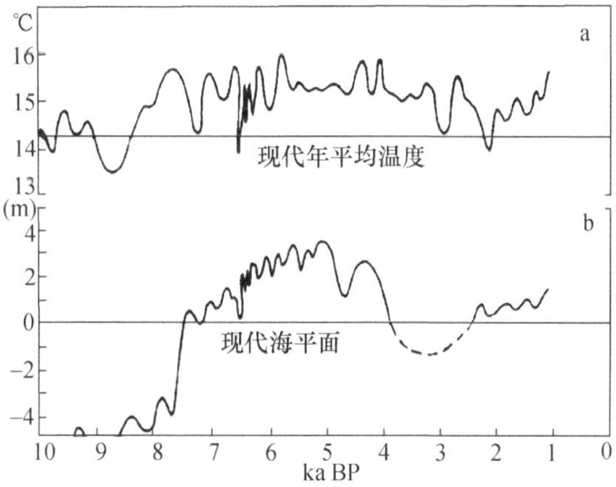

图一 江苏庆丰剖面全新世海面变化曲线

⑥ 沈辰、高星、胡秉华：《山东细石器遗存以及对“凤凰岭文化”的重新认识》，《人类学学报》2003年第4期。

⑦ 赵希涛：《江苏建湖庆丰剖面全新世气候变迁和海面变化》，《海洋学报》1994年第1期。

现也就较少。我们在凤凰岭、青峰岭、泉上屯等地的发掘情况也证明，沿贡丹山地垒分布的串珠状丘陵和土丘，其周围的坡积物全是分布较为均匀、层理清楚的黏质砂土，基本上不见人类活动遗迹。相对较高的马陵山这样的低山丘陵，则因为气候的剧烈变迁，剥蚀相当严重，地表覆土基本上剥蚀干净，表面出露大量紫红色的砂岩。但是在这样的地层里和裸露的基岩上却包含有很多的细石器文化遗存。这说明海面上升和洪水泛滥，破坏了以前的人类文化遗存，并在周边地区形成了次生堆积，这也是沂沭河流域能够发现细石器遗存却找不到原始聚落的重要原因。因此直到距今约5500年前后，全新世高海面的到来，沂沭河流域出露的陆地较少，适宜人类居住的空间极少，直接导致了大汶口文化早中期及其以前的遗址在沂沭河流域发现甚少。这也是研究这一地区古代文化的一个小小的缺憾。

四、5000年前后的沂沭河地区

从图一可以看出，从距今5000—4500年，海平面又有一次较大幅度的升降。在距今4800年前后，海平面比今天略高0.5米，山东东南部和苏北地区大部分形成陆地，因此这一地区的古代文化空前繁荣起来。

对应这一时期的古代文化，毋容置疑就是鲁东南地区的大汶口晚期文化和早期龙山文化。我们已经知道，山东东部地区在大汶口文化晚期以前，发现的遗址数量较少，尤其是鲁东南的沂沭河流域和鲁中北的潍河流域，大汶口文化中期以前的遗址屈指可数。进入大汶口文化晚期之后，特别是到龙山文化前期，整个东部地区的遗址数量迅速增多，很快达到一个高峰。而从龙山文化后期开始，遗址数量急剧减少，这种现象一直持续到岳石文化和商代时期，到西周中晚期才开始产生明显变化。有人做过统计，从遗址数量变化上，将遗址增长过程分为三个阶段，基本反映鲁东南新石器时代遗址群整体演变趋势。截至2010年前的资料，现今临沂市范围内大汶口晚期文化遗址数量达142 处，可以认定为上升期；龙山文化早期遗址数量是直线攀升，达483 处，为急剧增长期；衰退期的阶段是岳石文化时期，鲁东南区域新石器遗址数量明显减少，遗址数量迅速下降，仅有53 处[⑧]。

大家知道，大汶口文化晚期和龙山文化早期传承紧密，几乎不可分割，实际上是一个文化的两个阶段。如何认识这两个阶段，还要从历史地理文献《山海经》说起。

一般认为，《山海经》成书于战国或西汉早期，记录的是神鬼怪兽荒诞传说。但历史学家何幼琦先生经过研究，认为其中的《海经》是一部重要历史价值的地理著作，虽然成书于战国时期，记录的却是距今5000年前后的古代民族和地理分布，其中最主要的地区就在山东。只要不怀成见，实事求是地印证一下华北的地图，便不难理解，昆仑虚就是泰山，《海经》的山川、疆域就是山东省及其周边的地区（图二）[⑨]。

---

⑧　王成玲、李建云：《鲁东南地区新石器遗址的时空分布特征》，《临沂大学学报》2011年第6期。

⑨　何幼琦：《〈海经〉新探》，《历史研究》1985年第2期。

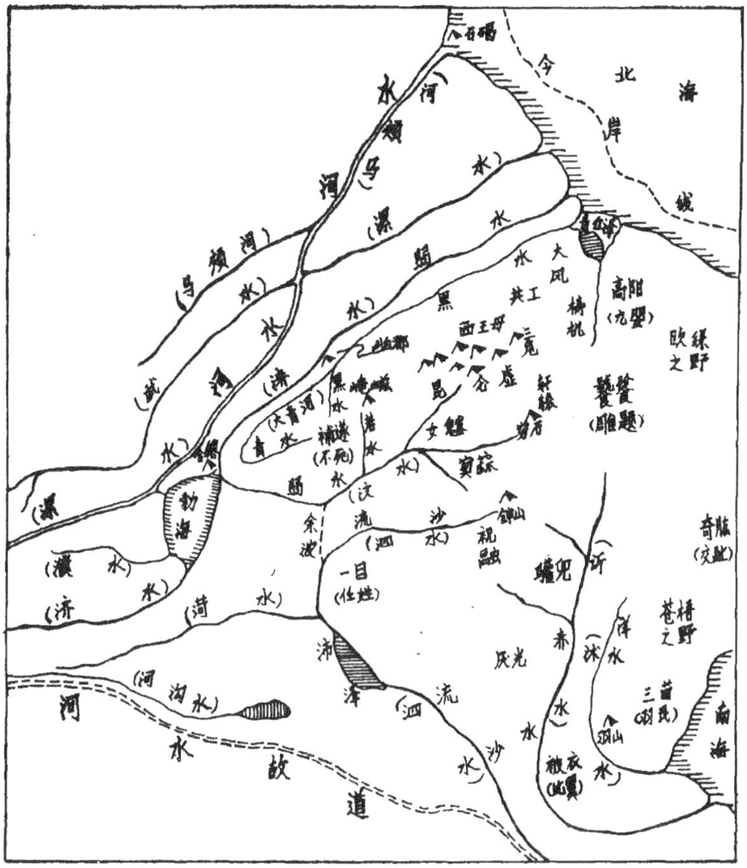

(　)内之水名，为后世的通名。

图二　《海经》疆域及氏族分布示意图

（引自何幼琦《〈海经〉新探》，《历史研究》1985年第2期）

《山海经·大荒东经》：“东海之外大壑，少昊之国。少昊孺帝颛顼于此，弃其琴瑟。”郝懿行云：“此言少皞孺养帝颛顼于此，以琴瑟为戏弄之具而留遗于此也。”《楚辞·远游》云：“上至列缺兮，降望大壑。”洪兴祖补注：“《列子》曰：‘渤海之东，有大壑焉，实惟无底之谷，名曰归墟。’”是大壑即归墟。勃海是巨野泽的古名。这个古名一直袭用到汉初。《战国策·赵策》中苏秦说：“秦攻赵则韩军宜阳，楚军武关，魏军河外，齐涉勃海，燕出锐师以佐之。”这里勃海就是巨野泽。所谓东海，则不是现在的东海，实际上就是沂沭河盆地。除了我们前面引证的沂沭河盆地的地貌特征已经说明这里曾经是海，秦汉之际在这里设立东海郡也是缘由于此。

《山海经·大荒南经》：“东南海之外，甘水之间，有羲和之国。有女子名曰羲和，方日浴于甘渊。羲和者，帝俊之妻，生十日。”《山海经·海外东经》：“下有汤谷。汤谷上有扶桑，十日所浴，在黑齿北。居水中，有大木，九日居下枝，一日居上枝。”郭璞于“汤谷”下注曰：“谷中水热也。”《山海经·大荒东经》：“有山……上有扶木，柱三百里，其叶如芥。有谷曰温源谷。汤谷上有扶木，一日方至，一日方出，皆载于乌。”大壑实即汤谷。“壑”本义即为山谷坑地，如《礼·郊特牲》：“土反其宅，水归其壑。”甘渊、温源谷、汤谷、大壑均为一地而别称。综合各种资料，可以认为，《山海经》中的东海应为今天的沂沭河盆地，大壑就是沂沭大裂谷。

能够和大壑之内的氏族集团对应的有两个，一是帝舜太昊集团，一是十日之国。文献中有一位不列于帝王大系但却在传说中特别有名的君主即帝俊。《山海经》中关于他的记载凡十六见。用徐旭生先生的话说，第一他东南西北无所不至；第二是古代的重大发明差不多全出于他的子孙；第三是十个太阳、十二个月亮都是他的子女[⑩]。近代经学大师王国维旁征博引，证以考古资料，举凡五条，力主帝俊即帝喾，亦即商人之高祖夒，已得多数学人认同。郭璞注《山海经》云帝俊即帝舜，《说文》“舜”字段注：“舜者，俊之同音假借字，《山海经》作帝俊。”[⑪]郭沫若先生支持此说，认为帝俊妻娥皇及羲和、常羲（仪）与帝舜妻娥皇、女英是一事化为二事；娥皇及羲和、常羲（仪）实为一音之变，女英、女匽当即常羲、常仪之音变[⑫]；是则帝俊与帝舜当为一人。还有学者指出，《史记·陈杞世家》曰：“陈胡公满者，虞帝舜之后也，……封之于陈，以奉舜祀，是为胡公。”武王褒封神农、黄帝、帝尧、夏禹等古代帝王后裔之地，皆系其先祖遗虚。因之胡公封陈祀舜，而陈其先为太昊遗虚，是故舜亦即太昊[⑬]。当此，太昊即帝喾，帝喾即帝俊，帝俊即帝舜，帝舜即太昊，佐证连环，说不可移。

文献中记载，帝舜有虞氏也就是太昊有过较大规模的迁徙。《孟子·离娄下》：“舜生于诸冯，迁于负夏，卒于鸣条，东夷之人也。”《史记·五帝本纪》：“舜，冀州之人也，舜耕历山，渔雷泽，陶河滨，作什器于寿丘，就时于负夏”。“舜耕历山，历山之人皆让畔；渔雷泽，雷泽上人皆让居；陶河滨，河滨器皆不苦窳；一年而所居成聚，二年成邑，三年成都。”舜的籍贯不一，可认为是迁徙造成的讹误。另外，帝舜还有众多的文治武功，但比较突出的是征伐三苗。《左传·昭公元年》：“虞有三苗。”《吕氏春秋·召类》：“舜却苗民，更易其俗。”《淮南子·修务训》：“舜……南征三苗，道死苍梧。”《史记·五帝本纪》：“三苗在江淮、荆州数为乱。于是舜归而言于帝，请流共工于幽陵，以变北狄；放驩兜于崇山，以变南蛮；迁三苗于三危，以变西戎；殛鲧于羽山，以变东夷；四罪而天下咸服。”这里除共工外，其余三罪均与苗民有关。综上，可知太昊帝舜的迁徙有两种方式和两条路线，一是文化与道德征服，主要针对于中原地区；中原地区有众多帝舜的传说及遗迹是证。二是军事武力征服，主要针对于南方苗、蛮民族，所以南方地区亦有许多帝舜太昊的居、迁之地及葬址。

大汶口文化晚期阶段，海岱地区的文化格局与上述文献记载的相关状况十分吻合。以分布于莒县、临沂（以大范庄遗址为代表的）、日照等地的大汶口晚期文化，在学术上称为陵阳河类型。陵阳河类型为代表的东方氏族在沂沭河流域迅速发展，成为同时期先进文化和生产力的代表，并向西、向南进行了大规模的迁徙和扩张。陵阳河类型的

⑩　徐旭生：《中国古史的传说时代》（增订本），文物出版社，1985年，第69页。
⑪　王国维：《殷卜辞中所见先公先王考》，《观堂集林》卷九，中华书局，1959年。
⑫　郭沫若：《中国古代社会研究》，人民出版社，1977年。
⑬　王树明：《帝舜传说与考古发现诠释》，《故宫学术季刊》第九卷第四期，1992年。

发达与先进，一是表现在器物群体反映出生产力水平的进步，如较多磨光黑陶的出现、大量酿酒与饮酒器物的存在，说明制陶技术极为成熟、农业生产特别丰富，有较多的剩余用于酿酒。二是出现祭祀类陶器与陶器上刻画图像文字等现象，证明意识形态领域出现了质的飞跃。三是同期遗址十分密集，仅日照一地，就发现同类遗址500余处，几与现代的村庄相比肩。这种状况一直延续到龙山文化早期。这些均有力地证明了陵阳河类型在同期其他遗存中具有不可替代的地位与作用。王树明先生根据陵阳河出土陶尊文字中有刻画“◇”形符号者，隶释其为古代“凡”字的祖形，发源于一种吹奏器物，通转为风，即为太昊或者虞舜的徽号，为“舜生诸冯（今诸城、莒县交界处）”和“太昊风姓”找到了强有力的物证。

发展与扩张是一对不可分开的孪生兄弟，世界上大部分古代民族莫不如是。陵阳河类型同样进行了大规模的扩张。胶州地区的三里河类型首先成为集团成员：这除了表现在器物群体大部分特征上的一致性外，还有在祭祀和文化意识上亦形成统一，诸城前寨遗址就出现了与陵阳河相同的刻画文字。其二是对南部苏皖地区发动了征讨，对良渚文化进行了有力的反击。如在南京北阴阳营和余杭南湖遗址发现与陵阳河类型类似的刻画符号，江浙一带的良渚文化中屡见大汶口晚期的代表性器物。可以认为，大汶口晚期赵庄类型属于陵阳河类型南进征伐之后的一个变体；而蒙城尉迟寺类型就是陵阳河太昊氏族南征的一个重要据点。尉迟寺类型出土陶尊文字，与陵阳河类型的图像文字完全相同或相似；尉迟寺类型的相对年代要比陵阳河类型略晚；尉迟寺的大排房没有打破关系，当为一次性建造或一次性废弃；这些都说明尉迟寺遗址是陵阳河居民迁移而来的结果。陵阳河类型的这次南征，从时代上一直持续到龙山文化早期，豫东淮阳平粮台龙山文化古城仍然是这次南征的余脉；从范围上一直波及江汉地区，屈家岭文化晚期及“湖北龙山文化”中出现的陶鬶、陶壶、蛋壳彩陶杯以及拔牙习俗、连间房屋建造技术等，都与这次南征有密切关系。其三是对一直与其有密切关系的西部诸族进行了渗透，先是大汶口晚期的西夏侯类型出现了较多的陵阳河类型因素，其中枣庄建新遗址的文化面貌与陵阳河十分接近。再就是鲁西南、豫北冀南、豫西、晋中南等地相继发现大汶口晚期遗存或文化因素。特别引人注目的是，在仰韶文化谷水河类型分布的中西部远离大汶口文化的地方，如偃师滑城和平顶山市贾庄，都发现一些大汶口文化墓葬。因故有人认为，大汶口文化不仅对仰韶文化有强烈的影响，有些居民已经迁到仰韶文化的老家落户了。这种渗透带来的直接影响是，促成了以庙底沟二期文化为代表的不同地域文化传统的一次新的组合；引发了仰韶文化系统“空足三足器”的一场革命；形成了龙山时代中原地区分别以鼎、斝、鬲、甗为代表性器物的不同文化主体的分布格局。

三里河类型与陵阳河类型的组合，是“十日”之国的正式诞生。诸城前寨和陵阳河出土的刻画符号中关于“日、月、山” 的图像，已有众多学者从不同的角度进行了详尽的诠释，或释为“昊”，或释为“炟”，或释为“炅”；或解为“祭天”，或解为“依山头纪历的四时之祭”，或解为“一乌载日”之形象。都离不开与太阳相关的主题，可以肯定地说，这种图像其实就是太阳崇拜的一种物象反映；所谓的“十日并出”，就是十个（或更多）崇拜太阳的氏族；“东方昊天”“主四时日月”等，盖本源于此。再有，崇拜太阳与崇拜鸟有着密切的联系，郭璞在《山海经·大荒东经》“一日方至，一日方出，皆载于乌”下注曰：“中有三足乌”。我国古代就有日中有三足乌的传说，《淮南子·精神训》：“日中有踆乌”。高诱注：“踆，犹蹲也，谓三足乌。”故太阳也叫三足乌或金乌。所以崇日和崇鸟有着共同的意义，帝俊（太昊）所属的十日之国与少昊所建鸟的王国，在概念上也应是一致的。尉迟寺类型出土的鸟形神器，完全是少昊“结薰茅为旌，刻玉为鸠，置于表端”的图腾形象，而且其与“日、月、山”图像文字共出，为上述推论提供了有力的证明。

陵阳河类型对于良渚文化的反击，可以认为是帝舜部族对三苗民族的一次毁灭性征讨。《左传》《吕氏春秋》《淮南子》《史记》等均记载了这次规模宏大的战争。战争的结果是“放驩兜于崇山，以变南蛮；迁三苗于三危，以变西戎；殛鲧于羽山，以变东夷；四罪而天下咸服”。长江下游地区的考古学文化在大汶口晚期之后急剧衰落，应与这次战争有密切的关系。而江汉地区出现的大汶口文化因素，当是随着讙兜和三苗的“迁、放”而形成的；进而巴蜀地区发现的三星堆文化也有浓厚的大汶口文化因素。因此《山海经》中所谓的“大皞生咸鸟，咸鸟生乘釐，乘釐生后照，后照是始为巴人”也就符合情理了。

五、距今4500年之后的沂沭河盆地

在距今4500年前后的沂沭河地区，又是一个高海面时期，此时气候温暖，雨水丰沛，沂沭河盆地许多地方可能又变成了湖泊大淖。但当时的沂沭河盆地仍然延续之前的文化传统，兴旺发达，没有太大的变化。但随后就是一个渐次下降的低海面期；而沂沭河流域的原始文化遗址却呈现急剧衰落，大面积减少。分析鲁东南沿海地区最新的考古调查资料，可知这一地区的史前文化在自身发展过程中，曾经出现过一次剧烈的变动。由遗址分布可以看出，遗址的数量在当地文化的发展进程中有一个断崖式的回落，但回落的时间并不在人们过去认为的龙山文化和岳石文化之间，而是在龙山文化发展和延续过程的中部，即前、后期之交的时期，绝对年代在距今4300—4200年，如果按最新的测年研究成果，这一年代则可以后推到距今4100—4000年。此后一个漫长时间段内，海岱地区东部的文化衰落现象并没有得到明显扭转。这种现象远远不能仅从环境变化的单一原因解释其形成过程。其实，这与当时鲁北、鲁东地区发生了一次波及后世近千年文化衰落的战役有关；这次战役就是后羿射日。

关于后羿的传说，是为一半神半人、有大功大过、毁誉参半、宗姓不清、时代难定的人物形象。尊其为“神”，因为他是上帝降派下界的使者，是“以扶下国”的钦差。《山海经·海内经》：“帝俊赐羿彤弓素矰，以扶下国，羿是始去恤下地之百艰。”《楚辞·天问》：“帝降夷羿，革孽夏民”。说其为“人”，因为他不过是一善射的英雄，最后尚且被其好心收养的弟子残害。《吕氏春秋·审分览·勿躬》：“夷羿作弓”。《淮南子·修务训》：“羿左臂修而善射”。《荀子·儒效》：“羿者，天下之善射者也。”言其大功，因其上射作恶之十日；下杀为害之禽兽；万民皆喜。指其大

过，因其“革孽夏民”、信用寒浞、“淫于原兽”，“因夏民以代夏政”，扰乱了天下秩序。誉之者，称其为后羿、仁羿、帝羿；毁之者，呼之为夷羿、淫羿。关于其宗属渊源，比较明确的关系有两个：一为帝俊，《山海经·海内经》：“帝俊赐羿彤弓素矰，以扶下国。”《说文·弓部》：“（羿），帝喾射官，夏少康灭之。”帝喾即帝俊，是则后羿为帝俊属下。一为帝尧，《淮南子·本经训》：“逮至尧之时，十日并出，焦禾稼，杀草木，而民无所食；猰貐、凿齿、九婴、大风、封豨、脩蛇，皆为民害。尧乃使羿诛凿齿于畴华之野；杀九婴于凶水之上；缴大风于青邱之泽；上射十日而下杀猰貐；断脩蛇于洞庭；禽封豨于桑林。万民皆喜，置尧以为天子。于是天下广狭、险易、远近始有道里。”于是后羿又为尧臣。就文献反映出的后羿所处时代而言，则上至喾、尧之际，下至太康失国。

如果将上述各种记述归类概括，则不难看出，后羿的主要故事无非是两个时代、两种身份、两件大事、两种结果。即喾、尧时期为神，射日除害，万民皆喜；有夏之际为人，扰民乱夏，身败名裂。前者多见于诸子杂家，后者常见于经传正史。如果进一步考订两大事件所涉及的人物、地点及内在联系，就会发现前者多发生在东方，甚至基本都在海岱地区；后者则发展到了豫东和豫中地区。

后羿集团是发展于鲁北地区的一个古代文化集团。其肇始年代大概在龙山文化中期，形成和发达于龙山文化晚期。确定后羿的文化属性，一是文献推考，二是物质文化分析。

山东鲁北地区，先后出土过较多商周青铜器，许多铜器上有这样的文字符号：学术界一般将该图形隶定为“亚矣”。王树明先生在《巽祖夷羿新解》中认为：这些图形基本形体是由“矢”字之形演变而来，它是我国古代人们崇拜、尊奉的弓箭之神、箭神、射神的形象。其与神话传说、古史载记中的夷羿尚箭、善射、发明弓矢、是上帝派往人间的天使和天神的身份相合；其与铜器铭文中的“亚巽”具有传承演变关系。亚矣徽

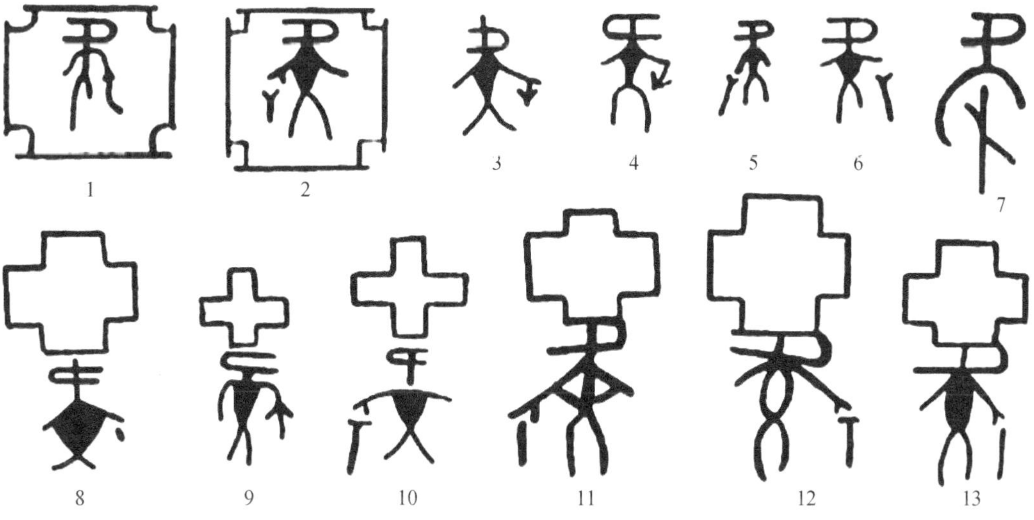

图三　后羿族徽常见图形（亞矣形态）

识两臂长短往往不一，其中，手中握有器物的一臂一般又略长于另一臂，此又与夷羿左臂修长的记载相符；亚矣徽识略长的一臂手中所执器物，或为镞头或为木杆、木棍类兵具，也与古籍载记中夷羿尚箭、嗜射、手中"持弓矢"、"弧矢是尚"及"执鞅持扞"的记载一致。依于上文分析，推定亚矣徽识的原始摹画，是我国古代人们推尊、崇拜的箭神、射神夷羿的形象，应当是可以容许的。同时古史载籍中的夷羿，族籍于齐[⑭]；其同族诸国有如过、戈、寒浞、蒲姑、己、纪、邿、鄩、部等后羿裔邦以及有鬲、斟灌、斟鄩等有密切关系的其他氏族，多在今山东境内泰沂山系以北，约当今莱州、潍坊、桓台、博兴、德州诸地，即齐地之腹心区域。鲁北地区出土后羿的徽号，实乃其后代子孙崇拜后羿、继承先祖的物质证明。

另外，后羿能够因夏民以代夏政，致太康失国；也说明后羿的时代正好处于夏代前期。夏代纪年一般认为从公元前21世纪开始，也就是距今4100年左右；到公元前16世纪结束，也就是距今3600年左右。从夏禹到太康（包括后羿代夏），一般认为是夏代早期，历经四世五王，持续时间大约130年[⑮]。这一阶段对应的考古学文化，正是山东龙山文化晚期。

海岱地区经过发掘的遗址有近百处之多，其中期别明确可资比较的有73处，东部地区有42处，西部地区为31处。东部地区42处经过发掘的龙山文化遗址，主要分布在胶东半岛、泰沂山系北侧的潍河流域和南侧的沂沭河流域。这些遗址的龙山文化遗存，绝大多数没有经历龙山文化的全过程，而都存在前期阶段遗存较多，而后期阶段遗址的数量甚少。西部地区31处经过发掘的龙山文化遗址，主要分布在泰沂山系北侧的淄河以西的小清河、徒骇河、马颊河流域和南侧的汶泗河流域。前后两大阶段的遗址数量有差别，但远不及东部地区差别那么大，而且呈相反的现象。即前期的遗址略少，约占全部遗址的77.4%，后期的遗址略多，比例超过了90%[⑯]。进一步比较鲁北和鲁东南地区的龙山文化遗址，则是鲁北地区多见龙山文化晚期遗址，而鲁东南沂沭河流域则基本上不见龙山文化晚期遗址。同时鲁北地区文化的发达程度，也比周边地区明显突出。其中最值得注意的是以临朐西朱封为代表的同期文化遗存，发现过规模宏大的龙山文化城址，也发现过高等级大墓，个别大墓双棺双椁，规格极高；墓中出土过成堆的箭镞，其文治武功应与后羿集团的尚箭嗜射十分匹配。

结合前面文献考察和考古学文化分析，基本上可以断定，山东地区龙山文化东、西、南、北的区别，与后羿的征杀擒射密切相关。前面说过，"十日"即大汶口文化晚期和龙山文化早期的陵阳河类型等先民创造的原始文化，也有可能包括了胶东半岛的同时期文化。理由有三，其一，大汶口晚期陵阳河类型为崇日民族，其刻画于礼制器物上面的神圣徽号多有祭日之形；其二，古代先民认为鲁东地区是太阳升起的地方，许多与崇拜太阳有关的神话与传说多发源于此，如秦汉之际的八主之祠，其日主、阳主均在这

---

⑭　王树明：《齐地得名推阐》，《东夷古国史研究》（第一辑），三秦出版社，1988年。

⑮　程平山：《夏代纪年考》，《中原文物》2004年第3期。

⑯　栾丰实：《试析海岱龙山文化东、西部遗址分布的区域差异》，《海岱考古》（第九辑），科学出版社，2016年。

一带；其三，及至秦汉之际，沂沭河裂谷地区的众多地名仍然与太阳有关，如城阳、阳都、开阳、启阳等等，均应有其历史渊源。那么沂沭河流域的十日之国，在后羿的征杀过程中大败，文化急剧衰落，也就可想而知了。除了射十日，再就是杀猰貐；诛凿齿；杀九婴；缴大风于青邱之泽；断脩蛇于洞庭；擒封豨等，都是在山东地区也就是海岱地区的作为。统一海岱地区，实际上是一次惨烈的大屠杀，这次统一基本上灭掉了海岱地区的原始民族，使海岱地区的东夷文化经过多年也没有再翻过身来。

六、3500年之后的沂沭河盆地

由于地理环境的变化，距今3500—3000年前后海平面下降到了最大值，气候干旱；沂沭河盆地大部分地段可能和今天的物候差不多。到了两周时期，这一区域的历史文化又慢慢发展起来。

历史载籍中关于这一地区的记载很多。见于《春秋》的就有颛臾、阳、向、莒、郯、根牟、鄫、郇等国。除上述古国外，还有启阳，中丘、祝丘、费、防、台、东阳、武城、丘舆、向、次室、蒙、郓、堂阜、盖、艾、纪障、密、鄅陵等20余个城址。这些城邑的出现，是经济文化发达的标志。战国时期，域内诸封国先后为齐、楚所兼并，至战国末期，南部属楚，北部属齐。

处于沂沭河盆地腹心地带的祝丘城，无疑是这一时期临沂古代文化的重要节点。祝丘城遗址位于河东区汤河镇故县村。《左传·桓公五年》记载："夏，齐侯，郑伯如纪。天王使仍叔之子来聘。葬陈桓公。城祝丘。""汉置即丘县。"孟康曰："即丘，古祝丘也。"《临沂县志·古迹》中记载："汉即邱县，今治东迤北四十里。故县社有四村，音转故钦。北遗址数十丈，高丈余，俗呼高城。东距沭水十余里，西北距诸葛城三十里。"《水经注》："即丘，故祝丘也。"有的文献中称"祝邱"，有的称"即丘"，正如《寰宇记》中记载的"祝与即，齐鲁之音也，其实一焉。"鲁桓公五年，鲁国在此建邑，设置政权机构。秦实行郡县制，郡下设县，在这里设置了县级管理机构。西汉初期设县，西汉末年王莽建立新朝后，即邱改名就信。三国两晋南北朝时期，琅琊国辖临沂（中邱邑）、开阳、即邱等十余县。西晋灭亡，东晋南迁后，刘裕执掌朝政时曾经北伐，占领了一部分土地。刘宋以后，设置了徐州琅琊郡，下设即邱、费县。北齐与北周时期，州、郡、县废置，临沂县并入即邱县。隋炀帝大业元年（605年），即邱县并入临沂县，翌年将临沂县治所从即邱移到今天的临沂城。

祝丘旧址历经自然灾难与战乱，城垣倒塌，故城消失。1973年，在文物复查工作中，曾在该遗址采集到龙山文化的鸟啄形鼎足、骨箭头、黑陶残片；春秋时代的鬲足、印纹硬陶片、三棱铜箭头；汉代的罐形鼎、铜鼎、博山炉、铜剑吞口、陶博山炉盖、铁锄、"大泉五十"铜币等物。1983年3月，又对该遗址做了进一步的调查。目前，在张故县以北70余米处尚有高台遗址一处，东西长200米，南北160余米。高台顶部50厘米为汉文化层，有大量瓦片挤压。以下包含新石器时代至春秋的各种地层，层位错乱混杂，系筑城时堆积而成。在灰土层中还可看出层层夯土迹象。城墙北部及西部有一道水沟，当为护城河遗迹，因其形似弯月，当地群众称之为月河。高台遗址在春秋时期经过扩张，扩展后东西约310米，南北约180米，面积约55 000平方米。到了汉代，祝丘又进行了一次扩城；成了祝丘县治；城址范围包括了目前的四个自然村，即自北向南的张、赵、周、王四个故县村。

与祝丘故城深有联系的著名的历史人物是齐国的文姜。据说她与齐襄公兄妹私通，害死了夫君鲁桓公，不好意思回鲁。她儿子鲁庄公即位后，接她回来的路上，来到祝丘，因为这里不齐不鲁，环境优美，物产丰饶，就在此住了下来。作家王兆军先生妙笔生花，有大作《乱世之花——文姜传》《春秋故城——祝丘》铺陈其事，这里不敢置喙。但是看祝丘城两周之际的扩城工程，是有可能与文姜入住有关联的。

与祝丘城可能存在联系的是祝丘城西侧4千米的凤凰岭墓群（也就是出土细石器遗存的凤凰岭遗址），是一处包含春秋至汉代的大型墓葬群。1981年3月，山东省考古所兖石铁路工作队在这里发掘了一座大墓。该墓是临沂一带考古工作的重大发现，也是多年来全省考古工作的重大收获之一。据了解，凤凰岭上原有五个高大的封土墩，农田平整时将其中三个夷为平地，仅存两墩。当时发掘的东周墓就是其中的一墩，是凤凰岭中部的最高埠。考古资料显示，凤凰岭东周大墓由三部分组成：车马坑、器物坑与墓室。墓室内殉人多达14具，此墓气魄大，此墓群早年虽已被盗，但出土的青铜礼器、兵器、玉石器、骨器等遗物仍有300余件。出土的一套编钟、两套编镈，10件铜鼎以及成组的青铜礼器、兵器等遗物，充分说明此墓的主人生前官位级别之高，不是一般都邑领主的墓葬，当属封君亦或诸侯国君之象。根据该墓的遗物特征和埋葬习俗推断，时代为春秋末期，文化面貌具有地方特点；有可能是当地诸侯的陵墓；作为春秋晚期鄅国墓葬的可能性较大。这一墓葬的发现，为研究临沂一带春秋晚期的历史提供了实物证据。

至西汉时，临沂之名正式出现在历史典籍中。公元前106年（西汉武帝元封五年）始置临沂县，县治在中邱邑（见《嘉庆一统志》）。对此，《水经注》《太平寰宇记》等书也有记载。中丘邑旧址有两说：《续山东考古录》根据《水经注》的记载，认为在临沂县城北五十里的葛沟镇。但《后汉书》《沂州府志》认为在诸葛城，即今临沂市兰山区白沙埠镇东北的诸葛城村。从考古资料看，今白沙埠镇东北部的诸葛城村，存有古城遗址，是省级重点文物保护单位。《沂州府志・古迹》称："诸葛城，亦名中邱城，在县东北三十里。《后汉志》琅琊临沂县有中邱亭，即此。后诸葛亮来居于此。"这说明诸葛城最早称为中邱城。中邱城于公元前716年由鲁国建筑，这从《左传・隐公七年》"夏，城中邱"的记载中可以证明。此古城遗址没有经过详细的考古勘探和发掘，具体堆积不够清楚。但从调查资料可知，遗址为平原地貌，地势较高。故城东部紧邻滨河大道，现为一片果园，西部紧邻中安静村，南部为养殖厂，北部为后隅村。故城面积约60万平方米，基本呈长方形。现故城上方被两个村庄占压，北部大约1/3的部分被后隅村占压，南部约2/3的部分被诸葛城村占压。东北至西南走向的滨河大道从故城中间穿过。曾记载原存东南角城墙长100余米，宽约200米，高1.5米，黄褐土夯筑，夯层厚0.25—0.4米，夯层中留有夹棍孔，现城墙全部被夷平，护城河也已被填平，城内文化堆积厚约1.5米，在以前的调查中曾采集到东周时期的鬲、豆及汉代砖、瓦等碎片，并发现清嘉庆二十一年（1816年）立鸿福寺碑，上书“沂郡东北中邱城东有鸿福寺院，创建于唐……”等语，确定为中丘古城似无大谬。

中丘城建城较早，《春秋·经》：“（隐公）七年春，王三月，叔姬归于纪，滕侯卒。夏，城中丘。齐侯使其弟年来聘。左传：七年春，滕侯卒，不书名，未同盟也。……夏，城中丘。书：不时也。”也就是说修的并不是时候。这里有个故事，这是因为五年前莒人灭向，鲁国趁机占据此地；现在开始筑城以期长期作为东防莒国的屏障；修城的同时还通过纪国出面说和，要与莒国结盟。本来夏天修城，不是时候；但就是要赶在同盟之前建城，否则同盟停战后再建，会引起纠纷。

中丘城建城距今2700余年，建城600余年之后设为临沂县治。从历史资料中可知当时临沂县境并不大，不会越过现在的祊河。而现在临沂的南境当时则属于启阳邑。

启阳邑春秋时期属鲁国，公元前492年（春秋鲁哀公三年）筑城。《春秋·哀公三年》：“季孙斯、叔孙州仇帅师城启阳。”即此。战国时期。推行以郡县为基础的君主集权制和分封食邑制。初期，鲁国推行哀公季康子“用田赋”政策，秦商鞅变法后，效仿秦国的君主集权制，在这一地区设置开阳县。临沂南部区域属鲁国开阳县。楚灭越、鲁后，江北广大地区成为楚国的领地，并在长城（今苍山县长城镇）置襄贲县。南部区域分属楚国开阳县和襄贲县。秦朝统一中国后，全国废除分封制，推行郡县制，在这一地区置郯郡及属下启阳县。西汉时期，实行郡、国并行制，其下设县。汉高帝改郯郡为东海郡，辖郯、兰陵、襄贲、启阳、临沂等38个县。汉景帝时，为避景帝刘启讳，将启阳复改为开阳县。

一般认为启阳城故址在今临沂市兰山区东部，也就是现在的旧城址。但历年来城区之内不断发现汉代和晋代墓葬，却没有发现汉代建筑基址或城墙基础，可能启阳城并不在这片区域内。也有文献认为启阳城就在原来的鄅故城，清代顾栋高《春秋大事年表》和段玉裁《说文解字注》都认为启阳就在老城北十五里的鄅故城。遗址位于山东省临沂市兰山区南坊街道办事处鄅古城村驻地东南部，平原地貌，地势微隆。遗址东邻孝河，西至鄅古城村，北部紧邻鄅古城村居委会，南部紧邻村耕地。遗址向北约1500米为外环路。遗址面积约205 100平方米，大体呈成长方形。现遗址上方基本已被村庄和耕地覆盖，原有城墙已被夷为平地，仅遗址南北方向尚存夯土墙基和护城河遗迹。遗址文化堆积状况不明显，仅从地表采集到少量残余瓦片。据原第二次文物普查资料记载：“城内文化堆积厚约1米。采集有龙山文化石斧、夹砂红陶罐口沿、黑陶器盖，东周时期灰陶罐，汉代铁锛，魏晋时期铜镜，元代铜权等。”遗址从采集的遗物分析，应该是一处从史前龙山时期到春秋、两汉至魏晋、宋元都有遗存的遗址，文化内容比较丰富。

无论启阳邑是处于临沂老城区或者就在新城区的鄅故城，均没有做过具体的考古工作；所以古城具体位置和布局结构均都不清楚。这不能不说是一大遗憾。但愿在今后的城市建设中能够引起关注，在旧城改造和新项目建设中先期进行考古勘探和发掘，能够查清启阳城的真实面目。尽管如此，由于鄅故城已经处于现在新城区之内，对重新认识临沂城市建设的肇源发端有重要意义，有必要另行认定临沂建城史。

根据文献记载，唐武德四年（621年），在今郯城县褚墩镇西南部之兰山脚下置兰山县，武德六年兰山县撤销，辖境并入临沂县版图（据《读史方舆纪要》）。清雍正十二年（1734年），沂州改称府，府治周围地区设县，名为兰山县。民国二年（1913年）沂州府撤销，兰山县恢复临沂县之称。

大家知道，褚墩镇在罗庄南部，现在已经划归罗庄区管辖。那里有座小山名兰山。唐代为此在这一代设县，似乎特别重视这个小山。另外，战国时期的楚国在这里设兰陵县，治所在今山东省临沂市兰陵县兰陵镇，春申君以荀子两任兰陵令。汉、三国曹魏属东海郡。西晋初沿袭旧制，元康元年（291年），晋惠帝置兰陵郡；十六国时期，再设兰陵郡；北齐设兰陵郡。兰陵故城距离兰山也不太远，基本上属于一个区域。

一般认为，兰陵地名是楚国大夫屈原定名。楚人以“兰陵”作区域地名，是屈原封建治国理念的体现，极具理想色彩和浪漫气息。兰本是山隅中的一种草本植物，在先秦时期，自然界兰花被先民推崇为王者之香。孔子喻：兰为王者香，今乃与众草为伍。与善人处，如入蕙兰之室，久而不闻其香，则与之俱化。他把兰比作理想人格之化身，比喻兰花不以无人而不芳，不为困穷而改节。左丘明也认为兰有国香，将兰提升为君子的高尚品德。屈原时楚国朝野崇尚兰花，宫苑内广植兰花；楚怀王给儿子起名“子兰”。屈原在《离骚》《九歌》《九章》等诗篇中，对兰花多有赞誉。就因为喜欢兰花，就把远在千里之外的城邑名之为兰陵，似乎有些牵强，过于浪漫。从文化传统考察，兰陵之名必与当地历史文化密不可分。兰陵、兰山可能有着更为深远的历史渊源，或与蓝夷有关。

商代早中期，有两个君王与蓝夷有关。一为中丁，或作仲丁，生年不详，太戊子，于太戊死后继位。在位13年，病死，葬于狄泉。中丁在位时迁都于敖（一说在今河南省郑州市附近，一说在今河南省荥阳东北）。当时，东南方的夷族兴起，仲丁六年，夷族中的蓝夷进攻商朝，仲丁出兵击退蓝夷。仲丁死后，诸弟争夺王位，造成九世之乱，商朝一度中衰[17]。一为河亶甲，亦作戋甲，名整，亦是商王太戊之子，是仲丁和外壬的弟弟。商王外壬死后，河亶甲继任君主之位。河亶甲元年，当时商朝的国势再度衰落，河亶甲为了缓解王族内部的矛盾，于是将都城从嚣（敖）迁到相。河亶甲三年，商朝在其方国大彭国的帮助下，使得邳国归顺商朝。河亶甲四年，出兵征讨东方部族蓝夷。

商人屡迁，史载有“前八后五”之说。这些具体地点的确定，对重建商史以及解决相关学术问题具有重大意义。但其中大多数地点至今尚未被考古学所证实，中丁所迁之敖与河亶甲所居的相都没有定论。著名商周历史学家丁山先生在《商周史料考证》一书中对“中丁迁敖”和“河亶甲居相”有相当独到的解释。他认为 ：仲丁迁嚣，见于《书序》《古本竹书纪年》《史记》记为迁傲。嚣与傲一音之转，三书所指实为一地。此傲即新泰之嶅山，曰：“嶅山，正当洙、泗上游，其东即沂水支川桑泉水所从出。仲丁迁敖，盖自汶水流域东南进，由洙、泗源头曾深入沂蒙山区，这或者与征兰夷事有

---

⑰　《史记 · 殷本纪第三》。

关。”[18]同时，他又认为，河亶甲所居之相，就在沛郡相县，即今江苏徐州南、安徽宿州北的符离集。并以《古本竹书纪年》有河亶甲征兰夷事，与仲丁迁傲合并考虑而得出此说，陈梦家等人从之。

至于中丁迁傲与河亶甲居相到底在何处，我们先不研究。这里给我们一个重要提示，即丁山先生认为仲丁和河亶甲所征兰夷，是位于沂蒙地区的夷人。以前我对此说相当疑惑，因为临沂地区商代遗存发现较少，不可能与商王朝有如此复杂和频繁的征战和迁徙。最近刘延常先生的研究给我一个十分重要的启示。他研究发现：临沂地区有相当多的商代早中期和晚期遗存；其分布特点主要沿沂河西侧、沭河中上游分布，个别临近黄海。比较集中分布于沂河中下游西侧、鲁中南市区东南部的兰陵县、临沂市西南部，沂河支流——祊河、浚河的平邑县、费县，沂河中游西侧的沂南县、沂水县，沂河上游的沂水县与沂源县，沭河上游的莒县北部、沂水县东北部。遗址面积不大，背山临河，多为河边台地，遗址文化堆积较厚，包含多个时期。中商时期聚落已经较多分布，并到达沭河东侧，其中较高等级的聚落（出土青铜器）较多，分布于兰陵县、莒南县，平邑县西部，沂源县东南部等。可以看出商王朝向东扩张的三条线路：南线自滕州前掌大沿鲁南山区向东；中线自曲阜、泗水沿蒙山南侧向东（平邑）方向；北部自鲁北潍河上游西南部向沂河上游推进。整个殷商晚期基本按照这三条线路扩张与发展的。殷墟一期聚落分布最多，达到顶峰。说明商王朝在这个地区持续推进，基本占领了该区域。殷墟二期、三期则明显减少，出土青铜器地点亦少，说明商王朝对该地区统治放松。殷墟四期至末段商文化因素和一般聚落少见，高规格的聚落却增加不少，出土大量高规格青铜器就是证明。如兰陵县有东高尧、密家岭、晒米城、临沂革委、平邑县洼子地、费县朱田、沂源县东安故城等应是军事据点和统治中心。鲁东南地区商文化遗存反映了文献记载的商王朝与东夷的关系[19]。上述发现，证明了丁山先生的论断十分可信，仲丁、河亶甲先后征伐兰夷，其地区范围极有可能就在临沂地区。

综上所述，临沂兰山、兰陵地名起源应该很早，很可能就与商周时期的兰夷民族集团有关；与兰花崇拜基本上没有关系。

附记：本文为作者2017年在临沂“东夷文化讨论会”上的讲稿。

⑱ 丁山：《商周史料考证》，龙门联合书局，1960年。

⑲ 刘延常、赵国靖、刘桂峰：《鲁东南地区商代文化遗存调查与研究》，《东方考古》（第11集），科学出版社，2014年。

后　　记

书稿即将付梓。心中既感释然，又怀忐忑。倏忽有当年考大学交出答卷时的那种感觉。是的，这就是答卷，一份思考和书写了30余年的答卷。今天交给了学界，交给了读者，但愿能有一个令人满意的回应和评分。

本书的出版，是在各位师友、亲人的指导和鼓励下得以完成的。除了自序中我已提到过对我学术思考影响至深的张忠培先生、王树明先生，还有亲自操笔为本书作序的陈雍先生，不顾身体抱恙，从头至尾认真审稿，指出多处行文和引用之误；还为书稿编排，提出了十分中肯的意见。相关文稿在形成之后，我曾在同学群中发布，征求大家意见。王军、陈光、许永杰、王巍、刘钊、于可可、腾铭予、齐东方、卜工等同学都表示支持，鼓励我尽快发表。我的家人、亲友，也都一致赞同和鼓励，没有对我费时费力、毫无功利可言的写作提出质疑。和我从小在一起相学相长的族亲常清教授，也想方设法从各方面提供重要的帮助。这些，都是我特别铭记并十分感谢的。

书稿发送到科学出版社之后，科学出版社考古分社的孙莉社长、责任编辑郝莎莎女士，都给予了特别的关照和支持，付出了辛苦和劳动。在此一并致谢！

今年按照传统，我已经虚龄七十，迈入古稀。但是本着对考古工作和古史研究的热爱，我完成了这本小书，甘苦自怡。也算给我们的考古文化研究与古史探源事业，奉上一点心意；亦为我们民族灿烂的文明和优秀的文化传统献上自己由衷的敬意！

常兴照

2024年9月仲秋